FINANCES PUBLIQUES CAMEROUNAISES

Finances publiques

Collection dirigée par Thierry LAMBERT

Finances publiques/Public finance
Collection dirigée par/Collection directed by Thierry LAMBERT

Les finances publiques connaissent un développement important et se diversifient. Cette discipline couvre notamment les finances de l'État, le droit public financier, le droit fiscal, les finances communautaires, les finances locales, les finances sociales, les finances internationales et comparées, les procédures fiscales ainsi que le droit douanier. Ces questions peuvent être envisagées dans un cadre national, communautaire ou mondial.

La présente collection a pour vocation de publier des travaux originaux (thèses, essais, colloques...) ou de facture plus classique (manuels, commentaires de textes, recueils de documents...).

Elle a aussi pour ambition de rééditer des ouvrages aujourd'hui introuvables, mais fort utiles, dès lors qu'ils s'imposent comme référence et qu'ils sont agrémentés d'une préface substantielle.

Public finance steadily developping and diversifying. This discipline more particulary coversstate finance, public financial law, tax law, EU finance, local finance, social finance, international and comparative finance, tax procedures and customs law. Those questions can be considered within a national community or global framework.

The aim of this collection is to publish original works (theses, essays, symposiums...) or more traditional ones (textbooks text analyses, collections of documents ...).

In addition, it is meant to re-publish books which are currently untraceable no matter how usefulprovided they stand as genuine references and contain substantial prefaces.

Déjà parus

Mathurin MBOUNOU-NGOPO, *La fiscalité et l'impératif de développement du Centrafrique,* 2019.

Emmanuel JOANNARD-LARDANT, *L'établissement de la preuve fiscale : essai de droit processuel*, 2019.

Dominique VILLEMOT, *Le débat fiscal : une passion française,* 2019.

Aurélie DORT, *Fiscalité et sécurité sociale, Étude de la fiscalisation des ressources de la Sécurité sociale*, 2019.

Fidèle MENGUE ME ENGOUANG, *Les finances publiques du Gabon*, 2018.

DIOUKHANÉ Abdourahmane, *Les finances locales sénégalaises*, 2018.

ATECK A DJAM Félix, *Droit du contentieux fiscal camerounais, Nouvelle édition,* 2017.

Mahrez ZAHED, *La démarche de performance dans la gestion locale. Les collectivités territoriales face aux défis de la nouvelle gouvernance*, 2017.

PALMA-AMALRIC Valérie, *L'autonomie financière des autorités indépendantes*, 2017.

ALLOUARD Ophélie, *Les frontières fiscales dans l'Union européenne appliquées à la fiscalité des entreprises*, 2016.

Steve Thiery BILOUNGA

FINANCES PUBLIQUES CAMEROUNAISES

Budgets – Impôts – Douanes – Comptabilité publique

L'Harmattan

Du même Auteur

La situation juridique du contribuable au Cameroun, Les Editions universitaires européennes, Saarbrücken, 2016.

5-7, rue de l'École-Polytechnique 75005 Paris

http://www.librairieharmattan.com

ISBN : 978-2-343-21573-0
EAN : 9782343215730

Au septième BILOUNGA : « SHALLOM !!! »

J'exprime ma profonde gratitude à Monsieur MOTAZE Louis Paul, Ministre des Finances, pour l'intérêt particulier accordé à cette modeste contribution scientifique.

Mes remerciements s'adressent aussi à Madame DJUIDJE Anne, Cadre contractuel en service à l'Université de Ngaoundéré, pour sa touche personnelle dans la mise en forme de cet ouvrage.

Préface

Un grand savant des finances publiques françaises avait posé la question de savoir s'il peut exister d'Etat sans finances. La recherche d'une réponse à cette question a toujours taraudé mon esprit durant mes études et toute ma carrière professionnelle, mais davantage depuis que j'ai bénéficié de la très haute confiance du Chef de l'Etat, Son Excellence Paul Biya, de conduire les destinées du Ministère des finances. Je me rends alors compte, tout au moins, du point de vue pratique, du caractère déterminant des finances pour l'essence et même l'existence des personnes morales de droit public, en général, et d'un Etat, comme celui du Cameroun, en particulier. Je suis dès lors bien aise de présenter cet impressionnant ouvrage de finances publiques camerounaises de Monsieur BILOUNGA Stève Thiery, car sa lecture me donnera assurément une occasion pour compléter, cette fois-ci du point de vue théorique, la réponse à cette question sur l'importance des finances pour un Etat.

Je suis d'autant plus intéressé à faire la présentation de cet ouvrage pour trois raisons fondamentales afférentes, respectivement, à l'auteur, à la matière étudiée et à mes modestes projections au sujet des finances publiques camerounaises.

Monsieur BILOUNGA Stève Thiery semble avoir l'étoffe nécessaire à la rédaction d'un ouvrage sur la matière des finances publiques communément réputée d'un abord peu aisé. En effet, pur et digne produit de l'Université de Yaoundé II - Soa au Cameroun, l'auteur a suivi de brillantes études en Droit public sanctionnées par une thèse de Doctorat/Ph.D avec mention Très honorable, dirigée des mains de maître par le Professeur ONDOA Magloire, sur le thème : *La réforme du contrôle de la dépense publique au Cameroun*. Il soutient publiquement devant un jury présidé par le Professeur Joseph OWONA, et composé de juristes chevronnés, tels, Pr BIPOUN WOUM Joseph-Marie, Pr ATANGANA AMOUGOU Jean-Louis, Pr PEKASSA NDAM Gérard Martin, et Pr KEUTCHA CHAPNGA Célestin, de regrettée mémoire. Recruté à la Faculté des Sciences juridiques et politiques de l'Université de Ngaoundéré, l'enseignant poursuit alors ses recherches en matière de finances publiques soldées par la parution de plusieurs articles et d'un ouvrage intitulé : *La situation juridique du contribuable au Cameroun*. Cette production scientifique est d'ailleurs logique, tant il est vrai que Monsieur BILOUNGA Stève Thiery investit le champ pédagogique des finances publiques en dispensant, à l'Université de Ngaoundéré et même dans d'autres universités d'Etat et instituts privés d'enseignement supérieur nationaux et étrangers, entre autres enseignements, *Finances publiques et institutions financières, Finances et fiscalité locales, Fiscalité minière, Droit fiscal général, Contentieux fiscal, Droit de la comptabilité publique, Droit et contentieux des comptes, Droit et contentieux douaniers, Techniques budgétaires*. Il encadre aussi plusieurs thèses et mémoires de Master. Cette riche expérience dans l'enseignement et la recherche lui a valu la promotion par le Ministre d'Etat, Ministre de l'Enseignement supérieur, comme Vice-Doyen chargé de la programmation et du suivi des activités académiques à la Faculté éponyme en 2014, bien avant son accession au rang magistral qui intervient en 2017. Il est par ailleurs Coordonnateur du Laboratoire d'analyse de la décentralisation et de la gouvernance locale *(LADEGLO)*. La rédaction d'un ouvrage général sur les finances publiques camerounaises, abordant les budgets, les impôts, les douanes et la comptabilité publique, nous parait alors être une sorte d'affichage documentaire des informations intellectuelles glanées lors des recherches effectuées sur ces différents aspects.

A propos de la matière des finances publiques camerounaises objet de cet ouvrage, tout porte à croire que le sujet est non seulement bien abordé, mais également bien traité.

Il est bien abordé parce qu'en inscrivant cet ouvrage sous le prisme de la réforme des finances publiques camerounaises, l'auteur conduit méticuleusement le lecteur dans la dynamique intellectuelle de l'évolution des instruments d'analyse et de mise en œuvre du droit public financier du Cameroun. Ce dernier peut alors aisément percevoir les mutations opérées dans les concepts, les institutions et les règles financiers de notre Etat unitaire décentralisé, depuis l'abrogation de l'ordonnance de 1962, jusqu'à l'actuel régime financier de l'Etat et des autres entités publiques de 2018, pour ne citer que les textes les plus essentiels en la matière. Aussi, contrairement à la grande majorité des ouvrages consacrés à l'étude des finances publiques, où les auteurs abordent quasi exclusivement les questions de droit budgétaire, et exceptionnellement, celles de droit public comptable, de droit fiscal ou de droit douanier, Monsieur BILOUNGA Stève Thiery est plutôt enclin à une perception peu ou prou holiste de la discipline des finances publiques. Il calibre son ouvrage en fonction des matières principales des quatre grandes composantes du Ministère des finances camerounais, à savoir, le budget pour la Direction générale du budget, l'impôt pour la Direction générale des impôts, la douane pour la Direction générale des douanes, et la comptabilité publique pour la Direction générale du Trésor et de la coopération financière et monétaire. Il est en cela fidèle à la tradition imprimée par Monsieur Benjamin BIDIAS, et relayée par Monsieur LEKENE DONFACK, dans leurs grands ouvrages de finances publiques parus respectivement en 1980 et 1982, pour le premier, et 1987 pour le second. Par ailleurs, Monsieur BILOUNGA Stève Thiery, en juriste publiciste de rang magistral qu'il est, reste attentif à la nature unitaire décentralisée de l'Etat camerounais et à ses mutations. Il accorde par conséquent une place privilégiée aux finances publiques locales, en étudiant aussi les budgets, impôts et institutions comptables des collectivités territoriales décentralisées.

Le sujet est bien traité, car les canons de l'art méthodologique et de l'art de transmission des connaissances sont bien respectés dans la conception et la rédaction de cet ouvrage. Par une démarche de juriste positiviste pragmatiste, Monsieur BILOUNGA Stève Thiery, non seulement, parvient aisément à la vérité scientifique consubstantielle à cet ouvrage, mais surtout, met celle-ci minutieusement à la portée du lecteur, pour une intellection harmonieuse. Nous ne saurons faire fi du constat évident que l'auteur veut faire œuvre utile. Car, au-delà des grandes envolées théoriques utiles à une bonne maîtrise des concepts et principes de droit public financier camerounais par le lecteur, Monsieur BILOUNGA Stève Thiery sait, en toute opportunité, ramener ce dernier sur le terrain des réalités concrètes, pour jauger de l'effectivité des instruments normatifs de finances publiques pour les acteurs de ce champ connu généralement par sa complexité, mais de temps en temps aussi par son agressivité. En cela, l'auteur allie la théorie à la pratique.

Par le bagage cognitif qu'il véhicule, le civisme et l'Etat de droit financiers qu'il prône, cet ouvrage est incontestablement un outil important pour la concrétisation des objectifs d'assainissement, de maîtrise et de développement des finances publiques camerounaises, dont le gouvernement de la République en général, et le Ministère des finances, en particulier, en font la raison d'être.

Cet ouvrage est alors destiné à un public très large fait de théoriciens et de praticiens des finances publiques. Il s'adresse non seulement aux contribuables et autres usagers des services financiers de l'Etat et des autres entités publiques, mais également à tous les acteurs des finances publiques nationales, qu'ils soient publics ou privés. Tout naturellement, les chercheurs, enseignants, et étudiants, trouveront dans ce travail, un précieux recueil d'informations scientifiques utiles à leur développement intellectuel.

Par ces motifs, qu'il me soit permis de souhaiter à tous ces adressataires potentiels, et à bien d'autres que j'ignore, une bonne lecture et une agréable découverte des réponses aux questions posées dans : *Finances publiques camerounaises. Budgets, impôts, douanes, comptabilité publique* !

Le Ministre des Finances

Louis Paul MOTAZE

Liste des principales abréviations

ADD :	Avant Dire Droit
ADC :	Les Aéroports du Cameroun
AJDA :	Actualité Juridique de Droit Administratif
AMR :	Avis de Mise en Recouvrement
AP :	Assemblée Plénière
APE :	Accord de Partenariat Economique
Art. :	Article
BEAC :	Banque des Etats de l'Afrique Centrale
BGFT :	Bureau de Gestion du Fret Terrestre
CC :	Conseil Constitutionnel
C2D :	Contrat de Désendettement-Développement
CEMAC :	Communauté Economique et Monétaire de l'Afrique Centrale
CE :	Conseil d'Etat
CFJ :	Cour Fédérale de Justice
CGI :	Code Général des Impôts
CGCTD :	Code Général des Collectivités Territoriales Décentralisées
CNCC :	Conseil National des Chargeurs du Cameroun
CPCC :	Code de Procédures Civiles et Commerciales
Coll. :	Collection
CS-AP :	Cour suprême, Assemblée Plénière
CS-CA :	Cour Suprême, Chambre Administrative
D. :	Dalloz
EDCE :	Etudes et Documents du Conseil d'Etat
ENAM :	Ecole Nationale d'Administration et de Magistrature
F&D :	Finances et Développement
FEICOM :	Fonds Spécial d'Equipement et d'Interventions Intercommunales
GATT:	General Agreement on Tariffs and Trades
G&FP:	Gestion et Finances Publiques
GUCE :	Guichet Unique du Commerce Extérieur
JOC :	Journal Officiel du Cameroun
L.G.D.J :	Librairie Générale de Droit et de Jurisprudence
L.P.F :	Livre des Procédures Fiscales
Mel :	Mélanges

OHADA :	Organisation pour l'Harmonisation en Afrique du Droit des Affaires
OMC :	Organisation Mondiale du Commerce
OMD :	Organisation Mondiale des Douanes
PAD :	Port Autonome de Douala
PAK :	Port Autonome de Kribi
PPTE :	Pays Pauvres Très Endettés
PUA :	Presses Universitaires d'Afrique
PUAIM :	Presses Universitaires d'Aix Marseille
PUC :	Presses Universitaires du Cameroun
PUF :	Presses Universitaires de France
PUY :	Presses Universitaires de Yaoundé
RAFP :	Revue Africaine de Finances Publiques
RASJ :	Revue Africaine de Science Juridique
RCD :	Revue Camerounaise de Droit
RDA :	Revue de Droit d'Assas
RDP :	Revue de Droit Public et de Science Politique
RFDA :	Revue Française de Droit Administratif
RFDC :	Revue Française de Droit Constitutionnel
RFFP :	Revue Française de Finances Publiques
RJF :	Revue de Jurisprudence Fiscale
RTD Civ. :	Revue trimestrielle de Droit Civil
RSF :	Revue de Science Financière
SGS :	Société Général de Surveillance
TGI :	Tribunal de Grande Instance
TPI :	Tribunal de Première Instance

Sommaire

Introduction générale

1. A l'instar de toute recherche éprise du sceau de la scientificité, ce travail consacré aux finances publiques camerounaises est appelé à accorder une attention particulière à trois éléments fondamentaux, au titre des considérations liminaires. Il s'agit de la présentation de son contexte, de son objet et de la méthode mobilisée.

§ I : Le cadre de la recherche : Des finances publiques camerounaises en pleine réforme

2. *On ne peut que le constater : on assiste aujourd'hui à une mutation d'ampleur de l'organisation des systèmes financiers publics qui se développent dans le monde comme une onde de choc qui s'étend progressivement. Tous les pays sont confrontés, en effet, à la réforme de leurs finances publiques et, par effet systémique, ces réformes rétroagissent, se répercutent de pays à pays, si bien que l'on peut observer un rapprochement progressif des dispositifs*[1].
3. Le Cameroun semble n'avoir pas été épargné par cette dynamique universelle de réforme des finances publiques, et même de l'administration de l'Etat en général, bien que tout porte à croire qu'il a fallu attendre le recours à l'assistance financière des bailleurs de fonds internationaux, pour voir le phénomène prendre une certaine proportion.
4. Le Cameroun est un pays en voie de développement qui s'est engagé dans la voie de l'ajustement structurel ouverte par les institutions de Brettons Wood, pour trouver une solution durable à ses multiples

---

[1] BOUVIER (M), « Avant-propos. Repenser et reconstruire les finances publiques de demain », in *Réforme des finances publiques, démocratie et bonne gouvernance*, LGDJ, Paris, 2004, p. 3.

problèmes financiers, économiques et structurels[2]. En effet, plusieurs études réalisées sur les finances publiques camerounaises ont dégagé des conclusions négatives au sujet du cadre juridique qui les régit. Celui-ci serait inadapté dans l'ensemble. Le mal atteint le faîte dans le domaine de la gestion de la dépense publique où l'inadéquation et les dysfonctionnements du système et même les mentalités des gestionnaires publics peu enclines à la *« res communis »,* auraient trouvé un terrain fertile d'implantation. Il semblait dès lors difficile de mobiliser les ressources financières, d'ailleurs insuffisantes, dont l'Etat disposait, de la manière la plus efficace et efficiente, pour la réalisation des missions indispensables au développement.

5. Pour ce qui est de l'administration de l'Etat, le constat était celui de l'indifférence du Cameroun aux considérations de performance dans son action. Tout se passait comme si exécuter des prestations était une fin en soi. Et cela avait pour conséquence l'enracinement d'une logique de gestion fondée sur les moyens. Or de nos jours, et avec les avancées de la mondialisation, il importe de se pencher sur les performances des réalisations. La gestion des affaires publiques en général, et des finances publiques, en particulier, doit être gouvernée par l'exigence de la qualité des réalisations, favorable à une logique de gestion fondée sur les résultats. Tout comme l'on assiste à un certain partage des responsabilités de la communauté entre l'Etat et la société civile, symbolisant une marche résolue vers le *« self government »* et une adhésion à la logique de gestion participative. La naissance des dépenses particulières soumises à des contrôles particuliers en constitue la parfaite illustration. Ces concepts ne laissent sûrement pas l'Etat indifférent, dans sa structure de gestion. Ses mécanismes et même sa culture administrative entrent par conséquent en mutation.

¶ I : La crise des finances publiques en général

6. Les finances publiques camerounaises, quelle que soit l'acception retenue, ont connu une sérieuse crise, au point où procéder à leur réforme s'affirmait comme un impératif catégorique[3]. Plusieurs considérations sont susceptibles de justifier cette situation. D'une part,

---

[2] BOUBAKARI OUMAROU, *Le Cameroun et les institutions monétaires et financières internationales : le cas du FMI*, thèse, Paris V, 1998.

[3] SAUMADE (G), « Une réforme obligatoire », *RFFP*, n° 73, janvier 2001, pp. 139-141.

les concepts financiers sont en constante mutation. Il faut dès lors les adapter à la donne et aux règles de la modernité financière[4]. D'autre part, la matière financière, quantitativement parlant, trahit également des insuffisances face aux défis et enjeux de développement[5] du Cameroun. Cette crise est donc non seulement idéologique et juridique, mais aussi et surtout numérique ou matérielle. Elle influe très certainement sur les fondements de l'Etat camerounais lui-même, tant il est vrai que c'est de la structure et même de la logique de gestion étatique qu'il est question en réalité[6].

A : La crise des concepts et du cadre juridique

7. En finances publiques, comme d'ailleurs en toutes matières du droit, les instruments juridiques consistent en un cadre matériellement visible véhiculant une idée. Un auteur a à cet effet affirmé que toute règle de droit est l'expression d'une pensée souterraine[7], celle de ses concepteurs. D'ailleurs, *son remplacement serait superficiel et partiel s'il ne s'accompagnait d'une substitution de l'idée qu'il matérialise. Il y aurait si non, continuité d'un même esprit derrière un corps de règles neuves avec, pour cela, risque de résurgence des méthodes et systèmes formellement changés, ou alors formation d'une force réactionnaire, susceptible, à long terme, de paralyser les évolutions apparentes*[8]. Ainsi jaillit la dualité foncière d'une règle de droit : la lettre et l'esprit. La crise du dispositif se distingue donc de celle de la pensée souterraine, en dépit de leur imbrication naturelle.

---

[4] BARILARI (A), BOUVIER (M), *La nouvelle gouvernance financière de l'Etat*, LGDJ, Paris, 2004, pp. 11 et suivantes.

[5] BOUVIER (M), « Nouvelle gouvernance financière publique durable et conduite de la réforme budgétaire dans les pays en développement », *RFFP*, n°98, juin 2007, pp.159-178.

[6] BOUVIER (M), « Editorial. Réforme des finances publiques, réforme de l'Etat », *RFFP*, n° 73, janvier 2001, pp. 3 et suivantes.

[7] BIPOUN WOUM (J. M), « Recherche sur les aspects actuels de la réception du droit administratif dans les Etats d'Afrique noire d'expression française : le cas du Cameroun », *RJPIC*, n°3, 1972, pp. 368 et suivantes.

[8] ONDOA (M), « Ajustement structurel et réforme du fondement théorique des droits africains post coloniaux : l'exemple du Cameroun », *RASJ*, Vol. 2, n° 1, 2001, p. 76.

1 : La crise des concepts financiers

8. La lecture attentive de l'ordonnance du 7 février 1962 réglant le mode de présentation, les conditions d'exécution du budget de la République Fédérale du Cameroun, de ses recettes, de ses dépenses et de toutes les opérations s'y rapportant, met en exergue l'influence très poussée du keynésianisme[9] plaçant l'Etat au centre des affaires économiques et financières. Cette logique interventionniste ne pouvait résister à la poussée du libéralisme que véhicule la mondialisation des économies. Surtout eu égard à l'influence de l'important dispositif institué universellement à cet effet, à savoir le Fonds monétaire international et la Banque mondiale, à travers leurs conditionnalités. Le changement de logique opéré postérieurement aux années 1990 du fait de l'avènement de la culture libérale et démocratique dût avoir pour conséquence une mutation systématique de la politique économique camerounaise et même de la logique générale de gestion des affaires publiques. Du *« plus d'Etat »* où l'Etat est au centre de toutes les affaires publiques, on passe au *« mieux Etat »* où celui-ci a dorénavant pour rôle de les faciliter et de les réguler[10]. Il en résulte une perte de sens des concepts essentiels sur lesquels les finances publiques étaient fondées et qui jusqu'alors semblaient aller de soi. Ce qui depuis des décennies relevait de l'évidence, du sens partagé, est devenu objet de débat sous le double effet d'une remise en cause, ou d'un effondrement des cadres théoriques habituels et d'une transformation profonde du monde contemporain[11].

9. Ainsi, des notions jusque-là bien admises perdent de leur sens originel et même de leur périmètre lorsqu'il n'y a pas tout simplement émergence de nouvelles. *« Argent public », « finances publiques », « dépense publique », « régularité », « qualité », « efficience », « performance », « évaluation »*, pour ne citer que celles-là, constituent des catégories dorénavant tout à fait originales actuellement. L'on a l'impression qu'en finances publiques, l'on passe *d'un Etat*

---

[9] KWIMO (J), *L'interventionnisme économique au Cameroun et au Congo*, Thèse Orléans, 1985, pp. 42 et suivants.

[10] REPUBLIQUE DU CAMEROUN, *Cameroun : les chantiers de la gouvernance*, Imprimerie Saint Paul, Yaoundé, 2004, pp.17 et suivantes.

[11] DUPRAT (J.P), « La dynamique des réformes budgétaires : globalisation des problèmes ; unification des outils, et adaptation nationale des solutions », *RFFP,* n°98, juin 2007, pp. 9-23.

administratif à un Etat stratège[12]. La logique de gestion des finances publiques en particulier, et des affaires publiques en général, initialement fondée sur les moyens à l'époque interventionniste, doit ménager la place à une logique des résultats, en phase avec l'ère du libéralisme. Une telle évolution doit se refléter sur leur cadre juridique.

2 : La crise du cadre juridique

10. En vigueur deux années seulement après l'indépendance, l'ordonnance du 7 février 1962 portant régime financier de l'Etat camerounais alors fédéral, est restée en vigueur plus de quatre décennies après, sans significative modification. Et ce au mépris de la dynamique institutionnelle issue des révisions constitutionnelles consacrant les passages de la fédération à l'Etat unitaire décentralisé, et du monolithisme au pluralisme démocratique[13]. Il était donc plus qu'impératif de procéder à la révision du cadre juridique des finances publiques, afin d'adapter les règles de gestion de la chose publique financière aux différentes mutations structurelles et idéologiques de l'Etat[14]. Car en matière financière, *l'Etat de droit était imparfait, et le droit de l'Etat incomplet*[15].

11. L'imperfection de l'Etat de droit était due aux insuffisances du fondement juridique des finances publiques camerounaises qui accordent une place non négligeable au fondement factuel, au mépris du fondement textuel déjà sujet à plusieurs maux. En effet à côté de l'ordonnance anachronique de 1962 et de tous les autres textes de nature législative et réglementaire fondant la hiérarchie interne des normes financières publiques, les fondements coutumiers[16] et usuels se

---

[12] LASSALE (J. P), « De l'Etat administratif à l'Etat stratège », *RFFP,* n°73, janvier 2001, pp. 87-91.

[13] KAMTO (M) « Dynamique constitutionnelle du Cameroun indépendant », *RJA*, 1995, pp. 13 et suivantes.

[14] DUPRAT (JP), « La dynamique des réformes budgétaires : globalisation des problèmes ; unification des outils, et adaptation nationale des solutions », Op. cit., pp. 41 et suivantes.

[15] MUZELLEC (R), « Diagnostic du système financier camerounais », in *La réforme du cadre juridique pour une meilleure gestion des finances publiques au Cameroun*, Yaoundé, 2001, pp. 26-32.

[16] On peut, en effet, et à juste titre, parler des coutumes dans les finances publiques camerounaises, car tous les éléments constitutifs de la coutume sont réunis ; notamment la répétition, la constance, la clarté et le consensus. Le cas le plus illustratif est celui des programmes d'investissements prioritaires déposés coutumièrement

démarquaient au mépris des principes inhérents à l'Etat de droit financier[17].

12. L'imperfection du droit de l'Etat, quant à lui, résultait du fait que le droit financier camerounais était inadapté, décalé et même incomplet. A côté des insuffisances conceptuelles, l'on percevait comme une précellence des conceptions traditionnelles. Le cadre juridique en vigueur ne régissait donc plus convenablement toute la matière financière de l'Etat. L'émergence de nouvelles formes de dépenses susceptibles de nouveaux types de contrôles commandait une refondation du cadre juridique. Ce fut le cas avec les dépenses issues des mécanismes internationaux de désendettement au titre de l'initiative en faveur des pays pauvres et très endettés et du Contrat de Désendettement-Développement. Dans l'impossibilité de trouver un cadre normatif dans l'ordonnance du 07 février 1962, le Premier Ministre s'était trouvé dans l'obligation de prendre plusieurs instruments juridiques pour « *normer* » l'utilisation des ressources additionnelles issues de ces mécanismes d'allègement de la dette publique extérieure.

B : La crise de la dépense publique

13. Plusieurs études[18] réalisées sur le système de gestion des finances publiques camerounaises ont mis en exergue les insuffisances de la dépense publique. Celles-ci concernaient en même temps l'esprit et le circuit de gestion de ce type d'opération financière.

---

avec le projet de loi de finances comme annexe de celui-ci. Il s'agit là d'une coutume *praeter legem*, qui complète l'ordonnance. Le fait de ne jamais voter de lois de finances rectificatives, nonobstant les opportunités, alors que l'ordonnance de 1962 l'autorisait, pouvant être appréhendé comme une coutume *contra legem*.

[17] MORVAN (F), « Les aspects majeurs de la nouvelle gouvernance financière », in *Réforme des finances publiques, démocratie et bonne gouvernance*, LGDJ, 2004, Paris, pp.121-128.

[18] Entres autres, on peut citer les plus importantes, notamment celles réalisées par l'Union Européenne en collaboration avec les autorités camerounaises sur la chaîne des dépenses et leur cadre juridique (1998), sur le cadre juridique pour une meilleure gestion des finances publiques au Cameroun, (2001), celle réalisée par la Banque Mondiale intitulée : *« Country financial accountability assessment »,* en 2002.

1 : Les insuffisances conceptuelles

14. La dépense publique était influencée spirituellement par une logique de gestion propre à la culture administrative fondée sur les moyens. Tout portait à croire qu'au Cameroun, le plus important était de réaliser une opération financière, la dépense notamment, et non se préoccuper de la qualité de cette dépense, de son efficacité et de son efficience. Cet esprit avait pour corollaire une dépense publique insoucieuse de l'obligation de résultats, mais plutôt de l'obligation de moyens. Il en résultait un déphasage systématique par rapport à la nouvelle donne financière encline à la modernité et ses corollaires à savoir, la compétitivité, la transparence et la performance[19]. Cette inadaptation atteignait le paroxysme dans un Etat en voie de développement, où les considérations de qualité de la dépense publique nécessitent une attention particulière. Car il faut maîtriser l'utilisation des ressources[20] difficultueusement glanées. Ne devrait-on pas alors changer la gestion de l'Etat ?[21]

2 : Les insuffisances structurelles de la dépense publique

15. Le circuit de gestion de la dépense publique, quant à lui, n'était pas exempt de tout reproche. Au contraire, il était le maillon mou de la chaîne de gestion financière camerounaise, malgré son importance de principe. Les limites de cette gestion allaient de la préparation de la dépense publique aux outils informatiques qu'elle mobilise, en passant par son exécution et sa gestion comptable.

16. Trop centralisée parce que conduite des mains de maître par la Direction du budget, la procédure de préparation budgétaire restait fortement centralisée. Les ministres dépensiers n'étaient pas encore suffisamment associés à la préparation du budget. Ceux-ci se voyaient tout simplement notifiés leurs enveloppes budgétaires définitives *a posteriori,* sans que leurs demandes concernant les actions nouvelles aient fait l'objet de discussions très fouillées. Bien que gage d'une certaine discipline, cette centralisation nécessitait un ajustement par une

---

[19] SIMMONY (M), « La démarche de performance dans le cadre des finances publiques », *RFFP,* n° 98, juin 2007, pp 25-31.

[20] MAHIEUX (S), « La maîtrise des dépenses publiques », *RFFP*, n°77, mars 2002, pp33-46.

[21] ABATE (B), « Faut-il changer la gestion de l'Etat ? », *RFFP* ; n° 73, janvier 2001, pp181-188.

association progressive des ministres dépensiers à la préparation de leurs enveloppes budgétaires. La gestion de la solde selon une logique d'emploi sur crédits devait s'orienter vers une logique d'emploi budgétaire. Par ailleurs, il urgeait de mettre un accent sur les pré-conférences et les débats d'orientation budgétaires, dans le circuit officiel de préparation du budget[22].

17. En matière d'exécution, la nomenclature d'exécution budgétaire était obsolète et ne permettait pas une bonne lisibilité du budget. La révision de la nomenclature budgétaire était, certes, à une phase très avancée. Elle comportait alors une codification à 15 chiffres qui semblait à même de refléter les dépenses par destination administrative, fonction budgétaire et nature économique. Et sa mise en œuvre était prévue pour 2003 conformément au plan d'action agréé par le FMI. Mais, la nouvelle nomenclature devrait par contre subir des modifications supplémentaires afin de permettre une *« codification programme »,* nécessaire pour le suivi des actions à programmation pluriannuelle devant être mises en place dans certains ministères, pour un début, et dans tous, à la longue. Elle devra tendre vers une nomenclature favorable au suivi des actions à programmation pluriannuelle. Cette évolution est d'ailleurs favorable à la mise en place d'un Cadre de Dépenses à Moyen Terme.

18. Pour ce qui est de la gestion comptable, il convient de préciser que les règles de gestion comptable de la dépense publique, à savoir celle de la séparation des ordonnateurs et des comptables et celle de la constatation du service fait[23], n'étaient pas toujours scrupuleusement respectées. Cette situation était favorisée par les textes en vigueur qui asseyaient une confusion. Le Ministre des finances, ordonnateur principal unique des crédits selon les textes, étaient remplacé, dans la pratique, par les ministres dépensiers devenus ordonnateurs de fait sans que les textes et les procédures qui engagent leur responsabilité n'aient été clairement définis[24]. Aussi, la comptabilité générale de l'Etat comportait de nombreuses faiblesses, dont certaines étaient suffisamment importantes pour porter atteinte à la fiabilité de l'ensemble des comptes de l'Etat. Les problèmes constatés étaient liés,

---

[22] REPUBLIQUE DU CAMEROUN : Etude sectorielle sur la gestion des finances publiques au Cameroun, p. 3.

[23] AMSELEK (P), « Une institution financière en claire obscur : la règle du service fait », *Mélanges Paul Marie Gaudemet*, Economica, 1984, pp. 421 et suivantes.

[24] MBOUHOU (M), « La gestion de fait à coloration pénale, *AJDA*, septembre 2003, pp. 1478-1485.

de manière générale, à une mauvaise gestion ou à un manque de rigueur qu'à des insuffisances de système. Ainsi les procédures dérogatoires qui devraient rester exceptionnelles étaient en fait utilisées de façon courante. L'utilisation de la procédure simplifiée et surtout celle dite « *des dépenses payées avant engagement et ordonnancement* », était sans doute inévitable. Mais elle devrait être limitée à des cas exceptionnels, et surtout mieux contrôlée et suivie. Par ailleurs, on observait d'autres problèmes spécifiques, à l'instar de l'absence de consolidation comptable des balances mensuelles soumises par les 12 Trésoriers Généraux d'alors ; du remboursement des crédits TVA par le Directeur des impôts à travers des comptes bancaires ouverts en son nom dans des banques primaires ; du retard de plus de six mois dans la production des balances de la comptabilité générale de fin d'année ; de l'absence de rapprochement des écritures entre ordonnateurs et comptables.

19. En ce qui concerne le système de gestion de l'information budgétaire et comptable, des lacunes très graves étaient relevées, notamment pour ce qui est de l'absence de logiciel de la comptabilité générale et d'un système informatique intégré des finances publiques.

C : La crise de l'endettement public

20. La crise de l'endettement public mettait en relief les difficultés de maîtrise des finances publiques en général, et de la dépense publique en particulier. Il est question ici des finances publiques dans leur acception quantitative. Etat en développement, le Cameroun connaissait des problèmes de financement de son développement. Les ressources publiques issues des recettes fiscales et autres recettes non fiscales ne couvraient plus normalement les dépenses publiques potentielles et nécessaires. Les causes de cette situation avaient, certes, trait à toutes les fonctions fiscales mal maîtrisées, mais, aussi et surtout à des fléaux spécifiques à la gestion des dépenses publiques, tels que la corruption, les détournements de deniers publics, les marchés fictifs, pour ne citer que ceux-là. La solution la plus simple pour les pouvoirs publics consistait alors à recourir à l'endettement pour couvrir les déficits publics[25] et partant, booster la croissance économique[26]. Bien que le

---

[25] PERETTI-WATEL (J F), « Déficit et dette publique », in *Découverte de l'économie*, Cahiers Français, n° 279, pp. 49-52.

[26] PATILLO (C), POIRSON (H), RICCI (L), « Dette extérieure et croissance économique », *F&D*, juin 2002, pp. 32-35.

financement des déficits publics soit possible par le recours à la création monétaire au sens strict, les autorités camerounaises optent habituellement pour le recours à l'emprunt extérieur ou même intérieur avec l'émission par le Trésor public des titres à court terme, à l'instar des bons du Trésor, ou des obligations à moyen et long terme. Il convient tout de même de préciser que la voie privilégiée était celle du recours à la dette extérieure qui, au fil du temps, s'amoncelait du fait de l'incapacité de rembourser à échéance, non seulement l'encours de la dette, mais également les intérêts. Malgré les initiatives isolées de consolidation et de désendettement enregistrées çà et là, avant les programmes de désendettement de nouvelle génération du *consensus de Washington*[27], et de certains Etats développés[28], le niveau d'endettement du Cameroun avait atteint une proportion insoutenable[29]. Et ce fut la preuve irréfutable des difficultés de gestion dont souffraient les finances publiques de cet Etat et que la fonction de contrôle devrait contribuer à résorber, n'eut été ses limites pluridimensionnelles.

¶ II : Les limites de la fonction de contrôle

21. La plupart des études réalisées sur les finances publiques camerounaises, en prélude à leur réforme, s'accordait sur un fait : *le cadre législatif et réglementaire, malgré quelques insuffisances à revoir, est même acceptable, mais la fonction de contrôle doit être revue dans son intégralité*[30]. Il fallait revoir non seulement les structures mais également la logique du contrôle.

---

[27] SMOUTS (M C), BATTISTELLA (D), VENNESSON (P), « Dette », in *Dictionnaire des relations internationales*, Dalloz, pp.118-122. Il est surtout question ici de l'initiative PPTE.

[28] C'est notamment le cas de la France avec ses Contrats de Désendettement-Développement dont la contraction fut conditionnée au Cameroun à l'admission au *point d'achèvement* à l'initiative PPTE.

[29] TOUNA MAMA, *Endettement supportable pour les pays en voie de développement*, Thèse Bordeaux I, 1985, pp. 29 et suivantes.

[30] REPUBLIQUE DU CAMEROUN : Etude sectorielle sur la gestion des finances publiques au Cameroun, op. cit., p. 2.
MUZELLEC (R), « Diagnostic du système financier camerounais », in *Réforme du cadre juridique pour une meilleure gestion des finances publiques au Cameroun*, op. cit., pp. 31-33.

A : Les insuffisances conceptuelles

22. Le contrôle de la dépense publique au Cameroun était exclusivement voué à la régularité sur le plan téléologique. Autrement dit, il n'avait pour finalité unique que la réalisation d'une dépense conforme au cadre légale et réglementaire qui là prévoyait[31]. Il s'agissait là d'une situation bien grave, d'autant plus qu'un tel dessein résume uniquement une seule facette de la régularité, à savoir la régularité formelle. Celle-ci s'intéresse aux règles, et laisse de côté la facette non moins importante, et d'ailleurs déterminante, à savoir, la régularité substantielle. Cette dernière est, quant à elle, mue par des considérations d'effectivité des prestations afférentes aux opérations financières réalisées. Par ailleurs, une chose est de réaliser la dépense publique en toute légalité et effectivité, mais une autre est de s'intéresser à la qualité des réalisations, afin de se demander si cela a été réalisé en toute efficacité, efficience, bref en toute performance. Autrement dit, l'on devrait se préoccuper de savoir si la dépense réalisée, ou à réaliser, satisfait ses initiateurs et ses destinataires, en répondant favorablement à tous les critères quantitatifs et qualitatifs qui doivent fonder sa performance[32]. Une telle approche du contrôle de la dépense publique était malheureusement absente du système financier camerounais. Force était donc qu'elle y soit introduite[33].

B : Les insuffisances structurelles

23. La fonction de contrôle de la dépense publique n'était pas satisfaisante pour plusieurs raisons. Celles-ci sont liées principalement à son organisation déficiente, au nombre excessif des structures intervenant dans le contrôle interne sans véritable coordination entre elles, et surtout en l'absence d'un véritable contrôle externe en conformité avec les normes généralement admises en la matière.

24. En dehors de l'inadéquation du cadre juridique du contrôle interne *a priori* et *a posteriori* et du manque de formation des personnels de

---

[31] BARILARI (A), *Les contrôles financiers comptables, administratifs et juridictionnels des finances publiques*, LGDJ, Paris, 2003, pp 149 et suivantes.

[32] PHILIP (L), « Panorama du contrôle des finances publiques dans le monde », *RFFP*, n°101, mars 2008, pp.15-28.

[33] ESCLASSAN (M. C), « Un phénomène international : l'adaptation des contrôles financiers publics à la nouvelle gestion publique », *RFFP*, n°101, mars 2008, pp. 29-41.

contrôle, le cadre structurel, quant à lui, n'était pas satisfaisant à cause de la multiplicité des intervenants favorisant des redondances. C'est la raison pour laquelle était préconisée la création d'une inspection générale des finances unique, compétente pour tous les fonds publics, à l'image de la structure française[34]. Le contrôle externe représenté au Cameroun par le Parlement, en l'absence d'une véritable juridiction des comptes et d'une Institution Supérieure de Contrôle des finances publiques, était tout à fait incomplet et défaillant. La suppression de la Cour fédérale des comptes avait laissé un vide difficile à colmater dans l'ordre juridictionnel financier au Cameroun. Il était urgent de combler ce vide, pour l'essor de l'Etat de droit financier, par la création d'une juridiction financière compétente pour les comptables et les ordonnateurs.

25. Le Contrôle Supérieur de l'Etat qui s'attelle à officier comme l'institution supérieure de contrôle des finances publiques de notre pays n'en était pas une, à proprement parler, eu égard à son manque d'indépendance par rapport à l'exécutif qu'il était d'ailleurs appelé à contrôler aussi. Une institution satisfaisant à la critériologie de l'INTOSAI[35], devait donc être créée. Aussi une attention particulière devait être portée au système de passation des marchés publics qu'il fallait revoir en profondeur, afin de garantir son efficacité. Une autre préoccupation était celle des mécanismes d'audit qu'on sait unanimement efficaces en matière de contrôle des comptes des personnes publiques. Ces mécanismes étaient absents de la structure de contrôle des dépenses publiques au Cameroun.

26. Dans une perspective d'assainissement, la solution à tous ces problèmes conceptuels et structurels des finances publiques camerounaises, a suscité la définition de nouvelles perspectives en la matière.

¶ III : De nouvelles Perspectives pour les finances publiques camerounaises

27. La crise endurée par les finances publiques camerounaises a eu pour effet de susciter une réforme en la matière. En effet, elle a permis aux

[34] QUEROL (F), *Finances publiques*, Ellipses, Paris, 2002, p. 145.

[35] L'INTOSAI est l'organisation internationale des institutions supérieures de contrôle des finances publiques. Cette organisation conçoit des normes régissant le contrôle supérieur des finances publiques qui s'appliquent dans tous les Etats parties.

pouvoirs publics de doter l'Etat camerounais de perspectives mélioratives à court, moyen et long termes sur tous les aspects fondamentaux des finances publiques camerounaises. Ces perspectives portent essentiellement sur les recettes, les dépenses et la dette publique. Et elles ont pour vocation de réorienter nos finances publiques, afin de ne plus connaitre les déséquilibres macroéconomiques qui ont conduit l'Etat à la crise des années 1980.

A : Perspectives en matière de recettes publiques

28. Au sujet des recettes publiques, l'objectif global de la réforme est de les multiplier et de les diversifier autant que possible, en les collectant dans un climat de paix dénué de toute forme d'oppression. Il convient, à cet effet, de distinguer les perspectives portant sur la fiscalité interne de celles se rapportant à la « *fiscalité de porte* » qui mobilise les recettes douanières.

1 : Sur la fiscalité interne

29. Deux principaux défis restent à relever en matière de fiscalité interne. Il s'agit de procéder à l'élargissement de l'assiette fiscale en protégeant celle-ci de l'évasion fiscale internationale, d'une part, et d'améliorer le climat fiscal des affaires pour une meilleure attractivité du territoire camerounais, dans un souci de promotion du civisme fiscal, d'autre part.

30. La concrétisation du premier défi n'est possible qu'en réunissant un certain nombre de facteurs à savoir :
- Une meilleure rationalisation de la dépense fiscale ;
- Le renforcement de la part de la fiscalité des particuliers aux recettes fiscales globales, en s'appuyant sur le foncier ;
- L'amélioration de l'efficacité budgétaire de la TVA par le réajustement du seuil d'ajustement ;
- L'optimisation du contrôle fiscal par la mise en place d'une unité dédiée à la problématique des prix de transfert, le renforcement de l'échange international de renseignements et l'automatisation de l'analyse risque ;
- Le renforcement du recouvrement des arriérés fiscaux par un meilleur suivi de la fiscalité du budget de l'Etat et l'automatisation du suivi des arriérés fiscaux ;

- La sécurisation des recettes du timbre par la généralisation du timbrage par machines électroniques et la modernisation des modes de perception des droits de timbre ;
- L'optimisation de l'organisation des services ;
- La généralisation des mécanismes de gestion risque liés à l'administration de l'impôt ;
- L'optimisation de la gestion des personnels à travers l'élaboration d'une stratégie de gestion prévisionnelle des ressources humaines ;
- La dématérialisation de certaines procédures fiscales.

31. L'amélioration du climat des affaires, quant à elle, se traduira par quatre principales mesures. Il s'agit, premièrement, de l'implémentation de la politique de décrue des taux d'imposition moyennant un élargissement conséquent de l'assiette. Ensuite, il sied de généraliser les télé- procédures fiscales, à savoir, les déclarations en ligne ou par portables et les télépaiements[36]. Aussi, il va falloir fluidifier les remboursements de crédits TVA à travers l'automatisation des procédures y relatives et augmenter les allocations budgétaires y afférentes. Enfin, un accent particulier doit être mis sur l'éducation fiscale et l'amélioration de la communication.

2 : Sur les recettes douanières

32. Les perspectives se rapportant à la fiscalité « *de porte* » méritent d'être présentées en deux rubriques. Il s'agit d'abord d'imposer à l'administration douanière d'accroitre sa contribution au budget de l'Etat en termes de recettes. Il est question, ensuite, de procéder à un changement de paradigme qui induit une mise en exergue de la mission économique de l'administration douanière. Pour ce faire, le défi majeur à relever est la mise en œuvre de la stratégie de protection de la société et de promotion de l'espace économique garante d'un renversement progressif de la balance commerciale du Cameroun.

B : Perspectives en matière de dépenses publiques

33. Du fait de la dualité des sources de financement public, les perspectives sur les dépenses sous financement extérieur doivent être

---

[36] Il s'agit là de l'impératif de dématérialisation des procédures, qui à terme, doit concerner toute l'administration financière, dans l'optique d'alléger les circuits administratifs de réalisation des opérations financières publiques.

distinguées de celles des dépenses financées par les ressources de provenance interne. L'objectif majeur de la réforme des dépenses publiques demeure toutefois une mobilisation régulière et performante des ressources déjà insuffisantes dont dispose l'Etat camerounais.

34. A propos de la première catégorie de dépenses publiques, les fonds consentis par les partenaires extérieurs sont affectés pour des objectifs divers. Il est, d'abord, question de procéder à une meilleure mobilisation des recettes fiscales en vue de mieux maîtriser ou de réaliser des dépenses publiques efficaces. A ce titre, certains programmes sont privilégiés, à l'instar de la réforme du système des marchés publics, la maîtrise de la masse salariale, la viabilisation des entreprises publiques, l'amélioration des systèmes d'information et de gestion des finances publiques. Ensuite, un accent particulier est mis sur l'amélioration de l'infrastructure de production. C'est à ce titre que sont financés tous les programmes de réforme des transports, de l'électricité, et du fonds routier, dans l'optique de doter le Cameroun des infrastructures routières de qualité. L'on ne saurait faire fi des programmes d'approvisionnement en eau potable. Enfin, la production agricole devra être soutenue à travers l'appui à la politique des engrais et de la médecine animale. Par ailleurs, le capital humain occupe une place de proue dans le financement des dépenses sous fonds extérieurs. En effet, celui-ci devra être amélioré à travers le financement de la santé maternelle et infantile et l'universalisation du cycle primaire.

35. Quant aux dépenses sous financement interne, leur orientation majeure est de permettre à celles-ci de contribuer à l'objectif général de maîtrise des déficits budgétaires. Une plus grande efficacité socioéconomique de la dépense publique est alors vivement recherchée en orientant celle-ci vers l'atteinte des objectifs de politique publique qui sont déclinés à travers les programmes ministériels et alignés sur les priorités sectorielles contenues dans les stratégies nationales de développement. En réalité, c'est le cap sur la performance dans la gestion de nos finances publiques qui est ainsi fixé.

36. A ce titre, il est du devoir de tous les ministères dépensiers d'élaborer les cadres de dépenses à moyen terme qui seront annuellement évalués en Conférences élargies de programmes et de performance associées.

C : Perspectives en matière de dette publique

37. Les perspectives en matière de dette publique découlent des objectifs de financement ou d'endettement public. A ce titre, force est de relever

avec une particulière emphase que la politique de financement du déficit budgétaire est essentiellement axée au Cameroun sur l'endettement. Cette politique devrait s'appuyer sur l'adoption et la mise en œuvre d'une stratégie d'endettement et de gestion de la dette publique à moyen terme. Les objectifs d'une telle politique demeurent le financement du besoin d'endettement de l'Etat par optimisation des coûts et risques, d'une part, et la poursuite du développement du marché financier domestique, d'autre part. Il sera aussi parfois possible de recourir aux partenaires publics privés pour des projets avérés lorsque cela est indispensable.

38. C'est dire que la politique de financement de l'endettement s'exécutera en cohérence avec les autres politiques budgétaires et les orientations des partenaires extérieurs multilatéraux ou bilatéraux. Une attention particulière sera accordée au programme de convergence multilatéral de la CEMAC.

39. Les objectifs de la politique d'endettement du Cameroun sont d'ordre institutionnel, stratégique et opérationnel. Sur le plan institutionnel, il est questions pour les pouvoirs publics de poursuivre la mise en application du Règlement CEMAC portant cadre de référence de la politique d'endettement public et de gestion de la dette publique par la consolidation du rôle du Comité national de la dette publique, l'adoption et l'application effective du manuel de procédure de gestion de la dette publique. Sur le plan stratégique, il est question pour les autorités publiques de continuer à rechercher, de manière optimale, les financements destinés à couvrir tous les besoins de financement de l'Etat. Et enfin, sur le plan opérationnel, le service de la dette devra être réglé à bonne date et tous les arriérés intérieurs couverts pendant la période. Aussi, les ressources issues de la dette devront être mobilisées de manière efficiente à travers une programmation efficiente des tirages extérieurs et des émissions des titres publics.

40. Cette réforme ayant permis aux autorités nationales de définir de nouvelles perspectives, est perceptible dans tous les aspects des finances publiques camerounaises, objet de cette recherche.

§ II : L'objet de la recherche

41. Bien que des rapprochements avec des expériences étrangères africaines ou occidentales s'opèrent parfois dans beaucoup d'aspects de ce travail, cette recherche porte essentiellement sur les finances publiques camerounaises. A ce titre, et sans prétendre à l'exhaustivité,

elle ambitionne couvrir les principaux aspects de la matière financière publique d'un Etat camerounais fortement enclin à la décentralisation et grandement ouvert au reste du monde. D'où la mise en exergue des matières telles le budget, l'impôt, la comptabilité publique et la douane qui tendent à correspondre avec la structuration administrative du ministère des finances consistant, au Cameroun, essentiellement, en une Direction générale du budget, une Direction générale des impôts, une Direction générale du Trésor et de la coopération financière et monétaire et une Direction générale des douanes.

42. Cet ouvrage se décline alors successivement en ces principales matières, mais avec ceci de particulier que l'auteur prend le parti de diluer la matière afférente à la comptabilité publique dans les trois autres matières, à savoir, le budget, l'impôt et la douane, car la description, la réalisation et le contrôle de l'exécution de ces trois catégories du droit public financier constituent la substantifique moelle de la comptabilité publique ; laquelle se définit généralement comme l'ensemble des règles juridiques et techniques qui encadrent la description, la présentation, l'exécution et le contrôle de l'exécution des deniers publics. Ces derniers, à leur tour, s'appréhendent comme des fonds et valeurs que possèdent les personnes publiques à titre de propriétaires et se réalisent à travers les principales opérations financières à savoir les recettes et les dépenses publiques. Qu'il nous soit permis de rappeler à ce niveau pour corroborer nos dires, que le budget consiste en des prévisions de recettes et de dépenses, l'impôts est la principale recette publique et la douane encore appelé ici « *impôt de porte* » en est aussi une. Leur mobilisation au quotidien se fait à travers des organes, des mécanismes et des règles de droit public comptable.

¶ I : Les budgets

43. La première partie de ce travail s'appesantit alors logiquement sur les budgets. Il n'en saurait d'ailleurs être autrement tant il est vrai qu'aucune matière financière ne peut être mobilisée par une personne publique si elle n'est budgétisée. La matière budgétaire atteint de ce fait la dimension apothéotique de sa sacralité dans l'essence et l'existence de l'Etat, des collectivités territoriales décentralisées et des établissements publics. En cohérence avec la nature fortement décentralisée de l'Etat camerounais, les développements sur les budgets

se font alors en distinguant les réalités budgétaires nationales de celles locales. Au niveau national, dans une optique d'identification du budget étatique, son contenu fait de recettes et dépenses publiques sera décliné après s'être considérablement appesanti sur sa définition dégageant son concept et ses principales fonctions dans la collectivité publique. Viendra ensuite le moment de statuer sur les préoccupations de son élaboration, où il s'est avéré opportun de distinguer le cadre d'élaboration des mécanismes y afférents. En effet, le budget étatique s'élabore dans un cadre politique, économique et social particulier, et en respect de certaines règles cardinales à vocation principielle. Quant aux mécanismes d'élaboration, il importe de relever qu'il existe une répartition des tâches entre les autorités gouvernementales et celles parlementaires, les premières préparant le budget et les autres l'adoptant, même s'il semble se dégager à l'analyse de tout le processus d'élaboration que le pouvoir exécutif s'arroge la part du lion en rapport avec le législatif, eu égard à la nature du régime présidentialiste mis en place au Cameroun. Dans l'étude des règles d'élaboration du budget dans un Cameroun sous les fourches caudines de la conditionnalité consubstantielle aux instruments juridiques d'assistance financière internationale, il a paru opportun d'initier une réflexion sur la réforme des principes de droit budgétaire, lors de la mobilisation des fonds glanés au titre de l'initiative en faveur des pays pauvres et très endettés et du premier Contrat de désendettement-développement. En effet, l'exigence d'assainissement des finances publiques camerounaises semble avoir impulsé une réforme des règles de droit budgétaire, bien avant le nouveau régime financier adopté le 26 décembre 2007 et révisé le 11 juillet 2018.

44. Un budget élaboré a vocation à être exécuté, et son exécution, contrôlée. Ainsi semble chanter l'hirondelle qui annonce le printemps des règles et mécanismes de comptabilité publique dans ce travail. En effet, les développements sur l'exécution et les contrôles de l'exécution du budget, introduisent ce travail dans sa dimension de droit public comptable, et ce, pratiquement jusqu'à la fin de cet ouvrage. L'étude des mécanismes d'exécution présente les techniques et procédures de réalisations des recettes et dépenses publiques par les principales autorités de la comptabilité publique, à savoir, les ordonnateurs et les comptables publics, en mettant un point d'orgue sur les différentes règles dont la violation vicie ou invalide l'opération initiée et engage la responsabilité pécuniaire et même pénale de l'autorité concernée. Un chapitre particulier a alors été conçu afin de rendre compte, dans les

limites du possible, des relations peu ou prou tendues au Cameroun entre l'ordonnateur et les différents comptables publics. Il semble se dégager, en dernière analyse à ce sujet, que le comptable-deniers demeure séparé de l'ordonnateur, tandis que le comptable-matières lui semble subordonné.

45. A propos des contrôles de l'exécution du budget, le passage de la logique de budgétisation fondée sur les moyens à celle fondée sur les résultats et qui induit ici une gestion administrative et financière axée sur les objectifs, a eu pour principal effet en matière de contrôle des finances publiques, la consolidation des préoccupations de régularité et surtout l'avènement des considérations de qualité des dépenses publiques. En effet, le cap semble être fixé sur la performance dans la gestion des finances publiques. Par conséquent, l'étude des contrôles du budget commande à distinguer les contrôles de régularité dans leurs dimensions formelle et substantielle des contrôles de la qualité dans leurs aspects budgétaire et comptable. Car les finalités de conformité aux textes juridiques et d'effectivité se distinguent des objectifs de performance des réalisations et de certification des comptes.

46. Ces développements sur le budget national ne perdent pas leur pertinence en rapport avec les budgets locaux, en dépit de la spécificité des règles et réalités financières des collectivités territoriales décentralisées. A ce titre, il sied de se préoccuper des données théoriques des budgets locaux, eu égard à la diversité des réalités locales, et surtout des mécanismes particuliers mobilisés lors de l'élaboration, l'exécution et le contrôle de l'exécution des budgets des communes, régions, communautés urbaines et syndicats de communes. Il semble ressortir au sujet des données théoriques du droit budgétaire local qu'en dépit de leur diversité fondée sur le triptyque budget principal- budget annexe- budget de syndicat de communes, les budgets locaux présentent un contenu similaire qui tient aux recettes et aux dépenses. La particularité de leurs mécanismes d'élaboration porte sur l'importance déterminante accordée à l'ultime étape d'approbation budgétaire par les autorités de tutelle, sans laquelle le budget ne saurait entrer en exécution ; les mécanismes d'exécution et de contrôle mobilisant à la fois les autorités nationales classiques, les autorités locales, et même celles internationales, lorsque le besoin se fait sentir. L'existence des budgets locaux aurait pourtant été l'occasion d'implémenter de véritables finances publiques locales distinctes des finances étatiques, ne serait-ce que du fait de la mise en place d'une

fonction publique locale au sein de laquelle la trésorerie locale occupe une place de choix.

¶ II : Les impôts

47. La seconde partie de ce travail porte sur l'impôt qui n'est plus l'apanage de l'Etat central. En effet, l'impôt est aussi devenu une réalité locale au Cameroun, sans faire fi de l'impôt particulier que les autorités financières compétentes collectent au niveau des frontières nationales. Cette partie se subdivise donc logiquement en trois sous parties traitant respectivement des impôts nationaux, des impôts locaux et des « *impôts de porte* » autrement appelés douanes.

48. Bien qu'une partie importante de la fiscalité nationale ait été transférée aux collectivités territoriales décentralisées, l'Etat conserve toujours la plus grande partie de la matière fiscale au Cameroun. L'impôt est la plus grande contribution pécuniaire publique collectée au Cameroun. C'est donc dire qu'il en existe d'autres qu'il faille impérativement distinguer de l'impôt. C'est la logique idéelle du premier chapitre du sous-titre consacré à la catégorisation juridique de cette contribution publique particulière. Il est intitulé le « *concept juridique de l'impôt* », car il est question ici de dégager le contenu théorique spécifique de la notion de l'impôt, en le distinguant des notions voisines, à savoir, la taxe administrative, la redevance, la cotisation sociale, la taxe parafiscale et les autres droits pécuniaires collectés par l'Etat. Si toute catégorie juridique est faite d'un concept juridique et d'un régime juridique, l'impôt a logiquement aussi un régime juridique à identifier. C'est l'objet du second chapitre de ce sous-titre. Il est consacré à l'analyse des diverses sources du droit fiscal. Une mention spéciale est toutefois accordée à l'examen des principes fondamentaux et de la doctrine administrative en droit fiscal camerounais.

49. Ce travail serait très certainement inachevé s'il ne s'appesantissait pas sur la réalisation juridique concrète de l'impôt, après l'identification de cette contribution publique. En effet, une chose est de définir un vocable, une autre est de savoir comment la réalité définie se réalise au quotidien. C'est la trame de fond du sous-titre suivant, où l'étude du processus d'imposition contrôlée et de la fuite devant l'impôt au Cameroun retiendra notre attention. Réalité non figée, l'impôt est une dynamique faite de plusieurs étapes. Son processus commence par la détermination de l'assiette fiscale, et finit par le recouvrement, en

passant par la liquidation. Et chacune de ces trois étapes principales est assortie de contrôles, eu égard à la nature du système fiscal de « *déclarations contrôlées* », mis en place ici. Toutefois, la fuite devant l'impôt prend des proportions importantes dans ce système, que ce soit au niveau national ou local, malgré les multiples mécanismes de contrôles institués. Trancher le nœud gordien de cette épineuse préoccupation est l'objectif majeur de l'étude de la fraude et de l'évasion fiscale nationale ou internationale dans cette partie du travail. Des développements importants seront faits sur les paradis fiscaux, car ils contribuent significativement, comme dans plusieurs autres Etats de la planète, à la diminution des rendements fiscaux au Cameroun.

50. En dehors d'être une réalité dynamique, l'impôt est aussi une matière plurielle qui se matérialise à travers plusieurs types. Ainsi est initiée l'étude de la classification des impôts suivant une critériologie dont la pertinence varie en fonction de l'ingéniosité des auteurs engagés dans ce champ d'étude. La grille nationale des impôts étant faite de plusieurs dizaines d'impôts au Cameroun, il ne serait pas indiqué, à notre humble avis, dans le cadre de cette modeste contribution, de faire une étude exhaustive de tous les impôts collectés par l'Etat camerounais. Des choix s'imposent dès lors, afin de rendre compte de manière intelligente, des types d'impôts au Cameroun. A ce titre, fondé sur la grande distinction « *impôts directs-impôts indirects* », nous avons pris le risque d'étudier, à titre illustratif, l'impôt sur le revenu des personnes physiques et la taxe sur la valeur ajoutée. Et pour chacune des deux contributions, il est question de ressortir dans le champ d'application, les personnes et les revenus ou activités imposables, dans la liquidation, les régimes d'imposition, modalités de calcul et obligations des assujettis, et dans le recouvrement, les modalités de recouvrement et les sanctions liées au non-respect des règles de collecte pécuniaire du fait des contribuables ou redevables.

51. L'administration de ces sanctions aux assujettis ne signifie toutefois pas que ceux-ci sont laissés à la merci du fisc qui, dans l'optique d'accroitre ses revenus disposerait du contribuable à sa guise. Loin s'en faut ! En effet le contribuable dispose de plusieurs droits qui lui sont garantis au Cameroun, dans ses diverses relations avec l'administration fiscale ou avec le juge fiscal. En d'autres termes, le contribuable bénéficie d'un système de protection peu ou prou solide. Trois chapitres portent donc sur cette protection. Il s'agit respectivement d'identifier ces droits, voir comment ils sont protégés par le gardien naturel des

droits et libertés qu'est le juge, et le sort que réserve l'administration et la société civile à ces prérogatives du contribuable.

52. Les impôts locaux n'échappent pas à ce système de protection. Toutefois, il sied de relever la particularité de ces contributions pécuniaires publiques à partir de leur identification juridique au Cameroun. En effet, le législateur à travers la loi portant fiscalité locale, a semblé intégrer toutes ces contributions dans le concept d'« *impôts locaux* ». Dès lors, les impôts au sens technique du terme, les taxes, les redevances et tous autres droits sont contenus dans cette catégorie originale et composite du droit fiscal camerounais. Qu'à cela ne tienne, l'étude des impôts locaux se fera en fonction de la collectivité territoriale décentralisée bénéficiaire. Une attention particulière sera accordée aux impôts communaux, car de nos jours, c'est la collectivité décentralisée la plus grande du point de vue du nombre, de l'expérience dans le fonctionnement et même de l'histoire de la décentralisation au Cameroun. Nous ne ferons cependant pas fi des impôts des régions, des communautés urbaines et ceux dits d'« *intercommunalité* ». Le risque est alors pris, à cette partie de l'étude, d'analyser tour à tour tous les impôts locaux, dynamique de décentralisation en cours au Cameroun oblige.

¶ III : La douane

53. En ce qui concerne enfin la fiscalité de porte, la douane devra d'abord être déterminée dans son institution et son activité. Administration de protection de l'économie nationale par vocation, ce service public beaucoup plus connue au Cameroun dans sa dimension financière, mène une activité intense aux frontières et même dans le territoire national, dont le commun des mortels n'a pas bonne connaissance. Il convient à cet effet, de la présenter au public, afin d'avoir les rudiments des diverses procédures de dédouanement à l'importation et même à l'exportation. Ces procédures exposent les usagers des services douaniers à commettre, par ignorance ou par intention, des infractions d'une certaine nature. Cette partie du travail vise alors à identifier ces infractions et à statuer sur leurs mécanismes de répression administrative ou juridictionnelle. Et en fonction des cas, ces procédures voient souvent intervenir des autorités communautaires. L'Etat camerounais est cependant une personne morale qui utilise à la fois le « *bâton et la carotte* », même en matière douanière, où le nerf de la guerre est en jeu. En effet, il est mis en place au profit des usagers

Première Partie

Le Budget

66. Etat unitaire décentralisé, l'étude du budget au Cameroun commande la prise en compte des réalités budgétaires nationales et locales. Une distinction logique est alors faite entre le budget de l'Etat central et ceux des collectivités territoriales décentralisées.

Titre I

Le Budget national

67. Pour la vie et même l'épanouissement de toute collectivité humaine, il est déterminant de prévoir les besoins auxquels l'on aura à faire face, et de jauger des moyens nécessaires à leur satisfaction. C'est dire que toute entité humaine est appelée, pour son efficacité d'action, à concevoir un programme financier qui détermine les ressources qu'elle prévoit collecter et les charges qu'elle envisage satisfaire.

68. L'Etat se présente actuellement comme la collectivité humaine la plus parfaite, du point de vue de son organisation. Il ne se dérobe pas à une telle logique, surtout eu égard aux besoins sans cesse croissants et variés qu'il est appelé à satisfaire. La prévision des ressources et des charges étatiques commande à concevoir un document financier spécifique appelé budget, qu'il sied d'abord de bien identifier, avant d'envisager l'étude de son régime d'élaboration.

Sous-Titre I

L'identification du Budget

69. Une bonne identification du budget passe nécessairement par la déclinaison de son contenu théorique et matériel. En d'autres termes, il s'agit de dégager sa définition d'une part, et les matières qui font sa substance, d'autre part.

Chapitre I

La définition du Budget

70. Que l'on se situe sous le prisme de la science juridique, de la science économique ou même des autres sciences sociales où cette notion est abondamment mobilisée, la définition du budget constitue un impératif catégorique. Il importe en effet de cerner les contours exacts de cette notion, afin d'éviter toute confusion conceptuelle, d'une part. Il est aussi tout à fait nécessaire de décliner les fonctions précises de cet acte essentiel, afin de mettre en évidence l'importance de l'activité budgétaire dans la vie des Etats modernes.

§ I : Le concept de budget

71. A l'image de tout phénomène de grande importance, l'origine du mot budget est au centre de plusieurs anecdotes, les unes plus originales et disertes que les autres. Mais quel qu'en soit le cas, la paternité du concept de budget semble occidentale et plus précisément européenne. En effet, avant tout saisissement du budget par le droit à travers la lettre et l'esprit d'un texte, ce mot dériverait du vieux français *« bougette »* qui correspond à un petit sac en cuir. L'acception purement financière de ce mot est issue du pamphlet paru en 1733 intitulé *The budget opened* dans lequel le Premier ministre britannique R. WALPOLE était comparé à un charlatan ouvrant une besace de remèdes miraculeux[65].

72. Plusieurs instruments juridiques français et camerounais apportent par la suite une définition peu ou prou précise au budget. Il s'agit, en France, du décret impérial du 31 mai 1862 dont l'article 5 en fait pour l'Etat *l'acte par lequel sont prévues et autorisées les recettes et les dépenses annuelles de l'Etat et des autres services que les lois*

[65] MEKHANTAR (J), *Finances publiques. Le budget de l'Etat*, Hachette Supérieur, 4ème édition, Paris, 2003, p.10. L'auteur s'inspire du Dictionnaire historique de langue française rédigé sous la direction d'Alain Rey, Robert, 1992.

assujettissent aux mêmes règles. Par la suite, l'article premier du décret du 19 juin 1956 disposait que : *le budget de l'Etat prévoit et autorise...les charges et les ressources de l'Etat. Il est arrêté par le Parlement dans la loi de finances qui traduit les objectifs économiques et financiers du gouvernement*. Fidèle à l'esprit, mais pas à la lettre de ces décrets, l'ordonnance du 2 janvier 1959 convoque plutôt en son article 2 le concept de *loi de finances* et en fait l'acte qui *prévoit et autorise pour chaque année civile l'ensemble des ressources et des charges de l'Etat*, créant ainsi la confusion entre les concepts « *budget* » et « *loi de finances* ». Les textes ultérieurs, notamment la loi organique du 1er août 2001 relative aux lois de finances, va maintenir la tendance en optant en son article premier, au détriment du concept de budget, pour une définition de la loi de finances dont déduction peut être faite de celle du budget : ... *les lois de finances déterminent, pour un exercice, la nature, le montant et l'affectation des ressources et des charges de l'Etat, ainsi que de l'équilibre budgétaire et financier qui en résulte. Elles tiennent compte d'un équilibre économique défini, ainsi que des objectifs et des résultats des programmes qu'elles déterminent.*

73. Au Cameroun, c'est dans l'ordonnance du 7 février 1962, considérée à cette époque comme le *« bréviaire »* des finances publiques camerounaises, par l'une des plumes les plus averties de la science juridique en générale et de celle financière publique en particulier[66], que se trouve la définition du budget. Aux termes de l'article premier, *le budget de l'Etat prévoit et autorise en la forme législative les charges et les ressources de l'Etat dont il détermine le montant. Il fixe en termes financiers les objectifs administratifs, économiques et sociaux de la République fédérale du Cameroun. Il est arrêté annuellement par l'Assemblée nationale fédérale dans le cadre de la loi de finances*. La réforme des finances publiques camerounaises[67] orchestrée par la révision constitutionnelle du 18 janvier 1996, va commander l'adoption de la loi du 26 décembre 2007 portant régime financier de l'Etat, dont la version législative la plus actuelle date du 11 juillet 2018[68]. Aux

---

[66] LEKENE DONFACK, *Finances publiques camerounaises*, Berger-Levrault, Paris, 1987, p.38.

[67] BILOUNGA (S.T), *La réforme du contrôle de la dépense publique au Cameroun*, Thèse de Doctorat Ph/D en droit public, Université de Yaoundé II- Soa, 2009, pp.56 et suivantes.

[68] Il convient toutefois de relever l'évolution constatée dans la désignation de cet instrument juridique. Il ne s'agit plus tout simplement de la loi portant régime

termes, respectivement, des articles 5 (1) et 4 (1) de ces lois, *le budget décrit les ressources et les charges de l'Etat autorisées par la loi de finances, sous formes de recettes et de dépenses, dans le cadre d'un exercice budgétaire.*

74. La mobilisation parfois indistincte des concepts *budget* et *loi de finances*, tant par les textes camerounais que français, commande alors à *« établir un certificat d'individualité »*[69] à ces deux expressions, avant d'envisager le rapport que pourrait entretenir le budget avec la personnalité juridique si déterminante pour l'essence et l'existence d'un Etat.

¶ I : Budget et lois de finances

75. En dépit de la synonymie parfois nourrie même par les têtes les plus couronnées des finances publiques universelles, une dichotomie conceptuelle s'impose entre le budget et la loi de finances, afin de ressortir les contenus théoriques respectifs des deux catégories juridiques. Il faudra pour ce faire ressortir au préalable leurs éléments caractéristiques, avant de décliner leurs typologies.

A : Eléments caractéristiques du budget et de la loi de finances

La présentation des éléments caractéristiques du budget précèdera celle des éléments d'identification de la loi de finances.

1 : Les éléments caractéristiques du budget

76. Défini par des textes juridiques et une abondante doctrine, le budget peut être appréhendé tant sur le plan formel que matériel. Du point de vue formel, le budget est l'acte prévisionnel et périodique d'autorisation des ressources et des charges des personnes publiques. Et du point de vue matériel, Il retrace l'ensemble des recettes à collecter et des dépenses à effectuer en vue d'assurer la permanence du fonctionnement des personnes morales de droit public, à savoir, l'Etat, les établissements publics et les collectivités territoriales décentralisées.

---

financier de l'Etat. Il s'agit dorénavant de la loi portant régime financier de l'Etat et des autres entités publiques.

[69] LEKENE DONFACK, *Finances publiques camerounaises*, op.cit, p.34.

77. Cette présentation théorique du budget permet de dégager ses éléments spécifiques d'identification. Le budget est à la fois un acte de prévision, d'autorisation et à durée préalablement définie. Acte prévisionnel, l'élaboration du budget est antérieure à son exécution. En effet, se présentant comme le programme d'action du gouvernement, le budget retrace, avant la réalisation effective, l'ensemble des recettes que l'Etat aura à glaner et la manière dont ces ressources seront utilisées dans l'optique de satisfaire les besoins d'intérêt général et de financer les différentes interventions de la puissance publique en matière économique et sociale. L'intervention préalable de l'autorité compétente en la matière, à savoir le parlement, en vue de valider ce document évaluatif conçu par le gouvernement sous les instructions du Président de la République, Chef de l'Etat, donne un cachet particulier au budget dont l'essence est financière et comptable.

78. Acte d'autorisation, c'est par le vote du budget que le parlement autorise le gouvernement à percevoir les recettes et à effectuer les dépenses, selon les prévisions initialement arrêtées. Contenu dans un document appelé, à cette phase, projet de budget, définissant toutes les prévisions financières, économiques, politiques et sociales du gouvernement, le budget est alors validé par le parlement après un contrôle minutieux de la pertinence des recettes et des dépenses envisagées. C'est dire que par le vote du budget, le Parlement qui représente le peuple, donne alors l'accord ou la permission au gouvernement de collecter les ressources par les multiples mécanismes y afférents, d'une part, et à effectuer les dépenses issues de l'utilisation desdites ressources pour plusieurs fins, d'autre part. L'exercice de la compétence d'autorisation budgétaire par le parlement trouve sa justification à travers deux séries de considérations principiels. D'une part, représentant de la nation, il revient au parlement de consentir l'impôt, et partant, d'autoriser sa levée. D'autre part, la séparation imposée entre le législatif et l'exécutif a pour corollaire l'exercice par chaque pouvoir des tâches précises en matière budgétaire. Il ressortit ainsi au parlement, lors du vote du budget, de contrôler les prévisions de recettes et de dépenses avant de les valider.

79. Acte à durée préalablement définie, le budget est valable pour une période précise qui est généralement de douze mois, c'est-à-dire, une année[70]. Cette période est techniquement désignée *exercice budgétaire*. Elle correspond actuellement à l'année civile allant du 1er janvier au 31

[70] C'est, en fait, l'esprit du principe de l'annualité que l'on étudiera ultérieurement.

décembre. Jadis au Cameroun, l'exercice budgétaire allait du 1er juillet au 30 juin de l'année suivante, afin de mieux arrimer le budget au calendrier agricole dans un Etat dont les ressources étaient essentiellement issues de la vente des produits des champs.

80. La loi de finances qui est parfois mobilisée dans le langage et la littérature juridiques en lieu et place du budget, présente-t-elle les mêmes caractéristiques ?

2 : Les éléments caractéristiques de la loi de finances

81. A l'image du budget, la loi de finances a été définie par des instruments juridiques et par la doctrine. Aux termes de l'article 1er de la loi du 26 décembre 2007 portant régime financier de l'Etat, *la loi de finances prévoit et autorise, chaque année, l'ensemble des ressources et des charges de l'Etat en déterminant leur nature, leur montant, leur affectation et en fixant leur équilibre*.... Les deux premiers alinéas de l'article 12 de la loi du 11 juillet 2018 portant régime financier de l'Etat et des autres entités publiques, vont dans le même sens en disposant que : *les lois de finances ont pour objet de déterminer les recettes et les dépenses de l'Etat, de définir les conditions de l'équilibre budgétaire et financier, d'arrêter le budget de l'Etat et de rendre compte de son exécution. Elles tiennent compte d'un équilibre économique bien défini, ainsi que des objectifs et des résultats des programmes qu'elles déterminent. Elles peuvent, en outre, comporter toute disposition de nature législative relative à la détermination des recettes et dépenses de l'Etat, ainsi qu'aux modalités de leur mise en œuvre et de leur contrôle*.

82. Même si elle porte sur des matières financières et économiques, la loi de finances est d'abord une loi, donc un acte juridique, qu'il convient de bien cerner avant de s'appesantir sur sa spécificité financière.

83. Posant des règles ou des normes ayant force obligatoire définies par les pouvoirs publics, la loi, comme tout acte juridique, se caractérise par sa normativité et son « *obligatoriété* ». Sous le prisme purement juridique, la loi est définie au sens large et au sens strict. *Stricto sensu*, elle est l'ensemble des règles établies ou votées par le parlement. Et *largo sensu*, c'est tout acte juridique à caractères général, impersonnel et impératif ayant vocation à permettre, défendre, ordonner, établir,

punir ou récompenser[71]. Elle énonce donc des règles[72], quel qu'en soit l'auteur.

84. Il existe plusieurs types de lois qui correspondent, soit à un domaine particulier d'intervention, soit à une procédure particulière d'élaboration. Et les lois de finances en font parties, même s'il sied de relever qu'au vu de leurs organes et procédures d'élaboration, elles suivent les mêmes étapes d'édiction que les lois ordinaires au Cameroun. Elles sont votées par le parlement dans l'une des matières constitutionnellement réservée à cet organe. L'article 26 (2) confère ainsi la compétence financière au Parlement parmi les matières à lui dévolues.

85. La loi de finances est la loi par laquelle l'Etat détermine ses ressources et ses charges. C'est l'ensemble des ressources et charges de l'Etat sous forme de recettes et de dépenses autorisées par le Parlement pour le compte d'un exercice budgétaire. Pour Monsieur CHOUVEL, la loi de finances est un acte d'autorisation, de perception des ressources et de couverture des charges[73].

86. Acte juridique exclusivement voté par le Parlement et traitant de la matière financière dans un Etat, la loi de finances se présente comme un acte qui regroupe l'ensemble des ressources et charges de l'Etat déterminant pour un exercice budgétaire, le montant et l'affectation de celles-ci, ainsi que l'équilibre financier et budgétaire de l'Etat. Sa distinction d'avec le budget est aisée par la mobilisation de « *la logique du contenant et du contenu* » : la loi de finances contient le budget de l'Etat. L'ordonnance du 7 février 1962 était claire à ce propos lorsqu'elle disposait en son article 1er alinéa 3 : *le budget de l'Etat est arrêté annuellement par l'Assemblée nationale dans le cadre de la loi de finances*. Le budget, acte comptable par essence est donc revêtu de la force juridique par son inscription dans un acte à caractère juridique, à savoir, la loi de finances.

87. En résumé, l'action en établissement des certificats d'individualité au budget et à la loi de finances a conduit à en inférer que :

88. Au plan formel, la loi de finances est un acte juridique, tandis que le budget est une planification financière et comptable dont le caractère contraignant dépend de son inscription dans la loi : d'où l'expression

---

[71] MATHIEU (B), « La normativité de la loi, une exigence démocratique », *Les cahiers du Conseil constitutionnel*, n°21, 2006, p.103.

[72] Article 6 de la Déclaration des droits de l'homme et des citoyens de 1789.

[73] CHOUVEL (F), *Finances publiques*, Gualino, 15ème édition, 2011, p.24.

« *loi de finances* ». Par cette inscription dans la loi, le budget devient opposable tant aux gouvernants qu'aux gouvernés.

Au plan substantiel, la loi de finances prévoit et autorise l'ensemble des ressources et des charges de l'Etat. Le budget quant à lui n'en fait que la description.

Au plan temporel, la loi de finances est essentiellement annuelle. Le budget quant à lui peut transcender le cadre annuel et être ainsi pluriannuel. C'est le cas du budget programme qui est conçu au Cameroun pour une période de trois ans, mais rendu obligatoire par tranches annuelles à travers les lois de finances de chacune des trois années.

Cette distinction faite entre ces deux catégories juridiques et avec pour illustration le budget programme, incline à penser qu'il existe une diversité de budget et, assurément, de lois de finances.

B : Les types de budgets et de lois de finances

89. L'activité financière des personnes morales de droit public en général, et de l'Etat en particulier, permet de mettre les différents types de budgets et de lois de finances en exergue. En effet, la pluralité des missions d'intérêt général à satisfaire, la diversité des interventions de la puissance publique dans les secteurs économique et social et surtout, la nécessité d'agir en toute performance, justifient la mobilisation par l'Etat de plusieurs types d'instruments financiers susceptibles de mieux prévoir et encadrer les ressources et les charges publiques.

1 : Les types de budgets

90. Il existe plusieurs types de budgets, à savoir, le budget de l'Etat, le budget programme, le budget général, le budget de législature, le budget fonctionnel, le budget annexe, et le budget autonome. Un accent particulier sera toutefois mis sur les deux premiers types de budget dans ce travail, eu égard aux évolutions actuelles des finances publiques camerounaises.
91. A l'intérieur de la loi de finances, les prévisions des recettes et les autorisations de dépenses sont inscrites dans un compte unique appelé « *budget général* ». Sa caractéristique principale est qu'il est équilibré en recettes et dépenses.
92. Afin d'arrimer la période d'exécution du budget à la durée du mandat des représentants de la nation au Parlement, il est possible de

concevoir un « *budget de législature* ». Il est voté pour toute la durée du mandat des députés et sénateurs dans la perspective de faciliter l'établissement et la conduite de leurs microprojets économiques et sociaux.

93. L'insuffisance des moyens financiers impose souvent l'Etat à opérer des choix décisifs dans l'utilisation des ressources mis à sa disposition. Il est, en effet, obligé de se fixer des objectifs, mobiliser les ressources nécessaires à leur réalisation et évaluer en fin de compte les résultats atteints. C'est la logique du « *budget fonctionnel* » dont le budget programme en est la parfaite illustration. C'est le type de budget qui regroupe les crédits de l'Etat en raison de leur finalité. Il permet de jauger le coût et le rendement de chacune des grandes administrations de l'Etat, et a pour corollaire, une grande responsabilité des gestionnaires.

94. Le *« budget annexe »* est le budget des structures publiques à caractère industriel ou commercial qui ne sont pas dotées de la personnalité juridique leur conférant une autonomie financière. Leur comptabilité est alors « *annexée* » au budget de l'Etat, car elles produisent d'importants biens ou fournissent plusieurs types de services donnant lieu au paiement d'un prix. L'article 20 de l'ordonnance du 2 janvier 1959 avait donné la définition suivante aux budgets annexes : *les opérations financières des services de l'Etat que la loi n'a pas doté de la personnalité morale et dont l'activité tend essentiellement à produire des biens ou à rendre des services donnant lieu au paiement de prix, peuvent faire l'objet de budgets annexes. Les créations ou suppressions de budgets annexes sont décidées par des lois de finances*. Il convient, en outre, de relever qu'il n'existe pas de budget annexe *ex nihilo.* Ce type de budget n'est envisageable que parce qu'il existe un budget principal. C'est la raison pour laquelle il est annexé, soit au budget de l'Etat, soit au budget d'une des autres personnes morale de droit public dotée de l'autonomie budgétaire.

95. Le *« budget autonome »* est le budget des organismes publics autres que l'Etat, dotés de la personnalité juridique et partant, de l'autonomie financière. Jouissant du principe de la libre gestion sur le plan administratif et financier, ces entités publiques peuvent alors concevoir leurs propres budgets en fonctions des réalités locales ou des besoins spécifiques de leurs « *administrations de missions* ». C'est le cas des collectivités territoriales décentralisées comme les communes ou les communautés urbaines ; ou des établissements publics comme les universités d'Etat.

a : Le budget de l'Etat

96. Plusieurs développements ont déjà été faits en début du chapitre sur le budget de l'Etat. De manière synthétique, le budget de l'Etat est l'ensemble de comptes qui décrivent pour un exercice budgétaire, toutes les charges et les ressources permanentes de l'Etat. C'est, sur le plan formel, l'acte par lequel sont prévues et autorisés les recettes et les dépenses des organismes publics et sur le plan matériel, l'ensemble des dépenses et recettes autorisées et réalisées pour une année. C'est en fait le budget qui est contenu dans le document juridique par essence que l'on appelle la loi de finances. Ses modifications éventuelles nourries par l'urgence et la nécessité, pourraient être contenues dans des *collectifs budgétaires* ou *lois de finances rectificatives*. Et le solde final de fin d'année, résultant de la comparaison entre les prévisions initiales de début d'année et les réalisations effectives pendant l'année, est inscrit dans la « *loi de règlement* ».

b : Le budget programme

97. Le budget programme constitue la parfaite illustration des budgets fonctionnels dont la vocation essentielle est la performance dans la mobilisation des crédits. Ce budget présente les crédits d'un Etat donné en les classant par objectifs. Depuis l'adoption de la loi du 26 décembre 2007 portant régime financier de l'Etat, le Cameroun a intégré la budgétisation par programme. Cette philosophie s'inspire de la *Rationalisation des choix budgétaires* française qui, elle-même, est nourrie du *Planning-Programming-budgeting System* américain. Ceci marque le passage au Cameroun d'une logique de gestion financière fondée sur moyens à une logique de gestion axée sur les résultats.

98. Le programme constitue la pierre angulaire du budget programme et la base de l'affichage des politiques par objectifs. Conformément aux dispositions de l'article 30 de la loi du 11 juillet 2018 portant régime financier de l'Etat et des autres entités publiques, les crédits ouverts dans le budget de l'Etat pour chacune des dépenses sont, à l'exception des crédits visés à l'article 31, regroupés par programmes relevant d'un seul ministère. De création exclusivement législative et plus précisément par le biais d'une loi de finances, le programme est un ensemble d'actions à mettre en œuvre au sein d'une administration pour

la réalisation d'un objectif déterminé dans le cadre d'une fonction[74]. Il regroupe les crédits destinés à mettre en œuvre dans le cadre d'un ensemble cohérent d'actions[75] relevant d'un même ministère et auquel sont associés des objectifs[76] précis, définis en fonction des finalités d'intérêt général, ainsi que des résultats attendus. Les objectifs de chaque programme sont assortis d'indicateurs[77] de résultats.

99. Même si les programmes d'un même ministère donnent lieu à la conception d'un document de stratégie sectorielle ou ministérielle en cohérence avec les documents de cadrage à moyen terme, chaque programme est conduit par un responsable de programme désigné par son ministre sectoriel[78]. Il bénéficie de sa hiérarchie ministérielle de la délégation de pouvoir et de signature lui permettant d'officier comme ordonnateur délégué. Ce qui lui donne tous les pouvoirs liés à la gestion et au contrôle des crédits propres au programme, d'une part, et en corolaire, l'expose à toutes les conséquences financières et pénales découlant d'aussi grands pouvoirs pouvant aller jusqu'à la fongibilité des crédits, d'autre part. En respect du principe de la sincérité budgétaire, les programmes et tous les documents y relatifs doivent être publiés.

100. A l'image de la France, l'avènement du budget programme a suscité beaucoup d'espoir au Cameroun. Franc MORDACQ avait alors pu dire en parlant de la loi organique relative aux lois de finances, modèle de référence des régimes financiers successifs du Cameroun depuis 2007 : *concrètement, le budget de l'Etat va passer d'un modèle structuré par nature de moyens, avec pour seul contrôle de conformité avec les autorisations de dépenses, à un modèle structuré par finalités de politique publique contrôlées par les résultats obtenus. Il sera structuré en missions, programmes et actions*. Malheureusement, plus de treize années après son adoption, l'évolution perceptible depuis l'adoption du

---

[74] Une fonction est un ensemble d'activités répondant aux besoins collectifs fondamentaux de la nation dans les différents domaines d'intervention de l'Etat. Cf. article 8 du régime financier de l'Etat du 26 décembre 2007.

[75] Selon l'article 8 de la loi du 26 décembre 2007 portant régime financier, une action est la composante élémentaire d'un programme, à laquelle sont associés des objectifs précis, explicites et mesurables par des indicateurs de performance.

[76] Cette expression désigne les résultats à atteindre dans le cadre de la réalisation d'une fonction, d'un programme ou d'une action mesurable par des indicateurs. Cf. article 8 régime financier précité.

[77] C'est une variable quantitative ou qualitative permettant de mesurer les résultats obtenus dans la réalisation des objectifs.

[78] Article 69 de la loi du11 juillet 2018 précitée.

budget programme semble avoir plutôt fait corps à une activité budgétaire foncièrement perfectible.

2 : Les types de lois de finances

101. A l'instar des budgets qu'elles ont vocation à contenir, surtout en ce qui concerne la loi de finances initiale, il existe plusieurs types de lois de finances. En vertu des dispositions de l'article 12 de la loi du 11 juillet portant régime financier de l'Etat et des autres entités publiques, les lois de finances ont pour objet de déterminer les recettes et les dépenses de l'Etat, de définir les conditions de l'équilibre budgétaire et financier, d'arrêter le budget de l'Etat et de rendre compte de son exécution. Elles tiennent compte d'un équilibre économique bien défini, ainsi que des objectifs et des résultats des programmes qu'elles déterminent. Elles peuvent, en outre, contenir toute disposition de nature législative relative à la détermination des recettes et dépenses de l'Etat[79], ainsi qu'aux modalités de leur mise en œuvre et de leur contrôle.

102. Ont le caractère de lois de finances :
- La loi de finances initiale,
- Les lois de finances rectificatives,
- La loi de règlement.

a : La loi de finances initiale

103. Encore appelée loi de finances de l'année ou loi de finances primitive, la loi de finances initiale est celle qui contient le budget de l'Etat. C'est celle qui, aux termes de l'article 13 du régime financier de l'Etat et des autres entités publiques, prévoit et autorise pour chaque année civile l'ensemble des ressources et des charges de l'Etat. Bien que s'apparentant aux lois ordinaires du point de vue de ses mécanismes d'élaboration et surtout de sa portée juridique, la loi de finances initiale

---

[79] Cette disposition, par une interprétation *a contrario*, exclut de la loi de finances tout cavalier budgétaire, c'est-à-dire toutes matières autres que celles à caractère financier qui se retrouverait dans la loi de finances. En outre, il sied de relever que cette disposition consolide le droit en vigueur en la matière avant l'adoption de la loi du 11 juillet 2018. En effet, l'article 4 du régime financier de 2007 prévoyait un type original de loi de finances issu de l'adoption tardive de la loi de finances du fait de la validation seulement d'une partie de ladite loi par le parlement. Le Président de la République la promulgue alors par la suite.

se particularise néanmoins par sa procédure d'édiction qui obéit à un canevas prévu par la constitution, et même par sa présentation particulière.

104. En ce qui concerne sa procédure d'élaboration, le projet de loi de finances initiale doit être voté par le parlement avant le début de l'année à laquelle elle se rapporte lors d'une session parlementaire dite « *budgétaire* ».

105. Pour ce qui est de sa présentation, le texte proprement dit de la loi de finances initiale structuré en deux parties, est accompagné d'un ensemble de documents ayant pour but de fonder, illustrer ou détailler les conditions générales de l'équilibre financier et les moyens des services et dispositions spéciales définis dans l'une et l'autre partie[80].

106. Figurent, d'abord, à la première partie de la loi de finances initiale, les dispositions relatives aux ressources affectant l'équilibre budgétaire, l'évaluation et l'affectation de chacune des recettes budgétaires. Ensuite, cette partie fixe les plafonds des dépenses du budget général et de chaque budget annexe, les plafonds des charges de chaque catégorie de comptes spéciaux, les plafonds des autorisations des emplois rémunérés et les plafonds des dettes financières de l'Etat. Enfin, la première partie de la loi de finances initiale arrête les données générales de l'équilibre, les autorisations relatives aux cessions d'actifs, aux emprunts et à la trésorerie de l'Etat et l'évaluation des ressources et charges de trésorerie.

107. Quant à la seconde partie, elle fixe d'abord, pour le budget général, par programme ou par dotation, le montant détaillé des crédits repartis en autorisations d'engagement et crédits de paiement, ainsi que le montant des recettes et dépenses de chaque budget annexe et compte spécial, et si cela s'avère nécessaire, le montant des découverts. Ensuite, elle autorise l'octroi des garanties de l'Etat en définissant leur régime, approuve toutes les conventions de prêt avec les bailleurs de fonds internationaux. Enfin, il est reconnu à la seconde partie de la loi de finances initiale la faculté de faire mention des dispositions relatives au processus d'imposition, à condition que celles-ci n'affectent pas l'équilibre budgétaire annuel, de comporter toutes dispositions relatives à l'information et au contrôle, aux modalités d'exécution du budget de l'Etat, à la comptabilité et au régime de responsabilité et de sanctions des agents de l'Etat en matière budgétaire, comptable et financière.

---

[80] Ce qui marque une rupture avec la structure tripartite de l'article 50 de l'ordonnance du 7 février 1962.

108. Aux termes des dispositions combinées des articles 14 et 15 du régime financier du 11 juillet 2018, le projet de loi de finances initiale est accompagné d'un rapport sur la situation et les perspectives économiques sociales et financières de la nation et de plusieurs annexes dont la liste peut varier d'une année à une autre, à savoir :

- Une analyse des changements de la présentation budgétaire par rapport au précédent exercice, faisant apparaitre leurs effets sur les recettes, les dépenses et les soldes budgétaires de l'année concernée ;
- Une analyse des prévisions des recettes budgétaires de l'année considérée ;
- Un état complet et détaillé de l'endettement prévisionnel en fin d'exercice accompagné de la stratégie d'endettement ;
- Un tableau des opérations financières de l'Etat retraçant l'ensemble des flux financiers des administrations publiques ;
- Un plan de trésorerie annuel mensualisé comportant notamment un plan d'engagement ;
- Des annexes explicatives développant, par programme, le montant des crédits présentés par titre au titre de l'année considérée, accompagnés du projet de performance annuel de chaque programme, de l'échéancier des crédits de paiement associés aux autorisations d'engagement, de la répartition par ministères des emplois rémunérés par l'Etat ;
- Un récapitulatif détaillé de l'ensemble des financements extérieurs prévus dans le cadre de l'exercice budgétaire à venir ;
- Une annexe présentant les concours financiers de l'Etat aux entreprises ;
- Un rapport identifiant et évaluant les principaux risques budgétaires ;
- Une note décrivant les principales mesures de dépenses et de recettes en précisant leur contribution aux objectifs de politique économique et leur cohérence avec les grandes politiques publiques ;
- Et une annexe présentant l'évolution des grands projets d'investissement.

b : Les lois de finances rectificatives

109. En dépit de la performance des organes et techniques modernes de prévision budgétaire, faire exactement correspondre les autorisations budgétaires initiales aux besoins réels de l'Etat durant l'année, relève

de la gageure. En effet, plusieurs événements imprévus parviennent toujours à occasionner la modification des autorisations initiales, dans l'optique de les adapter autant que possible à la conjoncture économique en cours. D'où le recours aux lois de finances rectificatives encore appelées *collectifs budgétaires*[81]. Aux termes des dispositions de l'article 17 du régime financier de 2018, les lois de finances rectificatives peuvent, en cours d'année, modifier les dispositions de la loi de finances initiale. Le cas échéant, elles ratifient les modifications préalablement apportées, par voie d'ordonnances, aux crédits ouverts par la dernière loi de finances.

110. Même si la possibilité de faire recours aux lois de finances rectificatives est offerte au gouvernement en cours d'exercice budgétaire, une telle initiative devient impérative dans trois cas de figure préalablement définis par le législateur. En effet, selon l'article 18 de la loi du 11 juillet 2018, le gouvernement doit déposer de projet de loi de finances rectificative, d'abord, si les grandes lignes de l'équilibre budgétaire défini par la loi de finances initiale se trouvent bouleversées, notamment en raison de l'évolution de la conjoncture, de l'intervention d'ordonnances ou d'arrêtés d'annulation de crédits ; ensuite, si les recettes constatées dépassent sensiblement les prévisions de la loi de finances initiale ; enfin, si sont intervenus des mesures législatives ou réglementaires affectant de manière substantielle l'exécution du budget.

111. Présentées et élaborées, par parallélisme des formes, selon les mêmes contours et démarches que la loi de finances initiale, les lois de finances rectificatives traduisent obligatoirement l'incidence des modifications apportées sur l'équilibre de l'exercice en cours et le solde de la loi de finances initiale. Elles sont accompagnées de plusieurs annexes dont la liste peut varier d'un exercice budgétaire à un autre. Il s'agit notamment :

- D'un rapport présentant les évolutions de la situation économique et budgétaire justifiant les dispositions incluses dans la loi de finances rectificative ;
- D'une annexe explicative détaillant et justifiant les modifications de crédits proposées ;
- D'un rapport actualisé d'exécution de la loi de finances initiale ;
- Et d'un tableau récapitulant les mouvements de crédits intervenus depuis la loi de finances initiale.

---

[81] C'est la formule consacrée sous les IIIème et IVème Républiques en France.

112. Les cas de recours aux lois de finances rectificatives semblent donc nombreux en droit public financier camerounais[82]. Mais désolant est le constat d'une mobilisation pratique quasi nulle de ces catégories juridiques essentielles des finances publiques au Cameroun. Les usages ici, semblent privilégier les *ordonnances de finances rectificatives*[83]. Ce qui est sans doute constitutif d'une sérieuse entorse à la législation financière en vigueur, d'une part, et d'un important fait rédhibitoire à l'édification de l'Etat de droit financier au Cameroun, d'autre part. En outre, une telle situation est susceptible de justifier la thèse de l'enracinement d'un « *Jupiter financier* » en la personne du Président de la République, auteur principal des ordonnances dans le domaine réservé aux lois de finances rectificatives du Parlement.

c : La loi de règlement

113. En fin d'exercice budgétaire, il est nécessaire de faire une comparaison entre les prévisions initialement arrêtées et donnant lieux aux autorisations budgétaires, et les réalisations concrètes et définitives jusqu'à la fin de l'année. Cette nécessité devient impérieuse lorsqu'en cours d'années, l'on a fait recours à des collectifs budgétaires qu'il faut impérativement ratifier. D'où le recours à la loi de règlement autrefois appelée *« loi des comptes »*, dont la vocation est de faire le compte financier final de l'exercice budgétaire, en établissant le solde entre les prévisions et les réalisations.

114. Aux termes de l'article 20 du régime financier de l'Etat et des autres entités publiques, la loi de règlement est la loi de constatation de la dernière loi de finances exécutée. A ce titre, elle arrête les résultats de la comptabilité budgétaire et de la comptabilité générale de l'exercice considéré et en donne le quitus au gouvernement, d'une part. Et elle procède aux modifications de crédits qui s'avéraient, le cas échéant, nécessaires, en ratifiant les ouvertures de crédits intervenues par ordonnances postérieurement à la dernière loi de finances afférente à cette année ; en ouvrant, pour chaque programme concerné, les crédits nécessaires pour régulariser les dépassements constatés sur les crédits évaluatifs ; en procédant à l'annulation des crédits qui n'ont pas été consommés ; et en majorant le montant du découvert autorisé au niveau

---

[82] L'illustration la plus actuelle est la modification au premier semestre de la loi de finances de l'exercice 2020, suite aux ravages de la pandémie du Covid19.

[83] Lire BILOUNGA (S.T), « La crise de la loi en droit public camerounais », *Les Annales de Droit de Rouen et du Havre*, n°11, 2017, pp.21-56.

du découvert constaté d'un budget annexe ou d'un compte de commerce, d'autre part. Par ailleurs, toutes dispositions relatives au contrôle de gestion des finances publiques, à la comptabilité de l'Etat et aux régimes de responsabilité des agents chargés de l'exécution du budget, peut figurer dans la loi de règlement.

115. A l'instar des deux autres catégories de lois de finances, la loi de règlement est aussi accompagnée de plusieurs annexes dont la liste est susceptible de varier d'un exercice budgétaire à un autre. Toutefois, parmi ces documents annexes, certains sont constants. Il s'agit d'abord des comptes de l'Etat, qui comprennent les résultats de la comptabilité budgétaire et le compte général de de l'Etat. Il est question, enfin, du rapport de la juridiction des comptes sur l'exécution de la loi de finances, accompagné d'une certification de la régularité, de la sincérité et de la fidélité des comptes.

116. Parvenu à ce niveau de l'étude des catégories juridiques fondamentales de la science financière publique, il sied de retenir qu'il existe un rapport étroit entre le budget et la loi de finances. Il est nettement perceptible à travers la « *logique du contenant et du contenu* », car le budget est contenu dans la loi de finances. Quel rapport pourrait alors entretenir le budget avec la personnalité morale publique, quand on sait que l'Etat en est bénéficiaire ?

¶ II : Budget et personnalité morale publique

117. De manière générale, la faculté de recourir au budget est reconnue à toute personne, qu'elle soit physique ou morale, de droit public ou de droit privé. Dès lors, un chef de famille, pour rationaliser la gestion de ses recettes et dépenses du mois ou même de l'année, conçoit un budget au même titre qu'un Etat ou une commune, dans le but de bien satisfaire l'intérêt général. Le budget se présente alors comme un outil de performance dans l'activité financière des personnes et des organisations. Pour les personnes morales de droit public, cette capacité de concevoir leurs propres budgets est une prérogative, un pouvoir inhérent à leur personnalité juridique. Il existe toutefois, dans la structure administrative de ces personnes, des services qui ne jouissent pas de la personnalité morale publique, mais qui sont dotés de l'autonomie budgétaire. C'est dire en d'autres termes que même si la personnalité morale publique confère l'autonomie budgétaire, la

capacité de concevoir son propre budget, par contre, ne confère pas la personnalité morale publique.

A : La personnalité morale publique confère l'autonomie budgétaire

118. Il est reconnu à toute personne morale de droit public la capacité de concevoir son propre budget dans l'exercice de ses compétences. C'est la signification de l'autonomie budgétaire que bénéficient ces entités dont l'Etat est la plus importante. Il n'en saurait être autrement, tant il est vrai que la multitude et la diversité des missions assignées à l'Etat imposent celui-ci à s'interroger sur les mécanismes de collecte et d'utilisation des ressources financières y afférentes. Des estimations financières chiffrées sont alors faites et autorisées par les autorités compétentes pour être mises en exécution pendant l'année, sous forme de budget.

119. L'autonomie budgétaire reconnue aux personnes morales de droit public n'est toutefois pas absolue. Pour les entités infra étatiques comme les collectivités territoriales décentralisées et les établissements publics, cette autonomie est confrontée à plusieurs obstacles de forme et de nature diverses. Il s'agit d'abord, de la tutelle étatique généralement très forte dans les Etats en développement, sur le plan administratif et fiscal, et qui empêche les entités décentralisées à concevoir et à exécuter leurs budgets en toute autonomie. Il s'agit aussi des subventions que ces entités sous tutelle attendent de l'Etat pour donner consistance à leurs budgets et qui ont pour conséquence fâcheuse, d'exacerber l'atonie de ces entités en matière de création et de collecte des revenus propres.

120. L'autonomie budgétaire, même pour un Etat comme celui du Cameroun, n'est pas synonyme d'autonomie financière. En effet, même si lors de la session budgétaire au parlement l'Etat conçoit et adopte son propre budget, il est difficile d'envisager la vie financière du Cameroun sans l'apport de certains bailleurs de fonds internationaux dont les contributions financières peu ou prou importantes, sont logées dans des comptes spéciaux ou hors budget. Quelques illustrations pourraient se dégager de certaines initiatives des bailleurs de fonds multilatéraux ou bilatéraux. Sur le multilatéral, il convient de citer celle en faveur des pays pauvres et très endettés dont le Cameroun dans ses rapports avec le *Consensus de Washington*, avait été admis et dont l'atteinte du « *point d'achèvement* » avait permis de bénéficier d'importantes

ressources additionnelles. Et sur le plan bilatéral, dans ses relations économiques et financières avec la France, le Cameroun a signé après l'atteinte du point d'achèvement à l'initiative en faveur des pays pauvres et très endettés, plusieurs contrats de désendettement-développement (C2D). Ces contrats financent, en majorité, les secteurs sociaux dans les domaines de la sante, de l'éducation, du développement rural et des infrastructures de base. La particularité de ces partenariats économiques multilatéraux et bilatéraux est que les ressources qui en découlent sont d'abord logées dans des comptes spéciaux hors budget, avant leur budgétisation suivant des mécanismes de contrôle particuliers. La Banque des Etats de l'Afrique centrale est l'institution qui héberge généralement ces comptes spéciaux.

La personnalité morale publique confère donc l'autonomie budgétaire, même si l'inverse n'est pas admissible.

B : L'autonomie budgétaire ne confère pas la personnalité morale publique

121. Si la personnalité morale de droit public confère à l'Etat une autonomie certaine sur le plan budgétaire, la capacité de se doter d'un budget propre, par contre, ne confère pas de personnalité juridique. En effet, il existe au sein de l'Etat et même de certaines entités décentralisées, des structures administratives dépourvues de la personnalité juridique, dont l'activité est génératrice d'importantes ressources financières, parce qu'elles fournissent des prestations payantes ou alors produisent des biens destinés à la commercialisation. L'élaboration des budgets spécifiques s'imposent alors à ces entités, afin de mieux comptabiliser leurs recettes et dépenses. Il s'agit des budgets annexes qui se rapportent toujours au budget principal de la personne morale publique dotée des services à budgets annexes. Même après une activité budgétaire millénaire sous forme de budget annexe, une entité jouissant de l'autonomie budgétaire sous cette forme ne se fera jamais reconnaitre la personnalité morale publique.

§ II : Les fonctions du budget

122. La déclinaison du contenu théorique du budget, à travers l'étude de son concept, préjuge des fonctions que cet instrument de gouvernance publique remplit au sein d'une personne morale de droit public comme

l'Etat. En effet, le budget remplit à la fois des fonctions économique, financière, politique et sociale

¶ I : Les fonctions économique et financière

123. Dire que le budget remplit des fonctions économique et financière incline à mettre en évidence le rôle que joue cet instrument déterminant de l'activité étatique dans les domaines de l'économie et des finances.

A : La fonction économique du budget

124. La neutralité jadis souhaitée aux finances publiques suite à l'influence du libéralisme économique alors en vigueur, tend de plus en plus à battre de l'aile de nos jours du fait des multiples interventions de l'Etat dans le domaine de l'économie. Ceci a pour conséquence de renforcer la parenté économique des finances publiques, au point où cette discipline est dorénavant définie comme l'étude des moyens par lesquels l'Etat cherche à réaliser - en même temps que la couverture des dépenses publiques par les ressources publiques - des interventions dans le domaine économique et social[84]. Dès lors, il est impossible actuellement d'isoler le budget de l'Etat du reste du circuit économique, ou de traiter du Trésor ou des impôts sans aborder les questions de compte de la nation, de monnaie ou de prix.

125. Au Cameroun, comme dans la plupart des Etats modernes, le budget est le premier indicateur économique. En effet, parce qu'il est la traduction d'une véritable politique économique et sociale, le budget est susceptible de donner des renseignements sur le niveau et même la nature de l'économie nationale. Les prévisions et les réalisations en matière de dépenses pourraient ainsi traduire le degré de la production, au point d'avoir une idée sur le produit intérieur brut. Les prévisions de recettes, surtout en matière de collecte de l'impôt, pourraient, quant à elles, trahir non seulement le niveau de pression fiscale, mais surtout l'impact des prélèvements fiscaux sur le comportement des agents économiques. Par ailleurs, l'équilibre entre les prévisions de recettes et de dépenses influe sur la conjoncture économique ambiante.

126. L'avènement du budget programme qui traduit un changement drastique de logique de gestion financière, vient d'ailleurs renforcer la fonction économique du budget. En effet, instrument de gestion axée sur les résultats, la conception du budget permet de connaitre d'avance les résultats économiques escomptés au bout de trois ans, et avoir ainsi

---

[84] LEKENE DONFACK, *Finances publiques camerounaises*, op.cit., p.19.

une idée plus ou moins précise du niveau de production des biens et services de la période considérée.

B : La fonction financière du budget

127. La fonction financière du budget tient au fait que ce sont les prévisions de recettes et de dépenses autorisées, qui ont vocation à financer toute l'activité de l'Etat. L'ensemble de ressources à collecter vise à constituer un fonds commun appelé Trésor public, susceptible d'être exploité pour couvrir toute les charges de l'Etat[85]. C'est d'ailleurs la raison pour laquelle, les ressources sont toujours évaluatives, eu égard à l'impossibilité de les déterminer avec une exactitude rigoureuse. Pourtant, les crédits, quant à eux, sont généralement limitatifs, car il est possible de les déterminer avec précision : l'ordonnateur, en principe, ne peut aller au-delà du montant inscrit dans le budget et le comptable ne s'exécute que dans la limite des crédits mis à sa disposition.

128. Selon l'article 25 du régime financier du 11 juillet 2018, les ressources susceptibles de financer le budget de l'Etat comprennent les recettes fiscales, les dons et legs ainsi que les fonds de concours, les cotisations sociales et les autres recettes consistant aux revenus de la propriété, de la vente des biens et services, des amendes, pénalités et confiscations, des transferts volontaires et autres recettes diverses. Quant aux charges de l'Etat, elles consistent aux charges financières de la dette, aux dépenses de personnels, aux dépenses de biens et services, aux dépenses de transfert, aux dépenses d'investissement et aux autres dépenses et charges exceptionnelles[86].

¶ II : Les fonctions politique et sociale

129. La détermination des fonctions politique et sociale du budget découle de la présentation de cet instrument financier comme un acte de pouvoir, d'une part, et comme un acte traduisant la politique économique et sociale de la nation, d'autre part.

[85] C'est la logique du principe de l'universalité budgétaire que nous étudierons plus en détail ultérieurement.
[86] Article 28 du régime financier de 2018.

A : Budget, acte de pouvoir

130. Dans un Etat, et en fonction du régime politique qui y est établi, le budget constitue un véritable acte de pouvoir. En effet, étant le document prévoyant toutes les ressources de l'Etat et la manière dont ces dernières seront utilisées pour satisfaire les charges de la nation, le budget devient l'instrument dont la maîtrise est convoitée par les pouvoirs publics. En d'autres termes, c'est celui qui aura la maîtrise du budget dans sa conception et son exécution qui sera le véritable titulaire du pouvoir. Car, peut-on en réalité exercer le pouvoir sans avoir les moyens de sa politique ? Dans cette optique, une compétition plus ou moins ouverte, existe toujours dans les régimes démocratiques, entre le pouvoir exécutif et le pouvoir législatif, au sujet de la maîtrise du budget dont la définition ressortit pourtant, en principe, au Parlement. En fonction des régimes en place, le budget peut alors se présenter comme un acte d'affermissement de l'un des deux pouvoirs, au détriment de l'autre.

131. Deux séries de considérations sont susceptibles d'être mobilisées pour objectiver la conception du budget comme un acte de pouvoir. Ces considérations ont trait à la division du pouvoir dans un Etat sur le double plan vertical et horizontal.

132. Sur le plan vertical qui présente le pouvoir sous le prisme hiérarchique, la première autorité appelée à exercer le pouvoir de l'Etat, à savoir le Président de la République, Chef de l'Etat, utilise les budgets successifs des exercices couvrant son mandat, pour concrétiser la politique de la nation définie par lui, dans le cadre du parti au pouvoir. Après avoir défini des orientations que tous les acteurs des circuits d'élaboration et même d'exécution sont censés suivre scrupuleusement, il ressortit au Président de la République, à l'issue de l'adoption parlementaire du document budgétaire, de poser l'acte qui rend ledit document applicable et obligatoire pour la communauté nationale : la promulgation.

133. Et sur le plan de la répartition horizontale du pouvoir, encline à un fonctionnement harmonieux et performant des institutions étatiques, l'élaboration du budget est souvent l'occasion de voir les deux principaux pouvoirs, notamment le pouvoir législatif et le pouvoir exécutif, se poser en s'opposant alors qu'ils sont supposés se poser en s'apaisant pour un partage judicieux des ressources financières entres

les institutions dépensières[87]. Chacun des deux pouvoirs veut imposer ses vues à l'autre. Le pouvoir exécutif, responsable de la préparation du document budgétaire estime être mieux placé pour procéder à la répartition, parce qu'il lui reviendra au final d'exécuter le budget. Il estime alors agir en connaissance de cause. Le pouvoir législatif, quant à lui, représentant du peuple pourvoyeur principal des ressources à répartir, et d'ailleurs destinataire réel du budget dont la vocation est d'améliorer la vie des citoyens, est animé par le complexe du contrôleur qui souhaite avoir la maîtrise de tous les dossiers financiers pour mieux encadrer la répartition et même l'usage des ressources nationales. L'équilibre entre ces deux pouvoirs est souvent difficile à assurer, tout dépendant de l'état et de la mise en œuvre des forces politiques du régime en place.

B : Budget, acte de politique économique et sociale

134. Le budget se présente comme un acte de politique économique et social parce qu'il traduit un ensemble de choix des pouvoirs publics en matière économique et social. Les prévisions de recettes et de dépenses contenues dans le budget ont alors vocation, lors de leur réalisation, à implémenter les orientations définies par le gouvernement sur le plan économique et social. Le primat actuel de l'interventionnisme économique et social dans les Etats en développement comme le Cameroun favorise cette perception des choses. Car il devient normal pour l'Etat de définir une véritable politique économique et sociale que le budget charrie, contrairement à la neutralité étatique prônée par le libéralisme économique. Certes, les budgets semblent d'une année à une autre en grande majorité reconduits. Mais, cela n'édulcore aucunement la fonction politique et sociale du budget.

135. Une parfaite illustration de cette fonction politique du budget en matière économique et social découle des plans d'urgences en implémentation au Cameroun de nos jours. En effet, dans la perspective de lutter plus efficacement contre la pauvreté et améliorer les conditions de vie des populations devenues assez préoccupantes, le Président de la République a prescrit au gouvernement de définir, pendant une période, un plan d'urgence que les budgets y relatifs devaient financer et traduire en réalité lors de l'exécution. Les secteurs sociaux, notamment la santé, l'éducation, les infrastructures, l'agriculture et le développement rural,

[87] C'est en cela que les débats d'orientation budgétaires trouvent toute leur pertinence.

étaient alors prioritaires. Par ailleurs, le document de stratégie pour la croissance et l'emploi qui est l'un des instruments favorisant l'émergence du Cameroun à l'horizon 2035, trouve sa concrétisation financière dans les budgets respectivement adoptés depuis la conception de ce document.

136. Le travail d'identification du budget serait assurément incomplet s'il se limitait à la seule présentation du concept et des fonctions de cet outil crucial de la vie financière de l'Etat. Il importe alors de compléter cette œuvre par la déclinaison des matières qui forment la substance même du budget. C'est l'étude du contenu du budget.

Chapitre II

Le contenu du Budget

137. Les précisions conceptuelles portant sur le budget et la loi de finances ont permis d'aboutir à la conclusion selon laquelle le premier est contenu dans le second. C'est dire que l'étude du contenu du budget conduit automatiquement à celle du contenu de la loi de finances qui héberge la matière budgétaire. Des trois types de lois de finances, la loi de finances initiale retiendra beaucoup plus notre attention, parce que c'est elle qui porte, en fait, toutes les prévisions budgétaires annuelles de l'Etat. Cette précision étant faite, il sied néanmoins de relever ici que dans l'étude du contenu du budget, l'analyse portera beaucoup plus sur la matière financière elle-même, et non plus forcément sur les différents contours juridiques de ladite matière, même si, à proprement parler, nous ne pouvons pas entièrement faire fi des éléments de la juridicité des recettes et dépenses budgétaires, eu égard à l'interdisciplinarité de la science des finances publiques.

138. Conformément aux dispositions combinées des articles 23 et 24 du régime financier de l'Etat et des autres entités publiques du 11 juillet 2018, le budget de l'Etat détermine, pour un exercice budgétaire, la nature, le montant et l'affectation de ses recettes et de ses dépenses, le solde budgétaire qui en résulte, ainsi que les modalités de son financement. Il est adopté en loi de finances. Les recettes et les dépenses de l'Etat comprennent les recettes et les dépenses budgétaires, ainsi que les ressources et les charges de trésorerie et de financement.

139. De ces dispositions, il se dégage, d'abord que le budget de l'Etat a pour contenu les recettes et les dépenses, et ensuite, *in fine*, que les opérations budgétaires se distinguent clairement des opérations de trésorerie. Et en ce qui concerne les opérations budgétaires, les recettes doivent être distinguées des dépenses.

§ I : Les recettes budgétaires

140. Au sens général, les recettes budgétaires sont appréhendées comme l'ensemble des ressources financières prévues dans le budget de l'Etat et visant à couvrir toutes les charges d'intérêt général et les différentes interventions de la puissance publique dans les domaines économique et social. Ces recettes s'opposent aux recettes extra budgétaires qui, elles, ne figurent pas dans le budget de l'Etat, bien qu'autorisées par la loi de finances ; elles ne sont dès lors, ni chiffrées, ni comptabilisées dans les comptes d'exécution du budget et comprennent les recettes d'emprunt et de trésorerie.

141. Les recettes budgétaires sont habituellement regroupées en deux catégories : les recettes fiscales et les recettes non fiscales. Toutefois, il convient de relever l'originalité de la déclinaison des recettes budgétaires, élaborée par le législateur camerounais du 11 juillet 2018, à travers les dispositions pertinentes de l'article 25. En effet, tout en maintenant, dans les grandes lignes, leur classification duale distinguant les recettes fiscales des recettes non fiscales, le législateur se mélange un peu les pinceaux, dans l'un ou l'autre sous-groupe, en dessinant sur la même toile des objets aux traits dissociables par nature. Il loge, de manière incongrue, dans les recettes fiscales, les impôts et taxes. Pourtant, par définition, les taxes ne sauraient s'assimiler aux impôts, eu égard à leurs caractéristiques respectives, même si ces deux catégories juridiques de droit fiscal sont toutes des contributions pécuniaires publiques.

142. Quoi qu'il en soit, les recettes budgétaires, en finances publiques camerounaises, consistent aux recettes fiscales et aux recettes non fiscales

¶ I : Les recettes fiscales

143. Prises de manière générale, les recettes fiscales peuvent être appréhendées comme les recettes que l'Etat collecte à travers les mécanismes de l'impôt ou lors des taxations diverses. A cet effet, un grand dispositif administratif est mis en place au sein de l'Etat pour recouvrer auprès des contribuables les différentes contributions pécuniaires obligatoires. Acte de puissance publique opérant un prélèvement sur la propriété dans un but d'intérêt général, l'impôt est défini comme une prestation pécuniaire requise des contribuables d'après leurs facultés contributives et qui opère par voie d'autorité un

transfert patrimonial définitif et sans contrepartie déterminée, en vue de la réalisation des objectifs fixés par la puissance publique[88].

144. Aux termes des dispositions de l'article 25 (a) du régime financier de l'Etat et des autres entités publiques, les recettes fiscales comprennent les impôts, les taxes, droits et autres transferts obligatoires autres que les cotisations de sécurité sociale, notamment :
- Les impôts et taxes sur les revenus, les bénéfices et les patrimoines,
- Les impôts et taxes sur les biens et services,
- Les droits de douane,
- Les droits d'enregistrement et de timbre,
- et les autres recettes fiscales.

A : Les impôts et taxes sur les revenus, les bénéfices et les patrimoines

145. Ces impôts et taxes correspondent aux prélèvements obligatoires collectés par l'Etat selon la périodicité réglementaire, lorsqu'un contribuable acquière un revenu imposable, génère un bénéfice taxable ou possède un patrimoine assujetti à l'impôt correspondant. Les revenus d'un contribuable peuvent être de plusieurs types, eu égard à la diversité des opérations susceptibles de générer lesdits revenus, et à la variabilité des situations à même de mettre en exergue un certain niveau d'opulence matérielle ou financière supérieure à la moyenne dans la société. Il peut s'agir des salaires ou autres avantages financiers d'un agent public au privé, de la plus-value financière issue de la vente de certains bien par un commerçant, un artisan ou même un agriculteur, ou alors de la possession de plusieurs biens de très grandes valeur comme des terrains, immeubles bâtis ou non-bâtis immatriculés, des fermes, des sites touristiques.

B : Les impôts et taxes sur les biens et services

146. Les impôts et taxes sur les biens et services consistent aux contributions obligatoires que recouvre l'Etat à partir de la contrepartie financière résultant de toute activité de production de biens et services réalisée moyennant le paiement d'un prix. Ces impôts et taxes concernent en grande majorité les secteurs économiques de l'industrie et de la prestation des services, dont la vocation est de fournir le marché

[88] BELTRAME (P), *La fiscalité en France*, op.cit., p12.

de certains biens en abondance destinés à la consommation de masse ou alors, de rendre certains services spécifiques dont la réalisation, du fait de leur délicatesse, est distinctement encadrée par la réglementation. Le cas de la multitude d'impôts propres aux mécanismes des marchés publics est fort illustratif à cet effet.

C : Les droits de douane

147. Même si elle donne naissance à un droit particulier dans la grande famille du droit public financier, du fait de la spécificité de son encadrement normatif, de ses mécanismes, de son administration et même de sa localisation en principe aux frontières, la douane demeure un impôt. Elle est appelée ici trivialement « *impôt de porte* ». Et à ce titre, les recettes issues de son activité sont consubstantielles aux recettes fiscales. Les droits de douane sont les prélèvements pécuniaires opérés sur les opérations d'importation ou d'exportation des marchandises se réalisant au Cameroun. En effet, la mise en consommation des marchandises en provenance des pays étrangers dans le territoire national, tout comme l'exportation de certains produits ou ressources, suscite certains prélèvements, conformément aux prescriptions des instruments juridiques de tarification douanière nationale ou communautaires. C'est dire que, même si la mission première de la douane est de protéger le tissu économique national, elle génère une bonne partie des recettes financières nationales, à travers la perception des droits y afférents.

D : Les droits d'enregistrement et de timbre

148. Les droits d'enregistrement et de timbre constituent une source très importante de revenus publics contenus dans le budget de l'Etat. L'enregistrement est une formalité qui consiste en l'analyse juridique d'un acte sur registre ou seulement en la réception d'une déclaration portant sur la propriété ou la jouissance d'un bien. L'enregistrement poursuit d'abord un objectif fiscal certain, même s'il produit aussi certains effets juridiques utiles. En effet, il permet à la personne publique de percevoir des contributions pécuniaires obligatoires pour certains actes ou mutations sous la désignation générique de *« droits d'enregistrement »*. Au rang de ces actes et mutations, l'on pourrait citer les actes notariés, les exploits d'huissiers, les actes portants

transmission de propriété d'immeubles, les actes de sociétés ainsi que les cessions de fonds de commerces, de clientèle ou de droits de bail[89].

149. Conformément à l'article 265 du Code général des impôts, les droits d'enregistrement sont fixes ou proportionnels, progressifs ou dégressifs, suivant la nature des actes et mutations qui y sont assujettis. Leur perception est réglée d'après la forme extérieure des actes ou la substance de leurs dispositions, sans égard ni à leur validité, ni aux causes quelconques de résolution, ou d'annulation ultérieure, d'une part, et selon le taux auquel ils se rapportent, d'autre part. Le législateur camerounais a, à cet effet, prévu cinq natures de taux, à savoir, le taux élevé, le taux intermédiaire, le taux moyen, le taux réduit et le taux super réduit.

150. Les droits de timbre, quant à eux, sont établis indépendamment des droits d'enregistrement, sur tous les papiers destinés aux actes civils ou juridiques et aux écritures qui peuvent être produites en justice et y faire foi. Ils sont fixés en fonction du type d'acte assujetti et acquittés, soit par l'emploi des papiers timbrés de la débite, soit par l'emploi des machines à timbrer, soit par l'apposition de timbres, soit au moyen de visa pour timbres, soit sur une déclaration ou sur une production d'état ou d'extraits, soit à forfait. En ce qui concerne les actes assujettis, et selon la nature du timbre correspondant et les dimensions des papiers employés par lesdits actes, il peut s'agir, entre autres, des actes des autorités administratives et des établissements publics portant transmission d'usufruit, des actes de certification, de tous mémoires, requêtes ou pétitions sous forme de lettre ou autrement, adressés à toute autorité constituée ou administration. De manière générale, il peut s'agir de tous écritures, extraits, copies et expéditions soit publics soit privés, devant ou pouvant faire titre ou être produits pour obligation, décharge ou justification, demande ou défense ; tous livres, registres et minutes de lettres qui sont de nature à être produits en justice et dans le cas d'y faire foi, ainsi que les extraits, copies et expéditions qui sont délivrés desdits livres et registres.

E : Les autres recettes fiscales

151. A l'esprit du législateur du 11 juillet 2018, les autres recettes fiscales sont constituées des recettes de nature fiscale créées par les pouvoirs publics, que la personne publique peut collecter en sus de celles

---

[89] BELTRAME (P), *La fiscalité en France*, op. cit., p. 106.

présentées plus haut. Une brèche est ainsi ouverte dans l'optique de ne pas limiter le pouvoir du législateur en matière de création des recettes fiscales nécessaires à la couverture des charges publiques. Les recettes non fiscales visent d'ailleurs aussi le même objectif.

¶ II : Les recettes non fiscales

152. Les recettes non fiscales correspondent aux ressources financières perçues par l'Etat et qui n'épousent pas les contours de l'impôt. En effet, même si le budget de l'Etat est en grande partie constitué de recettes fiscales, un pan important des ressources publiques est couvert par des recettes glanées par l'Etat, à travers d'autres types de prestations à caractère non fiscal. Le régime financier de l'Etat et des autres entités publiques en fait l'économie dans les titres II, III et IV de l'article 25 en distinguant les dons, legs et fonds de concours, des cotisations sociales et *« autres recettes »* comprenant notamment les revenus de la propriété, les ventes des biens et services, les amendes pénalités et confiscations, les transferts volontaires autres que les dons, et les recettes diverses.

153. Il sied toutefois de relever que pour des besoins de présentation plus détaillée des recettes non fiscales et sous réserve des développements ultérieurs lors de l'étude de l'impôt et des notions voisines, la loi du 26 décembre 2007 portant régime financier de l'Etat semble beaucoup plus diserte que celle du 11 juillet 2018 à ce propos. En effet, aux termes des dispositions pertinentes de l'article 12 alinéa 1, paragraphe 2, 3, 4 et 5, en sus des recettes fiscales, les ressources budgétaires de l'Etat comprennent :

- Les recettes courantes non fiscales, à savoir, les productions et services vendus par les administrations à but non lucratif, les revenus des domaines, les revenus provenant des entreprises, les produits financiers de l'Etat, les autres recettes non fiscales ;
- Les transferts, cotisations, dons et legs regroupés mettant en exergue les cotisations aux caisses de retraite et aux caisses de protection sociale, les dons de la coopération internationale, les amendes et condamnations pécuniaires, les produits et profits à caractère exceptionnel, les fonds de concours et les legs ;
- Les recettes en capital constituées des ventes d'actifs incorporels, les cessions des domaines, les autres ventes de terrains, les autres ventes d'actifs incorporels et les cessions d'actions et participations ;

- Et les recettes sur opérations financières regroupées en cessions d'obligations et autres titres financiers, les remboursements des prêts et avances consentis par l'Etat, les avances et prêts à court terme consentis à l'Etat, les tirages sur emprunts à moyen et long terme.

154. Une exégèse plus approfondie des articles 25 et 12 susmentionnés, permet de regrouper les recettes non fiscales de l'Etat en six grandes catégories, à savoir, les recettes domaniales, les rémunérations pour services rendus par l'Etat ou en son nom, les cotisations sociales, les amendes et condamnations pécuniaires, la dette interne et internationale, l'aide financière interne et internationale.

A : Les recettes domaniales

155. Les recettes domaniales doivent être comprises au sens large qui intègre les revenus que l'Etat tire de son domaine public ou privé, d'une part, et toutes les recettes résultant de l'activité des entreprises et services industriels et commerciaux, d'autre part. A titre d'illustration, l'on pourrait citer entre autres, pour la première catégorie, les revenus de la vente du bois des forêts, des droits de pêche et de chasse, des droits de stationnement et d'occupation sur le domaine public, les produits des baux ou des aliénations du domaine privé, les revenus des valeurs mobilières, les redevances minières et de carrières, les retenues pour logements, les loyers des immeubles bâtis appartenant à l'Etat, les dividendes et intérêts issus de la détention par l'Etat des actions dans certaines entreprises. En ce qui concerne la seconde catégorie, la bonne illustration découle des bénéfices que produisent certains services publics industriels ou commerciaux dont les recettes propres couvrent leurs dépenses.

156. Il convient de relever toutefois que la décentralisation financière en cours au Cameroun, et surtout en matière fiscale a une incidence particulière sur les recettes domaniales de l'Etat. En effet, une bonne partie desdites recettes, jadis apanage de l'Etat, est transférée aux collectivités territoriales décentralisées à travers la loi du 15 décembre 2009 portant fiscalité locale. Ceci a pour effet de réduire le volume des recettes domaniales étatiques, car, les prélèvements obligatoires comme, les droits de place sur les marchés, les droits de permis de bâtir, les droits d'occupation temporaire de la voie publique, la taxe de stationnement, les droits d'occupation des parcs de stationnement, les tickets de quai, les droits de stade, la redevance pour dégradation de la chaussée, la taxe de transit et de transhumance, la taxe sur le transport

des produits de carrière, les droits d'occupation des parkings, la taxe sur les produits de récupération, profitent dorénavant aux entités décentralisées.

B : Les rémunérations pour services rendus par l'Etat ou en son nom

157. Cette catégorie intègre les taxes administratives et les redevances qui sont toutes des contreparties financières des services rendus par les administrations de l'Etat aux usagers. La seule différence existant entre ces deux prélèvements obligatoires étant que le service rendu à l'usager, par l'administration, doit être équivalent au prix payé par celui-ci pour que l'on parle de redevance. Tandis que ce critère de l'équivalence n'est pas déterminant en matière de taxe administrative, car ici la contrepartie financière du service rendu à l'usager est toujours inférieure audit service. Ces rémunérations pour services rendus par des administrations en principe à but non lucratif, constituent une source non négligeable de ressources budgétaires. Plusieurs illustrations sont susceptibles de corroborer cette affirmation. Il s'agit, entre autres, des redevances téléphoniques, de la redevance audiovisuelle en rapport avec l'Office nationale de radio et télédiffusion, des multiples postes de péages et pesages qui sont situés sur nos routes dans toute l'étendue du territoire nationale.

C : Les cotisations sociales

158. Parmi les recettes budgétaires non fiscales, les cotisations sociales occupent une place de choix. Elles sont définies comme les apports des personnes protégées ou de leurs employeurs à des institutions octroyant des prestations sociales, en vue d'acquérir ou de maintenir le droit à ces prestations. L'article 25, paragraphe C, Titre III de la loi du 11 juillet 2018 précise que les cotisations sociales collectées au Cameroun sont celles qui fournissent financièrement les caisses de retraite ou les caisses de protection sociale. L'institution qui est au centre de ces mécanismes est la Caisse nationale de prévoyance sociale (CNPS). Chaque mois, la CNPS prélève ces cotisations sociales dans les salaires des agents publics et privés affiliés, par retenue à la source, afin de financer les caisses sollicitées pour les allocations familiales et les pensions de retraite. Les bulletins de solde *Antilope* contiennent d'ailleurs des renseignements chiffrés à ce propos. En effet, parmi les

éléments de retenue financière de tout agent émargeant au budget de l'Etat, figurent en bonne place les cotisations sociales.

D : Les amendes et condamnations pécuniaires

159. Les amendes et condamnations pécuniaires correspondent aux sanctions financières prononcées contre les contrevenants à l'ordre juridique national à l'issue des poursuites soit devant l'administration soit devant le juge, à travers des décisions revêtues respectivement de l'autorité de chose décidée et de l'autorité de chose jugée. Le fruit de ces condamnations pécuniaires est recouvré par les comptables du Trésor public et constituent ainsi des deniers publics contenus dans le budget de l'Etat au titre des recettes non fiscales. Les exemples d'amendes les plus en vue de nos jours au Cameroun sont celles prononcées contre les mauvais usagers de nos axes routiers qui violent le Code de la route et toute la réglementation en matière de transport. Ce qui justifie le déploiement de ce grand arsenal sanctionnateur mixte mobilisant toutes les forces de l'ordre nationales. Un autre exemple de cette nature tient aux amendes prononcées contre les ordonnateurs et gestionnaires publics contrevenant à l'orthodoxie financière, au terme des poursuites devant le Conseil de discipline budgétaire et financière. Ils payent généralement, lorsque la faute de gestion est avérée, une amende spéciale d'un million de FCFA, en sus de la compensation financière qui pèse contre eux du fait de la ponction pécuniaire indument faite sur le patrimoine financier de l'Etat. Les condamnations pécuniaires, quant à elles, trouvent parfaite illustration à travers les cas juridictionnels de sanction contre les détournements de deniers publics. Il est question, pour les délinquants financiers, de rembourser les sommes détournées, en dehors de la privation de liberté qu'ils subissent, selon le Code pénal, du fait du préjudice posé à l'Etat à cause de leur inconduite.

E : La dette publique interne et internationale

160. En dehors des cas où un Etat bénéficie des ressources financières d'un autre Etat, suite au remboursement d'une dette préalablement consentie, Les Etats connaissent souvent des problèmes de financement de leurs activités suite à des déséquilibres macroéconomiques constitutifs de crises économiques et financières. Le Cameroun, pays en développement, n'en est point épargné. Il sort progressivement de la

crise endurée ici depuis le milieu des années 1980. L'une des solutions généralement envisagées pour financer les budgets, et partant, l'économie nationale, est le recours à l'endettement national ou international, qui consiste, pour l'Etat, à contracter des emprunts ou engagements financiers à courts, moyens ou longs termes, auprès des partenaires intérieurs ou extérieurs. On parle alors respectivement de dette interne et de dette internationale.

161. L'Etat camerounais a, plusieurs fois, fait recours à ces deux mécanismes de financement budgétaire. Sur le plan interne, à travers la procédure de l'emprunt obligataire, le Cameroun a contracté une dette interne auprès de ses partenaires nationaux pour financer certains projets déterminants pour sa croissance et son développement économiques. Les besoins de financement des projets structurants utiles à l'atteinte de l'émergence en 2035, suscitent une forte mobilisation des mécanismes d'endettement intérieur.

162. Sur le plan international, la dette financière est souvent contractée auprès des partenaires extérieurs dans le cadre des relations soit bilatérales, soit multilatérales. En rapport avec la France par exemple, le Cameroun a toujours contracté une importante dette financière dont les perspectives de remboursement ont même donné naissance à des mécanismes originaux comme le Contrat de désendettement-développement[90]. Et en rapport avec le Fonds monétaire international, la Banque mondiale et d'autres partenaires multilatéraux souvent réunis dans le *Consensus de Washington*, l'Etat camerounais a été mis sous ajustement structurel dans ses démarches d'endettement auprès de ces institutions financières internationales[91]. Ces mécanismes d'endettement interne ou international donnent parfois naissance à des démarches originales d'assistance financière.

F : L'aide financière interne et internationale

163. Si la dette publique interne et internationale met en avant la volonté ferme de l'Etat en crise de recourir à ce mécanisme, l'aide financière interne ou internationale par contre met davantage en exergue la volonté

[90] BILOUNGA (S.T), « Le Contrat de désendettement-développement : esquisse de classification juridique », *Revue juridique et politique des Etats francophones*, n°4, octobre-décembre 2016, pp. 564-583.

[91] BOUBAKARI (O), *Le Cameroun et les institutions monétaires et financières internationales : le cas du FMI*, Thèse de Doctorat en Droit public, Paris V, 1998.

de la partie bienfaitrice, généralement stable financièrement, d'assister l'Etat en détresse.

164. Plusieurs mécanismes sont constitutifs d'aide financière interne ou internationale. Sur le plan interne, il s'agit des fonds de concours, dons et legs par lesquels une personne physique ou morale décide délibérément de venir en aide ou d'accompagner financièrement l'Etat dans la réalisation d'une de ses multiples missions d'intérêt général. Par exemple une importante somme d'argent peut être mise à la disposition d'un Etat par un mécène ressortissant dudit Etat, pour bitumer une route ou construire un pont en état très avancé de délabrement. Ces ressources encaissées par le comptable public, sont constitutives de deniers publics budgétisés.

165. Sur le plan international, l'aide financière peut être bilatérale ou multilatérale. Et le Cameroun en a bénéficié à plusieurs reprises. Le cas d'assistance financière multilatérale le plus indélébile dans nos esprits concerne les ressources additionnelles glanées par l'Etat camerounais dans le cadre de l'initiative en faveur des pays pauvres et très endettés, suite au franchissement respectif du « *point de décision* »[92] et du « *point d'achèvement* »[93]. En effet, non seulement le Cameroun avait vu sa dette d'avec le Fonds monétaire international considérablement allégée et rendue *soutenable*, mais il avait de surcroît bénéficié d'importantes ressources additionnelles dites *« PPTE »*, véritables bouffées d'oxygène budgétaires.

166. Quant à l'assistance financière bilatérale, l'atteinte par le Cameroun du point d'achèvement à l'initiative PPTE s'était présentée comme le point de commencement des Contrat de désendettement-développement avec la France. En effet, greffé à l'initiative PPTE, le premier Contrat de désendettement-développement de trois ans signé

---

[92] Il s'agit de l'une des étapes décisives du mécanisme de réduction de la dette publique extérieure du Cameroun dans le cadre de l'initiative PPTE. Le franchissement de ce point marque le succès de l'Etat engagé dans cette initiative quant à la satisfaction des critères d'éligibilité et partant, d'admission audit mécanisme. Il devient par là même, bénéficiaire des ressources financières additionnelles y relatives. Ces dernières sont dites intérimaires et sont de moindre importance comparées à celles susceptibles d'être glanées dès le franchissement du point d'achèvement.

[93] Il s'agit de l'autre étape décisive de l'initiative PPTE. Son franchissement marque le succès dans la conduite du programme de réformes économiques et structurelles de l'Etat admis à cette initiative. Point initialement prévu au Cameroun pour avril 2004, mais pour plusieurs considérations techniques, il devint flottant jusqu'en 2006, année de son franchissement effectif.

avec la France occasionna par ailleurs la réduction de la dette du Cameroun de l'ordre de 70 milliards par an. Le principe du C2D, quasiment identique à celui de l'initiative PPTE, consiste au paiement effectif à la France, à bonne date, dès échéance de la dette concernée, suivi d'une rétrocession au bout de 15 jours des sommes remboursées, afin d'être injectées dans l'économie camerounaise pour financer les projets sociaux. Par ces C2D, le Cameroun bénéficie du mécanisme caractéristique de l'aide publique au développement octroyée par la France de nos jours et finance son budget par les ressources y relatives, même si elles sont d'abord logées dans un compte spécial à la BEAC.

Toutes ces recettes qui alimentent le budget de l'Etat, ont vocation à être utilisées sous forme de dépenses de diverses natures, en fonction des prévisions budgétaires faites en la matière.

§ II- Les dépenses budgétaires

167. Pour un Etat, les dépenses budgétaires sont les dépenses que cette entité prévoit effectuer, en utilisant les différentes recettes susceptibles d'être collectées, afin de satisfaire les charges d'intérêt général. C'est donc un ensemble de dépenses publiques figurant dans le document budgétaire élaboré à cet effet. L'analyse des dépenses publiques contenues dans le budget de l'Etat camerounais commande dès lors une présentation préalable du contenu théorique de cette catégorie juridique, avant la déclinaison des différentes dépenses prévues ici.

¶ I- La définition de la dépense publique

168. Les dépenses publiques constituent l'emploi normal des deniers publics. Elles tiennent leur nature de la qualité des organismes qui les engagent et non de celle de leurs bénéficiaires. Elles peuvent être réalisées à des fins et suivant des modalités très diverses. Des classifications s'imposent dès lors pour apprécier leur rôle et déterminer leur régime dans les finances publiques[94].

169. Considérée à dessein comme la nervure centrale des finances publiques[95], la dépense publique semble paradoxalement éludée par les

---

[94] GAUDEMET (P.M), « Dépenses publiques (notions générales et classifications) », in *Dictionnaire encyclopédique des finances publiques*, Economica, 1991, p. 596.

[95] CHEVAUCHEZ (B), « La dépense publique au cœur de nos systèmes financiers publics », *RFFP*, n°77, 2002.

instruments juridiques et la grande majorité de la doctrine, qui au lieu de la définir, procèdent plutôt à sa classification. Opération financière consistant pour les administrations dépensières à chiffrer le montant des crédits nécessaires au financement des interventions de leurs services, la notion de la dépense publique est étroitement liée à celle de crédit défini comme l'enveloppe financière mise à la disposition d'une autorité publique pour financer ces interventions[96]. Eu égard à la diversité des interventions des ministères, la dépense publique est donc un terme générique désignant toute sortie d'argent des caisses des collectivités publiques, affectée à la réalisation d'une opération menée dans un but d'utilité publique[97]. Elle ne se limite pas aux dépenses de l'Etat, mais englobe également celles des collectivités territoriales décentralisées, des établissements publics, et plus généralement de tous les organismes détenteurs de deniers publics[98].

170. Pour une exécution régulière, la dépense publique doit satisfaire à deux conditions déterminantes pour l'accomplissement de son statut public[99]. L'une est de fond et l'autre est de forme. Autrement dit, le défaut de satisfaction cumulative de ces conditions, maintient toute opération financière de cette nature sous le prisme privé ou officieux[100].

171. La condition de forme à laquelle la dépense doit satisfaire est celle de son inscription au budget de la collectivité publique considérée, accompagnée d'une autorisation obéissant à tous les principes y afférents. Quant à la condition de fond, il s'agit de l'existence d'une dette de l'organisme public, qui justifie le paiement. Il appert donc que l'autorisation budgétaire n'ouvre que la faculté de faire des dépenses, elle ne crée pas l'obligation de dépenser[101]. Toute dépense inscrite au budget d'une collectivité publique, avant son engagement n'est que potentielle et facultative[102]. Encore devrait-on au préalable l'engager et

---

[96] QUEROL (F), *Finances publiques*, Ellipses, Paris, 2002, p.27.

[97] CORNU (G), *Vocabulaire juridique*, PUF, Paris, 2005, pp. 289-290.

[98] GAUDEMET (P.M), « Dépenses publiques (notions générales et classifications) », *op. cit.*, p.596.

[99] MAGNET (J), *Eléments de comptabilité publique*, LGDJ, Paris, 1991, pp.68-75.

[100] MOLINIER (J), « Sur la nature juridique des opérations financières », in *Mélanges en l'honneur du professeur Paul Marie Gaudement*, Economica, Paris, 1984, p.405.

[101] CONAN (M), *La non-obligation de dépenser*, Thèse de Doctorat en Droit public, Paris II, 2004. Lire aussi : REGNIER HELDMAIER, « La distinction dépenses obligatoires/dépenses non obligatoires, instrument pour le pouvoir budgétaire », *Revue du marché commun de l'Union européenne*, n°375, 1994, p.12 et suivantes.

[102] GAUDEMET (PM), MOLINIER (J), *Finances publiques*, Tome I, budget et trésor, 7ème édition, Montchrestien, Paris, 1996, p.684.

par ailleurs s'assurer de la disponibilité des crédits[103]. La dette de l'organisme public peut avoir deux origines issues de la définition comptable de l'acte d'engagement de la dépense. Celui-ci s'entend comme l'acte par lequel un organisme public crée ou constate à son égard une obligation de laquelle résultera une charge. La dépense publique peut donc avoir une origine volontaire ou involontaire, à travers des actes juridiques créateurs d'obligations, ou alors de simples situations de fait génératrices d'obligations à charges[104].

172. La dépense publique est gouvernée par des principes. Il s'agit, d'abord, du principe de la séparation des ordonnateurs et des comptables[105]. Ce principe consacre deux autorités principales dans les deux grandes phases de la procédure de la dépense publique. La phase administrative tenue par l'ordonnateur, et la phase comptable tenue par le comptable public patent ou de fait[106]. Les deux autorités doivent être séparées, afin d'éviter toute confusion potentiellement propice à la fraude. Ce principe est sanctionné, soit par des gestions de fait[107], soit par des comptabilités de fait[108], fortement répréhensibles à travers les juridictions respectivement compétentes.

173. Le second principe est la règle du paiement de la dépense publique après service fait ou livraison des ouvrages publics. Subdivisé en deux selon la nature de la dépense considérée, ce principe voudrait que l'on procède au décaissement des crédits alloués à la dépense en question exclusivement si l'opération qui a suscité l'engagement de la dépense publique est physiquement et effectivement réalisée[109]. C'est d'ailleurs la raison pour laquelle l'une des étapes de la phase de liquidation consiste, avant la détermination du montant de la dépense, à la

---

[103] CHARTIER (JL), DOYELLE (A), « La notion de crédit disponible par le mandatement d'une dépense obligatoire », *AJDA*, 1989, p.684.

[104] LEONARD (JG), *Le financement des dépenses publiques en France*, Presses Universitaires de Lyon, Lyon, 1986.

[105] SAIDJ (L), « Séparation des ordonnateurs et des comptables », in *Dictionnaire encyclopédique des finances publiques*, Economica, 1991, p. 1418.

[106] BOEHLER, *Des rôles respectifs des ordonnateurs et des comptables*, Thèse de Doctorat en Droit public, Paris I, 1981.

[107] MAGNET (J), *Les gestions de fait*, LGDJ, Paris, 2001.

[108] CHARTIER (J.L), DOYELLE (A), « Les gestions de fait dans les collectivités et établissements publics locaux », in *Chronique de l'activité des chambres régionales des comptes*, AJDA, 1992, p.166.

[109] AMSELEK (P), « Une institution financière en clair-obscur : la règle du service fait », in *Mélanges en l'honneur du professeur Paul Marie Gaudement,* Economica, 1984, p.421.

vérification de la réalité du service fait ou de l'opération créatrice de la dépense.

174. La dépense publique est susceptible de plusieurs classifications. Elles évoluent d'ailleurs au gré des grandes mutations de l'action et même de la conception de l'Etat. On peut d'abord retenir les classifications administratives distinguant les dépenses d'après l'autorité qui en dispose, soit d'après l'affectation à une fonction étatique. Ensuite, au moment où l'Etat s'interdisait toute intervention dans le domaine économique, une classification politique, sous la plume de GAUDEMET, vit le jour. Elle distingue les dépenses neutres des dépenses actives. Enfin, l'on a des classifications économiques[110], favorables à l'interventionnisme, car l'influence des dépenses publiques dans le domaine économique devient aujourd'hui de plus en plus perceptible. Ces classifications font ressortir différemment, les diverses activités de l'Etat d'après leur nature économique. Ces classifications distinguent en général trois grands types de dépenses :

- Les dépenses de fonctionnement ;
- Les dépenses d'investissement ;
- Et les dépenses de transfert.

175. Les dépenses de fonctionnement sont celles traditionnelles visant à permettre aux services de l'Etat de remplir permanemment leurs missions. Elles sont capitales pour la continuité de l'Etat. Mais leur importance numérique par rapport aux autres types dépend des options politiques et socioéconomiques de l'Etat. Cependant, leur consistance est un fait marquant et d'ailleurs logique, car consistant en grande majorité aux dépenses de personnels et d'entretien du matériel de l'Etat. Il s'agit là de dépenses qui, certes, vont croissants, mais pas de manière très excessive et tranchée. Elles sont généralement stables.

176. Les dépenses d'investissement ou d'équipement par contre sont instables. Caractéristiques de l'interventionnisme étatique et clé de voûte d'un développement pluridimensionnel de la communauté nationale, ces dépenses consistent à la réalisation des grandes infrastructures des collectivités publiques. Elles sont très sensibles et appréciées des populations[111].

---

[110] HERSCHTEL (M.L), « Dépenses publiques (Aspects économiques) », in *Dictionnaire encyclopédique de finances publiques*, Economica, Paris, 1991, pp.600-605.

[111] En effet, consistant à la réalisation d'ouvrages matériellement perceptibles et à impact très direct sur les populations, ces dépenses sont très sensibles, car à travers elles, l'on *« voit »* manifestement *« où va »* l'argent de la collectivité publique.

177. Les dépenses de transfert, quant à elles, visent, soit à redistribuer les crédits vers les secteurs jugés dignes d'une aide, soit à s'acquitter des contributions à l'égard des organismes étrangers. C'est la raison pour laquelle leur grande substance est constituée des contributions, cotisations et aides extérieures.

178. Même s'il a été moins mû par le souci de concision, du fait d'une énumération peu ou prou longue dégageant six types de dépenses budgétaires, d'une part, et par l'usage de l'expression équivoque *« les autres dépenses »*, d'autre part, le législateur camerounais du 11 juillet 2018 semble tout de même enclin à la classification des dépenses publiques selon le critère économique.

¶ II- Les différentes dépenses budgétaires

179. Au sens des dispositions de l'article 28 de la loi portant régime financier de l'Etat et des autres entités publiques, les dépenses budgétaires de l'Etat sont :

- Les charges financières de la dette ;
- Les dépenses de personnel ;
- Les dépenses de biens et services ;
- Les dépenses de transfert ;
- Les dépenses d'investissement ;
- Et les autres dépenses.

A : Les charges financières de la dette

180. A l'instar de la plupart des Etats en développement, et même de certains Etats développés, l'Etat camerounais est grandement endetté, comme en témoignent certaines initiatives dont il a eu le bénéfice, à savoir, l'initiative en faveur des pays pauvres et très endettés (IPPTE), et le Contrat de désendettement et de développement (C2D), pour ne citer que celles-là. Une telle situation impose une certaine attitude à cet Etat qui se trouve obligé de procéder au remboursement de cette importante dette, afin de satisfaire à ses engagements internes et internationaux, en matière économique et financière. Des prévisions financières doivent dès lors être faites dans le budget de chaque exercice sous forme de dépenses et sous l'appellation *« charges financières de la dette »*. En d'autres termes, cette expression désigne les prévisions budgétaires susceptibles d'être mobilisées par les pouvoirs publics camerounais, en vue de procéder au remboursement de la dette

contractée sur les plans interne, bilatéral et multilatéral. Ces charges financières englobent intérêts et frais financiers et les autres intérêts et frais bancaires.

B : Les dépenses de personnels

181. L'activité étatique sur le plan interne et international commande la mobilisation d'importantes ressources humaines dont la vocation est de conduire les différents services nécessaires à la réalisation des missions d'intérêt général et d'interventionnisme sur le plan économique et social. L'Etat dispose dès lors d'un personnel multiple et varié qui doit être rémunéré en contrepartie des prestations à lui fournies, conformément au principe travail- rémunération. Des prévisions budgétaires sont alors faites chaque année sous forme de dépenses, pour payer les salaires de ce personnel et tous les avantages y relatifs, en fonction du statut de chacun. Encore appelé traitements, appointements, solde ou gage selon les catégories professionnelles, les salaires sont constitués par les rémunérations perçues par ceux qui se trouvent, en vertu d'un contrat de travail ou d'un statut, dans un état de subordination ou d'étroite dépendance vis-à-vis de la personne qui rémunère, en l'occurrence ici, l'Etat. L'article 28 b du régime financier du 11 juillet 2018 intègre dans les dépenses de personnels, les traitements et salaires, les primes et indemnités, les cotisations sociales, et tous autres avantages de nature pécuniaire servis au personnel en contrepartie ou en gratification de son travail. Pierre BELTRAME appelle ces autres avantages pécuniaires : *« les rémunérations assimilées »*[112].

C : Les dépenses de biens et services

182. En sus des ressources humaines, la permanence de l'activité étatique nécessite l'utilisation de plusieurs biens, d'une part, et le recours à certains services, d'autre part. Par ailleurs, il arrive très souvent que l'Etat, dans le fonctionnement normal de ses services financiers, collecte par erreur certaines recettes qu'il sera tenu de rembourser, soit suite à une réclamation de l'usager concerné, soit lorsque les services techniques y afférents s'en aperçoivent. L'achat desdits biens, l'acquisition des services sus évoqués et le remboursement de ces

---

[112] BELTRAME (P), *Fiscalité en France*, op.cit., p.37.

recettes mal recouvrées sont constitutifs d'importantes dépenses publiques regroupées sous l'appellation *« dépenses des biens et services »*. Une partie très importante de ces dépenses est aussi consacrée à l'entretien courant des immeubles, des routes et des biens acquis. Car, exposés à l'usure du temps, ces infrastructures se détériorent plus ou moins vite et appellent à leur réfection lorsque cela est encore possible. Et dans le cas contraire, de nouvelles commandes sont faites en vue de l'acquisition de biens et services neufs.

D : Les dépenses de transfert

183. Au rang des dépenses de transfert, l'article 28 du régime financier de l'Etat et des autres entités publiques fait mention particulière et même pléonastique des subventions et transferts. Il s'agit, pour le second cas, des dépenses que l'Etat camerounais effectue en vue de s'acquitter des contributions relatives à son appartenance à telle ou à telle organisation internationale ; c'est le cas par exemple de l'Organisation des nations unies ou la Communauté économique et monétaire de l'Afrique centrale, ou alors dans l'optique de booster un service public particulier. A ce titre, les dotations occupent une place de choix parmi les transferts effectués sur le plan interne. A titre d'illustration, l'on ne saurait faire fi des différentes dotations versées par l'Etat camerounais au profit des collectivités territoriales décentralisées sous l'appellation, soit de *« dotation générale de la décentralisation »*, soit de *« dotation générale de fonctionnement »*. Et pour le premier cas, les subventions sont constituées des différentes aides que la puissance publique décide d'effectuer au profit de certaines couches sociales jugées défavorisées, ou de certains secteurs d'activité économique. Les subventions sont généralement symptomatiques de l'interventionnisme étatique sur le plan économique et social.

E : Les dépenses d'investissement

184. Diverses, variées et numériquement très importantes, plusieurs opérations financières rentrent dans la catégorie des dépenses d'investissement au Cameroun. Il s'agit notamment des immobilisations incorporelles et non produites, des acquisitions, constructions et grosses réparations d'immeubles, matériels et mobiliers, des équipements militaires et des prises de participations.

F : Les autres dépenses

185. En bute à la difficulté de les ranger harmonieusement dans l'une des cinq catégories de dépenses déjà étudiées, le législateur camerounais du 11 juillet 2018 a conçu une catégorie particulière de dépenses publiques appelée *« les autres dépenses »*. Elles consistent, pour l'essentiel, aux charges éventuelles et exceptionnelles de l'Etat, notamment, l'annulation des produits constatés au cours des années antérieurs, les condamnations et transactions pécuniaires, les loyers, les actifs non produits et les valeurs de garanties. Même si elles ne sont pas, du point de vue du volume, aussi importantes que les dépenses d'investissement, ces autres dépenses sont tout aussi considérables, si l'on s'en tient seulement au montant des loyers que verse l'Etat aux particuliers, suite à la location des immeubles hébergeant certains responsables administratifs au titre de résidences de fonction, ou même certains services publics.

186. Le budget a donc pour contenu les recettes publiques, d'une part, et les dépenses publiques, d'autre part. La détermination de ces matières ne se fait pas de manière spontanée. La fixation du montant exacte du budget de l'Etat est le fruit d'un long processus mobilisant plusieurs acteurs devant respecter un certain nombre de règles cardinales. D'ailleurs, le succès de cette entreprise au Cameroun, dépend en grande partie de la prise en compte d'un ensemble de paramètres d'ordre politique, économique et social en rapport avec notre nation. L'étude de l'élaboration du budget est la parfaite occasion de maîtrise de toutes ces considérations.

Sous-titre II

L'élaboration du Budget

187. Elaborer le budget c'est le concevoir. C'est l'activité qui consiste à définir le montant global et prévisionnel des recettes à collecter et des dépenses à effectuer dans un Etat au courant d'une année. Il s'agit non seulement d'un processus fait de plusieurs opérations, mais qui doit également prendre en considération des données de diverses natures dont l'inobservance vouerait toute cette activité à l'échec. L'élaboration du budget se fait donc dans un cadre bien défini et suivant un agencement d'étapes clairement identifiées mobilisant des acteurs précis. Sur le plan strictement juridique, la situation camerounaise d'Etat sous assistance financière internationale a semblé avoir une incidence réelle sur les principes de droit budgétaire, lors de la mobilisation des fonds de désendettement obtenus au titre de l'initiative en faveur des pays pauvres très endettés et du contrat de désendettement-développement.

Chapitre I

Le cadre d'élaboration du budget

188. Appréhendé comme l'acte financier qui contient les prévisions de recettes et de dépenses que l'Etat est appelé à effectuer au cours d'une année afin de satisfaire tous ses besoins, le budget doit prendre en considération un certain nombre de paramètres dans son élaboration. Ces paramètres sont de plusieurs ordres, eu égard à la diversité des missions que l'Etat est appelé à assurer. Ils sont de nature politique, économique et sociale pour l'essentiel et accordent une place de choix à la règle de droit dans l'optique d'un établissement et d'une mobilisation régulière et performante de l'acte budgétaire. L'élaboration du budget doit dès lors être en phase avec un certain cadre politique, économique, social et juridique.

§ I : Le cadre politique, économique et social de l'élaboration

189. Raymond MUZELLEC le disait de fort belle manière : *pour d'évidentes raisons, la préparation du budget est étroitement conditionnée : politiquement, économiquement, techniquement, juridiquement*[113]. En effet, au-delà de la préparation, l'élaboration du budget ne saurait faire fi d'un ensemble de données politiques, économiques, sociales et même culturelles dont la prise en compte s'impose d'elle-même lors de la confection du budget, pour l'efficacité d'action des pouvoirs publics. C'est donc dire que le budget poursuit certains objectifs précis pendant et après son élaboration, et est appelé à relever des défis bien identifiés, pour que le citoyen camerounais, premier pourvoyeurs des fonds publics à travers son impôt, soit satisfait dans sa vie de tous les jours.

---

[113] MUZELLEC (R), *Finances publiques*, 12ème édition, Sirey, Paris, 2002, p. 163.

¶ I : Les objectifs poursuivis par le budget

190. De manière générale, les objectifs poursuivis par le budget dans son élaboration sont principalement identifiables sur le triple plan politique, économique et social. Relevons toutefois qu'il serait non fondé de faire accroire qu'il s'agit là des seuls objectifs à atteindre par l'Etat, car, ceux-ci sont aussi nombreux et variés, voire fluctuants, que la consistance théorique du mythe légitimant désigné à travers les expressions *« service publics », « intérêt général », « ordre public »...*

A : Les objectifs d'ordre politique

191. L'élaboration du budget au Cameroun, depuis l'accession à la souveraineté interne et internationale jusqu'à l'avènement de l'Etat unitaire décentralisé actuel, a toujours été fondamentalement influencée par deux grandes données à savoir l'idéologie et le contexte politiques ambiants. Pour ce qui concerne l'idéologie politique, force est de reconnaitre que celle du parti au pouvoir qui se dégage de son nom, à savoir le *Rassemblement démocratique du peuple camerounais (RDPC),* dont le chef prône la rigueur et la moralisation dans la gestion de la *Res publika*, reste ouverte à toute autre idée venant des formations d'opposition, à condition qu'elle vise le bien-être des citoyens camerounais. Et au sujet de la conjoncture politique, un accent particulier est mis sur le contexte politique interne et international, car l'Etat camerounais n'est pas seul dans cette société politique internationale agitée et ondoyante, et de surcroît voit une bonne partie de ses citoyens s'établir à l'étranger. L'établissement du budget doit donc prendre en considération ces paramètres dans la fixation des objectifs à atteindre.

192. Il sied de noter la constance de certains objectifs depuis plusieurs décennies au Cameroun, même si certains sont beaucoup plus conjoncturels. De manière générale, le gouvernement camerounais, soucieux de la paix et de la sécurité, ambitionne intensifier les mesures de lutte contre l'insécurité, afin de venir à bout de la secte terroriste BOKO HARAM dans la partie septentrionale du pays et la menace sécessionniste dans les régions du Nord et du Sud-ouest. Certaines conclusions du Grand Dialogue nationale instruit par le Chef de l'Etat, en rapport avec la paix et la sécurité, voient alors leur mise en œuvre amorcée à travers les prévisions budgétaires de l'exercice 2020. Il en

est ainsi de la création de tout un chapitre budgétaire pour provisionner sur le plan budgétaire, le Comité de désarmement, démobilisation et réintégration nouvellement créé au service de la paix, la sécurité et le développement des citoyens camerounais.

193. Aussi, l'Etat camerounais, constitutionnellement enclin à la décentralisation depuis le 18 janvier 1996, compte accélérer ce processus de transfert de certaines compétences aux collectivités territoriales qui pour certaines, convient-il de la rappeler avec une certaine emphase, existent depuis les lendemains de l'indépendance au Cameroun[114]. De nouvelles dotations budgétaires sont alors prévues, à cet effet, dans l'ordre de 6,3 milliards de francs CFA.

194. Par ailleurs, le budget prend généralement en considération l'organisation dans les prochains jours ou pas des élections au Cameroun. Des ajustements sont alors politiquement faits en la matière afin que les prévisions budgétaires puissent financer efficacement la bonne conduite desdits scrutins. Le budget de l'exercice 2020 en est une illustration parfaite, car ayant supporté financièrement la conduite des élections législatives et municipales, comme celui de 2018 a supporté l'élection présidentielle organisée cette année-là.

B : Les objectifs d'ordre économique

195. En prenant en considération la situation économique passée et présente, le budget ambitionne maitriser, autant que possible, la situation économique future, lors de son élaboration. Des objectifs permanents et conjoncturels sont à cet effet identifiés. Etat en voie de développement lancé sur le chemin de l'émergence à l'horizon 2035, le Cameroun sort progressivement de sa situation de pays pauvre très endetté qui avait mise à nue son importante dette ayant pour conséquence, sur le plan économique, d'obérer tous ses efforts de développement. Tout budget étatique en cours d'élaboration s'inscrit dès lors dans la perspective de poursuivre l'effort de réduction de nos déficits budgétaires et de la maîtrise du niveau d'endettement de notre pays à moyen terme. Plusieurs mesures sont à ce titre pérennisées ou entreprises, en vue de mener à bien ces nobles desseins. Il s'agit notamment de l'accentuation des efforts de réduction du train de vie de l'Etat sous l'impulsion du Président de la République et du refus de contracter artificiellement de nouveaux engagements plus qu'il n'en

[114] C'est le cas des communes.

faut sur le marché financier. Cette dernière mesure vise pour l'année 2020, à compenser le déficit de financement né de la baisse des appuis budgétaires pour plus de la moitié par rapport aux deux derniers exercices.

196. Au titre des objectifs peu ou prou ponctuels de l'exercice budgétaire 2020, il est question d'abord de consolider les acquis du programme économique et financier à travers la poursuite du soutien de la croissance économique et de l'amélioration de la compétitivité de notre économie, de la réduction du déficit budgétaire et du renforcement du niveau de nos réserves de change, en vue d'une plus grande stabilité macroéconomique. Ensuite, les pouvoirs publics s'attellent à accélérer la construction et la mise en service des infrastructures énergétiques, routières, dans le domaine des télécommunications et des transports. Enfin, l'Etat s'engage à finaliser les préparatifs du Championnat africain des nations et de la Coupe d'Afrique des nations qui étaient prévus se dérouler au Cameroun en 2020, mais qui ont été atermoyés suites aux ravages de la Covid 19[115]. D'importantes dotations budgétaires sont alors prévues à cet effet, pour supporter le moment venu les charges y afférentes.

C : Les objectifs d'ordre social

197. Le très haut niveau d'endettement dans lequel le Cameroun s'est retrouvé avait eu pour conséquence de plonger tout le pays dans une situation de pauvreté alarmante conduisant ce pays, en relation avec les bailleurs de fonds internationaux, dans les programmes d'ajustement structurel traduisant le grand déséquilibre macroéconomique en cours. Ces programmes ont permis au Cameroun, en dehors des politiques intérieures souverainement définies pour la même cause, de s'engager dans plusieurs initiatives de réduction de la pauvreté et de promotion de la croissance et de l'emploi, qui constituent jusqu'à nos jours de véritables boussoles des autorités budgétaires, sur les sentiers de l'amélioration des conditions de vie de la population camerounaise. Le budget poursuit ainsi plusieurs objectifs sur le plan social. Sans prétendre à l'exhaustivité, il est question de poursuivre le soutien du prix du carburant à la pompe ; d'améliorer l'accès aux services sociaux

[115] Ces développements trouvent leur fondement dans les explications apportées par Monsieur Cyril EDOU ALO'O, Directeur général du budget, lors de l'interview accordé à *Cameroon Tribune* le 8 janvier 2020, au lendemain de la publication du budget de l'Etat camerounais pour l'exercice 2020.

de base tels l'éducation, la santé[116] ; d'améliorer l'accès aux services publics de l'eau et de l'électricité ; d'intensifier les actions d'éducation civique, du bilinguisme, du multiculturalisme et de promotion du vivre ensemble. Aussi, force est de poursuivre l'encadrement des personnes et ménages socialement vulnérables à travers notamment le projet filets sociaux et la mise en place des préalables à la Couverture santé universelle. La promotion de l'emploi jeune ne saurait être des restes.

198. L'atteinte de ces objectifs d'ordre politique, économique et social suscitent des défis de diverses natures que les pouvoirs publics camerounais comptent relever en mobilisant efficacement les dotations budgétaires.

¶ II : Les défis à relever par le budget

199. Les objectifs à atteindre lors de l'élaboration du budget ne sauraient être atteints de manière efficiente si les pouvoirs publics mobilisés dans les circuits financiers de l'Etat ne prennent pas la pleine mesure des défis que suscitent de telles prévisions et dont le relèvement apparait comme la condition *sine qua non* de la performance du budget projeté. Pays fortement endetté à peine sorti des programmes d'ajustement structurel, engagé dans de vastes et intenses programmes de réformes économiques et financiers et inscrit sur les chemins de l'émergence à l'horizon 2035, le Cameroun a depuis plusieurs décennies comme principal défi à relever sur le plan financier et partant budgétaire, l'assainissement de ses finances publiques. D'un exercice budgétaire à un autre, la réalisation de ce dessein salutaire passe fondamentalement par une mobilisation optimale des ressources, la garantie de la qualité de la dépense publique et l'enracinement d'une grande discipline budgétaire.

A : Une mobilisation optimale des ressources

200. Eléments déterminants de tout budget, les ressources publiques constituent la matière première sans laquelle aucun budget ne saurait exister et *a fortiori* être exécuté. L'Etat camerounais intègre ce truisme et envisage procéder à une mobilisation optimale des modestes ressources fiscales et même non fiscales qu'il peine de plus en plus à

[116] La pandémie du Covid 19 est venue mettre un peu plus d'accent sur le volet santé de ces objectifs.

collecter. Le succès de cette entreprise passe par plusieurs impératifs quasi absolus. Il s'agit d'abord d'exiger aux contribuables un sens élevé de responsabilité lors de la réalisation de ses obligations fiscales, en imposant une discipline et un civisme fiscal considérablement poussé. Ensuite, les projets de développement financés par nos partenaires extérieurs et ceux conjointement financés, devront être bien exécutés afin de fluidifier le décaissement de l'aide public au développement. Aussi les pouvoirs publics devraient procéder à une mise en œuvre efficace du programme économique et financier du FMI et des autres programmes d'appui budgétaire, condition *sine qua none* pour pouvoir bénéficier des appuis budgétaires des partenaires techniques et financiers. Enfin, une bonne programmation et une conduite fructueuse des opérations d'émission des titres publics sur le marché intérieur, tout en tenant compte du rythme d'exécution du budget, s'imposent comme impératifs catégoriques.

B : Garantir la qualité de la dépense publique

201. Même en disposant de toutes les ressources financières du monde, si celles-ci ne sont pas bien utilisées par les pouvoirs publics pour assurer le bien public, aucun budget n'assurera sa raison d'être. La qualité de la dépense publique s'impose alors comme la clé du succès de toutes les politiques publiques et surtout de la croissance et partant du développement de l'Etat du Cameroun. Pour ce faire, il sied d'éviter les gaspillages des fonds publics en ciblant les dépenses à grand impact sociale dont la finalité est la lutte contre la pauvreté et l'amplification de la décentralisation. Il est question aussi de s'assurer d'une réalisation effective, efficace et efficiente des dépenses publiques engagées, en mettant un accent particulier sur les projets d'investissement public. Des réalités telles les marchés fictifs ou abandonnés par des prestataires véreux et défaillants sont à cet effet, à combattre avec la plus grande énergie par les institutions compétentes.

C : Assoir une forte discipline budgétaire

202. De bonnes prévisions budgétaires peuvent être faites par la mobilisation de toutes les techniques les plus sophistiquées d'évaluation des recettes et des dépenses. Mais si les organes appelés à engager, liquider, ordonnancer et encaisser ou payer les opérations financières publiques sont défaillants ou véreux, le grand château

budgétaire s'effondrerait assurément car il serait bâti sur du sable. La discipline budgétaire s'apparente alors à ce code de conduite qui guide les pas de tous les acteurs de la chaine financière publique, dans l'optique d'éviter les dérapages susceptibles de conduire l'Etat camerounais si ce n'est vers un endettement sans cesse croissant, alors vers une crise économique et financière davantage prononcée, qui pourrait entrainer une certaine perte de crédibilité de l'Etat vis-vis de ses partenaires extérieurs et intérieurs.

203. L'on pourrait à première vue croire que la discipline budgétaire concerne exclusivement les ordonnateurs des deniers publics, tant il est vrai qu'ils se trouvent au début de la chaine tels des locomotives pour tout engin roulant des chemins de fer. Pourtant, à proprement parler, elle concerne aussi tous les autres acteurs des circuits financiers publics à savoir les comptables et les contrôleurs financiers, se situant respectivement à la fin et au milieu desdits circuits. Cette discipline consiste à respecter scrupuleusement les plafonds de dépenses fixés en lois de finances et à respecter les règles et procédures qui encadrent le budget dans son élaboration et son exécution. Le défi en la matière pour les pouvoirs publics nationaux en 2020, est d'éviter de s'écarter du niveau de déficit arrêté dans la loi de finances, soit 2,1% du PIB.

§ II : Le cadre juridique : les principes de droit budgétaire

204. La préparation, le vote et même la mise en exécution du budget se font en respect de certaines règles cardinales dont la violation, en principe, vicie le document budgétaire. Mues par des exigences d'harmonieuse présentation, de saine et de rationnelle gestion des budgets des personnes publiques, ces grands principes de droit budgétaire visent à faciliter le travail du Parlement lors de l'adoption du budget et, plus précisément, pendant le contrôle que les représentants de la nation effectuent sur le projet de loi de finances déposé par le gouvernement. Il s'agit principalement de six principes façonnés au gré du cours de l'histoire budgétaire, à savoir, le principe de l'annualité, le principe de l'unité, le principe de l'équilibre, le principe de l'universalité, le principe de la spécialité et le principe de la sincérité. Leur présentation judicieuse commande à distinguer les principes se rapportant à la prévision, de ceux afférents à la présentation, et à la gestion du budget.

¶ I : Les principes de prévision budgétaire

205. Deux principes se rapportent à la prévision du budget. Il s'agit des principes de l'annualité et de l'équilibre budgétaires.

A : Le principe de l'annualité budgétaire

206. Après la présentation de la consistance du principe de l'annualité budgétaire, il conviendrait d'envisager l'étude des exceptions à cette règle cardinale de l'élaboration du budget.

1 : La consistance du principe

207. Jadis prévu respectivement par les articles 2 alinéa 1, et 2 de la loi du 26 décembre 2007 portant régime financier de l'Etat en ces termes : *la loi de finances prévoit et autorise chaque année, l'ensemble des ressources et des charges de l'Etat..., le budget décrit les ressources et les charges de l'Etat autorisées par la loi de finances, sous forme de recettes et de dépenses dans le cadre d'un exercice budgétaire. L'exercice budgétaire couvre une année civile*, le principe de l'annualité budgétaire fait actuellement partie du droit positif camerounais en matière financière, à travers l'article 4 alinéa 1, et 2 de la loi du 11 juillet 2018 portant régime financier de l'Etat et des autres entités publiques, dont la lettre semble quasiment identique aux dispositions sus mentionnées de la loi de 2007. Ce principe signifie dans son sens le plus large que les prévisions et les autorisations budgétaires, ainsi que l'exécution de la loi de finances, sont enfermées dans un cadre temporel d'un an allant du 1er janvier au 31 décembre. Schématiquement, on a coutume de dire que la loi de finances ne produit d'effets que pendant douze mois, car elle est préparée, votée, et doit être exécutée pour une année techniquement appelée « *exercice budgétaire* ».

2: Les exceptions au principe

208. Les exceptions au principe de l'annualité peuvent consister en une prévision ou exécution du budget pour une période inférieure, ou alors supérieure à une année.

a : Les exceptions liées à l'infra annualité

209. Les exceptions liées à l'infra annualité concernent les cas où le budget est prévu et même voté pour une période inférieure à une année. En effet, il peut arriver que le budget de l'Etat ne soit pas voté à temps du fait de désaccord permanent entre le gouvernement et le parlement. Ce qui pourrait à terme occasionner un arrêt de l'activité étatique. Or une telle situation est à éviter, car le fonctionnement de l'Etat doit être permanent, continu. Que faut-il alors faire pour éviter ce blocage potentiel de l'action de l'Etat pour des raisons de vote tardif du budget ?

210. Lorsque le retard est imputable au parlement, c'est-à-dire qu'il ne s'est pas prononcé à temps pour voter le budget de l'Etat, une autorisation mensuelle est donnée au gouvernement par le Parlement de percevoir les impôts et d'engager les dépenses dans la limite du douzième des crédits de l'année précédente, pour la bonne marche des services publics : c'est la pratique des douzièmes provisoires.

211. Lorsque le retard est imputable au gouvernement, c'est-à-dire qu'il n'a pas déposé à temps le projet de loi de finances sur le bureau de l'Assemblée nationale, en ce moment, le gouvernement doit demander au législateur l'autorisation de continuer à percevoir les impôts et d'ouvrir par décrets les crédits nécessaires au bon fonctionnement des services publics.

b : Les exceptions liées à la supra annualité

212. Les exceptions liées à la supra annualité ont trait au cas où le budget est voté et exécuté pour une période supérieure à une année civile. Il peut s'agir des chevauchements dans l'exécution des budgets, ou tout simplement de la programmation pluriannuelle.

Le principe de l'annualité voudrait que recettes et dépenses d'une année se rapportent exclusivement à cette année. Or il peut arriver qu'une recette ou une dépense soit initiée au cours d'une année et se réalise concrètement au courant de l'année suivante. Il y a chevauchement. A quelle année doit-elle alors être rattachée ? A l'année d'engagement ou à celle de paiement ?

213. Le problème est résolu par l'adoption par les pays soit :

- Du « *système de l'exercice* » qui veut que l'on rattache les opérations de recettes et de dépenses à l'année où elles ont été engagées ou autorisées, quelle que soit l'année d'exécution définitive,

- Ou du « *système de la gestion* » qui voudrait, à l'opposé, que l'on rattache recettes et dépenses à l'année de leur exécution définitive sans considération de l'année de leur initiation.

214. Par ailleurs, le principe de l'annualité voudrait que les crédits ouverts au titre d'un budget ne créent aucun droit au titre du budget suivant. Autrement dit, les crédits restés sans emploi au cours d'un exercice devraient être utilisés au cours de l'exercice suivant. Or le respect d'une telle règle occasionnerait des gaspillages de fonds car les administrations tenteraient de se débarrasser des reliquats de crédits. D'où les reports de crédits qui sont une autre exception au principe de l'annualité. Ils consistent en une utilisation pluriannuelle des crédits. C'est surtout le cas du financement de certains grands investissements qui ne peuvent être réalisés au cours d'une même année.

B : Le principe de l'équilibre budgétaire

Nous présenterons d'abord la signification de ce principe avant d'envisager ses assouplissements possibles.

1 : La signification du principe

215. Le principe de l'équilibre budgétaire semble être la règle d'or des finances publiques modernes. Il se présente comme la maxime universelle d'une saine gestion financière à l'image d'un particulier qui ne peut faire des dépenses qu'en rapport avec ce qui se trouve dans sa cagnotte comme ressources financières. En mobilisant une image commune, une ménagère ne peut faire son marché qu'avec ce qui se trouve dans son porte-monnaie. Elle ne saurait dépenser plus que ce qu'elle dispose comme ressources.

216. Pour les finances publiques classiques, le principe de l'équilibre signifie que les recettes doivent être mathématiquement égales aux dépenses. Car l'Etat ne doit dépenser que ce qu'il reçoit comme ressources. Le fonctionnement moderne de l'Etat a rendu ce principe peu ou prou illusoire. D'où de nombreux assouplissements qui prônent un déséquilibre mathématique en faveur des dépenses, mieux, un équilibre économique général.

2 : Les assouplissements au principe

217. Au rang des assouplissements, nous en présenterons trois à savoir, la théorie du déficit systématique, la théorie du budget cyclique et la théorie de l'impasse budgétaire.

a : La théorie du déficit systématique

218. Cette théorie est une idée keynésienne. Pour ce brillant économiste père de l'interventionnisme, on ne saurait atteindre l'équilibre économique général sans injecter dans le circuit, des déficits délibérément voulus, des fonds supplémentaires, en espérant que ces fonds seront productifs, car investis dans des secteurs économiquement prometteurs. Le budget doit alors accuser un déficit systématique qui pousse l'Etat à un emprunt productif afin de booster l'économie par une croissance soutenue.

b : La théorie du budget cyclique

219. La théorie du budget cyclique est née du constat pertinent que dans chaque pays, l'économie est marquée par une succession des périodes de récession et des périodes de prospérité. Dès lors, les déficits de la période de récession sont susceptibles d'être couverts par les excédents dégagés en période de prospérité. L'équilibre budgétaire demeure toujours l'objectif majeur, toutefois, l'on quitte le prisme annuel pour envisager le cadre plus large d'un cycle économique.

c : La théorie de l'impasse budgétaire

220. Elle constitue la véritable exception au principe de l'équilibre budgétaire. En effet, l'idée de l'impasse est directement représentative de l'idée du budget élaboré en déséquilibre, c'est-à-dire qu'elle admet dans certaines conditions le déficit budgétaire. L'impasse désigne alors l'excédent des dépenses budgétaires et des charges propres du Trésor public sur l'ensemble des recettes budgétaires.

¶ II : Les principes de présentation budgétaire

Il s'agit des principes de l'unité et de l'universalité

A : Le principe de l'unité budgétaire

221. La loi de 2007 portant régime financier de l'Etat dispose en son article 5 alinéa 5 : *toutes les recettes et toutes les dépenses sont retracées dans un document unique intitulé le budget général*. L'article 4 alinéa 5 de la loi du 11 juillet 2018 a repris cette disposition dans son intégralité.

1 : La signification du principe

222. Ce principe revêt deux significations :
- Du point de vue matériel, il signifie que le plan budgétaire soumis au parlement pour être voté, doit embrasser toutes les recettes et toutes les dépenses de l'Etat.
- Du point de vue formel, il signifie que toutes les dépenses et toutes les recettes doivent figurer dans un document unique

223. La justification de ce principe tient au fait que si les prévisions financières de l'Etat étaient éparpillées dans plusieurs documents, les députés auraient eu des difficultés à assurer un contrôle efficient. Son application conforme demeure cependant symbolique de nos jours.

2 : Les exceptions au principe

224. La complexité du système financier publique a fait qu'il soit impossible de retracer les opérations financières de l'Etat moderne dans un document unique. En effet, les dépenses et les recettes de certains services de l'Etat à caractère plus ou moins commercial dotés d'un statut particulier et d'une relative autonomie de gestion, sont présentées dans un document autre que celui retraçant les comptes de l'Etat. Il s'agit des budgets autonomes, des comptes spéciaux, et des budgets annexes.

a : Les budgets annexes

225. Les budgets annexes sont des documents comptables présentant trois éléments caractéristiques. Tout d'abord, ils présentent les opérations

des services ne jouissant pas de la personnalité juridique, en dépit de leur relative autonomie financière. Ensuite, il s'agit des opérations financières afférentes à des activités des productions de biens et services rémunérés. Enfin, ces opérations sont réalisées à titre principal.

b : Les comptes spéciaux

226. Les comptes spéciaux sont encore appelés comptes hors budget. D'après l'article 39 de l'ordonnance du 7 février 1962, les comptes hors budget ont pour objet de retracer les recettes effectuées en dehors du budget pour les services de l'Etat qui ne sont dotés ni de la personnalité juridique, ni de l'autonomie financière. Ces comptes sont ouverts par voie décrétale. On en distingue :

- les comptes d'affectation spéciale qui permettent l'emploi des ressources particulières fixées par la loi pour la réalisation d'un objectif déterminé ;
- les comptes des opérations monétaires qui sont des comptes de règlement avec les pays étrangers, retraçant des opérations réalisées en application des normes conventionnelles internationales approuvées par la loi ;
- les comptes d'exploitation qui retracent les opérations à caractère industriel, commercial et financier effectuées à titre accessoire par les services publics de l'Etat.

B : Le principe de l'universalité

La présentation de la signification du principe précèdera l'examen de ses exceptions.

1 : La signification du principe

227. La loi portant régime financier de l'Etat et des autres entités publique reprenant la lettre de l'article 5 alinéa 4 de la loi du 26 décembre 2007 dispose : l'*ensemble des recettes assure l'exécution de l'ensemble des dépenses. Dans le budget de l'Etat, il est fait recette du montant intégral des produits sans contraction entre recettes et dépenses*. Prônant la logique *du tout pour tout*, le principe de l'universalité budgétaire désigne en réalité deux règles distinctes, mais complémentaires : la règle de non contraction entre recettes et dépenses et la règle de non affectation des recettes aux dépenses.

a : La règle de non contraction

228. Encore appelée règle de non compensation ou règle du produit brut, la règle de la non contraction oblige la loi de finances à retracer fidèlement toutes les opérations de recettes et toutes les opérations de dépenses de l'Etat telles quelles. La compensation ou contraction entre recettes et dépenses est interdite.

b : La règle de non affectation

229. Cette règle condamne l'affectation des recettes particulières à la couverture des dépenses prédéterminées. C'est dire que l'ensemble des recettes a vocation à financer la réalisation de l'ensemble des dépenses. Toutes les recettes et dépenses sont imputées à un compte unique intitulé budget général.

2 : Les exceptions au principe

230. Les exceptions au principe de l'universalité se matérialisent par la conception des budgets annexes, des comptes spéciaux du trésor, des fonds de concours et des taxes parafiscales. En effet, les budgets annexes ont vocation dans leur principe, à réaliser une affectation des recettes et dépenses. Les comptes spéciaux du trésor aussi, à travers les comptes d'affectation spéciale, sont créés dans l'optique de permettre l'affectation de ressources à des emplois spécifiquement définis. Les fonds de concours, quant à eux, sont des fonds versés par des participants à des travaux d'intérêt général clairement identifiés. Il devient dès lors notoire que ces fonds sont affectés à des emplois correspondant aux projets des donateurs. Les taxes parafiscales, à leur tour, constituent l'exception la plus courante de la règle de non affectation. En effet, ces taxes sont une espèce de recettes publiques affectées de droit à certaine dépenses bien déterminées d'avance. L'on peut à titre illustratif citer la redevance audiovisuelle *CRTV* versée par tous les fonctionnaires afin de pallier aux besoins de cet organisme. Une autre illustration est tirée des « *péages* » routiers constitutifs de tout un fonds destiné à l'entretien des routes.

¶ III : Les principes de gestion budgétaire

Il s'agit de deux principes : le principe de la spécialité et le principe de la sincérité.

A : Le principe de la spécialité

Comme les précédents principes, nous étudierons d'abord la signification du principe avant ses exceptions.

1 : La signification du principe

231. Le principe de la spécialité est une règle qui vise à cantonner l'utilisation des crédits à leur objet. En d'autres termes, ce principe prône une utilisation des crédits conformément à leur montant, à leur finalité, et à leur nature. A titre d'illustration, si l'on alloue 10.000.000 FCFA à la construction d'une salle de classe au lycée de Dang, ces crédits doivent être utilisés pour la construction de cette salle de classe exclusivement. Et non pour la construction d'un pont à Nnanga Eboko. Le droit positif camerounais consacre ce principe à travers l'article 2 alinéa 1 de la loi du 26 décembre 2007 : *la loi de finances prévoit l'ensemble des ressources et des charges de l'Etat en déterminant leur nature, leur montant, leur affectation....*

2 : Les dérogations au principe

232. Le principe de la spécialité des crédits est assorti de dérogations dont les plus importantes sont les fonds globaux, les fonds secrets, les transferts de crédits et virements de crédits.

a : Les fonds globaux et les fonds secrets

233. Les fonds globaux présentent un caractère dérogatoire plus marqué à la règle de la spécialité des crédits en ce sens qu'ils n'ont pas de finalité précise. Ces fonds sont en principe destinés à des dépenses éventuelles ou accidentelles. Les fonds secrets, quant à eux, sont accordés en bloc soit au Chef de l'Etat, soit au chef du gouvernement dans les buts les plus divers et purement politiques. Ces personnalités les gèrent d'ailleurs selon leur bon vouloir, mais en vue de satisfaire l'intérêt général.

b : Les transferts et les virements de crédits

234. En principe, transferts et virements de crédits ne désignent pas identiquement une même opération, quoique le droit positif camerounais tende à en faire une identité. Des nécessités de bon fonctionnement d'un service peuvent amener le ministre des finances à autoriser par arrêté des virements de crédits à l'intérieur d'un chapitre. En fait, les virements de crédits visent à autoriser la permutation des services bénéficiaires d'une dépense sans toutefois changer la destination initiale.

B : Le principe de la sincérité

Nous aborderons les considérations de signification avant celles de violation.

1 : La signification du principe

235. Contrairement aux cinq principes classiques précédemment étudiés, le principe de la sincérité est gage de la modernité financière. Il vise aussi à faciliter la tâche des parlementaires lors du contrôle de l'utilisation des deniers publics. Il impose au gouvernement de mettre à la disposition des parlementaires toutes les informations utiles à la vérification du bien fondé et de l'exactitude du contenu du budget.

236. Il est consacré par l'article 3 alinéa 1 de la loi du 26 décembre 2007 en ces termes : *la loi de finances présente de façon sincère l'ensemble des ressources et des charges de l'Etat. Ce principe implique que les informations fournies soient claires, précises et complètes au regard des données disponibles au plan interne et international au moment de l'élaboration des prévisions»*.

237. Il sied de relever que la loi du 11 juillet 2018 portant régime financier de l'Etat et des autres entités publiques améliore considérablement la lettre et même l'esprit de cette disposition. En effet, aux termes de l'article 4 alinéas 8 et 9 : *les budgets des administrations publiques présentent de façon sincère l'ensemble de leurs recettes et dépenses. Leur sincérité s'apprécie compte tenu des informations disponibles au moment de leur élaboration et des prévisions qui peuvent raisonnablement en découler. L'information régulière du public sur les grandes étapes de la procédure budgétaire, tout comme leurs enjeux*

économiques, sociaux et financiers, est organisé dans un souci de transparence et d'objectivité.

2 : Les violations du principe

238. Le principe de la sincérité est la principale arme de la bonne gouvernance financière. C'est d'ailleurs la raison pour laquelle l'on a l'impression qu'il contient tous les cinq principes classiques dans son fond théorique[117]. Ses violations consistent donc en tout acte de mauvaise gestion financière, dont les plus en vue sont : les détournements de deniers publics, la surfacturation, les marchés fictifs…

239. L'élaboration du budget est donc encadrée au Cameroun par plusieurs principes se rapportant à sa prévision, à sa présentation et à sa gestion. Ces six principes sont aussi sensibles et déterminants que la conjoncture politique, économique et sociale du pays, pour une conception efficace du document budgétaire. L'on avait pourtant semblé percevoir une réforme de ces règles cardinales lors de la mobilisation au Cameroun des fonds glanés à travers l'initiative multilatérale de désendettement en faveur des pays pauvres et très endettés et le contrat bilatérale de désendettement- développement conclu avec la France.

---

[117] LANDBECK (D), « La notion de sincérité en finances publiques », *RFDA*, juillet-aout 2002, pp. 798-806.

Chapitre II

Les principes de droit budgétaire et les fonds de désendettement PPTE et C2D

240. S'il est une évidence profondément ancré dans l'esprit du commun des camerounais, c'est indubitablement que les programmes de désendettement[118] contractés par le Cameroun tant sur le plan multilatéral que bilatéral ces dernières années, ont eu des retombées considérables, ne serait-ce que du point de vue structurel[119] et pécuniaire[120]. Même si tous les débats autour de leur impact réel sur le développement et la pauvreté[121], leurs effets sur la souveraineté étatique[122] et la nature juridique exacte des accords et actes de négociation y afférents, restent encore ouverts[123].

---

118 Ce chapitre porte essentiellement sur deux programmes de désendettement à savoir, l'initiative en faveur des pays pauvres et très endettés (PPTE) et le Contrat de désendettement et de développement (C2D).Le premier était une trouvaille du *Consensus de Washington*, regroupant les pays développés et les principales institutions financières internationales, à l'instar du Fonds monétaire international et la Banque mondiale, autour de l'épineuse problématique de la dette faramineuse des pays en développement et surtout son impact sur le développement de ces derniers. Le second, lié au premier, mais sous le prisme des relations bilatérales avec la France, concerne le Club de Paris et nourrit pratiquement les mêmes ambitions.

119 BILOUNGA (S.T), *La réforme du contrôle de la dépense publique au Cameroun*, Thèse, Yaoundé II, 2009.

120 Lire le premier contrat de désendettement et de développement, article 1 et 2, page 4 et les différentes lettres d'intention du gouvernement camerounais adressées au Directeur général du FMI, notamment celles n° A 329 du 24 juillet 1997, Paragraphe 17-28, pp. 7-12 et n° A329 du 6 décembre 2000, Paragraphe 8-22, pp. 2-6... pour ne citer que celles-là.

121 KOSE (A), PRASAD (E), ROGOFF (K), JIN WEI (S), « Mondialisation financière : au-delà de la polémique », *Finances & Développement*, mars 2007, pp. 9-13.

122 KAMTO (M), « Pauvreté et souveraineté dans l'ordre international contemporain », in *ISOART (P), (Mel. à)*, Edition Pedone, Paris, 1996, pp. 284-305.

123 SAMSON (C), « L'encadrement juridique de la conditionnalité des accords de confirmation du FMI », *Etudes internationales*, 1988, pp651 et suivantes. Sur

241. Pâtissant sous le poids de la volumineuse dette qui obérait tous ses efforts de développent[124], accentuant la pauvreté tout en ternissant son image dans le champ des relations diversifiées d'une société internationale mondialisée[125], le Cameroun a atteint le point de décision le 11 octobre 2000, par une décision du Conseil d'administration du FMI. Il s'agit de son admission officielle à l'initiative renforcée de réduction substantielle de la dette publique extérieure des pays en développement dorénavant dits *« pauvres et très endettés ».* Cette victoire paradoxale selon le bon sens[126], mais colossale du point de vue des finances[127], est le couronnement d'un processus de longue haleine conduit en partenariat avec les bailleurs de fonds multilatéraux, et qui devrait voir sa phase paroxystique lors du franchissement du point d'achèvement en avril 2006. En effet, non seulement le Cameroun a vu sa dette considérablement allégée et rendue soutenable, mais il a de surcroit bénéficié d'importantes ressources dites *« PPTE »*, véritables bouffées d'oxygène budgétaires.

242. Greffé à l'initiative PPTE, le premier contrat de désendettement et de développement de trois ans, occasionna par ailleurs la réduction de la dette du Cameroun de l'ordre de 70 milliards par an. Le principe du C2D, quasiment identique à celui de l'initiative PPTE, consiste au paiement effectif à la France, à bonne date, des échéances de la dette concernée, suivi d'une rétrocession au bout de quinze jours. Les fonds étant logés dans un compte spécial à la BEAC.

243. Symptomatiques des effets juridico politiques du *« tissu de conditionnalités*[128] *»* inhérent aux programmes dont elles sont issues,

---

l'ensemble de la question, lire SOREL (JM), *Les aspects juridiques de la conditionnalité du FMI*, Thèse Paris XIII, 1990.

[124] BEKOLO EBE (B), « Les contraintes à l'efficacité des politiques budgétaires dans les économies africaines », in *Budget et politique économique en Afrique*, CLE, Yaoundé, 2007, pp. 17 et suivantes.

[125] AMIN (S), *Les défis de la mondialisation*, L'Harmattan, Paris, 1996, pp 5 et suivantes.

[126] Il s'agit d'une victoire paradoxale selon le bon sens, car il est question pour les Etats engagés vers l'initiative PPTE de prouver qu'ils sont véritablement pauvres. Et l'atteinte du point de décision atteste qu'ils le sont réellement.

[127] Cette victoire est cependant colossale du point de vue des finances car elle fait bénéficier au Cameroun d'importantes ressources pécuniaires additionnelles. Elles sont évaluées d'abord à 213 milliards dès l'atteinte du point de décision et à environ 1500 milliards après le franchissement du point d'achèvement.

[128] PIQUEMAL (A), « La notion de « conditionnalité » et les organisations internationales économiques et financières », in *ISOART (Mel. à)*, Pedone, Paris, 1996, pp. 306-316.

les ressources additionnelles ainsi bénéficiées semblent particulières, eu égard au sort qui leur est réservé d'une part, et surtout du fait des règles de gestion originales dont elles font l'objet d'autre part. Il s'agit en effet des ressources qui doivent être utilisées exclusivement pour la réalisation des projets et programmes sociaux de lutte contre la pauvreté et de promotion de la bonne gouvernance dont les modalités de budgétisation et de gestion semblent sortir de l'ordinaire.

244. Ce régime spécifique de mobilisation suscite de vives interrogations du point de vue de la science et de la législation financière, surtout en matière des principes théoriques régissant les mécanismes budgétaires et comptables. Et ce surtout quand on sait que ces fonds, à l'instar de tous ceux possédés par l'Etat, constituent aussi des deniers publics[129]. Le droit public financier camerounais consacre à travers les dispositions, d'abord, de la loi du 26 décembre 2007 portant régime financier de l'Etat, ensuite de la loi du 11 juillet 2018 portant régime financier de l'Etat et des autres entités publiques, une pluralité de principes sacro saints dont l'application doit être impérative pour toute opération financière publique inscrite au budget. Il s'agit des principes de l'unité, de l'annualité, de la spécialité, de l'équilibre, de l'universalité et tout récemment de la sincérité. Ces règles mues par des considérations d'harmonieuse présentation, de saine et rationnelle gestion des budgets des personnes publiques, sont-ils dès lors respectés à l'occasion de la mobilisation des fonds PPTE ET C2D ? Autrement dit, les procédés budgétaires et comptables propres à la collecte, à la prévision et à l'utilisation de ces fonds sont-ils conformes à ces principes ? La conditionnalité juridique inhérente aux initiatives PPTE et C2D n'occasionne-t-elle pas un certain *imbroglio*[130] dans l'observation desdits principes au Cameroun ? En somme, est-il possible d'avoir une lecture identique du cadre théorique des principes financiers, avant comme après l'adhésion du Cameroun aux initiatives PPTE et C2D ? N'est-il pas alors idoine de parler actuellement d'une réelle réforme en la matière[131] ?

---

[129] MAGNET (J), *Eléments de comptabilité publique*, LGDJ, Paris, 1991, pp. 22 et suivantes.

[130] ONDOA (M), « Ajustement structurel et réforme du fondement théorique des droits africain post coloniaux : l'exemple camerounais », *RASJ,* vol 2, n°1, 2001, pp.75-118.

[131] TSAFACK NANFOSSO (R), « Pour une réforme budgétaire au Cameroun », in *Budget et politique économique*, op. cit., pp.109 et suivantes.

245. Ces préoccupations sont d'un intérêt particulier car l'assainissement du cadre juridique des finances publiques figurait au premier rang des déclencheurs du point d'achèvement en particulier et de la conditionnalité à l'assistance financière internationale sollicitée par le Cameroun en général. Or le respect des principes de gestion est gage de la stabilité financière envisagée et de la bonne maîtrise des déficits budgétaires prônée spécifiquement par ces initiatives de désendettement. Il aurait donc été judicieux que l'on perçût concrètement l'embellie financière si opiniâtrement recherchée, à partir de la mobilisation du tout premier centime additionnel rétrocédé. La réalité semble pourtant embarrassante. Car bien que la consolidation de certains principes soit certes subodorée, la remise en cause des autres le semble pourtant davantage, à telle enseigne qu'il n'est point hyperbolique de dire même qu'ils s'adaptent plutôt aux exigences des initiatives PPTE et C2D. Même si l'on pût dès lors, voir planer à l'horizon des finances publiques camerounaises l'ombre d'un tout nouveau principe, reflet de la lumière de la bonne gouvernance[132] sur le modèle séculaire français. De toute évidence, un double mouvement réformateur de portée opposée s'y fut trouvé suscité. Le premier allait dans le sens positif : c'est celui de la consolidation et de l'innovation. Et le second empruntait plutôt la trajectoire contraire : c'est celui de la remise en cause.

§ I : Le mouvement réformateur de portée négative : la remise en cause de l'universalité et de l'annualité

246. La mobilisation des ressources additionnelles issues de la remise de la dette publique extérieure du Cameroun au titre des initiatives PPTE et C2D, suscite un réel sentiment de malaise à tout observateur des mécanismes financiers étatiques soucieux du respect scrupuleux des règles y afférentes. En effet, le cadre juridique de gestion de ces ressources semble avoir occasionné par son esprit, un renversement de l'ordre normatif[133] propre aux règles de l'universalité et de l'annualité, au point ou distinguer principes et exception semble présentement relever d'une véritable gageure. Gouvernés par des considérations de

---

[132] BARILARI (A), BOUVIER (M), *La nouvelle gouvernance financière de l'Etat*, LGDJ, Paris, 2004, pp. 9 et suivantes.
[133] WEIL (P), « vers une normativité relative en droit international ? », *Finances & Développement*, 21-1, 1987, pp. 16-18.

transparence, de performance et un tant soit peu de réalisme, certains procédés de gestion n'admettant aucun infléchissement, ont été adoptés et imposent leur primat à ces deux principes appelés désormais à s'y adapter[134]. Ainsi, la systématisation de la pluri annualité fait l'ombre à la règle de l'annualité d'une part, tandis que la règle de non affectation des recettes aux dépenses cède le pas au ciblage des dépenses.

¶ I : La remise en cause de l'universalité

247. Conformément aux dispositions de l'article 5 alinéas 1, 3 et 4 de la loi du 26 décembre 2007, *le budget décrit les ressources et les charges de l'Etat autorisées par la loi de finances, sous formes de recettes et de dépenses dans le cadre d'un exercice budgétaire. L'ensemble des recettes assure l'exécution de l'ensemble des dépenses. Dans le budget de l'Etat, il est fait recette du montant intégral des produits sans contraction entre recettes et dépenses*. Ainsi est énoncé le principe de l'universalité qui voudrait que le produit de toutes les recettes et la somme de toute les charges soient inscrits en lois de finances, afin que la totalité des ressources ainsi collectée serve au financement de tous les besoins nécessaires à la vie de l'Etat. Autrement dit, par une interprétation a contrario, afin que des recettes prédéterminées ne financent pas des dépenses préfixées. Ce principe admet deux approches dans sa compréhension. Une acception comptable qui voudrait que les comptables non spécialisés n'aient qu'une seule caisse à l'aide de laquelle ils paient toutes les dépenses autorisées, *les fonds de caisse n'étant ni spécialisés ni compartimentés selon l'origine des recettes*[135]. Et une approche budgétaire selon laquelle l'ensemble des recettes est affectée à la couverture de l'ensemble des dépenses publique sans qu'il y ait possibilité de contraction entre recettes et dépenses. Dans l'une comme dans l'autre approche, ce principe se trouve considérablement galvaudé lors de la mobilisation des fonds PPTE ET C2D.

134 DUPRAT (J.P), « La dynamique des réformes budgétaires : globalisation des problèmes, unification des outils et adaptation nationale des solutions », *RFFP*, n°98, juin 2007, pp. 9-24.

135 LEKENE DONFACK, *Finances publiques camerounaises,* op. cit., p. 95.

A : La violation de l'acception comptable de l'universalité

248. La manipulation des fonds issus de la remise de la dette a accentué l'existence de plusieurs caisses dans la gestion des deniers publics au Cameroun. En effet, conformément à l'article 3 paragraphe 6 du décret du 1er décembre 2000 portant création organisation et fonctionnement du Comité consultatif et de suivi de la gestion des ressources PPTE, un compte spécial est ouvert à la Banque des Etats de l'Afrique centrale, pour l'hébergement de ces ressources. Un autre compte est ouvert dans les mêmes conditions pour les fonds C2D. Deniers publics comme toutes les autres ressources provenant soit de la collecte de l'impôt ou des taxes assimilées, soit des recettes non fiscales, ces fonds appartiennent bel et bien à titre exclusif à l'Etat qui est appelé à en user, en jouir et en disposer à sa guise pour la satisfaction de ses missions d'intérêt général.

249. Dès lors, l'institution légale devant se charger de l'hébergement de cette *« chose publique financière »*[136] est le Trésor public, fonctionnant comme la banque de l'Etat[137], respectueux des règles du produit brut et de l'unicité des caisses et partant, fidèle aux dispositions de la législation comptable en vigueur. Certes, deux considérations relatives aux mouvements de trésorerie et justifiant la création des comptes spéciaux, à savoir les opérations de créances et de dettes, peuvent être excipées ici. Cela serait d'ailleurs ingénieux, eu égard au truisme selon lequel, ces opérations sont gérées par des institutions autres que le trésor public. Mais, force est d'annihiler cette argutie savamment échafaudée, en rétorquant qu'il s'agit ici des *« ressources additionnelles »,* c'est-à-dire des fonds rétrocédés au Cameroun après émission du montant de la dette correspondante. Or seules les ressources afférentes uniquement au remboursement de la dette, c'est-à-dire à la sortie des caisses nationales, et non l'inverse, devraient être soumis au régime spécial sus évoqué. Pourtant, spirituellement enserrées dans l'étau des fourches caudines des conditionnalités propres aux programmes dont elles sont issues, ces ressources ainsi logées dans des caisses spéciales sont soumises à des règles particulières à un double titre. D'une part, elle s'insurgent contre les normes du trésor public et de la Caisse autonome d'amortissement, d'autre part, elles obéissent aux principes spécifiques de décaissement

---

[136] KAMTO (M), « La chose publique », *RASJ*, vol 2, n°1, 2001, p.9.
[137] BIDIAS (B), *Les finances publiques du Cameroun*, 2ème édition GB, Yaoundé 1982, p.37.

des ressources additionnelles à la BEAC. Il s'agit là d'une situation paradoxale qui tout en portant atteinte à l'acception comptable du principe de l'universalité, augure très certainement aussi d'une relativisation de la compréhension budgétaire et par ailleurs complémentaire du même principe.

B : La violation de l'acception budgétaire de l'universalité

250. L'acception strictement budgétaire du principe de l'universalité renvoie à la règle de non-affectation des recettes aux dépenses et à celle de non-contraction entre recettes et dépenses. La première interdit que telle recette précise serve au financement de telle dépense prédéfinie, car faire dépendre une dépense particulière d'une recette prédéfinie, revient à prendre des risques en matière de gestion, notamment si la recette s'avère insuffisamment pour couvrir la dépense. La seconde quant à elle oblige la loi de finances à retracer fidèlement toutes les opérations de recettes et toutes les opérations de dépenses de l'Etat, car toute compensation entre recette et dépenses conduirait à cacher des opérations et partant à des dissimulations de fonds.

251. Les ressources PPTE et C2D doivent pourtant être utilisées exclusivement pour un but précis, à savoir le financement des projets et programmes de lutte contre la pauvreté et de promotion de la bonne gouvernance. Et toute dépense étrangère à ces objectifs ne saurait être éligible audit financement. Ceci met en évidence le ciblage des dépenses PPTE et C2D et rompt avec la règle de non-affectation des recettes aux dépenses. On pourrait dès lors comprendre la sous-utilisation de ces fonds, qui bien que mettant en évidence les mérites du nouveau contrôle institué sur ces dépenses[138], s'appréhende aussi comme une situation rédhibitoire non seulement à la croissance économique, mais aussi à ma souveraineté financière[139] du Cameroun. Beaucoup de domaines de notre économie pourraient en effet mériter des investissements à base de ces fonds et selon la politique économique en vigueur. Devant tout de même être budgétisées, ces ressources obéissent-elles au principe de l'annualité ?

---

[138] BILOUNGA (S.T), *Le contrôle des dépenses issues de l'initiative en faveur des pays pauvres et très endettés au Cameroun*, Mémoire DEA, Yaoundé II, 2005, pp.70 et suivantes.

[139] CARREAU (D), *Souveraineté et coopération monétaire internationale*, Cujas, Paris, 1972, pp. 36 et suivantes.

¶ II : La remise en cause de l'annualité

252. Prévu respectivement par les articles 2 alinéa 1 et 5 alinéa 1 et 2 de la loi du 26 décembre 2007 en ces termes : l*a loi de finances prévoit et autorise chaque année, l'ensemble de ressources et des charges de l'Etat..., le budget décrit les ressources et les charges de l'Etat autorisées par la loi de finances, sous forme de recettes et de dépenses dans le cadre d'un exercice budgétaire. L'exercice couvre une année civile.*

253. Le principe de l'annualité signifie dans son sens le plus large que les prévisions et les autorisations budgétaires, ainsi que l'exécution de la loi de finances sont enfermés dans un cadre temporel d'un an allant du 1er janvier au 31 décembre[140]. Schématiquement, on a coutume de dire que la loi de finances ne produit d'effets que pendant douze mois, car elle est votée et doit être exécutée pour une année. Un empiètement sérieux à ce principe est subodoré lors de la mobilisation des ressources additionnelles. La systématisation de la pluri annualité tant dans la budgétisation que lors de l'exécution matérielle des dépenses PPTE ET C2D, tend à confirmer une telle assertion.

A : La budgétisation pluriannuelle des programmes PPTE ET C2D

254. Parmi les opérations susceptibles d'être financées par les ressources PPTE et C2D, figurent en bonne place des ouvrages dont la réalisation n'est possible que pour une période transcendant le cadre annuel. Cette nature particulière à conduit le législateur camerounais à leur consacrer des outils originaux de budgétisation, à savoir, les autorisations d'engagement, les crédits de paiement et les reports de crédits.

1 : Les autorisations d'engagement

255. Comme toute opération incompatible avec le cadre annuel d'exécution du budget, certains programmes financés à l'aide des ressources PPTE et C2D, et nécessitant une durée plus longue dans leur réalisation, peuvent faire l'objet d'une autorisation d'engagement. Définie dans l'article 15 alinéa 2 de la loi de 2007 comme *la limite*

---

140 MUZELLEC (R), *Finances publiques*, 12ème édition, Sirey, Paris, 2002, pp. 214-215.

supérieure des dépenses pouvant être engagées au cours d'une période n'excédant pas trois (3) ans, l'alinéa 4 du même article précise que leur *...montant au titre des dépenses courantes est égal au montant des crédits de paiement*. L'autorisation d'engagement prévoit donc le plafond des crédits pouvant être engagés au cours des années à venir au titre de l'exécution d'une opération d'investissement précise.

2 : Les crédits de paiement

256. Définis dans le même article que les autorisations d'engagement, en son alinéa 3, *les crédits de paiement constituent la limite supérieure des dépenses pouvant être engagées et ordonnancées durant un exercice budgétaire pour la couverture des engagements contractés dans le cadre des autorisations d'engagement*. Ils consistent donc en la tranche annuelle des crédits nécessaires à l'exécution d'une autorisation d'engagement pluriannuelle. Ces crédits sont prévus limitativement par la loi de finances de l'exercice en cours, et peuvent être reportés d'un exercice à un autre.

3 : Les reports de crédits

257. Une application stricte du principe de l'annualité proscrit toute possibilité de report de crédits d'une année à une autre. La budgétisation des fonds PPTE admet pourtant une alternative. En effet la circulaire du ministre des finances portant instructions relatives à l'exécution et au contrôle de l'exécution du budget de l'Etat et des organismes subventionnés pour l'exercice 2007, dispose ; pour ce qui est des modalités d'exécution des dépenses PPTE et C2D que *les dotations inscrites au titre dudit exercice intègre les crédits non consommés des années antérieures*. Autrement dit, les reports de crédits d'un exercice à un autre sont possibles, même pour ces fonds particuliers. D'ailleurs, les gestionnaires de ces crédits doivent prioritairement engager les dépenses validées lors des exercices clos.

B : L'exécution pluriannuelle des programmes PPTE et C2D

258. Les programmes PPTE ET C2D sont difficilement réalisables au cours d'une année d'autant plus qu'il s'agit dans l'ensemble des grandes actions d'investissement étalées sur plusieurs années, quel que soit le secteur prioritaire concerné. Ainsi, qu'il s'agisse de la promotion

de la bonne gouvernance, du développement social ou des infrastructures, il faudra s'inscrire dans un cadre temporel considérablement long pour mener à bien le projet initié et parvenir à l'objectif escompté. On retiendra, en guise d'illustration, entre autres que les travaux de construction des ponts et grands axes routiers ou d'aménagement de nos grands métropoles, à savoir Yaoundé et Douala, mettent toujours un temps transcendant le cadre temporel annuel. La pluri annualité semble donc être inhérente aux projets PPTE et C2D, tout en s'affirmant comme principe de leur réalisation matérielle.

259. Au vue du sort qui est réservé respectivement aux principes de l'universalité et de l'annualité dans la mobilisation des ressources PPTE et C2D, tendant à substituer des procédés exceptionnels de prévision et de gestion aux règles initialement arrêtées, l'on est en droit d'alléguer d'une remise en cause de ces principes ou de leur adaptation aux nouvelles exigences desdits programmes de désendettement. Ce sort parait bien triste, eu égard à l'importance que revêtent ces règles dans l'effort de régulation de la gestion des deniers publics au Cameroun. Mais un courant d'allégresse ne nait-il pas cependant, à l'analyse attentive du même cadre juridique, du fait de la découverte des signes prémonitoires d'un principe ambitieux jusque- là absent et confirmé plus tard, d'une part, et surtout la consolidation de trois principes classiques d'autre part. La mobilisation des fonds PPTE et C2D n'a-t-elle pas alors suscité à cet effet une dynamique réformatrice plutôt de portée positive ?

§ II : Le mouvement réformateur de portée positive : la consolidation de l'unité, de l'équilibre et de la spécialité et l'introduction de la sincérité

260. La mobilisation des fonds PPTE et C2D n'a pas suscité exclusivement un courant réformateur de portée négative dans l'étude des principes de droit budgétaire et comptable au Cameroun. Elle a aussi été à l'origine d'un mouvement de sens inverse, mettant ainsi à nue les effets mitigés du tissu de conditionnalités inhérentes à ces programmes internationaux de désendettement. En effet, l'exégèse des instruments juridiques propres aux mécanismes de prévision et d'exécution budgétaires des ressources additionnelles a, d'une part, permis la découverte des signes avant-coureurs d'un nouveau principe

gage de la bonne gouvernance financière[141] qui sera définitivement adopté plus tard par le législateur, à savoir la sincérité. D'autre part, elle a été l'occasion de percevoir la consolidation de trois principes habituellement édulcorés ici[142], notamment, l'unité, l'équilibre et la spécialité.

¶ I : La consolidation de l'unité, de l'équilibre et de la spécialité

261. Toute étude initiée dans le champ des principes de droit public financier exige que l'on procède au préalable à leur classification. Car le phénomène budgétaire consiste en une imbrication d'étapes et englobe téléologiquement des considérations diverses. Le principe de l'unité régit ainsi la présentation, le principe de l'équilibre la prévision et celui de la spécialité l'exécution du budget. Tous visent cependant la clarté, la rationalité, la régularité et même la performance[143] des opérations financières. La thèse de la consolidation desdits principes semble corroborée par le fait que les fonds PPTE et C2D sont soumis à un régime juridique respectueux de ces principes déjà consacrés par les textes en vigueur, malgré la kyrielle d'exceptions dont ces règles ont toujours curieusement fait l'objet dans ce pays. Il sera donc question dans cette étude exégétique, de s'appesantir sur les méandres de la mobilisation des ressources additionnelles, afin de démontrer, si ce n'est leur conformité à ces trois principes, du moins, le souci d'en être respectueuses.

A : La consolidation de l'unité

---

141 MORVAN (F), « Les aspects majeurs de la nouvelle gouvernance financière », in *Réforme des finances publiques, démocratie et bonne gouvernance (Sous la direction de Michel Bouvier)*, LGDJ, Paris, 2004, pp. 212 et suivantes.

142 MUZELLEC, (R), « Diagnostic du système financier camerounais », in *Actes du colloque sur la réforme du cadre juridique pour une meilleure gestion des finances publiques au Cameroun*, Yaoundé 11, 12 et 13 juillet 2001, pp. 27 et suivantes.

143 Les considérations de performance semblent être au centre de l'étude des finances publiques contemporaines tournées vers la modernité. En effet, la logique actuelle de gestion des recettes et des dépenses n'est plus axée exclusivement sur les moyens. Elle est tournée vers les résultats qu'il faut d'ailleurs mieux atteindre. Autrement dit, aux considérations de régularité se sont greffées celles de qualité des réalisations, d'une simple rationalisation des choix budgétaires, l'on est passé au perfectionnement des décisions budgétaires. Lire GUILLAUME (H), « Introduction de la gestion de la performance », *RFFP*, n° 73, 2001, pp. 129-134.

262. C'est par une lecture combinée des dispositions des alinéa 1 et 5 de l'article 5 de la loi de 2007 que l'on retrouve la consécration du principe de l'unité budgétaire. Le premier alinéa dispose : *le budget décrit les ressources et les charges de l'Etat autorisées par la loi de finances, sous forme de recettes et de dépenses, dans le cadre d'un exercice budgétaire*. L'alinéa 5, quant à lui, précise : *toutes les recettes et toutes les dépenses sont retracées dans un document unique intitulé budget général*.

263. Loin d'ouvrir de plus bel le fameux débat sur la synonymie ou non des notions budget et loi de finances, débat dorénavant clos par l'adoption par la doctrine financière, de la logique du contenu et du contenant, précisons tout de même que le budget, acte de prévision et d'autorisation, fait partie de la loi de finances ressortissant exclusivement à la compétence du législateur. Le principe de l'unité voudrait alors que toutes les ressources et toutes les charges de l'Etat soient inscrites en lois de finances et non comme on pourrait le penser, dans un budget unique. La loi de finances a, en effet, une structure bipartite composée du budget général et des budgets annexes qui procèdent, sous la brillante et magistrale plume de Maurice DUVERGER, d'une « *spécialisation interne du document budgétaire* », plutôt que d'une remise en cause du principe. Ainsi, conformément à ce principe, les articles 2 alinéa 2 des décrets respectifs du 1er décembre 2000 régissant le comité PPTE et du décret du 30 mai 2006 créant le comité C2D, disposent que les ressources additionnelles sont gérées dans le cadre budgétaire. Ces dispositions sont juridiquement lourdes de conséquences, d'autant plus quelles conditionnent l'utilisation de ces fonds à une procédure préalable de budgétisation d'une part, et partant, soumettent leur gestion aux règles de la comptabilité publique, d'autre part.

1 : La budgétisation : condition de la légalité des fonds PPTE et C2D

264. Bien que logés dans des comptes spéciaux à la BEAC, les ressources additionnelles sont budgétisées au cours de chaque exercice. Cela ne saurait être incongru, eu égard à la portée de la procédure de budgétisation pour l'existence ou la validité de toute opération financière de l'Etat ou des autres personnes morales soumises au même

régime juridique[144]. Ainsi, au titre de l'exercice 2007, les crédits PPTE et C2D ouverts s'élevaient respectivement à 100 milliards et à 70 milliards de FCFA. Par ailleurs, l'instruction du ministre des finances précisait que les dotations sur ressources additionnelles inscrites au titre de l'exercice 2007 intègrent les crédits non consommés, c'est-à-dire les reports des exercices antérieurs. Les gestionnaires desdits crédits devant cependant engager prioritairement les dépenses validées lors des exercices précédents.

2 : La soumission aux règles la comptabilité publique : effet de la légalité des fonds PPTE et C2D

265. Les ressources additionnelles sont des fonds publics, et sur cette base, sont soumises aux règles générales de la comptabilité publique, nonobstant certaines spécificités propres au cadre juridique des programmes dont elles sont issues. Ainsi, tout gestionnaire des crédits PPTE ou C2D est soumis, entres autres actes, à la loi du 5 décembre 1975 relative au contrôle des ordonnateurs et gestionnaires des crédits publics, au décret du 3 novembre 1978 relatif à l'apurement des comptes et à la sanction des comptables et même à l'instruction du 16 mai 1967 sur la comptabilité publique. L'on ne saurait oublier la loi du 21 avril 2003 fixant les attributions, l'organisation et le fonctionnement de la Chambre de comptes de la Cour suprême. D'ailleurs toutes les opérations comptables liées aux dépenses PPTE et C2D sont centralisées par le payeur général, qui est aussi l'un des gardiens de l'équilibre budgétaire.

B : La consolidation de l'équilibre

266. Le principe de l'équilibre postule une égalité parfaite entre les ressources et les charges de la loi de finances. Ne faisant pas jadis l'objet d'une disposition spéciale de l'ordonnance de 1962 comme tous les autres principes, l'équilibre est consacré par le droit positif camerounais en ces termes : *la loi de finances prévoit et autorise chaque année, l'ensemble des ressources et des charges de l'Etat... en fixant leur équilibre dans les conditions et sous les réserves prévues par la présente loi.* Une lecture attentive du texte sus cité et même de

---

[144] MOLINIER (J), « Sur la nature juridique des opérations financières, in *GAUDEMET (P M), (Mel. à)*, Economica, Paris, 1984, pp. 405 et suivantes.

plusieurs lois de finances de notre République jusqu'à une certaine époque, met en exergue dans leur esprit, la règle de l'équilibre budgétaire. Règle fondamentale pendant longtemps, l'égalité mathématique entre recettes et dépenses publiques était la règle d'or de la gestion des phénomènes financiers publics au Cameroun. Le développement de l'interventionnisme[145] étatique considérée comme la clé de la croissance économique en Afrique, va cependant favoriser une remise en cause de ce principe, laissant ainsi le champ à des théories de déséquilibre prônant dans l'ensemble, une multiplication des investissements, et partant, des dépenses quantitativement disproportionnées aux recettes. Ces théories auront malheureusement un effet très pervers. Elles vont en effet donner libre cours au surendettement qui constitue jusqu'à l'heure actuelle une tranchante Epée de Damoclès[146] pendant sur les Etats en développement en général, et le Cameroun, en particulier.

267. Cette situation de surendettement va entrainer une véritable ruée vers tout programme de remise de dette, à l'instar des initiatives PPTE et C2D, souscrivant ainsi obligatoirement, par la force des conditionnalités, à l'idéal d'un retour à l'équilibre budgétaire. Tout effort entrepris en vue de l'allègement ou de la soutenabilité de la dette s'insurge, en effet, contre la systématisation des déficits et prône logiquement une gestion équilibrée des finances publiques[147] des Etats bénéficiaires. Le cadre juridique de gestion des ressources additionnelles doit dès lors refléter un aussi noble dessein, en s'illustrant comme la plateforme de concrétisation de l'équilibre budgétaire. La mobilisation des fonds PPTE et C2D est donc logiquement encline au rétablissement de l'équilibre financier au Cameroun.

268. Une telle affirmation parait d'autant plus vraie que la gestion rationnelle que sous-tend l'inscription aux équilibres financiers, faisait partie des déclencheurs du point d'achèvement à l'initiative PPTE. Ceci incline, par conséquent, à en inférer que, ne seraient-ce que les

---

145 KWIMO (J), *L'interventionnisme économique au Cameroun et au Congo*, Thèse, Orléans, 1985, pp. 17 et suivantes.

146 RAFFINOT (M), « Le cadeau empoisonné de l'annulation de la dette », *Problèmes économiques*, n°2-664, 10 mai 2000.

147 NNANGA (S H), *L'élément fiscal dans la recherche de l'équilibre budgétaire au Cameroun*, Thèse, Strasbourg II, 2000, pp. 12 et suivantes.

ressources additionnelles intérimaires[148] issues du franchissement du point de décision devraient être gérées conformément au principe de l'équilibre budgétaire. Et ayant *a fortiori* atteint le point d'achèvement qui est la phase ultime, il n'est pas illogique d'attester de cette gestion conforme.

269. Ce raisonnement peu ou prou syllogistique en vue de démontrer une budgétisation équilibrée des ressources additionnelles, peut s'avérer très subtil et même quasiment sibyllin pour certains entendements. N'est-il pas alors permis d'arguer par le truchement d'espèces sonnantes et trébuchantes ? La loi de règlement de l'exercice 2005 en fournira pour cela un exemple concret. En effet, sur les 78 milliards de FCFA prévus initialement comme recettes issues des prêts multilatéraux, environ 74 milliards de FCA ont été ouverts au titre des dépenses PPTE. Il ne s'agit certes pas là d'une égalité parfaite entre prévisions de recettes et de dépenses. Mais le souci de ne pas excéder les autorisations de recettes lors des ouvertures de crédits est louable et fort significatif ; les aléas propres à toute activité prévisionnelle pourraient par ailleurs justifier la légère différence. Ce souci est la preuve de l'attachement dorénavant indéfectible des autorités camerounaises à la vertu de l'équilibre.

La rationalité inhérente à l'équilibre perdrait cependant toute portée dans un contexte financier insoucieux de la spécialisation des crédits.

C : La consolidation de la spécialité.

270. Le principe de spécialité budgétaire exige que les crédits inscrits en loi de finances soient individualisés et utilisées conformément aux votes parlementaires. Ayant surtout trait à la gestion des dépenses publiques, ce principe vise à cantonner l'autorisation de celles-ci à leur objet, afin que les administrations dépensières ne soient pas libres d'engager des dépenses qui ne leur ont été autorisées[149]. Bien que

[148] Elles sont dites intérimaires parce qu'elles ne constituent pas elles-mêmes les ressources que le Cameroun attend de cette initiative et qui doivent découler du franchissement du point d'achèvement. Les ressources additionnelles intérimaires proviennent de l'appui du FMI à la réalisation du programme intermédiaire de réformes économiques et structurelles dans lequel le Cameroun est engagé depuis l'atteinte du point de décision.

[149] Il convient tout de même de préciser que les autorisations parlementaires de dépenses publiques ne créent que des dépenses potentielles. Du point de vue strictement comptable, la dépense naît à partir de son engagement par l'ordonnateur,

susceptible de quelques exceptions visant à amoindrir son extrême rigueur, le principe de spécialité est respectivement consacré par les articles 2 alinéa 1 et 10 alinéa 1 et 2 de la loi de 2007 en ces termes : *la loi de finances prévoie et autorise chaque année, l'ensemble des ressources et des charges de l'Etat en déterminant leur nature, leur montant, leur affectation... Les crédits sont spécialisés par programme,... répartis par chapitre et par paragraphe. Ils sont mis à disposition par article*. L'analyse des dispositions des décrets régissant la gestion des ressources additionnelles met en exergue le souci de se conformer au principe de la spécialité. En effet, aux termes de l'article 3 paragraphe1 et 5 du décret du 1er décembre 2000 ; *le Comité PPTE est un groupe consultatif qui a pour mission de veiller à la bonne utilisation ou à l'allocation équitable et optimale des ressources PPTE en faveur de la lutte contre la pauvreté et de la promotion de la bonne gouvernance. A ce titre, il est notamment chargé de s'assurer que les dépenses PPTE correspondent aux priorités exprimées par les populations lors des consultations participatives et qui figurent dans le document de stratégie de réduction de la pauvreté*. Le décret du 30 mai 2006, quant à lui, précise en son article 3 que *le Comité C2D a pour mission d'orienter en fonction des priorités du document de stratégie de réduction de la pauvreté, la répartition sectorielle des projets et programmes bénéficiant des ressources C2D en faveur de la lutte contre la pauvreté, de la croissance et de la bonne gouvernance*.... De ces textes, il se dégage que les crédits PPTE et C2D ont une destination bien précise préalablement arrêtée et sont affectés à des secteurs prioritairement préconçus. Chose compatible avec l'esprit et la lettre du principe de la spécialité.

1 : La destination des crédits PPTE et C2D

271. Les fonds PPTE et C2D sont destinés à la lutte contre la pauvreté, à la promotion de la bonne gouvernance et à la recherche de la croissance économique. Pour satisfaire aux exigences de performance dans la poursuite de ces objectifs, six secteurs prioritaires ont été définis. Il s'agit notamment des secteurs du développement local, de l'éducation, des infrastructures, de la santé, du développement rural et de la gouvernance.

---

après la certitude de la disponibilité des crédits. Lire CONAN (M), *La non obligation de dépenser*, Thèse, Paris II, 2004, p 29 et suivantes.

2 : L'affectation des crédits PPTE et C2D

272. Les crédits PPTE et C2D sont affectés par chapitre exclusivement aux services intervenant dans les secteurs prioritaires pré ciblés. Tous les autres services de l'Etat dont les attributions ne sont pas en phase avec les objectifs des initiatives PPTE et C2D, ne bénéficient pas des ouvertures de crédits en leur faveur. C'est ainsi que les chapitres de certaines administrations dépensières sont toujours davantage crédités depuis l'admission au point de décision et surtout au point d'achèvement à l'initiative PPTE qui a par ailleurs déclenché les financements C2D. Il s'agit notamment de l'éducation de base, de l'enseignement secondaire, de l'enseignement professionnel, de la santé publique, du développement urbain, des travaux publics… pour ne citer que ceux-là. Certes, des virements de crédits peuvent être opérés entre les chapitres de ces ministères. Mais cela ne remet en cause le respect du principe de la spécialité dans la gestion de ces fonds. Il s'agit plutôt là d'une exception qui confirme la règle.

273. Les principes de la spécialité, de l'équilibre et de l'unité sont ainsi consolidés dans la mobilisation des ressources additionnelles. Ceci, à la grande satisfaction, non seulement des parlementaires dont la mission de contrôle se trouve par ce biais facilitée, mais aussi du reste des citoyens rassurés et juridiquement stabilisés dans leurs ambitions de monter des projets en vue d'un financement par ces ressources. Cette satisfaction n'est-elle pas susceptible de se transformer en extase du fait de la découverte, en guise de signes précurseurs, des éléments constitutifs du principe de la sincérité, dans le cadre juridique de gestion desdites ressources ?

¶ II : L'introduction de la sincérité

274. Consacré en France après plusieurs atermoiements par les articles 27, 31 et 33 de la nouvelle loi organique du 1er août 2001 relatives aux lois de finances, le principe de la sincérité était formellement absent du droit positif camerounais, lors de l'avènement des ressources additionnelles. Certes, plusieurs travaux visant son adoption avaient été entrepris par les pouvoirs publics, mais ceux-ci s'étaient avérés infructueux jusqu'à l'adoption définitive du nouveau régime financier de l'Etat en décembre 2007. Avant cette date, plusieurs textes avaient été cependant publiés pour régir la gestion fonds PPTE et C2D

disponibles depuis ma fin de l'année 2000. Ceux-ci laissaient déjà transparaitre les éléments constitutifs du principe de sincérité. Cette règle semble donc ne pas être l'innovation de la loi de 2007, car son ombre planait déjà sur les finances publiques camerounaises depuis la mobilisation du tout premier centime additionnel rétrocédé. Quoi qu'il en soit, il s'agit d'une avancée décisive vers la modernité[150]. Mais en quoi consiste-t-il ? Et surtout quel en furent les signes prémonitoires relevés dans ce cadre juridique particulier.

A : La consistance de la sincérité

Il s'agira de mettre à nue la définition et la portée du principe de la sincérité.

1 : Définition du principe

275. Visant comme tous les autres à faciliter la tâche des parlementaires dans l'accomplissement de leur fonction de contrôle lors de l'adoption et de l'exécution du budget, le principe de la sincérité impose au gouvernement de mettre à la disposition des représentants de la nation, tous les éléments permettant de vérifier le bien-fondé et l'exactitude du contenu du budget. C'est ainsi qu'aux termes de l'article 3 alinéa 1 de la loi de 2007, *la loi de finances présente de façon sincère l'ensemble des ressources et charges de l'Etat. Ce principe implique que les informations fournies soient claires, précises et complètes, au regard des données disponibles, au plan national, au moment de l'élaboration des prévisions*.

2 : Portée du principe

276. De portée bien plus large que tous les autres principes de droit budgétaire et comptable, le principe de la sincérité a un caractère englobant[151]. En effet, l'on subodore chacun des principes sus cités dans l'analyse de ce principe. Et cela particularise sa portée, et partant, son champ d'application, qui varie ainsi selon qu'il s'agit des lois de finances ou des comptes de l'Etat.

---

[150] PHILIP (L), « Moderniser la dépense et la gestion publique », *RFFP*, n°73, janvier 2001, p. 83

[151] QUEROL (F), *Finances publiques*, op. cit., p. 87.

277. Appliquées aux lois de finances de l'année et aux collectifs budgétaires, le principe de la sincérité budgétaire interdit au gouvernement de fausser les grandes lignes de l'équilibre financier arrêté par la loi de finances. Il s'agit d'une obligation de moyens qui se complète par une obligation de résultats, lorsque le principe est appliqué aux lois de règlement. A ce moment, il est question pour le gouvernement de produire des comptes exacts, c'est-à-dire des comptes reflétant autant que possible la réalité des entrées et des sorties des caisses de l'Etat. Il faut en effet que le solde définitif des prévisions de l'Etat soit dénué de toute pratique fraudatoire éventuelle, consistant soit à un amoindrissement, soit à une majoration inexacte des chiffres comptables.

278. Appliqué en revanche aux comptes de l'Etat, le principe de la sincérité prône l'idéal caractéristique desdits comptes. Ceux-ci doivent, en effet, s'illustrer par la régularité, la lisibilité, la transparence et même la publicité. Choses d'autant plus normales que la situation financière de l'Etat doit transparaitre des comptes produits par les comptables publics. C'est toujours la logique d'une obligation de résultats.

279. Absents de l'ordonnance du 7 février 1962, les éléments caractéristiques du principe de la sincérité ont été recensés dans nombre de textes constituant le cadre juridique de gestion des fonds PPTE et C2D. Etait-ce une manière déguisée, mais délibérée d'introduire ce principe dans les finances publiques camerounaises plus que jamais nécessiteuses d'une telle règle, en particulier, et même d'une réforme d'ensemble, en général ? Ou alors, fut-ce simplement en guise de satisfaction d'une conditionnalité juridico financière de plus en plus pressante ? Une chose est certaine : ce principe fait dorénavant partie du droit positif camerounais.

B : A la découverte des signes prémonitoires de la sincérité

280. L'étude du principe de la sincérité dégage trois éléments caractéristiques à savoir, l'exigence de transparence ou de lisibilité, l'impératif de régularité et la nécessité d'une publicité dans la gestion des deniers publics[152]. La lecture des décrets du 1er décembre 2000 et 30 mai 2006 régissant respectivement le comité de suivi de l'utilisation des ressources PPTE et C2D a permis de déceler la présence de ces trois

[152] LANDBECK (D), « La notion de sincérité en finances publiques », *RFDA*, juillet-août 2002, p. 798.

éléments dans la gestion desdites ressources. Ces comites semblent avoir pour mission de satisfaire à ces exigences.

1 : L'exigence de lisibilité ou de transparence

281. Une gestion est dite lisible ou transparente lorsqu'elle est dénuée de tout écueil, obstacles ou procédure dysfonctionnelle, pouvant soit obstruer l'aisance, la célérité et l'harmonie dans la réalisation des opérations financières, soit assoir le flou ou l'opacité[153] rédhibitoires à la visibilité et à la traçabilité desdites opérations[154]. Ainsi, toute opération financière doit parvenir à sa réalisation concrète sans obstructions ni détournements. Loin de faire preuve d'une hardiesse déroutante par une affirmation tendant à démontrer une parfaite transparence dans la gestion des fonds PPTE et C2D, il sied tout de même de démontrer qu'une telle préoccupation parait en filigrane, à la lecture de certaines dispositions des décrets sus cités. Ainsi, en vertu des articles 2 paragraphe 2 et 3, et 3 paragraphe 1 du décret du 1er décembre 2000, *en vue d'assurer une gestion participative et transparente des ressources PPTE, leur utilisation se fait à travers un comité. Celui-ci est un organe consultatif qui a pour mission de veiller à la bonne utilisation et à l'allocation équitable et optimale desdites ressources.*

2 : L'exigence de régularité

282. La régularité de gestion exige une exécution des opérations financières en conformité avec les règles et les prévisions établies pour leur réalisation. Il faut, en effet, qu'une opération financière soit exécutée telle qu'elle a été qualitativement et même quantitativement prévue, c'est-à-dire en respectant non seulement le canevas de réalisation prédéfini, mais aussi en la faisant correspondre autant que possible aux estimations arrêtées au départ. La régularité peut donc être soit formelle, soit substantielle ou matérielle, selon que l'on s'appesantit sur la forme constituée essentiellement de règles de

---

[153] AMSELEK (P), « Une institution financière en claire obscur : La règle du service fait », in *GAUDEMET (Mel. à)*, op. cit., p. 421 et suivantes.

[154] Lire les contributions d'ALVENTOSA, ETOGO MBEZELE, ETEME NDZOMO, dans l'atelier n° 1 traitant du thème : « Plus de lisibilité des comptes », *Actes du colloque sur la réforme du cadre juridique des finances publiques au Cameroun* précité, pp. 17-71.

procédures et de compétences, ou selon qu'on s'intéresse à la quantité et à la qualité de la matière financière elle-même, pour voir si les sommes prévues ont été exhaustivement exécutées telles quelles.

283. Le cadre juridique de gestion des ressources PPTE et C2D met en relief des considérations de régularité. L'article 3 du décret régissant les fonds C2D dispose que le Comité a pour mission de veiller à une bonne exécution desdits fonds et de suivre les résultats obtenus dans ce cadre, de définir des procédures de suivi et d'audit de leur utilisation, d'examiner les rapports y relatifs. L'article 3 du décret du 1er décembre 2000 sur les ressources PPTE, quant à lui, précise que le Comité est, notamment, chargé d'examiner trimestriellement, *a posteriori* et sur pièces, les dépenses engagées, liquidées et payées sur le compte spécial ouvert à la BEAC, de prescrire, le cas échéant, des vérifications périodiques de l'exécution physico-financière des projets, d'examiner les résultats des audits réalisés en fin d'exercice.

3 : L'exigence de publicité

284. A quoi servirait-il de suivre l'exécution des opérations financières si le rapport de gestion devant sanctionner cette activité est gardé secret ? Tout mécanisme de contrôle de l'exécution d'une opération financière devrait donc avoir pour corollaire l'obligation de rendre compte de ses résultats, à travers la publicité de son rapport. Tandis que les exigences de lisibilité et de régularité constituent le fil d'Ariane logique du principe de sincérité, l'obligation de publicité, quant à elle, le matérialise.

285. Le souci de rendre public non seulement le processus de réalisation, mais également les résultats des opérations financières à base des ressources PPTE et C2D est nettement satisfait dans la gestion desdites ressources. Le décret de 2000 recommande en son article 3 que l'on rende public les résultats des audits de fin d'exercice. Une large diffusion des rapports C2D devrait être assurée, aux termes du décret de 2006. Car il faudrait *veiller à la bonne information des partenaires et du public sur l'emploi des ressources C2D.*

286. Sans toutefois entonner l'oraison funèbre des principes classiques de droit public financier, la mobilisation au Cameroun des fonds PPTE et C2D les a plutôt adoubée, en clamant, par ailleurs en sourdine, le

alléluia d'un nouveau principe gage de la modernité[155] ; l'apostasie des principes de l'annualité et de l'universalité n'étant commandée que par des considérations ponctuelles de performance dans la gestion desdits fonds. Ce sort a cependant laissé l'observateur dans la méditation durant une période relativement longue. L'on se demandait, en effet, si jamais l'acte de naissance officiel du nouveau-né serait établi en toute solennité, par l'inscription du principe de la sincérité dans le *bréviaire financier* [156]de l'Etat camerounais en sempiternelle révision, ou alors si l'on allait limiter les prémices de son existence juridique à des textes ponctuels de portée très limitée, symptomatiques de l'avènement d'un mort-né ? Pourtant, après la méditation, vint le temps de l'adoration et des louanges : un nouveau régime financier[157] allait enfin être adopté en 2007 et peaufiné en 2018, et précisément le lendemain de la naissance du petit Jésus[158]. Il est porteur de la bonne nouvelle de la transparence, de la régularité, de la publicité, en un mot, de la sincérité. Et invite les incrédules sclérosés dans les malversations des deniers publics à opérer le saint sacrifice de la conversion à la bonne gouvernance financière. Est-il alors permis d'espérer sa sincère vénération, plutôt que sa grégaire crucifixion ? Les mécanismes d'élaboration du budget au Cameroun semblent, en ce qui les concerne, être enclins à sa vénération.

---

[155] BOUVIER (M), « Repenser et reconstruire les finances publiques de demain », in *Réforme des finances publiques, démocratie et bonne gouvernance précitée*, pp. 3-8.

[156] L'expression est du Professeur LEKENE DONFACK dans son ouvrage précité, p.38.

[157] SIETCHOUA DJUICHOKO, « Le nouveau régime financier de l'Etat du Cameroun », *Juridis Périodique*, octobre-novembre-décembre 2007, pp. 46-66.

[158] Le 25 décembre. Le texte sur le régime financier de l'Etat date en effet du 26 du même mois, soit le lendemain.

Chapitre III

Les mécanismes d'élaboration du budget

287. Etant à la fois un acte de prévision et d'autorisation, l'élaboration du budget relève de la compétence du Parlement et de l'Exécutif. Même s'il faut à certains égards reconnaitre que ce dernier joue un rôle prépondérant en la matière au vu de sa maîtrise de la majorité des étapes de la procédure d'établissement du budget.

288. A cet effet, bien que la répartition des taches soit classiquement assurée entre le gouvernement et le parlement, chaque autorité connaissant ce qu'il lui revient de faire, il convient de relever que plusieurs acteurs étatiques, parfois constitutionnellement distincts du Gouvernement, participent à la procédure d'élaborations du budget au Cameroun. C'est le Cas du Président de la République, Chef de l'Etat. Par sa circulaire donnant les directives et orientations à respecter lors de la préparation du budget, la procédure d'élaboration est enclenchée. Et aucun budget ne saurait être conçu au Cameroun, sans ce document stratégique et fondamental.

289. De manière générale, la préparation du budget est assurée par le pouvoir exécutif, car il dispose de l'information la plus complète et la plus actuelle sur la situation financière du pays. Ensuite, il dispose des ressources humaines qualifiées dont le travail de prévision est indispensable à l'élaboration de la loi de finances[159]. Le pouvoir législatif assuré par le parlement dans sa structuration bicamérale, quant à lui, est chargé d'adopter le budget en autorisant la collecte des ressources et leur utilisation sous forme de dépenses publiques. Cette tâche lui revient logiquement dans les démocraties représentatives, car le parlement est la représentation populaire ou nationale. Or le peuple est non seulement le principal pourvoyeur, mais surtout le destinataire final des deniers publics. Il doit en maîtriser les tenants et aboutissants.

---

[159] CIEUTAT (B), « La préparation du budget : pour clarifier les règles du jeu », *RFFP*, n°6, 1994, pp. 153-155.

290. Notons aussi qu'avant l'examen du budget proprement dit, un rapport économique et financier est présenté par le Premier ministre. Ce document a pour finalité de préciser les hypothèses d'évolution économique et financière dans lesquelles prendra place le budget à élaborer. Ainsi, ce rapport décrira les facteurs internationaux qui ont eu des répercussions sur l'économie nationale, ainsi que les perspectives de croissance économique, en se fondant sur des éléments comme l'effort d'industrialisation entrepris par les pouvoirs publics, la production intérieure, le commerce extérieur. Les mécanismes d'élaboration du budget au Cameroun consistent donc en un enchainement d'opérations assurées par des institutions précises, dont les rapports entre les principales mettent parfois en exergue la domination de l'une sur l'autre.

§ I : Les opérations d'élaboration du budget

291. Avant sa promulgation par le Président de la République lors de la lecture finale de la loi de finances qui le contient et en prélude à sa publication, le budget est un document de prévision financière préparé par le Gouvernement et d'autorisation des recettes et des dépenses adopté par le parlement.

¶ I : La préparation du budget par l'exécutif

292. Dans l'élaboration du budget, la compétence de préparer le document budgétaire est attribuée à une autorité dont la détermination dépend du régime politique en place dans l'Etat. Au Cameroun, sous la conduite du Président de la République, le ministre des finances prépare les projets de lois de finances. Le Chef de l'Etat adresse une circulaire relative à la préparation du budget de l'Etat pour l'exercice suivant aux ministres dépensiers et autres membres du gouvernement. Cette circulaire est un complément indispensable au rapport économique et financier, mais s'en distingue en raison de sa concision et son caractère beaucoup plus concret. En effet, alors que le rapport économique du Premier ministre est descriptif, la circulaire du Président de la République se veut plus directive.

293. De manière générale, les grands moments de la préparation du budget au Cameroun se présentent ainsi qu'il suit :

- la détermination par le ministre des finances pour le compte du Chef de l'Etat de l'enveloppe globale des recettes escomptées pour l'exercice avenir ;
- la discussion avec chaque ministre intéressé de l'enveloppe des mesures nouvelles accordée à son département ;
- la mise en forme définitive de l'avant-projet de budget ;
- l'adoption du projet de budget en conseil de ministre ;
- le dépôt du projet de lois de finances sur le bureau de l'Assemblée nationale.

294. Dans chaque ministère, c'est le secrétaire général qui s'occupe de la coordination et du suivi de la préparation matérielle des documents budgétaires.

Il convient de relever que l'avènement du budget programme met en exergue en matière de préparation du budget un document spécifique visant à déterminer les objectifs à atteindre par chaque ministre dépensier, et dont la dotation budgétaire a vocation à financer. Ils s'assimilent aux feuilles de routes.

Tout différend susceptible de naître entre le ministre des finances et les autres ministres dépensiers au sujet du volume des enveloppes budgétaires octroyées à ces derniers, est tranché par le Président de la République.

295. Il revient donc au gouvernement de préparer le budget de l'Etat. Dans l'exécution de cette tâche, plusieurs opérations visant une confection efficiente du projet de budget à déposer au bureau du parlement sont assurées. Il s'agit, notamment, des débats d'orientation budgétaires, pour un bon calibrage qualitatif de ce document financier, d'une part. Il s'agit aussi et en complémentarité, des opérations de prévision budgétaire, pour un bon dosage quantitatif de cet instrument comptable par essence, d'autre part.

A : Les débats d'orientation budgétaire

296. Après un fonctionnement en vases clos des différentes institutions responsables de l'élaboration du budget, à savoir le gouvernement, pour sa préparation, et le parlement, pour son adoption, force était d'instituer un mécanisme visant à assurer une élaboration concertée, et partant plus efficace et efficiente du document budgétaire. Il s'agit des débats d'orientation budgétaire. C'est un fruit concret de la réforme en cours des finances publiques camerounaises, au sujet des mécanismes d'élaboration du budget. L'objectif majeur ici est d'assurer un

décloisonnement des différentes phases du processus budgétaire, notamment à travers la mise en place d'un cadre collaboratif, entre les deux pouvoirs exécutif et législatif, propice à la préparation, l'adoption et l'exécution efficiente des lois de finances.

297. Instrument de crédibilisation de la procédure d'élaboration du budget de l'Etat, les débats d'orientation budgétaire sont institués par l'article 11 de la loi du 11 juillet 2018 portant régime financier de l'Etat et des autres entités publiques. En effet, avant sa mise en place, la procédure d'élaboration du budget consacrait une séparation très nette des attributions dévolues par la constitution à l'exécutif et au parlement en matière de préparation et d'adoption du budget. L'exécutif devait préparer un projet de loi de finances qui devait finalement être transformé en loi de finances par le parlement après son adoption, sans que ce dernier ait participé d'une certaine façon à la conception du document à adopter. Le parlement n'avait donc aucune connaissance, ni de l'esprit, ni de la lettre de ce document hautement technique qu'il devait certes examiner au préalable, mais dans un laps de temps très limité, avant son adoption.

298. Conformément aux dispositions pertinentes des articles 9, 10 et 11 du régime financier du 11 juillet 2018, les débats d'orientation budgétaire portent en principe sur plusieurs documents transmis au Parlement par le gouvernement. Mais le souci d'une présentation plus cohérente et lisible desdits documents lors de l'organisation des débats, a présidé à leur fusion dans un document unique. Il s'agit notamment du bilan de l'exécution à mi-parcours de l'année budgétaire N, du cadrage macro-économique, ainsi que du cadrage budgétaire à moyen terme.

299. Les débats d'orientation budgétaire se présentent, en fin de compte, comme un important instrument de renforcement du pouvoir budgétaire d'un parlement camerounais souffrant depuis lors d'une certaine *diminutio capitis* en matière budgétaire et financière. Car, grâce à ces débats, le parlement va dorénavant contribuer à la définition du cadrage macroéconomique et budgétaire. Il va s'approprier les principales options de politiques budgétaires, et donner une onction aux hypothèses macroéconomiques et budgétaires qui sous-tendent le projet de budget en cours de préparation. Les mécanismes d'élaboration du budget permettent aussi d'accorder une attention particulière aux opérations de prévision.

B : Les opérations de prévision du budget

300. L'examen des opérations de prévision budgétaire est l'occasion idoine de l'étude des techniques modernes d'évaluation des recettes et des dépenses publiques. L'élaboration du document budgétaire s'inscrit sous le prisme prévisionnel. Autrement dit, pour déterminer le montant des recettes à recouvrer et des dépenses à effectuer, l'on fait des prévisions. Et l'idéal est que ces prévisions correspondent exactement avec les réalités, c'est-à-dire que le montant des recettes et des dépenses prévues se rapprochent autant que possible des réalisations concrètes à faire lors de l'exécution du budget. Il faut dès lors évaluer recettes et dépenses avec exactitude, sincérité et précision. D'où le recours à certaines techniques.

301. Les finances publiques ont, à cet effet, mobilisées certaines méthodes classiques actuellement dépassées, notamment, à titre indirect, la pratique de la pénultième année[160] et celle de la tantième de majoration[161] ; et à titre direct, le procédé qui a conduit à la distinction entre les *services votés* et les *mesures nouvelles*[162]. Toutes ces méthodes étaient la parfaite illustration d'une culture de gestion fondée sur les moyens.

302. L'inscription quasi universelle des Etats à la mondialisation et avec son corollaire la compétitivité, a cependant commandé un changement

---

[160] La pratique de la pénultième année consiste, selon la technique de Villèle, à une évaluation forfaitaire des recettes sur la base des résultats du dernier budget exécuté et consolidé au moment où se prépare le projet budgétaire. Comme cette préparation intervient pendant l'application du budget de l'exercice précèdent, c'est l'avant dernier budget qui sert de base aux évaluations, c'est-à-dire, le budget de la pénultième année.

[161] La pratique de la tantième de majoration consiste à ajouter au budget exécuté un certain montant fixé presque arbitrairement, eu égard à la critériologie de détermination douteuse mobilisée à cet effet.

[162] En matière des dépenses, l'évaluation directe passe, soit par l'évaluation des services votés, soit par la question des demandes nouvelles. L'évaluation des *services votés*, autorisés depuis le budget précédent, ne pose pas de problème, sous réserve de l'exclusion des dépenses fictives, c'est-à-dire celles qui, étant déjà effectuées, sont désormais sans objet. Il faudra toutefois réévalués ces services votés compte tenu de l'actualisation des coûts. La question des *demandes nouvelles,* quant à elle, consiste à toute proposition qui a pour effet d'augmenter les dépenses budgétaires, en dehors de l'accroissement progressif des moyens dont disposent les services dans la détermination des services votés. Elles doivent, à cet effet, faire l'objet d'un dossier spécial comportant toutes les justifications nécessaires et un devis détaillé des coûts de chaque mesure nouvelle.

de culture de gestion des finances publiques. Les finances modernes sont davantage fondées sur une culture de gestion des résultats. L'on recherche dorénavant la performance des prestations. Cela se ressent aussi sur les techniques actuelles d'évaluation des masses budgétaires. L'on opte pour les méthodes sophistiquées et informatiques de prévision budgétaire, à savoir, la rationalisation des choix budgétaires[163], *le management by objectives,* qui est le fondement même de la budgétisation axée sur les résultats, et l'évaluation des politiques publiques.

Ces méthodes sont en voie d'expérimentation au Cameroun, à en juger par l'adoption de la dernière technique par l'article 20, alinéa 4 de la loi du 26 décembre 2007 portant régime financier de l'Etat.

¶ II : L'autorisation du budget par le parlement

303. Pour qu'il prenne la forme et la portée d'un budget, le document préparé par le pouvoir exécutif au terme des débats d'orientation et opérations de prévision doit être validé par la représentation nationale. Il passe ainsi du projet de budget au budget. Pour ce faire, le parlement procède à son autorisation.

304. L'autorisation budgétaire a un double caractère : elle est de nature législative et préalable. L'aspect législatif découle des méandres de la loi de finances qui contient le budget. En effet, le budget est un acte qui prévoit et autorise en forme législative les charges et les ressources de l'Etat dont il détermine la nature et le montant. Mais, à la différence des autres actes législatifs, les autorisations budgétaires ne sont valables que pour un an, eu égard au principe de l'annualité budgétaire.

[163] Un des motifs qui explique l'option pour la rationalisation des choix budgétaires provient des imperfections de la procédure budgétaire classique. En effet, la méthode d'évaluation applicable aux services votés aboutit à la reconduction automatique et majorée des crédits, d'une année sur l'autre, et fige les grandes masses budgétaires, interdisant par là même, toute innovation dans les structures et dans le fonctionnement des administrations. Ce caractère d'immobilisme est aggravé par une absence de justification en terme économique quantifié des propositions de dépenses publiques. Pour ces motifs, à l'instar des entreprises privées, les pouvoirs publics ont essayé d'apprécier les avantages et les coûts comparés des divers projets, en vue de choisir le meilleur prix donné. A titre comparatif, alors que dans la procédure classique les demandes de crédits sont présentées en termes de moyens, la méthode de la rationalisation des choix budgétaires privilégie les objectifs à atteindre. Ce qui aboutit aux études sur le coût et le rendement des services publics.

305. La sacralité des autorisations budgétaires peut toutefois être édulcorée par une série de considérations. D'abord, après la promulgation, la loi de finances adoptée par grande masse entre réellement en application après des décrets de l'exécutif. Ensuite, l'exécutif a le pouvoir d'opérer des reports de crédits, des annulations de crédits, des transferts de crédits, des décrets d'avances. Enfin, en cas de non-respect du délai de vote prévu par la loi, l'autorité exécutive peut se substituer au pouvoir législatif.

306. Le caractère préalable de l'autorisation parlementaire, quant à lui, est dû au fait que la loi de finances, doit être adoptée avant l'ouverture de l'exercice qu'elle encadre juridiquement sur le plan financier. C'est là, toutes proportions gardées, le véritable fondement de la souveraineté financière du parlement.

307. La procédure d'autorisation budgétaire permet d'envisager les mécanismes d'examen et de vote de la loi de finances. En effet, dès lors que le projet de loi de finances de l'année, accompagné des pièces annexes est déposé au bureau de l'Assemblée nationale, il est tout de suite acheminé à la commission des finances pour examen. Après examen, cette commission établit un rapport qui servira de document de travail à l'assemblée plénière au Parlement. L'examen du budget au Parlement connait plusieurs restrictions. D'abord, il est interdit tout amendement ou article additif s'il n'a pour conséquence de réduire une dépense ou créer une recette ou encore assurer le contrôle de la dépense publique. C'est dire que le parlement ne doit pas troubler les prévisions initiales. Ensuite, les propositions de lois ou amendements qui auraient pour effet, s'ils sont adoptés, soit une diminution des ressources publiques, soit une aggravation des charges publiques, sans réduction à due concurrence d'autres dépenses ou création des recettes nouvelles d'égale importance, sont irrecevables.

308. Au Cameroun, le vote du budget suit la procédure suivante : la première partie du document budgétaire est discutée ensuite votée en insistant sur les moyens nouveaux et en procédant recettes par recettes ; La dernière partie est ensuite discutée et votée.

309. La discussion du budget de déroule au sein de la Commission des finances, des affaires économiques, du plan et des infrastructures. Les travaux de cette commission font l'objet d'un rapport présenté par le rapporteur général. Une fois votée, la loi de finances est transmise au Président de la République pour promulgation.

310. La procédure d'élaboration du budget mettant en rapport le gouvernement et le parlement, permet de s'interroger sur le réel

détenteur du pouvoir budgétaire au Cameroun. Si la réponse à cette question ne semble pas évidente au vu de la mobilisation d'un ensemble de facteurs explicatifs d'ordre juridique, économique et politique, la participation peu ou prou prépondérante du gouvernement, ou de manière générale, d'un représentant du pouvoir exécutif à chaque étape de la procédure d'élaboration du budget, semble trancher ce nœud gordien en faveur du gouvernement.

§ II : Les rapports entre l'Exécutif et le Législatif

311. Au Cameroun, et comme dans la plupart des Etats africains ayant adopté le régime présidentialiste, le budget, contenu dans la loi de finances, se présente comme un acte d'affermissement du pouvoir exécutif et de diminution du pouvoir législatif, eu égard à la prépondérance exécutive et à l'allégeance législative dans les mécanismes d'élaboration des lois en général, et celle contenant le budget, en particulier.

¶ I : La prépondérance exécutive en matière budgétaire

312. A la lumière des articles 25 à 36 de la constitution, définissant les rapports entre l'exécutif et le législatif, le premier semble maîtriser toutes les étapes de la procédure législative aboutissant à l'édification du budget[164]. La nature du régime politique institué ici pourrait certes apporter des éléments justificatifs à cette réalité. Mais dès lors que cette nature est elle-même vivement recherchée[165], au vu de la floraison des thèses qui s'affrontent à ce sujet[166], il serait simpliste de conforter un

---

[164] MBOME (F- X), « Les rapports entre l'exécutif et le parlement », *Lex Lata, numéro spécial 23-24*, février –mars 1996, pp. 25 et suivantes.

[165] MOLUH (Y), « L'introuvable nature du régime camerounais issu de la constitution du 18 janvier 1996 », in *La réforme constitutionnelle du 18 janvier 1996 au Cameroun. Aspects juridiques et politiques, op. cit.*, pp. 249 et suivantes.

[166] Les plus significatives sont : ONDOA (M), « Une résurrection : le régime parlementaire camerounais », *Annales de la FSJP de l'Université de Douala*, 2 juin-décembre 2002, pp 7- 43 ; KAMTO (M), « Révision constitutionnelle ou écriture d'une nouvelle constitution ? », *Lex Lata*, 23-24 (1996), pp.17- 20 ; OLINGA (A D), « Cameroun : vers un présidentialisme démocratique. Réflexion sur la révision constitutionnelle du 23 avril 1991 », *RJPIC*, (1992) ; NGUELE ABADA (M), « Ruptures et continuités constitutionnelles en République du Cameroun : réflexion à propos de la réforme constitutionnelle du 18 janvier 1996 », *RJPIC* (1996) ; TCHEUWA (JC), « Essai sur la qualification du régime politique camerounais : la

tel raisonnement. Ceci étant, en dehors de la procédure législative dite *« déléguée »*[167] où la précellence du pouvoir exécutif semble atteindre son paroxysme, celle ordinaire trahit judicieusement cette tendance, au point de paraître quasiment *« sous tutelle »*[168]. Ainsi, que ce soit en matière d'initiative, d'adoption, de promulgation ou même de publication, le monopole présidentiel ne fait l'ombre d'aucun doute[169].

A : La prépondérance en matière d'initiative budgétaire

313. Selon l'article 25 de la constitution, l'initiative des lois appartient concurremment au Président de la République et aux membres du parlement. L'impact pratique d'une telle disposition serait de voir dans la grille législative nationale, un ratio de projets de lois, proportionnel à celui des propositions. L'idéal étant même que ces dernières prévalent quantitativement sur les premiers, afin que gouvernants et gouvernés se reconnaissent à l'aulne des lois qui traduiraient alors leurs aspirations légitimes. Pourtant, la grande majorité des lois sont initiées par l'exécutif, et parmi lesquelles, les lois de finances. Par contre, tous les moyens semblent réunis pour annihiler l'exercice de la compétence législative en la matière. Les irrecevabilités[170] sont scrupuleusement suivies et le droit d'amendement fortement encadré[171].

---

difficile affirmation d'un régime authentiquement parlementaire », *Revue juridique et politique des Etats francophones*, 2 (2003), pp. 169 et suivantes.

[167] OLINGA (A D), La constitution de la République du Cameroun, *op. cit.*, p.128. L'auteur affirme à cet effet que *« les ordonnances sont un élément qui contribue à faire du Président de la République une sorte de législateur déléguée »*.

[168] CHAGNOLLAUD (D), Droit constitutionnel contemporain, Sirey, 1999, Paris, p.334.

[169] BATOUM-BA-NGOUE (ST), « Les pouvoirs présidentiels dans la constitution du 18 janvier 1996 : l'idée d'une République présidentielle au Cameroun », *Revue camerounaise des relations internationales*, mai 2000, pp. 247- 265.

[170] Cf. articles 18 alinéa 3 (a) et 23 alinéa 3 (a) : *« sont irrecevables, les propositions de lois* - et non les projets – *ou les amendements qui auraient pour effet, s'ils sont adoptés, soit une diminution des ressources publiques, soit l'aggravation des charges publiques, sans réduction à due concurrence d'autres dépenses ou création des recettes nouvelles d'égale importance »*.

[171] CAMBY (J P), « Le droit d'amendement, une nouveauté ? », *Mélanges Dimitri Georges Lavroff, op. cit.*, pp.109-127.

B : La prépondérance dans l'adoption du budget

314. La procédure d'adoption relève la prépondérance exécutive à travers l'inscription à l'ordre du jour et l'adoption proprement dite des projets et propositions de loi[172]. Selon l'article 18 alinéa 1 de la constitution : *l'ordre du jour de l'Assemblée nationale est fixé par la conférence des présidents*[173]. Or l'alinéa 4[174], plus disert, dispose *l'ordre du jour comporte en priorité et dans l'ordre que le Gouvernement a fixé, la discussion des projets de loi ou des propositions de loi qu'il a acceptées. Les autres propositions de loi retenues par la conférence des présidents sont examinées par la suite*. Il en ressort clairement que la Conférence des présidents ne formalise qu'un ordre du jour préalablement déterminé par le Gouvernement en fonction de ses priorités. Les matières retenues par l'Assemblée nationale elle-même n'occupant qu'une place secondaire. De là à imaginer le sort qui pourrait être réservé aux propositions de loi, au cas où les projets seraient interminables. Il faudra attendre l'issue de la prochaine session ordinaire, pour espérer leur examen lors de la session d'après[175]. Le gouvernement n'est d'ailleurs pas tenu de les placer en première position à cette occasion. Et entre temps, il peut, de droit signaler l'urgence sur un projet[176].

315. Après délibération, l'Assemblée nationale adopte les lois à la majorité simple[177]. Lors de la navette, un texte peut être rejeté par le Sénat. Il appartient alors à l'Assemblée nationale, à la majorité absolue, de l'adopter. Lorsqu'à l'issue des délibérations, aucune majorité n'a pu se dégager, le Président de la République peut constituer une commission mixte paritaire[178] réunissant les deux chambres, afin de proposer un texte commun sur les dispositions rejetées. Au cas où le texte commun ne fait pas l'objet d'une adoption par la commission mixte, le Président de la République peut demander à l'Assemblée nationale de statuer définitivement ou alors déclarer caduc le texte

---

[172] AVRIL (P), « Le vote bloqué », *RDP*, 1966, pp. 399- 457.

[173] On retrouve les mêmes termes, pour ce qui est du Sénat à l'alinéa 1 de l'article 23.

[174] Cf. alinéa 4 de l'article 23, pour ce qui est de la seconde chambre ?

[175] Cf. articles 18 (4) et 23 (4) *in fine*.

[176] Cf. alinéas 5 des articles précités respectivement.

[177] Cf. article 19, alinéa 1 de la constitution.

[178] TRNKHA, « La commission mixte paritaire », *RDP*, 1963, pp.520 et suivantes.

envisagé[179]. Le Président de la République devient par ce fait détenteur du dernier mot dans l'élaboration de lois litigieuses. Cela ne préjudicie guère d'ailleurs sa dévolution de compétence en matière de promulgation[180].

C : L'exclusivité exécutive dans la promulgation et la publication du budget

316. Pourtant, de celle-ci, jaillit une double interrogation, quant à la portée et au fondement de l'acte de promulgation[181]. D'une part, qu'adviendrait-il, si le Président refusait perpétuellement de promulguer les lois, par une demande systématique et interminable de « *seconde lecture* » à l'Assemblée nationale, dans les 15 jours qui lui sont impartis ? L'alinéa 2 de l'article 31 ne donne pas de réponse à cette question en parlant de « *l'issue du délai* » et de « *la carence présidentielle* » qui déclencheraient automatiquement le mécanisme de substitution par le Président de l'Assemblée nationale. Il n'est guère fait allusion du nombre de demande de seconde lecture au-delà duquel le texte de loi devrait être impérativement promulgué. Le Président de la République pourrait ainsi, à sa guise, bloquer la production des lois sans pour autant en bloquer les mécanismes d'élaboration. D'autre part, comment comprendre que l'on confie le pouvoir de prendre la loi au Parlement, mais celui de la promulguer, c'est-à-dire d'en décider en dernier ressort, à un autre organe, qui plus est le détenteur d'un pouvoir supposé séparé à vocation exécutive ? Il semble par-là s'esquisser une translation horizontale de l'axe de répartition de la fonction législative au profit de l'exécutif : par l'exercice de « *la faculté d'empêcher* », le Président de la République « *statue* » définitivement. Il prive de ce fait, l'Assemblée nationale de sa faculté naturelle en la matière.

317. La publication de la loi ne résout guère ce déséquilibre. L'article 31, alinéa 3 prévoit en effet que la loi est publiée au journal officiel de la République en français et en anglais. Or cette plate- forme de publication relève institutionnellement d'une Direction des services de

[179] PERRE (M), « Note sur la rationalisation de la navette parlementaire et l'équilibre des pouvoirs constitutionnels », *RDP,* 1982, pp.1675- 1679.

[180] Cf. article 31, alinéa 1, « *le Président de la République promulgue les lois adoptées par le parlement dans un délai de 15 jours à compter de leur transmission, s'il ne formule aucune demande de seconde lecture ou s'il n'en saisit le conseil constitutionnel* ».

[181] JEZE (G), « La promulgation des lois », *RDP*, 1918, pp.378 et suivantes.

la Présidence de la République[182]. Par ailleurs, la plupart des lois publiées nécessitent des textes d'application de nature réglementaire, dont la prise n'est pas limitée dans le temps[183]. Lorsque la procédure d'élaboration de la loi n'est pas conquise par l'exécutif, elle semble alors abandonnée volontairement par le législatif lui-même.

¶ II : L'allégeance parlementaire en matière d'élaboration du budget

318. Le parlement camerounais semble parfois faire acte d'obéissance vis- à- vis de l'exécutif. Il devient par-là complice de la rationalisation progressive de ses compétences en matière législative [184]. Car il adopte une curieuse attitude frisant l'atonie ou l'inertie, qui se manifeste par une certaine docilité à l'égard des ambitions législatives de l'exécutif[185]. Plusieurs considérations pourraient objectiver de tels propos. D'une part, l'essence parlementaire[186], pratiquement affadie par la tendance *« présidentialistes »*[187] de notre régime, assoit une « *collaboration à sens unique* » des pouvoirs, au profit de l'exécutif. La procédure d'élaboration de la loi de finances en est alors la parfaite illustration. D'autre part, la représentation des partis à l'Assemblée nationale est dominée par le parti au pouvoir à une majorité très large[188]. Il se pose alors le problème de la force de l'opposition[189] à pouvoir

---

[182] Cf. Ordonnance n°72/11 du 26 août 1972 relative à la publication des lois.
[183] GUIBAL (M), « Le retard des textes d'application des lois », *RDP,* 1974, pp.1039-1078.
[184] DANIEL (J), EMERI (C), « L'Assemblée nationale et son devenir », *RDP*, 1989, pp. 1245-1272.
[185] MANDJACK (A) « L'assemblée nationale camerounaise, miroir de l'autoritarisme », *Revue camerounaise de parlementarisme et de démocratie*, Vol 01, 1999, pp.1et suivantes.
[186] ONDOA (M), « Une résurrection : le régime parlementaire camerounais », *op. cit.*
[187] MOULIN (J), *Le présidentialisme et la classification des régimes politiques*, LGDJ, Paris, 1978.
[188] En 2007 par exemple, l'on comptait 153 députés du RDPC contre 27 députés de l'opposition. Cf. TOUO (H), « Multiparty politics and democratic construction in Cameroon", in Lawson, Kay (General editor), *Political Parties and Democraty*, Vol. 4, Africa and Oceania, Santa Barbara, Praeger, 2010, p.24.
[189] TOUO (H), *Les dynamiques d'ancrage du pluralisme partisan au Cameroun (1990-2006). L'économie des rapports entre pouvoir et opposition*, Thèse en vue de l'obtention du Doctorat /PhD, Université de Yaoundé II, 2007.

contrecarrer le projet de budget initié par le parti majoritaire[190]. La pratique en la matière démontre que tout texte de cet acabit prospère systématiquement, par l'influence de la *discipline de vote* issue de *l'encadrement parlementaire des élus par le parti majoritaire*[191]. L'axe de répartition de la fonction législative semble alors, cette fois-ci, subir une translation verticale, toujours au profit de l'exécutif.

319. En dépit de ce déséquilibre qui existe entre le pouvoir exécutif et le pouvoir législatif en matière d'élaboration du budget, du fait de la prépondérance du premier sur le second dans chaque étape de son processus d'établissement, le document budgétaire a vocation à être exécuté durant la période pour laquelle il a été conçu.

---

[190] MOUANGUE KOBILA (J), « Création des normes : les occasions manquées du nouveau parlementarisme pluraliste au Cameroun », *Revue camerounaise de parlementarisme et de démocratie*, Vol 1, 1999, pp. 23 et suivantes.

[191] SCHWARTZENBERG (R-G), *Sociologie politique*, Montchrestien, 4ème édition, Paris, 1988, pp. 401-402.

Sous-titre III

L'exécution du budget

320. Tous les acteurs, règles et données d'élaboration seraient inutiles si le document budgétaire, une fois conçu, était conservé dans des tiroirs de bureaux et coffres forts, sans être traduit en réalités concrètes impactant positivement la vie de la communauté étatique. Le budget est, par conséquent, établi pour être exécuté jour après jour, du 1er janvier au 31 décembre de l'année qu'il couvre. Cette exécution se fait suivant certains mécanismes mobilisant un certain nombre d'organes en étroite relation. Il importe, par ailleurs, de s'assurer que les prévisions de recettes et de dépenses faites dès le départ sont matérialisées non seulement conformément aux règles qui les établissent, mais aussi et surtout suivant les standards quantitatifs et qualitatifs en vigueur au niveau national et même international.

Chapitre I

Les mécanismes d'exécution du budget

321. L'exécution du budget mobilise l'application des règles de comptabilité publique[192]. Cette dernière s'appréhende comme un ensemble de règles principalement juridiques, et secondairement techniques, applicable à l'exécution, à la description et au contrôle des opérations financières des organismes publics[193]. Ces règles se situent à tous les niveaux de la hiérarchie interne et même internationale des normes juridiques, même si celles à caractère technique se confortent beaucoup plus dans des instruments dont la normativité concerne principalement l'administration qui en est conceptrice, eu égard à la nature de leurs destinataires qui sont parfois distinctement désignés[194].

322. L'ordre normale de la réalisation des opérations financières publiques voudrait que l'on étudie d'abord les recettes publiques avant les dépenses, tant il est vrai que l'on ne saurait utiliser que les ressources que l'on aura déjà collectées.

§ I : L'exécution des recettes publiques

323. Avant la présentation proprement dite des mécanismes d'exécution des recettes publiques, qu'il nous soit permis de dire au préalable un mot sur les conditions de ladite exécution.

---

[192] ORSONI (G), *L'exécution de la loi de finances*, Economica, Paris, 1998, pp. 11 et suivantes.

[193] MONTAGNIER (G), *Principes de comptabilité publique*, Dalloz, Paris, 1986, pp. 13 et suivantes.

[194] Au Cameroun, le ministre des finances prend en début de chaque exercice budgétaire une circulaire, portant instructions relatives à l'exécution des lois de finances, au suivi et au contrôle de l'exécution du budget de l'Etat, des établissements publics administratifs, des collectivités territoriales décentralisées et autres organismes subventionnés. Cet acte ministériel est le document qui renferme les principales règles techniques de la comptabilité publique camerounaise.

¶ I : Les conditions d'exécution des recettes publiques

324. Deux conditions préalables doivent être conjointement réalisées pour l'exécution régulière des recettes publiques :
- Une condition de fond : c'est l'existence de la créance publique ;
- Une condition de forme : c'est l'autorisation annuelle donnée par la loi de finances.

A : L'origine de la créance

325. La nécessité de l'existence d'une créance comme fondement de toute recette publique n'est que l'application du principe général de l'article 1376 du Code civil selon lequel : *toute créance liquidée fait l'objet d'un ordre de recette*.

Les créances des organismes publics peuvent être classées en deux grandes catégories :
- D'une part, les créances résultant de l'exercice de la puissance publique et qui n'ont pas de contrepartie immédiate ;
- D'autre part, les créances semblables à celles des personnes privées, qui résultent du droit de propriété des organismes publics ou qui constituent la contrepartie des biens qu'ils ont livrés pour des services qu'ils ont rendus ou qui leur reviennent à titre gratuit.

B : L'autorisation budgétaire

326. Sans budgétisation d'une opération financière publique, sa réalisation concrète est quasiment impossible. Une recette publique ne saurait donc être exécutée si elle n'est inscrite dans le budget de l'exercice correspondant. En effet, il ne suffit pas que les recettes publiques soient fondées sur les dispositions législatives, réglementaires, les décisions de justices ou des conventions qui sont la cause juridique de l'obligation des parties versantes. Encore faut-il que leur perception soit prévue et autorisée chaque année par la loi de finances[195].

327. Le vote du budget devient, par conséquent, une nécessité absolue pour l'opération financière à réaliser. Et cette nécessité comme condition préalable de la réalisation des recettes publiques ressort de la définition même de cet acte. Le budget est l'acte par lequel sont prévues

---

[195] MAGNET (J), *Eléments de comptabilité publique*, op. cit., p.49.

et autorisées les recettes et dépenses des organismes publics. Dans les Etats qui connaissent la séparation des pouvoirs, la nécessité de cette autorisation annuelle constitue non seulement un élément essentiel du contrôle du pouvoir législatif[196], mais un ferment de l'unité budgétaire[197].

¶ II : La procédure générale d'exécution des recettes publiques

Cette procédure comporte trois opérations successives, à savoir l'établissement, la mise en recouvrement et le recouvrement.

A : L'établissement

328. A proprement parler, l'établissement de la recette publique ne devrait pas être considéré comme une étape à part entière de réalisation de cette opération financière. Car il ne s'agit pas ici pour l'ordonnateur de façonner la recette comme il semble le faire en matière de liquidation. Il est juste question pour lui de constater de manière irréfragable la créance qui existe au profit de la personne publique.

329. Les recettes publiques ont pour origine des créances qui résultent de l'application des lois, règlements, décisions de justice, convention à certains faits : acquisition d'un revenu, achat ou vente d'un bien, passage de la frontière… Les ordonnateurs comme agents de la comptabilité publique ne les créent pas, ils n'entrent en action que pour les constater et les liquider par la suite.

- La constatation des droits est une opération à la fois matérielle et juridique. Elle consiste à s'assurer de la réalité des faits générateurs des créances publiques, mais aussi de leur inclusion dans le champ d'application des dispositions juridiques d'où résultent ces créances : ainsi assoir un impôt consiste à s'assurer de l'existence de certains revenus ou de certaines affaires, mais aussi de leur assujettissement à la loi fiscale.
- La liquidation des droits consiste, quant à elle, à arrêter le montant des créances publiques par rapport des faits constatés aux tarifs établis par les dispositions juridiques applicables : ainsi, liquider

[196] MAGNET (J), *Eléments de comptabilité publique*, op. cit., p.50.
[197] BIDIAS (B), *Les finances publiques du Cameroun*, GB, 2ème édition, Yaoundé, 1982, p.68.

l'impôt consiste à rapporter le montant constaté des revenus ou des matières imposables au barème édicté par la loi fiscale.

Ces deux opérations sont complémentaires.

B : La mise en recouvrement

330. La mise en recouvrement est l'étape ou l'ordonnateur, après avoir constaté et mis la créance publique en forme, interpelle le concerné à venir s'acquitter de sa dette devant des agents publics préposés à collecter les ressources publiques, dans des délais et des formes biens définis.

331. Il existe une différence d'approche en matière de mise en recouvrement des opérations financières, selon que l'on est en droit privé ou en droit public comptable. En droit privé, les créances font l'objet des titres émanés des débiteurs, acceptés par eux (contrat, avals) ou délivrés sur la demande des créanciers, par les cours et tribunaux (arrêts et jugements). En droit public comptable, les créances constatées ou liquidées font l'objet d'ordre de recettes émis par l'administration elle-même. C'est une manifestation de son privilège d'action d'office[198].

332. Certaines recettes publiques peuvent être perçues sans émission préalable d'ordres de recettes ; ceux-ci ne sont établis que s'il y a résistance des débiteurs pour autoriser le recouvrement forcé, ou après recouvrement, pour l'imputation budgétaire des sommes recouvrées.

C : Le recouvrement

333. Dernière étape de l'exécution de la recette publique, le recouvrement est la phase où les comptables publics collectent matériellement le fruit de la créance publique constatée et mise en recouvrement par l'ordonnateur. Les ordres de recettes émis par les ordonnateurs sont adressés par eux aux comptables qui sont chargés de les recouvrer. Les fonctions de comptables en recettes commencent par la prise en charge des titres dont ils doivent réaliser le recouvrement qui peut être fait de deux façons :

- Les ordres de recette émis par les ordonnateurs sont remis aux comptables qui en constatent la réception dans leurs écritures.

---

[198] MAGNET (J) *Eléments de comptabilité publique*, op. cit., pp.55 et suivantes

- Les créances publiques peuvent être constatées par des titres permanents tels que des titres de propriété. Les comptables doivent faire sous leur responsabilité toutes les diligences nécessaires pour que les créances publiques qu'ils ont prises en charge soient acquittées par les débiteurs.

334. Le recouvrement des recettes publiques peut se faire selon plusieurs procédés, en fonction de la nature de la recette à collecter. A titre d'illustration, les recettes fiscales et celles non fiscales ne se recouvrent pas forcément de la même façon. Les unes se recouvrent spontanément tandis que d'autres attendent des formes particulières, comme l'établissement d'un rôle nominatif pour l'impôt sur le revenu, avant l'encaissement par le comptable public. Certaines se recouvrent sans pression particulière de la personne publique sur l'usager, pendant que d'autres attendent la mobilisation de la force publique pour être exécutée *manu militari*. Mais, appréhendées de manière générale, les recettes publiques se recouvrent, soit normalement ou à l'amiable, soit de manière forcée, après une mise en demeure d'agir restée sans suite. Les recettes collectées ont vocation à être utilisées. Leurs mobilisations dans l'optique de satisfaire des charges publiques, donnent naissance à des dépenses qu'ils convient aussi d'exécuter.

§ II : L'exécution des dépenses publiques

Nous présenterons d'abord les conditions d'exécution avant la déclinaison des étapes de la procédure d'exécution.

¶ I : Les conditions d'exécution des dépenses publiques

335. Etant aussi une opération financière publique, la dépense publique exige, comme la recette publique, la réunion de deux conditions à prendre cumulativement. Il s'agit d'une condition de fond et d'une condition de forme. La condition de fond consiste en l'existence obligatoire d'une dette qui lie la personne publique. Quant à la condition de forme, il s'agit de l'impératif de budgétisation. En d'autres termes, ces dépenses doivent connaître une autorisation annuelle donnée par le budget de ces organismes. Mais, alors que les créances publiques résultent le plus souvent des dispositions permanentes antérieures à la loi de finances qui ne fait qu'en autoriser annuellement l'exécution, cette autorisation annuelle est en principe antérieure aux actes générateurs de dettes publiques.

A : L'autorisation budgétaire

336. A l'image des recettes publiques, la dépense, dans son exécution, doit impérativement être budgétisée. La nécessité du vote du budget comme condition préalable de l'exécution régulière des dépenses publiques ressort de la définition même de cet acte. Le budget est l'acte par lequel sont prévues et autorisées les recettes et les dépenses des organismes publics.

En principe le budget est annuel, l'exercice devrait donc coïncider avec l'année civile. Mais les dépenses publiques s'exécutent suivant une procédure qui ne peut pas toujours être contenue toute entière dans le cadre de l'année. Des assouplissements sont donc nécessaires.

337. Le respect des règles de l'autorisation budgétaire n'ouvre que la faculté de faire des dépenses. Elles ne créent pas l'obligation de dépenser. Les dépenses publiques, si elles ont pour condition de forme le vote du budget, ont pour condition de fond l'existence de dette des organismes publics.

B : L'existence d'une dette de l'organisme public

338. A la question de savoir s'il existe une obligation de dépenser[199], les règles de comptabilité publique apportent une réponse précise : l'on ne saurait dépenser que s'il existe une dette de l'organisme public. La nécessité de l'existence de dette comme fondement des dépenses publiques n'est que l'application du principe général selon lequel : *« tout paiement suppose une dette »*. En comptabilité publique, les actes successifs de la procédure de dépense publique ont pour objet *« de vérifier la réalité de la dette »* ; *« de donner l'ordre de payer la dette »* et enfin *« de libérer l'organisme public de sa dette »*. Par conséquent, sans cette dette, aucune dépense publique ne saurait être effectuée. Et dans le cas contraire, les autorités responsables des dépenses non justifiées par des dettes avérées s'exposent, soit aux fautes de gestions, soit à des détournements de deniers publics, qui engagent pécuniairement et même pénalement leurs responsabilités.

---

[199] CONAN (M), *La non obligation de dépenser*, Thèses de doctorat, Paris II, 2004, pp. 31 et suivantes.

¶ II : La procédure générale d'exécution de la dépense publique

Cette procédure comporte quatre opérations :

A : L'engagement de la dépense

339. L'engagement n'est pas un acte d'exécution des dépenses publiques à proprement parler ; il en est l'acte d'origine. C'est l'acte juridique ou le fait matériel d'où résultent les dettes des organismes publics causes de leurs dépenses[200]. Concrètement, c'est l'acte par lequel l'organisme public crée ou constate à son encontre une obligation de laquelle résultera une charge. Cette étape est maîtrisée par l'ordonnateur des crédits selon les quotas qui lui sont impartis par le ministre en charge des finances[201].

340. Outre cet engagement juridique, la comptabilité connait un engagement comptable qui consiste à réserver les crédits nécessaires à l'acquittement de ces dépenses[202]. Lorsque les organismes publics s'engagent volontairement, l'engagement comptable précède l'engagement juridique et en assure la conformité aux autorisations budgétaires. Lorsque les organismes publics se trouvent involontairement engagés, l'engagement juridique est réalisé avant l'engagement comptable par lequel en est seulement tirée la conséquence.

B : La liquidation

341. L'engagement crée ou constate les obligations des organismes publics d'où résulteront éventuellement leurs dettes, mais ces dettes elles-mêmes n'existent qu'à partir de l'exécution de ces obligations et dans la mesure de cette exécution. C'est la règle selon laquelle : *aucun*

---

[200] TOUGOUDEAU, « Engagement », in *Dictionnaire encyclopédique de finances publiques*, op. cit., pp. 732

[201] Titre II, Chapitre II, Paragraphe C (1) de la circulaire n°08/000030/MINEFI du 15 janvier 2008 portant instructions relatives à l'exécution et au contrôle de l'exécution du budget de l'Etat et des organismes subventionnés pour l'exercice 2008.

[202] CHARTIER, DOYELLE, « La notion de crédits disponibles par le mandatement d'une dépense publique », *AJDA*, 1989, pp.684 et suivantes.

paiement ne peut être effectué si ce n'est pour l'acquittement d'un service fait.

342. Après la création d'une dépense publique, l'on doit par la suite, non seulement procéder à la détermination de son montant, mais également s'assurer de l'effectivité ou de la réalité de la dette qui lie l'organisme public et qui justifie l'acquittement et partant le paiement de la dépense : c'est l'étape de la liquidation[203].

343. La liquidation a pour objet de vérifier après cette exécution, la réalité des dettes publiques et d'en arrêter le montant exact.

- La constatation des dettes consiste à s'assurer de la réalité des faits sur lesquels sont fondés les droits de créancier, mais aussi de leur conformité aux actes d'engagement : ainsi, les créances des entrepreneurs et fournisseurs résultent de la constatation de l'exécution des travaux ou de la livraison des fournitures, mais aussi de leur conformité aux stipulations des marchés.
- La liquidation proprement dite consiste, à partir des constatations faites, à calculer le montant des dettes publiques ; ainsi, la liquidation des dépenses des travaux ou de fourniture, consiste à multiplier les quantités constatées par les prix unitaires qui résultent des stipulations des marchés. Des droits primitifs ainsi calculés, on déduit les avances ou les acomptes déjà versés afin de fixer le montant net des dépenses à payer.

Ces deux opérations sont complémentaires.

C : L'ordonnancement

344. La liquidation rend les dettes publiques certaines, mais elle n'a pas force exécutoire. Cette force exécutoire résulte de l'ordonnancement qui est l'acte administratif donnant l'ordre de payer ces dettes. Concrètement, l'ordonnancement est la dernière étape administrative commandée par l'ordonnateur. C'est l'acte par lequel l'ordonnateur *donne l'ordre* au comptable de payer la dépense qui a été engagée, dont on a déterminé le montant, après certification de la réalité de la dette. Cet ordre soumis au visa du contrôleur financier peut prendre la forme d'une ordonnance de paiement, s'il émane d'un ordonnateur principal, ou d'un mandat de paiement, s'il résulte d'un ordonnateur secondaire. Précisons par ailleurs ici qu'eu égard à la nature particulière de certaines

---

[203] MAGNET (J), « Liquidation des dépenses publiques », in *Dictionnaire encyclopédique de finances publiques*, op. cit., p. 994.

dépenses, à l'instar de celles susceptibles de marchés publics de construction, l'ordonnancement peut s'opérer au-delà de l'exercice qui a vu son engagement, et plus précisément à la période complémentaire accordée d'habitude, afin de procéder à toutes les émissions d'ordonnances ou de mandats se rapportant à l'année d'engagement.

345. L'ordonnancement est une attribution exclusive des ordonnateurs. Sa qualification d'acte administratif exclut notamment qu'il puisse être fait par les tribunaux qu'ils soient administratifs ou judiciaires. Toutefois, si les ordonnateurs refusent d'ordonnancer les dépenses de l'Etat résultant des décisions de justice devenues définitives dans le délai de quatre mois à compter de la notification de ces décisions, ces dépenses sont payées sans ordonnancement au vue de ces décisions.

346. Les dettes échues et exigibles des organismes publics secondaires que les ordonnateurs de ces organismes ont refusé d'ordonnancer peuvent être ordonnancées d'office par l'administration supérieure[204]. Certaines dépenses peuvent même être payées avant ordonnancement ou sans ordonnancement.

D : Le paiement

347. L'ultime étape de la procédure d'exécution d'une dépense publique est le paiement. C'est l'opération relevant du comptable public qui consiste en la sortie matérielle des fonds des caisses publiques. En apparence légère, cette étape s'avère être la plus délicate de tout le circuit de la dépense, eu égard aux formalités et surtout aux multiples contrôles y relatifs. En effet, le comptable public, qu'il soit assermenté ou de fait, doit contrôler la qualité de l'ordonnateur, s'assurer de la disponibilité des crédits, avoir la preuve palpable de l'effectivité des contrôles préalables de l'ordonnateur et du contrôleur financier, et vérifier la passibilité ou non des règles de prescription. Il opère même un contrôle de la liasse de dépense et un contrôle du bénéficiaire de la dépense.

348. En cas de moindre vice de forme ou d'irrégularité, le comptable public suspend le paiement[205]. Il n'y a qu'un ordre de réquisition venant

---

[204] Pour toutes ces considérations, lire : ANTIN (J-L) « Le refus d'ordonnancer une dépense publique », *AJDA*, 1979, n°3, pp. 432-441.

[205] Il ne l'annule pas, il le suspend seulement, parce qu'il n'en a pas la compétence. Lire à cet effet : DEFOORT (Ph.), « Le comptable public local peut-il exercer un contrôle de la légalité ? », *AJDA*, 1987, p. 699. Lire aussi : CHAZEAU (H), « Etendue

de l'ordonnateur qui pourra alors lever la suspension de paiement et avec la garantie pour le comptable de l'adresser au Ministre des finances.

349. Si les comptables, après les contrôles, reconnaissent les dépenses comme régulières *« bonnes à payer »*, ils les constatent en écritures et procèdent au paiement proprement dit qui est l'acte par lequel l'organisme public s'acquitte de sa dette. Le paiement est fait soit par les comptables eux-mêmes, soit par leurs subordonnés ou correspondants agissant pour leur compte. Les uns et les autres sont tenus de s'assurer de l'identité et de la capacité des parties prenantes. Le paiement peut se faire par virement, chèque, ou en argent liquide.

350. Les mécanismes d'exécution des recettes et des dépenses distinguent donc deux principales phases, à savoir la phase administrative qui est initiale, et la phase comptable qui est finale. Mais, encore faudrait-il, d'abord, que ces opérations financières engagent la collectivité publique qui les inscrit dans son budget. Ces deux phases sont respectivement conduites par deux types d'organes précis entretenant des relations particulières.

---

et limites des contrôles des comptables dans l'exécution des dépenses locales », *Revue du Trésor*, 1988, p.106.

Chapitre II

Les relations entre l'ordonnateur et les comptables publics

351. Après presqu'un demi-siècle d'application de l'ordonnance du 7 février 1962 dorénavant jugée obsolète et sous l'influence conjuguée de la loi organique française du 1er août 2001 relative aux lois de finances, et de la conditionnalité des bailleurs de fonds internationaux afférente aux programmes d'ajustement structurel, le Cameroun adopte le 26 décembre 2007 une loi instituant un nouveau régime financier au niveau étatique. Cet instrument juridique matérialise la réforme du cadre juridique des finances publiques en cours dans cet Etat depuis plusieurs décennies[206]. Révolutionnaire dans sa lettre et son esprit, eu égard à l'originalité des mécanismes de budgétisation qu'elle institue[207], la loi portant régime financier de l'Etat occasionne une reconfiguration de la structure des relations entre les principaux acteurs de la chaine d'exécution des finances publiques à savoir, les ordonnateurs et les comptables.

352. L'ordonnateur se définit comme toute personne ayant qualité au nom de l'Etat ou des organismes publics, pour prescrire l'exécution des recettes et des dépenses inscrites au budget de l'Etat. A ce titre, en matière de recettes, il constate les droits de l'Etat et des autres organismes publics, liquide et émet les titres de créances correspondant. Et en matière de dépenses, il juge de leur opportunité conformément aux objectifs visés par la loi de finances et aux budgets votés, les engage, les liquide et les ordonnance dans la limite des crédits disponibles et au regard des objectifs des programmes de l'Etat ou des

---

[206] BIAKAN (J), «La réforme du cadre juridique des finances publiques au Cameroun : la loi portant régime financier de l'Etat », *in l'administration publique camerounaise à l'heure des réformes*, Paris, L'Harmattan, 2010, pp. 9 et suivantes.
[207] MEDE (N), « L'Afrique francophone saisie par la fièvre de la performance financière », *RFFP*, n°135, 2016, p. 349 et suivantes.

autres organismes publics. Il émet les ordres de mouvement affectant les biens et matières de l'Etat ou des autres organismes publics. Catégorie hiérarchisée selon la nature de l'opération financière à réaliser, les ordonnateurs peuvent être principaux, secondaire, ou délégués. Quant aux comptables, il s'agit d'agents régulièrement préposés aux comptes. Hors mis la catégorie intermédiaire de comptables d'ordre qui sont ceux qui centralisent et présentent dans leurs écritures et leurs comptes les opérations financières exécutées par d'autres comptables, la typologie comptable, sur le plan personnel, distingue principalement les comptables en deniers et valeurs des comptables-matières. Les premiers sont des personnes habilitées à procéder au maniement et à la conservation des fonds publics et des valeurs en portefeuilles, des bons, traites, obligations, rentes et actions de sociétés. Les seconds, quant à eux, sont chargés des opérations d'acquisition, de maniement et d'aliénation des biens corporels meubles et immeubles, durables et consomptibles, en service, en approvisionnement ou en situation d'attente, appartenant ou confiés aux personnes morales de droit public.

353. Jadis exclusivement régies par la règle de la séparation, les relations entre ordonnateurs et comptables semblent dorénavant adopter d'autres tendances depuis l'avènement de la loi du 26 décembre 2007, sans toutefois rompre complètement avec l'exigence de la division. En quoi consistent ces relations originales ? En d'autres termes, quelle est la nouvelle structure des rapports entre ordonnateurs et comptables depuis l'adoption de cette loi au Cameroun ? La séparation jusque-là imposée entre ordonnateurs et comptables cède-t-elle la place à une certaine confusion des fonctions ?

354. Cette interrogation requiert une réponse nuancée. En effet, loin d'assoir une confusion totale ou une séparation généralisée entres ordonnateurs et comptables, la loi de 2007 institue au préalable une distinction entre comptables-deniers et valeurs et comptables-matières, avant d'encadrer de manière particulière les relations entre chaque type de comptable et l'ordonnateur. Il en résulte que, tandis que les relations entre l'ordonnateur et le comptable en deniers et valeurs continuent à être régies par le principe de la séparation des fonctions, celles entre le premier et le comptable-matières par contre, adoptent une tendance confusionniste faisant de l'ordonnateur le responsable exclusif de la gestion-matières de la structure publique mise à sa charge.

355. Les relations entre l'ordonnateur et le comptable en deniers et valeurs demeurent séparées, car le nouveau régime financier réaffirme

le principe de la séparation de leurs fonctions, quoique quelques exceptions, à l'instar de l'ordre de réquisition soient prévues. Il expose alors les contrevenants à la situation délicate de la comptabilité ou de la gestion de fait. Par conséquent, aucun rapport de subordination n'est possible entre l'ordonnateur et le comptable- deniers car le premier, en dépit de sa position de proue dans le circuit d'exécution des opérations financières et le degré généralement très élevé de ses fonctions administratives, ne saurait être considéré comme le chef du second. Dès lors l'ordonnateur et le comptable en deniers et valeurs sont responsables, chacun en rapport avec son domaine de compétence. Le premier au sujet des opérations d'exécution administrative des finances publiques, le second à propos des opérations d'exécution comptable. Par contre, les rapports entre l'ordonnateur et le comptable-matières semblent désormais régis par le principe de la subordination. Car l'ordonnateur tend à occuper actuellement la position de supérieur hiérarchique du comptable-matières. A ce titre, il dirige de bout en bout le processus de désignation de ce dernier et assure au quotidien le suivi de la gestion-matières. Il s'en suit une sorte de décharge du comptable-matières pour un monopole de responsabilité de l'ordonnateur.

356. Une étude sur la nouvelle structure des relations entre l'ordonnateur et les comptables à la lumière de la loi du 26 décembre 2007 trouve alors son intérêt théorique relevé, eu égard aux mutations qu'elle ambitionne mettre en exergue dans l'étude des instruments d'analyse et de mise en œuvre du droit public financier en général et du droit de la comptabilité publique en particulier, d'une part, et aux aménagements nécessaires qu'elle subodore dans l'organisation administrative et financière des personnes publiques, d'autre part. En effet, il importe d'analyser avec une attention particulière le sort de cette règle cardinale de la gestion financière publique sur laquelle repose en grande partie la sécurité des deniers publics, à savoir le principe de la séparation des ordonnateurs et des comptables. Quasi universellement adoptée par les Etats, il sied alors de marquer un temps d'arrêt lorsque, par un changement de logique de gestion, la règle de la séparation tend à subir une inclinaison vers la confusion. L'intérêt pratique de cette étude est, quant à lui, davantage perceptible dans l'organisation administrative et financière des universités d'Etat camerounaises. En effet, dans un cadre administratif où les Agents comptables imposent une *diminutio*

capitis[208] aux ordonnateurs principaux et délégués, sous le curieux prétexte que seules les dispositions légales et réglementaires étatiques ont vocation à s'appliquer, au mépris des résolutions des Conseil d'administration et autres actes normatifs pris par les autorités des universités, il importe d'avoir une idée sur l'orthodoxie et l'évolution des relations entre les Recteurs, Doyens ou autres Chefs d'établissements et les Comptables-matières de rattachement d'une part, et entre les premiers et le *Roi Soleil* que tend parfois à devenir l'Agent comptable, d'autre part.

357. Ce travail analytique par essence, appelle une méthode particulière mobilisant à la fois l'exégèse du cadre juridique des finances publiques camerounaises et l'observation de la pratique administrative et comptable des structures publiques. En d'autres termes, il est question d'analyser la lettre et l'esprit des textes juridiques en vigueur en matière budgétaire et comptable en gardant un œil ouvert sur l'activité des ordonnateurs et comptables. Notre ambition est alors de démontrer que depuis l'avènement du nouveau régime financier de l'Etat, les ordonnateurs et les comptables-deniers demeurent séparés (I), tandis que les comptable-matières tendent à devenir les subordonnés des premiers (II).

§ I : La séparation du comptable-deniers de l'ordonnateur

358. Les grandes mutations orchestrées par le nouveau régime financier sur la structure et l'esprit des finances publiques camerounaises semblent n'avoir pas considérablement entamé l'état des relations entre l'ordonnateur et le comptable-deniers. Depuis l'ordonnance du 07 février 1962, considérée jadis comme *le « bréviaire » que doivent consulter en permanence tous ceux qui s'intéressent à quelque titre que ce soit, aux problèmes financiers nationaux*[209], ces rapports sont régis par le principe de la séparation qui impose une indépendance dans l'exercice des fonctions de l'un et de l'autre acteur, avec pour corollaires l'absence de subordination hiérarchique du comptable-

---

[208] Cette expression traduit la diminution de compétence que subissent les ordonnateurs en rapport avec l'Agent comptable. Dans la littérature financière camerounaise, cette expression a été utilisée pour la première fois par le Professeur LEKENE DONFACK pour mettre en exergue la restriction des pouvoirs parlementaires par le pouvoir exécutif en matière budgétaire. Lire : *Finances publiques camerounaises*, Paris, Berger-Levrault, 1987, p. 355.

[209] LEKENE DONFACK, *Finances publiques camerounaises*, *op.cit.*, p. 38.

deniers à l'ordonnateur et un partage de responsabilité. Le législateur du 26 décembre 2007 maintiendra alors la structure juridique de ces rapports (A) et ses effets (B).

¶ I : La consistance de la séparation

359. Dans la plupart des Etats de tradition juridique française, le processus d'exécution des opérations financières publiques est encadré par plusieurs règles dont les plus en vue sont le principe de la sincérité, le principe de la spécialité, le principe du paiement après service fait, le principe de la séparation des ordonnateurs et des comptables. Beaucoup plus déterminants en matière d'exécution des dépenses que des recettes publiques, ces principes ont pour vocation à garantir une certaine sécurité en facilitant les opérations de contrôle susceptibles d'être réalisées par les membres du parlement sur les finances publiques. Considéré comme la traduction sur le plan des finances publiques du principe constitutionnel de la séparation des pouvoirs[210], le principe de la séparation des ordonnateurs et des comptables impose une division horizontale du travail entre ces deux acteurs, sous réserve de quelques exceptions.

A : Le principe de la séparation

360. Conformément à l'article 46 *in fine* de la loi du 26 décembre 2007, les opérations d'exécution du budget de l'Etat incombent aux ordonnateurs et aux comptables publics, dans les conditions définies par voie réglementaires. Ces opérations concernent l'exécution des programmes, des recettes et des dépenses, la gestion de la trésorerie. Les fonctions d'ordonnateur et de comptable public sont et demeurent séparées et incompatibles tant pour ce qui concerne l'exécution des recettes que l'exécution des dépenses. L'article 7 du décret portant règlement général de la comptabilité publique encadre alors cette incompatibilité en précisant que les conjoints, ascendants et descendants des ordonnateurs ne peuvent exercer comme comptable public des services de l'Etat ou des organismes publics auprès desquels ces ordonnateurs sont affectés ou élus. Il n'existe pas de lien hiérarchique entre l'ordonnateur et le comptable public.

---

[210] BARILARI (A), *Les contrôles financiers comptables, administratifs et juridictionnels des finances publiques*, Paris, LGDJ, 2003, pp. 33 et suivantes.

361. Principal outil de promotion de la bonne gouvernance financière et partant de lutte contre les détournements de deniers publics, le principe de la séparation se démarque à l'aune de deux principales considérations. D'une part, il impose une indépendance dans l'exercice des fonctions d'ordonnateur et celles de comptable public. Car il est déconseillé, pour la sécurité des fonds publics, de laisser entre les mains d'une même personne ou entre celles de proches parentés, la réalisation des opérations administratives et comptables d'exécution des finances publiques. D'autre part, il induit un contrôle mutuel entre l'ordonnateur et le comptable, gage de la sécurité et de la régularité des fonds publics. En effet, l'atmosphère des relations entre ces deux acteurs de l'exécution des finances publiques étant dominée par la méfiance, chacun essaie de se rassurer de la régularité et de l'exactitude des opérations menées par l'autre. Ce contrôle mutuel favorise ainsi, sur le plan pratique, une certaine collaboration nécessaire entre l'ordonnateur et le comptable qui doivent être conscients de leur complémentarité dans l'exécution des deniers publics. Le principe de la séparation semble donc imposer une division de droit, mais une collaboration de fait, en d'autres termes une *collaboration dans la séparation.* C'est peut-être aussi pour cela qu'il admet quelques exceptions et atténuations.

B : Les exceptions et atteintes au principe

362. En dépit de toute la rigueur qu'exige l'application du principe de la séparation des ordonnateurs et des comptables, plusieurs exceptions et atteintes sont admises dans son application pratique, afin de ne pas aboutir à des situations de paralysie du fonctionnement des personnes publiques. Les exceptions sont de plusieurs ordres. Certaines concernent à la fois l'exécution des recettes et des dépenses publiques : c'est le cas des *caisses noires* mises à la disposition de certains hauts responsables administratifs et des comptes spéciaux du Trésor ou *comptes hors budget*[211]. D'autres se rapportent à l'une des opérations financières seulement. En matière de recettes publiques, certaines ressources peuvent être encaissées sans émission d'un titre d'ordonnancement ou alors après le processus d'encaissement, en

[211] PEKASSA NDAM (G. M), « Les comptes spéciaux du trésor dans les Etats d'Afrique francophone », *Cahiers Juridiques et Politiques de l'Université de Ngaoundéré*, 2009, pp. 203-236.

régularisation. Pour la première hypothèse, c'est le cas du versement des dotations de l'Etat aux collectivités territoriales décentralisées. Et en ce qui concerne la seconde, la plupart des impôts indirects payés en versement spontané, comme la taxe sur la valeur ajoutée, sont susceptibles d'illustrer cette exception au principe de la séparation. Certaines dépenses peuvent aussi être payées sans mandatement préalable. Il s'agit en générale du cas des dépenses renouvelables comme les traitements et salaires des fonctionnaires. Hors mis ces cas, deux principales situations sont symptomatiques, voire, caractéristiques des exceptions au principe de la séparation des ordonnateurs et des comptables. Il s'agit des régies d'avance et de l'ordre de réquisition. On parle de régie d'avance lorsqu'un agent soumis à l'autorité hiérarchique d'un ordonnateur reçoit de la part du comptable public et sous son contrôle, des fonds destinés à faire face à des dépenses urgentes ou de faible montant.

363. L'ordre de réquisition, quant à lui, est prévu par l'article 29 alinéa 2 du règlement général de la comptabilité publique qui dispose que le comptable public n'est ni personnellement, ni pécuniairement responsable des opérations qu'il a effectuées sur ordre écrit de l'ordonnateur. Il s'agit de l'ordre par lequel ce dernier instruit le comptable publique de payer la dépense qu'il a au préalable refusé de payer nonobstant l'irrégularité relevée. En effet, l'observation scrupuleuse de la règle de la séparation risquerait d'aboutir au blocage par refus de l'agent comptable d'exécuter un ordre de paiement. C'est en vue d'éviter ces blocages et par souci de performance dans l'action publique que l'ordonnateur jouit du droit de réquisition. Il a néanmoins pour conséquence de transférer la responsabilité du comptable vers l'ordonnateur. Procédure exceptionnelle, l'ordonnateur doit formaliser par écrit et de manière non équivoque son insistance à demander le paiement par voie de réquisition après l'opposition du comptable public. A cet effet, l'Agent comptable d'une Université, par exemple, ne saurait donner suite à un ordre verbal de paiement du Recteur ou des Chefs d'établissements. La réquisition ne saurait, par ailleurs, être permanente, car le comptable public doit être requis formellement à chaque fois, même si la dépense présente un caractère répétitif. L'ordre de réquisition n'est toutefois pas une sorte d'*arme fatale* entre les mains de l'ordonnateur vis-à-vis du comptable public.

364. En effet, en droit français, conformément aux dispositions de l'article 160 du décret du 14 janvier 1994[212], l'Agent comptable peut refuser de déférer à la réquisition du Président d'une université lorsque la suspension de paiement est motivée par l'indisponibilité des crédits ou l'absence de justification de service fait. Dans ce cas, il rend immédiatement compte de son refus au Ministre chargé du budget et en informe le Ministre de l'enseignement supérieur.

365. En vertu de l'article 47 du régime financier de l'Etat camerounais, l'exécution des opérations financières publiques incombe exclusivement à l'ordonnateur et au comptable. Dès lors, toute autre personne qui s'immisce dans lesdites opérations sans justifier de l'un ou de l'autre titre est en situation irrégulière et susceptible d'en assumer les conséquences. La comptabilité ou la gestion de fait traduit cette situation irrégulière pour toute personne physique ou morale en position d'ingérence dans la manipulation des deniers publics alors qu'elle n'en a pas qualité. Conformément l'article 44 du décret du 15 mai 2013 portant règlement général de la comptabilité publique au Cameroun, une telle personne, nonobstant les poursuites qui pourraient être engagées devant les juridictions répressives contre elle, devra rendre compte au juge des comptes de l'emploi des fonds ou valeurs qu'elle aura de la sorte irrégulièrement détenus ou maniés. Trois éléments sont constitutives de la gestion de fait. D'abord, elle ne peut porter que sur des deniers publics, c'est-à-dire des fonds et valeurs mis à la disposition des personnes publiques à titre de propriétaires.

366. Ensuite, elle sanctionne l'ingérence dans le recouvrement des recettes destinées à un organisme public sans en avoir la qualité. Enfin, elle nécessite la réception ou le maniement des fonds et valeurs irrégulièrement extraits de la caisse d'un comptable public assermenté. Prononcé en principe par le juge des comptes, le comptable de fait, sur le plan du régime de la responsabilité, est considéré comme un comptable patent et pour cela subit les mêmes sanctions que ce dernier. Il peut ainsi en raison de son immixtion dans les fonctions de comptable public, être condamné à une amende calculée suivant l'importance et la durée de la détention ou du maniement des deniers publics. Son montant ne peut toutefois dépasser le total des sommes indûment détenues ou maniées. Quel qu'en soit le montant, cette amende est symptomatique

---

[212] Ce texte est relatif au budget et au régime financier des établissements publics à caractère scientifique, culturel et professionnel.

de la responsabilité des principaux acteurs du circuit d'exécution des deniers publics.

¶ II : Les effets de la séparation des ordonnateurs et des comptables

367. La séparation réaffirmée par la loi du 26 décembre 2007 entre l'ordonnateur et le comptable-deniers emporte des conséquences considérables dans le statut de ces deux acteurs. D'une part, du fait de la division des tâches qu'elle impose, cette séparation induit une indépendance réciproque de l'ordonnateur et du comptable. D'autre part, en cas de faute commise dans l'accomplissement de sa fonction, chaque acteur en assume les conséquences, conformément à son statut.

A : L'indépendance réciproque

368. La séparation imposée entre l'ordonnateur et le comptable a pour effet de rendre l'un indépendant vis-à-vis de l'autre. Si une telle indépendance, pour l'ordonnateur, ne pose généralement pas de problèmes majeurs et est même, à une certaine mesure, normale tant il est vrai que dans une structure publique, celui qui assure les fonctions d'ordonnateur est presque toujours le chef de cette structure[213], pour le comptable par contre, cette indépendance n'est pas toujours évidente. En effet, l'accréditation d'un comptable auprès de l'ordonnateur, et surtout l'ordre des étapes et la nomenclature mobilisée en matière d'exécution des opérations financières tendent à imposer une subordination *quasi naturelle* du comptable vis-à-vis de l'ordonnateur. Car, d'une part, la procédure d'accréditation du comptable incline à

[213] Dans le domaine de l'enseignement supérieur au Cameroun en général, et dans les institutions universitaires publiques en particulier, celui qui assure les fonctions d'ordonnateur principal, c'est le Recteur de l'Université ou le Vice Chancellor. Ce dernier par une délégation de compétence et de signature, fait de chaque Chef d'Etablissement un ordonnateur délégué. Il convient de préciser ici qu'une telle répartition des fonctions favorable à la décentralisation financière ne relève pas de la compétence discrétionnaire du Recteur en principe. Elle est fondée sur un décret signé par le Président de la République le 17 octobre 2005 fixant les règles financières applicables aux universités. Conformément à l'article 27 alinéas 2 et 3 dudit décret : *« le Chef d'Etablissement est l'ordonnateur délégué de son établissement. Il reçoit à ce titre, selon le cas, une délégation de signature du Recteur ou du Vice-Chancellor. La délégation de pouvoir aux Chefs d'Etablissement en ce qui concerne le budget des Etablissements est obligatoire ».*

faire de l'ordonnateur le principal responsable de l'activité financière dont le comptable n'est qu'un simple agent d'exécution, même si c'est lui qui garde la caisse. D'autre part, la situation de l'ordonnateur au début de la chaine d'exécution des finances publiques, comme celui qui crée, fixe le montant et instruit le paiement ou l'encaissement au comptable, élève logiquement l'ordonnateur par rapport au comptable. Les expressions *« ordonnateur »* et *« ordonnancement »* semblent d'ailleurs corroborer ces allégations, si tant est que leur radical commun consiste en l'ordre donné, c'est-à-dire un commandement ayant vocation à être exécuté par un comptable qui plus est, *« ne fait que compter »*. Ces simples impressions ne sont pourtant pas la réalité juridique des relations entre l'ordonnateur et le comptable. Car le comptable n'est pas le subordonné de l'ordonnateur auprès duquel il est accrédité. Il s'active en toute indépendance vis-à-vis de l'ordonnateur aux *ordres* duquel il peut s'opposer. Une telle indépendance réciproque de l'ordonnateur et du comptable ne rend- elle pas alors chacun responsable dans son domaine de compétence ?

B : Le partage de responsabilité

369. Chef de la structure administrative pour le fonctionnement de laquelle ont été affectés des crédits, la responsabilité de l'ordonnateur ne se limite pas aux aspects strictement financiers. Elle couvre aussi tous les actes de sa gestion tant administrative que politique, et est engagée dès la commission d'une faute de gestion. En matière financière en général et comptable en particulier, les articles 3 et 6 de la loi du 05 décembre 1974 relative au contrôle des ordonnateurs, gestionnaires de crédits publics et des entreprises d'Etat, modifiée par la loi du 8 juillet 1976 ont dégagé, de manière non exhaustive, les différentes irrégularités constitutives de fautes de gestion, c'est-à-dire, préjudiciables aux intérêts de la puissance publique. Il s'agit de l'engagement d'une dépense sans avoir qualité pour le faire, sans crédits disponibles ou sans pièces justificatives ; de l'engagement d'une dépense sans visa ou réquisition de l'autorité compétente ou sans justification du service fait ; de la passation des marchés ou des recrutements en violation de la réglementation en vigueur en la matière ; de la modification irrégulière de l'affectation des crédits ou de l'utilisation à des fins personnelles des agents ou des biens de l'Etat.

370. Sans préjudice des poursuites susceptibles d'être engagées devant les juridictions répressives compétentes lorsque la faute de gestion tend

à se muer en un détournement de deniers publics, la responsabilité financière de l'ordonnateur est engagée au Cameroun devant le Conseil de Discipline Budgétaire et Financière qui manifestement officie comme un juge de gestion alors qu'il n'en est pas un en principe, eu égard à son essence administrative[214]. Ce conseil peut prononcer en fonction des cas, des amendes spéciales, des mises en débet ou des déchéances. Les premières sanctions sont infligées en fonction de la valeur du préjudice subi par la personne publique. Leur montant varie entre 200.000 et 2.000.000 FCFA. Les mises en débet, quant à elles, sont mises à la charge de l'agent fautif pour le montant du préjudice réel subi par la personne publique. Les déchéances, enfin, sont constituées par des interdictions momentanées d'assumer certaines fonctions publiques.

371. Rendant compte personnellement et pécuniairement des opérations financières dont ils ont la charge durant l'exercice de leurs fonctions, les comptables-deniers quant à eux voient leur responsabilité engagée lorsqu'un préjudice est causé à la personne publique suite à l'une des irrégularités relevées par l'article 42 du règlement général de la comptabilité publique. Il en est ainsi des déficits de caisse ou des manquants en deniers et valeur ; de défaut de recouvrement de recettes ordonnancées, de paiement irrégulier d'une dépense suite à un défaut de contrôle ou de l'imputation d'une dépense indue à l'Etat.

372. Le comptable est alors mis en débet administratif par le Ministre des finances, ou en débet juridictionnel à l'issue d'une procédure devant la Chambre des comptes de la Cour suprême[215]. Conformément à l'article

---

[214] C'est un organe administratif à fonctionnement quasi juridictionnel rattaché au Ministère délégué à la Présidence de la République chargé du Contrôle Supérieur de l'Etat. Il est chargé de prendre des sanctions à l'encontre des agents publics posant des actes en violation de l'orthodoxie financière publique. Lire : BILOUNGA (S.T), « La diction du droit public financier au Cameroun », *RAFP*, n°1, 2015, pp. 47 et suivantes.

[215] Il convient toutefois de relever la non conformation jusqu'à ce jour de l'Etat camerounais au droit communautaire dans le cadre de la Communauté Economique et Monétaire de l'Afrique Centrale. En effet, les articles 91 et 92 de la Directive n°02/11-UEAC-190-CM-22 relative au règlement général de la comptabilité publique nécessite pour sa concrétisation que chaque Etats membres se dote d'une Cour de comptes. Malgré sa position de proue dans cette communauté, le Cameroun ne s'est pas encore doté de cette juridiction des comptes et se contente encore d'une simple Chambre des comptes.

Pour une connaissance peu ou prou exhaustive de l'organisation et surtout du fonctionnement de cette Chambre des comptes, lire : SIETCHOUA DJUITCHOKO

35 alinéa 5 de la loi du 21 avril 2001 fixant les attributions, l'organisation et le fonctionnement de cette juridiction, lorsque les comptes sont en débet, la Chambre des comptes constitue le comptable débiteur. Le ministre des finances procède alors au recouvrement des sommes dues qui sont reversées, le cas échéant, à la personne morale concernée. Les arrêtés de débets, quel qu'en soit le type, sont exécutoires dès leur notification au comptable concerné et susceptibles de recours devant le juge des comptes sans effet suspensif. Indépendants l'un vis-à-vis de l'autre, l'ordonnateur et le comptable-deniers sont donc responsables chacun dans sa portion de compétence. C'est le corollaire de leur séparation réaffirmée par la loi du 26 décembre 2007 qui semble portant dorénavant subordonner le comptable-matières à l'ordonnateur.

§ II : La subordination du comptable-matières à l'ordonnateur

373. Contrairement à l'indépendance imposée entre l'ordonnateur et le comptable-deniers dans le circuit d'exécution des deniers publics, le nouveau régime financier de l'Etat camerounais semble avoir plutôt subordonné le comptable-matières à l'ordonnateur. A ce titre, ce dernier exerce sur le premier de réels pouvoirs allant de la désignation au contrôle de toute la comptabilité-matières (A). Ceci a pour effet de faire de l'ordonnateur l'exclusif, du moins, le principal responsable de la gestion-matières de la structure publique mise à sa charge (B).

¶ I : L'étendue de la subordination : les pouvoirs de l'ordonnateur sur le comptable matières

374. Depuis l'adoption du nouveau régime financier de l'Etat et des différents instruments juridiques nécessaires à sa pleine application[216], l'ordonnateur dispose de réels pouvoirs sur le comptable-matières,

---

(C), *La Chambre des Comptes de la Cour Suprême du Cameroun*, Yaoundé, Editions Le Kilimandjaro, 2016, 478 pages.

[216] Nous faisons allusion particulièrement à trois circulaires. Notamment celle du Premier Ministre, Chef du gouvernement, du 19 février 2008 relative à la gestion intérimaire des activités de comptabilité-matières, celles du Ministre des finances du 18 mai 2012 portant instructions relative à la tenue de la comptabilité-matières et de juin 2012 édictant les normes et procédures relatives à la tenue de la comptabilité-matières.

susceptibles de faire de l'administrateur des crédits le supérieur hiérarchique de ce dernier. D'une part, il dirige le processus de désignation du comptable-matières. D'autre part, il contrôle toute son activité.

A : Le pouvoir de désignation du comptable-matières

375. Conformément à l'article 51 alinéa 4 de la loi du 26 décembre 2007, *l'ordonnateur désigne un ou plusieurs agents pour les opérations de comptabilité-matières. Ceux-ci sont astreints, sous l'autorité de l'ordonnateur, à la production d'un compte en matières.* Cette désignation se fait selon une procédure précise et appelle des suites obligatoires.

376. Bien que le pouvoir de désignation du comptable-matières soit confié à l'ordonnateur, force est de relever que le profil des agents susceptibles d'être nommés a été défini par le Premier ministre. Conformément au point 2 de la circulaire du 19 février 2008, relative à la gestion intermédiaire de la comptabilité-matières, la nomination par les ordonnateurs principaux et secondaires des comptables-matières de rattachement se fait en privilégiant les agents publics relevant du corps de la comptabilité-matières ou, à défaut, ceux des personnels ayant bénéficié d'une bonne formation en ce domaine, afin de garantir la production, selon les règles de l'art, du compte en matières. Les comptables-matières ainsi désignés dépendent alors de l'administration de rattachement, même s'ils conservent leur cordon ombilical technique d'avec le Ministère de finances, à travers la Direction de la normalisation et de la comptabilité-matières. Une fois désigné, la prise de fonction du comptable-matières est conditionnée par une installation technique assurée par une commission ad hoc[217], sous la coordination de l'ordonnateur, et se solde d'abord par l'établissement d'un procès-verbal de passation de service qui est transmis au Ministre de finances. Il permet de déterminer le point de démarcation de deux gestions comptables et indique clairement le point de cessation des fonctions de l'agent sortant et celui de prise de fonctions de l'agent entrant. Il est

---

[217] Selon le point 22 de la circulaire du 18 mai 2012 sur la tenue de la comptabilité-matières, la commission *ad hoc* d'installation du comptable-matières est présidée par l'ordonnateur Ses autres membres sont : le Contrôleur financier compétent, le comptable-matières sortant et toute autre personne désignée par l'ordonnateur en raison de ses compétences en la matière. Le comptable-matières entrant établit le rapport d'installation.

fondamental dans l'optique d'établir les responsabilités personnelles et pécuniaires de l'un et de l'autre au sujet de la gestion-matières en présence. Ensuite, il s'agit de signer les documents comptables retraçant l'entrée et la sortie des biens ou l'affectation à un tiers des biens durables ou à usage prolongé. L'on procède alors à la signature des ordres d'entrée ou de sortie, des bons de sorties provisoire et des fiches de détenteurs. L'ordonnateur devra, enfin, mettre à la disposition du comptable-matières des livres et documents comptables initialement cotés et paraphés par les magistrats municipaux ou de l'ordre judiciaire, en vue de la bonne tenue de la comptabilité-matières dans le poste. Il aura, le cas échéant, préalablement approuvé l'inventaire général de base après la prise de fonction du comptable matières. Tous ces documents comptables sont utiles à la confection par ce dernier des comptes de gestion-matières mensuels ou de fin d'exercice budgétaire qui permettent à l'ordonnateur de bien exercer son pouvoir de contrôle sur son comptable-matières de rattachement.

B : Le pouvoir de contrôle de la comptabilité matières

377. En vertu du point 37 de la circulaire du 18 mai 2012, l'ordonnateur est responsable de la garde, de l'entretien et de la conservation des biens publics. A ce titre, il a l'obligation de rendre compte de la gestion des biens placés ou acquis sous sa responsabilité. Et son comptable-matières de rattachement est astreint, sous son autorité, à la production des comptabilités-matières et des comptes de gestion-matières. Cette disposition confère à l'ordonnateur un réel pouvoir de contrôle sur son comptable-matières de rattachement. En effet, afin de s'assurer de la régularité de la gestion-matières de sa structure, ou alors avant de procéder à la transmission à ses supérieurs hiérarchiques des documents comptables fiables, l'ordonnateur doit avoir la possibilité de procéder à des investigations internes sous l'assistance du comptable-matières commis pour apprêter tous les documents nécessaires. L'ordonnateur peut alors lui exiger la production d'une comptabilité mensuelle à transmettre au Ministre des finances pour pré apurement, ou l'établissement d'un compte de gestion-matières, en fin d'exercice budgétaire ou en fin de gestion. Le contrôle de l'ordonnateur est non seulement un contrôle de régularité, mais surtout un contrôle de performance. Car l'ordonnateur doit s'assurer de la conformité au droit des actes d'acquisition, de maniement et d'aliénation des matières mis à sa disposition et attester que le matériel acquis ou en voie

d'acquisition satisfait aux exigences d'efficacité, d'efficience et même d'économie, pour la bonne marche de son administration. L'exercice de ce pouvoir de contrôle augure, à plusieurs égards, du niveau de responsabilité de l'ordonnateur sur la gestion-matières de sa structure administrative.

¶ II : Les effets de la subordination : la responsabilité exclusive de l'ordonnateur sur la gestion-matières

378. Considéré comme le supérieur hiérarchique du comptable-matières de rattachement avec qui il tend à faire corps, l'ordonnateur assume dorénavant une responsabilité exclusive sur le plan de la gestion-matières. En effet, le partage de responsabilités, corollaire de la séparation impérative instituée par l'ordonnance du 07 février 1962, s'est transformé en une fusion de responsabilité assumée par la seule personne de l'ordonnateur. Cette responsabilité exclusive n'est toutefois pas dénuée de fondement ou de consistance, encore moins de sanctions.

A : L'évolution vers la responsabilité exclusive de l'ordonnateur

379. Avant la loi du 26 décembre 2007, les opérations d'exécution du budget étaient régies par l'ordonnance du 07 février 1962 officiant comme le régime financier de la République fédérale du Cameroun. Les techniques et principes de budgétisation de cette époque sont alors favorables à l'implémentation d'un budget de moyens. Il s'agissait de mettre à la disposition d'un ordonnateur des crédits qu'il devait dépenser selon un ordre de priorité dépendant de son jugement d'opportunité. A propos de la gestion matières, toute décision sur les dépenses, les cessions, reformes et affectations de matériels à des utilisateurs pour des besoins de service, relevait de l'ordonnateur seul. La distribution effective du matériel était, quant à elle, assurée par un autre acteur, le comptable matières. Ce dernier étant, en règle générale, désigné par le Ministre des finances. Entre l'ordonnateur et le comptable matières, il n'existait donc que des rapports strictement fonctionnels.

380. Après 2007, la responsabilité sur la gestion-matières incombe désormais exclusivement et entièrement à l'ordonnateur qui endosse dorénavant les actes du comptable-matières de rattachement. Dès lors,

le comptable-matières fait corps avec l'ordonnateur, car il n'existe plus de séparation entre eux. Ils font désormais un sous l'autorité de l'ordonnateur qui dispose du comptable-matières pour l'exécution effective des prestations utiles au fonctionnement harmonieux et efficace de la structure administrative mise sous sa responsabilité. La protection qu'assurait le comptable matières sur les biens acquis par l'Etat du fait de l'ordonnateur et même le respect de la technique propre à la tenue de la comptabilité matières, ne sont plus l'apanage du comptable-matières. Ces matières relèvent désormais de l'ordonnateur qui peut à cet effet engager sa responsabilité lorsqu'il pose des actes préjudiciables au patrimoine de la personne publique.

B : Le régime de responsabilité exclusive de l'ordonnateur

381. La commission de certaines irrégularités lors de l'acquisition, le maniement ou l'aliénation des biens publics engage la responsabilité de l'ordonnateur. La loi du 05 décembre 1977 relative au contrôle des ordonnateurs, gestionnaires et gérants des crédits publics et des entreprises d'Etat donne non seulement une définition, mais surtout, un échantillon de ces irrégularités, en prenant la peine de distinguer celles susceptibles d'être commises au niveau de l'Etat et des collectivités publiques et celles pouvant être posées au sein des entreprises d'Etat. Au sens des articles 3 et 6 de cette loi, est considérée comme irrégularité susceptible de sanction, toute faute de gestion commise au sein d'une structure publique et qui est préjudiciable aux intérêts de la puissance publique. Il s'agit, d'abord, de l'engagement d'une dépense ou de la certification des pièces sans justification de l'exécution des travaux, des prestations des biens ou des services. Il en est de même de l'appel à concurrence, lettres de commandes et achats effectués en infraction de la réglementation sur la passation des marchés publics. Il s'agit, ensuite, de l'utilisation à des fins personnelles des biens publics, lorsque ces avantages n'ont pas été accordés par les lois et règlements. Il est question, enfin, de la tenue irrégulière ou de l'absence de comptabilité.

382. Au Cameroun, la procédure de sanction de l'ordonnateur semble ne pas varier selon qu'il agit comme ordonnateur-deniers ou comme ordonnateur-matières. Toute faute de comptabilité-matières est susceptible d'être sanctionnée devant le Conseil de Discipline Budgétaire et Financière, sans préjudice des poursuites judiciaires initiées lorsque la faute de gestion tend à adopter les contours d'un

détournement de deniers publics[218]. En répression des irrégularités commises par l'ordonnateur dans sa gestion-matières, le Conseil de Discipline Budgétaire et Financière camerounais a eu à prononcer plusieurs décisions. Il s'agit, entre autres, des affaires FOUDA François[219] et POM Jacques et AMANGA BITEGUI[220], où les mis en cause sont sanctionnés beaucoup plus à cause de l'utilisation à des fins personnelles des biens publics. Et dans un passé un peu plus proche, la décision sanctionnant les affaires BEKOLO EBE Bruno[221], est beaucoup plus illustratives. Dans la première affaire, il est reproché à l'Ex Recteur plusieurs irrégularités parmi lesquelles, l'acquisition auprès des prestataires non agrées, de cahiers de compositions devant être utilisés dans les facultés et grandes écoles de l'Université, l'engagement et l'ordonnancement des dépenses d'acquisition de biens, sans exécution à due concurrence des prestations et sans pièces justificatives de la réalisation effective, et la réception des travaux non achevés pour la finition et l'équipement du bloc informatique de l'ENSET de l'Université de Douala. Cet ordonnateur-matières a été fait débiteur envers l'Université de Douala de la somme de 2.422.926.236 FCFA. Il a aussi été prononcé à sa charge une amende spéciale de 2.000.000 FCA et une déchéance de cinq ans.

383. Au terme de cette analyse, il semble se dégager un écartèlement du statut du comptable public dont les rapports d'avec l'ordonnateur varient dorénavant selon qu'il s'agit du comptable-deniers ou du comptable-matières. A l'ère de l'ordonnance du 07 février 1962, ces derniers étaient indistinctement liés par le principe de la séparation des ordonnateurs et des comptables. Présentement, alors que le comptable-deniers demeure sous le joug de cet impératif cardinal qui impose une certaine indépendance et un partage de responsabilité d'avec l'ordonnateur, le comptable-matières, quant à lui, s'en affranchit pour

---

[218] En dehors des juridictions judiciaires ordinaires compétentes en la matière à savoir les tribunaux de première et grande instance, la lutte contre les détournements de deniers publics au Cameroun a suscité la création le 14 décembre 2011, du Tribunal Criminel Spécial (TCS). Cette juridiction est compétente à statuer lorsque le préjudice financier susceptible d'être causé à la personne publique est d'un montant minimum de 50 millions de francs, suite à des détournements de deniers publics ou à des infractions connexes prévues par le Code pénal et les conventions internationales ratifiées par le Cameroun.

[219] Décision n°001/D/PR-CONSUPE/CDBF/SP du 22 aout 2008.

[220] Décision n°005/D/PR-CONSUPE/CDBF/SP du 16 janvier 2008.

[221] Affaire relative à la gestion de l'Ex Recteur de l'Université de Douala au cours de la période 2007-2010.

être inféodé par l'ordonnateur-matières avec qui il fait désormais corps. Le principale responsable de la phase administrative de l'exécution des prestations publiques devient aussi, par conséquent, le responsable exclusif des opérations matérielles d'acquisition, de maniement et d'aliénation des biens publics, qui ne sont effectivement assurées par le comptable-matières de rattachement qu' eu égard à son expertise techniques en la matière. Une telle situation n'entame-t-elle pas l'équilibre nécessaire des pouvoirs entre l'ordonnateur et le comptable dans ce nouveau cadre de gestion financière faisant du gestionnaire de crédits la clé de voute du système ? L'augmentation révolutionnaire des pouvoirs de l'ordonnateur, consécutive à la nouvelle gestion financière fondée sur les résultats ne devrait-elle pas avoir pour corollaire une amélioration des moyens du comptable public visant à limiter tout débordement préjudiciable à l'orthodoxie des deniers publics ? La mise du comptable-matières sous la responsabilité de l'ordonnateur annonce-t-elle l'oraison funèbre du principe classique de la séparation ou le printemps des nouvelles formes de *collaboration dans la séparation* [222] ? La mobilisation exhaustive et effective du budget programme au Cameroun nous en dira assurément davantage. Quoi qu'il en soit, les recettes et les dépenses publiques doivent être contrôlées lors de leur exécution, pour en garantir la régularité et la qualité.

---

[222] BOUTON (D), « Une réforme qui peut en annoncer d'autres », *RFFP*, n°76, 2001, pp. 155 et suivantes.

Sous-titre IV

Les contrôles du budget

384. Laisser les recettes et les dépenses publiques à la merci des organes qui président à leur détermination et à leur exécution est une attitude dangereuse pour la collectivité publique. En effet, l'insuffisance des ressources publiques, rapportée aux multiples charges, appelle les pouvoirs publics à plus de vigilance, de rationalité et de minutie dans la prévision et la manipulation des deniers publics, dans l'optique d'assurer la survie et le développement de la communauté. L'inscription du Cameroun vers les chemins de l'émergence à l'horizon 2035 rend cet impératif plus catégorique, car le moindre centime serait d'une utilité absolue pour ce dessein. Les contrôles de toute nature fondent ainsi logiquement leur importance pour garantir la régularité et la qualité des prestations.

385. Sans toutefois négliger les recettes publiques sans lesquelles rien n'est possible dans l'Etat, un accent particulier sera mis sur les dépenses publiques dans cette partie de l'étude consacrée aux contrôles, car elles sont davantage gages de développement et permettent de mieux étudier les nouvelles techniques et les finalités des activités de surveillance. L'inclinaison des finances publiques camerounaises vers la gestion axée sur les résultats, consubstantielle à l'institutionnalisation du budget programme ici, conforte davantage notre choix d'étude et met clairement en évidence la réforme en cours au Cameroun en matière de contrôle des dépenses publiques : les contrôles de régularité semblent maintenus et même consolidés, et les contrôles de la qualité, introduits avec une certaine vigueur.

Chapitre I

Les contrôles de régularité

386. Loin de remettre en cause la régularité comme finalité du contrôle des finances publiques camerounaises, en général et de la dépense publique en particulier, la réforme engagée par les pouvoirs publics sur les buts du contrôle a plutôt contribué à sa consolidation, du fait de son maintien, non dans son acception initiale, mais plutôt dans une compréhension révisée, ou du moins améliorée, qui transcende le stricte prisme formel traditionnel pour intégrer la dimension substantielle jusque-là sérieusement amputée. En effet, le système camerounais de contrôle de la dépense publique a depuis sa création, poursuivi l'objectif de la régularité de cette opération financière, en insistant pratiquement sur son acception purement formelle[223]. Celle-ci s'est malheureusement avérée insuffisante dans la poursuite de l'ambition d'une meilleure maîtrise de la dépense publique[224] dans un Etat où plus que jamais la qualité et la quantité de la dépense doivent jouir d'une attention particulière[225], car déterminantes pour le développement du Cameroun.

387. Conscientes de ces limites, les autorités camerounaises, lors de la refondation idéologique du contrôle de la dépense publique, ont alors pris le parti, d'adopter la régularité dans la plénitude de sa compréhension en insistant dorénavant aussi sur son acception substantielle. Il s'agit, désormais, lors du contrôle de la dépense publique, de s'assurer non seulement que l'opération financière engagée a été menée en conformité avec les dispositions légales qui la

---

[223] MUZELLEC (R.), *« Diagnostic du système financier camerounais », in La réforme du cadre juridique pour une meilleure gestion des finances publiques au Cameroun*, op. cit., p. 32.

[224] VIDAL (G.), « Une meilleure maîtrise des dépenses publiques et un renouvellement du débat budgétaire », *op. cit.,* pp. 163-166.

[225] CHEVAUCHEZ (B.), « La dépense publique, au cœur de nos systèmes de finances publiques », *op. cit.*, pp 27-32.

régissent, mais, aussi et surtout que la prestation qui a justifié son engagement a été effectivement exécutée[226]. Autrement dit, dorénavant, les contrôles réalisés par les différents organes institués à cet effet, ne sont plus exclusivement mus par les superficielles considérations de conformité d'exécution, ils sont aussi et surtout guidés par les préoccupations d'effectivité des prestations[227]. Car c'est de la fusion entre la conformité et l'effectivité que procède la véritable régularité de la dépense publique. Et non plus exclusivement la conformité aux textes juridiques régissant la matière[228].

388. Il est donc question lors de cette analyse sur la consolidation de la régularité comme but du contrôle de la dépense publique au Cameroun, de mettre en exergue le maintien de la régularité formelle, c'est-à-dire la conformité, dans une première analyse, et dans une seconde, de dégager l'option des pouvoirs publics camerounais pour la régularité substantielle ou l'effectivité.

§ I- L'affirmation de la régularité formelle : la conformité

389. Contrairement aux espoirs nourris par rapport à une réforme destinée à réviser les institutions défaillantes, le mouvement de réorientation des finalités du contrôle de la dépense publique a plutôt permis à la régularité formelle de s'affirmer, malgré ses multiples insuffisances dans la recherche d'une meilleure maîtrise des opérations afférentes à l'utilisation des deniers publics[229]. Ce maintien est, d'ailleurs, certainement la preuve tangible du bien-fondé de cette finalité dans un Etat poursuivant des ambitions d'Etat de droit financier[230] comme le Cameroun, où toute activité financière publique devrait être encadrée par des normes juridiques et garantie par un juge institué à cet effet[231].

---

[226] GODARD (J.), « Brèves remarques sur le contrôle des finances publiques », *RDP*, 1970, p. 526.

[227] MBAKOP, « Effectivité des prestations et paiements », in *La réforme du cadre juridique pour une meilleure gestion des finances publiques au Cameroun*, Yaoundé, 2001, pp. 169-172.

[228] GODARD (J.), *op. cit.*, pp. 526 et suivantes.

[229] « Diagnostic du système financier camerounais », *op. cit.*, p. 31 et suivantes.

[230] MUZELLEC (R.), *op. cit.*, pp 28-29.

[231] CHEVALLIER (J.), *L'Etat de droit*, Montchrestien, 2ème édition, Paris, 1994, p. 12. L'auteur affirme en effet que : *« dans un tel Etat, le pouvoir ne peut user que des moyens autorisés par l'ordre juridique en vigueur, tandis que les administrés disposent des voies de recours juridictionnelles contre les abus qu'il est susceptible de commettre ».*

390. On crut alors percevoir une certaine lueur d'espoir du fait de la consécration par la loi fondamentale de certaines institutions destinées en principe à asseoir et même à perfectionner cette finalité, à l'instar du Conseil constitutionnel. Mais, leur mise en branle pratique en matière de contrôle des finances publiques est encore en suspens à cause de l'ambiance politique au Parlement[232], encline au vote automatique des projets de lois de finances. Cette situation relativise tout hypothétique passage devant un juge constitutionnel[233] d'ailleurs déjà désarmé en matière financière[234]. Cette lueur d'espoir s'évanouit comme la bruine à l'apparition du soleil. Laissant ainsi l'objet du droit public financier à la merci d'un *Jupiter budgétaire*[235] assisté de ses multiples *seigneurs financiers*[236] reposant tous sur des *fidèles contributeurs*[237]. Est-il alors permis de croire qu'une telle situation est due à la mauvaise maîtrise de la régularité formelle, auquel cas il sied de la présenter dans sa consistance et même dans sa portée, avant de s'appesantir sur sa mise en œuvre au Cameroun.

¶ I : Présentation générale du contrôle de conformité

391. Il importe de faire une présentation générale ou du moins une approche théorique du contrôle de conformité pour plusieurs raisons. D'une part, il faut lever toute équivoque sur la notion de la régularité, qui est en principe pluri sémique[238], mais que la pratique institutionnelle

---

[232] On fait allusion ici au phénomène de la *majorité présidentielle* à l'Assemblée Nationale.

[233] Il est en effet constitutionnellement prévu, selon le modèle de contrôle de la constitutionnalité adopté au Cameroun, que les projets de loi peuvent faire l'objet d'un recours au Conseil constitutionnel lorsqu'ils poseraient quelques problèmes que ce soit, avant leur adoption et promulgation définitives. Ces prévisions ouvrent la voie à un contrôle de la constitutionnalité de la loi de finances, qui, malgré sa spécificité, est d'abord une loi comme toutes les autres.

[234] Le juge constitutionnel parait déjà désarmé en matière financière au Cameroun, eu égard à la non élévation constitutionnelle de la majeure partie des normes afférentes aux finances publiques en général et des principes de droit public financier en particulier. Or, c'est lors du contrôle de constitutionnalité de la loi de finances que le juge constitutionnel s'assure du respect de ces principes dans l'élaboration du budget.

[235] On fait allusion ici à la situation particulière du Président de la République dans le processus d'élaboration du budget. Surtout du fait de sa circulaire qui guide ou du moins oriente ce processus.

[236] Il est question ici des désormais multiples ordonnateurs de crédits de l'Etat.

[237] Il s'agit du citoyen contributeur qui nourrit le budget de l'Etat.

[238] BARILARI (A.), *Op. Cit.* P. 43.

au Cameroun tend à amoindrir dans son contenu en favorisant le primat d'une seule acception sur l'autre. D'autre part, il sied de mettre en relief l'importance de l'une et de l'autre acception de la régularité dans l'optique d'une meilleure maîtrise de la dépense publique au Cameroun, afin de signifier que la mise en veilleuse d'une acception serait lourdement rédhibitoire à la concrétisation de pareil dessein.

392. Cette présentation générale répond donc, d'une part, à la délicate question de savoir quelle est le contenu réel du contrôle de la régularité formelle. D'autre part, quelle pourrait être la valeur d'un contrôle de régularité formelle dans un Etat épris du sceau d'Etat de droit financier ? La réponse à ces questions passera assurément par l'analyse de la consistance et de la portée du contrôle de conformité.

A : La consistance du contrôle de conformité

393. Le contrôle de conformité vise à vérifier l'application des règles et détecter les manquements éventuels dans une optique préventive et répressive[239]. Il peut donc intervenir *a priori* comme *a posteriori*[240]. *A priori*, il est intégré dans la procédure administrative et comptable de la dépense publique, et *a posteriori*, il est exercé soit par des corps spécialisés de contrôle, soit par des juridictions[241]. Les règles dont les contrôleurs recherchent l'application effective sont en principe d'ordre constitutionnel, législatif ou réglementaire. Elles ont trait tant à la forme qu'au fond. D'où de multiples tentatives de classification dans la doctrine financière. En effet, pour marquer la différence entre le contrôle des règles de fond et le contrôle des règles de forme, certains auteurs ont usé de plusieurs qualificatifs. Notamment le contrôle de *régularité intrinsèque* qui s'opposerait au contrôle de *régularité extrinsèque*[242] ou alors le contrôle de *régularité formelle* qui s'opposerait au *contrôle de la légalité*[243], toutes ces tentatives de distinction ayant cependant tant des limites que des qualités. Loin de toute prétention de vouloir prendre position quant à la pertinence de

---

[239] BARILARI (A.), BOUVIER (M.), *La nouvelle gouvernance financière de l'Etat*, op. cit., p. 102.

[240] ESCLASSAN (M.C.), « Un phénomène international : l'adaptation des contrôles financiers publics à la nouvelle gestion publique », *op. cit.*, pp. 32 et suivantes.

[241] BARILARI (A.), *Les contrôles financiers comptables, administratifs et juridictionnels des finances publiques*, op. cit., pp. 21 et suivantes.

[242] MUZELLEC (R.), *Finances publiques*, op. cit., p. 332.

[243] BARILARI (A.), *op. cit.*, p. 43.

telle ou de telle classification, le Cameroun semble avoir adopté les deux acceptions du contrôle de conformité. Il semble avoir mis l'accent sur l'aspect strictement formel, constitutive de la « *régularité extrinsèque* » de MUZELLEC, au détriment de l'acception pertinemment matérielle rimant avec le « *contrôle de la légalité* » de BARILARI.

394. Le contrôle de conformité, caractéristique de l'acception française du contrôle financier[244], est donc au Cameroun d'abord une vérification de l'existence des pièces justificatives de la dépense publique, avant d'être un contrôle des règles de fond et principes régissant cette opération financière.

1 : Le contrôle des pièces

395. Le contrôle de la dépense publique au Cameroun est en grande partie un contrôle des pièces justificatives de cette opération financière. En effet, la plupart des contrôles *a priori* qui s'opèrent lors de l'exécution administrative et comptable de la dépense publique portent sur les différentes pièces qui justifient soit l'engagement soit l'ordonnancement de la dépense et non la légalité ou la juridicité de la dépense publique.

396. Autrement dit, le contrôleur financier et le comptable qui sont les principaux intervenants de ces étapes se soucient secondairement si la dépense engagée et ordonnancée est légale, leurs préoccupations portent surtout sur l'existence de certaines pièces précises. Ainsi, en guise d'illustration, au niveau de l'engagement de la dépense, le contrôleur financier vérifie certes la régularité du dossier, de l'accréditation du gestionnaire de crédit, du niveau des prix dans la mercuriale lorsqu'il s'agit d'un marché public, de l'existence des crédits, mais il s'assure surtout que les pièces justificatives de l'engagement, à l'instar du bon d'engagement, sont bel et bien présentes.

397. Ce n'est, d'ailleurs, pas fortuitement que dans d'autres Etats, il y a un visa d'engagement[245] de la dépense publique, qui est la pièce maîtresse sur laquelle porte le contrôle financier à cette étape de la dépense de droit commun. Par ailleurs, en ce qui concerne

---

244 GODARD (J.), *op. cit.*, p. 526.

245 QUEROL (F.), *Finances publiques*, op. cit., p. 148.

l'ordonnancement, bien que le Payeur Général du Trésor[246] procède à un contrôle de régularité du fait de la vérification par exemple de la disponibilité des crédits, de l'absence d'opposition, de l'assignation de la dépense publique, son contrôle porte surtout sur l'existence de certaines pièces justificatives précises, à l'instar du visa du contrôleur financier. Au niveau du paiement, en principe, le contrôle préalable au paiement proprement dit est également un contrôle des pièces, le comptable ne s'attelant qu'à vérifier les pièces sanctionnant le passage dans les étapes précédentes d'engagement de liquidation et d'ordonnancement[247]. Il contrôle, par ailleurs, les pièces d'identité du créancier de l'Etat[248]. Ce n'est pas par hasard que le contrôle *a priori* de la dépense publique est dit *sur pièces*.

2 : Le contrôle des règles et des principes

398. Nonobstant le dysfonctionnement pratique propre à la procédure camerounaise de contrôle de la dépense publique qui consiste pour les différents acteurs de contrôle de mettre l'accent sur les formalités[249], le contrôle de conformité porte aussi tout de même sur le fond des règles

---

[246] Il s'agit là d'une particularité de la procédure de droit commun de la dépense publique au niveau central. En effet, on se serait normalement attendu à l'intervention soutenue du contrôleur financier, ou tout au moins, d'un gestionnaire de crédit à ce niveau, eu égard à la règle de la séparation des ordonnateurs et des comptables. Mais c'est plutôt le Payeur Général du Trésor qui y intervient paradoxalement en délivrant le visa qui va permettre à la Direction Générale du budget de donner l'ordre de payer. Encore même que cet ordre de payer ne prend pas au Cameroun la véritable forme d'une ordonnance de payement, c'est-à-dire d'un document spécifique. C'est plutôt toujours le bon d'engagement lui-même. Dès lors, c'est ce bon d'engagement qui tient lieu de fiche d'engagement de la dépense. On a donc le sentiment au niveau de l'engagement que c'est un comptable qui se donne l'ordre de payer. Autrement dit, que le Payeur général du Trésor, par son visa, se donne à lui-même l'ordre de payer, car c'est toujours lui qui interviendra pour décaisser les fonds. Il s'agit là d'un réel dédoublement fonctionnel peu favorable à la distinction des fonctions entre l'ordonnateur et le comptable et vecteur de la confusion qui existe entre les étapes d'engagement de l'ordonnancement de la dépense au Cameroun.

[247] BOEHLER, *Des rôles respectifs des ordonnateurs et des comptables*, Thèse, Paris I, 1981, pp. 46 et suivantes.

[248] Seulement, dans la mesure où le Payeur Général du Trésor est déjà intervenu au stade de l'ordonnancement, il n'intervient plus que comme payeur.

[249] MUZELLEC (R.), « Diagnostic du système financier camerounais », *op. cit.*, p. 31. L'auteur parle, à cet effet, d'un *chaînage du contrôle interne et d'un verrouillage du contrôle externe*. « Le contrôle a été surchargé par la multiplicité des interventions et des intervenants ».

elles-mêmes. Il s'agit alors de vérifier l'exacte application des différents instruments juridiques qui régissent les finances publiques en général, et la dépense publique en particulier, notamment, les lois et règlements et éventuellement la constitution[250] ou même les conventions intégrées dans l'ordre juridique financier interne. C'est l'occasion où les contrôleurs s'assurent du respect par les principaux intervenants du circuit de la dépense publique de l'autorisation budgétaire accordée par le Parlement, même si celle-ci n'a qu'une valeur *habilitative* et non impérative par rapport à l'ordonnateur de crédit qui n'est aucunement obligé d'effectuer la dépense autorisée telle quelle[251]. Autrement dit, l'ordonnateur de crédit jouit du pouvoir d'apprécier l'opportunité de la dépense publique autorisée par le Parlement, mais sans toutefois franchir la barre de crédit tracée par l'autorisation budgétaire[252]. La dépense autorisée n'est donc que potentielle, elle n'est pas encore réelle, encore faut-il d'abord l'engager[253].

399. Le contrôle de conformité est aussi l'occasion de la vérification du respect de tous les principes de droit public financier afférents à la dépense publique. Il s'agit notamment des principes de l'universalité, de l'unité, de l'équilibre, de la spécialité, de l'annualité et tout récemment de la sincérité. Les juridictions jouent un rôle capital dans le contrôle de conformité, surtout dans son acception relative au contrôle de légalité, eu égard à leur mission générale *de gardiennes de la légalité*[254]. La place de la juridiction constitutionnelle est particulière ici, dans les systèmes juridiques ayant hissé la matière financière au rang de normes constitutionnelles[255]. A cet effet, celle-ci devient alors

---

[250] PHILIP (L.), « Le droit constitutionnel des finances publiques », *RFFP* n°7, 1984, pp. 127 et suivantes. Lire aussi du même auteur : Le contrôle de la constitutionnalité des lois de finances en France », *RFFP*, n°63, 1999, pp. 159 et suivantes.

[251] CONNAN (M.), *La non obligation de dépenser*, Thèse, Paris II, 2004, pp. 48 et suivantes.

[252] GAUDEMET (P.M.), MOLINIER (J.), *Finances publiques*. Budget/Trésir, op. cit., pp. 332 et suivantes.

[253] MAGNET (M.), Eléments de comptabilité publique, LGDJ, 1991, pp. 68 et suivantes.

[254] Il s'agit ici de la légalité financière et qui, tout logiquement, interpelle au premier chef les juridictions financières sans pour autant exclure les autres juridictions, notamment celles administratives, judiciaires et constitutionnelle.

[255] CAMBY (J.P.), « Le conseil constitutionnel et la réforme de la procédure budgétaire », *op. cit.*, pp. 5-18.

non seulement gardienne de la constitutionnalité financière[256], mais également la véritable promotrice de l'Etat de droit financier[257].

400. Le contrôle de conformité a donc une signification particulière qui trahit par ailleurs manifestement ses limites quant à la maîtrise de la dépense publique au Cameroun. Faisant la part belle aux formalités propres à la procédure de la dépense publique, au détriment des considérations juridiques de fond, ce contrôle est de toute évidence d'abord un contrôle des pièces justificatives de cette opération financière avant d'être un contrôle des règles juridiques ou des principes de droit budgétaire et comptable. Cela altère-t-il pour autant son importance dans l'étude des finances publiques en générale, et des dépenses publiques en particulier ?

B : La portée du contrôle de conformité

401. Que seraient les finances publiques, en général et à la dépense publique en particulier, sans un contrôle de conformité, c'est-à-dire un contrôle de l'exacte application des normes juridiques régissant la matière financière ? Autrement dit, et en ce qui concerne particulièrement la dépense publique, quel pourrait être le sort de cette opération financière au cas où l'on n'aurait pas prévu dans sa procédure, des mécanismes de vérification de l'exacte application des normes qui la régissent, afin de détecter les écarts éventuels entre ce qui est prévu et ce qui est finalement en train d'être réalisé. Telle est la question qu'il convient de se poser ici, en vue de se prononcer sur l'importance ou la portée du contrôle de conformité dans le processus de réalisation de la dépense publique, en particulier, et toutes les finances publiques, en général.

402. Loin de toute prétention visant à ressortir tous les éléments caractéristiques de l'importance du contrôle de conformité en finances publiques, qu'il soit tout de même permis d'esquisser quelques traits essentiels, non seulement pour la sécurité ou la stabilité de l'institution de la dépense publique, mais surtout pour la restauration des pouvoirs

---

[256] DOUAT (E.), « Le droit constitutionnel financier », *Juris Classeur Administratif*, Fasc. 1461, 1994.

[257] PHILIP (L.), « L'évolution du droit constitutionnel des finances publiques », *RFFP*, n°22, 1988, pp. 243.

financiers du Parlement souffrant d'une forte rationalisation[258]. Il sera donc question, d'une part, de s'interroger sur le rapport entre le contrôle de régularité formelle et la légalité de la dépense publique, afin d'en inférer que celui-ci est un défenseur de la légalité. D'autre part, on réfléchira sur l'impact du contrôle de conformité sur le respect de l'autorisation budgétaire, pour montrer que ce contrôle est un ferment de la restauration des pouvoirs budgétaires du Parlement[259].

1 : Contrôle de conformité et légalité financière

403. Le contrôle de conformité de la dépense publique peut être conçu comme visant à garantir la légalité financière. En effet, le principe de légalité, dans son acception large, est souvent considéré par la doctrine comme le principal ferment de l'Etat de droit. Il prône l'encadrement de tous les aspects de la vie de l'Etat par des instruments juridiques dont l'application est garantie par le juge. En matière financière, ce principe dispose que toutes les opérations financières réalisées par des personnes publiques doivent être *normées* et contenues dans des textes juridiques en emportant toutes les conséquences propres à tout acte juridique. Or, le contrôle de conformité consiste en une vérification de l'exacte application des normes, afin de détecter les manquements éventuels dans une optique préventive ou alors répressive[260]. Il appert dès lors que ce contrôle peut être utilisé pour atteindre l'objectif propre au principe de la légalité. Le contrôle de conformité devient ainsi un moyen de concrétisation du principe de légalité. A parler concrètement, le contrôle de la conformité de la dépense publique devient un moyen de réalisation de la légalité financière, c'est-à-dire une dépense publique réalisée en dehors de tout vice qui pourrait être préjudiciable à la fortune publique, et au citoyen contribuable. Ainsi, que ce soit une vérification des règles de fond ou un contrôle des règles de forme, l'objectif final est d'assurer une dépense légale, c'est-à-dire respectueuse des instruments juridiques y relatifs.

404. Par ce contrôle, la sécurité et même l'intégrité de la dépense publique recherchées en fin de compte par le principe de légalité ou de la

---

[258] MUZELLEC (R.), op. cit., p. 31. L'auteur soutien à cet effet que « *le caractère formel de cette procédure qui permet au budget de sortir presque dans le même état qu'il y est entré n'est guère atténué par l'abandon du parti unique* ».

[259] JOXE (P.), « Revaloriser le débat budgétaire et moderniser les institutions financières », *RFFP*, n°73, janvier 2001, pp. 31-35.

[260] BARILARI, (A.), BOUVIER (M.), *op. cit.*, p 102.

« *juridicité* »[261], sont garanties, au bénéfice de toute la collectivité publique, mieux au profit de l'intérêt général. Il sied donc de parfaire ces contrôles dans le circuit de réalisation de la dépense publique au Cameroun, afin de parvenir à une bonne maîtrise de cette opération financière que le principe de légalité recherche par ailleurs. La France est fort illustrative à ce sujet avec son contrôle de constitutionnalité des lois de finances qui est l'occasion idoine d'un contrôle scrupuleux des règles et principes constitutionnels afférents à la légalité financière *lato sensu*[262]. Le contrôle de conformité et le principe de la légalité deviennent alors complémentaires pour la bonne cause de la garantie de l'intégrité de la dépense publique, pour la bonne cause de la maîtrise de la dépense publique.

2 : Contrôle de conformité et respect de l'autorisation budgétaire

405. Le contrôle de conformité vise par ailleurs le respect de l'autorisation budgétaire du Parlement, et partant, la restauration de ses pouvoirs financiers érodés du fait d'une intense rationalisation de la part du gouvernement. En effet, les autorisations parlementaires des dépenses publiques sont les crédits que le Parlement autorise au pouvoir exécutif d'utiliser pour concrétiser sa politique, par ailleurs admise par le Parlement, et partant faire fonctionner l'Etat sans une quelconque interruption[263]. Ces crédits sont définis tant dans leur montant, leur nature et leur affection. Ils sont contenus dans un document par essence comptable, mais devenu juridique du fait de son adoption par le pouvoir législatif, au point de porter le nom de *loi de finances*[264]. Le contrôle de conformité, visant l'application des normes qui régissent la dépense publique, à l'instar de la norme législative portant les autorisations parlementaires et qu'on appelle loi de finances, recherche alors le plein respect des autorisations parlementaires.

406. La plupart des principes de droit public financier dont le contrôle de conformité tend à garantir la pleine application, mettent en exergue le souci du contrôle de régularité de respecter les autorisations parlementaires. La règle de l'universalité vise à limiter les autorisations parlementaires dans leur montant, l'ordonnateur n'étant en principe

---

261 CHEVALIER (J.), *op. cit.*, p 11.

262 CAMBY (J.P.), *op. cit.*, pp. 5 et suivantes.

263 CAMBY (J.P.), « Droit budgétaire et droit parlementaire », *RFFP* n°79, septembre 2002, pp. 24 et suivantes.

264 LEKENE DONFACK (E.C.), *Finances publiques*, op. cit., pp. 34 et suivantes.

aucunement autorisé à dépasser les plafonds de crédit habilités. La règle de la spécialité vise à limiter les autorisations de dépense à leur objet. C'est la raison pour laquelle les transferts et virements de crédits sont en principe interdits. La règle de l'annualité vise à limiter les autorisations dans la durée légale de douze mois[265]. Au-delà ou en deçà de douze mois, on est déjà en train de violer le principe. Le contrôle de conformité de la dépense publique vise donc en définitive, le respect des autorisations parlementaires. Ce faisant, ce contrôle est favorable à une restauration des pouvoirs parlementaires en matière budgétaire, car, intervenant en principe lors des contrôles constitutionnels de la loi de finances qui est préalable à l'adoption de cette loi, il limite tous errements du gouvernement par rapport aux principes de droit public financier.

407. Visant à garantir la légalité financière et surtout à imposer le respect des autorisations parlementaires afférentes à la dépense publique, le contrôle de conformité revêt donc une importance particulière dans les finances publiques en général, et la dépense publique en particulier dans un contexte comme celui du Cameroun, où la maîtrise de la dépense publique s'appréhende en termes d'impératif catégorique. Il importe cependant, afin de joindre l'utile et l'agréable, de réunir toutes les conditions nécessaires à son applications harmonieuse, et traduire ainsi *in fine*, la décision de son maintien en un judicieux cadre pratique.

¶ II : L'application du contrôle de conformité

408. La décision de maintenir le contrôle de conformité dans les finances publiques camerounaises, en général et dans le circuit complexe de la dépense publique n'est pas une pure vue de l'esprit. Elle s'est traduite dans la réalité concrète de cette matière, du fait de la recherche effrénée de la conformité dans tous les types de contrôle des finances publiques adoptés au Cameroun[266]. Ainsi, il qu'il s'agisse du contrôle parlementaire, du contrôle administratif ou du contrôle juridictionnel, les différents acteurs desdits contrôles sont soucieux, dans l'accomplissement de leur tâche, de parvenir à cette finalité dont dépend en grande partie la maîtrise des dépenses publiques nationales. Cette généralisation quasi systématique du contrôle de conformité n'est cependant pas exempte de tout reproche dans l'optique d'une

---

[265] GAUDEMET (P.M.), MOLINIER (J.), *Finances publiques*, op. cit., pp. 311-344.
[266] MUZELLEC (R), op.cit., pp.30 et suivantes.

application concrète, et surtout performante de ce contrôle. Ainsi se pose le problème des limites dans la pratique effective du contrôle de conformité. Il sied alors, en vue d'une bonne approche pratique du contrôle de conformité, de dégager d'abord, les manifestations pratiques du contrôle de conformité au Cameroun[267], avant d'esquisser ensuite les limites que son application met en exergue.

A : Les manifestations du contrôle de conformité

409. Le contrôle de conformité est consubstantiel au modèle français de contrôle dont le système camerounais s'inspire. En effet, le vocable « *contrôle* » est formé de « *contre* » et de « *rôle* ». Le rôle est un registre tenu en principe en deux exemplaires, dont l'un sert à vérifier l'autre. D'une manière ou d'une autre, il s'agit toujours de recouper deux sources d'informations ou de les dupliquer de façon à détecter les différences entre celle qui sert de référence et l'autre[268]. Le modèle camerounais de contrôle est alors fondé sur l'idée de la conformité. Et les trois types de contrôle adoptés ici, à savoir les contrôles administratifs, parlementaires et juridictionnels, visent tous ce but. La présentation des manifestations du contrôle de conformité consistera donc en une étude successive de ces trois types de contrôle dans leur mobilisation, en vue de garantir une exécution régulière de la dépense publique. Précisons néanmoins déjà ici que l'étude du contrôle juridictionnel fera délibérément fi du contrôle de la constitutionnalité de la dépense publique, qui nécessitera des développements plus approfondis lors de l'étude des limites du contrôle de conformité au Cameroun.

1 : Le contrôle parlementaire, un contrôle de conformité

410. La nature politique du contrôle réalisé par les représentants de la nation sur la dépense publique après l'adoption de la loi de finances, et plus précisément lors de l'exécution et du règlement du budget, ne remet aucunement en cause le fait que le ce contrôle soit d'abord un contrôle de conformité dans sa logique. En effet, lors de l'exécution de la dépense publique, les différents contrôles effectués par les membres

[267] BILOUNGA (ST), La réforme du contrôle de la dépense publique au Cameroun, Thèse de Droit public, Yaoundé II- Soa, 2009, pp. 161 et suivantes.

[268] BARILARI (A) ; *Les contrôles financiers comptables, administratifs et juridictionnel des finances publiques*, op. cit., p. 17.

de l'Assemblée Nationale sur les services administratifs chargés d'utiliser des crédits autorisés et adoptés, sont des contrôles de conformité. Tant il est vrai qu'ils visent à rassurer les députés d'une consommation des crédits dans les limites du montant, de la nature, de l'affection ou de la destination régulières. Les questions et enquêtes réalisées par ces *contrôleurs politiques*, recherchent donc une exécution régulière des dépenses publiques. Par ailleurs, au terme de l'exercice budgétaire, il est question de faire le compte final, pendant lequel les représentants de la nation veulent se rassurer que les prévisions faites et autorisées ont effectivement été réalisées telles qu'elles ont été prévues. La loi de règlement ou loi des comptes est donc une occasion idoine de vérification de l'exécution régulière de la dépense publique. C'est un véritable contrôle de la conformité des réalisations aux prévisions autorisées.

2 : Le contrôle administratif, un contrôle de conformité

411. Les différents contrôles réalisés par l'administration des finances et les autres corps spécialisés de contrôle sur la dépense publique sont les contrôles de conformité. Autrement dit, ils visent tous une exécution de cette opération financière en conformité avec les différentes normes qui la régissent. Et leur activité consiste à déceler les manquements éventuels en vue soit de les prévenir, soit alors de les réprimer. Ainsi, propre à l'administration des finances, *a priori* comme *a posteriori*, les contrôles des différents acteurs visent la régularité formelle de la dépense publique. *A priori*, bien que les ordonnateurs et les comptables soient des catégories non négligeables de contrôleurs qui se livrent un contrôle mutuel en vertu de l'application du principe de la séparation des ordonnateurs et des comptables, l'illustration parfaite du contrôle de conformité vient du contrôleur financier. Celui-ci est un agent des circuits financiers dont la raison d'être est d'assurer le contrôle de la régularité des finances publiques en général et de la dépense publique en particulier. Il reçoit aux termes de l'article 3 du décret du 3 février 1977 fixant ses attributions et son organisation, la mission générale *d'assurer le contrôle des actes administratifs générateurs des dépenses… et d'une manière générale, le contrôle de l'exécution du budget »*[269]. C'est ainsi qu'au titre du budget de l'Etat, il contrôle l'accréditation des gestionnaires, les engagements et le rythme de

[269] Article 4 *in fine* du décret sus cité

consommation des crédits, la régularité des comptes des marchés publics, les comptabilités des régisseurs d'avance. Et au titre des collectivités publiques, il contrôle les actes d'engagement juridique et comptable, les marchés publics, les comptabilités des comptables matières. La logique de son contrôle est de vérifier si les actes afférents à l'exécution de la dépense sont tels que cela a été prévu par les textes. *A posteriori*, les différentes brigades de contrôle interne aux Directions générales du Trésor et du budget visent à détecter les erreurs éventuelles commises lors de l'exécution de la dépense déjà effectuée. C'est dire qu'ils vérifient si la dépense qui est déjà réalisée l'a été en conformité avec ce qui a été arrêté au départ par les textes législatifs et réglementaires y afférents. Les différents corps de contrôle externes à l'administration des finances poursuivent aussi le but de la régularité formelle de la dépense publique. C'est ainsi que l'Agence de Régulation des Marchés Publics a reçu la mission d'assurer le contrôle de la régularité des procédures de passation, d'exécution et de réception des marchés publics. Les services du Contrôle Supérieur de l'Etat sont, quant à eux, chargés de l'audit externe des finances publiques[270]. Ils sont à cet effet chargés de la vérification au niveau le plus élevé des collectivités publiques et même celles privées recevant un concours financier de l'Etat, sur le plan financier, administratif et stratégique. Ils contrôlent alors l'exécution du budget de l'Etat, l'exécution des projets à financement extérieurs, l'évaluation des projets et programmes. Et dans l'exercice de ces attributions, ils effectuent *un contrôle de conformité et de régularité, un contrôle financier, un contrôle de performance, ...*[271]. La Commission Nationale Anti-Corruption assure aussi un contrôle de conformité. Il est en effet prévu que celle-ci a pour mission entre autres, *de procéder le cas échéant, au contrôle physique de l'exécution des projets ainsi qu'à l'évaluation des conditions de passation des marchés publics*[272].

---

[270] Article 2 (1) du décret du 11 octobre 2005 portant organisation des services du Contrôle Supérieur de l'Etat.

[271] Article 2 *in fine* du décret du 11 octobre 2005.

[272] Article 2 (2), paragraphe 4 du décret du 11 mars 2006 portant organisation et fonctionnement de la Commission Nationale Anti-Corruption.

3 : Le contrôle juridictionnel, un contrôle de conformité

412. Gardiennes de la légalité en générale, pour ce qui est de toutes les juridictions[273], et de la légalité financière pour ce qui est juridictions spécialisées des finances publiques, les juridictions interviennent en principe *a posteriori*, c'est-à-dire après l'exécution administrative et comptable de la dépense publique, et ambitionnent sanctionner les irrégularités commises par les ordonnateurs et les comptables lors de l'exécution de la dépense publique. Il s'agit donc d'un contrôle qui vise à mettre à nue les différents manquements, pour que ceux-ci soient réparés. Il est question en fait d'apurer ou de faire une reddition des comptes, par une vérification systématique ou une confrontation des documents comptables, au terme de chaque exercice budgétaire, afin de dégager les écarts entre les chiffres, desquels naîtront des sanctions, ayant pour but de combler le vide créé dans les écritures et partant, dans les caisses. C'est un contrôle de conformité, car le but ici est de voir si les comptables ou les gestionnaires des crédits ont violé les documents comptables et même la légalité financière, par des actes fraudatoires tendant à fausser la sincérité, la fiabilité, la fidélité et même l'exhaustivité, bref l'intégrité des comptes. La sanction le plus souvent constitutive d'amende est une sanction financière destinée à réparer l'irrégularité financière commise[274]. Tous les moyens sont d'ailleurs réunis pour assurer l'exécution effective de ces sanctions, surtout pour ce qui est du comptable public[275]. La Chambre des Comptes de la Cour Suprême et le Conseil de Discipline Budgétaire et Financière assurent donc, chacun dans son domaine, un contrôle de conformité des comptes et de la gestion des comptables et des ordonnateurs, qui se solde par des sanctions bien précises, le cas échéant. Par ailleurs, les juridictions judiciaires répriment les atteintes à la fortune publique en se basant sur les articles du Code pénal. Leur contrôle est un contrôle de régularité ou de conformité et plus précisément de légalité car, c'est de la violation de ces articles par les délinquants financiers que naît la sanction. On confronte donc les agissements du délinquant aux dispositions du texte de loi pour lui infliger la sanction correspondant au degré de violation

[273] RIALS (S.), « Ouverture / L'office du juge », *RFTJ*, 1989, pp. 3 et suivantes.

[274] DUPRAT (J.P.), « L'activité des cours et chambres des comptes africaines », *op. cit.*, p. 90.

[275] On fait allusion ici à la caution et aux hypothèques qui conditionnent l'entrée en fonction effective du comptable public.

déterminé[276]. La volonté ferme des pouvoirs publics camerounais d'assurer une parfaite maîtrise des finances publiques a conduit à l'institution ici d'un Tribunal criminel spécial chargé de la répression des atteintes à la fortune publique supérieures à 50.000.000 de francs CFA. Cette juridiction a été créée dans la mouvance de l'opération dite *« Epervier »* initiée par le Chef de l'Etat pour traquer les auteurs de détournements de deniers public dans un Etat camerounais en proie à une crise économique et financière obérant ses efforts de développement.

413. Il ressort ainsi de ces développements que le contrôle de conformité est le contrôle de principe du système camerounais de contrôle des dépenses publiques, car que ce soient les contrôles parlementaires, administratifs ou juridictionnels, tous visent une exécution conforme de la dépense publique. C'est une suite logique du mimétisme du modèle camerounais des finances publiques par rapport à celui français. Ces manifestations pratiques du contrôle de conformité sont-elles cependant gages d'une réalisation performante du contrôle de conformité ? Ne trahissent-elles pas quelques limites ?

B : Les limites du contrôle de conformité

414. Bien qu'adopté dans tout le système camerounais de contrôle des finances publiques, en général et dans les circuits d'utilisation des recettes publiques, en particulier, le contrôle de conformité n'en dégage pas moins de nombreuses limites, susceptibles de fragiliser toute la fonction du contrôle, et partant, éloigner de plus en plus les pouvoirs publics de l'objectif fondamental de maîtrise de la dépense publique. Une chose semble alors de préférer un type de contrôle plutôt qu'un autre. Une autre est cependant de le réaliser convenablement[277]. En effet que ce soit au cours de l'élaboration de la loi de finances, ou pendant son exécution, plusieurs défaillances sont enregistrées à travers la pratique des principaux acteurs de contrôle de la conformité[278], ou du

---

[276] MBOUYOM (F.X.), *La répression des atteintes à la fortune publique*, Sodeam, Yaoundé, 1970, pp. 26 et suivantes.

[277] Un auteur averti affirme à cet effet que : « *Le problème du contrôle budgétaire et comptable au Cameroun n'est pas seulement celui de son existence, mais celui de son exercice* » ; Cf. MUZELLEC (R.), « Diagnostic du système financier camerounais », *op. cit.*, p. 32.

[278] Etude sectorielle sur la gestion des finances publiques au Cameroun *(Country Financial Accountability Assessment*), pp 39-52.

moins ceux qui auraient dû en être. Ainsi, la création d'un Conseil constitutionnel non accompagnée de l'érection au rang de norme constitutionnel de la loi camerounaise portant régime financier, dépouille cet acteur cardinal du contrôle de la régularité, de sa matière de prédilection. Par ailleurs, la logique camerounaise du contrôle de régularité mettant l'accent sur l'aspect extérieur de la régularité, a pour conséquence d'instituer un formalisme à outrance qui dévoie les organes de contrôle de leur objectif fondamental.

1 : L'impossibilité pratique d'un contrôle de constitutionnalité des finances publiques

415. Le contrôle de constitutionnalité de la loi de finances est pour la plupart des Etats de tradition juridique française la meilleure occasion de réalisation d'un contrôle de conformité du projet de loi de finances en voie d'adoption, aux différents principes de droit budgétaire et comptable. Le juge constitutionnel se fonde alors sur la norme constitutionnelle proprement dite ou sur celles qui constituent le bloc de constitutionnalité. La loi organique faisant partie des normes à valeur constitutionnelle, eu égard à son appréhension comme un prolongement de la loi fondamentale. Or, au Cameroun, nonobstant la création d'un Conseil constitutionnel auréolé de sa mission de contrôle de la constitutionnalité des lois, toute hypothèse de contrôle de la constitutionnalité de la loi de finances semble d'emblée étouffée dans l'œuf du fait de l'absence de la source sur laquelle le juge constitutionnel pourrait se fonder pour dire le *droit constitutionnel financier*[279]. Car, la plupart des principes de droit public financier régissant la dépense publique sont extérieurs à la norme constitutionnelle. Ils sont plutôt contenus dans d'autres textes de portée inférieure à la constitution, rendant ainsi quasiment impossible tout contrôle de conformité exercé par ce juge sur la base de ces instruments juridiques dont la connaissance juridictionnelle ressorti en principe à d'autres juges, notamment judiciaire ou alors administratif. La loi portant régime financier de l'Etat du Cameroun est en effet un texte législatif.

---

[279] Cette expression est inspirée de Didier MIGAUD, qui parlait à l'occasion de l'adoption de la loi organique française régissant les lois de finances, d'une *« constitution financière »,* eu égard à sa portée constitutionnelle. Cf. HERTZOG (R.), « La réforme du droit budgétaire de l'Etat par le Parlement », *op. cit.*, p. 11.

416. Cette situation bien déplorable pour un Etat pourtant épris du sceau de l'Etat de droit financier est un véritable paradoxe qui suscite à tout observateur averti des questions financières, une certaine médiation. En effet, pourquoi créer un Conseil constitutionnel en lui attribuant le rôle de juge de la constitutionnalité des lois sans pour autant mettre à sa disposition toutes les armes nécessaires à la réalisation harmonieuse de sa mission ? Autrement dit, pourquoi mettre en place un juge constitutionnel chargé du contrôle de la constitutionnalité des lois, parmi lesquelles se trouve la loi de finances, et laisser la base juridique sur laquelle il aurait pu se fonder à un rang infra constitutionnel ? Est-ce histoire de signifier la particularité de la loi de finances camerounaise qui n'aurait alors valeur législative que du fait de sa désignation officielle comme telle ? Ou alors, est-il histoire de rendre impossible tout contrôle de constitutionnalité de la loi de finances, en faisant de tout contrôle de conformité de celle-ci aux principes de droit budgétaire et comptable par le juge constitutionnel, une pure vue de l'esprit ? Pourquoi en fait maintenir les principes de droit public financier dans un instrument juridique à valeur législative alors qu'on sait que le juge constitutionnel, lors d'un éventuel contrôle de la constitutionnalité de la loi de finances, devrait mobiliser ces principes ?

417. Ces questions restées sans réponses ne relèvent pourtant pas de la fiction, car elles sont inspirées de la pratique financière en cours dans l'Etat qui constitue notre modèle en finances publiques, et même dans certains autres pays africains de tradition juridique identique. La France[280], tout comme le Burkina Faso[281] et le Mali[282] ont utilisé la loi organique qui a une valeur constitutionnelle, pour *normer* leurs finances publiques. Ce qui a pour conséquence d'instituer un contrôle de constitutionnalité particulier de la loi de finances qui permet au juge, lors de son contrôle de conformité, de se baser aussi sur la loi organique[283].

---

[280] Loi organique n°2001-692 du 1er août 2001 relative aux lois de finances. Pour complément d'informations, consulter l'Avis du Conseil d'Etat n°365.546 du 21 décembre 2000, sur les conditions de modification de l'ordonnance du 2 janvier 1959. Lire aussi la Décision du Conseil Constitutionnel n°20041-448 DC du 25 juillet 2001 sur la conformité de la loi organique à la constitution.

[281] YONABA (S.), *Les finances publiques burkinabés*, PADEG, 2006, pp. 39 et suivantes.

[282] PARIENTE (A.), COULIBALY (A.S.), « Programme et mesure de la performance en France et dans les pays africains », *RFFP,* n°98, juin 2007, p. 35.

[283] CAMBY (J.P.), « Le conseil constitutionnel et la réforme de la procédure budgétaire », *op. cit.*, p. 6.

2 : L'institution d'un formalisme outrancier

418. L'exécution administrative et même comptable de la dépense publique met en relief une autre limite du contrôle de conformité privilégié dans le système camerounais de contrôle des finances publiques. Il s'agit de l'institution d'un formalisme à outrance qui a pour conséquence d'alourdir l'exécution des opérations financières de dépense, déjà foncièrement complexe, et partant, freiner la machine administrative responsable des questions financières[284]. On comprend dès lors l'option des pouvoirs publics camerounais pour un allègement des contrôles *a priori* de la dépense publique[285] ou l'utilisation à outrance des procédures de dépense en forme simplifiée. Le contrôle de régularité à caractère purement formel réalisé par les organes administratifs de contrôle, accentue en effet le formalisme tant décrié dans la pratique administrative camerounaise en générale et celle propre à l'administration financière en particulier. Du contrôleur financier aux différents corps de contrôles externes à l'administration des finances, en passant par le comptable public et même l'ordonnateur, seuls les actes et pièces relatives à la dépense publique semblent importer et surtout dans leur aspect extérieur. Les dérives de la bureaucratie semblent fortement implantées[286]. Bien que ces contrôles ne soient pas en principe négatifs de nature, tant il est vrai qu'ils sont guidés par l'objectif de détecter la moindre irrégularité, leur excès tend à dévoyer les contrôleurs en les détournant de l'objectif principale, à savoir assurer une bonne gestion de la dépense publique. Cette dernière suppose pourtant des contrôles bien exécutés, mais en tenant compte du facteur « *temps* » ou « *fréquence* ». Car, une bonne dépense publique est une dépense exécutée en temps opportun et avec toute la diligence nécessaire, et qui subit le contrôle opportun. On dira alors aussi que « *trop de contrôles tuent le contrôle* », pour donner raison à l'actuel ministre des finances qui s'est fixé le noble objectif de dématérialiser autant que possible les procédures financières, afin de minimiser, si ce n'est d'annihiler les tracasseries administratives alourdissant les circuits financiers.

419. Il convient donc d'en inférer que le contrôle de conformité, bien que privilégié par les pouvoirs publics dans notre système de contrôle de la

---

[284] GAUDEMET (P.M.), MOLINER (J.), *Finances publiques*, op. cit., p. 400.
[285] MUZELLEC (R.), *op. cit.*, p. 32.
[286] BURT PERRIN « Réforme du management public, cap sur la performance », *op. cit.*, p. 75.

dépense publique, n'est pour autant pas à l'abri de tout reproche car son absence tout comme sa réalisation outrancière peuvent être rédhibitoire à la bonne gestion des finances publiques en générale, et à celle de la dépense publique en particulier. Une chose est donc de maintenir le contrôle de conformité en le systématisant dans tous les secteurs d'activité du contrôle de la dépense publique, une autre est cependant d'assurer sa réalisation performante en le canalisant dans la trajectoire de ses objectifs, tout en évitant ce qui pourrait alors être qualifié de dommages collatéraux d'un contrôle de conformité pourtant foncièrement pertinent. Du fait des limites de ce dernier contrôle, dans l'optique d'une meilleure maîtrise de la dépense publique, les pouvoirs publics ont opté pour le renforcement d'un contrôle de régularité particulier. Il semble dès lors ressortir de toute évidence qu'il existe une autre acception de la régularité. Quels en sont les tenants et les aboutissants ?

§ II : L'option pour la régularité substantielle : l'effectivité

420. Malgré l'indéfectible attachement du système camerounais de contrôle des finances publiques au contrôle de la conformité, la réforme orchestrée par les pouvoirs publics sur la finalité du contrôle de la dépense publique a permis de se rendre à l'évidence de l'option pour une autre forme de contrôle de la régularité, afin de pallier aux multiples insuffisances de la première forme. Le respect des formes pouvant parfois cacher des irrégularités de fond[287] ; mieux le respect des règles sur le plan formel pouvant mettre un pan de voile sur des irrégularités dans la réalisation physique de la dépense publique. Il s'agit du contrôle de la régularité substantielle, qui, contrairement au contrôle de régularité formelle, recherche plutôt la réalisation concrète de la prestation qui a justifié l'engagement de la dépense concernée. Le contrôle de régularité substantielle était pourtant insuffisamment mobilisé du point de vue pratique au Cameroun. D'où l'enracinement des pratiques fraudatoires de divers ordres symptomatiques d'une maîtrise approximative de la dépense publique. L'option pour son renforcement devrait alors être gage d'une bonne maîtrise de la dépense publique, car intervenant en complémentarité avec le contrôle de régularité formelle. Après son approche théorique visant à mettre à nue sa consistance, sa portée et les principes qui gouvernent sa réalisation,

[287] GODARD (J.), *op. cit.* p. 526.

force sera de descendre sur le terrain de son application pratique, afin de jauger de ses manifestations et les différents obstacles à son affirmation.

¶ I : L'approche théorique du contrôle d'effectivité

421. Le contrôle de la régularité n'a pas seulement pour but de vérifier l'exacte application d'une réglementation générale et impersonnelle. Rentrent dans son domaine, les investigations menées en vue de s'assurer si les « *ordres* » donnés ont été concrètement exécutés. Le contrôle de la régularité n'est donc pas nécessairement et uniquement un contrôle des « *formes* » de l'action administrative[288]. Il est aussi un contrôle de la réalisation effective ou de la concrétisation physique des ordres de dépense donnés. Au-delà donc de la régularité formelle, il sied de concevoir une régularité substantielle. Dotée d'un contenu particulier, cette dernière dégage un intérêt particulier au Cameroun où le moindre centime utilisé doit se matérialiser par une prestation concrète dont les organes de contrôle doivent attester de l'existence réelle. Leur contrôle devra donc obéir à certains canons particuliers. La consistance, la portée et les principes gouvernant le contrôle d'effectivité constitueront donc l'économie de nos prochains développements.

A : La définition du contrôle d'effectivité

422. Le contrôle d'effectivité est une investigation qui vise pour le contrôleur, à se rassurer que la prestation qui a présidé à l'initiation de la dépense publique a été bel et bien réalisée[289]. Autrement dit, que l'ouvrage ou le service pour lesquels les crédits ont été mobilisés par l'ordonnateur ou le gestionnaire, se sont matériellement ou physiquement réalisés. En effet, les gestionnaires de crédits, les comptables matières, les contrôleurs financiers, les ingénieurs de contrôle doivent, avant toute certification, s'assurer que les prestations et les livraisons constituent l'équivalent réel des sommes à décaisser et qu'elles ont été effectivement exécutées selon les règles de l'art[290]. Leur

[288] GODARD (J.), *op. cit.*, p. 526.
[289] MBAKOP, « Effectivité des prestations et paiements », *op. cit.*, p. 169.
[290] Guide pratique du contrôle budgétaire élaboré par la Direction générale du budget, version de mars 2002, p. 40.

tâche consistera alors à attester que les matériels ont été réceptionnés par la commission compétente et qu'ils correspondent à la commande, que tout mobilier acquis répond aux besoins d'un nouveau service ou vient en remplacement d'un vieux dont la dévolution est précisée, que les matériels en stock sont estampillés. Le contrôle d'effectivité est donc un contrôle de l'équivalence entre les prestations et les sommes à décaisser d'une part, et un contrôle du respect des standards qualitatifs et quantitatifs[291], d'autre part.

1 : Le contrôle de l'équivalence entre les prestations et les sommes à décaisser

423. Contrôler l'effectivité d'une dépense publique signifie d'abord s'assurer que les prestations ou services réalisés sont équivalents des sommes que l'on s'apprête à sortir des caisses de l'Etat. Autrement dit, il s'agit de certifier le rapport d'équivalence qui unit la nature de l'ouvrage ou du service rendu, à la quantité ou au montant des crédits à sortir de la fortune publique.

424. C'est un contrôle de l'équivalence car le but n'est d'appauvrir ni l'agent qui rend service à l'Etat par la réalisation de l'ouvrage ou du service, ni l'Etat qui bénéficie des prestations et paie la créance ainsi générée. Il est question, au contraire, de satisfaire l'un comme l'autre à travers le bénéfice de la contrepartie des prestations matérielles ou pécuniaires rendues. Les sommes et les prestations doivent, en effet, être équivalentes afin qu'aucune des deux parties ne soit lésée. *La mercuriale des prix* est donc d'une utilité capitale ici pour les contrôleurs qui doivent se rassurer sur la base de ce document, que le prix fixé par la personne qui rend service à l'Etat, ou qui réalise la prestation, est celui qui a été fixé par les instances habilitées à déterminer les prix des prestations à l'Etat.

425. Malgré l'importance de la mercuriale des prix, force est tout de même de se demander pourquoi les prix de ce document sont majorés par rapports aux prix pratiqués dans les centres commerciaux ordinaires ? Est-ce pour corroborer l'inégalité entre l'Etat et le prestataire de service, pour faire montre des importants moyens financiers dont dispose la personne publique ou tout simplement pour inciter à la prestation des services ? La maîtrise de la dépense publique

---

[291] Lire la circulaire du Ministre des finances portant instructions relative à l'exécution et au contrôle de l'exécution du budget de l'Etat et des organismes subventionnés pour le compte de l'exercice budgétaire 2008, pp. 61 et suivantes.

peut-elle être possible dans un contexte où l'Etat consent quotidiennement à des dépenses indues ? Le contrôle d'effectivité est en principe réalisé par le comptable matières pour toute dépense publique inférieure à la somme de 200 000 FCFA ; et dans le cas contraire, une commission spéciale est instituée à cet effet. Ce contrôle revêt une importance particulière au Cameroun, eu égard aux diverses pratiques déviantes qui se sont enracinées à ce niveau de l'exécution de la dépense publique, au détriment de l'intégrité de la fortune publique. Car, le renforcement de ce contrôle contribuera si ce n'est à les éradiquer, alors à les amoindrir. On comprend dès lors l'option des pouvoirs publics, à travers la réforme, pour un contrôle de la régularité substantielle.

426. Ces pratiques déviantes avaient ceci de commun qu'elles faussaient le rapport d'équivalence entre les prestations et les montants des sommes à décaisser. Il pouvait ainsi s'agir soit d'une majoration injustifiée des crédits à payer, soit alors à l'inverse d'une minoration des prestations par rapport aux sommes à décaisser. Dans certaines situations encore plus flagrantes, d'importantes sommes d'argent étaient décaissées sans une quelconque prestation en contrepartie.

2 : Un contrôle du respect des standards qualitatifs

427. En dehors de l'exigence d'une certaine équivalence entre les prestations et les crédits à sortir des caisses de l'Etat, le contrôle d'effectivité vise aussi à s'assurer que les prestations ont été physiquement réalisées selon les règles de l'art, c'est-à-dire, en respectant scrupuleusement les critères et standards qualificatifs afférents à la réalisation des ouvrages ou des services à l'Etat. Autrement dit, les contrôleurs doivent attester que le service rendu ou l'ouvrage livré a été exécuté tel qu'il a dû l'être du point de vue qualitatif. Ainsi, pour ce qui est des travaux financés par le budget de l'Etat, les chantiers achevés et livrés doivent subir le contrôle du respect des standards qualitatifs.

428. A cet effet, en application des dispositions de la circulaire n°004/CAB/PM du 13 juin 2001, relative à la maîtrise d'ouvrage, à la maîtrise d'œuvre et au contrôle de l'exécution de la construction, de la réhabilitation et de l'entretien des bâtiments publics, l'on pourra recourir aux services locaux qui ont assuré le contrôle technique du chantier. Pour ce qui est de la qualité des ouvrages, les avis techniques de l'ingénieur de contrôle font foi jusqu'à preuve du contraire et dans

ce cas, l'on pourra faire appel à un autre service technique de l'administration[292]. Cette évaluation physique revêt une importance significative dans le combat contre les ouvrages mal exécutés de l'Etat qui ont pour effet négatif non seulement d'appauvrir l'Etat qui est ainsi continûment sollicité dans l'entretien et la réhabilitation permanente des ouvrages de cet acabit, mais aussi de mettre la vie des citoyens en danger. Qui n'a pas en effet en esprit un exemple d'ouvrage de l'Etat qui quelques mois après sa réception commence à menacer ruine, du fait d'une dégradation accélérée justifiée par les mauvaises conditions de construction ? Un monument de cet ordre a longtemps surplombé le centre de notre capitale économique et symbolisé ainsi l'état de réalisation des édifices publics camerounais[293]. Il faut dès lors parfaire et systématiser les contrôles du respect des standards qualitatifs de la dépense publique au Cameroun.

429. Le contrôle de la régularité substantielle ou contrôle d'effectivité est donc non seulement un contrôle de l'équivalence entre la prestation rendue à l'Etat et le montant de la dépense publique à payer, mais aussi le contrôle du respect des standards qualitatifs des ouvrages à réaliser, car ceux-ci doivent être exécutés selon les règles de l'art. Ce contrôle est en principe complémentaire à celui de la régularité formelle, avec lequel la maîtrise de la dépense publique peut être assurée. Ne revêt-il pas alors une certaine importance pour les finances publiques, en générale, et le contrôle de la dépense publique, en particulier ?

B : La portée du contrôle d'effectivité

430. Dans un contexte comme le nôtre où l'Etat cherche non seulement à maîtriser ses finances publiques en général et des dépenses en particulier, mais aussi à rendre son action de plus en plus performante et transparente, le contrôle d'effectivité ne peut que revêtir une importance particulière. Il importe en effet pour l'Etat de savoir le sort qui a été physiquement réservé à chacune de ses dépenses publiques, pour mieux orienter son action et tendre vers le développement en adaptant des prestations aux exigences des citoyens par une

[292] Guide pratique du contrôle budgétaire précité, p. 41.

[293] Il est ainsi fait allusion à l'immeuble jadis dit *de la mort* qui, parce que abandonné, est devenu un excellent refuge pour les brigands. Il a heureusement été réhabilité plus tard par des prestataires chinois et abrite actuellement certains services publics.

mobilisation rationnelle des moyens[294], d'ailleurs insuffisants, dont il dispose. Ces différentes considérations sont susceptibles d'être concrétisées en grande partie grâce au contrôle d'effectivité des dépenses publiques qu'il faut par conséquent améliorer tant quantitativement que qualitativement. L'option des pouvoirs publics pour la finalité de la régularité substantielle trouve ainsi ses éléments justificatifs. Tant il est vrai que, d'une part, le contrôle d'effectivité contribue à la lutte contre les détournements de deniers publics. D'autre part, il constitue le préliminaire au contrôle de la qualité de la dépense publique.

1 : Le contrôle d'effectivité, un moyen de lutte contre les détournements de deniers publics

431. Le contrôle de la dépense publique est un moyen de grande importance dans la lutte permanente contre les détournements des deniers publics. En effet, visant à attester que les crédits décaissés par l'Etat ont fait l'objet d'une traduction matérielle ou physique du fait soit de la réalisation effective d'un ouvrage, soit de la prestation d'un service manifeste, le contrôle d'effectivité lutte activement contre les détournements de deniers publics, car il embrigade l'utilisation des crédits à leur objet. Ces crédits ne prennent dorénavant plus des destinations étrangères, d'une part. Et au cas où le prestataire de service serait même tenté de minorer indûment l'importance de ses prestations, le contrôleur s'en apercevra, d'autre part. Autrement dit, grâce au contrôle d'effectivité, des changements frauduleux d'affectation de nature et même de destination de crédits, constitutifs de détournements, deviennent facilement détectables. L'organe chargé d'assurer ce contrôle disposant de tous les moyens pour mettre à nue non seulement la non équivalence entre les prestations et les sommes décaissées, mais surtout la non satisfaction des critères et standards de qualité requis. Le contrôle d'effectivité au sein de l'administration des finances s'appréhende dès lors comme un contrôle préventif des détournements de deniers dont l'intervention, aux côtés du juge pénal chargé de réprimer les atteintes sur la fortune publique, constitue à n'en point douter un moyen efficace de sauvegarde de l'intégrité de la dépense publique.

---

[294] NIZET (J.Y.), « Comment Vichy a-t-il financé les dépenses budgétaires et les charges d'occupation ? », *RFFP*, n°77, mars 2002, pp. 81 et suivantes.

2 : Le contrôle d'effectivité, préliminaire du contrôle de la qualité

432. Le contrôle d'effectivité semble constituer une étape initiale du contrôle de la qualité de la dépense publique, surtout dans sa réalisation administrative. Il s'appréhende alors comme la première phase du contrôle de performance. En effet, le contrôle de la régularité substantielle porte sur les prestations, c'est-à-dire, sur les résultats physiques de l'activité administrative ayant commencée par l'engagement de la dépense. Or, le contrôle de performance de la dépense publique est un contrôle de la qualité des résultats administratifs de cette opération financière. Il ressort, dès lors, que le contrôle d'effectivité portant sur la prestation administrative est une première étape de performance[295], avant toute analyse de l'efficacité, de l'efficience, et de l'économie des dites prestations[296]. Il est initial parce qu'il se soucie en principe et de réalisation effective d'un résultat de l'action administrative financé par les crédits alloués. Le contrôle de performance, quant à lui, utilisera ce résultat, puis transcendera cette étape de vérification de l'effectivité, pour en jauger d'abord l'efficience, c'est-à-dire une réalisation des prestations grâce aux moyens alloué exclusivement, et ensuite l'économe, c'est-à-dire une réalisation de ces prestations grâce aux moyens alloués mais avec génération d'un bénéfice pécuniaire.

433. Le contrôle d'effectivité se particularise par son importance dans les finances publiques de l'Etat, en général, et les dépenses publiques, en particulier, car il est un moyen efficace dans la lutte contre les détournements de deniers publics et constitue une phase préalable du contrôle de la qualité dont dépend en grande partie la modernité financière du Cameroun. Ce contrôle n'est assurément pas réalisé au mépris des considérations juridiques devant régir sa mobilisation rationnelle. De quelles règles juridiques s'agit-il ?

C : Les principes régissant le contrôle d'effectivité : la règle du service fait et ses exceptions

434. Le contrôle d'effectivité est consubstantiel à la liquidation de la dépense publique. Cette étape de réalisation de la dépense est l'acte qui

---

[295] SIMMONY (M.), « La démarche de performance dans le cadre des finance publiques », *op. cit.*, pp. 25-32.

[296] WEULASSAGOU (C.), «L'information sur la performance. (Economie-Efficience-Efficacité) », *op. cit*, pp. 136-141.

atteste que le service a été accompli et qui évalue le montant précis de l'opération financière envisagée[297]. La liquidation est ainsi définie comme l'étape de la dépense publique ayant pour objet de vérifier la réalité de la dette et d'arrêter le montant de la dépense. Le contrôle d'effectivité doit alors être régi par la règle cardinale qui gouverne la liquidation de la dépense publique. Il s'agit de *la règle du service fait.* Malgré son importance, cette règle admet tout de même certaine dérogation qui consiste dans leur logique en des payements sans constatation préalable du service fait. Précisions tout de même que cette constatation n'est pas absolument évanouie dans la procédure de la dépense considérée. Elle interviendra plus tard après le payement[298]

1 : La règle du service fait

435. La règle du service fait est, avec celle de la séparation des ordonnateurs et des comptables, l'une des règles principales qui régissent la procédure d'exécution de la dépense publique au Cameroun[299]. Cette règle signifie que les paiements afférents à la dépense ne peuvent intervenir qu'après que les prestations aient été rendues ou les services accomplis. Elle implique donc une constatation obligatoire du service fait ou de la prestation rendue à partir desquels naîtront les dettes de l'Etat, et partant un contrôle d'effectivité. La règle du service fait consiste donc à s'assurer de la réalité des faits sur lesquels sont fondés les droits et créances, mais aussi de leur conformité aux actes d'engagement[300]. Ainsi, les créances des entrepreneurs et fournisseurs résultent de la constatation de l'exécution des travaux ou de la livraison des fournitures, mais aussi de leur conformité aux stipulations des marchés. La nature de la constatation dépend du service attendu, elle peut exiger des compétences techniques particulières.

2 : Les exceptions à la règle du service fait

436. L'application stricte de la règle du service fait est, à certains égards, parfois gênante. D'où l'admission de certains aménagements et

---

[297] MAGNET (J.), *Eléments de comptabilité publique*, LGDJ, Paris 1991, p. 77.
[298] MAGNET (J.), *op cit.*, pp.85 et suivantes.
[299] Etude sectorielle sur la gestion des finances publiques au Cameroun, op. cit., p26.
[300] GAUDEMET (P.M.), MOLINIER (J.), *Finances publiques*, op. cit., p. 377.

exceptions[301]. Ainsi, pour les dépenses de personnel, la liquidation des traitements des agents publics intervient avant que le service soit entièrement rendu, afin de permettre aux personnels de l'Etat de percevoir leurs traitements sans atermoiements à la fin du mois. Pour les dépenses de matériel, l'exécution complète des marchés des travaux publics pourrait poser aux entrepreneurs certaines difficultés de trésorerie s'ils devaient attendre l'exécution complète des travaux pour être payés. C'est ainsi que le Code des marchés publics a prévu la possibilité pour l'administration de leur verser des acomptes au fur et à mesure qu'ils procèdent à l'exécution des travaux ou à la livraison des fournitures. L'Etat peut même procéder à la liquidation avant toute exécution du marché. C'est le cas pratique des avances qui sont exceptionnellement prévues dans le Code des marchés, mais avec ceci de particulier qu'elles sont remboursées au moyen des retenues à la source sur les paiements ultérieurs.

437. Le contrôle d'effectivité, inhérent à la procédure de liquidation de la dépense publique, est donc régit par le principe cardinal de la constatation du service fait. Ce principe admet cependant des exceptions qui visent à rendre son application moins contraignant au point de pouvoir freiner le fonctionnement de l'administration. Cette règle permet d'ailleurs de mieux comprendre la consistance du contrôle d'effectivité, qui verra son intérêt davantage relevé. Il sied dès lors de s'interroger sur l'application concrète de ce contrôle, afin de savoir si toutes ces pertinentes considérations sont traduites sur le terrain des réalités concrètes.

¶ II : L'approche pratique du contrôle d'effectivité

438. Toute théorie, quelle qu'en soit la pertinence, n'a de réelle importance qu'une fois traduite dans la réalité concrète quotidienne. L'option des pouvoirs publics camerounais à renforcer le contrôle d'effectivité devrait ainsi se refléter dans la pratique des différents organes de contrôle de la dépense publique, qui avant la réforme, avaient trahi leur manque de performance sur ce point. Il sied donc de montrer que le système camerounais de contrôle de la dépense publique, issu de la réforme des finalités de cette fonction, met dorénavant un accent particulier sur le but de la régularité substantielle, dans sa

[301] AMSELEK (P.), « Une institution financière en clair-obscur : la règle du service fait », in *Mélanges GAUDEMET*, Economica, 1984, p. 42 et suivantes.

pratique quotidienne. Il est alors question au préalable de mettre en exergue les manifestations pratiques du contrôle d'effectivité, avant de s'appesantir sur les éventuels faits qui pourraient obstruer son affirmation.

A : Les manifestations pratiques du contrôle d'effectivité

439. L'option pour une pratique renforcée du contrôle d'effectivité de la dépense publique par les pouvoirs publics sous-entend l'existence préalable d'un contrôle de régularité substantielle qui était malheureusement insuffisamment mobilisé dans le système de contrôle au Cameroun. Autrement dit, le contrôle d'effectivité n'était pas complètement absent au Cameroun, il était seulement peu mobilisé. C'est d'ailleurs tout à fait logique, car le contrôle des « *formes* » de la dépense publique était prépondérant. L'histoire de l'évolution de certaines institutions devant assurer le contrôle d'effectivité traduit d'ailleurs à suffisance le peu d'intérêt jadis accordé à ce contrôle au Cameroun. La réforme des finalités du contrôle de la dépense publique tend ainsi à renforcer ces institutions, en prévoyant par ailleurs des mécanismes nouveaux de contrôle d'effectivité dont la portée est de toute évidence de rendre davantage effectif et performant le contrôle de la régularité substantielle tant des dépenses ordinaires que des dépenses spéciales.

1 : L'amélioration de la comptabilité matière

440. Le mouvement de refondation des institutions de contrôle de la dépense publique en cours au Cameroun n'est pas la première initiative de renforcement de l'institution du comptable matières qui dès les lendemains de l'indépendance du Cameroun souffrait déjà de plusieurs problèmes d'existence harmonieuse et partant d'effectivité[302]. Une importante réforme juridique avait ainsi été initiée dès les années 1977 visant à encadrer l'organisation et le fonctionnement de l'institution de la comptabilité matières[303], cette pièce maîtresse de la procédure de

---

302 LEKENE DONFACK (E.C.), *op. cit.*, p. 221.

303 Elle s'est manifestée par la prise d'un certain nombre d'instruments juridiques, à savoir

Le décret du 23 juin créant le corps des fonctionnaires de la comptabilité matières ;

La loi du 6 décembre 1977 fixant le régime général de la comptabilité matières ;

gestion de la dépense publique[304]. Le rôle du comptable matières dans le processus de contrôle de l'effectivité des dépenses publiques est central car, c'est en principe à lui que ressortit la mission de constatation du service fait, même s'il peut la partager avec d'autres acteurs du circuit de réalisation de la dépense publique[305].

441. La circulaire n°9840 du Ministre des finances du 13 décembre 1979 fixant les attributions respectives des ordonnateurs et des comptables matières lui demande *de certifier le service fait pour les travaux courants d'entretien sauf si le contrôle est confié à un technicien, ou la fourniture faite par les biens qu'ils ont effectivement réceptionné*. Ce rôle, le comptable matières le conserve mais avec ceci de particulier qu'il devra être davantage dynamique et intègre, comme d'ailleurs tous les autres organes avec qui il coopère dans le contrôle d'effectivité de la dépense publique, au risque d'engager sa responsabilité devant les juridictions compétentes.

2 : Les audits, suivi-évaluations et contrôles physico-financiers

442. Plusieurs mécanismes et structures de contrôle de la dépense publique institués par la réforme sont non seulement des manifestations pratiques du contrôle d'effectivité, mais contribuent aussi considérablement au renforcement de ce type de contrôle. Il s'agit, notamment, des audits, des mécanismes de suivi évaluation et des contrôles dits physico-financiers.

443. Les audits sont des revues des divers stades d'élaboration, de mise en œuvre et de résultat d'un programme ou d'un projet de dépense publique, aux différents niveaux impliqués. Ils peuvent donc être initiaux ou *ex ante*, concomitants ou *ex tempore*, ou alors des résultats, ou *ex post*[306]. C'est surtout les deux dernières formes d'audit qui nous intéressent ici dans l'étude du contrôle d'effectivité. Car, ces formes

---

Le décret du 3 novembre 1978 relatif à l'apurement et à la sanction des responsabilités des comptables ;
La circulaire du 13 décembre 1979 déterminant les attributions respectives des ordonnateurs et des comptables matières. La plupart de ces textes sont encore en vigueur.

[304] BIDIAS (B.), *Les finances publiques du Cameroun*, op. cit., pp. 788 et suivantes.

[305] Notamment les ordonnateurs, les contrôleurs financiers, les commissions spécialisées de réception.

[306] BARILARI (A.), *op. cit.*, p. 180.

d'évaluation mettent l'agent évaluateur en contact direct avec la prestation ayant justifié la mobilisation des crédits. Le contrôleur atteste ainsi physiquement du déroulement ou de la réalisation effective des projets et programmes de dépenses.

444. Le suivi-évaluation et les contrôles physico-financiers procèdent de la même logique de contrôle que les audits. L'on a d'ailleurs comme l'impression que ces dernières techniques sont en fait des modalités pratiques de l'audit. Quoi qu'il en soit, ces nouvelles institutions sont mises en branle dans le circuit de réalisation de la dépense publique au Cameroun, afin de renforcer davantage le contrôle d'effectivité de cette opération financière. Des illustrations pratiques tirées de l'exécution des dépenses ordinaires comme de celles spéciales corroborent cette affirmation. C'est ainsi que toutes les dépenses publiques feront dorénavant l'objet d'une évaluation parlementaire *ex post*, tandis que la réalisation des projets d'investissement prioritaires fait l'objet des mécanismes de suivi évaluation orchestrés conjointement par des organes nationaux et locaux de contrôle. Les dépenses issues des initiatives de désendettement en faveur des pays pauvres très endettés et du Contrat de désendettement et de développement, subissent par ailleurs des contrôles physico-financiers pendant leur exécution, et des audits de fin d'exercice assurés par des observateurs indépendants[307].

445. Plusieurs manifestations pratiques attestent de l'effectivité et du renforcement du contrôle d'effectivité depuis la réforme des finalités du contrôle de la dépense publique au Cameroun. Allant du maintien et du renforcement du rôle du comptable matières à l'institution de nouvelles institutions de contrôle d'effectivité, elles trahissent l'option des pouvoirs publics pour un contrôle de régularité substantielle de plus en plus dynamique et performant. Ces institutions pourront-elles venir à bout des pratiques déviantes qui obstruent l'enracinement du contrôle d'effectivité au Cameroun ?

B : Les obstacles à l'enracinement du contrôle d'effectivité

446. Plusieurs attitudes perceptibles dans le système camerounais de contrôle de la dépense publique sont susceptibles d'être appréhendées comme de sérieux faits rédhibitoires à l'encrage du contrôle

---

[307] BILOUNGA S.T.), *Le contrôle des dépenses issues de l'initiative en faveur des pays pauvres très endettés*, Mémoire de DEA de droit public, Yaoundé II, 2005, pp. 36 et suivantes.

d'effectivité dans la pratique quotidienne du contrôle. Ces attitudes mobilisent la dimension éthique des principaux intervenants du circuit de gestion de la dépense publique, d'une part, et même de la pratique journalière des instruments juridiques qui gouvernent le contrôle de l'utilisation des deniers publics, d'autre part. Du point de vue moral, les ordonnateurs, comptables matières ou deniers, les contrôleurs financiers sont enclins à des manœuvres fraudatoires ayant pour effet de contourner les contrôles d'effectivité ou du moins, de porter atteinte au système de contrôle d'effectivité. D'où la pertinence de la question de savoir « *quis custodiet custodet ?* », c'est-à-dire « *qui contrôlera le contrôleur ?* » C'est ainsi que lorsqu'il ne s'agira pas de certifier ou de réceptionner une livraison fictive, partielle ou non conforme aux standards qualitatifs y afférents, il sera question de surfacturer ou de conditionner une réception d'ouvrages conformes à des pots de vin, au mépris des considérations juridiques relatives à l'engagement de leurs responsabilités respectives[308]. Par ailleurs, propre à l'application des normes afférentes au contrôle de la dépense publique, la pratique outrancière des exceptions au contrôle d'effectivité porte un sérieux coup sur la stabilité du contrôle d'effectivité. On a parfois l'impression de vivre un véritable renversement de l'ordre principiel lorsque les cas exceptionnels ont tendance à devenir plus nombreux que les situations d'application normale de la règle elle-même. Si les dépenses de personnels et les marchés publics enfreignent systématiquement la règle du service fait, que restera-t-il à la dépense publique quand on sait par ailleurs que plusieurs autres dépenses suivant des procédures simplifiées rendent hypothétique toute liquidation ?

447. La pratique harmonieuse et performante du contrôle d'effectivité est en bute à de nombreux faits rédhibitoires qui relativisent son enracinement dans le système de contrôle des dépenses publiques au Cameroun, malgré la pluralité des cas concrets de réalisation de ce contrôle. Il importe alors, non seulement de cultiver une certaine éthique dans l'administration financière camerounaise, mais surtout de veiller à l'application normale des règles gouvernant la procédure de la dépense publique. Cela aurait certainement un impact significatif dans la réalisation effective du choix des pouvoirs publics à rendre le contrôle d'effectivité plus dynamique et plus performant.

---

[308] BARILARI (A.), « Réforme de la gestion publique et responsabilité des acteurs », *AJDA*, avril 2005, pp. 496-702. Lire aussi FROMENT-MEURICE (A.), « La responsabilité des acteurs de la gestion publique en matière budgétaire, financière et comptable : l'heure du bilan », *AJDA*, avril 2004, pp. 714-722.

448. Au terme de cette analyse sur la consolidation du contrôle de la régularité de la dépense publique au Cameroun, il s'est avéré que la réforme des finalités du contrôle n'a pas eu pour effet de désorienter le système camerounais de contrôle du but de réaliser une dépense publique régulière. Cependant, étant, par un dysfonctionnement pratique, mu quasi exclusivement par des considérations de forme dès les années 1962, ce système de contrôle nécessitait un ajustement allant dans le sens d'une prise en compte de plus en plus poussée des éléments de fond, afin de partir d'un contrôle de la régularité purement formelle à un contrôle de la régularité substantielle. D'un contrôle de conformité déjà pertinent nonobstant certaines relatives insuffisances, on se meut aussi vers un contrôle d'effectivité des prestations de la dépense publique, afin de mieux gérer cette opération financière dont la qualité conditionne par ailleurs le passage du système financier d'ensemble vers la modernité. Ne sied-t-il pas dès lors de jeter le cap sur ces considérations nouvelles de qualité, pour trouver une justification aux dires de cet auteur qui prédisait déjà sans ambages en 1987 que *de la régularité des opérations, on est passé à l'efficacité de la gestion financière*[309].

[309] LEKENE DONFACK, *op. cit.*, p 432.

Chapitre II

Les contrôles de la qualité

449. La réforme entreprise sur les finances publiques camerounaises a permis de réorienter les finalités de la fonction du contrôle. En effet, tout en réaffirmant la régularité comme but du contrôle de la dépense publique[310], elle a aussi introduit des considérations de qualité comme nouvelle finalité de toute investigation faite sur cette opération financière. Autrement dit, la dépense publique doit être non seulement régulière, mais dorénavant, de qualité aussi. Et les systèmes de contrôle en place devraient s'assurer de la concrétisation de ces finalités, lors de leur mobilisation quotidienne.

450. L'on s'interroge cependant sur l'équilibre entre l'objectif ancien qu'est la régularité et celui nouveau, à savoir la qualité[311], surtout eu égard aux conditions d'introduction de l'exigence de qualité au Cameroun. En effet, contrairement à la France et d'autres Etats où l'avènement des considérations de qualité dans la gestion financière procède d'une revendication généralisée tant des principaux acteurs des finances publiques que des simples citoyens[312], le Cameroun a plutôt paru contraint d'opérer ce pas déterminant vers la modernité financière[313]. Cela n'aura-t-il pas alors des répercussions sur le comportement des différents organes de contrôle lors de la poursuite de

---

[310] Chapitre I, titre II, Deuxième partie.

[311] CIEUTAT (B.), « Le contrôle des finances publiques : quel équilibre entre régularité et performance, entre responsabilité et liberté », *op. cit.*, pp. 94-100.

[312] RAUNAUD (J.), *La cour des comptes*, op. cit., p 6. L'auteur affirme à cet effet ceci : « *Au cours des années récentes, le souci de contrôle inspiré par la méfiance s'accompagne de plus en plus d'une revendication générale d'efficacité. Les fonctionnaires ... le Parlement, les syndicats, etc. demandent désormais que l'Etat fasse preuve d'initiative, de rapidité et de rendement au même titre qu'une entreprise (...). Cette évolution des mentalités entraîne évidemment un changement d'esprit dans le contrôle. Désormais les contrôles a priori ont tendance à s'alléger, et les contrôles a posteriori deviennent au contraire l'élément important permettant de juger sur les résultats de l'action passée* ».

[313] Chapitre II, titre I, Première partie.

cette finalité somme toute étrangère aux usages et pratiques du système camerounais de gestion des finances publiques, en générale, et de la dépense publique, en particulier ? Ces questions trouvent tout leur intérêt surtout quand on sait que la finalité traditionnelle souffre toujours non seulement des problèmes d'existence, mais surtout ceux d'exercice[314]. A plus forte raison cette nouvelle finalité appréhendée comme déterminante pour la maîtrise de la dépense publique[315], et on ne peut plus exigeante pour sa concrétisation harmonieuse et performante[316]. Les institutions de contrôle mises en place seront-elles à même d'atteindre cet objectif ? Etant donné *qu'il ne s'agit plus de savoir si tel chapitre a progressé ou diminué de tant ou de tant. De quel crédit s'agit-il et pour quoi en faire ? C'est cela la vrai question*[317]. Quoi qu'il en soit, le cap sur la qualité de la dépense publique est d'ores et déjà mis[318], ayons dès lors le collimateur fixé sur son contenu et sa mise en œuvre, afin d'avoir une vision plus nette quant à sa signification et son application au Cameroun. Qu'il nous soit alors permis d'esquisser sa conceptualisation en première analyse, avant d'envisager en dernière analyse une approche pratique de la poursuite de la qualité dans l'exécution de la dépense publique.

§ I : La Conceptualisation du contrôle de la qualité

451. Au lieu de les appréhender sous le prisme de l'opposition[319], il convient plutôt de concevoir la finalité de la régularité et celle de la

---

[314] MUZELLEC (R.), « Diagnostic du système financier camerounais », *op. cit.*, p. 32.

[315] ABATE (B.), « Quels indicateurs de performance pour le nouveau budget de l'Etat ? », op. cit., p. 61.

[316] Lire successivement GICQUEL (J.), « Le Ministre des finances dans le cadre de la réforme des finances publiques », pp. 46-52 et LANTIERI (C.), « La Direction du budget dans le cadre de la mise en œuvre de la loi organique relative aux lois de finances », pp. 53-59, *in Réforme des finances publiques, démocratie et bonne gouvernance,* op. cit. ; LASSALE (J.P.), « De l'Etat administratif à l'Etat stratège », *op. cit.,* pp. 86-91.

[317] SARKOZY (N.), « Comment mener la réforme de la gestion des finances de l'Etat ? », *in Réforme des finances publiques, démocratie et bonne gouvernance précitée*, p. 11.

[318] BURT PERRIN (N.), « Réforme du management public, cap sur la performance et les résultats », *op. cit.*, pp. 75-82.

[319] GODARD (J.), *op. cit.*, p. 528. L'auteur nuance habilement ses propos lorsqu'il affirme : *« en pure logique, il faut convenir que la régularité est une qualité. Il est cependant commode d'opposer contrôle de régularité et contrôle de qualité ».*

qualité dans la logique de la complémentarité[320], eu égard à leur objectif commun à savoir, la maîtrise des finances publiques en général, et de la dépense publique, en particulier[321]. Cependant, sans toutefois exclure le dessein de la stricte application d'une réglementation générale inhérent à la régularité, la qualité, quant à elle, transcende ces considérations purement juridiques, pour solliciter celles strictement managériales propres à la gestion des entreprises privées[322]. On se pose dorénavant plusieurs questions dans le circuit de gestion de la dépense publique, notamment si la dépense publique à réaliser est celle qu'il sied de réaliser dans tel montant[323], et surtout si elle a satisfait non seulement ceux qui l'ont initiés et exécutés, mais aussi ceux qui en sont les destinataires[324] ? Par ailleurs, les comptes qui résultent de sa réalisation sont-ils fidèles, fiables, exhaustifs, bref sincères[325] ? Autrement dit, l'on s'interroge en même temps sur l'initiation et les résultats de cette opération financière, afin de savoir si elle est opportune, pertinente, efficace, efficiente, économe et sincère. Les contrôles de conformité et d'effectivité coopèrent dès lors avec ceux de l'opportunité, de la performance et de la sincérité, lors de l'exécution de la dépense publique. De l'état de la dépense publique, on semble désormais s'intéresser aux effets de celle-ci[326].

452. Le contrôle de la qualité semble alors être en même temps un contrôle des choix et des résultats de la dépense publique, tout en s'adaptant sémantiquement au gré des moments et des domaines d'intervention[327].

---

320 DAUTRY (P.), LAMY (P.), « Le contrôle de la gestion publique par la Cour des comptes et par le Parlement : concurrence ou complémentarité ? », *RFFP*, n°80, décembre 2002, pp. 119-150.

321 CANAC (Y.), « La loi organique relative aux lois de finances et la maîtrise de la dépense publique », *op. cit.*, pp. 17-20.

322 GUILLAUME (H.), « Introduction de la gestion de la performance : huit exemples étrangers », *RFFP*, n°73, janvier 2001, pp. 129-133.

323 MAUCOUR-ISABELLE (A.), *La rénovation des pouvoirs budgétaires du Parlement sous la Vème République*, op. cit., pp. 210 et suivantes.

324 SAIDJ (L.), « Rationaliser les choix publics », *RFFP*, n°73, janvier 2001, pp. 169-171.

325 MUZELLEC (R.), « Vers la certification des comptes de l'Etat en 2007 », in *Mélanges Loïc PHILIP*, Economica, Paris, 2005, pp. 475-491.

326 MAUCOUR-ISABELLE (A.), *op. cit.*, p. 201.

327 BARILARI (A.), BOUVIER (M.), *La nouvelle gouvernance financière de l'Etat*, op. cit., p. 102.

¶ I : La qualité des choix de la dépense publique : l'opportunité

453. Le contrôle de la qualité de la dépense publique est avant tout un contrôle qui porte sur les choix de la dépense à opérer. C'est un contrôle de l'opportunité contribuant à guider ou à orienter les actions des personnes publiques[328]. Ce contrôle a longtemps fait défaut dans le système camerounais de contrôle des finances publiques, malgré de multiples efforts d'adoption[329] et d'occasion de réalisation[330]. Il a fallu attendre la réforme en cours pour voir son avènement. Ce qui aurait certainement mis Benjamin BIDIAS en émoi qui aussitôt serait alors revenu sur son plumitif décrivant : *on a souvent signalé les lacunes du contrôle budgétaire. Ce reproche est justifié dans toute la mesure où les contrôleurs n'ont ni le pouvoir, ni les moyens leur permettant de contester l'opportunité des décisions ministérielles génératrices des dépenses publiques. C'est sans doute en théorie regrettable, mais il est en fait à peu près exclu que l'on n'arrive jamais à enlever aux ordonnateurs publics responsables, ce qui fait l'essentiel de leurs responsabilités, à savoir le fait qu'ils sont les seuls à décider*[331]. Bien que le contrôle de l'opportunité ne soit aucunement l'apanage exclusif des ordonnateurs de crédits, il sied alors de se fixer sur ses différents contours, pour mettre en exergue l'intérêt de cette introduction dans les finances publiques camerounaises.

A : La définition du contrôle d'opportunité

454. Ce serait une grossière erreur que de réduire le contrôle de la qualité d'une gestion au seul contrôle des résultats de celle-ci. Car, pour les

---

[328] MAUCOUR-ISABELLE (A.), *op. cit.*

[329] Notamment ceux fournis par les pays membres de l'UDEAC parmi lesquels figurait en pôle position le Cameroun. Lire pour cela BIDIAS (B.), *Les finances publiques du Cameroun*, op. cit., p. 888.

[330] On fait allusion ici à deux occasions précises. D'une part, lors de l'adoption parlementaire de la loi de finances. L'examen du projet de loi de finances étant l'occasion idoine de critiquer, du moins de revoir ou de jauger de l'opportunité des prévisions de dépenses faites par le gouvernement. D'autre part, lors de l'engagement de la dépense publique par l'ordonnateur ou le gestionnaire de crédit, un contrôle devant intervenir pour apprécier la pertinence des engagements, surtout quand on sait que ceux-ci peuvent avoir des conséquences importantes sur toutes les finances de la collectivité publique.

[331] BIDIAS (B.), *op. cit.*, p. 847.

collectivités publiques, le contrôle de la qualité d'une gestion reste possible même en dehors de tout résultat, même si l'idéal de ce contrôle est d'améliorer ces résultats[332]. La condition de son existence est cependant que le contrôleur puisse asseoir son jugement sur ce qu'il estime normale ou pertinent à faire. Il pourra se refermer aux principes généraux de saine gestion, à des considérations d'utilité, de performance ou de rationalité, point n'étant besoin en principe de textes pour faire de l'impératif de réduction des coûts de fonctionnement la loi des services publics[333]. Avant toute exécution, c'est-à-dire, à l'initiation de l'opération financière considérée, ce contrôle prend les contours d'un contrôle de l'opportunité. Ramenée à la dépense publique, l'opportunité traduit alors *toute préoccupation de choisir aussi judicieusement que possible cette opération financière et de l'effectuer au moindre coût*[334]. Autrement dit, contrôler l'opportunité d'une dépense publique revient à apprécier la pertinence et son coût lors de son initiation avant de l'exécuter ou de la mettre en œuvre au cas où elle se traduirait en programme ou projet.

1 : L'appréciation de la pertinence de la dépense publique

455. Contrôler l'opportunité de la dépense publique consiste à apprécier sa pertinence. Il s'agit de jauger de son bien-fondé, c'est-à-dire, les raisons qui justifient son initiation par rapport à une autre. Il est donc question d'apprécier la raison d'être d'une dépense sur la base de certains critères, à l'instar de l'utilité publique[335], la nécessité ou même l'urgence. Une dépense publique doit en effet être la réponse à un besoin social bien déterminé[336]. Ce besoin peut résulter d'un fait prévisible ou alors d'une situation fortuite. Et la réalisation de la dépense doit, autant que possible, satisfaire ce besoin. La dépense publique sera d'autant plus pertinente qu'elle soulage la société de ce besoin au moment idoine. D'où les considérations d'opportunité. Apprécier la pertinence de cette opération financière tend ainsi à

---

332 BRABANT (R.), « Réformes en cours en vue d'introduire une plus grande exigence de performance dans la gestion des finances publiques au Cameroun », *op. cit.*, pp. 93-102.
333 GODARD (J), *op. cit.*
334 BIDIAS (B.), *op. cit.*, p. 885.
335 BIDIAS (B.), *op. cit.*, p. 884.
336 CROS (R.), *Finances publiques. Institutions et mécanismes économiques*. Cujas, Paris, 1984, p. 116 et suivantes.

répondre à la délicate question de savoir pourquoi telle dépense publique à tel moment *m*. Cette question s'est souvent posée au Cameroun avec une certaine constance et une particulière acuité, en laissant à son passage l'épineux problème de la qualité des choix des autorités publiques dans l'initiation des dépenses publiques. En effet, comment comprendre, dans un pays en développement, pauvre et très endetté[337], que les pouvoirs publics mettent l'accent sur l'amélioration du parc automobile de l'Etat alors que des citoyens participant à l'accomplissement du service public du même Etat souffrent des problèmes de leur intégration à la fonction publique et partant de leur prise en charge financière par l'Etat après admission définitive à un concours administratif et une formation pendant la période réglementaire ? Plus précisément, qu'est-ce qui pourrait justifier qu'un personnel de direction de la fonction publique ait à sa disposition trois à quatre voitures de service de grand calibre alors qu'un instituteur vacataire ayant servi pendant plus de sept ans attend encore son premier salaire qui pourrait résulter d'une hypothétique intégration à la fonction publique ? Très certainement, une relative appréciation de la pertinence et partant de l'opportunité de la dépense à engager par l'Etat. On comprend dès lors certaines mesures de réduction du train de vie de l'Etat et précisément de réduction de son parc automobile dictée par l'impératif d'assainissement des finances publiques inhérent à la conditionnalité des bailleurs de fonds. L'accent étant mis sur la réduction des dépenses publiques[338], même s'il demeure apodictique qu'il n'y a aucunement synonymie entre la réduction de la dépense publique et l'appréciation de son opportunité. Cette dernière pouvant plutôt consister en leur accroissement en tant que de besoin. Autrement dit, une dépense publique opportune peut être importante ou moindre du point de vue quantitatif, et non pas forcément *réduite*, tout dépendant du besoin social en présence à couvrir et, bien évidemment, des crédits disponibles dont il faut par ailleurs apprécier le coût.

---

[337] JOKUNG NGUENA (O), *Initiative PPTE : quels enjeux pour l'Afrique* ? Harmattan, Paris, 2005, pp 26 et suivantes.

[338] ONDOA (M.), « Le droit public dans les Etats africains sous ajustement structurel : le cas du Cameroun », *op. cit.*, p. 400.

2 : L'appréciation du coût de la dépense publique

456. Contrôler l'opportunité de la dépense publique revient, par ailleurs, à apprécier au préalable le coût de celle-ci[339]. C'est-à-dire évaluer l'impact que cette opération financière pourrait produire sur les crédits publics disponibles pour la couverture des charges de l'Etat. Il faut en effet évaluer, avant toute exécution, la ponction financière qui pourrait résulter de la réalisation de toute dépense publique. En évitant des positions extrêmes visant à faire croire qu'une dépense de très grande importance est inopportune, eu égard à l'importance de la ponction créée sur les ressources publiques. Et qu'à l'inverse, ce sont les dépenses de moindre importance qui sont opportunes. Il s'agit ici en effet d'une logique du *cas par cas*, car une dépense de grande importance peut être on ne peut plus opportune, tandis qu'une autre de moindre importance est inopportune, et *vice versa*. Tout dépendant, une fois de plus, de la nature et de l'importance de la charge sociale à couvrir. D'où l'intérêt d'un contrôle d'opportunité qui guidera les pouvoirs publics dans le choix quantitatif de la réalisation de telle ou telle dépense publique. C'est ainsi que les prévisions financières afférentes aux investissements peuvent paraître selon les chiffres très importantes et les dépenses de fonctionnement modestes.

457. Or, les premières nécessitent encore davantage de crédit, eu égard à l'enclavement général du Cameroun. Tandis que les secondes, sans toutefois les amoindrir, nécessitent aussi une amélioration, ne serait-ce que pour réhabiliter les salaires des fonctionnaires revus à la baisse vers les années 1994. On comprend, dès lors, que l'une comme l'autre, apparemment grande ou petite, nécessitent une évaluation, les rendant rationnelles[340] par rapport au besoin en présence. Et la solution ne consistant pas en leur augmentation ou réduction mécanique. Le contrôle d'opportunité est une préoccupation très déterminante au Cameroun, eu égard à la modicité de nos budgets devant par contre couvrir des charges publiques très importantes. Autrement dit, il existe plus de charges sociales que de moyens financiers. Il faut par conséquent évaluer autant que possible quantitativement toute dépense publique à initier et à réaliser. Afin que celle-ci n'entrave point la couverture des autres charges, et partant, tout le fonctionnement de l'Etat. C'est, non seulement l'esprit de la rationalisation des choix des

---

[339] BIDIAS (B.), *op. cit.*, p. 885.

[340] GODARD (J.), *op. cit.*

dépenses publiques[341], mais aussi celui de la règle de l'équilibre budgétaire qui fait intervenir les ressources disponibles devant être en parfait équilibre avec les dépenses publiques, dans une logique prévisionnelle[342].

458. Au vue de ce qui précède, il appert que le contrôle d'opportunité est une évaluation de la pertinence et du coût de la dépense à initier et à réaliser. Il est préalable à l'exécution de cette opération financière et vise le bien-fondé qualitatif et même quantitatif de la dépense en cours d'élaboration. Il satisfait à toute préoccupation sur le choix de la dépense, sans toutefois se réduire à sa réduction quantitative. Ce contrôle, dès lors, met en relief un certain intérêt tant du point de vue de l'orientation de l'activité de l'Etat, que de la performance de celle-ci. Ne sied-t-il pas alors de savoir précisément d'où ce contrôle tire cette importance ?

B : La portée du contrôle de l'opportunité

459. En principe, situé à l'initiation de toute action publique et celle dépensière en particulier, le contrôle de l'opportunité de la dépense publique revêt une importance particulière dans la conduite de toute activité publique à plus d'un titre. D'une part, la personne publique, dans le déploiement de ses activités, n'agit pas comme une machine programmée en avance qui, mécaniquement, réalise des prestations à tout vent. Celle-ci cible et évalue, au préalable, toutes ses actions afin de mieux les maîtriser. D'autre part, ayant parfaitement maîtrisé ses actions, elle les réalise de la manière la plus performante possible, afin de satisfaire aux exigences des citoyens. On perçoit, dès lors, une certaine complémentarité entre la première et la seconde raison, tant il est vrai que l'évaluation des actions ciblées contribue à la réalisation performante de ces dernières. Le contrôle de l'opportunité de la dépense publique éclaire donc les choix des autorités publiques dans la couverture des charges publiques, tout en contribuant à la satisfaction performante de ces charges et partant, à la réalisation optimale de toute action publique.

---

[341] LEKENE DONFACK (E.C.), *Finances publiques camerounaises*, op. cit., pp. 136 et suivantes.

[342] NNANGA (S.H.), *L'élément fiscal dans la recherche de l'équilibre budgétaire au Cameroun*, op. cit., pp. 23 et suivantes.

1 : Contrôle d'opportunité et orientation des choix de l'action publique

460. Le contrôle d'opportunité éclaire les choix de la personne publique dans la couverture des charges sociales. L'Etat, à travers son administration, a pour vocation de satisfaire l'intérêt général[343]. Or, ce concept d'intérêt général est assimilable à un fourre-tout, eu égard aux innombrables charges qui peuvent découler de sa conduite, quoi que la détermination juridique d'une mission d'intérêt général ressortisse à la puissance publique elle-même[344]. Autrement dit, poursuivre des missions d'intérêt général consiste pratiquement pour l'Etat, à la réalisation d'une multitude d'actions plus ou moins importantes. Il importe, par conséquent, de choisir celles qu'il faut réaliser en priorité, car se livrer à la couverture de tous les besoins sociaux est une véritable gageure nécessitant d'importants moyens tant matériels qu'humains. D'où l'intérêt d'un contrôle de l'opportunité ou d'une évaluation ex *ante* qui contribuera alors à montrer aux décideurs publics les actions les plus importantes de l'heure, selon des critères d'utilité publique.

461. S'agissant de la dépense publique, l'importance du contrôle d'opportunité est davantage rehaussée, eu égard aux montants relatifs des budgets de l'Etat qui doivent pourtant satisfaire en principe toutes les charges on ne peut plus nombreuses issues des besoins des citoyens. Il faut, dès lors, savoir quelle dépense initier en priorité, et quelle autre pourrait attendre. Si non, l'on réalisera des opérations financières pratiquement inutiles car ne rencontrant pas l'adhésion des citoyens et n'ayant pas un impact direct sur ceux-ci en ce moment précis[345]. Le contrôle de l'opportunité jouera, à cet effet, un rôle déterminant car permettant d'apprécier non seulement la pertinence de la dépense à initier, mais également son coût. Afin de poser l'acte dépensier qu'il convient au moment opportun et avec les moyens financiers rationnellement correspondants.

462. Le contrôle d'opportunité dégage un intérêt particulier dans les pays en développement en général, et le Cameroun en particulier. Car ces pays ont ceci de particulier qu'ils ne disposent pas des moyens financiers conséquents par rapport à leurs objectifs de développement

343 RIVERO (J.), *Droit administratif*, Dalloz, Paris, 1980, p. 439.
344 RIVERO, (J.), *op. cit.*, p. 441.
345 ORSONI (G.), *Finances publiques*, op. cit., p. 70. L'auteur affirme à cet effet et en guise d'illustration, que les dépenses d'investissement sont *« populaires »* dans le public qui voit mieux *« où va l'argent »*.

et de lutte contre la pauvreté qui les paralyse davantage. Dès lors, le moindre petit centime qu'ils parviennent à glaner, soit des recettes fiscales et non fiscales, soit des différents dons et initiatives d'allègement de leur colossale dette, doit être utilisé de la manière la plus rationnelle qui soit, afin de couvrir leurs multiples charges.

2 : Contrôle d'opportunité et performance de l'action de l'Etat

463. Le contrôle d'opportunité contribue par ailleurs à la performance de l'Etat dans la réalisation de ses actions. En effet, ayant pour effet d'éclairer les choix des personnes publiques, le contrôle d'opportunité améliore la performance des actions de l'Etat dans la mesure où celle-ci dépend aussi des considérations d'initiation desdites actions[346]. Autrement dit, pour qu'une action de l'Etat soit performante, il faut, au préalable, qu'elle soit bien initiée, les résultats de toute action dépendant en grande partie des considérations de son initiation. Ainsi, la dépense publique sera d'autant plus efficiente, efficace et économe que si elle a été bien ciblée et évaluée au préalable. Or, ce ciblage et cette évaluation procèdent d'un contrôle d'opportunité. L'illustration parfaite de cette corrélation au Cameroun découle de la réalisation des programmes et projets de dépenses issues des initiatives de désendettement au titre soit de l'initiative en faveur des pays pauvres et très endettés, soit du contrat de désendettement et de développement. Le ciblage et les évaluations *ex ante* dont elles font l'objet procèdent d'un véritable contrôle d'opportunité préalable à leur financement à base des ressources additionnelles relatives à ces initiatives[347]. Ceux-ci contribuent à l'efficacité, à l'efficience et à l'économie des résultats de ses dépenses, même si on avait pu tout, à certains égards, décrier la sous-utilisation de ces ressources additionnelles, qui pourrait aussi trouver justification dans la rigueur du contrôle dont elles faisaient l'objet. Quoiqu'il en soit, il demeure constant que les conditions d'initiation d'une dépense publique influent sur l'état ou l'impact des résultats finaux. Et l'appréciation de la pertinence et du coût de ladite dépense fait partie de ces conditions d'initiation.

---

[346] MAUCOUR-ISABELLE (A.), op. cit., p 212. L'auteur affirme à cet effet que : « *La qualité d'une évaluation est d'autant meilleure qu'elle a été mise en œuvre ex ante, c'est-à-dire avant la réalisation d'un programme public, afin d'être en mesure de mieux apprécier ses effets ex post* ».

[347] BILOUNGA (S.T.), *Le contrôle des dépenses issues de l'initiative en faveur des pays pauvres très endettés au Cameroun,* op. cit.

464. Le contrôle d'opportunité de la dépense publique revêt ainsi une portée significative dans l'action des personnes publiques, car consistant en une évaluation de la pertinence et du coût de cette opération financière. Ce contrôle guide les choix des autorités investis du pouvoir de décision en matière financière, d'une part, tout en contribuant à la réalisation en toute efficience des actions pertinemment choisies. Intervenant à l'initiation de toute action publique dépensière et par ailleurs afférente à son impact potentiel, le contrôle d'opportunité est alors un type particulier de contrôle de la qualité de la dépense publique. Ce contrôle initial doit cependant se compléter d'un contrôle des résultats pour mieux suivre tout le processus de la dépense publique dans sa dimension qualitative. Or, la dépense publique suit un processus administratif et comptable au cours de son exécution. Ceci a pour conséquence une appréhension bidimensionnelle de ses résultats. Qu'en sera-t-il du contrôle de la qualité de ces résultats ?

¶ II : La qualité des résultats de la dépense : performance et certification

465. La qualité d'une dépense publique ne s'apprécie pas exclusivement à l'initiation de cette opération financière. Elle s'apprécie aussi en principe en cours d'exécution et surtout au terme de sa réalisation, même si le système de contrôle issu de la réforme semble mettre un accent particulier sur les résultats. La dépense publique camerounaise, à l'instar des dépenses de plusieurs autres Etats, suit cependant concomitamment deux circuits complémentaires au cours de son exécution. Un circuit administratif qui va jusque dans la réalisation physique des projets et programmes de dépense en mobilisant une gamme variée d'acteurs, et un circuit comptable tout à fait complexe concrétisé par la production de plusieurs documents chiffrés retraçant les mouvements opérés par la dépense dès son engagement jusqu'à son paiement, appelés *comptes.* Bien que ces circuits soient en principe séparés par application de la règle cardinale de la séparation des ordonnateurs et des comptables, ils obéissent du point de vue processuel aux étapes successives de toute dépense, selon qu'elle est de droit commun, en forme simplifiée ou sous forme de régie d'avance. Quoiqu'il en soit, un contrôle est institué respectivement sur les résultats administratifs et comptables de la dépense publique, en vue d'apprécier la qualité desdits résultats. Procédant des logiques différentes selon qu'il porte sur les résultats administratifs ou

comptables, ce contrôle de la qualité adopte des désignations tout aussi différentes. On parlera ainsi d'un contrôle de performance lorsqu'il porte sur les résultats administratifs[348], et de la certification[349] quand il s'agit d'apprécier les résultats comptables.

A : Le contrôle de la performance de la dépense publique

466. L'appréciation de la qualité des résultats administratifs de la dépense publique passe par un contrôle dit de la performance de cette opération financière. Il s'agit d'une exigence nouvelle des finances publiques camerounaises, issue de la réforme entreprise sur la fonction du contrôle. Bien qu'imposée par l'occident, l'adoption de l'exigence d'une dépense publique performante pourrait tout de même trouver certains éléments de justification au Cameroun. Ce n'est d'ailleurs que logique, quand on sait que cette prescription de la conditionnalité des bailleurs de fonds est nourrie des lacunes relevées dans le système financier camerounais en général, et celui du contrôle, en particulier. L'une des raisons fondamentales de cette adoption est l'ambition de plus en plus poussée de maîtriser les dépenses publiques. Aussi, il importe désormais de ne plus insister sur les processus comme cela a toujours été le cas auparavant, mais de focaliser l'attention sur les retombées des dépenses et des autres activités des services publics par un contrôle des résultats[350]. Nouveau dans le cadre des finances publiques camerounaises, il convient de préciser sa consistance et son intérêt.

1 : La définition du contrôle de performance

467. Bien qu'il y ait une certaine constance sur le fait que l'appréciation de la performance passe par les résultats d'une action[351], force est tout de même de reconnaître que la doctrine propre aux finances et au management public ne s'accorde pas au sujet du sens précis de la notion

[348] LMIMOUNI (M.), « La réforme du contrôle administratif des dépenses publiques », *RFFP,* n°102, juin 2008, pp. 107 et suivantes.
[349] HURON (D.), MARTY (F.), SPINDLER (J.), "De la certification des comptes de l'Etat : principes, enjeux et difficultés", *RFFP*, n°100, novembre 2007, pp. 135-143.
[350] MUZELEC (R.), « Diagnostic du système financier camerounaise », *op. cit.*, p 32.
[351] DELAFOSSE (P.), « Mesure de la performance », in *Réforme du cadre juridique pour une meilleure gestion des finances publiques au Cameroun*, op. cit, p 83.

de la performance[352] ; tout semble dépendre de la position occupée par l'analyste. Ainsi, l'opinion des usagers des services publics ou des bénéficiaires de la dépense publique sera distincte de celle des fonctionnaires ou de l'ordonnateur. Par ailleurs, loin d'adopter une position aussi réductionniste que celle d'un auteur[353] ramenant la question de la performance à l'interrogation à savoir : « *l'objectif est-il atteint ?* », sans pour autant la réfuter, il convient d'élargir la problématique en intégrant la question « *comment l'objectif a-t-il été atteint* ? » et même « *pourquoi l'objectif a été ainsi atteint* ? », car *ce n'est qu'en étant clair sur les objectifs que nous obtiendrons des résultats. Comme en toutes choses, le comment dépend du pourquoi*[354]. Apprécier la performance de la dépense publique consistera alors à se demander si l'objectif fixé a été atteint certes, mais encore faudra-t-il savoir si cet objectif a été atteint dans des meilleures conditions. Autrement dit, à la question de savoir si l'objectif recherché a été atteint dont répond *« l'efficacité »*, il faudra associer l'interrogation visant à déterminer si l'objectif a été atteint par l'utilisation exclusive des crédits alloués à cet effet, se rapportant à l'exigence *« d'efficience »,* et même si la réalisation de cet objectif n'a pas été profitable pécuniairement en générant un bénéfice par rapport aux crédits prévus au départ, c'est-à-dire « *l'économie* ». Contrôler la performance revient donc à jauger *« les trois E »*[355], notamment l'efficacité, l'efficience et l'économie.

468. Même en l'absence de toute indication sur le rendement du service, le contrôle de la qualité d'une gestion trouve un domaine de choix dans la recherche des pratiques onéreuses. L'idéal est d'atteindre l'objectif qu'on s'est fixé en mobilisant peu de moyens. C'est en fait l'esprit de l'économie d'une dépense publique. On entend par économie dans la logique de la performance, l'acquisition au meilleur coût et en temps opportun des ressources financières, humaines et matérielles en quantité et en qualité appropriée. On prend en considération ici l'analyse des besoins, la détermination des exigences, l'acquisition, l'utilisation, l'aliénation. L'efficience est la transformation au meilleur rendement des ressources en biens et services, ou bien le rapport entre les biens, les services, produits, et les ressources investies. L'efficacité,

---

[352] BURT PERRIN, « Réforme du management public. Cap sur la performance et les résultats », *op. cit.*, p 75.

[353] WEULASSAGOU (C.), « L'information sur la performance », *op. cit.*, p 136.

[354] SARKOZY (N.), « Comment mener la réforme de la gestion des finances de l'Etat ? », *op. cit.*, p 9.

[355] WEULASSAGOU (C.), *op. cit.*

quant à elle, est l'atteinte au meilleur degré des objectifs ou autres effets recherchés d'un programme, d'une organisation ou d'une activité. Son appréciation nécessite la précision des objectifs et des résultats escomptés, l'identification des indicateurs et l'évaluation de l'impact de l'activité et si les objectifs conservent leur pertinence.

2 : La portée du contrôle de performance

469. L'introduction au Cameroun d'une gestion des dépenses publiques fondée sur la performance, revêt un intérêt particulier car elle permet à cet Etat de marquer un pas considérable vers la modernité, en rejoignant ainsi certains autres pays ayant trouvé nécessaire non de se démettre de la logique de gestion fondée sur la régularité, mais de la compléter par d'autres moyens utiles pour une meilleure maîtrise de finances publiques.

470. Le premier stade de l'évolution consiste en une transformation profonde de la logique de gestion des finances publiques et même de l'Etat en général. En effet, fondé au préalable sur la régularité, notre système de gestion des finances publiques en général et de la dépense publique en particulier, était fondé sur la régularité[356]. Autrement dit, les organes de contrôle recherchaient uniquement l'exacte application d'une réglementation financière générale et impersonnelle. Malgré certains mérites, ce système de gestion a assis une logique des moyens dans nos finances publiques. On avait ainsi l'impression que l'existence seule d'un système de gestion ou alors de contrôle était suffisante et son exercice importait peu. Par l'introduction de la performance, le système de gestion camerounais adopte une logique des résultats. Dorénavant, il faut produire de bons résultats en initiant le moindre projet de dépense. On partage la même impression que Bernard ABATE lorsqu'il affirme : *à la gestion fondée sur la régularité des actes qui débouche à une obligation de moyens, on a substitué une gestion de la performance qui débouche sur une obligation des résultats*[357]. Une telle mutation ne devrait certainement pas laisser le système de gestion d'ensemble de l'Etat indifférent. En effet, ce dernier doit consentir une évolution consistant à favoriser l'avènement d'un modèle de gestion enclin à la pratique des entreprises privées, pour remplacer celui purement

---

[356] O'CONNOR, PAUWELS, « Les finalités du contrôle interne et du contrôle externe », *in Réforme du cadre juridique pur une meilleure gestion des finances publiques au Cameroun,* op. cit., p. 111.

[357] ABATE (B.), « Faut-il changer la gestion de l'Etat ? », *op. cit.*, p. 188.

bureaucratique ayant trahit ses limites. Il s'agit, sous la plume de Jean Pierre LASSALE, de *passer d'un Etat administratif à un Etat stratège*[358].

471. Le second stade de l'évolution qui est d'ailleurs une suite logique du premier, c'est l'adhésion à la bonne gouvernance financière[359]. En effet, l'adoption d'une logique de gestion fondée sur l'esprit d'entreprise enclin à la concurrence, à la performance et évidemment à la transparence, accélère le processus dans la doctrine pour donner une signification précise au concept de gouvernance financière et *a fortiori* à celle qui se veut bonne. Quelques éléments constants permettent d'esquisser ses contours dans la gestion des entreprises privées. Et c'est d'ailleurs la raison pour laquelle il importe pour l'Etat contemporain de s'inspirer de cette logique de gestion. Il est question de la performance qui est le corollaire de la compétitivité ou de la concurrence. Le plus important pour cet élément étant d'adopter une culture des résultats dont on appréciera l'efficacité, l'efficience et la rationalité. Le second élément est la transparence. La gestion financière doit baigner dans un environnement propice à la traçabilité, à la lisibilité, ou à la sincérité, afin que le circuit des dépenses publiques puisse être débarrassé des éléments favorables à l'opacité, que les comptes de l'Etat reflètent fidèlement la situation du patrimoine financier, et que le public soit continûment informé de l'état et des différents mouvements des deniers publics qu'ils contribuent à constituer.

472. Précisons cependant que l'évolution prônée ne saurait aucunement entraîner la disparition du contrôle de la régularité. Car *il n'en reste pas moins vrai que dans un Etat de droit, les contrôles de régularité continueront à tenir leur place importante. Mais il s'agira de contrôle de régularité rénové dans leur contenu comme dans leurs méthodes*[360]

473. L'adoption d'un contrôle de performance, mieux d'un contrôle de la qualité des résultats administratifs de la dépense publique, met ainsi en exergue son importance et même son contenu, car elle impose une transformation systématique de la logique ou même de la culture de gestion de l'Etat en matière financière. Par ce biais, l'évolution vers la modernité financière, appréhendée actuellement à travers la bonne

---

[358] LASSALE (J.P.), « De l'Etat administratif à l'Etat stratège », *op. cit.*, p. 86-91.

[359] MORVAN (F.), « Les aspects majeurs de la nouvelle gouvernance financière », in *Réforme de finances publiques démocratie et bonne gouvernance*, op. cit, pp. 121-128.

[360] CIEUTAT (B.), « Le contrôle des finances publiques : quel équilibre entre la régularité et la performance, entre la responsabilité et la liberté ? », *op. cit.*,p. 100.

gouvernance financière se trouve initiée, sans toutefois débarrasser le système de gestion camerounais du contrôle de régularité, conservant toute sa signification dans le contexte d'un Etat de droit. Ce contrôle doit avoir un corollaire sur le plan comptable afin de mieux jauger de la qualité des résultats de tout le processus de la dépense publique.

B : La certification

474. La réorientation de la finalité du contrôle financier opérée par la réforme entreprise sur les finances publiques camerounais s'est fait percevoir sur le plan comptable par la mise en place d'un contrôle de la qualité des documents comptables sanctionnant la gestion de la dépense publique sur ce plan. Il s'agit de la certification. Il s'agit là d'une évolution on ne peut plus importante, quand on a conscience de la précarité du système comptable mis en place par l'ordonnance de 1962. En effet, basé sur un traitement mécanographique des opérations comptables, centralisé pas le Directeur du Trésor, le système comptable camerounais a trahi très tôt ses lacunes, du fait de la non-production de documents comptables devant retracer tous les résultats enregistrés sur ce plan. Autrement dit, le système comptable d'alors ne parvenait pas à produire une balance des comptes digne de ce nom sur laquelle pourrait porter un contrôle d'ensemble. Il était dès lors urgent de changer cette donne peu propice à la sincérité des comptes. C'est ce que les pouvoirs publics tentèrent d'initier depuis pratiquement 1980 et que la réforme en cours vise à concrétiser. Traçant l'intérêt de la certification en filigrane à l'horizon du droit budgétaire et comptable camerounais, ces brèves évocations historiques ne fixent cependant pas l'observateur des phénomènes comptables sur le contenu précis du concept de la certification. D'où la nécessité de le définir et d'en rehausser la portée.

1 : La définition de la certification

475. La certification de la dépense publique est un contrôle, et plus précisément un audit de la fiabilité des méthodes comptables employées par les principaux intervenants du circuit de réalisation comptable de cette opération financière[361]. Elle consiste à donner une assurance que les états financiers d'une entité sont exempts d'anomalies

[361] ETOGO MBEZELE, « Normalisation des comptes, certification des comptes », *op. cit.*, p. 60.

significatives[362]. Son objectif est de garantir la régularité, la sincérité et la fidélité des comptes sanctionnant une gestion. C'est aux dires de Raymond MUZELLEC *une démarche de contrôle externe conduisant à la formulation d'une « opinion » d'expert sur la régularité, la sincérité et la fidélité des états financiers d'une organisation et s'il y a lieu, sur les rapports financiers et de gestion de ladite organisation*[363]. Certifier un compte consiste ainsi à assurer *a posteriori* successivement trois types de contrôles complémentaires, mais distincts dans leur esprit, à savoir, le contrôle de la régularité, le contrôle de la sincérité et le contrôle de l'image fidèle de ce compte. C'est une évaluation portant sur un objet, qui suit une procédure précise et se sanctionne par un résultat bien structuré.

476. Contrôler la régularité d'un compte signifie s'assurer que le comptable a appliqué les différents instruments juridiques qui régissent la réalisation comptable de la dépense publique. C'est un véritable contrôle de conformité aux lois et principes comptables admis. Quant à contrôler la sincérité, il s'agit de vérifier l'application de bonne foi des règles et procédures en fonction de la connaissance que les responsables des comptes doivent normalement avoir de la réalité et de l'importance des opérations, des événements et des situations, pour parvenir à une appréciation raisonnable des risques et des dépréciations par les responsables, et à une évaluation correcte des valeurs comptables. Contrôler la fidélité enfin consiste à s'assurer d'une image non trompeuse dans le cadre des conventions comptables que chacun s'attend à voir respectées[364].

477. La procédure de la certification comprend en principe trois principales étapes. Tout part de l'obtention des informations nécessaires à la réalisation de la certification par l'organe de contrôle. Ces informations consistent non seulement en l'organisation, le fonctionnement et même les différents contrôles internes du service comptable considéré, mais aussi et surtout en les documents comptables proprement dits. Ensuite intervient l'évaluation des différentes informations obtenues portant sur l'environnement de travail de ce service comptable. Et ce n'est qu'après avoir eu la maîtrise parfaite de ces différents paramètres que commence, enfin, la certification

---

[362] ALVENTOZA (J.R.), LEFAS (P.), GOUBAULT (J.), « La première certification des comptes de l'Etat », *RFFP*, n°99, septembre 2007, p. 46.
[363] MUZELLEC (R.), « Vers la certification des comptes de l'Etat en 2007 », *in Mélanges Loïc PHILIP,* Economica, 2005, p. 486.
[364] MUZELLEC (R.), *op. cit.*

proprement dite des documents comptables. On examine directement les comptes et les états financiers par sondages, test de procédure, examen analytique.

478. La certification se solde par un rapport contenant une *« opinion non équivoque ».* Autrement dit, au terme de la certification, l'organe de contrôle doit se prononcer clairement sur le compte évalué en émettant un jugement bien clair qui renseigne son premier destinataire qu'est le comptable sur son attitude dans la manipulation des crédits. Quatre hypothèses sont à envisager ici. L'opinion du contrôleur peut ne pas avoir de réserves. Dans ce cas, le compte est sincère, régulier, et fidèle. Le rapport peut être assorti de réserves. Celles-ci doivent être motivées, chiffrées pour signifier les écarts et défauts comptables recensés. Le rapport peut aussi contenir une opinion négative dans le cas où les limitations dans la portée des vérifications ou les désaccords sont telles que leur impact sur les états financiers dépasse les simples réserves. Précisons par ailleurs que l'organe chargé de la certification peut aussi faire un rapport pour signifier qu'il n'a pas pu se prononcer sur un compte. Dans ce cas, il refuse tout simplement de donner son opinion. En guise d'illustration, la Cour des comptes française, lors de ses toutes premières certifications à l'ère de la nouvelle loi organique, a soldé son travail par un rapport assorti de réserves. Elle conclut pour les comptes de 2006 que : *au vu des observations mentionnées, la cour ne peut certifier sans réserves qu'au regard des règles et principes comptables qui lui sont applicables, le compte général de l'Etat, dans tous ses aspects significatifs, soit régulier, sincère et donne une image fidèle de la situation financière et du patrimoine de l'Etat au 31 décembre 2006. Mais compte tenu à la fois des travaux déjà réalisés par l'administration pour établir le premier compte général de l'Etat sans avoir bénéficié d'une période transitoire, des informations détaillées contenues dans ce document et des engagements pris pour lever à court ou moyen terme les incertitudes et réduire les limitations et les désaccords qui subsistent, la Cour formule sur le compte général de l'Etat arrêté le 31 décembre 2006, une certification assortie de 13 réserves substantielles.*

479. La certification porte en principe sur tous les documents ayant un caractère comptable. Bien que les textes puissent préciser clairement ces documents, il sied de préciser ici que la certification porte surtout sur la balance générale des comptes de l'Etat, le compte des résultats, le bilan et ses annexes.

2 : La portée de la certification

480. La certification présente un grand intérêt pour le système comptable camerounais, car favorisant son amélioration à plus d'un titre. D'une part, elle est favorable au passage tant souhaité d'un système comptable « *en caisse* » à un système d'exercice ou « *des droits constatés* ». D'autre part, elle tend à normaliser nos comptes qui retrouvent ainsi enfin l'ambiance internationale en la matière.

481. On a toujours reproché à notre système comptable d'être celui des caisses, qui, bien que simple et robuste, ne rend pas compte ni de la véritable situation financière de l'Etat, ni de son enrichissement ou appauvrissement du fait des modifications de son patrimoine[365]. Ce système ne rend non plus compte de l'ensemble des engagements pris et qui peuvent venir obérer la situation future. Par l'adoption de la certification, un passage obligatoire vers le système de comptabilité en droits constatés favorable à une comptabilité patrimoniale s'impose. Ce dernier est fondé sur l'enregistrement et l'évaluation des droits et des obligations. Tout en constituant le modèle employé par les entreprises privées, ce système comptable a ceci d'important qu'il permet à l'Etat d'avoir une connaissance exacte de son patrimoine financier à travers une analyse simple des comptes, même si celui-ci est matériellement différent de l'état dans les caisses.

482. La certification permet par ailleurs la normalisation[366] des comptes de l'Etat camerounais. La normalisation des comptes fait appel aux normes[367], c'est-à-dire, brièvement, aux instruments juridiques auxquels tout compte doit se conformer. La normalisation des comptes interpelle ainsi l'existence d'un système comptable élaboré sur une base simplifiée, unifiée et rationalisée. La particularité étant que plus le système est performant et cohérent, plus il est lisible. Le système comptable jusque-là applicable, fondé sur une comptabilité des caisses, ne favorisait pas une bonne lisibilité de nos comptes. Avec la certification et son corollaire, un système patrimonial, les comptes de

---

[365] ALVENTOZA (J.R.), « La liaison budget-comptabilité », *in Réforme du cadre juridique pour une meilleure gestion des finances publiques au Cameroun, op. cit.*, p. 54.

[366] ETOGO MBEZELE, *op. cit.*

[367] Ces normes doivent être conformes à celles du référentiel financier et comptable international en gestation. Cf. ADHEMAR (P.), « L'émergence d'un référentiel financier et comptable international pour le secteur public », *RFFP*, n°80, décembre 2002, pp. 61-65.

l'Etat seront davantage lisibles et conformes aux normes nationales et internationales régissant la comptabilité publique.

483. Consistant en un contrôle de la qualité des résultats comptables de la dépense publique, la certification a pour finalité d'attester que les comptes de l'Etat ne sont entachés d'aucune anomalie de nature à entacher leur régularité, sincérité et la fiabilité. C'est un contrôle déterminant dans l'amélioration du système comptable camerounais car, il impulse le passage souhaité d'une comptabilité des caisses à une comptabilité d'exercice. Il contribue par ailleurs à la normalisation des comptes jugés antérieurement illisibles, car contraires aux normes du référentiel comptable international.

484. Au terme de cette présentation théorique du contrôle de la qualité de la dépense publique, il convient de noter qu'en dehors du contrôle de la régularité que le système camerounais de contrôle a toujours visé, et que la réforme a par ailleurs consolidé, il existe désormais ici un contrôle de la qualité de la dépense portant non seulement sur les projets de cette opération financière, mais également sur ses différents résultats administratifs et comptables. A l'initiation, le contrôle de qualité est un contrôle de l'opportunité de la dépense. Quant aux résultats, il est appelé contrôle de performance selon qu'il sanctionne une gestion administrative ou certification lorsqu'il a pour objet des comptes. Ce contrôle est susceptible de générer une transformation profonde de la logique de gestion de l'Etat dans l'ensemble, appelé alors à se départir du modèle de gestion bureaucratique habituel parfois vecteur d'inertie, pour adopter celui stratégique enclin à la logique d'entreprise, où l'action est la règle. Ne s'agit-il pas là d'une invite à la pratique à laquelle le contrôle de la qualité de la dépense publique se doit d'acquiescer, pour que son introduction au Cameroun ne se limite guère aux instruments juridiques qui le consacrent ?

§ II : La mise en œuvre du contrôle de la qualité

485. Bien que contenus dans des instruments juridiques pertinents, le contrôle de la qualité de la dépense publique introduit dans le système camerounais de contrôle éprouve de sérieux problèmes de concrétisation sur le terrain de la pratique. La raison principale de ces atermoiements tient de l'application du principe de la mise en place progressive des institutions créées par la nouvelle loi portant régime financier de l'Etat. En effet, tandis que certaines institutions sont directement entrées en application aux lendemains immédiats de la

publication de ce texte, d'autres par contre doivent progressivement entrer en application jusqu'en 2013, année au terme de laquelle toutes les nouvelles institutions prévues devraient en principe déjà être effectives. Les trois types de contrôle de la qualité de la dépense publique entrent malheureusement dans le groupe des institutions à mettre en place progressivement. Espérons tout de même que d'ici cette date, ces institutions seront concrétisées, quoiqu'il faille reconnaître une certaine évolution dans la dynamique d'institutionnalisation au Cameroun. Quand on sait par exemple le piège dans lequel l'article 67 de la constitution du 18 janvier 1996 nous a fait tomber en ne prévoyant aucun délai maximum de mise en place des institutions nouvellement créées, il faut admettre que la loi du 26 décembre 2007 a opéré un grand pas en avant. En attendant donc cette mise en place effective des trois types de contrôle devant assurer le contrôle de la qualité de la dépense publique, il nous semble opportun d'initier une étude au sujet de l'application de ce contrôle, ne serait-ce que pour préparer son environnement de mise en place. Il importe cependant de préciser que le cadre pratique des finances publiques camerounaises semble tout de même déjà expérimenter des contrôles dont l'esprit ne se distingue pas des innovations que nous étudions ici. Cette étude sera ainsi l'occasion idoine de leur présentation. Le bon sens nous impose dès lors d'envisager l'application du contrôle de la qualité des projets de dépense publique, avant d'initier l'étude des conditions de mise en place du contrôle de résultats de cette opération financière.

¶ I : La mise en œuvre du contrôle de l'opportunité

486. Le contrôle de l'opportunité est l'un des types de contrôle de la qualité issu de la réforme. Ce contrôle intervient sur la dépense publique à la phase des projets, autrement dit, à la phase de l'initiation. Le circuit général de réalisation de la dépense publique met en exergue deux niveaux potentiels susceptibles d'être appréhendés comme des cadres d'initiation de la dépense publique. Il s'agit, d'une part, du moment d'adoption du projet de loi de finances, et plus précisément lors de l'examen des autorisations potentielles des dépenses publiques, et d'autre part, lors de l'engagement administratif de la dépense publique par l'ordonnateur ou le gestionnaire des crédits. Ces instants particuliers sont des cadres potentiels d'application du contrôle de l'opportunité. Ils sollicitent, dès lors, des aménagements particuliers pour un déroulement optimal du contrôle de la qualité de la dépense publique.

L'utilisation par le Cameroun des ressources additionnelles issues des initiatives de désendettement au titre de l'initiative PPTE et du C2D suscite la création des mécanismes et techniques particuliers de suivi desdites ressources. Ceux-ci semblent adopter dans leur logique l'esprit d'un contrôle de l'opportunité des dépenses qui en résultent.

A : Les conditions de mise en œuvre du contrôle de l'opportunité

487. L'application optimale du contrôle de la qualité de la dépense publique au Cameroun impose la réunion d'un certain nombre d'éléments visant à rendre ce contrôle opérationnel. Et l'absence de ceux-ci maintient l'existence de ce contrôle dans les textes juridiques qui le consacrent et qui sont d'ailleurs difficilement déchiffrables. En dehors du cas du contrôle des dépenses d'allégement de la dette publique extérieure qui fera l'objet de nos prochains développements, le contrôle d'opportunité de la dépense publique pourra se dérouler au Cameroun à travers la technique de l'évaluation parlementaire des politiques publiques introduite par la nouvelle loi portant régime financier de l'Etat. Tout dépendra cependant du type d'évaluation que le parlement adoptera pour apprécier les dépenses publiques. Car cette option conditionne le déroulement d'un contrôle d'opportunité lors de l'adoption parlementaire des projets de dépenses et lors de l'engagement de la dépense publique par l'ordonnateur ou le gestionnaire de crédits.

1 : Les conditions de mise en œuvre lors de l'adoption parlementaire des projets de dépenses

488. En dehors du contrôle traditionnel réalisé par les représentants de la nation sur les projets de dépenses déposés par le gouvernement en vue de leur adoption, qui, à notre humble avis, constitue un réel contrôle d'opportunité, tant il est vrai qu'il consiste aussi, en principe, au choix des dépenses à autoriser, l'évaluation constitue une technique authentique de contrôle d'opportunité de ces opérations financières. En effet, appréhendée comme un examen de l'impact ou de l'efficacité d'une action publique menée, l'évaluation peut être l'occasion de déroulement d'un contrôle de l'opportunité de la dépense publique, si elle se réalise au début, c'est-à-dire à l'initiation des projets. Autrement dit, l'évaluation sera constitutive d'un contrôle d'opportunité si elle est

antérieure à la réalisation du projet, c'est-à-dire si elle intervient *ex ante*. Dans le cas contraire, il est difficile de l'appréhender en termes de contrôle d'opportunité. L'esprit ici est, en fait, celui de l'audit. Car, cette technique de contrôle peut couvrir l'objet du contrôle dès la phase des projets jusqu'aux résultats en passant par la réalisation. La réalisation d'un contrôle d'opportunité de la dépense publique dépendra donc, en fin de compte, du type d'évaluation des politiques publiques que le Parlement adoptera. L'option portera sur trois possibilités, à savoir : une évaluation *ex ante*, c'est-à-dire préalable à l'exécution du programme de dépense, une évaluation *ex tempore*, c'est-à-dire concomitante à l'exécution du programme et enfin une évaluation *ex post*, c'est-à-dire postérieure à la réalisation de la dépense publique. L'hypothèse d'une combinaison des trois types d'évaluation n'est par ailleurs pas exclue. C'est d'ailleurs l'idéal de contrôle que la dépense publique doit connaître, pour une meilleure maîtrise de cette opération financière.

2 : Les conditions de mise en œuvre lors de l'engagement administratif des dépenses

489. Un contrôle d'opportunité de la dépense publique pourrait se dérouler lors de l'engagement de la dépense publique par l'ordonnateur ou le gestionnaire de crédit. La loi portant nouveau régime financier de l'Etat reste peu diserte et quasiment muette à ce sujet. Le contraire nous aurait d'ailleurs surpris quand l'on analyse la lettre et surtout l'esprit de ce texte. En effet, en consacrant la budgétisation des dépenses par programmes dont la particularité est en principe la globalisation des crédits, l'on reconnaît davantage de pouvoirs aux gestionnaires[368] de crédits devant gérer les programmes en toute fongibilité. Ces programmes ayant aussi ceci de particulier que leur affectation n'est pas prédéterminée de manière rigide, mais simplement prévisionnelle, faculté étant laissée au gestionnaire de définir l'objet et la nature des dépenses[369]. Dans un tel contexte d'extrême responsabilisation[370] du

[368] DUPRAT (J.P.), « Les transformations de la fonction d'ordonnateur », *RFFP*, n°100, novembre 2007, pp. 313-318.
[369] BARILARI (A.), BOUVIER (M.), *La nouvelle gouvernance financière de l'Etat*, op. cit. p. 184.
[370] La responsabilité dont on fait allusion ici n'est pas celle pénale, financière ou politique. C'est une *« responsabilité managériale »*, Cf. MORVAN (F.), « Les aspects majeures de la nouvelle gouvernance financière », *op. cit.*, p. 126.

gestionnaire responsable du programme, on imagine mal un contrôle d'opportunité exercé sur lui. Celui-ci étant en fait son propre juge de l'opportunité des dépenses qu'il initie. Nonobstant ce contexte enclin à la responsabilisation de l'ordonnateur, l'hypothèse d'un contrôle de l'opportunité des dépenses engagées par le gestionnaire reste tout de même envisageable. Il s'agit du seul cas où le Parlement adopterait le type d'évaluation *ex tempore.* Dans cette hypothèse, le Parlement pourrait *sur place* ou *sur pièces* apprécier les choix et les coûts de dépenses initiées par l'ordonnateur. Ce dernier étant dans l'obligation de fournir au Parlement toutes les informations nécessaires à ce contrôle. Cette hypothèse, certes difficilement réalisable, est cependant favorable au Parlement qui viserait ainsi l'application stricte de ses autorisations, tout en renforçant ses pouvoirs vis-à-vis d'un gouvernement désormais lié. L'évaluation *ex tempore* est donc la condition *sine qua none* d'un contrôle d'opportunité des engagements de dépenses par le gestionnaire de crédits.

490. Le contrôle de l'opportunité de la dépense publique peut ainsi être d'application effective au Cameroun, tout dépendant du modèle d'évaluation adopté par le Parlement. *Ex ante*, le contrôle d'opportunité sera réalisé dans le cadre parlementaire d'adoption des projets de dépenses à autoriser. *Ex tempore*, ce contrôle devient possible sur les engagements de l'ordonnateur. L'on a cependant le pressentiment que cet édifice sera pratiquement battu en brèche, eu égard au poids de l'exécutif dans le régime politique en place. Ce contrôle parlementaire de proximité sur le gouvernement risquerait d'inverser la tendance quant à l'équilibre des pouvoirs au Cameroun, surtout dans une matière aussi sensible que les finances. L'on pourrait tout de même être spirituellement stabilisé dans notre désarroi au vu du contrôle réalisé par les comités PPTE et C2D sur les projets et programmes de dépenses financés par les ressources additionnelles issues de ces initiatives. Ces contrôles semblent être d'authentiques contrôles d'opportunité.

B : L'esquisse de mise en œuvre d'un contrôle d'opportunité : Le contrôle de l'éligibilité des projets et programmes PPTE et C2D

491. En vue d'assurer une gestion participative et transparente des ressources additionnelles issues des programmes de désendettement au titre de l'initiative en faveur des pays pauvres et très endettés et du C2D, les pouvoirs publics ont créé plusieurs comités chargés de veiller à la

bonne utilisation et à l'allocation équitable et optimale desdites ressources en faveur de la lutte contre la pauvreté et de la bonne gouvernance[371]. En vue de mener à bien leurs missions, ces comités réalisent plusieurs types de contrôles sur les dépenses PPTE et C2D dès la phase de projet jusqu'après leur réalisation physique. Notamment, des contrôles de conformité, d'effectivité, d'opportunité et même de performance.

492. Pour ce qui est du contrôle d'opportunité qui fait l'objet de nos développement, ces comités assurent un contrôle dit de l'éligibilité des projets et programmes aux financements à base des ressources additionnelles. Autrement dit, pour qu'un projet ou un programme bénéficie du financement à base des ressources additionnelles issues de l'allègement de la dette, il doit passer un test d'éligibilité, c'est-à-dire un contrôle au cours duquel l'on s'assure que ledit projet ou programme satisfait à certains critères dits d'éligibilité[372], à savoir, des critères de conformité avec les axes prioritaires du programme de réduction de la pauvreté, et des critères d'évaluation. Et les programmes de dépense qui ne satisfont pas à ces critères sont purement et simplement rejetés, c'est-à-dire exclus des financements à base des ressources additionnelles. Cette sélection est une véritable contrôle de l'opportunité de desdites dépenses, car il est question en fait d'une appréciation non seulement de la pertinence, mais également du coût de ces dépenses. On procède, en fait, au choix des projets devant bénéficier des financements, en adoptant ceux qui sont jugés conformes aux critères qualitatifs et quantitatifs et en rejetant ceux qui ne sont pas conformes à ces critères. Concrètement, en ce qui concerne les dépenses PPTE, pour qu'un projet puisse être éligible aux financements à base des ressources additionnelles, il doit satisfaire à quatre grilles de critères de conformité et d'évaluation :

- la première grille de critère porte sur le dossier administratif du projet et permet de classifier les projets en fonction du statut du promoteur ;

---

[371] Article 3 du décret du 1er décembre 2000 portant création, organisation et fonctionnement d'un Comité consultatif et de suivi de la gestion des ressources PPTE ; Article 3 du décret du 30 mai 2006 portant création, organisation et fonctionnement d'un Comité d'orientation et de suivi du contrat de désendettement et de développement.

[372] Lire pour cela le Manuel de Procédures du Comité consultatif et de suivi de la gestion des ressources PPTE, p. 5 et suivantes.

- la deuxième grille porte sur la cohérence du dossier technique avec le Document de Stratégie de Réduction de la Pauvreté. Les projets devant en effet être compatibles avec les objectifs de réduction de la pauvreté dans les secteurs clés de l'éducation, des infrastructures, du développement social, de la santé, du développement rural et de la gouvernance.
- La troisième grille permet d'apprécier le projet par rapport aux axes prioritaires du secteur concerné.
- La dernière grille de critères évalue le dossier technique selon des critères transversaux, à savoir, entre autres, la viabilité ou la rentabilité financière ou économique du projet, le rapport coût-efficacité, l'impact sur la réduction de la pauvreté.

493. Cette évaluation de l'éligibilité des projets et programmes constitue un contrôle de l'opportunité des dépenses PPTE et C2D, car elle est antérieure à la réalisation matérielle de ces dépenses, et porte sur leur qualité par une appréciation non seulement de leur pertinence, mais aussi de leur coût.

494. L'application optimale du contrôle d'opportunité institué par la réforme nécessite la réunion d'un certain nombre de conditions visant à garantir l'effectivité et même l'efficacité de ce contrôle de qualité *a priori*. Ces conditions dépendent en grande partie du type ou du modèle d'évaluation que les représentants de la nation adoptent et même de la structure organisationnelle et fonctionnelle qui sera mise en place pour la mise en branle de cette technique d'évaluation. Quoiqu'il en soit, le contrôle d'opportunité est manifeste au Cameroun depuis la mobilisation du tout premier centime additionnel issu des programmes d'allègement de la dette publique extérieure au titre de l'initiative PPTE et du C2D, où des organes spéciaux de contrôle l'effectuent. La certification et le contrôle de la performance obéissent-ils aux mêmes conditions de mise en œuvre effective ?

¶ II : La mise en œuvre du contrôle de performance et de la certification

495. Nonobstant leur rapprochement issu du fait qu'ils sont tous des contrôles de la qualité portant sur les résultats de la dépense publique, le contrôle de performance et la certification doivent en principe obéir à des régimes d'application tout à fait différents, eu égard, non seulement à la spécificité du cadre respectif de déploiement de ces contrôles, mais également à la particularité conceptuelle de chacun de

ces contrôles. En effet, en application du principe de la séparation des ordonnateurs et des comptables, la gestion administrative de la dépense publique doit se distinguer de celle comptable. Cette logique de séparation doit en principe trouver son prolongement même dans le contrôle que pourrait subir l'une ou l'autre gestion. Par ailleurs la certification et le contrôle de performance n'obéissent pas à la même logique, en dépit de leur complémentarité dans l'optique d'une bonne maîtrise de la dépense publique. Il existe certes des cas où un même organe de contrôle est investi d'une mission de contrôle de performance et d'une mission de certification[373], mais la réalisation effective de ces contrôles nécessite la mobilisation des procédures, des techniques, bref de mécanismes différents, idem pour les conditions de leur mise en place respective au cas où ils ne seraient pas encore effectifs car les besoins afférents à la pratique sont tout aussi différents. L'application du contrôle de performance se distinguera donc de celle de la certification au Cameroun.

A : La mise en œuvre du contrôle de performance

496. La consécration du contrôle de performance dans divers instruments juridiques régissant certains organes de contrôle ne s'accompagne pas de son application effective au Cameroun. D'où l'urgence, avant la mobilisation effective de ce contrôle, de préparer son environnement futur d'expression, afin que ce contrôle de la qualité de la dépense publique soit performant. Le contrôle de performance doit être réalisé au Cameroun par deux principaux organes de contrôle, à savoir le Parlement et les Services du Contrôle Supérieur de l'Etat, même s'il est prévu dans l'organisation de chaque ministère un service chargé d'évaluer le déroulement général de l'activité administrative de cette institution[374]. L'exercice harmonieux de ce contrôle est cependant conditionné par une pluralité de facteurs. Les uns ont trait à la structure

---

[373] On fait allusion ici à la Cour des comptes française qui est l'organe certificateur en France alors qu'il assure aussi un contrôle de performance lors de l'accomplissement de sa mission de contrôle extra juridictionnel sur les organismes publics. D'ailleurs, les Services du Contrôle supérieur de l'Etat sont dans la même situation. Organe certificateur à travers ses missions mobiles de vérification, cette Institution supérieure de contrôle des finances publiques assure par ailleurs un contrôle de performance au Cameroun.

[374] Il s'agit de l'Inspection générale des services que l'on retrouve en principe dans chaque ministère. Celle-ci est régie pour ce qui est du Ministère des Finances, par les articles 5 à 7 du décret du 30 juin 2003 portant organisation de ce ministère.

mécanique de l'organe chargé d'assurer ce contrôle, les autres concernent les personnels de contrôle et même tous les usagers du service public, dont les considérations mentales et intellectuelles sont interpellées. Il est alors question des conditions structurelles et des conditions culturelles.

1 : Les conditions structurelles du contrôle de performance

497. La préoccupation d'améliorer l'efficacité des politiques publiques n'est pas nouvelle en Afrique. Ce qui semble par contre nouveau ici, c'est le rapport plus ou moins étroit qui est fait entre le sujet de la performance et la procédure budgétaire, et surtout la dépense publique[375]. Un exercice harmonieux du contrôle de performance de la dépense passe par la satisfaction de plusieurs conditions structurelles appréhendées ici comme des prérequis à la mise en branle de ce contrôle. Notre attention portera sur les plus essentiels, à savoir l'existence d'un organe indépendant chargé de l'assurer, et la détermination des indicateurs pertinents de performance.

a : L'existence d'un organe indépendant de contrôle de performance

498. La première condition semble à certains égards satisfait, tant il est vrai que les organes chargés d'évaluer la performance, à savoir, le Parlement et l'Institution supérieure de contrôle des finances publiques qu'est le Contrôle supérieur de l'Etat, sont opérationnels au Cameroun. Qu'il nous soit cependant permis de relativiser leur indépendance du fait de la situation particulière de chacune de ces institutions de contrôle de performance. En effet, les Services du Contrôle supérieur de l'Etat qui officient en tant que Institution supérieure de contrôle des finances publiques, sont non seulement un ministère de la structure administrative gouvernementale, mais surtout sont rattachés à la Présidence de la République, mettant ainsi en exergue, à un double titre, leur appartenance à l'exécutif, au mépris des normes de l'INTOSAI. La situation du Parlement est peu ou prou différente car, en application du principe de la séparation horizontale des pouvoirs, le pouvoir législatif est distinct du pouvoir exécutif dont on doit évaluer la performance du bras séculier qu'est l'administration. Mais, conscient de la particularité

---

[375] SIMMONY (M.), « La démarche de performance dans le cadre des finances publiques », *op. cit.*, p 26.

du régime politique en place qui assoit le primat de l'exécutif et particulièrement du Président de la République sur les autres pouvoirs et surtout sur le pouvoir législatif, l'on est en droit d'éprouver de craintes, quant à l'objectivité du contrôleur.

B : La définition des indicateurs de performance

499. Pour ce qui est de la seconde condition structurelle, la détermination des critères de performance est nécessaire pour rendre ce contrôle possible, car sans ces instruments de mesure de la performance, le contrôleur naviguera à vue. Un indicateur est défini comme un renseignement chiffré destiné à caractériser un programme, à suivre son exécution, et à le gérer. En d'autres termes, un indicateur permet de porter un jugement sur l'utilisation des moyens et les résultats obtenus, au regard des objectifs visés et des besoins à satisfaire[376]. La détermination des indicateurs n'est d'ailleurs pas la particularité du Cameroun. D'autres pays occidentaux et africains s'étant tôt lancés dans l'aventure de recherche de la performance, ont dû suivre cet itinéraire.

500. En France, la performance va être mesurée au sein d'un programme par les indicateurs que l'on retrouve dans le projet annuel de performance annexé à chaque programme. La démarche de performance a été sous la forme de guide méthodologique[377]. Le Cameroun pourrait concevoir un document semblable. Pour déterminer des objectifs, la typologie choisie en France distingue trois types d'analyse : l'efficacité socioéconomique, la qualité du service rendu, et l'efficience de la gestion. Pour mesurer les objectifs, des indicateurs sont déterminés. Ils doivent répondre à plusieurs critères fixés par le guide méthodologique de la performance, être pertinents pour apprécier les résultats obtenus, être utiles, solides et véritables.

501. Le Bénin, le Burkina Faso, le Mali et le Sénégal ont pratiquement adopté les mêmes indicateurs que la France, à savoir, entre autres, les indicateurs de ressources, les indicateurs d'activités, les indicateurs de production, aussi bien de qualité que de quantité, les indicateurs d'impact, les indicateurs d'efficacité, et enfin les indicateurs de

---

[376] PARIENTE (A.), COULIBALY (A.S.), « Programme et mesure de la performance en France et dans les pays africains », *op. cit.*, p. 40.

[377] La démarche de performance : Stratégie, objectif, indicateurs, guide méthodologique pour l'application de la loi organique relative aux lois de finances du 1er août 2001, 2ème édition, La Documentation française.

productivité. Il faut cependant noter que beaucoup de problèmes se posent souvent dans la détermination des indicateurs, à travers, notamment, une tendance à leur prolifération. Et dans ce contexte, on a l'impression que la détermination des indicateurs est une fin en soi, sans souci de la capacité de collecter les données statistiques nécessaires pour suivre leur évolution.

2 : Les conditions culturelles du contrôle de performance

502. La réalisation harmonieuse du contrôle de performance est conditionnée par la satisfaction d'un certain nombre de prérequis culturels, notamment un changement systématique de culture de gestion des affaires publiques, en général et de la dépense publique en particulier, et une appropriation de la logique de la performance.

503. Un exercice optimal du contrôle de performance de la dépense publique passe nécessairement par un changement de logique de gestion des finances publiques. L'adoption au Cameroun du modèle français de contrôle financier fondé sur la régularité[378] a eu pour conséquence l'enracinement d'une logique de gestion des moyens où la seule réalisation d'une opération financière semble se suffire à elle-même. Autrement dit, seul semble importer le fait qu'on ait accompli une opération[379]. On se soucie peu des retombées ou des résultats de cette opération. Dans un tel contexte peu enclin aux considérations de résultats, tout contrôle de performance semble voué à l'échec. Il urge dès lors de revoir une telle culture de gestion, en adoptant celle éprise des considérations de résultats. Autrement dit, il faut passer de la logique des moyens à la logique des résultats[380], où on se souciera dorénavant de la qualité de a dépense publique et non plus exclusivement de la régularité. Les opérations financières de dépense devront alors être efficaces, efficientes et même rationnelles. On adoptera ainsi une culture de gestion propre à la gestion des entreprises, où la survie ne tient que du fait de la performance de ses actions.

504. Une fois la culture des résultats acquise, il faudra dès lors imprégner les différents responsables de l'administration en générale et de celle financière en particulier, et surtout les usagers des services publics, de

---

[378] YONABA (S.), « L'expérience africaine du modèle français du contrôle juridictionnel des finances publiques », *RFFP*, n°101, mars 2008, pp. 61-67.

[379] MUZELLEC (R.), « Diagnostic du système financier camerounais », *op. cit.*, p.32.

[380] SAUMADE (G.), « Une réforme obligatoire », *RFFP*, n°71, janvier 2001, pp. 139-141.

la logique de la performance. Car, aucun succès ne peut être enregistré ici si un des maillons de la chaîne de la performance est à la traîne. Cette imprégnation devra se faire par le truchement des campagnes de sensibilisation, des ateliers de formation et surtout des vagues de responsabilisation. Une stratégie contraire ne sera pas gage du succès de cette réorientation téléologique. Elle s'impose d'ailleurs parce que *pendant longtemps, des politiques plus simples se sont accommodées d'une gestion plus réglementaire. La loi fixait des règles et des dispositifs universels. L'administration les appliquait et le système bouclait avec un contrôle de l'application des règles. Aujourd'hui, des politiques devenues plus complexes nécessitent une lecture des résultats obtenus*[381].

505. L'application harmonieuse du contrôle de performance de la dépense publique nécessite ainsi que certains prérequis d'ordre structurel et culturel soient au préalable satisfaits. Notamment, sur le plan structurel, l'existence d'un organe indépendant de contrôle, la détermination des indicateurs de performance, et sur le plan culturel un changement de culture de gestion marquée par une forte appropriation des idéaux de la performance. Portant aussi sur les résultats de la dépense publique, la certification sollicitera aussi de tels aménagements, mais avec la seule différence que nous serons à ce moment sur un plan purement comptable.

B : La mise en œuvre de la certification

506. La manière somme-toute curieuse par laquelle la certification est introduite dans le système de contrôle de la dépense publique au Cameroun ne présage-t-elle pas les conditions de son exercice sur le plan pratique ? il est, en effet, bizarre qu'une technique de contrôle aussi importante pour la qualité des comptes d'un Etat ne soit pas explicitement contenue dans la norme principale qui régit l'organe qui est pourtant chargé de la réaliser, mais qu'elle soit plutôt contenue de manière d'ailleurs peu diserte, dans le dispositif d'un texte antérieur à la norme sus évoquée, régissant les modalités de déploiement de l'Institution supérieure de contrôle des finances publiques. L'on se serait pourtant légitimement attendu que le texte postérieur précise davantage explicitement cette technique au lieu de la conserver dans

---

381 ABATE (B.), « Quels indicateurs de performance pour le nouveau budget de l'Etat ? », *op. cit.* p. 61.

son esprit. Cette situation est susceptible de deux interprétations. Soit la certification est une technique de contrôle secondaire qui ne nécessite aucune attention particulière, soit alors les pouvoirs publics, en attribuant aux misions mobiles de vérification la charge de *l'appréciation de la sincérité et de la fidélité des états financiers*[382] après leur avoir reconnu le pouvoir de *la constatation des irrégularités et des entorses à la réglementation ou aux principes et règles de bonne gestion*[383] ne mesurait pas la portée de ses dispositions. Quoiqu'il en soit, la certification est désormais contenue dans notre droit positif et il faut l'appliquer. Chose qui va solliciter des aménagements particuliers pour une mise en œuvre harmonieuse et optimale. Ceux-ci ont trait non seulement à l'organe chargé d'assurer la certification, mais aussi à la technique de la certification même.

1 : Les conditions relatives à l'organe certificateur

507. Il semble tout à fait judicieux de s'interroger sur la nature de l'organe appelé à certifier les comptes des différents organismes publics de l'Etat, afin de savoir si celui-ci satisfait à toutes les conditions nécessaires à l'exercice d'une telle mission. Et au rang de ces conditions, les normes de l'INTOSAI privilégient la considération d'indépendance organique de laquelle découle l'obligation d'une structure spécialisée. A cet effet, il sera question ici de savoir si les services du contrôle supérieur de l'Etat, à travers leurs missions mobiles de vérification, sont dans les conditions de procéder à la certification des comptes des différents organismes de l'Etat.

508. La réponse à cette question mérite une approche nuancée. En effet, étant l'Institution supérieure de contrôle des finances publiques de l'Etat chargée d'assurer l'audit externe au niveau le plus élevé[384] des organismes publics, et même privés, à condition qu'ils reçoivent un concours financier de l'Etat, les services du Contrôle supérieur de l'Etat semblent organiquement indépendants des différents services qu'ils sont chargés d'auditer. Il est d'ailleurs explicitement dit aux termes de l'article 7 du décret du 05 mars 1997 relatif aux missions mobiles de vérification, c'est-à-dire la formation spécialement chargée de la certification que *dans le cadre de leurs attributions, les membres des*

---

[382] Article 15 du décret du 05 mars 1997 relatif aux missions mobiles de vérification.

[383] Même article, premier paragraphe.

[384] Article 2 du décret du 11 octobre 2005 portant organisation des services du Contrôle Supérieur de l'Etat.

missions mobiles de vérification jouissent d'une indépendance totale vis-à-vis des administrations et organismes contrôlés et disposent de tous les pouvoirs d'investigation. Ces dispositions semblent cependant perdre toute leur portée à l'analyse attentive de la situation des services du Contrôle supérieur de l'Etat par rapport à l'une des trois instances qui doivent être horizontalement séparées dans l'Etat et dont les comptes doivent être certifiés par cette Institution supérieure de contrôle, par ailleurs. En effet, ces services *relèvent de l'autorité directe du Président de la République dont ils reçoivent les instructions et à qui ils rendent compte*[385]. Ils sont, par ailleurs, *dirigés par un ministre délégué à la Présidence*[386]. Ils perdent dès lors toute leur indépendance, tant il est vrai, selon les normes de l'INTOSAI, que l'Institution supérieure de contrôle doit être indépendante de ces trois pouvoirs.

2 : Les conditions relatives à la technique de la certification

509. En dehors des conditions relatives à la nature de l'organe chargé d'assurer la certification, certaines autres conditions doivent être satisfaites pour assurer un déploiement pratique harmonieux de ce contrôle de la qualité des comptes. Ces conditions sont propres à la technique de la certification elle-même, pour interpeller la méthodologie de cette technique et la comptabilité à certifier qui doit passer d'un système de caisses à un système patrimonial.

510. La certification étant une technique tout à fait nouvelle comme d'ailleurs l'ensemble du contrôle de la qualité de la dépense publique, il sied de déterminer sa méthodologie, c'est-à-dire, la description de différentes étapes et moments qui vont ponctuer le processus de réalisation de la certification. A cet effet, un guide méthodologique devrait être conçu, mobilisant l'expertise et la matière grise des différents Etat réalisant la certification depuis de longues dates et surtout de l'INTOSAI qui est l'organisation la plus assise en la matière, car regroupant les diverses institutions supérieures de contrôle des finances publiques dont la mission première est de certifier les comptes publics. La France pourra ainsi être interpellée grâce à sa Cour des comptes, même si le cadre de certification est différent, cet Etat ayant adopté la certification par un organe juridictionnel tandis que le

---

[385] Article 1er alinéa 1er du décret sus évoqué.

[386] Même article alinéa 2.

Cameroun a fait recours à un service administratif[387]. Les différentes conditions ou critères de la certification pourraient aussi être définis par le même truchement. On sait, par exemple, qu'une certification n'est possible que si elle est destinée non à l'organisme audité, mais à son environnement, si elle est limitée au secteur comptable et financier, si elle ne s'intéresse qu'aux fautes financières et si elle est périodique. Sans oublier que l'organe certificateur lui-même doit être *certifiable*[388].

511. Par ailleurs, une certification dans un système comptable en caisse est d'avance vouée à l'échec, car elle n'atteindra jamais l'objectif final de cette technique qui est de trahir l'image réelle du patrimoine financier de l'Etat à travers les chiffres. Or, si tant est que le système comptable en caisse ne privilégie que la situation matérielle des caisses, la certification dans ce cadre donnera une image erronée de la situation financière de l'Etat, car un pan de voile sera mis sur les différents avoirs dudit organisme, qui n'auront connu qu'un enregistrement mais ne seront pas encore palpables au niveau des caisses. C'est la raison pour laquelle il est recommandé, mieux, vivement exigé, de passer d'un système comptable en caisse à un système des droits constatés ou patrimonial. Car, dans ce dernier, les revenus sont pris en compte dès leur enregistrement.

512. La certification, tout comme le contrôle de performance, nécessite pour son application, la satisfaction d'un certain nombre de conditions. Ces dernières vont de l'indépendance de l'organe devant assurer cette technique de contrôle de la qualité de la dépense publique, à la méthodologie particulière de la certification. Sans oublier le principal facteur d'une certification optimale qu'est le passage d'un système comptable de caisse à un système d'exercice. Ces différentes conditions propres au contrôle des résultats de la dépense publique ont une même logique que celle relative au contrôle de l'opportunité : le contrôle de la qualité des projets et programmes de dépense. Leur combinaison est certainement gage d'une mise en branle harmonieuse et optimale du contrôle de la qualité de l'ensemble de la dépense publique alors démise de toute coloration administrative et comptable.

513. Au terme de notre analyse, force est de retenir que le contrôle de la qualité a été introduit au Cameroun au début et à la fin du processus de la dépense publique. A la phase initiale, il fait fi de la distinction entre

---

[387] LAMARQUE (D.), « Les rapports publics dans la pratique des institutions supérieures de contrôle. Comparaisons internationales », *RFFP*, n°99, septembre 2007, pp. 62-71.

[388] ALVENTOZA (J.R.), *op. cit.*

le circuit comptable et le circuit administratif ou purement budgétaire de la dépense publique, car il est encore question à ce niveau des autorisations. Ce n'est qu'à la fin du processus de cette opération financière que le contrôle des résultats administratifs se distinguera du contrôle des résultats comptables en prenant respectivement les noms de contrôle de performance et de certification. Encore contenus dans les instruments juridiques qui les consacrent à l'exception du contrôle des dépenses PPTE et C2D, ces contrôles connaissent encore une mise en œuvre très timide au Cameroun. D'où l'urgence de concevoir un environnement de leur mise en branle harmonieuse et optimale sollicitant non seulement des considérations structurelles, mais aussi celles culturelles, afin de les rendre apte à braver tous les obstacles potentiels dont ils sont confrontés dans leur application de tous les jours.

514. Les budgets locaux semblent d'ailleurs connaitre les mêmes difficultés, avec une ampleur beaucoup plus prononcée consécutive au degré de décentralisation en cours dans notre Etat.

Titre II

Les budgets locaux

515. En droit public financier, l'étude des budgets locaux est une occasion idoine pour avoir la maîtrise non seulement des données théoriques fondamentales, mais surtout des mécanismes mobilisés dans la conception et l'exécution de ces outils essentiels de la vie des collectivités territoriales décentralisées.

Chapitre I

Les données théoriques fondamentales des budgets locaux

516. Deux séries de considérations semblent fondamentales dans l'étude théorique du droit budgétaire, en général, et celui des collectivités territoriales décentralisées, en particulier. Il s'agit, d'une part, de la notion de budget local et d'autre part, des principes régissant ce droit.

517. L'étude des principes fondamentaux des finances publiques, étant déjà faite lors des développements afférents au cadre juridique d'élaboration du budget national[389], même s'il existe quelques spécificités propres à la débudgétisation, au niveau local[390], force est de s'appesantir actuellement sur les budgets locaux où il sera question dans une première analyse de les déterminer, avant de dégager leur contenu en seconde analyse.

---

[389] Le Titre II du Cinquième livre du Code général des collectivités territoriales décentralisées, consacré aux principes budgétaires locaux, prévoit en effet, à partir de l'article 375 jusqu'à l'article 384, pratiquement les mêmes principes fondamentaux en vigueur en droit budgétaire national, selon la loi du 11 juillet 2018 portant régime financier de l'Etat et des autres entités publiques. Il s'agit, respectivement, des principes de l'annualité, de l'universalité, de l'unité, de l'équilibre, de la spécialité et de la sincérité.

[390] Le Code général des collectivités territoriales décentralisées prévoit explicitement, à titre d'illustration à l'article 380, le principe de la budgétisation préalable des recettes et dépenses locales. Selon ce principe, aucune recette ne peut être émise et recouvrée, ni aucune dépense engagée ou ordonnancée pour le compte d'une collectivité territoriale décentralisée, sans avoir été prévue et autorisée par le budget de la collectivité concernée. Lire en appui : BOUVIER (M), *Les finances locales*, LGDJ, 8ème édition, Paris, 2002, pp. 13 et suivantes.

§ I : La détermination des budgets locaux

518. Déterminer les budgets locaux est une œuvre théorique de conceptualisation et de classification de cette donnée fondamentale des finances publiques locales. Autrement dit, il est question de dégager le concept général du budget local, d'une part, et ressortir les différents types de budgets locaux, d'autre part. Ceci se concrétise par une analyse successive tant de la définition, que de la typologie des budgets locaux.

¶ I : La définition des budgets locaux

519. Ce serait pure sacrilège dans l'étude du droit public financier moderne, de ne pas *dresser au préalable un autel en l'honneur du budget*[391]. Car c'est l'une des catégories juridiques les plus déterminantes de cette discipline, que l'on soit dans le cadre national, supranational ou infranational.

520. La définition du budget des collectivités territoriales décentralisées procède au Cameroun des dispositions combinées des articles 3 et 4 de la loi du 10 juillet 2009 portant régime financier des collectivités territoriales décentralisées, reprises par les articles 385 et 386 de la loi du 24 décembre 2019 portant Code général des collectivités territoriales décentralisées[392]. Le budget est alors l'acte juridique par lequel sont prévues et autorisées les recettes et les dépenses d'une collectivité territoriale. Il présente l'ensemble des programmes concourant au développement économique, social, sanitaire, éducatif, culturel et sportif des collectivités locales, et doit être en cohérence avec les objectifs économiques et financiers de l'Etat[393]. Il est élaboré et contrôlé

---

[391] Cette formule est du professeur LEKENE DONFACK, dans son ouvrage intitulé : *Finances publiques camerounaises*, op. cit., p.34.

[392] Il convient de préciser, à propos de cette loi, qu'il y a eu une grande évolution dans la législation camerounaise se rapportant à la matière, à un double titre. En effet, dans l'optique d'uniformiser le cadre juridique des finances publiques de l'Etat unitaire décentralisé camerounais, le législateur a révisé la loi du 26 décembre 2007 portant régime financier de l'Etat le 11 juillet 2018 en adoptant alors la loi portant régime financier de l'Etat et des autres entités publiques, d'une part. Et dans l'optique de booster davantage la décentralisation au Cameroun, un Code général des collectivités territoriales décentralisées a été adopté, d'autre part.

[393] Il faut comprendre à la fin de cette définition que les collectivités territoriales décentralisées ne sont pas indépendantes sur le plan budgétaire et financier. Elles ne sont qu'autonomes sur ce plan. Par conséquent, elles demeurent sous la tutelle

de manière participative, en vue de prendre en compte les besoins exprimés et les suggestions formulées par les populations. Et à cette fin, les services compétents de l'Etat sont tenus de fournir aux collectivités locales les informations nécessaires y afférentes.

521. A l'image des finances publiques nationales, il existe sur le plan local plusieurs types de budgets.

¶ II : La typologie des budgets locaux

522. En fonction de la nature, de l'organisation et du fonctionnement des collectivités territoriales décentralisées, le droit financier local distingue principalement trois types de budgets, à savoir les budgets principaux, les budgets des services publics locaux et les budgets des syndicats de communes. Ces différents budgets peuvent toutefois donner naissance à une autre classification plus technique dépendant du moment de l'élaboration des budgets considérés. Ainsi, lorsqu'ils sont établis en début d'exercice budgétaire, ils donnent naissance à des budgets initiaux[394]. Par contre, lorsqu'ils sont pris en cours d'exercice budgétaire, suite à une modification des prévisions initiales, il s'agit des budgets rectificatifs[395]. Sans rompre complètement avec la loi portant régime financier local du 10 juillet 2009, le Code général des collectivités territoriales du 24 décembre 2019, en ses articles 387 et 388, apporte un complément d'information sur les budgets locaux, dans une perspective d'harmonisation de la législation financière locale d'avec celle nationale.

A : Les budgets principaux

523. Au Cameroun, les budgets principaux sont les budgets des régions, des communes et des communautés urbaines. Ils sont votés et

---

financière du pouvoir central qui exerce un droit de regard sur leur activité administrative et financière.

[394] Conformément à l'article 387 du Code général des collectivités territoriales décentralisées, le budget initial est voté par l'organe délibérant et mis en exécution en début d'exercice.

[395] Articles 387, alinéa 2 et 388, alinéas 1 et 2. Il est précisé dans cette dernière disposition que le budget rectificatif est destiné à ajuster les prévisions du budget initial. Il comprend, notamment, les crédits supplémentaires nécessaires en cours d'exercice, les recettes nouvelles non prévues dans le budget initial et les opérations de recettes et de dépenses reportées au titre du budget de l'année précédente.

approuvés avant le début de l'exercice budgétaire pour une année civile et retracent dans un document unique toutes les recettes et toutes les dépenses de la collectivité considérée. Ces budgets sont la conséquence logique de leur statut de personne morale de droit public, car toute personne morale de cette nature est dotée de l'autonomie budgétaire lui conférant la capacité de concevoir son propre budget, à travers ses organes élus localement.

B : Les budgets annexes

524. Les budgets annexes, quant à eux, sont établis pour les services publics régionaux ou communaux dotés de l'autonomie financière, mais ne jouissant pas de la personnalité morale. Ils retracent les opérations résultant de leurs activités de production des biens ou de prestation de services donnant lieu au paiement d'un prix. Il s'agit ici, en quelques sortes, du schéma théorique contraire à celui des budgets principaux. Pour les budgets annexes, la nécessité de concevoir un budget est dictée par le fruit financier des biens et services produits par la structure à laquelle autorisation est faite de concevoir un budget annexe, et non la personnalité morale de cette structure. Car, cette dernière n'en dispose pas. Mais, celle-ci est tellement lucrative sur le plan pécuniaire qu'il convient, pour des besoins de saine gestion financière et comptable, de lui doter d'un budget dit *annexe,* car greffé, ne serait-ce que théoriquement, au budget principal. En effet, l'on est toujours annexe de quelque chose de principal, et jamais de nature. D'ailleurs, le régime d'élaboration et même d'exécution des budgets annexes est identique à celui des budgets principaux des collectivités concernées.

C : Les budgets des syndicats de communes

525. Pour l'efficacité de leur action, les communes d'un même département, ou d'une même région, peuvent se regrouper en syndicat. Le syndicat est un établissement public intercommunal doté de la personnalité juridique et de l'autonomie financière. Dans ce cadre, elles doivent se doter d'un budget spécifique préparé, voté et approuvé conformément à la convention de création du syndicat et dans les mêmes formes que le budget de la commune. C'est le budget des syndicats de communes.

526. Le budget des syndicats de commune est la manifestation d'une synergie d'action au niveau des collectivités territoriales décentralisées, dont la commune constitue actuellement le modelé le plus illustratif, eu égard à sa généralisation sur le territoire national et même à son histoire au Cameroun. En effet, le besoin pressent de certaines communes d'un même département ou d'une même région de réaliser un projet porteur et utile pour tous, peut conduire les organes exécutifs et délibérants de ces collectivités à fédérer leurs efforts financiers pour atteindre cet objectif. Ces différentes participations financières et leur mobilisation chiffrées, se retrouvent donc contenues dans un document comptable adopté par les dirigeants de ces collectivités[396].

527. Ces trois types de budget locaux ont des contenus semblables.

§ II : Le contenu des budgets locaux

528. Il se dégage une constante dans la définition du budget, quel qu'en soit le type : c'est au sujet de son contenu. Le budget local est alors l'acte par lequel sont prévues et autorisées les recettes et les dépenses d'une collectivité territoriale décentralisée. C'est dire que le contenu du budget local a pour consistance les recettes et les dépenses. On peut ainsi lire aux termes de l'article 389, alinéa 1 du Code général des collectivités territoriales décentralisées : *le budget comprend deux parties. La première partie est consacrée aux recettes et la deuxième partie aux dépenses*. Aussi, une autre grande distinction est faite entre les « *opérations de fonctionnement* » et les « *opérations d'investissement* ». Les premières regroupent les opérations annuelles ayant vocation à se renouveler et les secondes, quant à elles, rassemblent les opérations *ayant un impact* sur le patrimoine de la collectivité territoriale et pouvant être pluriannuelles.

529. Malgré l'imprécision de cette expression tenant au fait que toute opération financière, qu'elle soit de fonctionnement ou d'investissement est susceptible d'avoir un impact sur le patrimoine de la collectivité, le droit budgétaire local distingue en grandes lignes, les

[396] La pratique des syndicats de communes est peu rependue au Cameroun. Quelques facteurs explicatifs pourraient à cet effet être relevés. Il s'agit, d'une part, des mentalités des dirigeants des communes et même des citoyens, peu renseignées aux méandres de la décentralisation. Il s'agit, d'autre part, de l'égoïsme peu ou prou relevé des mêmes dirigeants qui croient à tort que les modestes moyens financiers dont ils disposent pourraient être distraits par une gestion concertée comme celle des syndicats de communes.

opérations financières de recettes de celles de dépenses. Toutefois, tandis que les recettes sont déclinées en fonction de leur nature, les dépenses, quant à elles sont subdivisées en deux types principaux types : celles de fonctionnement et celles d'investissement. Cela semble être une dérogation au régime financier de l'Etat qui est supposé s'appliquer aussi en grande lignes aux collectivités territoriales décentralisées, mais qui en distingue généralement plus ou moins deux. Ainsi, aux deux principales catégories des dépenses sus évoquées, s'ajoutent souvent dans les Etats en développement fortement endettés, les dépenses de transferts et les charges financières de la dette, sans oublier la catégorie non moins curieuse intitulée *les autres dépenses*[397]. Et pour ce qui est des recettes, la grande distinction porte sur les recettes fiscales et celles non fiscales, chaque catégorie se déclinant en une variété de recettes[398].

¶ I : Les recettes locales

530. Conformément aux dispositions de l'article 390 du Code général des collectivités territoriales décentralisées, les recettes locales, décrites en fonction de leur nature, comprennent les recettes fiscales, le produit de l'exploitation du domaine et des services, les dotations et les subventions, et les ressources de trésorerie et de financement. A ces quatre types de recettes, l'article 398 du même code prévoit une autre catégorie de recettes locales appelées *« autres recettes »*. Et contrairement à la loi du 10 juillet 2009 qui n'était pas assez diserte par rapport à cette nouvelle catégorie de recettes originales, le Code général des collectivités territoriales décentralisées en dégage une liste exhaustive.

A : Les recettes fiscales

531. A l'esprit de l'article 380 du code général des collectivités locales, une collectivité territoriale ne peut effectuer un prélèvement fiscal que s'il est prévu par la loi, voté par l'organe délibérant et approuvé par l'autorité de tutelle compétente. Il s'agit là de l'esprit des principes de légalité fiscale et de l'autorisation qui sont de mise au niveau local. Ce

[397] Article 28 de la loi du 11 juillet 2018 portant régime financier de l'Etat et des autres entités publiques.
[398] Article 25 du régime financier du 11 juillet 2018.

principe donne la pleine compétence de création des ressources financières au représentant du peuple qui, dans la collectivité locale est l'organe délibérant, même si un bémol est mis sur l'application efficace de cette règle fondamentale, à travers la condition *sine qua non* de l'autorisation de ladite recette par l'autorité de tutelle qui n'est autre que le représentant de l'Etat central. Toutefois, à s'y appesantir davantage, il s'agit là d'un rappel aux autorités financières des collectivités territoriales décentralisées, qu'elles ne sont qu'autonomes et non indépendantes[399].

532. Malgré l'effort de précision fourni par le législateur du 24 décembre 2019, les recettes fiscales des collectivités locales semblent toujours génériques et se déclinent, de manière synoptique, en impôts directs, prélèvements effectués sur les recettes fiscales de l'Etat, taxes directes et indirectes et tout autre prélèvement fiscal prévu par la loi. En effet, aux termes de l'article 391 du Code général des collectivités territoriales décentralisées, les recettes de ces entités sont constituées de tous les prélèvements opérés par les services fiscaux de l'Etat ou les services compétents de la collectivité territoriale au profit de cette dernière. L'ensemble de ces prélèvements est désigné sous l'appellation *« impôts locaux »*. Il s'agit concrètement des impôts communaux[400], des centimes additionnels communaux sur les impôts et taxes de l'Etat[401], des taxes communales[402], des impôts et taxes des régions, et de tout autre type de prélèvements prévus par la loi[403].

B : Le produit de l'exploitation du domaine et des services

---

[399] Pour des développements approfondis à propos des formes de libre administration, lire : BILOUNGA (S.T), « La dualité de la libre administration en droit administratif français », *RADSP*, Vol.4, n°8, juillet- décembre 2016, pp. 133-164.

[400] C'est le cas des patentes et licences qui sont des impôts directement prélevés par les autorités communales à leur profit.

[401] Les Centimes additionnels communaux sont, en principe, le dixième du fruit de l'impôt sur le revenu, de l'impôt sur les sociétés et de la taxe sur la valeur ajoutée, collecté au niveau national par les autorités étatiques et transféré aux collectivités territoriales décentralisées à travers le Fonds Spécial d'Equipement et d'Interventions intercommunales (FEICOM), chargé du partage de ces ressources auxdites collectivités par péréquation. Pour d'amples précisions sur le mécanisme de la péréquation, lire : BLANC (J*), Les péréquations dans les finances locales*, LGDJ, Paris, 1996, pp. 8 et suivantes.

[402] C'est le cas de la taxe de développement local ou de la redevance pour dégradation de la chaussée. Tous ces prélèvements seront étudiés en détail supra.

[403] La parfaite illustration porte sur la redevance pour dégradation de la chaussée. Tous ces prélèvements seront étudiés en détail supra.

533. A l'instar de l'Etat, les collectivités territoriales décentralisées possèdent des domaines et rendent des services. Des recettes peuvent donc provenir de l'exploitation desdits domaines et prestations de services divers. Il s'agit précisément des revenus des domaines publics et privés et des revenus issus des services que les collectivités locales rendent au public moyennant un prix.

534. Comme par effet de mode, la majorité des communautés urbaines du Cameroun disposent des espaces boisés, fleuris et joliment équipés, parfois avec une faune sauvage apprivoisée, dont la visite par les usagers est payante[404]. Aussi, certaines collectivités territoriales assurent certaines prestations payantes, à l'instar de l'évacuation des ordures au titre de l'hygiène et de la salubrité. Les ressources glanées par de telles opérations rentrent dans la catégorie des fruits de l'exploitation des domaines et services.

C : Les dotations et subventions

535. Pour l'accomplissement de leurs missions, les collectivités locales perçoivent de l'Etat des dotations et subventions[405].Tandis que le régime des subventions se caractérise par un certain flou issu des dispositions de l'article 394 du code, où il n'y a pas de précision à ce sujet, le régime des dotations, par contre, semble s'illustrer par une certaine clarté. Il existe ainsi principalement, deux types de dotations allouées par l'Etat aux collectivités locales. Ces dotations sont régies par les articles 395 et 396 du Code général des collectivités territoriales décentralisées. Il s'agit, d'une part, de la dotation générale de fonctionnement allouée aux communes d'arrondissement et qui est une dépense obligatoire pour les communautés urbaines. Ses modalités de reversement sont fixées par arrêté du ministre de la décentralisation et du développement local. D'autre part, il est question de la dotation générale de la décentralisation, qui fait, lors de chaque exercice, l'objet de tout un décret du Premier ministre au sujet des modalités d'évaluation et de répartition[406]. A ce sujet, la loi de finances fixe

404 La Communauté urbaine de Yaoundé dispose des bois de Saint Anastasie. Celle de Ngaoundéré dispose des bois de Mardock.

405 Article 394 du Code général des collectivités territoriales décentralisées.

406 Pour le budget de l'exercice 2009, première expérience concrète de la dotation générale de la décentralisation au Cameroun, il s'agit du Décret n°2009/248 du 5 août

chaque année, sur proposition du gouvernement, la fraction des recettes de l'Etat affectée à la dotation générale de la décentralisation. Cette proposition est soumise pour avis au Conseil National de la décentralisation par le Comité interministériel des services locaux. Les critères de répartition de ladite dotation sont fixés chaque année par décret du Premier ministre. Et une quote-part du montant de cette dotation est affectée au renforcement des moyens d'action des services déconcentrés de l'Etat qui apportent leurs concours ou leur appui aux collectivités locales dans l'accomplissement de leurs missions.

D : Les ressources de trésorerie et de financement

536. Parmi les recettes locales prévues par l'article 390 du Code général des collectivités territoriales décentralisées, figure en bonne place les ressources de trésorerie et de financement, après les recettes fiscales, le produit de l'exploitation des domaines et services, et les subventions et dotations. L'on se serait alors attendu qu'après cette prévision explicite, suive une déclinaison détaillée des ressources de trésorerie et de financement, afin de donner un contenu clair à cette nouvelle recette[407]. Cette attente n'a malheureusement pas été satisfaite. Ce qui est constitutif d'une sérieuse entorse à la rationalité de cet instrument normatif, en général, et à son intelligibilité, en particulier. Peut-être devrait-on alors percevoir à son exacte portée les dispositions de l'article 487 du même code, qui atermoie l'obligatoriété des nouvelles dispositions concernant les recettes des collectivités territoriales décentralisées au 1er janvier 2023. Qu'il nous soit, pour ce faire, permis d'espérer que d'ici à cette date, il y'aurait une évolution législative méliorative, dans le sens d'un complément d'informations au sujet des ressources de trésorerie et de financement.

537. Quoi qu'il en soit, à l'exégèse des dispositions de l'article 398 du Code général des collectivités locales, certaines matières financières rentrant dans la catégorie des « *autres recettes* », auraient pu constituer un commencement de contenu théorique des ressources de trésorerie et de financement.

2009 portant modalités d'évaluation et de répartition de la dotation générale de la décentralisation.

[407] La loi du 10 juillet 2009 portant régime financier des collectivités locales ne prévoyait, en effet, pas une telle ressource.

E : Les « *autres recettes* »

538. Contrairement aux ressources de trésorerie et de financement, dont l'exacte matérialité reste accrochée aux futures évolutions législatives, la catégorie des *« autres recettes »* semble clairement définie par le législateur du 24 décembre 2019. En effet, aux termes des dispositions de l'article 398 du Code général des collectivités territoriales décentralisées, les autres recettes locales comprennent notamment :

- Les réserves affectées pour le fonctionnement ;
- Les ristournes et redevances consenties par l'Etat ;
- Les produits financiers ;
- Les transferts reçus ;
- Les autres produits et profits divers ;
- Les reprises sur amortissement ;
- Les emprunts à moyen et long termes ;
- Les fonds de concours ;
- Les dons et legs assortis de charges d'investissement ;
- Le produit de la vente des biens et de l'aliénation d'immeubles ;
- Le produit de la vente des animaux et du matériel mis en fourrière et non réclamés dans les délais réglementaires ;
- Les plus-values sur cession d'éléments d'actifs immobilisés ;
- Les réserves affectées pour investissement ;
- Les restes à recouvrer des exercices précédents jugés recouvrables ;
- Les réserves non affectées, mais maintenues en quasi-monnaie à l'actif ;
- La production d'immobilisation par la collectivité territoriale elle-même ou en auto équipement ;
- Les dividendes et autres produits sur retour d'investissement ;
- Toute ressource provenant de la coopération internationale ou décentralisée.

539. Au sujet de cette dernière catégorie de recettes d'investissement, force est de relever que les autorités locales n'exploitent pas judicieusement cette mine d'or que tend à constituer la coopération décentralisée, car elles ne s'ouvrent pas assez au reste du monde, et limitent malheureusement leurs ambitions de gouvernance et de développement sous le prisme du territoire national, lorsqu'elles ont été assez ingénieuses de transcender les cadres départementaux au

régionaux[408]. Certes, l'encadrement juridique de la coopération décentralisée au Cameroun n'est pas exempt de tout reproche, tant il est vrai que les relations internationales interpellent au premier chef une certaine catégorie d'autorités clairement désignées et parmi lesquelles ne figure pas en bonne place les élus locaux. Mais, une certaine hardiesse peut faire tomber plusieurs barrières, lorsqu'elle est pécuniairement salutaire et porteuse de développement. Un cadrage juridique efficient s'impose dès lors en la matière.

540. A la lecture de cette importante liste, une remarque mérite aussi d'être faite au sujet du rapport entre ces « *autres recettes* » locales et la plupart des recettes prévues par le législateur du 10 juillet 2009 au profit des collectivités territoriales décentralisées. Il semble, en effet, se dégager que cette catégorie originale de recettes locales intègre pratiquement toutes les recettes d'investissement jadis profitables à ces entités[409]. Et en sus, il semble s'ajouter de nouvelles recettes non prévues avant cette nouvelle législation, qu'elles soient d'investissement ou de fonctionnement. Il s'agit donc, en dernière analyse, d'une évolution méliorative. Et l'on espère qu'elle sera judicieusement exploitée par les élus locaux pour le développement pluridimensionnel de ces entités.

0Toutes ces recettes locales ont vocation à être utilisées sous forme de dépenses locales.

¶ II : Les dépenses locales

541. A l'inverse des recettes locales qui sont présentées par le législateur du 24 décembre 2019 en fonction de leur nature, les dépenses locales, elles, semblent connaitre une déclinaison suivant la classification classique en deux catégories : les dépenses de fonctionnement et celles d'investissement.

---

[408] FINKEN (M), *Gouvernance communale en Afrique et au Cameroun*, Harmattan, Paris, 2011, pp. 21 et suivantes.

[409] Au titre des recettes d'investissement, les collectivités locales bénéficiaient d'une gamme assez variée des ressources avant le code du 24 décembre 2019. Notamment, les fonds de concours, les dons et legs assortis des charges d'investissement, les produits de la vente des biens et de l'aliénation d'immeubles, les produits des ventes d'animaux ou matériels mis en fourrière et non réclamés dans les délais réglementaires, les réserves affectées pour l'investissement, les restes à recouvrer des exercices précédents jugés recouvrables, les dividendes et autres produits sur retour d'investissement, toutes ressources provenant de la coopération internationale décentralisée.

A : Les dépenses de fonctionnement

542. En vertu des dispositions pertinentes de l'article 402 du Code général des collectivités territoriales décentralisées, les dépenses de fonctionnement sont celles liées au fonctionnement des services et qui se renouvellent. Elles permettent à la collectivité locale de faire face à ses charges et obligations courantes. Elles sont obligatoires ou facultatives. Certaines sont même interdites par le législateur.

1 : Les dépenses obligatoires

543. Dans les collectivités locales, plusieurs dépenses sont obligatoires et pour cela n'admettent aucun atermoiement[410]dans les prévisions budgétaires. De manière générale, il s'agit des dépenses imposées par la loi, eu égard à leur nécessité dans le fonctionnement optimal de la collectivité territoriale décentralisée, en raison de l'intérêt particulier qu'elles présentent. Il s'agit des traitements et salaires, des indemnités et autres avantages prévus par les textes en vigueur, des cotisations sociales, des impôts et taxes à reverser, des dettes exigibles et contributions aux organismes d'appui aux collectivités, des dépenses résultant de l'exécution des décisions de justice passées en force de chose jugée, des contributions aux associations dont le collectivité est membre, des dépenses nécessaires à la réalisation des programmes d'investissement, des dépense de maintenance et d'entretien des routes, de l'éclairage public, des formations sanitaires, des établissements scolaires et de toute autre infrastructure, et des dépenses de transfert. Pour une communauté urbaine, la dotation générale de fonctionnement aux communes d'arrondissement est une dépense obligatoire.

544. Le critère mobilisé par le législateur de 2019 dans la fixation de l'*obligatoriété*[411] de ces dépenses semble être, au-delà de la nécessité et de l'intérêt particulier, l'urgence de l'opération financière envisagée. En effet, et à titre d'illustration, il serait incompréhensible de ne pas payer les salaires et les pensions des agents communaux parce qu'il faut doter un élu local d'un troisième véhicule de service. Tout comme la non-réparation pécuniaire d'un préjudice causé à un usager par la

---

[410] ORSONI (G), « Les dépenses obligatoires », in *Les grands thèmes des finances locales*, Economica, 1988, pp.491 et suivantes

[411] L'expression découle de la traduction française de *Die reine Rechtlehre*, La théorie pure du droit de Hans Kelsen, par Charles Eisenmann. Elle désigne le caractère de ce qui est obligatoire, fondement de toute règle juridique en sus de sa normativité.

commune, suite à un grave accident de circulation, peinerait à être objectivée, si elle était justifiée par l'achat d'une seconde table luxueuse de bureau à un conseiller municipal.

2 : Les dépenses interdites

545. Par contre, les dépenses interdites sont celles qui sont formellement prohibées par les lois et règlements en vigueur[412]. Il s'agit, à titre d'illustration, des prêts consentis par une collectivité locale à une personne privée, des subventions aux associations non déclarées, donc fictives, ou aux structures non agréées, donc illégales, et aux congrégations religieuses ou aux partis politiques. Les dépenses interdites exposent logiquement le gestionnaire local, si ce n'est à des fautes de gestion, alors à des détournements de deniers publics. Et il encourt par ce fait, des sanctions pécuniaires et pénales, à l'issue des poursuites judicieusement menées selon la réglementation en vigueur. D'ailleurs, les fonds illégalement utilisés pour effectuer ces dépenses prohibées sont imputés à l'ordonnateur de la collectivité concernée, qui n'est autre que l'exécutif de cette entité.

3 : Les dépenses facultatives

546. Toutes dépenses non interdites et ne figurant pas dans la liste des dépenses obligatoires, sont facultatives. Elles peuvent être momentanément suspendues lorsque les moyens financiers de la collectivité locale s'avèrent insuffisants. Il s'agit donc, en fin de compte, du type de dépenses dont la mobilisation laisse une certaine marge de manœuvre à l'ordonnateur de la collectivité concernée, car ce dernier peut décider de les effectuer ou alors de ne pas les mobiliser, à condition qu'elles ne soient ni interdites, ni obligatoires.

B : Les dépenses d'investissement

547. En vertu des dispositions de l'article 407 du Code général des collectivités territoriales décentralisées, les dépenses d'investissement sont celles qui permettent la réalisation des équipements, bâtiments et infrastructures, ainsi que l'acquisition des matériels relatifs à ces travaux dans les domaines économique, social, sanitaire, éducatif,

[412] Article 406 du Code général des collectivités territoriales décentralisées.

culturel et sportif. Il s'agit des dépenses qui ont une incidence réelle et nettement visible sur le patrimoine des collectivités territoriales décentralisées. A ce titre, elles sont mobilisées pour plusieurs fins, à savoir :

- La construction et l'équipement des marchés, gares routières et abattoirs ;
- L'amélioration de la qualité de l'environnement, de l'accès à l'eau potable et de la gestion des ressources naturelles ;
- La réalisation des opérations d'aménagement ;
- La création des voiries municipales, ainsi que la réhabilitation des routes départementales et régionales ;
- Le développement de l'éclairage public et de l'électrification des zones nécessiteuses ;
- La création des routes rurales non classées ;
- L'équipement des formations sanitaires ;
- L'équipement des formations scolaires ;
- La réalisation des infrastructures sportives et socio-éducatives au niveau régional ou local ;
- L'acquisition des matériels pour l'amélioration des services locaux de base ;
- La réalisation des programmes d'investissement et des projets adoptés par l'organe délibérant.

548. A la lecture attentive de ces dépenses dites d'investissement, et qui, selon le législateur de 2019, se distinguent des dépenses de fonctionnement déclinées en dépenses obligatoires, interdites et facultatives, il semble se dégager certaines coïncidences peu ou prou gênantes dans l'énumération. En effet, une bonne partie des dépenses d'investissement clairement énumérées se retrouvent aussi dans la liste des dépenses obligatoires. Il en est ainsi, à titre d'illustration des dépenses de maintenance et d'entretien des routes, de l'éclairage public, des formations sanitaires, des établissements scolaires et de toute autre infrastructure. D'ailleurs, si toutes les dépenses d'investissement ont vocation à avoir une incidence sur le patrimoine de la collectivité territoriale, pratiquement toutes les dépenses obligatoires de maintenance et d'entretien des équipements cités et de toute autre infrastructure, ont un impact certain sur le patrimoine de ces entités. Par conséquent, la présentation des dépenses des collectivités locales camerounaises la plus simple et claire semble être celle mobilisée par le législateur de 2009, en distinguant les dépenses obligatoires de cette

interdites et facultatives, car ces trois caractères peuvent concerner autant les dépenses de fonctionnement que celles d'investissement.

Quoi qu'il en soit, les dépenses, tout comme les recettes locales, quelle qu'en soit la typologie, se réalisent conformément à certains mécanismes d'élaboration, de vote et même de contrôle fixés par la loi.

Chapitre II

Les mécanismes budgétaires locaux

549. Suivant l'ordre chronologique des grands moments de la dynamique budgétaire des personnes publiques, il faudra distinguer l'élaboration, l'exécution et le contrôle des budgets des collectivités territoriales décentralisées.

§ I : L'élaboration des budgets locaux

550. Au Cameroun et de manière générale, le budget d'une collectivité territoriale décentralisée est préparé par l'exécutif de la collectivité considérée, voté par l'organe délibérant, puis approuvé par l'autorité de tutelle compétente. Et selon l'article 415 du Code général des collectivités territoriales décentralisées, ces étapes de l'activité budgétaire de ces entités se déroulent suivant un calendrier et des modalités qui sont fixés par un arrêté conjoint du ministre de la décentralisation et du développement local et du ministre des finances. Il convient, d'ailleurs, de relever que le calendrier ainsi défini doit être en cohérence avec celui de l'Etat. On ne saurait par ailleurs faire fi des règles spéciales qui régissent la violation de cet ordre des choses pour quelque raison que ce soit.

¶ I : La préparation du budget local

551. L'étude de la préparation du budget des collectivités territoriales décentralisée est une occasion idoine pour présenter les modalités de conception du projet de budget et les documents qui l'accompagnent impérativement.

A : Les modalités de conception du projet de budget

552. Le projet de budget est le document établi par l'exécutif de la collectivité locale concernée, contenant toutes les prévisions de recettes et de dépenses de cette entité et qui sera soumis à l'organe délibérant pour vote. L'élaboration de ce document doit impérativement être respectueuse d'un ensemble de paramètres dont la violation entache le projet de budget d'irrégularités. En effet, ce document doit se référer dans sa conception, à la lettre-circulaire conjointe du ministre de la décentralisation et du développement local et du ministre des finances, aux résultats des consultations citoyennes[413] et au cadrage à moyen terme arrêté suite aux débats d'orientation budgétaire[414].

553. Conformément aux dispositions de l'article 416 du Code général des collectivités territoriales décentralisées, la préparation du budget local incombe essentiellement au chef de la collectivité locale concernée, notamment le maire, s'il s'agit d'une commune, le Délégué du Gouvernement, s'il s'agit d'une Communauté urbaine, et le Président du Conseil régional, s'il s'agit d'une région. Le chef de l'exécutif est généralement assisté par le secrétaire général de la collectivité et conseillé par le receveur. En pratique, pour ce qui est de la commune, le rôle du secrétaire et du receveur est souvent prépondérant en raison de la carence des maires qui s'en remettent à eux du soin de préparer le budget et d'effectuer les choix importants que cette préparation comporte. Ces choix ne doivent cependant violer certains ratios dont l'intérêt est d'assurer certains équilibres financiers propres aux prévisions. Aux termes de l'article 417, alinéa 1 du Code général du 24 décembre 2019, *le budget de la commune et de la communauté urbaine est élaboré dans le respect des ratios ci-après :*

- *Les prévisions des dépenses d'investissement doivent être fixées à un taux minimum de 40 % des dépenses totales ;*

---

[413] L'élaboration du budget s'inscrit dans la logique de gestion participative des collectivités territoriales décentralisées imposée par le Code général du 24 décembre 2019.

[414] Il s'agit d'une importante innovation dans l'activité budgétaire des collectivités locales apportée par le code général de ces entités. En effet, le régime financier du 10 juillet 2009 ne prévoyait pas cet important mécanisme gage non seulement, de parfaite collaboration entre l'exécutif local et l'organe délibérant, mais également, de renforcement du pouvoir budgétaire des organes délibérants des collectivités territoriales décentralisées.

- *Les prévisions de dépenses de fonctionnement ne doivent pas excéder le taux de 60% des dépenses totales ;*
- *Les dépenses des personnels ne doivent pas excéder 35% des dépenses de fonctionnement.*

554. L'alinéa suivant de la même disposition s'intéresse aux régions et fixe des ratios différents pour ces collectivités locales avenirs. En effet, leurs prévisions de dépenses d'investissement doivent être fixées à un taux minimum de 60% des dépenses totales. Les prévisions de dépenses de fonctionnement ne doivent pas excéder le taux de 40% des dépenses totales. Les dépenses de personnels, quant à elles, ne doivent pas excéder 30% des dépenses de fonctionnement.

Le projet de budget ainsi conçu, est accompagné d'un certain nombre d'annexes dont la vocation est de justifier, illustrer et même légitimer les prévisions financières consubstantielles audit projet.

B : Les annexes au projet de budget

555. Dans la perspective de son adoption par l'organe délibérant, le projet de budget élaboré par l'exécutif de la collectivité concernée, est accompagné d'un ensemble de documents justificatifs des prévisions financières faites[415]. Il s'agit notamment :

- D'un rapport sur la situation et les perspectives économiques et sociales de la collectivité territoriale ;
- D'un rapport présentant les hypothèses et les résultats des projections sur la base desquels est établi le budget, les documents de cadrage budgétaire à moyen terme, une analyse de l'évolution budgétaire par rapport au budget précédent, une analyse des prévisions de recettes, la situation de l'endettement, le tableau des opérations financières, le plan de trésorerie annuel mensualisé, des annexes explicatives indiquant par programme le montant des crédits, un récapitulatif de l'ensemble des financements extérieurs prévus, une annexe des concours financiers, un rapport des risques financiers, un descriptif des principales mesures de dépenses et de recettes ;
- D'un projet de performance présentant pour chaque programme, les objectifs poursuivis et les résultats attendus, mesurés au moyen d'indicateurs d'activités et de résultats ;
- La liste du personnel ;

[415] Article 418 à 419 du Code général des collectivités territoriales décentralisées.

- L'inventaire du parc des véhicules et engins ;
- La situation des immeubles en propriété et en location ;
- Le projet de délibération portant vote du budget ;
- Les délibérations à caractère financier ;
- les résultats du dernier compte administratif approuvé ;
- La situation des recettes et des dépenses en cours ;
- Et toute autre pièce utile.

556. Le chef de l'exécutif doit présenter le budget préparé à l'organe délibérant avant le 15 décembre. Dans le cas contraire, il sera suspendu pour une période n'excédant pas 3 mois, et remplacé par le suivant dans l'ordre de préséance. Celui-ci dispose de 15 jours pour présenter le budget à l'organe délibérant pour vote[416].

¶ II : Le vote du budget local

557. En vertu de l'article 422 du Code général des collectivités locales, le budget local est voté par l'organe délibérant au plus tard le 15 décembre de chaque année. L'organe délibérant est alors convoqué au moins quinze jours avant la session budgétaire au cours de laquelle le budget est voté. Mais en cas d'urgence déclarée, ce délai peut être ramené à trois jours. Au cas où l'exécutif n'aurait pas convoqué l'organe délibérant à temps, cette convocation est prescrite et ordonnée par l'autorité de tutelle correspondante[417].

558. Contrairement à la France où l'organe délibérant dispose de grands pouvoirs en matière budgétaire[418], pouvant aller jusqu'au refus ou à la modification à sa guise du projet de budget, ou même à la prescription au maire de présenter un autre budget, au Cameroun, les pouvoirs dudit organe sont confinés à de plus petites proportions, et le pouvoir d'amendement strictement encadré[419]. Ainsi, en vertu de l'article 423 du Code général de 2019, si l'organe délibérant refuse de voter le budget, le chef de l'exécutif local saisit l'autorité de tutelle compétente pour arbitrage. En cas d'arbitrage infructueux, l'organe délibérant peut être suspendu par le ministre de la décentralisation et du développement local pour une période n'excédant pas deux mois, sur proposition

---

[416] Article 421 du Code général des collectivités territoriales décentralisées.
[417] Le représentant de l'Etat use, par ce faire, de son pouvoir de substitution d'action que lui confère son statut d'autorité de tutelle
[418] PHILIP (L), « L'autonomie financière des collectivités territoriales », *RFFP*, n°73, 2001, pp. 83- 86.
[419] Article 424 du Code général de 2019.

motivée de l'autorité de tutelle. Au terme de la suspension, un nouveau délai de 15 jours lui est accordé pour voter le budget. En cas de persistance du refus, l'organe délibérant peut être purement et simplement dissout. Le budget de l'exercice précédent est alors reconduit par l'autorité de tutelle par douzième provisoire et exécuté par une délégation spéciale jusqu'à la mise en place d'un nouvel organe délibérant[420].

Une fois voté, l'exécutif local dispose de sept jours pour transmettre le budget, les annexes et le procès-verbal de séance à l'autorité de tutelle pour approbation.

¶ III : L'approbation du budget local

559. Le budget voté par l'organe délibérant n'est exécutoire qu'après approbation de l'autorité de tutelle compétente par arrêté et dans un délai de 15 jours suivant la date de dépôt. L'autorité de tutelle s'assure que le budget est voté en équilibre, que les crédits ouverts pour les dépenses obligatoires sont suffisants, que les dépenses sont régulières, et que les ratios sont respectés[421]. Dans le cas contraire, après mise en demeure restée sans suite, elle peut procéder à la modification d'office du budget, mais en prenant soin de n'augmenter les dépenses que si celles-ci sont obligatoires. Suivant l'article 428 du Code général des collectivités territoriales décentralisées, le budget approuvé est publié sur le site électronique de l'entité concernée, par voie d'affichage, par tous autres moyens et déposé au siège de la collectivité locale, où il peut être consulté par tout habitant ou contribuable de l'entité concernée. Une copie est transmise respectivement au ministre de la décentralisation et du développement local, et au ministre des finances.

Par ailleurs, les autorisations spéciales de recettes et de dépenses sont votées et approuvées dans les mêmes formes que le budget, avant leur exécution.

[420] Ces mécanismes laissent subodorer une parfaite maîtrise de l'activité budgétaire locale par le représentant de l'Etat, symptomatique d'une certaine recentralisation dans un contexte de décentralisation. Lire : MONEMBOU (C), « Les paradoxes de la décentralisation camerounaise : de la décentralisation à la recentralisation », *RADSP*, vol.1, n°1, 2013, pp. 161-180.

[421] Article 427 du Code général des collectivités locales

§ II : L'exécution des budgets locaux

560. Le régime juridique de la phase d'exécution des budgets locaux est quasiment identique à celui applicable pour l'exécution du budget de l'Etat sous réserve de quelques spécificités dues à la nature des budgets concernées. Ceci étant, les budgets locaux s'exécutent par certaines autorités suivant une procédure variant selon qu'il s'agit d'une opération de recette ou d'une opération de dépense. Ces autorités sont par ailleurs responsables de la trésorerie locale.

¶ I : Les autorités responsables de l'exécution des budgets locaux

561. Trois catégories d'autorités sont principalement chargées de l'exécution des budgets locaux. Il s'agit des ordonnateurs, des comptables et des contrôleurs financiers. Les deux premières autorités exercent leurs fonctions en toute indépendance et sans qu'il soit possible d'établir une certaine hiérarchie entre elles, en vertu du principe de la séparation des ordonnateurs et des comptables. L'article 433, alinéa 2 du Code général des collectivités locales dispose en effet que : *les fonctions d'ordonnateurs et celles de comptables publics sont et demeurent séparées et incompatibles tant en ce qui concerne l'exécution des recettes que l'exécution des dépenses*. Précisons cependant que l'application pratique de cette règle pose quelques problèmes. Car, une certaine collaboration est instituée entre ces deux autorités. L'alinéa 3 de l'article suscité dispose alors que *l'ordonnateur et le comptable exercent leurs attributions respectives en étroite collaboration.* Il faut tout de même reconnaître que cet alinéa qui institue *« une collaboration dans la séparation »* est pour le moins équivoque tant il est vrai qu'il impose une sorte de dédoublement non fonctionnel, mais comportemental que ce soit à l'ordonnateur qu'au comptable.

A : Les ordonnateurs locaux

562. L'ordonnateur est responsable de la phase administrative des opérations de recette et de dépense. Il prescrit l'exécution du budget. Et à ce titre, il constate les droits, liquide les recettes ; engage, ordonnance et liquide les dépenses, en attendant leur encaissement ou décaissement,

en fonction des cas, par le comptable. Les ordonnateurs sont astreints à la production d'un compte administratif retraçant les actes de leur gestion et d'un rapport annuel de performance sur les programmes présentant, pour chaque exercice, les résultats obtenus comparés aux objectifs fixés, les actions développées et les moyens utilisés, accompagnés d'indicateurs d'activités et de résultats, ainsi que d'une estimation des coûts des activités et des services rendus.

563. La fonction d'ordonnateur local est exercée par l'autorité exécutive de la collectivité locale considérée. Il se dégage à la lecture de l'article 434 du Code général des collectivités locales de 2019 que le président du conseil régional, le président du conseil exécutif régional, le délégué du gouvernement, le maire et le président du syndicat de communes sont, respectivement, ordonnateurs des budgets de la région, de la région à régime spécial, de la communauté urbaine, de la commune et du syndicat de communes. Les ordonnateurs ainsi désignés sont des ordonnateurs principaux, car ils sont responsables de la gestion administrative et financière de ces budgets principaux.

564. L'institution de la budgétisation par programmes de dépenses au niveau des collectivités territoriales décentralisées au Cameroun, a présidé à la désignation des ordonnateurs délégués par les chefs des exécutifs de ces entités : les responsables des programmes. En effet, conformément à l'article 435 du Code des collectivités locales, l'acte de désignation du responsable de programme précise les conditions dans lesquelles les compétences d'ordonnateur lui sont déléguées, ainsi que les modalités de gestion du programme. Cet acte est transmis, pour information, au représentant de l'Etat, à la juridiction des comptes de rattachement, au ministre de la décentralisation et du développement local et au ministre des finances. Et sur la base des objectifs généraux définis dans la charte de gestion, le responsable de programme détermine les objectifs spécifiques, affecte les moyens et contrôle les résultats des services chargés, sous sa responsabilité, de la mise en œuvre du programme. Il s'assure du respect des dispositifs de contrôle de gestion.

B : Les comptables locaux

565. Les collectivités locales sont dotées des postes comptables autonomes détenant l'exclusivité de leurs opérations financières. Ceux-ci sont créés par arrêtés du Ministre des finances et dirigés par des comptables publics responsables de la phase comptable des recettes et

des dépenses. Il s'agit en fait de la manipulation physique des fonds et des deniers publics, dans l'optique, soit de leur encaissement, lorsqu'il s'agit de la recette locale, soit de leur décaissement, lorsqu'il s'agit de la dépense publique. Les comptables des collectivités locales sont ainsi des agents publics régulièrement préposés aux comptes, et/ ou chargés du recouvrement, de la garde et du maniement des fonds et valeurs[422]. Ils sont astreints à la production d'un compte de gestion qu'ils soumettent à l'organe délibérant de la collectivité.

566. En vertu de l'article 438 du Code des collectivités locales de 2019, *le recouvrement des recettes et le paiement des dépenses locales sont effectués par le comptable public de la collectivité territoriale dénommés « receveur régional » ou « receveur municipal »*. Pour les communautés urbaines, les receveurs sont choisis au sein du personnel des services civils et financiers de l'Etat nommés par arrêté conjoint du ministre de la décentralisation et du développement local et du ministre des finances. Les autres personnels du poste comptable sont choisis au sein du personnel de la collectivité territoriale ou, le cas échéant, au sein du personnel civil et financier de l'Etat et nommés dans les mêmes conditions que les receveurs.

567. Il convient de relever que lorsqu'une collectivité territoriale ne dispose pas d'un contrôleur financier, le comptable public de ladite entité assure les fonctions de contrôleur. Par ailleurs, il est interdit aux Conseillers régionaux, aux membres des organes exécutifs régionaux, aux conseillers municipaux, aux organes exécutifs municipaux, aux receveurs régionaux et municipaux, ainsi qu'à leurs conjoints et autres ayants droits, de fournir des prestations à la collectivité territoriale dans laquelle ils exercent ou à laquelle ils appartiennent.

C : Le contrôleur financier

568. La réalisation des opérations financières locales par l'ordonnateur et le comptable voit nécessairement intervenir une troisième autorité instituée par les pouvoirs publics pour assurer le contrôle de la régularité desdites opérations, et jamais le contrôle de leur opportunité[423]. Il intervient, en réalité, entre l'ordonnateur responsable de la phase administrative, et le comptable chargé de la phase

[422] Article 473 du Code des collectivités locales de 2019.

[423] La prérogative du contrôle de l'opportunité des recettes et des dépenses est une exclusivité des chefs des exécutifs locaux ou de ceux qui jouissent de la qualité d'ordonnateur.

comptable. Et son office s'assimile à un tamis ne laissant passer que les recettes et dépenses formellement et matériellement conformes aux instruments juridiques encadrant les finances publiques. Il est d'ailleurs astreint à motiver toute décision de rejet d'une opération financière initiée par l'ordonnateur, dans les soixante-douze heures.

569. En vertu de l'article 436 du Code des collectivités locales de 2019, un contrôleur financier est désigné par le ministre des finances auprès de l'ordonnateur principal de la collectivité territoriale concernée. Il est chargé des contrôles des opérations budgétaires et donne un avis sur le caractère sincère et soutenable des plans d'engagement des dépenses.

La procédure d'exécution des opérations financières de dépense ou de recette au niveau local permet de mieux cerner les fonctions de comptable, d'ordonnateur et de contrôleur financier.

¶ II : La procédure d'exécution des budgets locaux

570. La procédure d'exécution des budgets locaux, qui intègre, convient-il de le relever, même la gestion des fonds des partenaires au développement des collectivités territoriales décentralisées, distingue principalement les opérations de recettes de celles de dépenses. En effet, les ressources provenant de la coopération décentralisée, celles mise à la disposition des collectivités locales par les institutions et organisations internationales, ainsi que par les Etats étrangers obéissent aux règles d'exécution, de comptabilité, de gestion, de trésorerie et de contrôle prévues par le code des collectivités de 2019[424].

A : Les opérations de recette

571. La procédure d'exécution des recettes est régie par les articles 441,442, et 443 du Code général des collectivités territoriales décentralisées du 24 décembre 2019. Cette procédure comprend en principe la phase d'exécution d'un titre exécutoire qui relève de l'ordonnateur et la phase de recouvrement qui relève du comptable. Et les recettes émis et encaissées directement par le comptable, voient leurs titres émis en régularisation. Il peut même arriver que l'ordonnateur, à l'initiative du comptable public local et sur délibération

[424] L'alinéa 2 de l'article 460 de ce code précise d'ailleurs que les conventions de financement négociées avec les partenaires au développement sont jointes en annexe du budget de la collectivité territoriale.

approuvée de l'autorité de tutelle, procède à l'admission en non-valeur des créances jugées irrécouvrables.

572. Cette procédure apparemment simpliste, ne l'est cependant pas à y voir de plus près. En effet, la procédure d'exécution des opérations de recettes au niveau local, à l'image de celles étatiques, comprend quatre phases : – la constatation du droit à recette – la liquidation ; c'est-à-dire le calcul du montant du titre de recette – l'émission ou l'ordonnancement d'un titre de recette – et le recouvrement par le comptable au vu du titre de recette émis par l'ordonnateur[425].

B : Les opérations de dépense

573. La procédure d'exécution de la dépense publique locale comprend deux phases. La phase administrative qui relève de l'ordonnateur, consiste en l'engagement, la liquidation et l'ordonnancement ; la phase comptable, qui relève du comptable de la collectivité, est le paiement de la dépense. Toutefois, avant la réalisation effective de ces étapes d'exécution de la dépense locale, l'ordonnateur qui en est l'initiateur, doit d'abord s'assurer de la réalité de cinq éléments appréhendés ici comme les conditions de régularité de toute opération de cette nature. Premièrement, la dépense correspond à l'imputation budgétaire correcte et son montant entre dans la limite des crédits votés. Deuxièmement, les fonds nécessaires à la couverture de la dépense à initier sont disponibles. Troisièmement, les pièces justificatives de la dépense sont complètes. Quatrièmement, le service ou la prestation dont la rémunération donne naissance à la dépense à réaliser, ont été effectivement assurés. Et cinquièmement, toutes les autres formalités requises par les textes en vigueur ont été préalablement respectées.

574. L'exécution d'une dépense locale passe par quatre étapes :

- L'engagement : on entend par-là la création ou la constatation à l'encontre de la collectivité locale d'une obligation de laquelle résultera une charge. Il peut s'agir de la passation d'un contrat, de l'application d'une réglementation ou d'une décision de justice.
- La liquidation. A cette étape, l'ordonnateur déterminera le montant exact de la dépense publique à payer. Mais il devra au préalable s'assurer que le service qui fonde la dépense a été assuré.

---

[425] Sous réserve des spécificités propres à la procédure fiscale qui obéit d'ailleurs à la même logique, ces étapes ont été détaillées plus haut lors de l'étude de l'exécution du budget étatique. L'étude ultérieure de la procédure fiscale au niveau national et local, sera une occasion d'approfondir davantage ce processus.

- Le mandatement ou l'ordonnancement. C'est l'étape par laquelle l'ordonnateur *donne l'ordre*[426] au comptable de payer la dette de la collectivité. Cette étape répond donc à un double objectif : imputer une charge sur un crédit budgétaire et donner l'ordre de payer au comptable local. Pour chaque mandatement, sera ainsi émis un mandat ou une ordonnance de paiement indiquant le nom du créancier, l'objet de la dépense, le mode de règlement, l'exercice d'émission, l'exercice d'origine, le chapitre ou l'article du budget destiné à supporter la dépense.
- Une fois l'ordre reçu, le comptable procèdera au paiement de la dépense mais seulement après le contrôle du mandat. Il s'assurera de la régularité de l'opération et de l'imputation budgétaire de la dépense. Au cas où il décèle une irrégularité, il pourra refuser de payer et motivera son refus. Seul un ordre de réquisition de l'ordonnateur pourra l'amener à payer une telle dépense, mais avec ceci de particulier qu'il se trouve par cet ordre, déchargé de toute responsabilité à la charge de l'ordonnateur.

575. Cette procédure d'exécution de la dépense locale, qui doit par ailleurs obéir aux dispositions du Code des marchés publics[427], est celle de la dépense locale de droit commun. Elle diffère de la procédure dite simplifiée de la dépense locale et de celle des régies d'avance. En effet, par déclaration approuvée par l'autorité de tutelle compétente, il peut être créé une caisse d'avance pour le paiement des dépenses courantes de fonctionnement. Cette délibération fixe d'ailleurs le plafond de l'encaisse en fonction du niveau des ressources financières et de la nature de la dépense à régler. Le régisseur d'avance est désigné par l'ordonnateur.

576. Certaines dépenses peuvent, à titre exceptionnel, être engagées suivant une procédure simplifiée, notamment par décision de l'ordonnateur. Il en est ainsi des dépenses qui n'obéissent ni au régime de la caisse d'avance, ni à la procédure ordinaire de réalisation de la dépense.

577. Le règlement des dépenses locales se fait par bon de caisse, virement, par chèque, par opération d'ordre. Il s'agit là aussi des considérations de trésorerie.

---

[426] Il ne s'agit pas d'un ordre au sens des rapports entre un chef et son subordonné. Il s'agit d'un ordre au sens de la technique de réalisation d'une opération de dépense. Il n'existe en réalité aucun rapport hiérarchique entre l'ordonnateur et le comptable public, même au niveau local.

[427] Article 446 du Code du 24 décembre 2019.

¶ III : Les opérations de trésorerie locale

578. Les opérations de trésorerie locale peuvent être définies comme tous mouvements de numéraires, de valeurs mobilisables, de comptes de dépôt, de comptes courants, ainsi que les opérations concernant les comptes de créance et de dette. Elles sont décrites en nature, et exécutées par les comptables de la collectivité locale, notamment le receveur municipal ou le receveur régional, ou alors le comptable du trésor national qui exerce les fonctions de receveur, sous l'autorité de l'ordonnateur de la collectivité concernée. Les opérations de trésorerie locale obéissent au principe de l'universalité et plus précisément aux règles de non contraction entre recettes et dépenses, et de l'unicité des caisses, bien que quelques infléchissements soient admissibles ici. C'est ainsi que conformément à l'article 454 du Code général des collectivités territoriales décentralisées, les fonds de ces entités sont déposés à la recette régionale ou à la recette municipale ou dans une caisse de dépôt et consignation. Et les fonds centralisés ou faisant l'objet d'une péréquation ainsi que les fonds d'emprunt peuvent être déposés dans un compte ouvert à la Banque centrale ou à la caisse de dépôt et consignation. Sous la garde et la gestion du receveur, les fonds de la collectivité locale ne peuvent être maniés que par le comptable, car il s'agit des deniers publics. Toute autre personne qui s'immisce sans autorisation dans cette gestion est assimilée à un comptable de fait et s'expose aux poursuites juridictionnelles[428]. Le receveur adresse alors impérativement à l'ordonnateur, à la fin de chaque journée, l'état de sa trésorerie qui peut aussi intégrer les avances de trésorerie sur les recettes escomptées, accordées par l'Etat à la demande des collectivités locales. Le ministre de la décentralisation et du développement local doit toutefois motiver la demande d'avance de ces entités, pour qu'elle ait la chance de prospérer.

579. Les opérations de trésorerie obéissent aussi au régime de la prescription quadriennale qui voudrait qu'après quatre ans à partir de l'exercice auquel elles sont rattachées, les créances réclamées soient réputées définitivement éteintes au profit de la collectivité concernée. A l'heure actuelle au Cameroun, la trésorerie locale semble être l'un des bras mous des finances publiques locales de cet Etat unitaire décentralisé. En effet, en dépit de l'effectivité de la décentralisation sur

---

[428] MBOUHOU, « La gestion de fait à coloration pénale », *AJDA*, 1er septembre 2003, pp.1478-1485.

le plan budgétaire et fiscal, les ressources financières des collectivités territoriales décentralisées sont encore fortement centralisées, eu égard à la quasi sacralisation du principe de l'universalité, dans son acception comptable traduit par la règle de l'unicité des caisses. Les ressources de ces collectivités sont encore paradoxalement logées dans la caisse unique du Trésor étatique. Et bien que chaque collectivité locale dispose de ses numéros de compte au niveau du trésor central pour la réalisation de ses opérations comptables de recettes ou de dépenses, cela constitue une sérieuse entorse à l'efficacité de la décentralisation financière. Car, cette dernière devrait avoir pour corollaire l'institution d'une trésorerie locale[429], maillon essentiel d'une fonction publique locale à édifier elle aussi.

En finances publiques locales, toutes les autorités, ainsi que les opérations financières qu'elles sont appelées à conduire, font l'objet de plusieurs types de contrôles.

§ III : Le contrôle des budgets locaux

580. Les budgets locaux, une fois approuvés, peuvent faire l'objet de plusieurs contrôles concomitamment à leur exécution, dans l'optique de garantir la régularité des actes de gestion, et la performance dans l'exécution des programmes. Les contrôleurs, lors de la conduite de leurs opérations d'investigation et d'évaluation, doivent, non seulement disposer de tous les pouvoirs que leur confère leur statut de contrôleurs, mais également être en situation d'indépendance totale vis-à-vis des collectivités territoriales décentralisées qui subissent ces contrôles[430]. Ces contrôles sont internes à la structure organisationnelle et fonctionnelle de la collectivité, pour les uns, et extérieurs à celle-ci[431], pour les autres.

---

[429] AUBERGER (Ph), « Les transferts de compétences : quel impact sur les finances locales ? », in *Réforme des finances publiques, démocratie et bonne gouvernance*, LGDJ, 2004, pp. 175-179.

[430] Article 481 du Code général des collectivités territoriales décentralisées du 24 décembre 2019.

[431] CRUCIS (H.M), *Droit des contrôles financiers des collectivités territoriales*, Edition Moniteur, Paris, 1998, pp. 5 et suivantes.

¶ I : Les contrôles endogènes

581. Trois instances de contrôle sont inhérentes à la collectivité locale, quel qu'en soit le type. Il s'agit des contrôles de l'ordonnateur, du comptable et de l'organe délibérant.

A : Le contrôle de l'ordonnateur

582. Conformément à l'article 444 du Code des collectivités locales, l'ordonnateur d'une collectivité ne peut exécuter une dépense qu'après s'être assuré que celle-ci correspond à l'imputation budgétaire correcte, que son montant entre dans la limite des crédits votés, que les fonds sont disponibles, que les pièces justificatives sont complètes, que le service ou la fourniture a été faite et que la règlementation en vigueur a été respectée. L'ordonnateur devient ainsi une autorité de contrôle de la régularité qui s'exerce à la suite des contrôles d'opportunité qu'il assure en exclusivité sur toutes les dépenses locales. Ce contrôle de régularité prend la forme d'un contrôle financier interne et d'un contrôle de la légalité des actes propres aux opérations financières de la collectivité concernée. Il peut même prendre la forme d'un audit interne exercé par l'exécutif de la collectivité[432].

B : Le contrôle du comptable

583. Pour satisfaire aux exigences de régularité, de sincérité et d'image fidèle des comptes imposées par l'article 464 du Code général des collectivités locales, trois types de comptabilités sont instituées au niveau des collectivités locales :
- Une comptabilité budgétaire, qui retrace les opérations d'exécution du budget en recettes et dépenses
- Une comptabilité générale, qui retrace les opérations budgétaires, les opérations de trésorerie et les opérations faits par les tiers.
- Une comptabilité analytique, qui permet d'analyser les coûts détaillés des services rendus ou des différents programmes et projets engagés.

584. Le contrôle est ainsi au centre de la comptabilité et le comptable un acteur incontournable de contrôle. Au sens des dispositions de l'article 436, alinéa 4 du Code général des collectivités locales, le comptable

---

[432] Article 483, alinéa 3 du Code général des collectivités locales.

local contrôle la régularité de la dépense. Il ne peut en aucun cas en juger de l'opportunité. Qu'il s'agisse donc du comptable-deniers ou du comptable-matières, le comptable veille sur la réalisation des mouvements de fonds ou de matières en conformité avec la réglementation en vigueur. Il faut cependant préciser que c'est un contrôle de la légalité externe de ces actes. C'est ainsi qu'après avoir reçu de l'ordonnateur *l'ordre* de payer la dépense, le receveur procède au contrôle du mandat. Il s'assure de la régularité de l'opération en vérifiant si la décision est prise par l'organe compétent et même si le bénéficiaire de la dépense est bien celui qui doit en bénéficier. Il vérifie aussi l'imputation budgétaire de la dépense avant de procéder à son paiement[433]. Quant au comptable-matières, qui est le chef de l'exécutif local lui-même[434], il est responsable de la régularité des écritures de prise en charge, de la garde et de la conservation du mobilier et du matériel de la collectivité territoriale.

C : Le contrôle de l'organe délibérant

585. L'organe délibérant peut contrôler chacune des décisions de l'ordonnateur intervenant dans le cadre de l'élaboration et de l'exécution du budget. En effet, lors de l'examen du projet de budget ou du compte administratif, l'organe délibérant exerce un contrôle sur l'exécution du budget, ainsi des programmes et projets y afférents. Il peut même constituer des commissions *ad hoc* sur des sujets intéressant la gestion financière de la collectivité locale, dont les rapports sont soumis à son appréciation. Ce contrôle se solde par des sanctions après saisine de l'autorité de tutelle. Toute assemblée délibérante possède en effet un droit de regard et de sanction sur l'autorité exécutive. Droit politique par essence qui pourra s'exercer en cas de désaccord sur telle ou telle décision, quoique ce contrôle s'effectue davantage au moment du vote qu'à l'occasion de l'exécution du budget, même si l'organe délibérant peut s'appuyer sur la juridiction des comptes pour l'exercice de son pouvoir de contrôle. Et à cet effet, la commission chargée des

[433] Pour la nature précise du contrôle assuré par le comptable local, lire : DEFOORT, « Le comptable local peut-il exercer un contrôle de légalité ? », *AJDA*, 1987, pp. 699-707.

[434] En raison de ses lacunes en matière de comptabilité-matières, il peut être assisté par un agent public ayant les compétences requises à cet effet.

finances peut demander à la juridiction des comptes la réalisation de toute enquête sur des services ou organismes qu'elle contrôle[435].

586. A ce niveau de l'analyse, il sied de relever que le législateur, au vu des développements précédents, a quand même orchestré une légère augmentation des pouvoirs des organes délibérants en matière financière, surtout, dans ses rapports avec l'autorité exécutive de la collectivité locale. Il est attendu qu'il opère aussi des avancés similaires dans les rapports entre l'organe délibérant et l'autorité de tutelle, car, en réalité, c'est de ces évolutions mélioratives que dépendent non seulement l'efficacité de la décentralisation administrative et financière, mais surtout, la démocratie et le développement de l'Etat du Cameroun.

¶ II : Les contrôles exogènes

587. Les budgets des collectivités territoriales décentralisées peuvent faire l'objet de trois catégories de contrôles réalisés par des autorités extérieures à celles-ci. Il s'agit du contrôle administratif des finances réalisé par le Contrôle supérieur de l'Etat et les brigades et services de contrôle du Ministère des finances, du contrôle juridictionnel des comptes et des audits indépendants.

A : Le contrôle administratif

588. Conformément aux dispositions de l'article 483 du Code des collectivités locales, un contrôle de régularité et de performance de la gestion des collectivités territoriales et des établissements public locaux ainsi que des entités privées ayant reçu une subvention, un aval ou une caution de la collectivité locale, peut être mené par les services spécialisés de l'Etat, conformément aux lois et règlements en vigueur. Ce contrôle est l'œuvre des institutions et organes de contrôle de l'Etat, notamment, d'une part, l'Institution supérieure de contrôle des finances publiques qui est au Cameroun le Ministère délégué à la Présidence chargé du Contrôle supérieur de l'Etat. Les différentes brigades mobiles de contrôle de cette institution descendent donc au niveau des collectivités, selon un certain échéancier et même inopinément, pour assurer les contrôles de la régularité et de la performance des comptes

[435] Article 485 du Code des collectivités locales de 2019.

et de la gestion locale[436]. D'autre part, les structures et équipes du ministère des finances peuvent assurer ce même type de contrôle sur les organes à vocation financière des collectivités locales.

B : Le contrôle juridictionnel

589. Les comptes des collectivités locales font l'objet d'un contrôle juridictionnel à travers un passage systématique des comptes des comptables locaux à la Chambre des Comptes de la Cour Suprême, en attendant la mise en place des juridictions inférieures des comptes au niveau des régions. Ce contrôle qui est en principe un contrôle de régularité et de la sincérité des comptes prend la forme soit d'une reddition des comptes, soit d'une certification de comptes[437], selon la nature des opérations de contrôle réalisées[438]. Mais la tâche de certification des comptes ayant été implicitement confiée au contrôle supérieur de l'Etat, il reste à la juridiction des comptes au Cameroun, du moins celle actuelle, le contrôle de la régularité et de la sincérité des comptes.

C : Les audits indépendants

590. Lorsque le besoin se fait ressentir, le budget et surtout les programmes et projets des collectivités locales peuvent faire l'objet d'un audit indépendant. Ce dernier est initié à la demande de l'autorité de tutelle, de l'organe délibérant ou de l'exécutif local. L'audit, qui porte sur l'état de la gestion, est exécuté par un organe de contrôle privé et peut concerner une partie ou l'ensemble des finances locales. L'auditeur est recruté en principe par voie d'appel d'offre.

Ces formes de contrôle portant sur les finances locales ne laissent pas indifférente la matière fiscale.

---

[436] LEVALLOIS (B), « L'évolution du contrôle financier des administrations locales », *RFFP*, n°79, 2002, pp.798-806.

[437] MUZELLEC (R), « Vers la certification des comptes en 2007 », in *Mélanges Loïc Philippe*, Economica, 2005, pp. 475- 492.

[438] MAGNET (J), « Que juge le juge des comptes ? », *RFFP*, n°28, 1989, pp. 123-133.

Deuxième Partie

L'Impôt

591. Dans la diversité des ressources mobilisées par les personnes publiques afin de garantir leur bon fonctionnement et leur développement, l'impôt occupe une place de choix, au point d'apparaitre comme la recette publique par excellence dans la grande majorité des Etats du monde. Les Etats unitaires décentralisés, comme le Cameroun, ne se soustraient pas à cette réalité, car l'impôt finance à la fois, l'administration centrale et celle décentralisée, en fonction du degré et de la nature du transfert des compétences fait par le pouvoir central au profit des entités décentralisées en matière fiscale. Il en découle qu'au Cameroun, l'impôt est d'abord une réalité nationale[439], avant d'être un phénomène local.

[439] C'est d'abord une réalité nationale car l'impôt est un élément de souveraineté étatique. C'est même, à proprement parler, l'une des principales manifestations de la souveraineté de l'Etat. Ses conditions de création et de détermination, ainsi que ses mécanismes de collecte et leurs suites en sont la parfaite illustration, car ils mettent en exergue la puissance étatique, et par voie de conséquence l'*obligatoriété* du prélèvement pécuniaire opéré sur les assujettis.

Titre I

L'impôt national

592. Depuis l'avènement de la loi portant fiscalité locale au Cameroun, il importe d'opérer un distinguo entre l'impôt national et l'impôt local, même si jusqu'à nos jours, tout porte à croire qu'il s'agit d'une seule et même réalité tant il est vrai que les ressources collectées par voie fiscale nationale et locale sont logées dans la même caisse qu'est le Trésor public, eu égard à la force et à l'autorité particulière du principe de l'universalité dans son acception comptable traitant de l'unicité des caisses. En effet, l'impôt national est celui qui est prélevé par les agents de l'administration centrale et au profit des institutions centrales. Tandis que l'impôt local est collecté au profit des entités décentralisées, par les agents tant de l'administration décentralisée que centrale.

593. Ces considérations liminaires sur l'impôt en général et celui national en particulier, imposent toutefois des développements approfondis, dans l'optique de mieux cerner cette catégorie juridique centrale du droit fiscal.

Sous-titre I

La catégorisation juridique de l'impôt

594. Dans l'étude des instruments d'analyse et de mise en œuvre du droit, toute catégorie juridique se décline en un concept et en un régime. Procéder à la catégorisation juridique de l'impôt commande alors à dégager tour à tour son concept juridique et son régime juridique. Le concept ici renvoie à son contenu théorique définitionnel. Quant au régime, il s'agit de son environnement juridique intrinsèque et même extrinsèque.

Chapitre I

Le concept juridique de l'impôt

595. Pour le commun des citoyens, tout prélèvement en argent effectué par les personnes publiques sur le patrimoine des particuliers est un impôt. Une telle perception de l'impôt a pour conséquence de faire de ce vocable un fourre-tout, c'est-à-dire une notion qui désigne à la fois une diversité de réalités aux contours d'ailleurs non maîtrisés. Cela est une grande incongruité dans le domaine de la science juridique où chaque catégorie juridique renvoie à une réalité précise, eu égard à la particularité du vocabulaire utilisé par le juriste. Par conséquent, force est de bien définir l'impôt, c'est-à-dire de bien dégager son contenu théorique exact, afin de mieux le différencier des autres contributions publiques obligatoires et de le classifier, car il existe plusieurs types d'impôts[440].

§ I : L'impôt et les autres prélèvements obligatoires

596. L'impôt est un prélèvement obligatoire parmi tant d'autres. Et le terme prélèvement obligatoire procède d'ailleurs d'une origine beaucoup plus économique que juridique. C'est un concept suffisamment large pour inclure toutes les formes de prestations pécuniaires requises des particuliers par les personnes publiques. Ce caractère générique du concept de prélèvement obligatoire nécessite que l'on distingue la notion d'impôt des notions qui lui sont voisines.

¶ I : La notion d'impôt

A défaut d'une définition textuelle ou jurisprudentielle, la doctrine s'est attelée à colmater la brèche définitionnelle de l'impôt.

---

[440] BOUVIER (M), *Introduction au droit fiscal général et à la théorie de l'impôt*, LGDJ, 5ème édition, Paris, 2003.

A : Définition

597. Selon Gaston Jèze, l'impôt est une prestation pécuniaire requise des membres de la collectivité publique qui peuvent être des personnes physiques ou morales, et perçue par voie d'autorité, à titre définitif, sans contrepartie directe et en fonction des facultés contributives, en vue de la couverture des charges publiques. Cette définition est en fait la traduction doctrinale de l'article 13 de la Déclaration française des Droits de l'Homme et du Citoyen de 1789 qui dispose : *pour l'entretien de la force publique, et les dépenses de l'action administrative, une contrepartie commune est indispensable. Elle doit être répartie entre tous les citoyens en raison de leurs facultés*. L'impôt apparait alors comme l'expression contextuelle du rôle de l'Etat. Or ce rôle est en perpétuelle évolution au rythme des aspirations et préoccupations sociétales. C'est la raison pour laquelle cette définition classique de l'impôt s'est trouvée dépassée. En effet, à partir du moment où le libéralisme alors ambiant à l'ère de la révolution française a reçu les soubresauts de l'interventionnisme étatique d'après guerres, les auteurs contemporains ont reformulé la définition de l'impôt. Ils se sont toutefois servis des éléments de la définition classique et ont apporté quelques précisions. L'impôt devient dorénavant : *une prestation pécuniaire requise des personnes physiques et morales de droit privé et de droit public d'après leurs facultés contributives, par voie d'autorité, à titre définitif et sans contrepartie déterminée, en vue de la couverture des charges d'intérêt général ou à des fins d'interventionnisme de la puissance publique*[441].

Cette définition de l'impôt met en relief les principales caractéristiques de cette notion.

B : Les caractéristiques de l'impôt

598. De l'analyse de la notion de l'impôt, il se dégage les caractéristiques suivantes :

- L'impôt est d'abord un prélèvement pécuniaire sur la propriété. Ceci revient à dire que par l'impôt, on opère un transfert de richesses d'un patrimoine à un autre. Ce prélèvement s'effectue d'ailleurs en principe exclusivement en argent. Autrement dit, l'impôt en nature

---

[441] MEHL (L) et BELTRAME (P), *Science et technique fiscales*, PUF, 1984, p.77.

est proscrit, car jugé injuste et incommode. Il n'existe d'ailleurs pratiquement plus que dans le cas de la dation en paiement, en matière de succession.

- L'impôt est prélevé par voie d'autorité. Autrement dit, c'est un acte de puissance publique. Cela signifie que le contribuable paie obligatoirement l'impôt dû, sous peine de pénalité ou de sommation. Le paiement de l'impôt n'est dès lors pas une faculté. C'est une obligation, mieux, un devoir citoyen. Cette obligation peut aller jusqu'à la contrainte par corps sans préjudice des droits de l'Homme. Cette contrainte n'est toutefois ni arbitraire ni illimitée car l'activité fiscale obéit au principe de la légalité[442].
- L'impôt est une prestation sans contrepartie établie, et à titre définitif. Cela revient à dire que le paiement de l'impôt par le contribuable ne donne pas droit à un avantage immédiat appréhendé comme la contrepartie directe de l'argent qu'il paie à l'Etat. Même si l'on sait que c'est l'argent de l'impôt qui finance le fonctionnement général de l'Etat pour la réalisation des services d'intérêt général. Ce n'est qu'à titre exceptionnel que l'impôt peut avoir une contrepartie. Tel est le cas des impôts prélevés en matière d'abattage, dont la contrepartie est réservée à la collectivité humaine environnante. De même que le produit des *péages* routiers et impôts sur les produits pétroliers affectés à l'entretien des routes[443]. Aussi, l'impôt est perçu à titre définitif. Autrement dit, le contribuable qui paie l'impôt ne sera jamais remboursé. Sauf lorsqu'il y aurait erreur de calcul du montant de la dette fiscal. En effet, l'impôt n'est pas un emprunt, encore moins l'argent d'une tontine.
- L'impôt est un prélèvement dans un but d'intérêt général ou d'interventionnisme. En effet, c'est d'abord une participation globale à un projet d'intérêt collectif. Dans cette optique, l'impôt est uniquement un moyen de financement des charges publiques de souveraineté. Le passage de *l'Etat gendarme* à *l'Etat providence* a cependant eu pour conséquence l'intervention de l'Etat dans d'autres secteurs d'activité, notamment social et économique. Dans

[442] Article 26 de la constitution camerounaise du 18 janvier 1996.

[443] Force est tout de même de relever qu'il existe un courant doctrinal qui souhaite que l'on donne une affectation précise à l'impôt, afin de combattre l'incivisme fiscal dans les pays en développement. Mais il est marginal, car la règle en matière de finances publique est celle de la non-affectation des recettes aux dépenses, une facette du principe de l'universalité.

une vision instrumentale, l'impôt est alors utilisé pour satisfaire les charges issues de ces diverses interventions. On prélève ainsi dorénavant l'impôt pour venir en aide à certaines couches sociales défavorisées. L'impôt booste alors l'économie et participe même à la bonne redistribution des richesses publiques.

Ces caractéristiques de l'impôt trahissent implicitement la place de ce prélèvement obligatoire dans les recettes publiques et même leurs fonctions dans l'activité étatique.

C : Les fonctions de l'impôt

599. L'impôt assure plusieurs fonctions. D'une part, il œuvre pour la couverture des charges publiques : l'impôt permet de financer les dépenses des services qui ne sont pas susceptibles d'être vendus, à l'instar de la défense et de l'administration générale ; et les services que l'Etat choisit de rendre gratuitement aux usagers, notamment l'éducation, au niveau maternel et primaire. Dans ce dernier cas, les choix ne sont pas immuables.

600. L'impôt a également une fonction d'interventionnisme : à cet effet, l'impôt peut être utilisé à plusieurs fins, notamment :
- L'incitation[444], par des exonérations, des abattements sur la matière imposable, des réductions d'impôts.
- La dissuasion, qui peut consister à décourager la consommation de certains produits, ou à freiner certaines formes de placement, par le truchement des surcharges fiscales.
- La protection : c'est le cas des droits de douane, dont la vocation première est de protéger l'économie ou le marché national contre des marchandises d'origine extérieure irrégulières.

601. Enfin, l'impôt recherche une répartition des charges publiques jugée plus juste à un moment donné, voir la redistribution des revenus et des richesses. Cela est possible à travers des techniques telles que l'exonération des revenus modestes, la modulation de l'impôt sur le revenu en fonction de son importance, l'imposition de la fortune, pour ne citer que celles- là.

Toutes ces caractéristiques et fonctions font de l'impôt une catégorie juridique distincte des autres prélèvements obligatoires.

---

[444] L'incitation peut toucher plusieurs domaines de l'économie, notamment l'épargne, l'investissement, la démographie.

¶ II : Les autres prélèvements obligatoires

602. Après avoir circonscrit l'impôt à son sens le plus strict, afin de le distinguer des autres contributions financières publiques requises par l'Etat, force est actuellement d'analyser ces prélèvements obligatoires voisins à l'impôt. Quels sont en effet ces prélèvements ? Et aussi, qu'est- ce qui les différencie de l'impôt ? Telles sont les questions qui guideront l'ordre de nos idées dans les développements qui vont suivre.

A : Les taxes administratives

603. Tout comme l'impôt, les taxes administratives sont instituées par le législateur. Bien que confondus dans le vocabulaire administratif et la législation fiscale elle-même, l'impôt et la taxe administrative représentent deux procédés distincts pour couvrir les dépenses publiques. Prélèvement obligatoire et définitif comme l'impôt, la taxe administrative s'en distingue en ce qu'elle est perçue pour couvrir les charges d'un service déterminé rendu par l'administration et en ce que seules y sont assujettis, les personnes qui peuvent bénéficier de ce service. Cependant la somme perçue n'est pas proportionnelle au service rendu par l'administration et reste déterminée par des critères étrangers aux perspectives commerciales.

B : Les redevances

604. Les redevances sont des rémunérations pour services rendus, établies parfois par voie décrétale. Il s'agit ici de faire supporter la charge du service aux usagers. La redevance est donc en principe proportionnelle au prix du service rendu par la collectivité publique. Autrement dit, il doit y avoir une corrélation directe entre le montant de la redevance et la valeur du service rendu. Ce principe dit *de l'équivalence* a été consacré par le conseil d'Etat dans l'Arrêt du 21 novembre 1958, *Syndicat national des transporteurs aériens* et confirmé plus tard par le Conseil constitutionnel à travers la décision *Droit de port et de navigation.*

605. A ce stade de l'analyse, il convient de faire un petit récapitulatif sur ces différences notionnelles. En effet, si la différence entre l'impôt et les deux prélèvements étudiés est déjà connue, qu'est-ce qui distingue alors la taxe administrative de la redevance ?

La différence entre ces deux prélèvements est fondée sur le rapport d'équivalence entre la somme payée et le service rendu par la personne publique. Tandis qu'une certaine équivalence est voulue entre le service rendu et la somme à payer en matière de redevance, cette équivalence n'existe pas en matière de taxe administrative[445]. Exemple : les droits universitaires sont une taxe administrative. On ne peut pas établir un rapport d'équivalence entre les 50000 FCFA payés par l'étudiant, et toute la formation suivie pendant l'année académique, sans compter les autres avantages y relatifs. Par contre, la redevance audio-visuelle CRTV se veut en principe équivalente au service rendu par cette institution. Même si en réalité, elle s'apparente davantage à un impôt au sens strict du terme, car elle n'est pas réservée uniquement et exclusivement à l'Office national de radio et de télédiffusion.

C : Les taxes parafiscales

606. Les taxes parafiscales ont les mêmes caractéristiques que l'impôt à la seule différence près : elles alimentent, non le budget de l'Etat ou des autres collectivités publiques, mais celui des organismes sociaux ou professionnels. Elles se présentent comme des impôts corporatifs. Elles sont établies par décret et se distinguent ainsi de l'impôt par leur régime juridique.

D : Les cotisations sociales

607. Elles constituent une forme particulière de prélèvement obligatoire ayant un objet bien déterminé à savoir la protection sociale. C'est dire qu'elles ont une contrepartie qui va de l'allocation familiale à la pension de retraite. Cette énumération n'est pas limitative. Les cotisations sociales sont définies comme les apports des personnes protégées ou de leurs employeurs à des institutions octroyant des prestations, en vue d'acquérir et de maintenir le droit à ces prestations. En dépit donc de leur caractère obligatoire, les cotisations sociales sont versées dans un but déterminé et comportent une contrepartie, contrairement à l'impôt. Le montant des cotisations sociales est fixé non en fonctions du risque encouru par l'assuré, mais de sa capacité contributive.

---

[445] ALAKA ALAKA (P), « La distinction entre redevance et taxe », *Annales de la Faculté des sciences juridiques et politiques de l'Université de Douala*, pp. 105- 110.

608. Les cotisations sociales ressortissent dans leur régime de détermination, à la loi. Mais la fixation de leur montant relève du pouvoir règlementaire. C'est d'ailleurs ce qui justifie leur définition dans le dictionnaire encyclopédique comme une catégorie juridique homogène, dotée de son régime juridique et de ses caractéristiques propres, au sein des prélèvements obligatoires.

La circonscription de l'impôt à un sens précis et sa différence d'avec les autres prélèvements obligatoires n'édulcore en rien son caractère générique. Il existe, en effet, plusieurs types d'impôts.

§ II- La typologie de l'impôt

609. Bien qu'ayant un contenu précis, la notion d'impôt demeure tout de même générique. En effet, il existe plusieurs types d'impôts. Afin de ressortir fidèlement cette diversité d'impôts, la doctrine s'est livrée à plusieurs classifications en usant de plusieurs critères rigoureux. Force est tout de même de reconnaître que cette œuvre pugnace de classification scientifique s'est avérée illusoire à la pratique eu égard à la difficulté d'en trouver toujours concrète vérification. Ceci étant, certaines classifications restent toutefois traditionnelles et se distinguent des autres classifications.

¶ I- Les classifications traditionnelles

610. Au nombre des classifications classiques, la doctrine a distingué l'impôt réel de l'impôt personnel, d'une part et l'impôt direct de l'impôt indirect, d'autre part.

A : Distinction impôt réel- impôt personnel

611. L'impôt réel est un impôt qui porte sur un élément économique sans considération de la situation personnelle de son détenteur. A titre d'illustration, la taxe foncière, les droits d'enregistrement ou la taxe sur le chiffre d'affaire.

612. L'impôt personnel, quant à lui, atteint l'ensemble des capacités contributives de l'assujetti. Il tient compte de sa situation personnelle et de ses charges familiales. L'impôt sur le revenu des personnes physiques et l'impôt sur les successions sont des impôts personnels. Notons tout de même que la tendance actuelle est que le législateur semble personnaliser les impôts réels. C'est ainsi que la TVA semble

se personnaliser progressivement à travers certaines différences de taux.

B : Distinction impôt direct- impôt indirect

613. La différence *impôt direct- impôt indirect* repose soit sur le critère de l'incidence, soit sur le critère du fait générateur et du rôle d'imposition.

Par le *critère de l'incidence*, l'on essaie de déterminer l'assujetti réel de l'impôt. Autrement dit, l'on recherche celui qui supporte réellement l'impôt. C'est alors lorsque le contribuable supporte directement, lui-même, la charge fiscale que l'on parle d'impôt direct. Par contre, lorsque la charge fiscale est répercutée sur un tiers, on parle d'impôt indirect. A titre d'illustration, le fonctionnaire qui paie l'impôt sur le revenu qui est assis sur son salaire supporte, lui-même, la charge de cet impôt à travers *la ponction pécuniaire douloureuse* qui est faite sur ledit salaire. L'impôt sur le revenu des personnes physiques est donc un impôt direct. Par contre, en faisant des achats dans un magasin, le client paie, pour chaque article acheté, la TVA correspondante intégrée dans la facture, dont le fruit sera collecté par le tenancier du magasin, et versé au Trésor public, après déduction, le cas échéant, de la TVA payée par ce dernier, lors de l'acquisition de sa marchandise. La charge de la TVA payée au Trésor public par le tenancier, est répercutée sur le client qui la supporte réellement[446]. La TVA est, par conséquent, un impôt indirect.

614. Cette classification est fondée sur des phénomènes économiques de translation et de répercussion de l'impôt. Des phénomènes complexes et même conjoncturels. D'où l'imperfection de ce critère. La preuve est que l'impôt sur les sociétés est considéré comme un impôt direct alors qu'il est reporté sur les prix.

615. Le *critère du fait générateur et du rôle d'imposition* est lié à la mise en œuvre de l'impôt par l'administration. Ce critère parait très solide. Par ce critère, l'impôt direct est celui qui atteint de façon périodique des situations ayant une certaine permanence et pour lesquelles l'administration est capable d'établir un rôle nominatif, c'est-à-dire un document administratif contenant les contribuables assujetti à l'IRPP et

[446] On dit que le client est le redevable réel, et le tenancier du magasin, le redevable légal. Le premier supporte la charge de l'impôt qui devait en fait peser sur le tenancier. Le second, que l'administration connait sur le plan fiscal, répercute une charge qui devait être sienne sur le client.

les renseignements sur leur situation civile et patrimoniale. Autrement dit, l'impôt direct est celui qui est perceptible par voie de rôle d'imposition, car son fait générateur bien que périodique se caractérise par une certaine constance. L'impôt indirect, quant à lui, vise des événements dont le caractère occasionnel et imprévisible est rédhibitoire à toute tentative de confection d'un rôle d'imposition par l'administration fiscale. En d'autres termes, l'impôt indirect n'est pas perceptible par voie de rôle.

¶ II : Les autres classifications

616. Sous ce registre, on distingue l'impôt analytique de l'impôt synthétique, d'une part, et l'impôt sur le revenu de l'impôt sur les dépenses, l'impôt sur le capital, d'autre part.

A : Distinction *impôt analytique- impôt synthétique*

617. Cette classification tend à dissocier les impôts qui ne frappent qu'un seul élément du capital, qu'une seule catégorie de revenu de ceux qui atteignent une valeur et une situation économique prise dans son ensemble. A titre d'exemple, un impôt cédulaire sur le traitement salarial constitue un impôt analytique car ne frappant qu'une portion du revenu salarial d'un contribuable qui peut d'ailleurs également avoir d'autres revenus. Tandis qu'un impôt général sur le revenu portant sur plusieurs types de revenus, est un impôt synthétique. Lorsqu'il s'agit d'une seule cédule du revenu du contribuable, on parle d'impôt analytique ; il est généralement proportionnel. Par contre, lorsque l'impôt porte sur l'ensemble des éléments du revenu du contribuable, on parle d'impôt synthétique ; il est généralement progressif. La tendance actuelle en matière fiscale est toutefois celle du passage de l'impôt analytique à l'impôt synthétique considéré économiquement plus neutre.

B : Distinction *impôt sur le revenu- impôt sur la dépense- impôt sur le capital*

618. Cette classification prend comme critère, la ressource économique atteinte par le prélèvement fiscal. L'impôt sur le revenu frappe l'acquisition d'un revenu par le contribuable. On sera imposé soit sur le

revenu des personnes physiques, soit sur le revenu d'une entreprise, au titre de l'impôt sur les sociétés.

L'impôt sur la dépense grève les dépenses sur la consommation ou d'investissement. Exemple : les droits d'accises, les autres droits indirects sur la consommation, la TVA.

L'impôt sur le capital porte sur le patrimoine mobilier ou immobilier, à l'occasion soit d'une mutation[447], soit d'une simple détention[448].

.En dépit de quelques difficultés, cette classification semble plus crédible que la première, car elle repose sur l'élément essentiel du fait fiscal, à savoir, sa nature économique.

C : Les autres regroupements

619. Les impôts peuvent être regroupés en fonction de leur objet : Exemple : fiscalité immobilière, fiscalité des charges, fiscalité des assurances ; ou en considération du sujet de l'obligation fiscale, Exemple : impôt sur les entreprises, impôts sur les ménages. Toutefois, ces regroupements ne peuvent pas être appréhendés comme de véritables classifications, car ce sont les divers types d'impôts qui sont appliqués à des conditions différentes aux objets et sujets disparates. Il est donc illusoire d'élaborer une classification opérationnelle à toutes les situations[449].

620. Après l'étude des fondements théoriques de l'impôt, ayant pour but de bien cerner la notion d'impôt en distinguant ce prélèvement obligatoire des autres catégories de contributions financières requises des particuliers par les personnes publiques, il semble opportun de s'appesantir actuellement sur son environnement juridique intrinsèque et extrinsèque.

---

[447] C'est le cas des droits de mutation à titre onéreux, des droits de succession, ou des droits d'enregistrement.

[448] La parfaite illustration consiste en la taxe sur les propriétés bâties ou non bâties, la taxe foncière, ou l'impôt sur la fortune.

[449] BELTRAME (P.), *La fiscalité en France*, op. cit., p.20.

Chapitre II

Le régime juridique de l'impôt

621. De manière lapidaire, le régime juridique peut être appréhendé comme l'ensemble de règles juridiques qui régissent une réalité clairement identifiée. A propos de l'impôt, l'étude de son régime juridique passe principalement par l'examen des sources du droit fiscal, et partant, des grands principes qui encadrent ce droit. Par sources du droit, il convient d'entendre l'ensemble des règles juridiques qui participent à la formation de ce droit. Ces règles sont génératrices de droits et d'obligations et sont le fruit de l'intervention soit du législateur, soit d'autres organes[450]. Elles adoptent à cet effet plusieurs formes et sont issues à la fois du droit interne et du droit international. Leur classification distingue généralement les sources nationales, des sources internationales.

622. Le droit fiscal, formé de règles régissant l'activité fiscale des personnes publiques, c'est-à-dire la création, la détermination, la collecte et même la solution des litiges des prélèvements obligatoires[451], ne déroge pas à cette compréhension. Les sources de ce droit proviennent à la fois de l'activité *normatrice* des pouvoirs publics nationaux, et des diverses interventions de ces organes en rapport avec d'autres acteurs du droit international. Le droit fiscal est ainsi constitué d'un ensemble composite de règle de droit interne et de droit international[452]. En d'autres termes, ce droit est édifié de sources internes et de sources internationales.

---

[450] CARBONNIER (J.) *Théorie sociologique des sources du droit*, Association Corporative des Étudiants en Droit, Place du Panthéon-Paris V^{e}, 1961 -1962, p. 6 et suivantes.

[451] AUGE (P.), *Droit fiscal général*, Ellipses, Paris, 2002, pp. 11 et suivantes.

[452] LAMULLE (T.), *Memento du droit fiscal*, Galino, Paris, 2003, pp. 8 et suivantes.

§ I : Les sources internes

623. Les sources internes du droit fiscal découlent de l'ordonnancement juridique interne de l'Etat camerounais. Elles excluent toutes normes nées des relations fiscales ou économiques entre le Cameroun et les autres sujets de droit international à l'instar des Etats et des organisations internationales[453]. Ces sources sont donc propres à la hiérarchie des normes de droit interne. Leur particularité est qu'elles sont à la fois écrites et non écrites.

¶ I : Les sources internes écrites

624. En conformité avec la répartition horizontale des pouvoirs de l'Etat, qui confie l'activité d'élaboration de la loi au pouvoir législatif[454], les sources écrites du droit fiscal sont l'œuvre du législateur. Il sied néanmoins de préciser d'emblée que ce dernier est appréhendé ici de manière extensive. Car, au-delà du législateur *stricto sensu*, représentant de la nation camerounaise, d'autres organes sont à l'origine des règles juridiques écrites applicables ou opposables au contribuable. Ces règles se retrouvent à tous les stades de la hiérarchie des normes et mobilisent même, contrairement aux canons usuels de la science juridique, des instruments devant en principe être classés parmi des actes de fonctionnement interne de l'administration[455]. Il s'agit de la constitution, de la loi, des actes réglementaires et non réglementaires.

A : La constitution

625. A l'instar de la plupart des matières du droit public, la constitution se présente comme la source fondamentale du droit fiscal. En effet, c'est la constitution qui pose la plupart des principes de base qui régissent la fiscalité au Cameroun. Il s'agit notamment d'abord du principe de légalité fiscale qui impose que la matière financière en générale, et

---

[453] Lire à ce sujet : ATANGANA AMOUGOU (J.L.) (dir.), *Le Cameroun et le droit international*, Actes du colloque organisé à Ngaoundéré les 2 et 3 mai 2013 à l'occasion de la célébration du cinquantenaire de l'indépendance et de la réunification du Cameroun, Pedone, Paris, 2014, 376 p.

[454] PACTET (P.), *Institutions politiques, Droit constitutionnel*, Armand Colin, 15ème édition, Paris, 1996, pp. 110 et suivantes.

[455] Allusion est ici faite aux circulaires, notes de services, instructions, mesures d'ordre intérieur, directives, conçues par les responsables de l'administration fiscale.

fiscale en particulier, soit du ressort des représentants de la nation à travers la loi[456]. Le préambule affirme à cet effet que nul ne peut être contraint de faire ce que la loi n'ordonne pas. Et aux termes des dispositions pertinentes de l'article 26, alinéa 2, d : *sont du domaine de la loi (...), les questions financières et patrimoniales suivantes : (...) la création des impôts et taxes et la détermination de l'assiette, du taux et des modalités de recouvrement de ceux-ci.* Il s'agit ensuite du principe d'égalité ; le constituant dans le préambule affirme que tous les citoyens sont égaux en droits et en devoir et l'Etat assure à tous les citoyens les conditions nécessaires de leur développement[457]. Le même préambule proclame aussi la participation impérative de chacun, en proportion de ses capacités, aux charges publiques. D'où la consécration constitutionnelle, de manière respective, du principe de nécessité fiscale rendant l'impôt obligatoire pour le contribuable, eu égard à son utilité pour la vie de la collectivité publique[458], et du principe de solidarité

---

[456] Le principe de la légalité fiscale se présente comme la consécration moderne et constitutionnelle du principe médiéval du consentement à l'impôt en France. Il suppose que le Parlement autorise la levée de l'impôt et en contrôle l'affectation, ainsi que le rappelle les stipulations de l'article 14 de la Déclaration des droits de l'homme et du citoyen de 1789 : *« Tous les citoyens ont le droit de constater par eux-mêmes ou par leurs représentants la nécessité de la contribution publique, de la consentir librement d'en suivre l'emploi et d'en déterminer la quotité, l'assiette, le recouvrement et la durée ».*

[457] En France, le principe d'égalité fiscale trouve sa source dans deux stipulations de la déclaration des droits de l'homme et du citoyen : l'article 6 impose que la loi soit la même pour tous les citoyens qui sont au demeurant égaux, et l'article 13 stipule que la contribution aux charges de la nation doit être répartie entre les citoyens. Ce principe de non-discrimination voudrait que deux contribuables placés dans une situation similaire soient traités de manière identique, des différences n'étant tolérées qu'en cas de changement de situations ou lorsque l'intérêt général l'exige légalement. Ne concernant en fait que des contribuables de la même catégorie, l'égalité envisagée ne saurait donc être absolue. Elle devient plutôt catégorielle.

[458] Le principe de nécessité fiscale inscrit en effet la participation à l'effort public dans l'ordre de l'obligation et non dans celui de la faculté. Il habilite ainsi les pouvoirs publics, à travers l'administration fiscale, à contrôler que le contribuable s'acquitte correctement de son obligation. En France, ce sont les articles 13 et 14 de la déclaration de 1789 qui en constituent le fondement textuel. Ainsi, en vertu de la première stipulation, pour l'entretien de la cause publique et les dépenses de l'administration, une contribution commune est indispensable. Le dernier article, quant à lui, évoque la nécessité de la contribution publique.

fiscale ou d'imposition selon les capacités contributives, qui impose une taxation en proportion du niveau des revenus du contribuable[459].

626. Il s'agit enfin du principe de non rétroactivité de la loi fiscale. Le préambule de la constitution de 1996 affirme en effet que la loi, en l'occurrence la loi fiscale, ne peut avoir d'effet rétroactif. Nul ne peut être jugé et puni qu'en vertu d'une loi promulguée et publiée antérieurement au fait punissable. Relevons toutefois, comme le fait observer le Professeur Michel BOUVIER parlant du cas français, que le principe constitutionnel de non rétroactivité connait en matière fiscale une application loin d'être systématique. La raison de cette application partielle tient, à proprement parler, aux relations entre le droit fiscal et le droit budgétaire. En ce qui concerne les impôts directs, la loi fiscale est ainsi nécessairement rétroactive dans la mesure où c'est la loi de finances initiale qui fixe les tarifs ou taux d'imposition applicables à des revenus acquis au cours de l'année qui vient de s'écouler. Plus précisément, la technique de l'impôt de quotité, le principe de l'annualité et l'application de la règle du fait générateur rendent quasiment inévitable la rétroactivité de la loi en matière d'imposition directe[460].

627. A portée constitutionnelle, ces principes s'imposent à tous et l'adoption de la constitution du 18 janvier 1996 a été décisive non seulement pour leur densification, mais surtout pour leur passage au rang constitutionnel. En effet, localisés en grande majorité dans le préambule de la constitution, la reconnaissance de la valeur constitutionnelle à ce texte philosophique par la constitution elle-même, entraine automatiquement l'élévation au rang constitutionnel de tous ces principes. D'autres principes restent néanmoins à la dimension législative et le législateur se doit aussi de les respecter lors de l'élaboration de la loi fiscale.

B : La loi

628. La loi est une source du droit fiscal par application du principe de la légalité fiscale. Elle consacre plusieurs principes importants du droit

---

[459] A l'origine, le principe de solidarité fiscale avait pour objectif d'abolir les privilèges fiscaux de *l'Ancien Régime* en France. Il prescrit maintenant l'absence d'immunité fiscale et la proportionnalité de l'impôt et porte implicitement un principe de progressivité fiscale selon lequel, le taux de l'impôt doit augmenter en fonction de l'évolution de la richesse du contribuable.

[460] BOUVIER (M), Introduction au droit fiscal général et à la théorie de l'impôt, LGDJ, 10ème édition, Paris, 2010, p. 68.

fiscal. Il s'agit d'abord du principe du contradictoire qui impose que le contribuable dont les déclarations sont contrôlées, ait à tout moment la possibilité de se défendre, de répondre aux éventuelles notifications que l'administration se propose de lui adresser, ainsi que de dialoguer avec l'agent chargé du contrôle en étant éventuellement assisté d'un conseil de son choix, s'il le souhaite. Rapproché du principe du respect des droits de défense systématisé en matière de poursuites juridictionnelles, le principe du contradictoire s'applique dans les procédures administratives de contrôle et surtout de redressement de l'impôt[461].

629. Ensuite, le législateur affirme le principe de la territorialité de l'impôt qui définit l'application de la loi fiscale dans l'espace et limite cet espace à la zone située à l'intérieure des frontières nationales[462]. C'est le cadre d'exercice de la souveraineté étatique par les pouvoirs publics[463].

630. Il est enfin question du principe de la compétence liée de l'administration fiscal découlant du principe de la légalité. Ce principe impose que l'administration fiscale n'agisse que dans le cadre des dispositions législatives et réglementaires qui définissent ses missions et attributions.

631. La loi est une source importante de ce droit dont les dispositions sont en majorité codifiées à travers le *Code général des impôts*. La compétence du législateur se limite à la fixation des règles générales de

---

[461] Sous-titre II, Chapitre I du *Livre de procédures fiscales* sur *le droit de contrôle*, article L9 à L41. Lire surtout les sections III sur *les modalités du* droit *de contrôle* et IV sur *les procédures de redressement*. Une attention particulière devrait être portée sur la procédure de *redressement contradictoire* des articles L23 et L24.

[462] La décentralisation en cours au Cameroun sur le plan financier en général et fiscal en particulier consolide le principe de la territorialité de l'impôt. En effet, le Code général des impôts, qui incorpore la loi portant fiscalité locale, dispose en son article C 1er, alinéa 3 que la loi portant fiscalité locale s'applique aux communes, aux communautés urbaines, aux communes d'arrondissement, aux régions et à tout type de collectivité territoriale créée par la loi.

[463] Un léger bémol doit toutefois être mis au sujet de cette affirmation. Car le pouvoir fiscal peut, dans certains cas, s'étendre au-delà des frontières nationales, ou être limité par un droit fiscal supranational, ou, au contraire, ne pas couvrir l'ensemble du territoire national. C'est le cas dans la première hypothèse, lorsqu'en vertu de certaines conventions fiscales internationales, la souveraineté est affectée par des normes supérieures à la loi nationale car découlant d'un traité ratifié et approuvé par le parlement. Dans la dernière hypothèse, il s'agit du cas des zones franches définies comme des zones géographiques d'un territoire dont le développement de l'activité économique a été prioritaire au point d'offrir des avantages et privilèges fiscaux telles des exonérations de TVA, d'impôts sur les bénéfices et de droits de douane, dans le but d'attirer les investisseurs.

la technique fiscale des impositions de toute nature. La loi fixe, à cet effet, les règles d'assiette, du taux, des modalités de recouvrement et les principes de la procédure fiscale contentieuse.

632. Complémentaires à la loi de finances prise chaque année, plusieurs actes législatifs régissent la matière fiscale et s'appliquent à ce titre au contribuable. Les plus déterminantes sont regroupées dans un Code général des impôts qui est actualisé chaque année depuis sa conception. Les principales actualisations sont intervenues lors de la prise de la loi de finances pour l'exercice 2003, qui a réformé l'impôt sur le revenu des personnes physiques, de la loi n°2009-019 du 15 décembre 2009 portant fiscalité locale, de la loi n°2012-14 du 21 décembre 2012 portant loi de finances pour l'exercice 2013 et de la loi n°2012-06 du 19 avril 2012 portant code gazier.

633. Institué par la loi n°2002- 003 du 19 avril 2002 en remplacement de celui de 1973 dans un souci d'actualisation, d'unification et de simplification des procédures, le Code général des impôts intègre au Cameroun, en dehors de ses trois principaux livres, plusieurs autres instruments normatifs non codifiés, à l'instar de certaines conventions internationales. Sa structure distingue clairement le *Livre 1* sur les impôts et taxes dont les principaux sont l'impôt sur les sociétés, l'impôt sur le revenu des personnes physiques, la taxe sur la valeur ajoutée ; le *Livre 2* sur les procédures fiscales, et le *Livre 3* sur la fiscalité locale.

634. En sus du Code général des impôts, plusieurs autres instruments législatifs, codifiés ou non, s'appliquent au contribuable au Cameroun. Ils portent exclusivement sur la matière fiscale ou alors régissent plusieurs autres matières faisant intervenir la fiscalité. Il s'agit notamment, entre autres, de la loi du 16 avril 2001 portant Code minier. Aux sens de l'article premier, cette loi a pour objet de régir les activités minières et de promouvoir les investissements dans le secteur minier en République du Cameroun. Elle vise à favoriser et à encourager la recherche et l'exploitation des ressources minérales nécessaires au développement économique et social du pays, ainsi qu'à la lutte contre la pauvreté. Pour ce faire, le législateur institue un régime fiscal et douanier spécifique dans l'article 93 de ce code, accordant plusieurs avantages à toute entreprise ou société de recherche ou d'exploitation minière en activité au Cameroun et titulaire de permis y relatifs[464].

---

[464] D'abord les matériels de recherche et d'équipement professionnel bénéficient du régime de l'admission temporaire, pendant que toutes les pièces de rechange et les lubrifiants spécifiques nécessaires au fonctionnement de ces matériaux sont totalement exonérés de taxes et droits de douane. Ensuite, les titulaires de permis de

635. Il s'agit ensuite de la loi n°98-005 du 14 avril 1998 portant régime des eaux. A travers son titre III sur l'exploitation des eaux souterraines et de surface, le législateur fixe les conditions générales de taxation de tous prélèvements des eaux effectués par les exploitants à des fins industrielles et commerciales. Il exempte toutefois les concessionnaires des services publics d'exploitation et de distribution d'eau potable[465].

Il est question aussi de la loi n°99-013 du 22 décembre 1999 portant Code pétrolier dont le titre VI sur les dispositions fiscales et douanières et le régime de change[466], encadre l'activité des acteurs de ce secteur minier névralgique pour le développement de tout le pays.

Il en est de même pour la loi n°2008-009 du 16 juillet 2008 fixant le régime fiscal, financier et comptable applicable aux contrats de partenariat.

Pays situé légèrement au-dessus de l'Equateur, côtoyant le Golfe de Guinée et entre le bassin atlantique et le bassin du Congo, le Cameroun regorge d'une abondante richesse forestière. Plusieurs instruments juridiques généraux ou à caractère fiscal encadrent ainsi l'exploitation de cette forêt. Il s'agit par exemple de la loi n°94-01 du 21 janvier 1994 portant régime des forêts de la faune et de la pêche.

Tous ces instruments législatifs portant sur plusieurs secteurs de la fiscalité au Cameroun, s'appliquent au contribuable. Certains d'entre eux dépendent souvent, pour leur application concrète, d'actes réglementaires.

C : Les actes réglementaires

636. Les actes réglementaires constituent une source très abondante du droit fiscal au Cameroun, et pour cela, encadrent l'activité du contribuable qui peut être une personne physique ou morale[467].

---

recherche sont exonérés de plusieurs impôts, notamment les droits d'enregistrement autres que ceux relatifs aux baux et locations à usage d'habitation, l'impôt sur les sociétés, l'impôt sur les bénéfices industriels et commerciaux, la taxe proportionnelle sur les revenus des capitaux mobiliers, la taxe sur la valeur ajoutée. Enfin, pendant toute la durée de validité d'un permis d'exploitation, les taux et régies d'assiette des impôts, droits et taxes seront stabilisés au niveau où ils se trouvaient à la date d'attribution du permis d'exploitation.

[465] Article 10, alinéa 2 de la loi du 14 avril 1998 portant régime des eaux.

[466] Ce titre va de l'article 89 à l'article 112 et se subdivise en quatre chapitres portant successivement sur les dispositions fiscales, les règles de contrôle des déclarations, les dispositions douanières et le régime de change.

[467] Si la compréhension de la personne physique comme contribuable ne pose pas de problème majeur, eu égard à son essence peu ou prou homogène, il n'en est pas de

Il serait fastidieux de faire une présentation exhaustive de tous les décrets et arrêtés portant sur la fiscalité dans un pays comme le Cameroun, où près de la moitié des revenus budgétaires proviennent des contributions pécuniaires publiques[468]. Il serait donc plus judicieux de procéder à des sélections dans l'optique de rendre compte des actes réglementaires les plus représentatifs sur la base de leur importance ou de la diversité de leur objet. Autrement dit, seuls ceux s'illustrant par leur caractère déterminant pour l'activité fiscal au Cameroun, ou ceux représentant les secteurs névralgiques[469] de notre fiscalité bénéficieront de notre préférence. Il s'agit, en dehors de tous les décrets portant promulgation des lois de finances successives de l'Etat du Cameroun, et pour ce qui concerne la structure administrative compétente en matière fiscale, du décret du 08 novembre 2008 portant nouvel organigramme du Ministère de l'économie et des finances, dans ses dispositions relatives à la Direction générale des impôts. Le contribuable en général, dans ses relations avec le fisc pourra ainsi être renseigné sur le service à saisir et sur la procédure à suivre en cas de besoin. Quant au contribuable, prestataire de services en rapport contractuel avec l'Etat camerounais ou l'administration publique en particulier, le décret du 16 avril 2001 lui sera opposable lorsqu'il s'engagera dans les marchés publics, celui du 29

---

même pour la personne morale caractérisée par sa typologie plurielle. En effet, le contribuable personne morale, peut être de droit public ou de droit privé. Dans la première catégorie, on peut retrouver les collectivités territoriales décentralisées dans leur diversité, y compris les syndicats qui peuvent découler de leurs associations, et les établissements publics tout aussi multiples. Dans la seconde catégorie, il s'agit en général des entreprises elles-mêmes subdivisées, suivant la terminologie de certains instruments juridiques à caractère fiscal camerounais, en *« grandes entreprises »*, *« petites et moyennes entreprises »*, *« nouvelles entreprises »*, *« anciennes entreprises »*. Pour cette catégorisation, voir le premier article du décret n°2008-2304-PM du 29 juillet 2008 portant régime fiscal particulier des projets structurants du Code général des impôts institué par la loi de finances pour l'exercice 2008.

[468] L'on se réserve d'utiliser spécifiquement la notion d'impôt, notion renvoyant techniquement à un contenu précis en droit fiscal général, compte tenue de la compréhension particulière que semble avoir le législateur camerounais de ce concept. En effet, ce dernier tend à adopter un sens un peu trop inclusif de l'impôt au point d'embrigader toutes les contributions pécuniaires publiques dans ce qu'il a appelé la *« fiscalité locale »*. Voir Marc BONABE DEHICBE, *La notion d'impôt en droit fiscal camerounais*, Mémoire de Master II Droit public de l'économie, sous notre direction, Université de Ngaoundéré, 2013-2014, 98 pages.

[469] Ce caractère névralgique s'inspirera des grands ensembles présentés par la Direction générale des impôts à savoir la *fiscalité générale* encadrée par le Code général des impôts et la *fiscalité spécifique* déclinée en *fiscalité pétrolière*, *fiscalité minière*, *fiscalité forestière* et *fiscalité gazière*.

juillet 2008 le liera du fait de son intervention dans les projets structurants institués ici depuis l'exercice fiscal 2002.

637. Pour ce qui est de la fiscalité spécifique, l'adoption par le législateur des lois ou codes portant sur les activités pétrolières, minières, gazières ou forestières avait longtemps laissé en suspens l'application immédiate et intégrale de ces instruments juridiques, faute de textes d'application. Ce vide sera comblé dans la suite par l'adoption, respectivement, des décrets du 30 juin 2000 portant application du Code pétrolier, du 27 novembre 2001 fixant les règles d'assiette et les modalités de recouvrement et de contrôle des droits, redevances et taxes relatives à l'activité forestière, et du 26 mars 2002 portant application du Code minier. Le décret d'application du Code gazier reste attendu jusqu'à ce jour.

638. En vertu du principe de la légalité fiscale, la matière fiscale ressortit à la compétence du législateur. C'est donc en fait par exception que l'intervention d'une autorité relevant du pouvoir exécutif peut être admise, en dehors des hypothèses d'édiction d'un décret d'application d'une loi à caractère fiscal[470]. Une telle réalité justifie la rareté des arrêtés à caractère fiscal, car c'est même par une sorte de *forçage* que le Président de la République ou le Chef du gouvernement parvient à édicter des décrets en la matière. La prise d'un arrêté ne relève toutefois pas de l'impossibilité, tant il est vrai qu'il en existe quelques-uns. C'est notamment le cas de l'arrêté n°366 du 19 novembre 2013 précisant les modalités de mise en œuvre des avantages fiscaux et douaniers de la loi n°2013-004 du 18 avril 2013 fixant les incitations à l'investissement privé au Cameroun ou de l'arrêté du Ministre des finances du 12 janvier 2016 fixant la liste des sociétés privées, des sociétés d'économie mixte, des sociétés à capital public, des établissements publics administratifs, et des collectivités territoriales décentralisées tenus d'opérer la retenue à la sources de la taxe sur la valeur ajoutée et de l'acompte de l'impôt sur le revenu au titre de l'exercice 2016.

---

[470] On peut toutefois nuancer avec la spécificité du régime *présidentialiste* camerounais, où les autorités du pouvoir exécutif en général et le Président de la République en particulier, sont prépondérants. Usant de son influence sur tous les autres pouvoirs et en l'occurrence le pouvoir législatif, le Président de la République se présente souvent en matière fiscale comme un *« Jupiter fiscal »* à même de transformer ou de créer de nouveaux impôts par la technique de l'ordonnance. Voir ALAKA ALAKA (P.), *Les difficultés de recouvrement de l'impôt au Cameroun : contribution à l'étude des dysfonctionnements administratifs*, Thèse de doctorat en droit public, Paris II, 1996, pp. 20 et suivantes.

D : Les actes non réglementaires

639. Contrairement aux canons universels de la science juridique en général et du droit administratif en particulier, qui font des actes non réglementaires des actes non opposables aux usagers de l'administration[471], car ne faisant pas grief, le droit public financier en général, et le droit fiscal en particulier, semblent réserver un sort différent à certains actes susceptibles d'être classés dans cette catégorie. Il s'agit principalement des circulaires. Ils rejoignent dès lors en partie, une tendance nouvellement observée dans l'étude de la portée juridique de ces actes distinguant les circulaires faisant grief de celles ne faisant pas grief[472]. Ainsi, depuis l'arrêt du Conseil d'Etat du 19 février 2003 sur *l'affaire Société Auberge ferme des jeunets*, certaines circulaires à caractère fiscal font grief[473].

640. En matière fiscale, du moins en ce qui concerne le droit public financier camerounais, les circulaires occupent une place privilégiée parmi les actes qui lient le contribuable et peuvent être opposés à l'administration fiscale en cas de différend. L'illustration idoine est relative à la circulaire du ministre des finances prise chaque année afin faciliter l'exécution et le contrôle de l'exécution des budgets des

[471] On classe dans cette catégorie, des actes comme les circulaires, les directives, les mesures d'ordre intérieur.

[472] En effet, avant 2002, le Conseil d'Etat considérait que ne pouvaient être attaquables que les circulaires qui fixaient des règles nouvelles contraires à la loi. En revanche, toutes les circulaires qui se bornaient à interpréter les textes en vigueur ne pouvaient faire l'objet d'un contrôle juridictionnel. Il était donc très difficile d'obtenir l'annulation d'une circulaire. Mais le 18 décembre 2002, par *l'arrêt Duvignère* du Conseil d'Etat, il y eut un revirement de jurisprudence. Dorénavant, toutes les circulaires qui revêtaient un caractère impératif à raison de leur rédaction, pouvaient faire l'objet d'un recours pour excès de pouvoir.

[473] Certaines circulaires peuvent en effet occasionnellement poser question, car elles sont le support d'une interprétation du droit en vigueur, destinée à faciliter la tâche de ceux qui devront l'appliquer. Or si l'interprétation fidèle des textes ne modifie pas l'ordonnancement juridique, il peut arriver que la circulaire soit aussi le réceptacle des dispositions réglementaires, l'autorité qui l'édicte souhaitant faire l'économie d'un arrêté, ou bien encore ajoutant des éléments au droit qu'elle prétend interpréter, volontairement ou non. Confronté à cette hypothèse, le juge a dû constater que les circulaires pouvaient dissimuler des actes administratifs modifiant l'ordonnancement juridique, et qu'à ce titre, elles ouvraient droit à un recours pour excès de pouvoir. Lire utilement SCHAEGIS (C.), *Dictionnaire de droit administratif*, Ellipses, Paris, 2008, pp.45 et suivantes.

organismes publics. Elle est généralement intitulée Circulaire portant instructions relatives à l'exécution des lois de finances, au suivi et au contrôle de l'exécution du budget de l'Etat, des établissements publics administratifs, des collectivités territoriales décentralisées et des autres organismes subventionnés, pour l'exercice considéré. Destinée en principe aux acteurs de la chaine financière des personnes publiques, elle concerne toutefois le contribuable, usager de l'administration fiscale, qui est considéré ici comme un partenaire privilégié des autorités fiscales. Prise sous le fondement respectif de la loi portant régime financier de l'Etat et des autres entités publiques et du Code général des collectivités territoriales décentralisées, cette circulaire précise les règles, principes et modalités pratiques pour une exécution régulière, optimale et harmonieuse des budgets publics en autorisations d'engagement[474] et crédits de paiement[475]. La première loi dispose en effet que le ministre en charge des finances veille à la bonne exécution des lois de finances et la seconde loi étend les dispositions du régime financier de l'Etat aux collectivités locales.

641. Plusieurs dispositions de cette circulaire traitent de la matière fiscale. Il s'agit, à titre principale du Titre II sur l'émission et le recouvrement des recettes. Les chapitres I et IV encadrent respectivement les recettes fiscales et douanières et les procédures de retenue à la source et de reversement des impôts et taxes relatifs à l'exécution des caisses d'avance et de déblocage de fonds. Le Titre III sur le cadre d'exécution des dépenses publiques revient sur la fiscalité au Chapitre IV sur le régime fiscal des marchés publics et bons de commande administratifs.

Si plusieurs sources du droit fiscal interne sont écrites, il en existe aussi qui sont non écrites.

[474] Désignées *autorisations de programme* par l'ordonnance du 7 février 1962, les autorisations d'engagement sont définies par l'article 15 alinéa 2 de la loi de 2007 comme *« la limite supérieure des dépenses pouvant être engagées au cours d'une période n'excédant pas trois ans »*. C'est donc le plafond des crédits pouvant être engagés au cours des années à venir au titre de l'exécution d'une opération d'investissement précise.

[475] Les crédits de paiement, quant à eux, constituent la limite supérieure des dépenses pouvant être engagées et ordonnancées durant un exercice budgétaire pour la couverture des engagements contractés dans le cadre des autorisations d'engagement. Ils constituent donc la tranche annuelle des crédits nécessaires à l'exécution d'une autorisation d'engagement pluriannuelle.

¶ II- Les sources internes non écrites

642. En principe et de manière générale, au rang des sources internes non écrites du droit, il convient de relever la jurisprudence et la coutume[476]. Le droit fiscal des Etats de tradition juridique française comme le Cameroun, met pourtant en exergue une autre source très originale de ce droit. Il s'agit de la doctrine dite *administrative*. La coutume fiscale étant une source très résiduelle, voire, inexistante en droit positif camerounais, notre étude s'appesantira exclusivement sur la jurisprudence et la doctrine administrative.

A : La jurisprudence fiscale

643. Afin de ne pas s'engluer dans la multitude des sens du mot jurisprudence[477], nous retiendrons la définition donnée à cette notion par le Vocabulaire juridique Gérard Cornu[478]. La jurisprudence est alors comprise comme l'ensemble de décisions de justice rendues pendant une certaine période soit dans une matière, soit dans une branche du droit, soit dans l'ensemble du droit. Notre attention portera exclusivement sur les décisions rendues par le juge fiscal camerounais[479]. C'est-à-dire celles conçues par les différentes juridictions compétentes en matière fiscale au Cameroun.

644. Sous l'influence de la France avec qui il partage une longue et dense histoire, le Cameroun a adopté le dualisme juridictionnel même en

[476] La doctrine, constituée comme l'ensemble des opinions des auteurs, est difficilement admise comme source de droit, surtout dans un travail fortement influencé par la doctrine positiviste comme le nôtre.

[477] La jurisprudence peut premièrement désigner l'ensemble des solutions apportées par les décisions de justice dans l'application du droit. Elle est deuxièmement la personnification de l'action des tribunaux, par opposition à *législation* ou *doctrine*. Elle désigne troisièmement l'habitude de juger dans un certain sens, le résultat de cette habitude. Quatrièmement, c'est la tendance habituelle d'une juridiction déterminée ou d'une catégorie de juridiction à juger dans un sens déterminée : on parle dans ce sens de la jurisprudence du Conseil d'Etat. Enfin, la jurisprudence désigne cinquièmement la pratique judiciaire, habitude de procéder ou d'opérer de telle manière- en dehors du droit dans les mesures d'instruction, de conciliation, les évaluations.

[478] CORNU (G), Association Henri Capitant, *Vocabulaire juridique*, PUF, 8ème édition, Paris, 2005.

[479] FERMOSE (J.), *Le juge fiscal camerounais*, Mémoire de Master II en droit public de l'Economie, sous notre direction, Université de Ngaoundéré, 2012-2013, 111pages.

matière fiscale[480]. La solution des litiges susceptibles de naître dans le déroulement du processus fiscal entre l'administration fiscale et le contribuable est alors confiée à plusieurs tribunaux relevant principalement de deux ordres de juridiction à savoir, la juridiction administrative[481] et la juridiction judiciaire. Et la détermination de la compétence de la juridiction appelée à trancher lesdits litiges obéit à une double clé de répartition. Elle dépend soit de la nature de l'impôt litigieux, soit du type de litige à trancher[482]. Que les litiges soient donc tranchés par les tribunaux de l'un ou de l'autre ordre de juridiction, il existe une jurisprudence considérable en matière fiscale au Cameroun. Et même si celle issue de la juridiction administrative semble s'illustrer non seulement par sa relative densité mais aussi par son originalité dérivant de ses positions particulières et de son édification au gré de l'histoire de la juridiction administrative au Cameroun, la jurisprudence provenant de la juridiction judiciaire, bien que de moindre importance, existe tout de même. La justification généralement apportée à cette faiblesse de la jurisprudence fiscale au Cameroun porte sur deux principaux facteurs. D'une part, le volume du contentieux traversant la phase de la réclamation préalable est quasiment négligeable[483], voire inexistant dans certaines matières, comparativement à la quantité des réclamations faites devant l'administration fiscale. A titre d'illustration, à la lecture des rapports sanctionnant l'activité annuelle des structures chargées de dépouiller les réclamations des contribuables, sur une moyenne oscillant actuellement entre trois et quatre mille réclamations, seule une trentaine environ parvient devant le juge de l'impôt. D'autre part, la maîtrise approximative de la matière fiscale en générale, et son droit en particulier par le juge, fragilise l'édification d'une jurisprudence consistante tant du point de vue du fond que du point de vue de la forme au Cameroun[484].

---

480 MBOULI, *Le dualisme juridictionnel en matière fiscale*, op. cit. , pp. 3 et suivantes.

481 AKONO OMGBA SEDENA, *L'apport du juge administratif au droit fiscal camerounais*, Thèse de doctorat en droit public, Université de Yaoundé II-Sao, 2013, pp. 8 et suivantes

482ATECK A DJAM (F), *Droit du contentieux fiscal camerounais*, L'Harmattan, Paris, 2009, pp. 3 et suivantes.

483 C'est le cas en ce qui concerne le contentieux des droits d'enregistrement.

484 Même si la récente réforme de la structure et du contenu de l'offre de formation de l'ENAM peut augurer des lendemains meilleurs, cette situation avait inspiré un observateur averti de l'activité et des instruments juridiques à caractère fiscal du Cameroun, lorsqu'il affirme : « *Les lacunes du juge inhérentes à sa formation et au contexte de l'érection d'une juridiction administrative au Cameroun, déjà décriées en droit administratif général, prennent une tournure plus grave en matière fiscale. La*

Le motif d'espoir de développement du contentieux fiscal, et partant de la jurisprudence fiscale au Cameroun, suite à la création en 2006 des tribunaux administratifs au niveau de chaque région[485], semble à cet effet ne pas encore tenir la promesse des fleurs. Même s'il convient d'observer que le rendement du juge administratif en la matière, est nettement meilleur, comparé à celui du juge judiciaire.

645. Par une décision fort courageuse et souveraine, le Conseil du contentieux administratif affirmait déjà en 1954 sa compétence fiscale en se fondant ni sur un texte législatif, ni sur un texte réglementaire : *considérant que les conseils du contentieux administratif sont compétents pour statuer sur les demandes en décharge formées par les contribuables qui soutiennent que la taxe qui leur est réclamées n'est pas due...*[486]. Le juge fiscal colonial maintient sa position une année après, par une décision *avant dire droit* au sujet d'une requête en réduction d'impôt : *considérant que le conseil est compétent pour connaitre de ce recours qui a trait au dégrèvement des contributions directes...*[487]. Le passage, en fonction de la forme de l'Etat camerounais, successivement au Tribunal d'Etat[488], à la Cour fédérale de justice et à la Cour suprême assistée dorénavant par des tribunaux administratifs dans chaque région, ne déviera pas la tendance. A titre d'illustration, En 1976, la Chambre administrative de la Cour suprême valide la compétence du Tribunal d'Etat à statuer en matière des *créances quasi-fiscales*, à savoir les

---

complexité de la règle fiscale y contribue. Les décisions du juge en matière fiscale requièrent non seulement la connaissance approfondie d'un droit essentiellement touffu et changeant, mais bien souvent aussi la maîtrise des techniques comptables. Toutes choses qui ne sont pas acquises, compte tenu du cursus académique des candidats admis à la section judiciaire de l'ENAM et de la formation des auditeurs de justice dans cette institution ». Voir ATANGA FONGUE, *Contrôle fiscal et protection du contribuable dans un contexte d'ajustement structurel au Cameroun*, L'Harmattan, Paris, 2007, pp. 291- 292.

[485] La création de ces tribunaux devrait selon un auteur jouer un rôle primordial dans le contentieux administratif en général et fiscal en particulier. Elle devra avoir pour effet de *« rapprocher la justice administrative des justiciables et partant, renforcer l'Etat de droit, à travers le raffermissement du contrôle juridictionnel de l'action administrative »*. Voir : ATECK A DJAM (F), *Droit du contentieux fiscal camerounais*, op. cit. , p. 28.

[486] CCA, Arrêt n°324 du 10 décembre 1954, Société Desrotour et Chefflanjon c/ Administration du territoire.

[487] CCA, Décision n° 335 du 15 mars 1955, Siewe André c/ Administration du territoire.

[488] TE, Arrêt n°128 du 23 décembre 1960, André Louis c/ Etat du Cameroun ; TE, Arrêt n°264 du 12 avril 1964, Girardin Antoine c/ Etat du Cameroun.

cotisations sociales : *(...) Considérant que l'Etat qui a soulevé l'incompétence n'a pas conclu au fond, qu'il échait, la Chambre administrative étant compétente, de renvoyer cette affaire pour conclusion au fond de l'administration*[489]. Mais il convient de relever que, contrairement au Conseil du contentieux administratif qui semblait établir sa propre légalité, la Cour fédérale de justice[490] et la Cour suprême se fondent sur la législation et la réglementation en vigueur pour maintenir ou annuler un impôt ; *considérant qu'à l'appui de son recours, Dame Momo Thérèse explique que la patente pour laquelle elle est ainsi imposée correspond à l'activité de restaurer, alors qu'elle n'exerce pas ce genre de métier ; qu'il y a lieu de déclarer son recours recevable en la forme et bien fondé et de prononcer son annulation*[491].

646. Quant à la juridiction judiciaire, sa compétence à trancher un certain type de litiges issus des opérations d'établissement et de collecte des impositions indirectes, à l'exception de la Taxe sur la valeur ajoutée, est fondée sur les textes[492] et la jurisprudence[493]. Force est cependant de noter ici avec une particulière emphase, qu'il s'en sert rarement.

647. En dehors de la jurisprudence, une autre source non écrite du droit fiscal interne tend à occuper une place de plus en plus importante en science juridique en général et dans le domaine du droit régissant les

---

[489] CS- CA, Jugement n° 113, 2010 du 31 mars 2010, Woila voyages c/ Etat du Cameroun.

[490] CFJ/CAY, Arrêt n°212 du 29 décembre 1962, Claude Halle c/ Etat du Cameroun.

[491] CS-CA, Jugement n°91, 96-97 du 25 décembre 1997, Tagne Elie c/ Etat du Cameroun.

[492] Conformément aux dispositions de l'article L.126 du *LPF* pour l'exercice 2013, le juge administratif demeure compétent en matière d'impôts directs et de la taxe sur la valeur ajoutée et autres taxes assimilées. Le juge judiciaire est, quant à lui, compétent pour connaitre des droits d'enregistrement et du timbre et autres taxes indirectes à l'exclusion des taxes sur le chiffre d'affaire, conformément à l'article 419 du CGI. L'article 55 du *LPF* fonde par ailleurs la compétence du juge judiciaire à statuer sur la validité des actes de saisie et vente car la mise en demeure vaut commandement de payer.

[493] Dans le jugement n°72, CS-CA du 24 juin 1976, Les galeries Meka Charles c/ Etat du Cameroun, le juge affirme : *« Considérant qu'il résulte des dispositions de l'article 91 alinéa 2 du Code de l'enregistrement applicable lors de la réclamation du requérant, que le redevable qui conteste le bienfondé d'un titre de perception peut former opposition dans les trois mois de la réception de la notification. L'opposition est motivée avec assignation à jour fixe devant le Tribunal de première instance. Qu'il s'ensuit que la Chambre administrative est incompétente pour connaitre des oppositions formées par les redevables contre les titres de perception établis par le service de l'enregistrement et du timbre ».*

relations entre l'administration fiscale et le contribuable en particulier. Il s'agit de la doctrine administrative[494].

B : La doctrine administrative

648. Différente de la doctrine généralement appréhendée comme l'ensemble des positions des auteurs dans une discipline et qui est difficilement admise comme une source du droit[495], la doctrine administrative présente une plus grande originalité car admise comme une source importante du droit fiscal.

649. La doctrine administrative peut être définie comme un ensemble d'instructions et de circulaires publiées par l'administration fiscale, suite à une imprécision d'une disposition fiscale qu'elles ont vocation à élucider par une interprétation claire et ferme susceptible de lier l'administration[496]. En droit français, c'est l'article L80-A du *LPF* qui constitue le fondement de la doctrine administrative : *il ne sera procédé à aucun rehaussement d'imposition si la cause du rehaussement poursuivi par l'administration est un différend sur l'interprétation par le redevable de bonne foi du texte fiscal et s'il est démontré que l'interprétation sur laquelle est fondée la première décision a été, à l'époque, formellement admise par l'administration. Lorsque le redevable a appliqué un texte fiscal selon l'interprétation que l'administration avait fait connaître par ses instructions ou circulaires publiées et qu'elle n'avait pas rapporté à la date des opérations en cause, elle ne peut poursuivre aucun rehaussement en soutenant une interprétation différente.* Beaucoup moins explicite et quasiment

---

[494] BARQUE (F.), « La doctrine fiscale, la sécurité juridique et le principe de légalité. Réflexion sur un équilibre inédit et pragmatique. A propos d'un avis du Conseil d'Etat (CE, Sect.8 mars 2013, n°353782, Mme Monzani) », *Revue des droits et libertés fondamentaux 2013*, Chron.n°20, pp. 51 et suivantes

[495] JESTAZ (P) et JAMIN (C.), *La doctrine*, Dalloz, Paris, 2004, pp. 12 et suivantes.

[496] La doctrine administrative a inspiré ces développements au professeur Michel BOUVIER : *« En dépit du principe de compétence liée, l'administration fiscale, parce que les textes qu'elle est tenue d'appliquer ne sont pas toujours suffisamment clairs, ou parce qu'ils lui laissent une certaine marge de manœuvre lorsqu'ils ont un caractère général, est conduite à donner sa propre interprétation et à agir en fonction de celle-ci. La doctrine administrative s'exprime dans des circulaires, instructions, notes de services, directives ou encore à travers des réponses ministérielles à des questions écrites, par lesquelles elle fait connaître à l'intention de ses agents ou du public, le sens à donner à certaines mesures législatives ou réglementaires »*. Voir, *Introduction au droit fiscal général et à la théorie de l'impôt*, op. cit. , p. 235.

laconique, le législateur camerounais en fait à son tour évocation dans l'article L37 du *LPF* et ne fait sien que du premier alinéa de la disposition L 80-A du Livre de procédures fiscales français[497]. Quoi qu'il en soit, l'originalité de la doctrine administrative comme source du droit fiscal se révèle à travers ses caractéristiques générales et ses conditions de reconnaissance.

650. Trois principaux éléments permettent de spécifier la doctrine administrative. D'abord, cette source du droit fiscal ne s'applique qu'en matière fiscale à propos des textes régissant les impositions de toute nature, à l'exception des taxes parafiscales. Ensuite, seul le contribuable peut opposer une doctrine administrative à l'administration et non l'inverse, car l'administration ne peut invoquer une instruction administrative pour assoir une imposition ou s'en servir de base légale de redressement. La garantie ne joue donc qu'au profit du contribuable[498]. Cette garantie joue d'ailleurs, enfin, même si la doctrine fiscale se révèle illégale.

651. A propos de conditions de reconnaissance, pour qu'une doctrine administrative soit admise, il faudrait premièrement que les interprétations concernent exclusivement l'assiette et le taux de l'impôt. Dès lors, les textes qui donnent interprétation des textes relatifs au recouvrement ou au champ d'application de l'impôt n'entrent pas dans le champ de l'article L 37 du *LPF*. Deuxièmement, l'interprétation du texte fiscal doit être explicite et non équivoque. C'est dire que les recommandations adressées aux agents n'en font pas partie. Troisièmement, la doctrine doit avoir fait l'objet d'une diffusion destinée au contribuable. La publicité faite à l'interprétation du texte fiscal est donc déterminante. Enfin, il sied de préciser que l'interprétation doit être

---

[497] L'article L37 du *Livre des procédures fiscales* camerounais dispose à son tour : *« Il ne sera procédé à aucun rehaussement d'impositions antérieures si la cause de celui-ci résulte d'un différend portant sur une interprétation par le contribuable de bonne foi d'une disposition fiscale à l'époque des faits formellement admise par l'administration »*.

[498] Cet élément caractéristique de la doctrine administrative rapproche cette source du droit fiscal de la procédure du *rescrit fiscal*. Cette dernière consiste en une prise de position formelle de l'administration sur l'interprétation d'un texte ou sur l'appréciation d'une situation de fait, en réponse à une demande présentée par un contribuable. Le *rescrit fiscal* engage aussi l'administration vis-à-vis de celui-ci. D'ailleurs lorsqu'il est publié, il a effet de droit pour les autres contribuables placés dans la même situation. Il convient toutefois de préciser que le principal élément de différence du rescrit fiscal d'avec la doctrine administrative est que le rescrit est initié par le contribuable lui-même tandis que la doctrine est d'initiative administrative.

faite par une autorité fiscale. Il peut s'agir du Ministre chargé des finances ou de ses subordonnées comme le Directeur général des impôts ou les chefs de centres régionaux des impôts.

652. Que ce soit en droit français ou en droit camerounais, il nous semble donc que la doctrine administrative est une source du droit fiscal, contrairement à l'opinion d'Olivier DEBAT qui remet en cause sa normativité en se fondant sur l'absence de force contraignante. Pour lui, *les expressions de cette doctrine, c'est-à-dire principalement les circulaires, les instructions administratives et les réponses ministérielles, n'ont pas de force contraignante vis-à-vis du contribuable. La doctrine administrative n'est que l'interprétation donnée par l'administration de la réglementation fiscale*[499]. Or si une telle affirmation est fondée en partie, elle semble oublieuse des évolutions récentes au sujet de la juridicité de ces différents instruments constitutifs de la doctrine administrative d'une part[500], et de la force contraignante de cette doctrine vis-à-vis de l'administration d'autre part[501]. Le Directeur général des impôts du Cameroun affirme à cet effet que *la doctrine administrative, bien qu'étant dans une large mesure une simple interprétation des textes, est opposable à l'administration, c'est-à-dire que tout contribuable peut se prévaloir contre cette dernière, pour autant que la position invoquée a été prise par une autorité compétente en la matière.*[502]

653. Dans un souci d'uniformisation, d'harmonisation et de facile manipulation de la doctrine administrative, les principales autorités financières à compétence fiscale du Cameroun, à savoir le Ministre des finances et le Directeur général des impôts, ont conçu et publié tout un *Recueil de la doctrine administrative fiscale*. Ce document rassemble la plupart des lettres, circulaires et instructions élaborées par ces autorités dans l'optique de faire connaître les positions de l'administration sur divers points de la fiscalité et de faciliter ainsi l'accès de tous à la juste information fiscale. Sa publication s'inscrit dans la politique de transparence et de garantie des droits des usagers du service public

---

[499] DEBAT (O.), *La rétroactivité et le droit fiscal*, Edition Défrénois, Paris, 2006, p. 42.

[500] COSSALTER (P.), « Article L.80-A et l'opposabilité de la doctrine administrative : c'est clair…quoique », *Revue générale du droit 2013*, n°5561.

[501] L'auteur lui-même affirme pourtant, sans ambages, que : *« les dispositions de l'article L80 A du Livre des procédures fiscales permettent au contribuable d'invoquer, contre l'administration, l'interprétation qu'elle a donnée des normes fiscales »*. Voir DEBAT (O.), *La rétroactivité et le droit fiscal*, op.cit. p. 267.

[502] Direction générale des impôts du Cameroun, *Recueil de doctrine administrative fiscale*, Edition mise à jour le 1er janvier 2008, p. 7.

prônée par le gouvernement. Portant sur sept sections principales à savoir successivement, l'impôt sur les sociétés, l'impôt sur le revenu des personnes physiques, la taxe sur la valeur ajoutée, les contributions de patente, l'enregistrement-timbre et curatelle, les régimes fiscaux particuliers et les procédures fiscales, la doctrine administrative semble concerner tous les aspects de la fiscalité camerounaise et ne pas se limiter sur les questions d'assiette et de taux.

654. Il ne serait par ailleurs pas maladroit d'intégrer dans la doctrine administrative, les circulaires prises par le ministre des finances en début de chaque exercice budgétaire, portant instructions relatives à l'exécution des lois de finances, au suivi et au contrôle de l'exécution du budget de l'Etat, des établissements publics administratifs, des collectivités territoriales décentralisées et des autres organismes subventionnés, même si en principe ces textes sont d'abord destinés aux principaux acteurs de la chaine d'exécution des opérations financières publiques. Mais en scrutant minutieusement ces documents dans les dispositions afférentes à l'assiette et aux taux des impositions de toutes natures, tout en observant attentivement la pratique des relations administratives entre les prestataires de services publics et les ordonnateurs, comptables et contrôleurs financiers, il semble se dégager clairement que ces circulaires vont au-delà de leurs destinataires officiels et touchent les contribuables. Ces derniers pourraient valablement opposer à l'administration les dispositions de ces circulaires en cas de contentieux.

655. La doctrine administrative et la jurisprudence des tribunaux compétents en matière fiscale constituent donc les principales sources internes non écrites du droit fiscal camerounais. Leur addition aux sources écrites à savoir la constitution, la loi, les actes réglementaires et certaines circulaires et instructions, densifie davantage la gamme des actes normatifs applicables au contribuable et susceptibles d'être invoqués par celui-ci en cas de litige l'opposant à l'administration fiscale. Il pourrait même aussi mobiliser des actes juridiques à caractère international. Car, ils sont aussi des sources du droit fiscal au Cameroun.

§ II : Les sources internationales

656. L'étude des sources internationales du droit fiscal, qu'il s'agisse du Cameroun ou d'un autre Etat, est une occasion privilégiée de mettre en exergue le primat des sources externes écrites sur celles non écrites. Car la doctrine et la coutume internationales jouent un rôle très modeste en la matière. Toute l'attention est donc souvent portée sur les conventions qui

se sont multipliées avec le développement des relations économiques internationales[503]. Elles sont généralement de trois types. D'abord, celles qui visent à lutter contre les doubles impositions[504]. Ensuite, celles dites diplomatiques[505]. Et enfin, celles consistant aux accords multilatéraux en matières d'assistance[506] et de contrôle fiscal.

657. Les relations entre le contribuable et le fisc peuvent aussi être régies par des instruments juridiques issus des relations entre l'Etat camerounais et d'autres acteurs des relations internationales[507], portant notamment sur la matière fiscale. Le Cameroun peut ainsi entretenir des relations fiscales avec un ou plusieurs autres Etats ou avec des organisations internationales. Ces relations peuvent même aboutir à l'édification d'autres organisations internationales à caractère sous régional[508], régional[509] ou universel. L'étude des sources internationales

---

[503] COMBACAU (J.) et SUR (S), *Droit international public*, Montchrestien, 7ème édition, Paris, 2006, pp. 2 et suivantes.

[504] Elles interviennent lorsque dans une situation apparait un élément d'extranéité. Elles limitent donc la souveraineté des Etats signataires pour des raisons d'équité. Ici, la convention détermine les catégories de revenus pour lesquelles l'un des Etats possède un droit exclusif d'imposition. Sur ces revenus, l'autre Etat contractant n'a aucun droit d'imposition, ce qui évite tout risque de double imposition.

[505] Les conventions diplomatiques sont particulières, parce qu'elles imposent aux Etats signataires des obligations négatives. C'est en effet par elles que des exemptions fiscales sont faites à certaines catégories de personnes, à l'instar des agents diplomatiques ou des organisations internationales.

[506] Il s'agit du cas des conventions fiscales conclues entre une puissance économique et un ensemble de pays économiquement faible. C'est le cas par exemple des conventions fiscales conclues entre la France et certains pays en voie de développement. Elles présentent un certain particularisme, car elles abandonnent généralement le principe d'une réciprocité absolue de toutes les dispositions. Ces conventions particulières tendent à favoriser une politique de développement en assurant aux budgets des pays insuffisamment développés un supplément de rentrées fiscales et en orientant les placements de capitaux vers ces pays. Voir BELTRAME (P.), *La fiscalité en France*, op. cit. , p. 125.

[507] Lire les Actes du Colloque organisé sous la direction du Professeur ATANGANA AMOUGOU Jean-Louis, sur *le Cameroun et le droit international*. Notamment les interventions ci-après : « Le Cameroun et le Fonds international de développement agricole », par PEKASSA NDAM (G.), pp. 259-264 : « Le Cameroun et la Banque mondiale », par AVOM (D.), pp265-282 : « Le Cameroun et la Banque africaine de développement », par NNANGA (S.H.), pp283-293.

[508] KENFACK (J.), « Le Cameroun et la Communauté des Etats de l'Afrique centrale » ; in *Actes du colloque sur le Cameroun et le droit international, op.cit.*, pp. 221-236.

[509] METOU (B.M.), « Le Cameroun et l'Union africaine », in *Actes du Colloque sur le Cameroun et le droit international, op.cit.*, pp. 179-198.

du droit fiscal camerounais incline alors à distinguer celles issues des relations fiscales bilatérales de celles découlant des relations multilatérales.

¶ I : Les sources issues des relations fiscales bilatérales

658. Dans le domaine de la fiscalité, le Cameroun entretient de relations profondes et diversifiées avec plusieurs Etats pris de manière isolée. Situés dans tous les continents de la planète, la variabilité de ces Etats est démonstrative de la densité et même de la richesse des relations fiscales internationales de cet Etat. Il convient toutefois de relever que pour certaines raisons d'ordre historique, politique, économique, stratégique ou alors culturelle, le tissus conventionnel du Cameroun en matière de fiscalité internationale peut davantage s'étoffer particulièrement en rapport avec certains Etats, comparativement à d'autres.

659. C'est d'abord le cas de la France. Cette ancienne puissance coloniale européenne partageait déjà une coopération riche et variée avec le Cameroun bien avant la période de mise *sous mandat* du territoire camerounais, jusqu'à nos jours. Cette coopération n'épargne pas le domaine fiscal. En effet, les deux Etats vont signer le 21 octobre 1976 une convention visant à éviter les doubles impositions de leurs contribuables respectifs. Cet instrument de fiscalité internationale entrera en vigueur le 19 juillet 1978. Aux termes du premier paragraphe de l'Extrait de l'échange des lettres afférentes à cet accord, *la convention fiscale entre le gouvernement de la République française et le gouvernement de la République unie du Cameroun signée à Yaoundé le 21 octobre 1976 institue, comme vous le savez, dans ses articles 38 à 40 des mesures de coopération réciproque en vue du recouvrement des impôts visés par la convention, ainsi que de tous autres impôts et taxes et, d'une manière générale, des créances de toute nature des Etats contractants*. Les mesures de coopération réciproque sus visées consistent d'abord pour les Etats contractants, de convenir à se prêter mutuellement assistance et appui en vue de recouvrer suivant les règles propres à leur législation ou réglementation respectives, les impôts visés par la convention ainsi que les majorations de droits, droits en sus, indemnités de retard, intérêts et frais afférents à ces impôts, lorsque ces sommes sont définitivement dues en application des lois et règlements de

l'Etat demandeur[510]. Ensuite, et au sujet des créances fiscales qui sont encore susceptibles de recours, les autorités fiscales de l'Etat créancier, pour la sauvegarde de ses droits, peuvent demander aux autorités fiscales de l'autre Etat contractant de prendre les mesures conservatoires que la législation ou la réglementation de celui-ci autorise[511]. Enfin, lorsqu'un contribuable estime que les mesures prises par un Etat contractant ou par les deux Etats contractants entrainent ou entraineront pour lui une imposition non conforme aux dispositions de la convention, il peut, indépendamment des recours prévus par le droit interne de ces Etats, soumettre son cas à l'autorité compétente de l'Etat contractant où il est domicilié[512].

660. Il en est de même du Canada, ce géant économique d'Amérique du nord qui seul au monde partage le français et l'Anglais comme langues officielles avec le Cameroun. Le 26 mai 1982, une convention fiscale portant principalement sur la lutte contre les doubles impositions et la fraude fiscale est signée[513]. Elle entre en vigueur le 1er janvier 1988 et cible surtout les impôts sur le revenu perçus pour le compte de chacun des Etats contractants, quel que soit le système de perception[514]. Est rangé dans cette catégorie, en ce qui concerne le Canada, les impôts sur le revenu qui sont perçus par le Canada désignés *« impôts canadien »*, et pour ce qui est du Cameroun, l'impôt sur le revenu des personnes physiques, l'impôt forfaitaire sur le revenu des personnes physiques, l'impôt sur les sociétés, le prélèvement spécial sur les redevances, la

---

[510] Article 38 de la Convention fiscale signée entre le Cameroun et la France le 21 octobre 1976.

[511] Article 39 de la convention fiscale entre le Cameroun et la France du 21 octobre 1976.

[512] Article 41 de la convention fiscale entre le Cameroun et la France du 21 octobre 1976.

[513] On peut ainsi lire dans l'Extrait de l'échange de lettres : *« Au moment de procéder à la signature de la convention entre le gouvernement du Canada et le gouvernement de la République unie du Cameroun en vue d'éviter la double imposition et de prévenir l'évasion fiscale en matière d'impôts sur le revenu, j'ai l'honneur de vous proposer de considérer que dans l'éventualité où la République unie du Cameroun conclurait, après ce jour, une convention fiscale avec un pays tiers dans laquelle des taux de retenue à la source sur les dividendes, intérêts ou redevances seraient inférieurs aux taux de 20%, ces taux seraient automatiquement appliqués aux paiements de dividendes, d'intérêts ou de redevances, selon le cas, qu'un résident du Canada reçoit d'un résident du Cameroun »*.

[514] Article 2 alinéa 1 de la convention fiscale entre le Canada et le Cameroun du 26 mai 1982.

contribution au crédit foncier, y compris les précomptes, les centimes et les taxes additionnels[515].

661. C'est aussi le cas du Nigéria, du Maroc et de la Tunisie. Pour la première puissance économique africaine, le partage commun d'une longue frontière avec le Cameroun et le brassage des populations qu'il induit, impose naturellement une coopération fiscale particulière, surtout lorsque l'on sait que c'est le seul pays limitrophe du Cameroun qui n'est pas membre de la Communauté Economique et Monétaire de l'Afrique Centrale[516]. Quant au Maroc, les relations d'amitié particulière entre les Chefs d'Etat Hassan II et Ahmadou Ahidjo s'étaient fait ressentir sur le plan fiscal, même bien longtemps après leurs règnes respectifs, à travers des actes conventionnels[517]. Le Cameroun signe avec la Tunisie la convention fiscale visant la lutte contre l'évasion fiscale et les doubles impositions, le 26 mars 1999. Elle est ratifiée par les deux Etats respectivement en 2005 et en 1999 et son début d'application intervient le 1er janvier 2008.

662. Enfin, la montée en puissance sur le plan économique de la Chine est susceptible de justifier son ambition de densifier le champ de ses partenaires, surtout dans une Afrique nanties en ressources naturelles en général, et dans une « *Afrique en miniature* » en quête d'émergence en particulier.

663. En sus de ces conventions signées par le Cameroun sur le plan bilatéral, plusieurs autres actes juridiques de cette nature sont conçus dans les rapports de cet Etat avec des organisations internationales regroupant plusieurs Etats. En d'autres termes, il existe plusieurs conventions multilatérales qui encadrent la fiscalité au Cameroun et s'appliquent au contribuable.

¶ II : Les sources issues des relations multilatérales

664. Ayant souscrit aux idéaux de la mondialisation qui prônent le libéralisme économique en général et le libre-échange dans le commerce international en particulier, le Cameroun s'est ouvert au monde en adhérant à des regroupements économiques à caractère sous régional,

---

[515] Article 2 alinéa 3 de la convention fiscale sus citée, *in fine*.

[516] Il existe, en effet, au sein de cette communauté des instruments juridiques à caractère fiscal et douanier concernant tous les Etats membres.

[517] Voir à ce propos, la Convention signée le 7 septembre 2012 entre le Gouvernement de la République du Cameroun et le gouvernement du Royaume du Maroc tendant à éviter la double imposition et à prévenir l'évasion fiscale.

régional et même universel[518]. Ces organisations internationales visent de manière générale la prospérité des Etats membres, susceptible de se traduire par l'émergence, le développement ou alors l'hégémonie économique et financière, et accordent une place importante à la fiscalité qui occupe une place particulière pour le développement des Etats les moins avancés. Plusieurs instruments juridiques à caractère fiscal liant le Cameroun, sont alors conçus sous l'égide ou en rapport avec ces organisations internationales. Ils visent principalement la chute des barrières douanières, l'assistance mutuelle des Etat en vue d'une plus grande performance fiscale et la lutte contre la fraude et l'évasion fiscales. Il s'agit, entre autres, de l'Accord de partenariat économique signé avec l'Union européenne, de la Convention de l'Organisation de Coopération et de Développement Economique concernant l'assistance administrative mutuelle et des directives à caractère fiscal et douanier de la CEMAC.

A : L'Accord de Partenariat Economique

665. Apres quelques hésitations justifiées en grande partie par sa place de proue dans la Communauté Economique et Monétaire de l'Afrique Centrale déjà lancée dans des négociations visant la signature d'un accord global avec l'Union Européenne, le Cameroun s'est finalement engagé jeudi le 4 août 2016 dans les Accords de Partenariat Economique. Ces accords rentrent en droite ligne des accords de libre-échange que Bruxelles a signé avec les pays de la zone Afrique-Caraïbes-Pacifique, et ambitionnent particulièrement aider l'Afrique et partant le Cameroun, à mieux s'intégrer dans le commerce mondial d'une part et à promouvoir la croissance économique et les investissements, d'autre part. Concrètement, l'accord de partenariat économique signé par le Cameroun avec l'Union européenne consiste pour Bruxelles à libérer l'accès au marché européen de la banane, de l'ananas, du cacao, bref des grandes exportations agricoles camerounaises, contre un démantèlement progressif des barrières tarifaires imposées aux importations de l'Union européenne au Cameroun[519].

---

[518] BASSILIKIN (A), « Les normes techniques du commerce de l'Union Européenne et leur incidence sur les partenaires commerciaux : le cas du Cameroun », in *Acte du Colloque sur le Cameroun et le droit international*, op.cit., pp. 237-257.

[519] BASSILIKIN (A), « Les normes techniques du commerce de l'Union Européenne et leur incidence sur les partenaires commerciaux : le cas du Cameroun », *op.cit.*, pp. 237-257

666. Intervenant de plein fouet dans l'activité fiscale en générale et douanière en particulier, l'accord de partenariat signé suscite, en dépit de son impact manifeste sur le développement des échanges commerciaux[520], de vives interrogations, notamment au sujet de son incidence sur les budgets des Etats en développement signataires en général, et celui de l'Etat camerounais en particulier. En effet, les ressources budgétaires ne vont-elles pas diminuer du fait de la disparition des recettes fiscales issues de l'activité douanière démantelée ? En outre, certains secteurs locaux à rendement fiscal avéré ne seront-ils pas affectés du fait de l'inondation du marché national par des biens compétitifs étrangers ? Si la réponse à ces questions se dégagera assurément à travers l'implémentation de cet accord, il demeure évident que ce type d'accord est susceptible de compromettre considérablement l'intégration régionale au sein de la CEMAC ou dans toute communauté de cette nature, ne serait-ce qu'en ce qui concerne l'harmonisation des instruments fiscaux et douaniers[521].

B : La convention de l'OCDE concernant l'assistance administrative mutuelle en matière fiscale

667. Encouragé par les leaders du G20, le Cameroun a signé le 24 juin 2014, la convention de l'organisation de coopération et de développement économique concernant l'assistance administrative mutuelle en matière fiscale. Il s'agit d'une convention conçue au départ par le Conseil de l'Europe et l'OCDE en 1988 et amendée par un Protocole en 2010. Le 1er juin 2011, elle est ouverte à tous les pays du monde à l'initiative du G20 au Sommet de Londres et est par ce fait arrimée aux normes conventionnelles internationales en matière d'échange de renseignements. Le Cameroun devient alors, sur les 98 juridictions membres[522], le 65ème pays à signer l'instrument

[520] Commission Européenne, Etude sur les Accords de Partenariat Economique : moyens et objectifs. Il est clairement mentionnée, quoique de manière nuancée, à la page 8 que : « *Le développement est la pierre angulaire des APE. Tant les stratégies de développement des ACP que l'aide de l'UE doivent refléter les nouveaux défis de l'intégration régionale et des APE. D'autres politiques doivent cependant les compléter, puisque le commerce n'est pas la panacée en matière de développement* ».
[521] MANSOUR (M.) et ROTA GRAZIOSSI (G.), « Coordination fiscale dans l'Union économique et monétaire ouest africaine », *Revue d'économie du développement*, 2012/3, Vol 26, pp. 9-34.
[522] Il s'agit notamment de Afrique du Sud, Albanie, Andorre, Allemagne, Arabie Saoudite, Argentine, Australie, Autriche, Azerbaïdjan, Belgique, Belize, Brésil,

conventionnel multilatéral réputé le plus complet, offrant toutes les formes possibles de coopération fiscale pour combattre l'évasion et la fraude fiscale. Selon le Ministre des finances d'alors, Alamine OUSMAN MEY, cette signature *offre à notre administration fiscale l'opportunité d'améliorer ses capacités de collecte des informations fiscales, spécialement en ce qui concerne les filiales concernées des multinationales dont les sociétés mères sont pour la plupart situées dans des juridictions fiscales déjà parties à la convention. Ce qui devrait induire un meilleur rendement de l'impôt et partant des ressources plus importantes pour notre pays*[523]. La signature de cette convention est dès lors une concrète application de la Charte des investissements de la CEMAC, qui prône un renforcement optimal des administrations fiscales[524].

C : Les directives à caractère fiscal de la CEMAC

668. A défaut de faire une analyse exhaustive de toutes les directives à caractère fiscal ou douanier prises sous l'égide de la Communauté économique et monétaire de l'Afrique centrale dont le Cameroun fait partie intégrante, nous allons cibler l'une des directives régissant l'un de

---

Cameroun, Canada, Chili, Chine, Colombie Corée, Costa Rica, Croatie Danemark Espagne, Estonie Etats Unis, Fédération de Russie, Finlande, France, Géorgie, Ghana, Grèce, Guatemala, Hongrie, Inde, Indonésie, Irlande, Islande, Italie, Japon, Kazakhstan, Lettonie, Liechtenstein, Lituanie, Luxembourg, Malte, Mexique, Moldavie, Maroc, Pays Bas, Nouvelle Zélande, Nigéria, Norvège, Pologne, Portugal, République slovaque, République tchèque, Roumanie, Royaume Uni, San Marino ; Singapour, Slovénie, Suède, Suisse, Tunisie, Turquie, Ukraine.
Les juridictions suivantes sont couvertes, par voie d'extension territoriale par le Danemark : Îles Féroé et Groenland ; d'extension territoriale par les Pays bas : Aruba, Curaçao et Saint Martin ; et d'extension territoriale par le Royaume-Uni : île de Man and Jersey (dépendance de la Couronne) et Anguilla, Bermudes, îles Caïman, Gibraltar, Montserrat, îles Turques et Caïques, îles Vierges (territoires britanniques d'Outre-mer).

[523] Interview réalisé aux sortir de la session parlementaire du 25 mars 2015, pendant laquelle le projet de loi autorisant le Chef de l'Etat à procéder à l'adhésion du Cameroun à la convention de l'Organisation de la Coopération et de Développement Economique sur l'assistance administrative mutuelle en matière fiscales.

[524] L'article 18 du Règlement n°17/99/CEMAC-020-CM-03 du 17 décembre 1999 relatif à la Charte des investissements de la CEMAC stipule : *« Les Etats membres sont conscients de la nécessité de moderniser les administrations fiscales et douanières. A cet effet, ils s'appuient sur la coopération douanière régionale, la formation des cadres et des agents, l'informatisation de certaines tâches et, au besoin, le recours aux sociétés de surveillance sur la base d'objectifs précis »*.

impôts les plus déterminants de la fiscalité dans la sous-région de l'Afrique centrale[525], pour illustrer la soumission du contribuable camerounais aux sources internationales du droit fiscal. Nous nous appuierons sur le principe de la supériorité des normes du droit communautaire sur celles du droit interne traduit par la règle de « *l'effet direct* ». Il s'agit de la directive n°07/11/UEAC-028-CM-22 du 19 décembre 2011 portant révision de la directive n°1/99/CEMAC-028-CM-03 portant harmonisation des législations des Etats membres en matière de taxe sur la valeur ajoutée (TVA) et du droit d'accises (DA).

669. Conformément aux stipulations combinées des articles 1 et 2 de cette directive, les opérations faites par des personnes physiques ou morales relevant d'une activité économique, sont soumises à la taxe sur la valeur ajoutée. Il convient d'entendre par opération économique, toute activité de production, d'importation ou de prestation de service, y compris celles commerciales, agricoles, extractives, industrielles, forestières, artisanales et celles des professions libérales ou assimilées, effectuées, à titre onéreux par un assujetti sur le territoire d'un Etat membre de la communauté. Le Cameroun étant un Etat membre de la CEMAC, ces dispositions sont directement applicables aux contribuables camerounais effectuant des importations[526], des livraisons à des tiers ou à soi-même[527], ou des prestations de services[528] à des tiers ou à soi-même. Car il s'agit là des principales activités économiques visées par la directive. Les pouvoirs publics camerounais ont néanmoins l'obligation de prendre, en

---

[525] ABESSOLO (S.), « Réflexions et propositions pour une fiscalité de développement en Afrique centrale », in *Actes de la Conférence consultative régionale en Afrique*, tenue du 5 au 7 novembre 2007 à Accra au Ghana, p 4.

[526] L'importation est définie par l'alinéa 1 de l'article 2 de la directive sur la TVA et le droit d'accises, comme le franchissement du cordon douanier d'un Etat membre pour la mise à la consommation des marchandises provenant de l'extérieur et de la mise en consommation en sus de régime douanier suspensif.

[527] La livraison d'un bien consiste en un pouvoir de disposer de ce bien même si ce transfert est effectué en vertu d'une réquisition de l'autorité publique. La livraison est à soi-même lorsque le contribuable la réalise soit pour le compte de son entreprise, soit pour d'autres besoins dans le cadre de l'exploitation, à l'exclusion toutefois des prélèvements opérés pour des besoins normaux du chef d'une entreprise individuelle. Il peut aussi s'agir des livraisons faites par tout particulier pour ses besoins propres ou par un groupement pour les besoins personnels de ses membres, lorsque ces livraisons portent sur des locaux qui servent à l'habitation principale. Voir article 2, alinéa 2 de la directive sus désignée.

[528] Les prestations de service, quant à elles, s'entendent de toute opération qui ne constitue pas une livraison de biens. Voir article 2, alinéa 3 de la directive susmentionnée.

communication avec les instances communautaires, à savoir la Commission de la CEMAC, toutes les mesures législatives et réglementaires nécessaires à la bonne application ou à l'amélioration de la directive et à l'adaptation de leur cadre juridique interne à cet instrument normatif communautaire[529].

670. Plusieurs instruments juridiques internationaux à caractère conventionnel ou communautaire, concourent donc considérablement à l'édification du droit qui est applicable au contribuable camerounais, qu'ils soient issus des relations bilatérales ou multilatérales. Les assujettis peuvent donc valablement les mobiliser dans leurs relations harmonieuses ou conflictuelles avec l'administration fiscale. Ces sources internationales, par leur « *plurilatéralité* », diversifient significativement l'architecture juridique en vigueur au Cameroun en matière fiscale et rompent particulièrement avec l'unilatéralité qui tend à caractériser les différentes sources de droit interne.

671. Qu'elles soient internes ou internationales, toutes ces sources du droit fiscal semblent pourtant se caractériser par une exigence cardinale pour l'Etat de droit au Cameroun. Elles traduisent l'adhésion de nos instruments normatifs à caractère fiscal à l'exigence de sécurité juridique sans laquelle le contribuable serait à la merci des fluctuations intempestives du droit qui lui est applicable lors de la conduite des opérations fiscales. La sécurité juridique du contribuable semble donc être un souci majeur dans la réalisation juridique de l'impôt.

---

[529] Article 58 de la directive n°07/11/UEAC-028-CM-22 portant harmonisation des législations des Etats membres en matière de taxes sur la valeur ajoutée et de droit d'accises.

Sous-titre II

La réalisation juridique de l'impôt

672. L'impôt est une réalité dynamique faite de plusieurs opérations. Sa réalisation, sur le plan du droit, intègre à cet effet un ensemble de considérations juridiques de nature diverses. D'une part, il sied de décliner les différentes étapes du processus fiscal en prenant la peine de ne pas les dépouiller des paramètres techniques, juridiques, économiques, sociales, psychologiques et même culturels qui leurs sont consubstantiels. A ce sujet l'étude du processus de l'impôt dans un Etat à régime fiscal déclaratif, comme la Cameroun, impose une certaine concomitance entre la conduite des opérations fiscales et celles d'investigation. D'autre part, la perception de l'impôt par le contribuable comme instrument de son appauvrissement, suscite chez ce dernier des réactions anormalement défensives : il a tendance à fuir devant l'impôt, que ce soit dans les limites du territoire national, qu'à l'extérieur dudit territoire.

Chapitre I

Le processus d'imposition contrôlée

673. L'étude du processus d'imposition varie en fonction des approches adoptées par les chercheurs. Selon que l'on adopte une approche téléologique ou fonctionnelle qui porte sur la finalité et même sur l'utilité des étapes du processus fiscal, on dégagera les principales fonctions fiscales suivantes :

- La fonction assiette : elle tend à rechercher la matière imposable, à assoir et à liquider l'impôt ;
- La fonction contrôle : elle a pour objet de vérifier la conformité de la situation du contribuable quant à son obligation fiscale ;
- La fonction recouvrement: elle vise à encaisser les fonds qui sont le produit pécuniaire de l'impôt ;
- La fonction contentieux : elle vise à solutionner les litiges nés de l'acte d'imposition ;
- La fonction sécurité : elle tend à la protection des agents et des usagers des services fiscaux lors du déroulement du processus fiscal ;
- La fonction administration : elle permet de gérer les ressources humaines, de coordonner l'ensemble des opérations et de les rendre davantage dynamiques et efficaces.

674. Ces fonctions sont complémentaires et reflètent la pratique dans les services fiscaux. En revanche, en adoptant l'approche descriptive, il s'agira de mettre à nue les principales étapes du processus d'imposition, qui sont d'ailleurs assorties de contrôles.

§ I : Les étapes du processus d'imposition

L'impôt est un processus de trois étapes consistant successivement en la détermination de l'assiette, la liquidation, et le recouvrement.

¶ I : La détermination de l'assiette

675. Déterminer l'assiette de l'impôt consiste à déterminer avec toutes les précisions possibles l'élément qui supporte la taxation, c'est-à-dire, la base d'imposition. La détermination de l'assiette se fait alors selon deux modalités :

A : La méthode traditionnelle : la méthode indiciaire

676. La méthode indiciaire consiste à déterminer la matière imposable à partir de certains indices prédéterminés par la loi. Ces indices sont supposés être représentatifs de la situation fiscale du contribuable. Il s'agit, pour ainsi dire, des signes extérieurs de richesse. A titre d'illustration, en France, entre 1798 et 1924, était perçu un « *impôt sur les portes et les fenêtres* ». La logique qui animait cette imposition était que plus il y avait de portes et de fenêtre dans une maison, plus elle était grande, et plus les propriétaires étaient riches. Cette méthode était discutable. Car des signes d'opulence peuvent être nettement perçus dans la vie d'un individu pourtant extrêmement pauvre en réalité. Tout comme, *a contrario*, un individu apparemment pauvre peut regorger d'une richesse inestimable. C'est d'ailleurs la raison pour laquelle on taxa la méthode indiciaire de rudimentaire, archaïque et d'inique. Mais malgré ces reproches, cette méthode est encore mobilisée actuellement en partie. Même si la méthode déclarative semble préférée de la plupart des systèmes fiscaux.

B : La méthode moderne : la méthode déclarative

677. La méthode déclarative est une méthode d'identification de la base d'imposition axée sur un dialogue entre l'administration fiscale, le contribuable et les tiers. En effet, la matière imposable est identifiée sur la base d'une ou de plusieurs déclarations faites par le contribuable lui-même ou par un tiers. En matière d'impôt sur le revenu par exemple, le contribuable déclare ses revenus, mais son employeur ou les organismes qui versent son allocation sociale en font de même.

678. Dans le contexte camerounais actuel enclin au dialogue inhérent à l'approche participative de gestion des affaires publiques, l'administration fiscale tend à considérer le contribuable comme un partenaire. A cet effet, la méthode déclarative trouve tous ses facteurs

explicatifs, car fondée sur des échanges francs et même cordiaux entre ces principaux partenaires que sont le fisc, le contribuable et les tiers.

Dans le cadre de la méthode déclarative, la base d'imposition est évaluée de deux manières :

1 : L'évaluation au réel

679. Elle consiste pour le contribuable à déclarer certains éléments qui rendent fidèlement compte de sa situation fiscale. Ainsi, de sa propre initiative, le contribuable déclare le montant exact de ses revenus au titre de l'IRPP, et une entreprise son chiffre d'affaire au titre de la TVA. L'évaluation au réel s'accompagne, lorsque le contribuable est une entreprise, de l'obligation de tenir une comptabilité. Les revenus déclarés par le contribuable sont par ailleurs contrôlés par le fisc, pour vérifier leur exactitude. On parle de « *déclaration contrôlée* ». C'est la pratique adoptée par le système fiscal camerounais qui devient ainsi un système fiscal de déclaration contrôlée.

2 : L'évaluation forfaitaire

680. Elle signifie *« évaluation à prix fait »*. C'est un système à prix fixés par le fisc. Dans le cadre de l'évaluation forfaitaire, la base d'imposition n'est pas exactement connue, elle est fixée approximativement, soit à la suite d'une négociation entre le contribuable et l'administration : on parle de « *forfait conventionnel* » ; soit alors à l'initiative du législateur : on parle de « *forfait légal* ».

681. Une fois la base d'imposition déterminée, il faut alors lui appliquer un certain tarif pour déterminer le montant exact de l'impôt à payer. C'est la liquidation de l'impôt.

¶ II : La liquidation de l'impôt

682. La liquidation est la deuxième étape du processus d'imposition. Elle consiste à calculer avec minutie le montant exacte de l'impôt que le contribuable doit payer à la personne publique dans un délai au-delà duquel il s'expose à des sanctions. Il s'agit concrètement de multiplier la base d'imposition par le tarif de l'impôt. Selon BELTRAME, *la liquidation a pour objet de déterminer le montant de la dette fiscale par application à la base d'imposition d'un tarif.* Afin de mieux comprendre le processus complexe de liquidation de l'impôt, il faudra

au préalable faire certaines précisions sur les concepts généralement mobilisés en la matière avant de tabler sur les systèmes de liquidation de l'impôt.

A : Précisions conceptuelles

683. En dehors du concept *liquidation* qui est ici au centre de l'étude, ce mécanisme de calcul de l'impôt fait recours à des expressions telles *tarif* et *taux*.

Quand on parle de *liquidation*, c'est le fait de liquider. Or liquider signifie rendre la dette fiscale *liquide* c'est-à-dire payable et exigible dans un certain délai au-delà duquel l'assujetti s'expose à des sanctions, s'il ne s'est pas acquitté de sa charge d'impôt. En principe la liquidation incombe aux services fiscaux d'assiette pour les impôts perçus par voie de rôle. Et par contre, cette tache revient au contribuable lui-même pour l'impôt sur les sociétés et la taxe sur la valeur ajouté.

Le *tarif* de l'impôt est l'ensemble des règles et opérations à effectuer sur la valeur de la matière imposable pour obtenir le montant exacte de l'impôt.

Le *taux* de l'impôt est le pourcentage du prélèvement opéré par le fisc sur un élément de la matière imposable. Le *tarif* de l'impôt est donc plus consistant et complexe que le *taux* de l'impôt, car le premier peut comporter non seulement l'application des taux mais aussi des abattements qui permettent de soustraire certains éléments de la matière imposable. Le tarif peut également nécessiter la division de la matière imposable en plusieurs tranches auxquelles seront appliqués des taux différents ou des majorations.

On peut déterminer le tarif de l'impôt de deux principales manières qui sont en fait les grands systèmes de liquidation de la charge fiscale du contribuable.

B : Les systèmes de liquidation de l'impôt

Deux grands systèmes de liquidation de l'impôt, mieux de détermination du tarif de l'impôt sont recensés.

1 : Le système de l'impôt de répartition

684. Dans cette manière de déterminer le tarif de l'impôt, le législateur fixe à l'avance le montant de l'impôt qu'il souhaite lever, c'est-à-dire

collecter. Puis le montant global est mis à la charge des contribuables. Et chacun en acquittera une part, conformément à des critères définis par la loi.

685. Ce système présente l'avantage pour l'Etat de connaitre à l'avance, exactement, le montant global de l'impôt. En revanche, cette manière de faire parait archaïque et peu rentable, eu égard à la dynamique en principe haussière des revenus des assujettis tout le long de l'exercice fiscal. Il pose de surcroît la question de la pertinence des modalités de répartition de la charge fiscale entre des contribuables aux niveaux de revenus généralement inégaux. Dans ce système, l'Etat ignore tout de la situation fiscale du contribuable. Toutes ces considérations justifient son abandon.

2 : Le système de la quotité

686. Contrairement à la méthode indiciaire, par la méthode de quotité, le législateur fixe à l'avance le taux de l'impôt. Le montant de l'impôt est alors obtenu en multipliant la base imposable par le taux d'imposition. L'inconvénient majeur de ce système est que le montant de l'impôt n'est pas connu d'avance, bien que la fiabilité des instruments actuels de prévision atténue cette incertitude. En revanche, par le fait que ce système permette une meilleure maîtrise de la situation fiscale du contribuable, il rend possible la modulation du taux de l'impôt. Le système de quotité permet de distinguer *l'impôt spécifique* dans lequel le taux est représenté par une valeur uniforme (X *Franc par litre…*) et *l'impôt ad valorem* dans lequel le taux correspond à un pourcentage de la valeur d'un bien ou d'un service.

687. La mise en œuvre du système de quotité offre deux possibilités : l'impôt proportionnel et l'impôt progressif. L'impôt est proportionnel lorsque l'on détermine un taux d'imposition uniforme appliqué à l'ensemble de la matière imposable. L'impôt est, par contre, progressif lorsque son taux varie en fonction de l'augmentation de la matière imposable. L'IRPP en constitue l'exemple type.

Le montant de l'impôt dû étant déjà connu, il ne reste qu'à le recouvrer.

¶ III : Le recouvrement de l'impôt

688. Le recouvrement est appréhendé selon pierre BELTRAME comme : *l'ensemble des processus par lesquels l'impôt passe du patrimoine du*

contribuable vers les caisses du trésor public. Ce transfert de richesses du particulier à la personne publique, est d'abord une simple question de procédure ou de techniques administratives. Une multitude de questions traverse toutefois notre esprit pour savoir qui doit payer et à qui l'on doit payer l'impôt ? Par ailleurs, comment peut-on recouvrer l'impôt ? Toutes ces questions trouvent une réponse dans l'étude successive des modalités et du régime juridique du recouvrement.

A : Les modalités de recouvrement

689. Le recouvrement est la dernière phase du processus d'imposition, où le contribuable s'acquitte du montant de l'impôt. Il existe plusieurs voies pour s'acquitter de sa charge fiscale. Les études de droit fiscal distinguent généralement le recouvrement forcé du recouvrement normal.

1 : Le recouvrement normal de l'impôt

690. Le recouvrement normal des impositions correspond à la situation dans laquelle le contribuable s'acquitte de la dette fiscale dans les délais prescrits et selon les modalités prévues à cet effet, sans que l'administration fiscale ait été contrainte d'exercer une certaine pression sur l'assujetti. C'est le cas où ce dernier est prompt à assurer son *devoir citoyen.*

691. Parmi les modalités de recouvrement normal, l'on recense le paiement spontané, comme c'est le cas en matière de TVA et d'impôt sur les sociétés. Ici, le contribuable s'acquitte de l'impôt sans recevoir au préalable un avis d'imposition. Le contribuable est alors appréhendé comme un auxiliaire de l'administration fiscale, puisqu'il détermine l'assiette, liquide et règle sa cotisation d'impôt spontanément. Bref, il réalise, à cœur joyeux, les actes qu'en principe, le fisc avait compétence liée de poser lors de la détermination de la charge fiscale du contribuable.

692. On recense aussi le recouvrement par voie de rôle d'imposition, comme c'est le cas en matière d'IRPP et autres taxes directes, à l'exception de l'impôt sur les sociétés. Ici, sur la base d'un rôle nominatif, les contribuables reçoivent un avis d'imposition indiquant le montant de la cotisation d'impôt, ainsi que les délais et les modalités de paiement. Le rôle est un document contenant les éléments

d'identification des contribuables assortis des montants de l'impôt à payer.

693. L'impôt peut aussi être recouvré par retenue à la source. Ici, l'employeur retient la cotisation d'impôt avant de verser le salaire à son employé. C'est le cas pour les traitements salariaux des fonctionnaires et autres agents publics, qui voient leur IRPP déjà prélevé à la source, lorsqu'ils se présentent, soit à la caisse du Trésor public ou de leurs établissements bancaires où sont logés leurs salaires, soit alors devant le distributeur automatique, pour rentrer en possession de leurs droits pécuniaires.

2 : Le recouvrement forcé

694. Le recouvrement forcé suppose une défaillance du contribuable dans le paiement de l'impôt dû. Autrement dit, le contribuable n'a pas pu s'acquitter du montant de l'impôt dû à temps et selon les modalités préfixées dont il a pleinement connaissance. La personne publique recourt alors à la force publique pour amener le contribuable à payer l'impôt *manu militari*[530], après une mise en demeure d'agir restée sans suite.

B : Le régime juridique du recouvrement

695. En vertu de l'article 47 alinéa 2 de la loi du 26 décembre 2007 portant régime financier de l'Etat, la procédure d'exécution des recettes comprend la phase d'émission d'un titre exécutoire qui relève de l'ordonnateur et la phase de recouvrement qui relève du comptable. C'est dire que le recouvrement de l'impôt se fait devant un comptable publique ou toute autre personne en ayant qualité ; et non devant des personnes privées, ou même des agents de vérification qui lors d'un contrôle *sur place,* ne sont chargés que d'identifier les éléments oubliés d'une base d'imposition en cours de détermination. Pour les recettes encaissées en versement spontané, les titres sont émis en régularisation. En effet, l'article 58, alinéa 3 dispose que les comptables publics sont des agents publics régulièrement préposés aux comptes et /ou aux charges de recouvrement, de garde et de maniement des fonds. Ils ont une responsabilité personnelle et pécuniaire qui porte sur les deniers

[530] C'est-à-dire par mobilisation des forces de l'ordre, pour que force revienne à la loi.

publics mis à leur charge[531]. La mise en jeu de cette responsabilité résulte d'un déficit constaté à la suite des contrôles effectués par les organes compétents de l'Etat[532].

Ces différentes phases du processus d'imposition sont assorties de contrôles.

§ II : Le contrôle du processus d'imposition

696. Dans un système où c'est le contribuable qui déclare ses revenus et activités pour imposition, le contrôle fiscal est incontournable et indispensable pour la vérification de la véracité de ses confessions fiscales qui, généralement, ne sont pas toujours franches. Après la justification du contrôle fiscal, nous mettrons un temps d'arrêt sur ses manifestations ou modalités.

¶ I : La justification du contrôle

697. Dans un Etat en développement résolument engagé sur les sentiers de l'émergence en 2035 comme le Cameroun, les ressources financières sont d'un intérêt capital. Il faut les engranger, et lorsque cela est possible, les accroitre. Principal moyen de financement public interne, l'impôt demeure alors sous le collimateur des pouvoirs publics, car tout fausse manœuvre en la matière pourrait s'avérer très néfaste pour le salut public. Les manipulations de l'assiette de l'impôt sont en effet de nature à freiner l'accroissement des rendements budgétaires.

698. Plusieurs techniques sont utilisées pour favoriser l'accroissement des recettes fiscales. Il s'agit premièrement des pauses fiscales, qui sont des périodes décidées par les pouvoirs publics pendant lesquelles des nouveaux impôts ne sont pas créés et où les taux d'impositions existants ne connaissent ni d'augmentation ni de baisse. Il s'agit aussi des contrôles fiscaux.

699. Le contrôle fiscal tend ici à pourchasser les fraudeurs, à retrouver les capacités contributives défaillantes, à rechercher les erreurs matérielles de calcul pour rectification, à retrouver des omissions de déclarations pour colmater les brèches au profit, soit du contribuable, soit de l'administration.

---

[531] MAGNET (J), *Les comptables publics*, LGDJ, Paris, 1995.

[532] BARILARI (A), « Réforme de la gestion publique et responsabilité des acteurs », *AJDA*, 4 avril 2005, pp. 696 et suivantes.

700. En tout état de cause, trois principales raisons justifient la nécessité d'un contrôle fiscal dans un système déclaratif. Du point de vue politique et juridique, le contrôle vise à assurer le respect de la loi et de la volonté du législateur. Sur le plan social, le contrôle tend vers plus de justice et d'équité entre les contribuables. Et enfin, en matière économique, le contrôle est gage de concurrence loyale. Il sert à lutter contre les fraudes et l'incivisme fiscal, d'une part et à assurer l'application du principe d'égalité devant la loi fiscale, d'autre part.

¶ II : Les manifestations du contrôle

Le contrôle se manifeste généralement de deux principales manières, à l'intérieur de l'administration fiscale ou à l'extérieur.

A : Le contrôle interne ou *sur pièces*

701. Le contrôle interne est celui qui a lieu au sein des services fiscaux d'assiette. On vérifie ici l'existence des déclarations, leur caractère complet, l'existence des documents justificatifs que le contribuable doit fournir. C'est le contrôle *sur pièces*[533].

702. Le contrôleur, dans sa vérification ne se limite pas aux seuls documents fournis par le contribuable. Il peut même prendre des informations auprès des autres administrations et tiers, même dans ses diverses lectures[534]. C'est une obligation pour le contribuable de coopérer et de répondre favorablement aux demandes de renseignements relatifs à ses déclarations. Ceci, sous peine de taxation d'office, c'est-à-dire d'évaluation unilatérale de la base d'imposition par le fisc, résultant du constat d'un refus. Le fisc jouit d'un droit de communication qui ne saurait être obstrué par le secret professionnel. D'ailleurs, même les tribunaux sont tenus de communiquer au fisc toute information présumant fraude fiscal. Les procès-verbaux des greffes sont alors mis à la disposition du fisc.

---

[533] Pièces ici renvoie aux différents éléments ou *pièces* qui constituent le dossier fiscal de chaque contribuable établi dès l'immatriculation et fourni au gré des différentes déclarations obligatoires inhérentes aux mécanismes d'imposition.

[534] Le journal officiel par exemple.

B : Le contrôle externe ou *sur place*

703. Les limites du contrôle interne réalisé à base des pièces du dossier fiscal du contribuable, peuvent amener le fisc à poursuivre ses investigations sur place, sur le lieu d'exercice de l'activité génératrice de revenus. Ceci se fait de trois principales manières :

1 : Les vérifications de comptabilité

704. Cette modalité de contrôle concerne principalement les contribuables entreprises soumises à la TVA, à l'impôt sur les sociétés ou à l'impôt sur le revenu des personnes physiques, contraints de tenir une comptabilité selon les exigences OHADA[535]. Cette vérification se fait au siège de l'entreprise ou au lieu du principal établissement. Le contribuable doit être avisé d'avance de la venue du contrôle, afin de se faire assister, s'il le souhaite, d'un conseil de son choix.

2 : L'examen contradictoire d'ensemble de la situation fiscale du contribuable

705. C'est pour le contribuable passible de l'IRPP. On vérifie ici la cohérence des revenus déclarés d'avec la situation patrimoniale du contribuable, sa situation de trésorerie, et même les éléments de son train de vie[536]. Ce contrôle, comme la vérification de comptabilité, est programmé à l'avance pour un exercice budgétaire. On peut programmer par tirage au sort ou par constitution d'un échantillon de contribuables à vérifier.

3 : Les visites à domicile et perquisitions inopinées

706. Ces modalités de contrôle relèvent des prérogatives de puissance publique de l'administration fiscale. Jadis réservées aux contributions indirectes, ces formes de contrôle ont été étendues même aux contributions directes, surtout quand des manœuvres fraudatoires sont subodorées. Cette modalité de contrôle est obligatoire pour les

---

[535] Entendez, Organisation pour l'harmonisation en Afrique du droit des affaires.

[536] Il s'agit à ce niveau d'une survivance des techniques et procédés propres à la méthode indiciaire de détermination de l'assiette de l'impôt.

personnes morales. Ces dernières doivent alors mettre à la disposition du fisc tous les éléments justifiant leurs déclarations.

707. Bien que subissant les prérogatives importantes de l'administration en matière de contrôle, le contribuable a toutefois, lui aussi, des garanties considérables résidant dans le formalisme de la procédure. Ainsi, le contribuable doit être averti avant toute vérification sous peine de nullité de la vérification. Il peut aussi se faire assister s'il le souhaite d'un conseil de son choix. Par ailleurs, il doit avoir l'avis de passage du contrôle 8 jours avant le début de la vérification[537].

Le contrôle est donc incontournable dans le processus fiscal, comme l'est aussi l'analyse de la fuite devant l'impôt dans la réalisation juridique de ce prélèvement.

---

[537] Ces aspects seront davantage développés ultérieurement, lors de l'étude des droits du contribuable.

Chapitre II

La fuite devant l'impôt

708. Parce qu'il consiste en un prélèvement pécuniaire obligatoire sur le patrimoine des assujettis, le processus fiscal suscite des réactions défensives de la part des contribuables. Ceux-ci recherchent des voies et moyens susceptibles d'alléger autant que possible leurs charges fiscales. Ils s'efforcent, autant que faire se peut, à payer le moins d'impôt possible, voire même ne pas en payer du tout. C'est le phénomène de la fuite devant l'impôt, qui est une forme privilégiée d'incivisme fiscal. Accentué dans les Etats en développement, ce phénomène emporte des conséquences bien graves. D'une part, et sur le plan purement juridique, le phénomène de la fuite devant l'impôt pose le problème de la justice ou de l'équité en matière fiscale. En effet, le contribuable qui paie l'impôt supporte certainement la charge de celui qui l'évite. D'autre part, cette attitude négative compromet le rendement de l'impôt dans un contexte africain de prescription par les bailleurs de fonds d'un taux de rendement fiscal élevé. Par ailleurs, la fuite devant l'impôt est source de distorsion économique en ce qu'elle fausse le jeu de la libre et juste concurrence, tant il est vrai que l'entreprise qui fraude risque de triompher sur celles qui ne fraudent pas. Quoi qu'il en soit, la fuite devant l'impôt a une certaine consistance sur le plan général, même si elle tend à adopter des contours particuliers sur le plan international, au point de présider à l'édification d'un modèle étatique idéal pour le contribuable : *un paradis fiscal*.

§ I : La consistance de la fuite devant l'impôt

709. Universel et bidimensionnel, la fuite devant l'impôt est aussi vieille que le monde. Dans la Bible, ce phénomène était déjà mentionné et d'ailleurs fortement sanctionné dans le Livre des Actes des Apôtre :

Chapitre 5, verset 1 à 3[538]. De nos jours, la véritable préoccupation est de savoir si l'on peut raisonnablement jauger de l'ampleur de ce phénomène, eu égard à la dimension du secteur informel dans les économies des Etats en développement et des déclarations généralement inexactes des contribuables. Quoi qu'il en soit, ce phénomène s'identifie à travers un ensemble de causes et de manifestations.

¶ I : Les causes de la fuite devant l'impôt

La fuite devant l'impôt semble être justifiée par des causes générales, d'une part (A), et celles techniques, d'autre part (B).

A : Les causes générales

Les causes générales de la fuite devant l'impôt sont d'ordre moral, sociopolitique et économique.

1 : Les causes morales

710. Les causes morales de la fuite devant l'impôt sont généralement attribuées à l'affaiblissement du sens du devoir fiscal. Il est notoire que la conscience fiscale est moins rigoureuse que la conscience morale. En effet, pour bon nombre de citoyens *« voler le fisc n'est pas voler »*. Ainsi, de nombreux contribuables n'hésitent pas à s'y dérober. L'affaiblissement du sens du devoir fiscal tient surtout à l'esprit de désobéissance aux lois.

2 : Les causes sociopolitiques

711. Ces causes relèvent parfois de ce que l'on qualifie *d'interventionnisme fiscal,* qui consiste à utiliser le prélèvement fiscal non seulement pour financer les charges publiques, mais surtout pour toute autre fin de développement économique et social de la collectivité publique.

---

538 C'est l'histoire d'ANANIAS ET SAFIRA, un couple qui avait caché une partie de ses revenus aux disciples de Jésus et qui, pour avoir menti au Saint- Esprit par ce comportement malhonnête, avait été frappé d'une mort subite, après l'expression de son indignation par Pierre, le meneur du groupe des disciples de Jésus Christ.

712. Une autre cause sociopolitique de la fuite devant l'impôt relève de la résistance à l'oppression fiscale. En effet, si dans un Etat, il se dégage le sentiment que ceux qui ont de moyens matériels et financiers importants, paient moins d'impôts que ceux qui n'en disposent que peu, une telle situation peut être source de fuite devant l'impôt pour ceux qui vont s'estimer défavorisés[539].

3 : Les causes économiques

713. La balance entre les avantages et les inconvénients de la fraude fiscale est un problème économique. D'une part, la situation fiscale du contribuable commence par son comportement vis-à-vis de l'impôt. S'il est dans une situation économiquement prospère, il a tendance à payer pour éviter de faire peser sur lui une tentative de dissimulation de revenu. Mais si, par contre, il est dans une situation difficile, il pensera que le paiement de l'impôt aura pour conséquence d'aggraver sa situation morose. Pourtant, à proprement parler, il n'en est rien, car le prélèvement fiscal est assis sur le revenu qui peut être important aujourd'hui, et maigre le jour suivant. Et en fonction de la tarification en vigueur, le fisc n'aura qu'à considérer ce revenu pour déterminer l'impôt à payer. Par conséquent, la charge fiscale dépend du niveau du revenu. D'ailleurs, lorsqu'aucun revenu n'a été engrangé, l'impôt est néant.

714. Aussi, la conjoncture économique influe sur la fuite devant l'impôt. Si la conjoncture facilite la répercussion de l'impôt, elle freine la fuite devant l'impôt quand elle est bonne et l'accentue quand elle est mauvaise. Par ailleurs, le développement du chômage, la réduction du temps de travail, le poids croissant des charges sociales entrainent un accroissement du secteur informel qui illustre bien le phénomène de la fuite devant l'impôt.

715. Enfin, le libéralisme économique transnational permettant un essor des entreprises multinationales, est propice au développement de la fraude fiscale. En effet, le contrôle a un caractère territorial, le fisc est alors désarmé face aux entreprises multinationales qui échappent ainsi aisément à l'impôt.

[539] Ces derniers pourraient justifier leur attitude défensive par le principe de l'égalité des citoyens devant la loi fiscale.

B : Les causes techniques

716. L'une des causes essentielles de la fuite devant l'impôt teint à la complexité du système fiscal qui limite dès lors la capacité du fisc. Cette complexité permet au contribuable d'échapper devant l'impôt sans contrevenir à la loi, car la complexité s'oppose au contrôle fiscal efficace, quel que soit le pays. Pour cette raison, la méthode de la déclaration contrôlée est là pour saisir la matière imposable dans sa réalité. A partir du moment où l'on est dans un système fiscal complexe, il y a aussi des failles pour le contribuable. Il peut dès lors exploiter ces failles et fuir devant l'impôt. La complexité pourrait donc jouer en défaveur du fisc et au profit du contribuable.

Ainsi justifiée, la fuite devant l'impôt se manifeste d'une certaine manière.

¶ II : Les manifestations de la fuite devant l'impôt

717. Le phénomène de la fuite devant l'impôt se manifeste généralement de deux principales manières, à savoir :

- La fraude fiscale, qui est une violation de la loi ;
- Et l'évasion fiscale, qui n'est pas une violation de la loi et par conséquent, ne doit pas être punie[540].

A : La fraude fiscale

718. Dans la législation fiscale camerounaise, il n'existe pas une définition précise et expresse de la fraude fiscale. Celle-ci n'apparait que sous forme d'allusion, d'adverbe. Le Code général des impôts, à travers ses dispositions sur les sanctions et procédures pénales et le droit de communication au fisc d'office, parle de *« frauduleusement »*.

1 : Le concept de fraude fiscale

719. La fraude fiscale est appréhendée comme une infraction à la loi fiscale ayant pour but d'éluder l'impôt. C'est donc un comportement

---

[540] En application du principe de la légalité des délits et des peines, traduit en latin par la maxime : *nullum crimen, nulla poena, sine lege,* entendez, il n'est de crimes, ni de peines, s'il n'est de loi.

délictueux ou criminel délibéré. En tant que telle, la fraude suppose des faits matériels et une intention exprimés de manière non équivoque.

720. L'élément matériel est essentiel. Il se traduit de plusieurs manières. Soit par la dissimulation de l'objet imposable[541]. Toutefois, il n'y a pas fraude si la base de l'impôt se trouve inférieure à son montant réel du fait de l'application des lois ou conventions. De même, il n'y a pas fraude lorsque l'entreprise adopte la forme juridique la plus favorable du point de vue fiscale[542]. Sauf si la forme juridique n'est qu'une façade pour fuir devant l'impôt. Dans ce dernier cas, on parle de l'abus de droit en matière commerciale.

721. La notion de fraude ne peut être retenue en l'absence de l'élément intentionnel, car, il faut que l'intention du fraudeur de violer la loi soit clairement perceptible. Ceci dit, l'erreur, l'insuffisance, ou l'omission, commises de bonne foi, ne sont pas constitutives de fraudes fiscales. Le contribuable pourra néanmoins encourir des pénalités fiscales. Elles sont moins lourdes que les sanctions normales susceptibles d'être administrées lorsque la fraude fiscale est avérée.

2 : Les formes de fraude fiscale

La fraude fiscale est susceptible de prendre diverses formes :

a : Dissimulation volontaire de la matière imposable

722. C'est la forme la plus grossière de fraude fiscale. Ici, le contribuable s'attèle à cacher une partie ou tous les éléments de son patrimoine, qui constituent l'assiette de son impôt. Il sait pourtant qu'il lui est imposé de déclarer exhaustivement ses biens. A titre d'illustration, un commerçant qui dissimule une partie de sa marchandise pour échapper ou amoindrir les droits de douane ; ou alors, un assujetti à l'impôt sur le revenu des personnes physiques qui déclare juste une partie de ses avoirs.

b : Dissimulations comptables

723. C'est la forme la plus élaborée de fraude fiscale. C'est le procédé classique de la pratique du double bilan : un bilan pour le contribuable

---

[541] L'on peut par exemple délibérément voiler les détails sur une partie du patrimoine.
[542] C'est le cas où la loi est à l'avantage du contribuable.

entreprise, pour le cas de l'impôt sur les sociétés, et un bilan pour le fisc, généralement avec des chiffres amoindris volontairement. On peut, malheureusement pour le fraudeur, déceler des dissimulations à travers un contrôle fiscal, en comparant des informations que l'on aura glanées par mobilisation du droit de communication d'office au fisc, avec les données comptables disponibles. Aussi, dans la comptabilité, certaines fautes prêtent facilement à la fraude. C'est ainsi que les dépenses personnelles des dirigeants sont souvent enregistrées dans les frais généraux de l'entreprise. Tout comme les entreprises ont tendance à amasser les bénéfices sous forme d'amortissement ou dissimuler les réserves sous forme de provisions.

c : Fraude en matière de chiffre d'affaire

724. En ce qui concerne la fraude en matière de chiffre d'affaire, deux méthodes sont souvent utilisées par les délinquants fiscaux :

- La vente sans facture. C'est la pratique la plus ancienne. L'on ne fait pas entrer certains chiffres dans les comptabilités pour diminuer le revenu imposable.
- La facture sans vente. C'est le procédé le plus élaboré engendré par les mécanismes de la TVA, notamment pour des redevables dont le statut fiscal leur permet de mobiliser le droit à déduction. Il s'agit d'établir des factures sur des ventes qui ne se sont pas réellement faites. Cela permet d'obtenir des déductions de taxes pour les opérations fictives et pour lesquelles le redevable s'est procuré fausses factures. Ce procédé a donné naissance à toute une industrie de fabrication et de fourniture de fausses factures.

d : Présomptions légales de fraudes

725. Les présomptions légales de fraudes sont des situations d'emblée constitutives de fraude dès lors que le contribuable s'y retrouve. Elles sont déterminées par la loi. Il s'agit des cas ci-après :

- Marchandises trouvées à l'intérieur du territoire dans la zone frontalière, sans que le propriétaire puisse prouver qu'il s'est acquitté des droits de douane y afférents.
- Cas de transfert indirect de bénéfice lorsque les avantages particuliers sont consentis par une entreprise nationale à une entreprise étrangère.

726. L'administration doit toutefois prouver à la fois l'élément intentionnel, c'est-à-dire la volonté de se soustraire frauduleusement à l'impôt, et l'élément matériel.

Souvent, le contribuable réussit à éviter l'impôt sans enfreindre la loi. On parle d'évasion fiscale.

B : L'évasion fiscale

727. L'évasion fiscal consiste soit à profiter d'une lacune de la loi fiscale, soit à utiliser la voie la moins imposée. En vérité, il est difficile de distinguer l'évasion fiscale légale et celle illégale ou fraude fiscale. La difficulté est telle qu'une association internationale traitant des questions de fiscalité, réunie en congrès à Venise en 1983, après avoir proposé une définition tant de la fraude que de l'évasion fiscale, n'a pu finalement établir les contenus théoriques respectifs de ces deux facettes de la fuite devant l'impôt.

728. Ceci étant, l'évasion fiscale s'appréhende conne une non-violation de la loi. Tandis que la fraude fiscale est une violation volontaire de la loi fiscale dans le but de payer moins d'impôt. Ces deux manifestations de la fuite devant l'impôt ne se limitent pas à la fiscalité nationale. Elles prennent des contours particuliers sur le plan international, à travers des paradis fiscaux qu'il convient d'analyser beaucoup plus en détail.

§ II : Les paradis fiscaux

729. En dépit de l'importance du sacrosaint principe de la territorialité de l'impôt, qui limite la souveraineté fiscale des pouvoirs publics à la sphère géographique propre aux frontières de l'Etat, la matière fiscale revêt une dimension internationale indéniable et même incontournable. En effet, la dynamique d'intégration inhérente aux processus de régionalisation et de mondialisation sur le plan économique et financier, entraine les États à sortir de leurs frontières et à nouer des relations de diverses natures avec d'autres Etats, relativisant ainsi non seulement la toute-puissance étatique sur le plan fiscal, mais surtout l'essence exclusivement nationale de l'impôt.

730. Sur le plan international, la matière fiscale incline les Etats et leurs ressortissants à adopter plusieurs attitudes. Les Etats, pour l'essentiel signent des conventions bilatérales, soit pour éviter les doubles impositions de leurs contribuables, ou même l'absence complète d'imposition, soit alors, lorsqu'il s'agit des relations entre une

puissance économique et un pays en développement, d'assoir un régime fiscal préférentiel, par abandon du principe de la réciprocité absolue des stipulations conventionnelles. Dans ce dernier cas, les accords tendent à favoriser une politique de développement en assurant aux budgets des pays insuffisamment développés un supplément de rentrées et en orientant les placements de capitaux vers ces pays.

731. Quant aux ressortissants, potentiels contribuables et en principe sujets des législations fiscales des Etats, ils adoptent souvent une attitude paradoxale. Au lieu d'être des opérateurs économiques nationaux respectueux du cadre juridique fiscal dont leurs affaires sont assujetties, ceux-ci préfèrent plutôt s'implanter dans des *paradis fiscaux*, au cas où leurs pays d'origine n'en constituent pas un. Qu'est-ce-qui justifie un tel comportement et quelles en sont les conséquences potentielles ? Au préalable, qu'est-ce- qu'un paradis fiscal et quel en sont les plus en vue dans l'histoire de la fiscalité internationale contemporaine ? Existe-t-il, enfin, des mesures palliatives vis-à-vis de ce phénomène ? Telles sont les questions qui guideront la dynamique de nos idées. Il s'agira, dans le cadre de cette analyse, de déterminer cette catégorie du droit fiscal international, avant de l'apprécier.

¶ I : La détermination des paradis fiscaux

732. De manière générale, les paradis fiscaux s'appréhendent comme des limites au choix fiscal conventionnel. Les ressortissants de certains Etats jugés sévères du point de vue de la législation fiscale qui intègre, au demeurant, même les conventions fiscales, au lieu de se soumettre au droit fiscal positif, optent plutôt pour des pays qu'ils estiment à conditions d'imposition particulièrement favorables. Quoi qu'il en soit, une présentation assez judicieuse des paradis fiscaux intègre leur définition, à travers la déclinaison de cette notion et ses caractéristiques d'une part, et leur illustration, grâce à la mise en exergue des pays remplissant ces caractéristiques, d'autre part.

A : La définition des paradis fiscaux

733. Définir c'est ressortir le fond conceptuel d'une notion en s'attelant à mettre à nue ses principales caractéristiques.

1 : La notion de paradis fiscal

734. Pierre BELTRAME définit un paradis fiscal comme un pays dans lequel les conditions d'impositions sont particulièrement favorables[543]. C'est un territoire où la fiscalité est très faible par rapport à ce que la personne qui parle considère comme norme. Il se définit donc de manière relative et pour certains domaines d'activités. La définition peut aussi s'appliquer à une partie d'un pays. Ainsi, une zone franche constitue un paradis fiscal à l'intérieur d'un pays où la fiscalité est très élevée. Dans la règlementation française en matière d'impôt sur les bénéfices, par exemple, est considéré comme un paradis fiscal, tout pays à fiscalité privilégiée dans lequel l'impôt est inférieur d'un tiers au moins à celui qui serait applicable en France. Pour l'OCDE, il n'existe pas un critère unique, clair et objectif permettant d'identifier un pays comme étant un paradis fiscal. Le Code général des impôts français, quant à lui, préfère parler d'un *pays à fiscalité privilégiée*.

735. La doctrine a pu établir une distinction entre le *paradis fiscal* et le *pays refuge*. Alors que le premier abrite des capitaux actifs[544], le second fournit seulement un havre à des capitaux passifs ou placements. Ces deux types de facilités sont généralement offerts par un même Etat.

736. En somme, les paradis fiscaux sont de tous petits territoires, souvent des îles, qui compensent un faible taux d'imposition par un grand volume d'opérations au niveau mondial. Ils sont devenus un composant incontournable dans la stratégie fiscale des sociétés multinationales qui y installent des holdings où elles peuvent faire apparaitre leurs bénéfices. De toute évidence, un certain nombre de traits caractérisent les paradis fiscaux

2 : Les caractéristiques des paradis fiscaux

737. Les paradis fiscaux s'illustrent par certains éléments caractéristiques dont la vocation est de mieux les identifier. Ces éléments se présentent comme des garanties à savoir, entre autres :

- Une fiscalité réduite et une consommation très faible des ressources publiques,

[543] BELTRAME (P), *La fiscalité en France*, op. cit., pp. 56 et suivantes.

[544] Les capitaux actifs sont ceux investis dans des sociétés ayant des activités économiques et financières.

- La stabilité économique et politique. Il s'agit généralement d'Etats indépendants ou largement autonome qui abritent une population peu nombreuse, plus soucieuse de négoce que de contestations[545].
- La liberté de change,
- L'appartenance à une zone monétaire forte[546].
- Un secret bancaire ou commercial inébranlable,
- Une répression judiciaire quasi nulle des cas de contournement des lois d'autres pays,
- La connexion des paradis fiscaux à des pays industrialisés.

B : La typologie des paradis fiscaux

738. L'exploitation des caractéristiques des paradis fiscaux facilite l'œuvre de classification utile à la détermination de leur typologie. La bonne détermination des paradis fiscaux exige, par ailleurs, des illustrations concrètes mettant clairement en évidence la diversité de cette catégorie juridique de droit fiscal international.

1 : La diversité des paradis fiscaux

739. Il existe plusieurs types de paradis fiscaux. Mais de manière générale, l'on distingue les paradis pour personnes physiques des paradis pour personnes morales.

Les paradis pour personnes physiques ont tendance à affranchir leurs ressortissants des impositions, surtout en ce qui concerne les prélèvements assis sur le patrimoine, à l'instar de l'impôt sur le revenu ou de la taxe sur la fortune. Aussi, les impôts sur la dépense comme la taxe sur la valeur ajoutée, sont quasiment inexistants. Par ailleurs, il s'agit des pays très ouverts aux étrangers, offrant beaucoup de facilités aux grands investisseurs et multimilliardaires pour devenir résident. Les paradis fiscaux pour personnes morales, quant à eux, ciblent beaucoup plus les sociétés légalement créées, auxquelles ils accordent de très grandes facilités sur le plan fiscal[547]. La combinaison de ces deux principaux éléments d'identification est toutefois possible dans certains

---

[545] Une parfaite illustration peut être les Antilles néerlandaises.
[546] C'est le cas du Franc suisse pour le Liechtenstein.
[547] A titre d'illustration, dans ce type de paradis fiscaux, lorsqu'une personne crée une entreprise alors désignée *« Antalt »*, il est prévu que cette structure ne sera assujettie qu'à un seul impôt, d'ailleurs à très faible taux d'imposition de 1% sur le capital.

paradis fiscaux, tandis que d'autres ne manifestent qu'une seule facette[548].

2 : Les modèles de paradis fiscaux

740. La majorité des études entreprises sur les paradis fiscaux permettent de constater que presque la totalité de ces pays sont d'anciens comptoirs ou colonies britanniques, français, espagnoles, néerlandais ou américains restés dépendants des puissances tutélaires et dont la souveraineté fictive couvre une criminalité financière non seulement tolérée, mais encouragée parce qu'utile mais nécessaire au fonctionnement des marchés.

741. Certes, plusieurs listes et classifications des paradis fiscaux sont élaborées par l'ONU[549], l'OCDE[550] et le FMI[551]. Mais, loin de se livrer à une guerre des listes des paradis fiscaux, il sera plutôt question de présenter les plus en vue :

- La Suisse

742. Certains connaissent cette formule de Chateaubriand : « Neutre dans les grandes révolutions des Etats qui les environnent, les suisses s'enrichissent des malheurs d'autrui et fondèrent une banque sur les calamités humaines ». La Suisse semble donc être la classée au premier rang de l'activité bancaire. Les 376 banques recensées en Suisse produisent plus de 12% des richesses du pays, trois fois plus que le secteur de la chimie. C'est aussi elle qui la première a introduite en 1934 des règles strictes de secret bancaire.

743. L'article 47 de la loi fédérale suisse sur les banques considère la rupture du secret bancaire comme un crime passible de prison. Sur cette base, elle a attiré des fortunes dans le monde entier. Au moins 50% des avoirs déposés en Suisse, soit quelques 800 milliards de dollars n'ont pas été déclarés dans leurs pays. La Suisse occupe le premier rang mondial dans la gestion des fortunes privées. On estime que plus de 60% des fortunes déposées par des épargnants européens, hors de leur contrée d'origine, se trouve en Suisse. Ce pays est aussi une « place

---

[548] Les premiers pourraient alors être qualifiés de paradis fiscaux universels, comme le Bahamas, et les seconds de paradis fiscaux spécialisés, exemple : Le Luxembourg.

[549] La liste des paradis fiscaux de l'ONU comporte 48 pays.

[550] Celle de l'OCDE en compte 35.

[551] La liste du FMI identifie 62 paradis fiscaux.

offshore ». On estime à 27% la part de la Suisse dans l'ensemble des marchés financiers « offshore » du monde.

- Le Luxembourg

744. Le Luxembourg est un centre financier important qui pratique le secret bancaire et les comptes anonymes. Ce pays de plus de 440.000 habitants tire 40% de ces recettes de l'activité financière. Le Luxembourg est un paradis fiscal très couru pour un type de sociétés : les sociétés holding. Le système de holding luxembourgeois fut créé en 1929 et modernisé sous le nom de SOPARFI. Ce sont des entités juridiques opaques qui permettent de détenir des participations dans le capital d'autres sociétés. Le Luxembourg compte plus de 15000 de ces sociétés holdings qui représentent plus de 27 milliards et ne paient qu'un impôt minime de 1% du capital souscrit.

- Les Iles caïmans

745. Les iles caïmans sont, après les Bermudes, la plus ancienne colonie britannique. Georgetown, sa capitale est la cinquième place bancaire dans le monde en montant de dépôt de non-résidents, soit environ 850 milliards de dollars, après Hong Kong, Londres, New York et Tokyo. Avec un nombre de banques et de sociétés offshore supérieur à celui des habitants. 43 des 50 premières banques du monde y ont des établissements. Le système bancaire offshore des Iles caïmans fut l'un des premiers du genre, édifié au milieu des années 60 avec aujourd'hui des sociétés offshores, des trusts sur le modèle britannique et plus de 5.000 fonds de placement.

746. Le régime fiscal des iles caïmans apparait comme l'un des plus favorables dans le monde. Il n'y existe aucun impôt quel qu'il soit, sur le revenu ou sur les profits, le capital ou les fortunes, sur les propriétés ou les ventes.

- Les iles vierges britanniques

747. Encore une colonie britannique. Ici, les sociétés offshores s'appellent les IBC (International Business Company), exonérés de toute imposition de la part des iles vierges. Le système fut mis en place en 1984. Les iles vierges abritent aujourd'hui les deux tiers des IBC du monde, soit 350.000 et les Bahamas sont le deuxième pays d'accueil des IBC.

- Les Bermudes

748. C'est la plus ancienne colonie britannique. Les Bermudes se sont spécialisées dans les compagnies d'assurance. Plus de 1500 y sont localisées. Elles sont principalement actives dans le marché de réassurance et des assurances captives, c'est-à-dire des compagnies d'assurance détenues par des sociétés qui ne couvrent que des risques de leurs propriétaires. 50 milliards de dollars de primes y sont gérés. Les trois quarts des sociétés multinationales y ont des filiales. Car aux Bermudes il n'y a pas d'impositions sur les revenus, pas de législation sur les assurances, et en plus, les primes encaissées par les compagnies d'assurance ne sont assujetties à aucun impôt.

Cette présentation des paradis fiscaux est un prélude à leur appréciation.

¶ II : L'appréciation des paradis fiscaux

749. Une étude satisfaisante des paradis fiscaux commande leur appréciation après avoir procédé à leur détermination. En effet, il est utile d'envisager les avantages et les inconvénients des paradis fiscaux tant pour les opérateurs économiques que pour les Etats concernés. A ce titre, les opérateurs économiques qui s'installent dans un pays à régime fiscal particulièrement favorable ne lèsent-ils pas les intérêts de leurs Etats d'origine au profit de ceux de l'Etat d'accueil ? D'ailleurs, cela n'est-il pas légal et légitime si tant est que l'universalisation du capitalisme que draine le vent de la mondialisation économique et financière en est favorable ? Une chose est certaine : c'est que les paradis fiscaux présentent un bilan mitigé. Plusieurs actions sont ainsi menées en vue de les contrecarrer, surtout dans les pays à forte fiscalité, ou du moins, dans ceux dont les budgets dépendent en grande partie des prélèvements fiscaux et assimilés, comme la Cameroun.

A : Le bilan mitigé des paradis fiscaux

Bien que des points positifs militent en faveur des paradis fiscaux, plusieurs griefs sont aussi formulés à leur encontre.

1 : Les avantages des paradis fiscaux

750. Plusieurs éléments peuvent être portés à l'actif des paradis fiscaux. Ils concernent dans l'ensemble le rôle économique et budgétaire de ces

Etats à fiscalités privilégiés. Sur ce plan, les paradis fiscaux boostent l'économie des Etats concernées en encourageant les investissements car les capitaux sont la denrée la moins rare. D'énormes fonds de sources non seulement diverses, mais parfois douteuses, sont ainsi placés dans les marchés financiers et génèrent des profits inestimables qui ont pour conséquence, en fin de compte, d'augmenter les produits intérieurs de ces territoires et d'accélérer la croissance. On remarque à ce sujet que plusieurs petites, moyennes et grandes entreprises foisonnent dans ces pays. La production est ainsi maximisée et le taux de chômage quasi nul.

751. Sur le plan budgétaire, les paradis fiscaux ont pour avantage de financer le budget des Etats concernés. En effet, les propriétaires des entreprises offshores n'hésitent pas à mettre leurs fonds à la disposition des budgets des Etats en cas de menaces de déficits. Ce n'est d'ailleurs que normal, car l'amoindrissement des impôts ou même l'inexistence de certains types d'impôts dans ces pays ne peut trouver pour réelle contrepartie que l'assurance, en tant que de besoin, de trouver des fonds par le biais de l'emprunt obligataire ou même des fonds de concours.

2 : Les inconvénients des paradis fiscaux

752. Cinq principaux griefs peuvent être formulés contre les paradis fiscaux :

Ils sont un vecteur de l'évasion fiscale internationale, qui pourrait être suicidaire pour un Etat comme le Cameroun, en quête de croissance et de développement. En effet, l'évasion fiscale fut le premier motif de l'utilisation des paradis fiscaux, comme l'a dit de manière cynique la multimilliardaire new-yorkaise Leonna HEMSLEY condamnée pour fraude fiscale en 1990 : *« seuls les petits gents paient l'impôt ».* La mentalité des fraudeurs du fisc est résumée dans ce jugement du juge britannique Leaned HAND de la Chambre des Lords : *il n'y a rien de mal à arranger ses affaires de manière à payer des impôts aussi peu élevés que possible. Tout le monde le fait, riches pauvres, tout le monde peut le faire. Personne n'a l'obligation de payer plus que la loi le réclame. Les impôts sont des exactions forcées, pas de contributions volontaires.*

753. Ils permettent le blanchiment d'argent sale. L'argent sale c'est l'argent criminel provenant des activités illégales et hautement punies par la communauté universelle. L'on peut citer à titre d'illustration le trafic de la drogue et de tous les stupéfiants interdits de consommation,

la prostitution, la fabrication de la fausse monnaie, le trafic des ossements humains ou des organes. L'argent provenant de ces activités serait alors blanchi dans des paradis fiscaux par placement dans les marchés financiers et dans des banques. Le FMI estime qu'entre 500 et 1500 milliards de dollars sont introduits dans des circuits financiers universels par le biais de l'argent sale.

754. Ils contribuent au financement du terrorisme. Activité prohibée, le terrorisme aurait trouvé ses sources de financement dans des paradis fiscaux et l'argent sale. Couverts par le secret bancaire et des affaires, d'énormes fonds bénéficieraient à des personnes peu recommandées et même universellement recherchées, pour financer le terrorisme. C'est ainsi qu'il s'est avéré qu'en dehors des fonds provenant de certains groupes musulmans, une grande partie des ressources de Ben LADEN provenait ou alors transitait par des paradis fiscaux.

755. Ils sont un obstacle majeur à la coopération judiciaire internationale. Les paradis fiscaux constituent un obstacle réel à la coopération judiciaire internationale du fait des législations des pays à fiscalité privilégiée favorables au secret bancaire. En effet, des personnalités politiques reconnues comme délinquants financiers ayant commis des détournements des deniers publics trouvent comme refuges des fonds détournés, des banques situées dans des paradis fiscaux. Ils savent que le secret bancaire les couvrira lorsque des investigations viendraient à être initiées par la justice de leurs Etats d'origine.

756. Ils fragilisent le système financier international. La série des crises économiques et financières (Mexique, Suisse, Asie…) qui secouent les marchés financiers à partir du milieu des années 1990 a montré que les flux financiers à l'origine de l'instabilité financière, ont transité par des paradis fiscaux. A titre d'illustration, en Thaïlande avant la crise asiatique, les 2/3 des entrées des prêts à court terme sont passées par des institutions *offshores*, filiales des grandes banques internationales. Plusieurs cas d'école peuvent corroborer la fragilisation du système financier mondial par les paradis fiscaux : l'Affaire du naufrage de l'Erika[552] ; l'Affaire de l'Empire médiatique de Rupert Murdoch[553], l'Affaire ENRON- Parmalat- Métal Europe.

---

[552] A propos de l'Affaire du naufrage de l'Erika, pour envoyer de France en Italie une cargaison à moindre coût, Total-France met en branle toute une panoplie de paradis fiscaux. Elle actionne Total-Bermudes, qui passe par Total-Londres pour trouver en Suisse le bateau Erika.

[553] Rupert Murdoch, quant à lui, s'est spécialisé dans la délocalisation des bénéfices par création des filiales dans les places offshores.

Ces dysfonctionnements causés par les paradis fiscaux justifient les actions envisagées en vue, si ce n'est de l'éradication, alors de l'encadrement des paradis fiscaux.

B : La lutte contre les paradis fiscaux

757. Les paradis fiscaux constituent l'aspect visible de l'évasion fiscale internationale. Cette dernière revêt plusieurs formes. Il peut s'agir d'un transfert indirect des bénéfices ou d'une délocalisation. Le transfert indirect de bénéfice est essentiellement le fait des groupes de sociétés qui, par des moyens détournés, à l'instar de la minoration des recettes ou de la majoration des charges, tentent de localiser une partie de leurs bénéfices dans des sociétés du groupe situées dans les pays les moins imposés. La délocalisation, quant à elle, est une forme d'évasion plus radicale que le transfert de bénéfices, puisqu'elle aboutit à l'attribution de tous les bénéfices d'un groupe à une société qui a le contrôle et qui est établie dans un paradis fiscal. La délocalisation nécessite des moyens juridiques complexes et souvent à la limite de la légalité. Quelle qu'en soit la forme, des initiatives individuelles et collectives sont entreprises par les Etats qui subissent ce phénomène et même d'autres acteurs de la fiscalité internationale.

1 : L'initiative individuelle : cas de la France

758. En France, pour lutter contre les transferts indirects des bénéfices, l'administration est autorisée à réintégrer dans les bénéfices imposables des entreprises françaises, les avantages consentis par une société à une autre, sauf pour les sociétés à fournir la preuve que ces opérations financières correspondent à des nécessités commerciales[554]. En outre, toutes les sommes versées par une société française à un bénéficiaire établi dans un paradis fiscal sont présumées constituer des transferts irréguliers de bénéfices et sont réintégrées dans le bénéfice imposable du débiteur[555].

759. En ce qui concerne la lutte contre la délocalisation, pour contrecarrer cette forme très dangereuse d'évasion fiscal, les bénéfices réalisés par les filiales implantées dans un paradis fiscal sont automatiquement taxés en France au nom de la société mère dès lors que celle-ci détient

[554] Article 57 du Code général des impôts français.
[555] Article 238 du Code général des impôts français.

directement ou indirectement au moins 25% du capital de ces filiales[556]. Toutefois, en dépit de toutes les mesures de contrôle et de sanction prises par le pays à forte fiscalité, les paradis fiscaux continuent à proliférer. Bien plus, certains pays industrialisés comme le Pays bas ou le Royaume-Uni, *« patronnent »* nombre de ces pays à fiscalité privilégiée dont les services sont utilisés par la plupart des multinationales. Si bien qu'on peut se demander si l'existence des paradis fiscaux ne constitue pas une souplesse de gestion indispensable au fonctionnement du marché mondial, dans lesquels les échanges commerciaux, financiers et technologiques sont toujours plus intenses et plus concurrentiels. Mais il ne faut pas se dissimuler les risques de fraude financière internationale que cela comporte, comme plusieurs affaires récentes viennent de le révéler.

2 : Les initiatives collectives

760. En vue de lutter contre les paradis fiscaux, le G20, sous la pression de plusieurs Etat membres de l'OCDE, a décidé en avril 2009 de sanctionner les paradis fiscaux non coopératifs et de donner mandat aux ministres des finances de mettre en œuvre des sanctions contre les territoires ou pays qui refusent tout échange d'information au nom du secret bancaire.

761. Le 2 avril 2009, l'OCDE a publié la liste des paradis fiscaux classés selon qu'ils se sont engagés à respecter les standards internationaux en matière d'échange d'informations fiscales et bancaire[557].

Parallèlement à ces sanctions, le Parlement européen a réclamé que tous les pays de l'union européenne mettent fin au secret bancaire sur les revenus et épargnes au plus tard en 2004.

762. Les paradis fiscaux, en fonction des intérêts de chaque Etat, sont donc diversement appréciés, comme l'est d'ailleurs la fuite devant l'impôt dans les relations entre le contribuable et le fisc. Quoi qu'il en soit, que la fuite devant l'impôt soit nationale ou internationale, ce phénomène dangereux pour les caisses des personnes publiques ne cible

---

[556] Article 209 B du Code général des impôts français.

[557] Suivant l'index d'opacité financière, en septembre 2009, les paradis fiscaux sont ainsi classés : 1er : Delaware (USA), 2ème : Luxembourg, 3ème : Suisse, 4ème : Iles Caïmans, 5ème : Grande Bretagne, 6ème : Irlande, 7ème : Les Bermudes, 8ème : Singapore, 9ème : Belgique, 10ème : Autriche.

pas un impôt particulier. Il heurte vigoureusement tous les impôts, quelle que soit leur matérialisation typologique.

Sous-titre III

La matérialisation typologique de l'impôt

763. Dynamique, l'impôt est aussi une notion générique qui héberge une diversité de réalités. En d'autres termes, il existe plusieurs types d'impôts qui ont nourri une multitude d'essais de classifications en sciences juridiques et financières. De toutes les classifications opérées, une certaine distinction semble être la plus mobilisée et friser l'unanimité. Il s'agit notamment du distinguo opéré entre les impôts directs et ceux indirects. Nous nous appuierons sur cette classification pour illustrer les impôts directs par l'impôt sur le revenu des personnes physiques et les impôts indirects par la taxe sur la valeur ajoutée.

764. Il en découle que dans le cadre de ce modeste travail, il ne sera pas question de faire une étude exhaustive de toute la grille des impôts prélevés par l'administration centrale camerounaise. Sur la base d'un choix peu ou prou hardi opéré en fonction de certains critères d'appréciation qui satisfont notre logique idéelle, ces deux impôts s'illustrant comme étant les plus représentatifs de la personne physique et les plus lucratifs pour la personne morale de droit public qu'est l'Etat camerounais, retiendront alors notre attention.

Quoi qu'il en soit, l'objectif majeur à ce niveau est d'envisager la matérialisation des règles et mécanismes étudiés plus haut lors de la catégorisation et la de réalisation juridique de l'impôt.

Chapitre I

Les impôts directs : l'impôt sur le revenu des personnes physiques

765. Comme son nom l'indique, l'impôt sur le revenu des personnes physiques est une contribution publique obligatoire qui pèse sur le patrimoine des personnes physiques. Plus précisément, il est assis sur le revenu global net réalisé par la personne physique. Aux termes de l'article 24 alinéa 2 du Code général des impôts[558], ce revenu global net correspond à la somme des revenus catégoriels que la personne physique aura acquis de manière certaine.

766. En fonction des activités menées, une personne physique est susceptible d'acquérir un ou plusieurs types de revenus. En d'autres termes, les revenus qui constituent l'assiette de l'impôt sur le revenu des personnes physiques peuvent avoir des origines différentes et sont ainsi classés en plusieurs catégories. Il peut s'agir :

- des traitements, salaires, pensions et rentes viagères ;
- des revenus de capitaux mobiliers ;
- des revenus fonciers ;
- des bénéfices des activités artisanales, industrielles et commerciales ;
- des bénéfices des exploitations agricoles ;
- des bénéfices des professions non commerciales et assimilés.

767. L'esprit de cette contribution publique obligatoire est que dès lors qu'une personne physique exerce une activité génératrice d'un certain niveau de revenu, celle-ci doit participer à l'effort public par un prélèvement, dont le barème de détermination est fixé par le législateur en fonction du niveau dudit revenu. Une bonne compréhension de

[558] Nous utilisons la version du Code général des impôts camerounais mise à jour par le Dr MBADIFFO KOUAMO en janvier 2014.

l'IRPP passe par l'analyse successive de son champ d'application, son calcul et ses procédés de recoupements.

§ I : Le champ d'application de l'I.R.P.P

768. Le champ d'application de l'IRPP concerne plusieurs données. Il s'agit, d'une part, des personnes et des revenus imposables et, d'autre part, des exemptions et du lieu d'imposition. En d'autres termes, il est question d'identifier ceux qui sont concernés par l'impôt sur le revenu des personnes physiques et les activités qu'ils mènent pour ce faire, d'une part, et ceux qui pourraient en être affranchi alors même qu'ils remplissent toutes les conditions d'assujettissement à cet impôt, d'autre part, et surtout celles liée à la fixation de la personne et de son activité dans l'espace.

¶ I : Les personnes et les revenus imposables

769. L'étude des personnes imposables précède logiquement celle des revenus passibles de l'IRPP, tant il est vrai que c'est la personne qui exerce une activité, et non le contraire.

A : Les personnes imposables

770. En vertu des dispositions pertinentes de l'article 25 du CGI[559], l'IRPP est dû par toute personne physique ayant au Cameroun son domicile fiscal. Sont considérés comme ayant leur domicile fiscal au Cameroun :

- les personnes qui ont au Cameroun leur foyer ou le lieu de leur séjour principal ;
- les personnes qui mènent une activité professionnelle salariée ou non, sauf si elles parviennent à prouver que cette activité est exercée de manière accessoire ;
- les personnes ayant le centre de leurs intérêts économiques au Cameroun ;
- les agents publics camerounais en service à l'étranger, s'ils n'y sont pas assujettis à l'IRPP ;
- les personnes dont le domicile est à l'étranger, pour les gains obtenus au Cameroun ;

---

[559] Entendez par CGI, Code général des impôts.

- les personnes ayant ou non leur domicile fiscal au Cameroun et qui recueillent des bénéfices ou revenus dont l'imposition est attribuée au Cameroun par une convention officiant contre la double imposition ;
- les personnels des organisations internationales et des missions diplomatiques et consulaires recrutés localement ou non et n'ayant pas la qualité d'agent diplomatique ;
- les associés des sociétés en nom collectif, les commandités des sociétés en commandite simple, les membres des sociétés civiles, des sociétés en participation, n'ayant pas opté pour l'impôt sur les sociétés.

771. Toutes ces personnes, lorsqu'elles n'ont pas encore rempli les conditions d'assujettissement à l'impôt sur le revenu des personnes physiques, ne sont que des potentiels assujettis. Encore faudrait-il qu'elles exercent une ou plusieurs activités imposables, génératrices de revenus taxables.

B : Les revenus imposables

772. Selon l'article 29 du CGI, l'assiette de l'IRPP est constituée par la somme de différents revenus nets catégoriales, dont dispose le contribuable au titre d'une année d'imposition. Cette somme est majorée, le cas échéant, des bénéfices de toutes opérations lucratives auxquelles se livre le contribuable, après abattement d'un montant forfaitaire de 500 000F CFA.

Sont imposables au titre de l'impôt sur le revenu des personnes physiques, les revenus nets catégoriels suivant :

1 : Des traitements, salaires, pensions et rentes viagères

773. On entend par là les revenus provenant des traitements, des salaires, indemnités, émoluments, pensions et rentes viagères. L'on range aussi à cette catégorie, les gains réalisés par les producteurs d'assurance.

Il convient tout de même de noter qu'en dépit de cette énumération dont la spécificité est le caractère composite des éléments, plusieurs revenus appartenant à cette catégorie sont affranchis de l'IRPP. Il s'agit pour l'essentiel, des revenus acquis par la personne physique et qui par conséquent, devraient être passibles de l'IRPP. Mais le législateur, du fait de leur particularité liée, soit à la nature du revenu, soit aux conditions générales de leur acquisition, dispense la personne concernée dudit impôt. Il s'agit :

- des allocations spéciales pour fonction utilisées exclusivement et effectivement à ces fins ;
- des allocations et avantages à caractère familial ;
- des allocations publiques pour assistance ou assurance ;
- des indemnités temporaires, prestations et rentes viagères servies aux victimes d'accident de travail ;
- des indemnités résultant d'une décision de justice afférente à la réparation d'un préjudice corporel subi, si l'invalidité qui s'en suit est de nature à solliciter l'intervention d'un tiers pour les actes de la vie de tous les jours ;
- Le complément forfaitaire de solde servi aux fonctionnaires ;
- des pensions des anciens combattants ;
- des bourses d'étude ;
- des capitaux reçus au titre de pension ou d'indemnité pour décès ;
- des majorations des salaires des agents publics nationaux en service à l'étranger ;
- des gratifications allouées aux travailleurs pour décoration (médaille) ;
- et des quotes-parts de l'indemnité de licenciement.

2 : Des revenus des capitaux mobiliers

774. A la catégorie de revenus des capitaux mobiliers, il faut entendre :

- les produits des actions et parts de capital et les revenus assimilés ;
- les revenus des obligations, les revenus des créances, dépôts cautionnements et comptes courants ;
- les gains réalisés à l'occasion de la cession d'actions, d'obligations et parts de capital ;
- et les remboursements des sommes mises à la disposition de l'entreprise par un associé ou gérant, au titre d'avance ou de prêts, lorsque l'apport ou l'avance consenti à la société a été effectué en espèce[560].

---

[560] Il s'agit là d'une innovation résultant de la modification de la loi de finances de l'exercice budgétaire 2013. Cette modification est donc entrée en vigueur en janvier 2014.

3 : Des revenus fonciers

775. Conformément aux dispositions pertinentes de l'article 46 du Code général des impôts, sont compris dans la catégorie des revenus fonciers, lorsqu'ils ne sont pas inclus dans les bénéfices d'une entreprise industrielle, commerciale ou artisanale, d'une exploitation agricole ou d'une profession non commerciale, les revenus ci-après :
- les revenus provenant de la location d'immeubles bâtis et non bâtis sis au Cameroun ;
- les plus-values réalisées par les personnes physiques sur les immeubles acquis à titre onéreux ou gratuit ;
- les parts d'intérêts des membres des sociétés immobilières n'ayant pas opté pour l'impôt sur les sociétés.

776. Un type de revenu devant normalement rentrer dans cette catégorie fait toutefois exception. Il s'agit des revenus des immeubles des personnes publiques, à savoir, l'Etat et les collectivités territoriales décentralisées. En effet, aux termes de l'article 47 CGI, ces revenus ne sont pas soumis à l'IRPP.

4 : Des bénéfices artisanaux, industriels et commerciaux.

777. Sont considérés comme bénéfices industriels et commerciaux pour l'application de l'IRPP, les bénéfices réalisés par des personnes physiques dans des entreprises exploitées au Cameroun et provenant de l'exercice d'une profession commerciale, industrielle, artisanale ou d'une exploitation minière ou forestière.

778. A ces revenus s'ajoutent ceux réalisés par les concessionnaires des mines et des carrières, les amodiataires des concessions minières, les titulaires des permis d'exploitation des mines et des carrières, les explorateurs des mines de pétrole et de gaz combustible, les mandataires ou agents commerciaux non-salariés, les intermédiaires pour l'achat ou la vente des immeubles et fonds de commerce, les personnes qui, après lotissement et aménagement de leur terrains, les louent ou vendent, et les exploitant des jeux de hasard[561].

---

[561] Articles 50, *in fine,* et 51 combinés du code général des impôts.

5 : Des bénéfices agricoles.

779. Les bénéfices agricoles passibles de l'IRPP, sont les revenus réalisés, soit par les fermiers, métayers, colon partiaires, soit par les propriétaires exploitant eux-mêmes.

6 : Des bénéfices des professions non commerciales.

780. Les bénéfices des professions non commerciales ou assimilés sont les bénéfices des professions libérales, des charges et offices dont les titulaires n'ont pas la qualité de commerçants, les revenus non salariaux des sportifs et artistes et les bénéfices de toutes opérations, exploitation lucrative et source de profits ne se rattachant pas à une catégorie de bénéfice ou revenus.

Il s'agit, notamment, des produits des opérations de bourse des particuliers et des produits des droits d'auteur et assimilés.

En sus des personnes et des revenus imposables, les exemptions et lieux d'imposition complètent l'étude du champ d'application de l'IRPP.

¶ II : Exemptions et lieu d'imposition

Il est serait plus judicieux d'étudier d'abord les exemptions à l'IRPP avant de s'intéresser au lieu d'imposition.

A : Les exemptions

781. Au sens des dispositions de l'article 27 du CGI, sont affranchis de l'IRPP :

- Les agents diplomatiques et consulaires étrangers titulaires d'une carte diplomatique délivrée par le ministère des relations extérieures, mais à condition que leur pays d'origine accorde les même avantages aux agents diplomatiques et consulaires camerounais[562].

[562] En droit international public, il s'agit de l'exigence de réciprocité, qui est en fait le corollaire pratique du principe de l'égalité souveraine, mettant tous les Etats membres de l'Organisation des nations unies au même pied d'égalité, du moins sur le plan juridique, en dépit de leur différence de puissance sur le plan économique.

- Les membres du personnel des organisations internationales de statut diplomatique, à condition que les accords de siège de ces organisations prévoient cette franchise de manière explicite.
- Les personnels administratifs et techniques des missions diplomatiques et consulaires et des organisations internationales, s'il est établi qu'ils sont soumis à l'IRPP dans leurs pays d'origine[563].
- Les personnes physiques exclusivement pour leurs activités soumises à l'impôt libératoire.

B : Le lieu d'imposition.

782. Le lieu d'imposition à l'IRPP varie selon que le contribuable a une ou plusieurs résidences au Cameroun.

S'il a une résidence unique au Cameroun, l'impôt est établi au lieu de cette résidence. Par contre, s'il possède plusieurs résidences, il sera assujetti au lieu où il est réputé posséder sa résidence principale. Par ailleurs, les personnes domiciliées à l'étranger, les fonctionnaires et agents de l'Etat exerçant leurs fonctions dans un pays étranger sont, lorsqu'ils sont assujettis à l'IRPP et lorsqu'ils ne possèdent pas de résidence au Cameroun, imposables, les premières, au lieu de leur principaux intérêts au Cameroun, et les seconds, au siège du service qui les administre.

Ces développements propres aux exemptions et lieu d'imposition de l'IRPP permettent de savoir facilement à qui et où calculer ledit impôt.

§ II : Le calcul de l'IRPP

783. Le calcul de l'IRPP se fait selon un barème général qui est applicable à toutes les catégories de revenus imposables en principe. Cependant, certains bénéfices, eu égard à leur importance particulière, font l'objet d'un régime d'imposition spécifique. Aussi certaines obligations doivent être satisfaites par le contribuable.

---

[563] Cette exonération est justifiée par l'impératif universellement partagé par les Etats d'éviter les doubles impositions.

¶ I : Le barème général de calcul de l'IRPP

784. Sous réserve des conventions internationales, l'impôt sur le revenu des personnes physiques est calculé par application du barème ci-après sur le revenu net global arrondi au millier de francs inférieur :
- De 0 à 2.000.000.. 10%.
- De 2.000.001 à 3.000.000................................ 15%.
- De 3.000.001 à 5.000.000................................. 25%.
- Plus de 5.000.000.. 35 %.

785. L'article 69 du CGI précise toutefois *in fine* que pour les contribuables qui réalisent les bénéfices industriels et commerciaux, les bénéfices non commerciaux, les bénéfices agricoles, l'impôt calculé selon ce barème ne saurait être inférieur à 1% du chiffre d'affaire réalisé au cours de l'exercice.

¶ II : Les régimes spécifiques d'impositions

786. En vertu des dispositions de l'article 60 du CGI, version 2010, les entreprises individuelles possibles de l'IRPP au titre des bénéfices artisanaux, industriels et commerciaux, des bénéfices agricoles et des bénéfices non commerciaux étaient imposables suivant les régimes ci-après déterminés en fonction du chiffre d'affaire :
- le régime de base ;
- le régime simplifié ;
- le régime réel.

787. Le Code général des impôts version 2011 introduit alors une réforme en matière de régime d'imposition et met en veilleuse le régime de base dans son article 53. Dorénavant les contribuables sont dès lors imposables suivant 2 régimes : le régime simplifié et le régime réel.

788. En 2014, et dans un souci d'harmonisation, les régimes d'imposition applicables en matières d'IRPP et d'impôt sur les sociétés font dorénavant l'objet de dispositions générales et communes, dans les articles 93 et suivants du code général des impôts. Les personnes physiques et morales sont alors imposables suivant trois régimes principaux, déterminés en fonction du chiffre d'affaire :
- le régime de l'impôt libératoire ;
- le régime simplifié ;
- le régime réel.

A : Le régime de l'impôt libératoire

789. A l'exception des exploitants forestiers des officiers publics ministériels et des professions libérales qui sont soumis à des mécanismes d'imposition spécifiques, sont imposables au régime de l'impôt libératoire, les entreprises individuelles qui réalisent un chiffre d'affaire annuel inférieur à 10 millions[564].

B : Régime simplifié

790. Relèvent du régime simplifié les entreprises individuelles et les personnes morales qui réalisent un chiffre d'affaire hors taxe supérieur à 10 millions et inférieur à 50 millions, à l'exception des transporteurs des personnes[565] et des entreprises de jeux de hasard[566].

C : Régime réel.

791. Sont assujettis au régime du réel, les entreprises individuelles et les personnes morales qui réalisent un chiffre d'affaire annuel hors taxe égal ou supérieur à 50 millions.

Il convient de préciser, par ailleurs, que les entreprises individuelles dont le chiffre d'affaire passe au-dessous du seuil sont maintenus dans leur régime initial pendant une période de deux ans. En dehors de cette obligations, d'autres contraintes encadrent l'attitude du contribuable assujettis aux différents régimes sur évoqués.

---

[564] Ce nouveau régime semble concerner, en grande partie, les anciens assujettis au régime de base.

[565] La détermination des régimes d'imposition des transporteurs des personnes semble dépendre d'un ensemble de paramètres : le nombre et le type de véhicules utilisés par les assujettis, le nombre de places des véhicules exploités, et le type de transport effectué. La satisfaction de certains paramètres par les contribuables conditionne leur assujettissement soit au régime réel, soit au régime simplifié : Lire article 93 *septies* (L.F. 2012) CGI dans l'intégralité de ses alinéas.

[566] Article 93 *octies* (L.F. 2012) du code général des impôts.

¶ III : Les obligations propres aux régimes d'imposition.

Ces obligations sont à la fois comptables et déclaratives.

A : Obligations comptables.

792. Les contribuables dont les chiffres d'affaire sont compris entre 10 et 30 millions, soumis au régime simplifié, doivent tenir des comptabilités conformément au système minimal de trésorerie prévu par le droit comptable OHADA.

Ceux relevant du même régime, mais dont le chiffre d'affaire est compris entre 30 et 50 millions, doivent tenir une comptabilité conformément au système comptable allégé prévu par le droit comptable OHADA.

Les contribuables soumis au régime réel doivent tenir une comptabilité conformément au système comptable normal prévu par la législation comptable OHADA, et respecter les dispositions de l'article 19 du Code général des impôts sur les conditions d'établissement de l'impôt sur les sociétés.

B : Les obligations déclaratives.

793. Selon l'article 74 du CGI, tout contribuable passible de l'IRPP est tenu de souscrire au plus tard le 15 mars de chaque année au Centre des impôts du lieu d'imposition, une déclaration détaillée des revenus dont il a disposé au cours de l'année fiscale écoulée sur un imprimé fourni par l'administration. Et ceci avec accusé réception. Les contribuables relevant de la Direction des *« grandes entreprises »* doivent faire leurs déclarations auprès du service territorialement compétent, chargé de la gestion de cette catégorie d'entreprises.

794. Toutefois, les contribuables ne jouissant que des traitements, salaires, pensions, rente viagères et/ou des revenus des capitaux mobiliers sont dispensés de l'obligation déclarative. Car leur IRPP est retenu à la source, dès lors que le fait générateur est produit et l'exigibilité ouverte.

¶ IV : Le fait générateur et l'exigibilité de l'IRPP.

A : Le fait générateur.

795. On peut définir le fait générateur de l'IRPP comme l'événement par lequel sont réalisées les conditions légales nécessaires pour que l'on soit assujetti à cet impôt. En d'autres termes, c'est l'événement dont la réalisation par le contribuable, donne naissance à l'impôt sur le revenu des personnes physiques.

796. Aux termes de l'article 67 du Code général des impôts, chaque contribuable est imposable à l'IRPP à raison de ses revenus personnels acquis. L'acquisition d'un revenu est donc considérée comme le fait générateur de cet impôt. Est considérée comme revenu acquis, le revenu dont le bénéficiaire peut se prévaloir d'un droit certain, même s'il le fait qui le rend disponible ne s'est pas encore produit.

B : L'exigibilité.

797. L'exigibilité s'entend comme le droit que les services fiscaux chargés du recouvrement de l'impôt peuvent faire valoir à un moment donné, et exiger ainsi au contribuable à payer son impôt. L'exigibilité de l'IRPP en matière de traitements, salaires, pensions, rentes viagères, des revenus mobiliers, des bénéfices non commerciaux, pour les contribuables relevant du régime simplifié d'imposition, et des revenus fonciers, intervient au moment de la mise à disposition.

Pour les autres contribuables soumis au régime réel, l'exigibilité intervient lors de la réalisation du fait générateur.

L'impôt exigible se doit d'être recouvré.

§ III : Le recouvrement de l'IRPP

798. L'IRPP est dû en fin d'exercice. Il est toutefois acquitté sous déduction des acomptes et retenues à la source, opérés au cours de l'exercice[567]. Ses modalités de recouvrement varient en fonction de la catégorie de revenus ou bénéfices considérés. En règle générale, deux modalités de recouvrement sont envisagées : La retenue à la source et l'acquittement spontané.

---

[567] Article 80 du Code général des impôts.

¶ I : La retenue à la source

799. Suivant les dispositions combinées des articles 81, 85 et 87 du CGI, l'IRPP dû au titre des traitements, salaires, pensions et rentes viagère, des revenus des capitaux mobiliers et des revenus fonciers est retenu à la source.

800. L'impôt dû pas par les salariés du secteur public et du secteur privé est retenu à la source par l'employeur lors de chaque paiement des sommes imposables, mention en étant faite sur la fiche de paie remise au salarié. Toutefois, les retenues à la source sont interdites pour les salaires inférieurs à 62 000F CFA[568].

L'IRPP dû au titre des revenus des capitaux mobiliers est retenu à la source par la personne qui effectue le paiement des produits visés.

Sont soumis à une retenue à la source de 5%, les revenus fonciers bruts. Cette retenue est exclusivement effectuée par les administrations et établissements publics, les personnes morales et les entreprises individuelles soumises au régime réel et au régime simplifié. *Mutatis mutandis*, les retenus ainsi opérés doivent être reversées à la recette des impôts du siège de l'établissement de l'employeur ou du siège sociale de la personne qui effectue les retenues.

Si le procédé de retenue à la source rend le contribuable passif, l'acquisition spontanée le rend plutôt actif.

¶ II : L'acquittement spontané

801. Pour ce qui est des bénéfices artisanaux industriels et commerciaux, des bénéfices agricoles et des bénéfices non commerciaux, l'impôt sur le revenu des personnes physiques est acquitté spontanément par le contribuable à la recette des impôts territorialement compétente, à l'aide d'imprimés spéciaux fournis par l'Administration en fonction du régime d'imposition du contribuable[569]. Le Receveur comptable assermenté opère les vérifications usuelles obligatoires avant d'encaisser les fonds.

Ces techniques mobilisées en matière d'impôt sur le revenu des personnes physiques sont généralement différentes lorsqu'il s'agit des impôts indirects comme la TVA.

---

[568] Article 81, alinéa 1 *in fine* du Code général des impôts.

[569] La fourniture aux contribuables de ces imprimés par le fisc relève de la compétence liée de l'administration fiscale. En d'autres termes cette dernière est tenue, par la loi, de le faire. Il ne ressortit pas au contribuable de produire de tels documents administratifs.

Chapitre II

Les impôts indirects : la Taxe sur la Valeur Ajoutée

802. Apparue en Europe, et notamment en Allemagne, en 1916 dans la grande famille des taxes sur le chiffre d'affaire, la taxe sur la valeur ajoutée apparait en France pour la première fois par le truchement de la loi du 10 avril 1954. Elle est rendue applicable par le décret du 30 avril 1955[570]. C'est un impôt qui à l'origine était limité au secteur de la production et du commerce de gros, puis a été étendu successivement en 1966 et 1968 au commerce de détail à l'artisanat, aux prestataires de services et enfin, aux professions libérales (1978).

803. Cet impôt indirect est institué au Cameroun par la loi de finances 1998-1999. Elle entre en vigueur le 1er janvier 1999 en remplacement de la taxe sur le chiffre d'affaire, qui avait montré ses limites du point de vue de sa gestion, de son efficacité et des objectifs qui lui étaient assignés. La TVA procède à la fois de la réforme fiscalo douanière ratifiée en 1991 par les chefs d'Etat de l'UDEAC[571], les engagements

---

[570] La version française de la taxe sur la valeur ajoutée est une idée des techniciens de l'administration fiscale de cet Etat, et plus précisément, de Maurice Lauré. Il en avait conçu en 1953 les principales règles, et l'originalité de ce prélèvement en a fait la plus grande innovation fiscale du XXème siècle. Pour toutes ces considérations, lire BELTRAME (P), *La fiscalité en France*, op. cit., pp.81 et suivantes.

[571] C'est l'institution communautaire d'Afrique centrale présentée comme l'ancêtre de l'actuelle Communauté économique et monétaire des Etats de l'Afrique centrale (CEMAC).

du Cameroun avec les bailleurs de fonds[572] et enfin, de la recherche d'une efficacité accrue de l'économie nationale[573].

804. La TVA est un impôt et non une taxe comme son nom l'indique, du moins quand l'on récence ses éléments constitutifs. Elle est prélevée soit par le producteur ou distributeur, soit par le fournisseur de prestations sur tout achat effectué par un acheteur ou sur tout service rendu à un client. C'est donc un impôt indirect qui frappe les dépenses, c'est-à-dire l'emploi des ressources financières d'un individu ou d'une entreprise[574]. Ces dépenses peuvent être de consommation ou d'investissement.

Les mécanismes de la TVA qui vont retenir notre attention concernent le champ d'application, la liquidation et le recouvrement de ce prélèvement obligatoire.

§ I : Le champ d'application de la TVA

805. La TVA n'est pas applicable à toutes les personnes et à toutes les opérations, car il faut tenir compte des nombreuses exonérations et du lieu où ces opérations ont été réalisées.

---

[572] La taxe sur la valeur ajoutée est en effet instituée au Cameroun, et dans plusieurs autres Etats de l'Afrique centrale d'expression française, à la période où ceux-ci sont engagés dans les programmes d'ajustement structurel avec les principales institutions financières internationales, à savoir, le FMI et la Banque mondiale, dans la perspective d'une assistance financière. Ces bailleurs de fonds multilatéraux conditionnent alors l'octroi de ladite assistance financière par l'impératif général d'assainissement des finances publiques de ces Etats, dont le volet fiscal a vu naitre de nouveaux impôts, à l'instar de la TVA.

[573] En effet, menacé par la crise économique et financière, les pouvoirs publics étaient engagés dans la recherche des solutions susceptibles de susciter non seulement des bouffées d'oxygène budgétaires, mais surtout de provoquer une embellie économique certaine et de longue durée, perceptible à l'aune d'une croissance économique, ou, dans le meilleur des cas, d'un développement économique. La TVA apparaissait alors comme un impôt sur lequel étaient fondés plusieurs espoirs dans ce sens.

[574] Cette présentation de la TVA comme un impôt indirect frappant les dépenses des redevables, permet de subodorer un autre critère de la distinction *impôt direct- impôt indirect*, fondé sur les revenus et leur usage. En, effet, les impôts directs se présentent comme les impôts qui frappent les revenus du contribuable lors de leur acquisition. Tandis que les impôts indirects apparaissent comme ceux qui portent sur l'usage que l'on fait des revenus acquis.

¶ I : Les personnes et les opérations imposables

La soumission à la TVA intéresse à la fois les personnes et leurs opérations.

A : Les personnes imposables à la TVA

806. L'assujettissement à la TVA s'apprécie au regard de la qualité des personnes et de certaines conditions imposées par la loi. De plus, la notion de contribuable est associée à celle de redevable.

1 : La qualité des personnes assujetties

807. Les personnes soumises à la TVA et réalisant des opérations imposables à cet impôt peuvent être des personnes physiques ou des personnes morales de droit public ou de droit privé. C'est donc dire que les particuliers, tout comme les établissements publics ou les collectivités territoriales décentralisées, les sociétés, pour ne citer que ces personnes morales, sont assujettis valablement à cet impôt, à condition de remplir les conditions exigées par la réglementation en vigueur.

2 : Les conditions d'assujettissement à la TVA

808. La condition générale d'assujettissement de toute personne à la taxe sur la valeur ajoutée, est la réalisation à titre habituelle ou occasionnelle et d'une manière indépendante, des opérations imposables entrant dans le champ d'application de la TVA[575].

3 : Notion de redevable

809. La TVA étant un impôt sur la consommation frappant indirectement les revenus des personnes, la notion de contribuable glisse au profit de celle de redevable. L'intermédiaire ou le fournisseur qui collecte le fruit de la TVA pour le compte de l'Etat se présente comme le redevable légale. Ainsi, c'est le consommateur final qui paie cet impôt à

[575] Article 125 du code général des impôts.

l'intermédiaire et reste le redevable réel, car c'est lui qui supporte effectivement la charge de l'impôt.

B : Les opérations imposables

Les opérations imposables, répondant à certaines conditions, sont définies par rapport à la notion d'activité économique.

1 : conditions d'activité économique

810. Les opérations imposables à la TVA doivent être réalisées, d'une part, dans le cadre d'une activité économique et, d'autre part, à titre onéreux. En d'autres termes, l'assujettissement à la TVA est conditionné par deux éléments distincts, mais complémentaires : la réalisation de l'activité passible de cet impôt dans un circuit économique, c'est-à-dire de recherche ou de création des richesses, et le caractère payant ou pécuniairement lucratif de cette activité. Par conséquent, des activités non génératrices de richesses et de surcroît gratuites, sont, de nature, exclues du champ d'application de la taxe sur la valeur ajoutée.

2 : Notion d'activité économique

811. La notion d'activité économique recouvre un domaine assez étendu qui semble prendre de l'ampleur au gré des évolutions contemporaines des facteurs de productions dans les sociétés modernes. Conformément aux dispositions pertinentes de l'article 126, alinéa 2, du Code général des impôts, les activités économiques s'entendent de toutes les activités de production, d'importation de prestation de services ou de distribution, y compris, les activités extractives, agricoles, agroindustrielles, forestières, artisanales, et celles des professions libérales et assimilées.

3 : Les opérations soumises à la TVA

812. Ces opérations comprennent un ensemble de ventes et prestations de services, ainsi que d'autres opérations expressément visées par la loi. Il s'agit notamment :

- Livraison des biens, que ce soit pour un tiers ou à soi-même. A un tiers, les livraisons consistent en un transfert du pouvoir de disposer d'un bien meuble corporel comme propriétaire, même si ce transfert est opéré en vertu d'une réquisition de l'autorité publique[576]. Tandis qu'à soi-même, les livraisons doivent être entendues comme toutes opérations que les assujettis réalisent, soit pour des besoins de leurs entreprises, soit pour d'autres besoins dans le cadre de l'exploitation.

- Les prestations de services à des tiers ou à soi-même. A des tiers, ces prestations s'étendent de toutes les opérations qui relèvent par exemple d'un contrat d'entreprise par lequel une personne obligé à exécuter un travail quelconque moyennant une rémunération. Par contre, à soi-même, les prestations de services sont des services que les assujettis réalisent, soit pour les besoin de leurs entreprises, soit pour d'autres besoins extérieurs à celle-ci.
- Les importations c'est-à-dire l'introduction des biens et des marchandises sur le territoire camerounais, y compris les acquisitions auprès des entreprises situées en zones franches et points de notre territoire ;
- Les travaux immobiliers effectués par les entrepreneurs du bâtiment, travaux publics (BTP) ;
- L'opération de vente d'articles et matériels d'occasion faite par les professionnels ;
- Les opérations réalisées par les entreprises agréées au régime de la zone franche ;
- Les ventes des produits pétroliers importés ou produits au Cameroun ;
- Les jeux de hasard et de divertissement.

Au demeurant, l'étendu du champ d'application de la TVA se trouve restreinte par l'existence d'exonération prévues par la loi fiscale.

¶ II : Les exonérations à la TVA

813. Conformément aux recommandations des bailleurs de fonds internationaux, le législateur camerounais a considérablement repris le champ des exonérations de la TVA par rapport à celui de la taxe sur le chiffre d'affaire. Les exonérations à la TVA peuvent avoir trois fondements :

[576] Le Code général des impôts précise dans l'article 127, a, *in fine,* que l'échange, l'apport en société et la vente à tempérament sont assimilés à des livraisons de biens.

- La recherche de la justice sociale ;
- la sauvegarde de l'intérêt général ;
- le respect des particularismes fiscaux.

D'abord, la TVA est un impôt au service de la promotion de la justice sociale dans notre pays, le Cameroun. On peut mettre dans cette rubrique les exonérations des produits de première nécessité, les dépenses de santé, les dépenses scolaires, certaines dépenses domestiques[577].

Ensuite, l'exonération de la TVA vise les opérations dont la finalité profonde est la satisfaction des missions d'intérêt général. C'est le cas de certaines opérations des administrations publiques, des organisations internationales et des missions diplomatiques.

Enfin, certains opérations échappent au champ d'application de la TVA parce qu'elles sont soumises à une exonération particulière, définies par le législateur.

Par ailleurs, les opérations entrant par nature dans le champ d'application de la TVA peuvent néanmoins en être exonérées parce qu'elles ne tombent pas à l'emprise géographique de l'imposition : c'est le problème de la territorialité.

¶ III : De la territorialité de la TVA

Le principe de la territorialité souffre d'un certain nombre d'exceptions.

A : Le principe.

814. En principe sont soumises à la TVA les opérations réalisées au Cameroun, non comprises dans la liste des exonérations prévues à l'article 128 CGI.

Conformément à l'article 120 alinéa 2 du CGI, une opération est réputée réalisée au Cameroun :

- S'il s'agit d'une vente ; lorsque celle-ci est faite aux conditions de livraison de la marchandise au Cameroun.
- S'il s'agit d'autres opérations, lorsque le service rendu, le droit cédé ou l'objet loué, sont utilisés ou exploités au Cameroun.

---

[577] Voir à ce sujet, l'Annexe I, après l'article 153, qui est la liste des biens de première nécessité exonérés de la TVA.

B : Les exceptions

815. Les exceptions au principe de la territorialité en matière de taxe sur la valeur ajoutée, portent sur le transport inter CEMAC, c'est-à-dire, le transport des personnes et des biens, effectué dans le cadre des six Etats membres de la Communauté économique et monétaire des Etats de l'Afrique centrale. En effet, les opérations sont réputées faites au Cameroun si le transporteur y est domicilié ou y a fixé son siège social, même lorsque le principal de l'opération s'effectue dans un autre Etat membre. Ainsi, c'est sur le territoire Camerounais que sont supposées réalisées les opérations soumises à la TVA.

Il en est d'ailleurs de même pour le calcul de cet impôt.

§ II : Les modalités de calcul de la TVA.

816. Le calcul de la TVA suppose la mise en œuvre d'un certain nombre de mécanismes : il faut au préalable déterminer les régimes d'imposition et les opérations y relatives, avant de liquider la TVA.

¶ I : Les régimes d'imposition et les obligations y afférentes.

La pluralité des obligations est la conséquence directe de la diversité des régimes d'imposition.

A : Les différents régimes d'imposition.

817. Avant les innovations du Code général des impôts de 2014, le calcul de la TVA se faisait suivant plusieurs régimes d'imposition, notamment : le régime réel et le régime simplifié. Le régime réel était applicable aux personnes morales, aux exploitants forestiers et aux membres des professions libérales sans considération du chiffre d'affaires, ainsi qu'aux personnes physiques réalisant un chiffre d'affaires annuel hors taxe supérieur ou égal à 100 millions. Le régime simplifié quant à lui, s'appliquait aux personnes physiques dont le chiffre d'affaires annuel hors taxe était compris entre 15 et 100 millions. La loi offrait au redevable la possibilité d'une option irrévocable entre ces régimes.

818. Dorénavant, aux termes des dispositions pertinentes de l'article 132 (nouveau) (L.F. 2012), seules sont soumises à la taxe sur la valeur ajoutée les personnes physiques et morales imposables selon le régime réel. Ce régime concerne les assujettis, entreprises individuelles ou personnes morales réalisant un chiffre d'affaire annuel hors taxe égal ou supérieur à 50 millions de francs.

B : Les obligations afférentes aux régimes

819. Certaines obligations sont imposées à tous les redevables. En effet, tous les assujettis à la TVA doivent être immatriculés et fournir à l'administration fiscale, un plan sommaire de localisation de leur activité. Au-delà de ces exigences élémentaires, d'autres obligations plus consistantes pèsent sur certains assujettis à la TVA, en fonction de leur niveau économique. Elles sont comptables et déclaratives.

1 : Les obligations comptables.

820. Certaines obligations comptables s'appliquent à l'ensemble des régimes d'imposition ; alors que d'autres sont spécifiques à tel ou tel régime d'imposition. Il existe donc les obligations comptables générales, et celles spécifiques.

a : Les obligations générales

821. Ces obligations concernent soit l'opération imposable, soit l'assujetti à la TVA.

- D'une part, quel que soit leur degré d'imposition, les assujettis à la TVA doivent faire apparaitre sur leur facture le montant hors taxe de l'opération, les montants de la TVA correspondant, ainsi que de toute taxe comprise dans l'opération.
- D'autre part ces assujettis ont l'obligation de mentionner sur leur facture leur numéro identifiant unique et surtout leur raison sociale, leur dénomination, ainsi que les adresses exactes.

b : Les obligations spécifiques.

822. S'agissant du régime réel, les assujettis sont considérer comme étant capables de tenir une comptabilité régulière et probante, d'où

l'exigence pour eux d'observer les même obligations comptables qu'en matière d'Impôt sur les Sociétés.

2 : Les obligations déclaratives.

Ces obligations sont également nombreuses, de manière qu'elles se subdivisent en obligations générales et particulières.

a : Les obligations générales.

823. Toute personne assujettie à la TVA doit souscrire devant l'administration fiscale, selon les cas :

- une déclaration d'existence dans les 15 jours qui suivent le commencement de l'activité ;
- Une déclaration de cessation, dans les 15 jours qui précèdent la fin de l'activité ;
- Une déclaration de changement de lieu de l'exercice de l'activité, accompagnée d'un plan sommaire de situation.
- Tout redevable à la TVA est tenu de remettre chaque année à l'administration fiscale en même temps que sa déclaration de résultat, un état qui fait ressortir mensuellement :
    - Le chiffre d'affaire imposable,
    - Les déductions opérées,
    - La TVA due et la TVA acquise,
    - Le crédit d'impôt éventuel.

b : Les obligations particulières.

824. Les redevables qui relèvent du régime réel sont tenus de souscrire leur déclaration dans les 15 jours de chaque mois suivant celui au cours duquel les opérations ont été réalisés. En claire, la déclaration est mensuelle pour ceux soumis au régime réel.

Au cas où au courant du mois aucune opération imposable n'a été réalisée, *une déclaration néant* doit être fournie à l'administration fiscale avec la mention *« Néant »* apposée en face de la ligne de base de l'imposition.

La déclaration étant faite, comment se liquide alors la TVA ?

¶ II : La liquidation de la TVA

825. Pour trouver le montant de la TVA à payer, il faut au préalable déterminer la base d'imposition, puis appliquer un taux préalable selon le barème défini par le législateur, et enfin opérer les déductions nécessaires, le cas échéant.

A : La base d'imposition

826. La base d'imposition de la TVA, qui est toujours arrondie au millier de franc inférieur comme en matière d'impôt sur le revenu des personnes physiques, varie selon qu'il s'agit des livraisons de biens et prestations de services effectuées sur le territoire national, des importations, ou encore des marchés publics[578].

1 : La base d'imposition des livraisons des biens et prestations de services effectuées sur le territoire national.

827. La détermination de cette base d'imposition obéit à la logique du cas par cas. Ainsi :
- Pour les livraisons des biens par toutes sommes ou valeurs, par tous avantages, biens ou services reçus ou à recevoir en contre partie de la livraison.
- Pour les prestations de services, par toutes les sommes et tous les avantages reçus et, le cas échéant, par la valeur des biens consomptibles pour l'exécution du service.
- Pour les échanges, par la valeur des produits reçus en paiement du bien livré, augmentée, le cas échéant, du montant de la soulte.
- Pour les travaux immobiliers, par le montant des marchés, mémoires ou factures.
- Pour les opérations de leasing ou de crédit-bail avec ou sans option d'achat, par le montant du loyer facturé par les sociétés de crédit-bail et, en fin de contrat, par le prix de cession convenu au contrat lorsque l'option d'achat est levée par le preneur ou par le prix de cession en cas de vente à un tiers.
- Pour les opérations réalisées par les entreprises de jeux de hasard et de divertissement, par le prix intégral de ce jeu.

---

[578] C'est ce qui semble se dégager à la lecture de l'article 135 du Code général des impôts.

- Pour les livraisons à soi-même, par le prix d'achat hors taxes des biens achetés et utilisés en l'état, ou par coût de revient des biens extraits, fabriqués ou transformés.

Il convient de préciser par ailleurs, que sont inclus dans la base d'imposition les impôts, droits et taxes à l'exclusion de la TVA, les frais accessoires aux livraisons des biens et services facturés au client, et les compléments de prix acquittés à des titres divers par l'acquéreur des biens ou le client[579].

2 : La base d'imposition pour l'importation

828. Ici, la base d'imposition est fonction de la provenance des biens.

- Pour les biens en provenance d'un Etat non membre de la CEMAC, la base d'imposition est obtenue en ajoutant à la valeur de la marchandise en douane, le montant des droits de douane, tel que défini par le Code des douanes de la CAMAC.
- Par contre, pour les biens en provenance d'un Etat membre de la CEMAC, la base d'imposition est constituée par la valeur sortie usine du bien, à l'exclusion des frais d'approche[580].

3 : La base d'imposition pour les marchés publics.

829. La base d'imposition des marchés publics est constituée par le montant du marché, toute taxe comprise à l'exclusion de la TVA.

Ces différentes bases d'imposition seront-elles passibles du même taux d'imposition ?

B : Le taux d'imposition de la TVA.

830. Le Code général des impôts en son article 142, alinéa 1 prévoit actuellement deux taux d'imposition :

- **Le taux général : 19,25%**
- **Le taux zéro : 0%**

Le taux général qui était jadis de 17,5%, est actuellement de 19,25%. Ce taux est applicable aussi bien pour les biens importés que pour les productions locales. Il s'applique à toutes les opérations non soumises au taux zéro.

---

[579] Article 136 du Code général des impôts.

[580] Article 138, alinéa 1, du Code général des impôts.

Les taux zéro, quant à lui, et comme son nom l'indique est de 0%. Il s'applique aux exportations des produits taxables et aux livraisons et prestations effectuées pour le compte des entreprises situées en zones franches. Son but ici est de permettre la déduction facile de la TVA payée en amont.

C : Le droit à la déduction.

831. Toute l'originalité de la TVA repose sur le droit à la déduction. Le principe général de la déduction qui ressort des dispositions pertinentes de l'article 143, alinéa 1 du Code général des impôts, voudrait que la TVA ayant frappé en amont le prix d'une opération imposable soit déductible de la taxe applicable à cette opération en aval.

Toutefois, pour pouvoir exercer le droit à déduction, un certain nombre de conditions de forme, de fond et de délai doivent être remplies.

1 : Les conditions de forme.

832. D'abord, pour que les biens et services acquis ou payés donnent droit à déduction de la TVA qui les a frappé, il faut que les assujettis, c'est-à-dire à la fois l'entreprise qui déduit la TVA et celle qui facture soit immatriculées et soumises au régime réel.

Ensuite, la TVA doit figurer sur un document justificatif. Il peut agir à titre d'illustration d'une facture dûment délivrée par un fournisseur et mentionnant son numéro identifiant, ou d'une déclaration de mise à la consommation. Il peut même s'agir d'une déclaration spéciale souscrite par le redevable en cas de livraison à soi-même.

Enfin, la taxe sur la valeur ajoutée qui a grevé les éléments du prix d'une opération imposable n'est déductible qu'au cours du mois auquel elle se rapporte.

2 : Les conditions de fond.

833. Pour être déductible, la TVA doit avoir frappé les biens et services nécessaires à l'exploitation et acquis dans son intérêt. Ces biens et services ne doivent pas faire l'objet d'une mesure expresse d'exécution du droit à déduction.

Ne donnent, par conséquent, pas droit à déduction :

- Les biens et services acquis par l'entreprise mais utilisés par les tiers, les dirigeants ou le personnel de l'entreprise.
- Les dépenses de logement, d'hébergement, de restauration de réception, de spectacle et de location de véhicule pour touriste.
- Les services afférents à des biens exclus du droit à déduction[581].

3 : Les conditions de délai

834. Elles se présentent sous la forme de deux principes :
- D'une part le principe du décalage d'un mois qui signifie que le droit à déduction peut être exercé dans le mois qui suit l'exigibilité de la TVA déductible intervenue chez le fournisseur. C'est-à-dire au moment où le fournisseur devient lui-même redevable.
- D'autre part, le second principe voudrait que le droit à déduction soit exercé jusqu'à la fin de l'exercice fiscale qui suit celui au cours duquel la TVA est devenue exigible.

§ III : Les règles de recouvrement de la TVA.

835. La TVA étant à la fois un impôt sur la consommation, un impôt réel, un impôt indirect, un impôt inique et coloré de déductions, ses modalités de perception ainsi que les sanctions des pénalités applicables au délinquant fiscal sont particulières.

¶ I : les modalités de perception.

836. Le recouvrement de la taxe sur la valeur ajoutée peut se faire suivant trois principales modalités, à savoir :
- Le paiement à la déclaration
- La procédure de la retenue à la source
- La procédure du crédit d'impôt.

A : Le paiement à la déclaration.

837. On parle de paiement à la déclaration lorsque le montant de la TVA est payé directement et spontanément par le redevable au moment du dépôt de sa déclaration à la caisse du Receveur des impôts ou du

---

[581] Article 144 du Code général des impôts.

responsable de l'unité de gestion des grandes entreprises, dont dépend son siège social. Les paiements s'effectuent à la fin de chaque mois.

B : La procédure de la retenue à la source

838. Conformément à l'article 149, alinéa 2 du Code général des impôts, les fournisseurs de l'Etat, des collectivités territoriales décentralisées, des établissements publiques administratifs et des sociétés partiellement ou entièrement à capital public et de certaines entreprises privées, dont la liste est arrêtée par le MINFI, voient leur TVA retenue à la source[582], lors des règlements des factures de ces personnes et réservée dans les caisses de l'Etat.

C : Les crédits d'impôts

839. La TVA repose fondamentalement sur les mécanismes de déduction de la TVA d'amont sur la TVA d'aval.

Lorsque la TVA d'aval est inférieure à la TVA d'amont, on parle de crédit de taxe ou crédit d'impôt.

La règle générale est que les crédits d'impôt d'une période donnée doivent s'imputer sur les périodes ultérieures jusqu'à épuisement total de ceux-ci. Toutefois, les crédits de TVA sont compensables ou remboursables dans certains cas spécifiques.

¶ II. Le régime de sanctions et pénalités.

840. Les redevables s'exposent à des sanctions et pénalités assez sévères pour paiement ou versement tardifs, pour déclaration tardive, pour insuffisance de déclaration, pour fraude ou pour omission de reverser l'impôt perçu.

En cas de versement tardif, outre le montant de la TVA due en principal, le redevable est astreint au paiement d'un intérêt de retard de 10% par mois ou fraction de mois de retard avec un plafond égal à 100% de l'impôt dû.

En cas de déclaration tardive, c'est-à-dire, de défaut de production dans les délais de la déclaration, il est appliqué une amende de 20 000F

[582] Cette retenue à la source est effectuée pour les fournisseurs des personnes morales de droit public, sans considération du régime d'imposition.

CFA, si le dépôt intervient dans le premier mois de retard, 100 000 F CFA pour le second mois, et 500 000 par mois, après le troisième mois.

En cas de déclaration insuffisante supérieure à 1/10e du chiffre d'affaire, il est appliqué une pénalité de 50% ou de 100% selon que la bonne foi du redevable est établie ou non.

En cas de défaut de déclaration, c'est-à-dire, si le redevable, 15 jours après la mise en demeure, n'a pas fait de déclaration, il est l'objet d'une taxation d'office et sa cotisation est majorée de 100% ou 50% selon que sa mauvaise foi est établie ou non.

Enfin, tout redevable qui omet de reverser les sommes dues au titre de l'impôt, peut après notification de la mise en recouvrement, faire l'objet d'une fermeture d'établissement. Il dispose néanmoins des multiples voies de droit pour rentrer dans ses droits au cas où cette fermeture serait illégale, grâce à l'arsenal de protection mis en place par les pouvoirs publics.

Sous-titre IV

La protection des droits du contribuable

841. S'aurait été passé la vache à lait à l'abattoir, n'eut été la consécration et la garantie par les pouvoirs publics camerounais d'un certain nombre de droits au profit du contribuable. En effet, grâce à son impôt, ce dernier se présente comme le principal pourvoyeur de fonds publics. A ce titre, il devrait bénéficier d'une attention particulière des pouvoirs publics pour que la *mamelle nourricière* soit toujours prolifique. Le contribuable dispose ainsi d'un système de protection renforcé qui lui attribut plusieurs droits et les garantit au quotidien dans ses relations avec l'administration ou avec le juge.

Chapitre I

Les droits du contribuable

842. En matière fiscale, la question des droits est toujours, à la fois, tendue et bienvenue. Elle est tendue parce que les droits sont toujours interpelés lors de ce permanent conflit d'intérêts existentiels entre le contribuable et l'administration fiscale. La collectivité publique, pour satisfaire ses obligations régaliennes et assurer sa croissance économique ou son développement, a besoin du maximum possible de ressources dont la source la plus légale et certaine consiste aux contributions payées par l'assujetti suite à la possession ou à l'utilisation qu'il fait de son revenu[583]. Elle est prompte à les recouvrer à tout prix ; la loi lui en donne d'ailleurs tous les moyens[584]. Le contribuable, quant à lui, qui peine à se procurer de ce revenu, malgré toute sa bonne volonté, trouve le plus souvent insupportable le versement de sa quote-part obligatoire de la contribution publique. Il est prêt à ne payer que le minimum légal nécessaire et faire valoir ses droits, le cas échéant, lorsqu'il estime qu'il a été imposé soit à tort, soit plus qu'il n'en faut. Cette question est pourtant bienvenue parce que son traitement est l'occasion privilégiée de jauger de l'équilibre qui existe dans un Etat, entre les droits du contribuable et les prérogatives reconnues aux personnes publiques dans un contexte de promotion universelle de l'idéal tendanciel de l'Etat de droit[585]. En effet, bien que de moindre importance quantitative, comparés aux prérogatives de puissance publique, le contribuable jouit néanmoins d'une gamme

[583] C'est l'esprit du principe de nécessité fiscale qui rend le paiement de l'impôt obligatoire. Cf. *Sources constitutionnelles du droit fiscal camerounais*, étudiées infra.
[584] Livre des procédures fiscales au sujet notamment de la taxation d'office, des poursuites en matière de recouvrement, et toutes les sanctions du Sous-titre IV.
[585] BILOUNGA (ST), *La situation juridique du contribuable au Cameroun*, Les Editions universitaires européennes, Saarbrücken, 2016, pp. 11 et suivantes.

considérable de droits susceptibles d'être mobilisés devant l'administration fiscale, ou, en cas de litige, devant le juge de l'impôt.

§ I : les doits du contribuable devant l'administration fiscale

843. En dépit de la pluralité des prérogatives de l'administration en matière fiscale, le droit camerounais reconnaît un nombre considérable de droits au contribuable dans ses diverses relations avec le fisc, que ce soit durant le déroulement normal du processus d'imposition ou lorsque la personne publique exerce ses prérogatives de contrôle ou de redressement de la dette fiscale. En effet, à partir de la première phase du processus d'imposition consistant en la détermination de l'assiette de l'impôt, jusqu'à la dernière qui porte sur le recouvrement, en passant par le calcul du montant exact de la dette fiscal, le contribuable immatriculé dispose d'importants avantages lui conférant un certain pouvoir vis-à-vis de l'administration. Il en est de même pendant et même dans la suite des investigations qu'il subit de la part du fisc, pour s'assurer de l'exactitude des opérations d'imposition. Les procédures de contrôle et de redressement fiscal sont alors encadrées par des règles précises. Elle peut d'ailleurs être purement et simplement annulée si les droits accordés au contribuable ne sont pas respectés.

844. La particularité du système fiscal camerounais tient au fait que les déclarations faites par le contribuable s'accompagnent nécessairement, voire impérativement d'un contrôle des confessions fiscales de l'assujetti. Le système d'imposition par essence déclaratif se mue donc en un système de *déclaration contrôlée* pour trois principales raisons d'ordre juridico politique, économique et sociale. En effet, le contrôle vise d'abord à assurer le respect de la loi et partant de la volonté du législateur Ensuite, il lutte contre la concurrence déloyale ; face à deux contribuables contrôlés exerçant la même activité taxable, celui qui est surpris de fraude rompt l'égalité en rapport avec celui qui ne fraude pas. Enfin, le contrôle est favorable à la justice et à l'équité, car il sied de donner à chacun ce qui lui appartient[586]. Le contrôle, qu'il soit sur

[586] Il s'agit ici de la justice distributive qui se résume à la maxime latine *« justicia est constant et perpetua voluntat suum quuque tribuere »*, entendez, la justice est la volonté constant et perpétuelle de donner à chacun ce qui lui appartient.

pièces ou sur place[587], devient par conséquent, consubstantiel au processus d'imposition[588] La présentation des droits du contribuable devant l'administration fiscale va s'adapter à cette réalité en distinguant les droits inhérents au processus d'imposition contrôlé des droits propres à la procédure de redressement.

¶ I : Les droits inhérents au processus d'imposition contrôlé

845. Même si le contrôle est consubstantiel au processus d'imposition, à en juger par le fait que ce soit, en règle générale, les agents des services fiscaux d'assiette qui procèdent aussi à la liquidation et au contrôle des impôts, nous ferons l'effort d'extirper certains droits du contribuables susceptibles d'être analysés indépendamment de toute activité de contrôle.

A : Les droits reconnus en dehors du contrôle

846. Bien que la procédure de contrôle soit l'occasion idoine de mise en évidence des droits du contribuable, eu égard à sa délicatesse et à sa proximité formelle d'avec la procédure juridictionnelle, la déclinaison du processus d'imposition proprement dit d'un contribuable immatriculé permet aussi de répertorier un ensemble de droits que celui-ci peut valablement faire valoir et dont le non-respect pourrait, si ce n'est vicier la procédure d'imposition, alors la rendre quasiment impossible. Il ne saurait d'ailleurs en être autrement, tant il est inimaginable que l'on puisse laisser la puissance publique conduire toute la procédure d'imposition sans mettre certains moyens légaux de réaction à la disposition du contribuable. Ces droits tiennent pour l'essentiel à la production obligatoire par le fisc des documents et informations nécessaires à l'imposition. Il s'agit d'abord de la Carte du contribuable. Que serait en effet l'impôt sans contribuable ? Et que serait le contribuable sans sa *Carte d'identité fiscale* que constitue la *Carte du contribuable* qui solde sa procédure d'immatriculation, c'est-

---

[587] Il s'agit là des principales formes de contrôle. Le contrôle *sur pièces* est interne à l'administration fiscale. Le contrôle *sur place* quant à lui, se réalise au lieu d'exercice de l'activité génératrice de revenu taxable.
[588] LEKENE DONFACK, *Finances publiques camerounaises*, Berger-Levrault, Paris, 1987, pp.147 et suivantes.

à-dire son intégration dans le *commerce fiscal*. Il s'agit ensuite, des formulaires et fiches d'imposition, du rôle d'imposition pour les contributions directes comme l'impôt sur le revenu des personnes physiques, des avis de mise en recouvrement et titres de perceptions[589]. Il serait alors difficile de déterminer l'assiette, de liquider et de recouvrer l'impôt en l'absence de ces documents dont la production est non seulement impérative mais nécessaire aux contribuables.

847. Pour ce qui est des informations, le contribuable doit, par exemple connaitre son administration fiscale de rattachement, le régime fiscal auquel il relève[590], la position ferme de l'administration fiscale au sujet de certaines situations prêtant à équivoques[591]. Et toute fluctuation modifiant le contenu de ces informations doit absolument être signifiée au contribuable[592].

B : Les droits reconnus lors du contrôle

848. Le titre du Chapitre I du livre de procédures fiscales : *Droit de contrôle* constitue une véritable enseigne lumineuse trompeuse pour le contribuable. En effet, à sa seule lecture, le contribuable pourrait s'attendre à un chapelet de droits à lui accordés par le Code général des impôts. Malheureusement, au fur et à mesure qu'il égrène les dispositions des articles L 9 à L 41, les évocations d'un de ses droits semblent manifestement rares à tel point qu'il ne serait pas impertinent

---

[589] En vertu de l'article L 53 du Livre des procédures fiscales, *« l'avis de mise en recouvrement et le titre de perception constituent les titres exécutoires pour le recouvrement forcé des impôts droits et taxes. L'avis de mise en recouvrement est établi et notifié au contribuable lorsqu'une déclaration liquidative n'est pas accompagnée de moyens de paiement ou suite au dépôt d'une déclaration non liquidative, ou de la dernière pièce de procédure dans le cas d'un contrôle ».*

[590] Conformément à l'article L 33 bis du Livre de procédures fiscale, « *Tout contribuable peut, préalablement à la conclusion d'une opération sous la forme d'un contrat, d'un acte juridique ou d'un projet quelconque, solliciter l'avis de l'administration sur le régime qui lui est applicable ».*

[591] Conformément à l'article L 37 du Livre de procédures fiscales, *« Il ne sera procédé à aucun rehaussement d'imposition antérieur si la cause de celui-ci résulte d'un différend portant sur une interprétation par le contribuable de bonne foi d'une disposition fiscale à l'époque des faits formellement admise par l'administration fiscale ».*

[592] Conformément à l'article L 33 bis *in fine*, *« Lorsque le contribuable a fourni à l'administration l'ensemble des éléments nécessaire à l'appréciation de la portée véritable de l'opération en cause, la position énoncée par celle-ci garantit le contribuable contre tout changement d'interprétation ultérieur ».*

de dire qu'ils constituent plutôt l'exception et les prérogatives de l'administration la règle. En réalité, le droit de contrôle renvoie à un ensemble de pouvoirs exercés par l'administration pendant ses investigations propres au contrôle formel, à l'examen contradictoire de la situation fiscale personnelle, au contrôle sur pièces[593] et à la vérification de comptabilité. A la différence du contrôle interne[594], le contrôle fiscal externe a lieu sur place, c'est-à-dire au siège de l'entreprise ou du lieu de son principal établissement[595]. Toutefois, malgré leur importance moindre du point de vue quantitatif, le contribuable dispose néanmoins d'un certain nombre de droit en matière de contrôle. Qu'il nous soit alors permis d'examiner d'abord le droit du contribuable à l'information qui est un préalable obligatoire au déroulement du contrôle, avant ceux afférents au contrôle proprement dit.

1 : Les garanties propres à la phase de préparation du contrôle : le droit à l'information

849. L'information est souvent une condition préalable à l'application effective d'autres garanties prévues par la loi. Ce formalisme rigoureux[596] se manifeste aussi bien dans l'information du contribuable que dans le déroulement du contrôle. En effet, la première des garanties permettant au contribuable d'être informé, résulte de la remise d'un avis de vérification avant le commencement du contrôle contradictoire de l'administration.

[593] Notons ici que le contrôle sur pièce est généralement définit comme étant un contrôle de cohérence entre les différentes déclarations d'un même contribuable d'une part, les informations en provenance de tiers d'autre part, et éventuellement complétées par des réponses faisant suite aux demandes de renseignements adressée au contribuable lui-même. C'est un instrument qui permet à l'administration de tirer les premières conclusions quant à l'opportunité d'un contrôle sur la base d'un dossier fiscal.

[594] BOUVIER (M), *Introduction au droit fiscal et à la théorie de l'impôt*, op.cit., p. 101.

[595] Article L 11 du Livre de procédures fiscales.

[596] BAYLAC (C), *Le formalisme du droit fiscal,* Harmattan, Paris, 2002, p. 142.

a : Le droit à un avis de vérification

850. Conformément aux dispositions de l'article L13 du LPF, la toute première intervention en entreprise[597] doit impérativement être précédée huit jours à l'avance d'un avis de vérification. Cet avis accompagné de la charte du contribuable vérifié doit être envoyé sous pli recommandé avec accusé de réception ou entre les mains propres du contribuable contre décharge. Le contribuable concerné doit donc d'abord être avisé dans un délai suffisant de l'intention de l'administration de procéder à une vérification de sa comptabilité. L'absence d'avis rend la procédure automatiquement irrégulière.

851. Aussi, le contribuable doit être informé de manière précise de la nature et de l'objet du contrôle dont il fera l'objet. Sont donc requises, les renseignements portant d'abord sur la date de début du contrôle sur place, étant entendu que le contribuable a la possibilité de demander, par écrit, le report de cette date dans un délai de quinze jours après réception de l'avis de vérification[598]. Ensuite, l'avis de vérification doit également contenir des précisions sur les impôts, droits et taxes concernés par le contrôle et la période couverte par les vérifications, notamment, la date et l'heure de la première intervention[599]. Enfin, l'administration ne saurait faire fi des renseignements sur les noms et grades des agents chargés du contrôle. Car, conformément aux articles L9[600] et L12 alinéa 3[601] du Livre de procédures fiscales, seuls les agents des impôts assermentés ayant le grade d'inspecteur ont le pouvoir de procéder valablement au contrôle Le contribuable a dès lors le droit d'exiger que cette condition soit satisfaite avant de se soumettre aux investigations. Le contribuable doit par ailleurs recevoir un document

---

[597] La vérification de comptabilité se déroule au siège de l'entreprise ou au lieu de son principal établissement. Le contribuable peut aussi demander par écrit qu'elle se déroule soit dans les bureaux de son comptable ou dans les locaux de l'administration. L'administration doit lui répondre dans un délai de quinze jours après lesquels son acceptation est réputée requise.

[598] Article L 14 du Livre de procédures fiscales.

[599] Paragraphe 1 de la première section de la charte du contribuable vérifié.

[600] Le contrôle concerné ici c'est le contrôle de l'assiette des impôts et taxes : *« Les agents des impôts assermentés ayant au moins le grade d'inspecteur ont le pouvoir d'assurer le contrôle de l'assiette de tous les impôts et taxes dus par le contribuable ».*

[601] Cette disposition traite spécifiquement de la vérification de la situation fiscale d'ensemble : *« Seuls les agents de l'administration fiscale assermentés ayant au moins le grade d'inspecteur peuvent procéder à une vérification de la situation fiscale d'ensemble ».*

d'information, la charte du contribuable, qui expose ses droits et garanties à l'occasion du déroulement des opérations de contrôle. Le droit à l'assistance d'un conseil de son choix en fait partie.

b : Le droit à l'assistance d'un conseil de son choix

852. Le droit du contribuable de se faire assister d'un conseil de son choix est invariable quelle que soit le type d'investigation fiscale. Ainsi, qu'il s'agisse de la vérification de comptabilité ou de vérification de la situation fiscale personnelle, le contribuable. Insuffisamment renseigné sur les questions fiscales réputées par essence très subtiles, a le droit de recourir à un expert qui l'aidera non seulement à comprendre, mais surtout à répondre aux différentes interrogations des agents de vérifications[602].En plus de la durée des investigations qui est limitée à trois mois pour les vérifications de comptabilité[603] et à un an pour la vérification de la situation fiscale personnelle[604], le système fiscal camerounais facilite donc l'assistance technique et intellectuelle du contribuable lors du contrôle, en vue des échanges nourris entre le contrôleur et le contrôlé. La consécration de la notion d'assistance du contribuable fait partie intégrante des chantiers essentiels de l'administration fiscale camerounaise, visant les garanties procédurales du contribuable en matière de contrôle. Sa mention dans le Code général des impôts et plus précisément dans le livre des procédures fiscales traduit la validation par le législateur de ces ambitions salutaires pour le contribuable. Il n'en serait logiquement être autrement si tant est que les agents de l'administration fiscale eux-mêmes, malgré leur formation académique et professionnelle, bénéficient d'une assistance nationale et internationale en matière fiscale, dans l'optique d'être plus efficace. L'élargir au contribuable ne serait que chose normale et d'ailleurs utile[605]. Cette notion est devenue désormais une formalité substantielle du contrôle fiscal. C'est ainsi que son omission rend nul le contrôle entrepris, même si ce contrôle avait déjà pris fin. Conformément à l'article L13 du LPF[606] le contribuable doit donc être

---

602 Article L 120 du Livre de procédures fiscales.

603 Article L40 du LPF.

604 Article L40 paragraphe 2 du LPF.

605 C'est l'objet de la convention internationale concernant l'assistance administrative mutuelle en matière fiscale dont le Cameroun fait partie.

606 L' article L13 du LPF prévoit que : « *au moins huit (8) jours avant la date prévue pour la première intervention, l'administration des impôts adresse, sous pli*

informé du fait qu'il a la faculté de se faire assister d'un conseil de son choix[607]. D'ailleurs, il devrait disposer, comme en droit fiscal français[608], d'un certain temps raisonnable pour mettre à profit son droit d'assistance.

2 : Les droits afférents au contrôle proprement-dit

853. L'encadrement procédural est plus accentué pendant le déroulement des contrôles sur place. Le contribuable bénéficie à cet effet d'un certain nombre de droits à cette période délicate. Il s'agit notamment du droit d'exercer le contrôle dans les locaux de l'entreprise, du droit à un débat oral et contradictoire, du droit à la limitation de la durée des interventions sur place, et du droit au non- renouvèlement d'un contrôle déjà achevé.

a : Le droit d'exercer le contrôle dans les locaux de l'entreprise

854. Le contrôle sur place doit se dérouler dans les locaux de l'entreprise. Dans l'hypothèse où le contrôle ne peut s'effectuer dans ces locaux ou au lieu du principal établissement de l'entreprise, il appartient au contribuable de demander expressément qu'il se déroule soit dans les bureaux de son comptable, soit dans les locaux de l'Administration[609]. C'est aussi le cas en droit français. Les opérations de contrôle peuvent se dérouler au cabinet du conseil de l'entreprise, à condition que le déplacement des documents ait été réalisé à l'initiative du contribuable[610].

---

recommandé ou en mains propres avec accusé de réception ou par bordereau dit de décharge, un avis de vérification au contribuable, qui l'informe de la possibilité qu'il a de se faire assister d'un conseil de son choix. Mention doit en être faite dans l'avis de vérification, à peine de nullité de cette dernière ».

[607] Il importe de préciser que l'article L13 du LPF ne précise aucun corps professionnel susceptible d'accompagner le contribuable dans cette procédure de contrôle. Il appartient dans ces conditions au contribuable de choisir le conseil professionnel de son choix qui peut être en l'occurrence un avocat conseil ou un conseiller fiscal.

[608] CE, section 11 juillet 1988, requête 73302 DF 1988, n°44 comm. 2044.

[609] L'article L11 du LPF et la section 1 du chapitre 2 de la charte du contribuable vérifié.

[610] CE, 29 mars 1978, n°4460 et 17 février 1997, n° 165573.

b : Le droit à un débat oral et contradictoire

855. En vertu des dispositions de l'article L 22 du Livre des procédures fiscales, l'administration peut demander par écrit aux contribuables, tous renseignements, justifications ou éclaircissements relatifs aux déclarations souscrites et aux actes déposés, y compris pour les catégories de revenus pour lesquels ils ne sont pas astreints à la tenue d'une comptabilité. Les contribuables doivent impérativement répondre dans un délai de trente jours à compter de la réception de la demande. A défaut, la procédure de taxation d'office[611] s'applique pour la détermination des impôts et taxes concernés par la demande.

856. Le caractère contradictoire semble donc ne pas être l'apanage des procédures juridictionnelles. Il est aussi un droit subjectif, une importante garantie du contribuable dans le déroulement des vérifications fiscales. Il existe dès lors un lien très étroit entre ce droit et le principe du respect des droits de la défense.

857. Le déplacement ou l'emport des documents comptables en dehors des locaux de l'entreprise ne doit pas avoir pour effet de priver le contribuable vérifié de la possibilité d'avoir un débat oral et contradictoire avec le vérificateur. A défaut, la procédure de vérification est irrégulière, sauf si l'absence de débat oral et contradictoire est imputable au contribuable lui-même. Le contribuable doit ainsi avoir la possibilité d'être au centre d'un dialogue organisé avec le vérificateur, quelle que soit la procédure de rectification applicable. Pour le juge de l'impôt, au contraire, peu importe que l'emport des documents ait privé le contribuable de tout débat oral et contradictoire dans la mesure où l'intéressé s'est mis en situation d'être imposé d'office.

858. En outre, si le contribuable a expressément demandé que les opérations de vérification aient lieu chez son comptable ou dans un autre lieu désigné par lui, il lui appartient, s'il allègue avoir été privé de la faculté d'avoir un débat orale et contradictoire avec le vérificateur,

---

[611] La taxation d'office est un mécanisme de sanction des contribuables récalcitrants. Elle est prévue à l'article L 29 du Livre de procédures fiscales. En effet, les contribuables qui n'ont pas déposé dans le délai légal les déclarations qu'ils sont tenus de souscrire en application du Code général des impôt en leur qualité de redevable, sont taxés d'office. Cette sanction n'est cependant possible que si le contribuable défaillant ne régularise pas sa situation dans les quinze jours qui suivent sa réception de la lettre de relance de l'administration fiscale valant mise en demeure de déposer ses déclarations.

de justifier que ce dernier s'est refusé à un tel débat. L'effectivité du dialogue est au contraire présumée lorsque le vérificateur a mis suffisamment de temps dans l'entreprise.

c : Le droit à la limitation de la durée du contrôle

859. Conformément aux dispositions de l'article L40 du Livre des procédures fiscales, les investigations sur place du vérificateur, entre le commencement effectif du contrôle et sa dernière visite, ne peuvent durer plus de trois mois dans le cadre d'une vérification de comptabilité, et un an, en ce qui concerne la vérification de la situation fiscale personnelle d'ensemble.

860. Une telle limitation est susceptible d'avoir une justification non seulement psychologique, mais également économique. En effet, maintenir le contrôle pendant une durée très longue peut avoir des répercussions sur le moral du contribuable contrôlé qui serait en permanence tendu[612]. Or il doit disposer de tout son confort moral et mental pour bien conduire son activité économique taxable. En outre, une présence permanente des agents de contrôle est susceptible de freiner le déroulement de l'activité génératrice de revenus imposables du fait de l'indisponibilité de certains agents utiles au fonctionnement ordinaire de la structure contrôlée, causée par leur mise à la disposition des inspecteurs de manière permanente ou constante.

d : Le droit au non-renouvellement de la vérification

861. Aux termes de l'article L36 du Livre des procédures fiscales, *lorsque la vérification au titre d'un exercice fiscal donné, au regard d'un impôt ou taxe ou d'un groupe d'impôts ou taxes est achevé, l'administration ne peut procéder à de nouveaux redressements pour ces mêmes impôts ou taxes sur le même exercice fiscal*. Pour l'application de ces dispositions, une vérification est considérée comme achevée à la date de la dernière intervention sur place du vérificateur. L'administration ne peut donc pas en principe, sans motivation valable, reprendre *proprio motu*, un contrôle déjà effectué. Ce n'est que dans des cas très exceptionnels que la reprise d'un contrôle est possible. En guise d'illustration, lorsque des agissements fraudatoires sont subodorés,

---

612 ATANGA FONGUE (R), *Contrôle fiscal et protection du contribuable dans un contexte d'ajustement structurel, le cas du Cameroun.*, op cit. P.141.

sous réserve du dépôt préalable par l'administration, d'une plainte pour fraude fiscale, les délais de reprise sont prorogés de deux ans à l'encontre des auteurs d'agissements frauduleux, de leurs complices et des personnes physiques ou morales pour le compte desquelles la fraude a été commise[613]. La vérification peut alors s'étendre aux deux années excédant le délai normal de reprise, même si les deux années ont déjà fait l'objet d'un précédent contrôle.

862. En sus de ces droits susceptibles d'être mobilisés par le contribuable pendant le déroulement des investigations assurées par l'administration fiscale, les assujettis disposent d'autres droits à faire valoir lors de la réalisation, le cas échéant, de la procédure de redressement de la dette fiscale.

¶ II : Les droits inhérents à la procédure de redressement

863. Les vérifications faites par les agents assermentés de l'administration fiscale sur la situation du contribuable peuvent avoir deux issues. Elles peuvent aboutir, selon le cas, à l'obligation de minorer ou d'augmenter la dette fiscale de l'assujetti initialement mal imposé : c'est la procédure de redressement fiscal prévue par l'article L 23 du Livre de procédures fiscales en ces termes : *lorsque l'administration constate une insuffisance, une inexactitude, ou une omission dans les éléments servant de base au calcul des impôts, droits et taxes ou sommes quelconques dues en vertu du Code général des impôts, les redressements correspondants sont effectués suivant la procédure contradictoire. La charge de la prévue incombe à l'administration.*

864. Il convient toutefois de relever que, la procédure contradictoire ne s'applique pas en matière de timbres lorsqu'ils ne sont pas payés sur état ou sur déclaration et dans les cas de taxation d'office des bases d'imposition[614]. Il semble dès lors se dégager de l'esprit du législateur que cette procédure ne se conçoit qu'à l'égard des impositions soumises à un régime déclaratif et avec une déclaration régulièrement souscrite. Car lorsque le contribuable a régulièrement déclaré ses revenus, l'administration fiscale est tenue dans le cadre du contrôle

---

[613] L'article L.187 du Livre des procédures fiscales.
[614] Article L 28 du livre de procédures fiscales.

fiscal de lui appliquer une procédure contradictoire si des insuffisances, omissions ou inexactitudes sont relevées dans ses déclarations[615].

865. A cet effet, qu'il s'agisse d'une vérification de comptabilité ou d'un examen de la situation fiscale d'ensemble, le législateur a prévu un certain nombre de garanties en faveur du contribuable dans l'optique d'une procédure de redressement transparente et équitable. La procédure de redressement contradictoire[616], est alors judicieusement organisée autour d'une formalité substantielle, à savoir la notification de redressement, qui ouvre la voie aux réponses du contribuable, la charge de la preuve de l'inexactitude des déclarations incombant à l'administration.

A : Le droit à la notification du redressement ou de l'avis de non redressement

866. Conformément à l'article L 24 du Livre des procédures fiscales, « A l'issue du contrôle, l'administration adresse au contribuable une notification de redressement motivée et chiffrée ou un avis d'absence de redressement ». Cette disposition confère un véritable pouvoir au contribuable qui doit formellement être fixé sur sa situation particulière après le contrôle. L''administration fiscale se doit de lui signifier les résultats du contrôle que les opérations de contrôle se soit soldées par l'impératif d'un redressement ou pas. Dans la première hypothèse, une notification de redressement lui est adressée. Et dans la seconde, un avis est formulé à son endroit. Quelle qu'en soit l'issue, ces documents doivent être motivés et chiffrés.

867. L'impératif de motiver le redressement ou le non redressement participe de l'obligation générale qui est mise à la charge de l'administration de justifier de façon claire et précise tous ses actes de procédures. Car en droit administratif et plus encore en droit fiscal, *la décision possède à la fois une histoire et un destin : elle ne surgit pas*

---

[615] La procédure de redressement contradictoire a inspiré cette réflexion à deux auteurs français : « *« La procédure de redressement contradictoire doit être engagée sans distinguer la cause du redressement dès qu'une rectification entraine un rehaussement des bases d'imposition pour la liquidation de tous impôts... Il importe peu que les irrégularités soient découvertes ou non à la suite d'une vérification de comptabilité, que le contribuable soit de bonne ou de mauvaise foi, qu'il soit possible ou non de poursuites correctionnelles »*. Voire GESTE (G) et TIXIER (G), *manuel de droit fiscal,* LGDJ, 4e édition, Paris, 1986, p. 248.

[616] Notons ici que la procédure de l'article L23 du LPF est dite encore procédure de droit commun.

du néant, mais d'un passé procédural qui l'explique et elle n'est pas une fin en soi car elle ne se justifie que par sa mise en œuvre[617]. Cette obligation adopte des contours spéciaux ici en matière financière en générale et fiscale en particulier quand on sait que les questions pécuniaires sont potentiellement source de conflits. N'a-t-on pas coutume de dire que *l'argent est le nerf de la guerre ?* Les relations fiscales entre le contribuable et le fisc, en l'occurrence ici en matière de redressement, ne doivent donc pas être source de conflits. D'où, au-delà de *« l'obligatoriété »*[618], la nécessité pour l'administration d'apporter des éclaircissements sur toute prise de décision. D'ailleurs, les relations entre ces deux acteurs incontournables de la fiscalité des personnes publiques ne doivent pas adopter les contours de la confrontation, mais de la collaboration, mieux du partenariat. La motivation de la notification de redressement constitue une garantie essentielle pour le contribuable contrôlé car ce dernier doit être en mesure de connaitre très précisément, avec des chiffres à l'appui, ce qui lui est reproché, d'apprécier le fondement légal des griefs et, lorsque cela est nécessaire, de discuter la pertinence des arguments qui lui sont opposés, en vue d'une réponse[619].

B : Le droit de réponse au sujet du redressement

868. C'est à travers la possibilité pour le contribuable de réagir par ses observations et de marquer son accord dès réception de la notification de redressement qu'est clairement démontré le caractère contradictoire de cette procédure. La procédure de redressement contradictoire est générale dans la mesure où elle vise tous les impôts du code général des impôts, qu'ils soient directs ou indirects, sur le revenu, sur la dépense ou sur le capital, des impôts personnels ou réels. De manière plus précise, les seules exceptions au caractère général de la procédure contradictoire se trouvent dans l'article L28 du Livre des procédures

---

617 BRAIBANT (G), WIENER (C), *« processus et procédure de décision »* in *Mélanges STASSINOPOULOS*, L.G.D.J. 1974, p. 467. Cité par RAINBAULT-DE FONTAINE (S), *l'opération fiscale : contribution à une théorie de l'acte en procédure fiscale*. Thèse, université des sciences sociales de Toulouse, 1998, p. 1.

618 Cette expression désigne dans la théorie positiviste du droit, le caractère obligatoire qui fonde la juridicité d'un acte. Lire KELSEN (H.), *Théorie pure du droit*, Dalloz, 2èmeédition, Paris, traduction française, EISENMANN (Ch.), 1962, pp. 4 et suivantes.

619 LAMBERT (T), *Contrôle fiscal, droit et pratique*, PUF, 2eme édition, Paris, 1991, p. 387.

fiscales qui dispose que : *la procédure contradictoire ne s'applique pas en matière de timbre lorsqu'ils ne sont pas payés sur état ou sur déclaration, et dans les cas de taxation d'office des bases d'imposition, tels que prévus aux articles L29 et suivant du présent livre.*[620] Le contribuable notifié du redressement dispose d'un délai de trente jours dès réception de la position de l'administration, pour lui faire parvenir ses observations et ou son acceptation[621]. Ce délai est de quinze jours en cas de vérification partielle ou de contrôle ponctuel La défaillance du contribuable en rapport avec cette condition de délai équivaut automatiquement à l'acceptation des impôts, taxes ou droits qui seront immédiatement mis en recouvrement[622]. Le contribuable peut exceptionnellement aller au-delà de ces délais en cas de circonstances exceptionnelles. Il devra alors justifier ce comportement particulier[623].

869. La réponse aux observations du contribuable dans son régime juridique comporte tous les éléments substantiels de forme et de procédure de l'acte administratif unilatéral dont l'absence est constitutive d'illégalité.[624] Pour ce faire, elle contient le timbre de service, la date, la signature de l'autorité destinataire, la motivation, notamment des chefs de redressement.

C : Le droit à la présomption d'exactitude des déclarations

870. Le système déclaratif permet théoriquement au contribuable qui a rempli sa déclaration, de bénéficier d'une présomption d'exactitude[625]. Tel est aussi le cas en droit fiscal français où la déclaration produite par le contribuable bénéficie d'une présomption d'exactitude et de sincérité.

---

620 Les exceptions visées ne s'étendent pas aux impôts locaux comme en France. Le système de fiscalité locale des deux pays présente bien de différence en effet. En France, il existe des impôts directs au profit des collectivités locales. Au Cameroun, des centimes additionnels sont annexés aux principaux impôts sur le revenu et sur la consommation et bénéficient aux seules communes.

621 Article 24 alinéa 3 du Livre des procédures fiscales.

622 Article 24 alinéa 4 du Livre des procédures fiscales.

623 Article 24 alinéa 3 *in fine* du Livre des procédures fiscales

624 JACQUOT (H), « le contentieux administratif camerounais », *RCD*, n°8, p. 132.

625 L'administration se trouve liée par le contenu des déclarations. Le droit pour le contribuable à être imposé sur les éléments déclarés a pu être considéré par la doctrine comme étant « *un droit fondamental* », PUPIER (A) : « le contrôle fiscal : drame ou relation juridique ? », *Revue de la recherche juridique, droit prospectif*, Presses universitaires d'Aix-Marseille 1997-1, p. 315.

871. A cet effet, cette présomption offre indéniablement au contribuable, une garantie précieuse en matière de preuve.[626] En effet, en cas de contentieux ultérieur, il ne lui appartiendrait pas d'apporter la preuve du montant de la matière imposable. Une telle tâche incomberait à l'administration qui devrait dès lors combattre la présomption d'exactitude attachée à la déclaration.[627] En effet, le droit fiscal consacre l'obligation pour l'administration de supporter la charge de la preuve en cas de procédure de redressement contradictoire à la lecture de l'article L23 du LPF [628]. Au total, l'administration supporte une obligation de preuve dans la procédure contradictoire de redressement dès lors qu'elle se propose de « *rectifier* » la situation irrégulière d'un contribuable. Cette obligation la lie même lorsqu'elle envisage d'appliquer au redressement des sanctions fiscales.

872. Ces multiples prérogatives et garanties du contribuable avant, pendant et après le contrôle dont il fait l'objet de la part des agents vérificateurs assermentés de l'administration, concomitamment au déroulement du processus fiscal, permettent de constater que les assujettis disposent tout de même d'une gamme considérable de droits qu' ils pourraient faire valoir dans leurs relations fiscales avec la personne publique, même si leur étendue semble à première vue négligeable comparativement aux privilèges et prérogatives de puissance publique de l'administration fiscale[629]. A cette potentielle

---

[626] La charge de la preuve étant « *le fait de produire devant le juge des éléments de conviction susceptibles d'établir la vérité d'une allégation* », PACTET (P) : *Essai d'une théorie de la preuve devant la juridiction administrative*, thèse pour le doctorat en droit, Paris, 1952, p. 4.

[627] L'article L33 du LPF dispose « *lorsque l'administration constate une insuffisance, une inexactitude, ou une omission dans les éléments servant de base au calcul des impôts, droit et taxes ou sommes quelconques dues en vertu du code général des impôts, les redressements correspondants sont effectuées suivant la procédure contradictoire. La charge de la preuve incombe à l'administration* ».

[628] L'article L33 du LPF dispose « *lorsque l'administration constate une insuffisance, une inexactitude, ou une omission dans les éléments servant de base au calcul des impôts, droit et taxes ou sommes quelconques dues en vertu du code général des impôts, les redressements correspondants sont effectuées suivant la procédure contradictoire. La charge de la preuve incombe à l'administration* ».

[629] En effet, en dehors des privilèges généralement reconnus à la personne publique en droit administratif à savoir, le privilège du préalable, de l'exécution d'office et de l'interdiction de voies d'exécution contre l'Etat, le droit fiscal dote l'administration d'autres prérogatives susceptibles de fragiliser considérablement la jouissance par le contribuable de ses droits en la matière. Il s'agit, pour les plus illustratifs, des limites au droit du contrôle (articles L34 à L41 du LPF), du droit de communication (Chapitre

limite à la jouissance par le contribuable de ses droits, pourrait s'ajouter d'autres faits rédhibitoires à une mise en œuvre efficace desdits droits. D'une part, l'insuffisance des voies de recours hiérarchique ou des instances consultatives lors du déroulement du contrôle et des redressements possibles, constitue une sérieuse entrave institutionnelle à la garantie des droits du contribuable. D'autre part, la peur qu'a le contribuable de la personne publique, cet énorme « *monstre froid* » et sa relative connaissance, pour ne pas dire son ignorance de la plupart de ses droits afférents à cette matière complexe que constitue la fiscalité, sont constitutives d'importants obstacles psychologiques et intellectuels.

873. Ces légères tares propres aux relations entre le contribuable et l'administration fiscale, trouvent toutefois un important palliatif par la possibilité pour l'assujetti de saisir des juridictions en vue de faire valoir les droits qui lui ont été reconnus par le législateur. Dans ses relations avec le juge des impôts, il dispose même de plusieurs autres droits fondamentaux.

§ II : Les droits du contribuable devant le juge fiscal

874. Dirigé de bout en bout par l'administration, le processus d'imposition est dans l'ensemble subi par le contribuable, même si ce dernier dispose d'un bon nombre de droits. Et le glissement, volontaire ou involontaire, d'un processus régulier à un processus irrégulier, est souvent très facile, du fait d'une erreur de l'administration lors de la détermination de l'assiette, du calcul du montant exact ou de la collecte de l'impôt. Aussi du fait du *complexe du financier*[630] qui trouve une occasion particulière en matière fiscale, les agents des services fiscaux tendent, dans leurs relations quotidiennes avec les assujettis, à poser des actes anormaux qui violent les droits de ces derniers. Il devient dès lors tout à fait juste, dans un contexte de promotion de l'Etat de droit, de reconnaître au contribuable le pouvoir de saisir le juge afin de rentrer dans son bon droit. Il a donc en matière fiscale, non seulement un droit

II, articles L 42 à L48 LPF), du droit d'enquête (Chapitre III, L 49 à L50 du LPF), de la taxation d'office (articles L29 à L32 du LPF).

[630] Le *complexe du financier* traduit l'attitude des agents des services financiers consistant à paraître comme étant au-dessus de la loi. Or toute opération financière s'inscrit en principe dans la légalité et toute attitude s'inscrivant contre la légalité devrait être sanctionnée.

d'accès au juge de l'impôt, mais également celui de bénéficier de ce dernier un procès équitable.

¶ I : Le droit d'accès au juge fiscal

875. Doter le contribuable du droit d'accéder à la juridiction, lorsque les circonstances l'imposent, participe de la volonté de munir ce dernier des moyens propres susceptibles de compenser, autant que possible, le déséquilibre résultant de sa situation d'assujetti en rapport avec une administration fiscale qui, en dépit du caractère contradictoire d'ensemble de la procédure fiscale, conduit de bout en bout l'activité fiscale. Il s'agit du droit au procès fiscal qui concerne en principe tous les types de contentieux[631] appelés à être dépouillés par le juge de l'impôt. Même s'il importe de reconnaître que le contentieux de l'imposition qui appréhende les situations individuelles du contribuable auxquelles est réclamé le paiement d'un impôt, occupe en pratique une place primordiale, eu égard à son grand volume. Défini par Paul Marie GAUDEMET et Joël MOLINIER comme *l'ensemble des voies de droit au moyen desquelles sont réglés les litiges nés de l'application par l'administration fiscale de la loi d'impôt au contribuable*[632], le contentieux fiscal[633] mobilise donc aussi le contentieux de l'excès de pouvoir de l'administration fiscale, le contentieux de la responsabilité de l'administration fiscale et le contentieux de la répression pénale des infractions fiscales. Et quel qu'en soit le type, le contribuable est fondé à se pourvoir devant une juridiction afin d'obtenir, selon les voies de

---

[631] Le Lexique des termes juridiques considère qu'un contentieux est formé par un ensemble de procès se rapportant au même objet : contentieux privé, pénal, administratif, fiscal etc… ». Voir Lexique des termes juridiques, Paris, Dalloz, 16ème édition, 2007, p 174.

[632] GAUDEMET (P.M.) et MOLINIER (J.), *Les finances publiques, Fiscalité*, tome 2, Montchrestien, Paris, 1997, p. 257.

[633] Notons cependant la particularité du contentieux fiscal du Sous-titre V du Livre des procédures fiscales inhérent au Code général des impôts camerounais qui englobe *la juridiction contentieuse* (Chapitre I, articles L115 à L140 du LPF) et *la juridiction gracieuse (Chapitre II, articles L141 à L146 du LPF).* Le premier aspect du contentieux concerne tous les litiges susceptibles d'être portés devant le juge de l'impôt. Il s'agit ici des contestations ayant pour but de remettre le contribuable qui s'estime lésé dans son bon droit. Quant à la juridiction gracieuse, elle renvoie à l'ensemble des procédures administratives permettant de résoudre les litiges opposant l'administration fiscale au contribuable en dehors de toute intervention du juge. Elle a trait aux demandes tendant aux remises, modérations, décharges de responsabilité.

droit, la solution au litige qui l'oppose à l'administration fiscale. Le droit l'y autorise au moyen d'un certain comportement

A : Le fondement du droit d'accès à la juridiction fiscale

876. Au Cameroun et dans plusieurs autres Etats épris du sceau d'Etat de droit, le droit d'accès au juge ne saurait être l'apanage du contribuable. C'est un droit fondamental constitutionnellement reconnu aux citoyens. Conformément aux dispositions du préambule de la constitution du 18 janvier 1996, chaque citoyen quel qu'en soit le sexe, a le droit de se faire rendre justice. Autrement dit, lorsque les circonstances l'exigent du fait d'une violation ou même d'une menace sérieuse d'atteinte à un de ses droits, le citoyen est fondé à ester devant les juridictions compétentes à statuer en la matière, afin d'ordonner la cessation du préjudice qu'il subit ou qu'il est sur le point de subir, et même de le réparer. Car la loi ne lui donne pas le droit de se faire rendre justice lui-même.

877. En matière financière en générale, et fiscale en particulier, où les cas de litiges entre le contribuable et l'administration fiscale sont très fréquents, ce principe trouve toute la plénitude de son sens, car il faut impérativement concilier les intérêts par essence antagonistes de ces principaux acteurs du processus fiscal. Il faut en effet rechercher, autant que possible par des voies de droit, l'équilibre entre l'ambition d'un rendement fiscal sans cesse croissant des services fiscaux et le souci d'un gain en perpétuelle augmentation dans l'activité génératrice de revenus taxables du contribuable. Et l'intervention du juge devient dès lors nécessaire, lorsque ce juste équilibre, manifestement difficile, est menacé ou entamé.

878. Les deux principales phases du processus fiscal constituent au Cameroun les meilleures illustrations de l'intervention légale et nécessaire du juge de l'impôt. La première phase consiste en l'établissement de l'impôt et comprend à la fois la détermination de la matière imposable généralement appelée assiette, le calcul de l'impôt ou la liquidation, et l'identification du redevable. Plusieurs litiges portant pour l'essentiel sur la contestation du bien-fondé des impositions ou de la régularité de la procédure employée au moment de l'établissement de l'impôt, sont portés devant le juge fiscal dans l'optique d'une solution. La seconde phase quant à elle, pose aussi des problèmes susceptibles de justifier l'intervention du juge. Elle consiste au recouvrement de la créance fiscale issue des opérations de

liquidation. Et lorsque le contribuable ne veut pas procéder au paiement à l'amiable de sa dette fiscale après une mise en demeure restée sans suite, l'administration peut exercer sur lui des moyens de contrainte dans le cadre d'un recouvrement forcé[634]. Ce mécanisme malheureusement peut parfois être attentatoire des libertés des redevables. D'où l'attitude légale de ce dernier consistant en la saisine du juge.

B : Les manifestations du droit d'accès à la juridiction fiscale : la saisine

879. Afin de rentrer dans son bon droit en cas de litige l'opposant à l'administration durant le déroulement du processus fiscal, le contribuable, après satisfaction de l'exigence d'ordre public de réclamation préalable[635], est souvent appelé à saisir le juge de l'impôt. Il peut, en fonction de la nature de l'impôt contesté ou du type de recours, se pourvoir devant le juge administratif ou le juge judiciaire.

1 : La saisine du juge administratif

880. En vertu des dispositions de l'article L 126 du Livre des procédures fiscales, *en matière d'impôts directs et de taxe sur la valeur ajoutée ou de taxes assimilées, les décisions rendues par le ministre en charge des finances sur les réclamations contentieuses, et qui ne donnent pas entièrement satisfaction aux intéressés, peuvent être attaquées devant les tribunaux administratifs dans un délai de soixante jours à partir du jour de la réception de l'avis portant notification de la décision.* Cette disposition, en dehors des dispositions constitutionnelles organisant

---

[634] ATECK A DJAM (F.), *Droit du contentieux fiscal camerounais*, op. cit. , pp 17 et suivantes.

[635] En vertu des dispositions combinées des articles L 115 et L116 du Livre des procédures fiscales, les réclamations relatives aux impôts, taxes et pénalités établis par la Direction des impôts, ressortissent à la juridiction contentieuse lorsqu'elles tendent à obtenir soit la réparation d'erreur commises dans l'assiette ou le calcul des impositions, soit le bénéfice d'un droit résultant d'une disposition législative ou réglementaire. Dès lors, le contribuable qui se croit imposé à tort ou surtaxé peut en faire la réclamation, par écrit au Chef de centre régional des impôts, au Directeur chargé de la direction des grandes entreprises ou au Directeur général des impôts, dans un délai de trente jours à partir de la date de notification de l'avis de mise en recouvrement ou de la connaissance certaine de l'imposition.

l'ordre juridictionnel administratif, fonde compétence du juge administratif en matière fiscale au Cameroun.

881. Conformément aux dispositions de l'Article 32 de la loi N°2006/022 du 29 décembre 2006 fixant l'organisation et le fonctionnement des tribunaux administratifs, le tribunal administratif est saisi par une requête introductive d'instance, déposée au greffe compétent ou adressée par voie postale audit greffe. Elle est enregistrée et datée à son arrivée. Le greffier délivre au demandeur un certificat constatant le dépôt de sa requête. La saisine du juge administratif en matière fiscale est alors encadrée par des règles de recevabilité portant essentiellement sur les personnes habilitées à l'initier, les délais à respecter et le contenu de la requête introductive d'instance.

a : Les personnes habilitées à saisir le tribunal administratif

882. La saisine du tribunal administratif est le fait exclusif du contribuable qui conteste les impositions. En effet, en vertu de l'adage selon laquelle « *nul ne plaide par procureur* », il a été très tôt admis que le droit d'agir en justice n'appartient qu'à la personne physique ou morale qui est tenue, en vertu de la loi d'acquitter cet impôt, c'est-à-dire normalement, à la seule personne qui est désignée dans la décision administrative exécutoire d'établissement de l'impôt.

La requête est dès lors en principe individuelle. Conformément aux dispositions de l'article 33 de la loi n°2006/022 du 29 décembre 2006 fixant l'organisation et le fonctionnement des tribunaux administratifs, toute requête collective est irrecevable, sauf lorsqu'il s'agit d'un recours dirigé contre un acte indivisible.

Il importe de souligner par ailleurs que l'administration fiscale camerounaise ne dispose pas de la faculté de saisir le tribunal administratif, contrairement à la France où l'administration elle-même a la faculté de saisir le juge de la réclamation du contribuable dans le cas où elle ne lui a pas donné une suite favorable[636]. Néanmoins, qu'il s'agisse d'une personne physique ou morale, la possibilité de recours à la technique du mandat est prévue. Le mandataire doit alors justifier de son statut par la production d'un acte authentique, ou d'un acte sous-seing privé légalisé par l'autorité compétente.

---

[636] Selon l'article R+ 199-1 alinéa 3 du LPF français « *l'administration peut soumettre d'office au tribunal la réclamation présentée par un contribuable. Elle doit en informer ce dernier* ».

b : Les délais de saisine

883. En vertu des dispositions combinées des articles L126 du LPF et 18 de la loi n°2006/022 du 29 décembre 2006 fixant l'organisation et le fonctionnement des tribunaux administratifs, il est prévu qu'en matière d'impôts directs et de taxes sur la valeur ajoutée ou de taxes assimilées, les décisions rendues par l'administration sur les réclamations contentieuses et qui ne donnent pas entièrement satisfaction au contribuable peuvent être attaquées devant le tribunal administratif dans un délai de soixante (60) jours à compter de la décision de rejet du recours gracieux. Ce délai court dès le lendemain du jour de la notification à personne ou à domicile élu.

Malgré la formule plurielle par l'article L126 du LPF « *des décisions rendues par l'administration* », c'est en fait la décision du ministre des finances qui est la plus importante. En effet, au regard de l'article L119 du LPF, c'est la réclamation présentée au ministre qui tient lieu de recours gracieux préalable. La décision du ministre doit intervenir dans le délai de trois (3) mois après sa saisine. C'est seulement après cette décision que le contribuable est fondé à saisir le juge de l'impôt.

Il s'ensuit que le délai de recours contentieux n'est opposable au contribuable que si une décision suffisamment motivée lui a été régulièrement notifiée. Le procès intenté par le contribuable n'est cependant pas fait à cette décision du ministre des finances, mais à l'acte d'imposition dont seules les irrégularités sont susceptibles d'être censurées par le juge.

Les règles applicables au délai pour agir sont d'ordre public comme toutes les règles de recevabilité, mais en matière de contentieux de l'imposition, le principe s'applique avec une particulière rigueur dans la mesure où les retards ne sont pas susceptibles de donner lieu à une régularisation ultérieure.

c : Le contenu de la requête

884. La recevabilité d'une demande devant le tribunal administratif commande que l'on respecte les conditions qui portent sur les

conclusions[637] et les moyens[638]. Au regard de l'article L128 du LPF, la requête[639] du contribuable, pour être recevable, doit être présentée par écrit, signée par le requérant ou représentant dument habilité ; elle doit également contenir l'exposé sommaire des faits, moyens et conclusions de la partie. Cette requête doit en plus préciser le montant des dégrèvements en droit et en pénalité sollicitée et être accompagnée d'une copie de la décision contestée.

885. Ces conditions de recevabilité de la demande devant le tribunal administratif ont toutefois été atténuées par la législation en vigueur. En effet, la recevabilité de la réclamation portée devant le juge était subordonnée au paiement préalable de 30% supplémentaires des impôts contestés, en vertus d'une modification apporté à l'article 328 du CGI par la loi de finance de l'exercice 1988-1989. Cette somme a été ramenée à 20% dans la loi de finances de 1995-1996. Il a fallu attendre l'avènement de la loi n°2002/003 du 19 avril 2002 portant Code général des impôts, pour que cette exigence soit supprimée, afin de faciliter la saisine du juge de l'impôt par le contribuable.

La demande présentée par le contribuable devant le tribunal administratif doit avoir un objet bien délimité en rapport avec l'imposition contestée. Elle doit aussi, conformément aux dispositions de l'article L128 du LPF, contenir l'exposé sommaire des faits et des moyens.

Etant donné que les moyens sont nécessaires pour la recevabilité de la requête, il s'ensuit qu'une requête dépourvue des moyens est frappée d'irrecevabilité d'ordre public, même devant le juge judiciaire.

2: La saisine du juge judiciaire

886. Le procès fiscal devant le juge judiciaire se déroule en premier lieu au niveau des tribunaux d'instance qui représentent à cet effet le premier degré de juridiction. Lorsque les parties ne sont pas satisfaites des jugements prononcés par ces juridictions, elles peuvent saisir les juridictions supérieures en se servant des voies de recours qui leur sont

[637] Pour le président Raymond ODENT, « *les conclusions énoncent les prétentions que tout requérant soumet au juge qu'il saisit* » Lire : *Contentieux administratif*, Tome 1, Dalloz, Paris, 2007, p. 870.

[638] Les moyens sont les éléments de droit ou de fait qu'invoquent les parties pour s'efforcer de convaincre le juge du bien-fondé de leurs conclusions.

[639] Précisons ici que la requête est l'acte par lequel est formulé le recours administratif ou contentieux du contribuable.

offertes. L'intervention des juridictions de l'ordre judiciaire dans le cadre général du contentieux fiscal est prévue dans trois hypothèses essentielles. Il s'agit d'abord du contentieux de la répression pénale des infractions fiscales. Il s'agit ensuite du contentieux visant règlement des litiges afférents à l'assiette et au recouvrement de certains types de prélèvements fiscaux. Il est question enfin du contentieux général de recouvrement lors que ceux-ci portent sur la validité des actes de poursuite.

887. D'après Felix ATECK ADJAM, *le contentieux des droits d'enregistrement et taxes assimilés présente une différence fondamentale avec celui des impôts directs et taxes assimilés pour au moins trois raisons : ce contentieux relève exclusivement de la compétence du juge judiciaire, son régime juridique n'est pas déterminé dans le Livre des procédures fiscales, la réclamation préalable est directement adressée au ministre des finances*[640].

888. Conformément aux dispositions du CGI, il ressort que ; *l'introduction et l'instruction des instances ont lieu devant les tribunaux civils de la situation du centre des impôts chargés de la compétence des droits.* Ainsi, toutes réclamations portant sur des sommes inférieures à 10 000 000 FCFA sont portées devant le tribunal de première instance, en vertu des dispositions de l'article 15 (1) b/ de la loi n°2006/015 du 29 décembre 2006 portant organisation judiciaire. Quant aux réclamations portant sur les sommes supérieures à 10 000 000 FCFA, elles ressortissent à la compétence du tribunal de grande instance[641]. Aussi, contrairement aux règles de saisine du juge administratif, les tribunaux de première et de grande instance ne sont pas saisis directement du litige par le contribuable. Leur saisine se réalise au moyen d'une assignation, et non par voie de requête introductive d'instance. Il s'agit, selon un auteur, d'un acte *destiné à informer solennellement le défenseur qu'il est invité à se présenter devant le tribunal pour débattre du litige et le faire trancher par le juge. Cet acte est le mode normal de saisine du juge judiciaire et il n'y est pas dérogé pour les litiges de nature fiscale…Encore appelée ''ajournement'', l'assignation qui est signifiée par un huissier de*

[640] ATECK A DJAM (F), *Droit du contentieux Fiscal camerounais,* Harmattan, 1ère édition, Yaoundé, 2009, p. 141.

[641] Article 18 alinéa 1 b de la loi n° 2006/015 du 29 décembre 2006 portant organisation judiciaire.

justice est règlementé dans les articles 5-17 du CPCC. C'est donc cet officier ministériel qui notifie l'assignation à la partie adverse [642].

Généralement, le délai ordinaire de l'assignation est de huit (8) jours pour ceux qui sont domiciliés dans le lieu où siège le tribunal compétent.

889. Le contribuable lésé dans ses intérêts durant l'établissement et la collecte de son impôt par l'administration, peut donc saisir le juge administratif ou judiciaire pour être remis dans son bon droit. Cette prérogative perdrait cependant toute sa valeur si le juge saisi était autorisé par la loi à conduire le procès selon son bon vouloir, au mépris de toute exigence légale et morale. Tel ne semble heureusement pas le cas, car il est tenu de respecter certaines règles ramenant les parties au litige à une position d'égalité. Ces principes sont utiles à la bonne administration de la justice fiscale et le contribuable pourrait s'en prévaloir : les droits à un procès équitable.

¶ II : Le droit à un procès équitable

890. Une fois saisi, le juge, s'il est compétent, doit impérativement se prononcer pour départager les parties. A défaut, il sera source d'un déni de justice dont il assumera les conséquences parce qu'il n'aura pas réalisé la mission que le législateur lui a confié, à savoir, rendre justice selon la loi et en toute conscience. C'est dire que le juge fiscal doit conduire le procès en toute équité, afin de remettre chaque partie dans son bon droit. Car son indépendance lui confère une certaine objectivité pour que la vérité, au sens de la loi, soit manifeste à l'aune de ses décisions.

891. Le déroulement du procès fiscal est donc une occasion pour le contribuable de faire valoir ses droits intrinsèquement liés à ces caractéristiques légales et quasiment naturelles de la *juris dictio*[643]. Il dispose d'abord, du pouvoir de faire valoir ses vues par le biais de la procédure d'instruction contradictoire mettant les parties à l'audience dans les conditions d'égalité. Il s'est ensuite vu reconnaitre le droit au double degré de juridiction lui permettant de saisir la juridiction supérieure en vue de revoir la décision du juge initialement saisi.

---

[642] ATECK A DJAM (F.), *Droit du contentieux Fiscal camerounais,* op.cit. , p. 154.

[643] BILOUNGA (S.T.), « La diction du droit public financier au Cameroun », *Revue africaine de finances publiques*, n°1, 2015, pp. 54 et suivantes.

A : Le droit à une instruction contradictoire : les droits de la défense

892. La procédure contentieuse fiscale est fondamentalement écrite et nécessairement contradictoire, quel que soit le degré de juridiction mobilisé. En effet, dès la première phase qui vise à rassembler et à analyser tous les éléments utiles à une solution éclairée du juge, l'instruction de la demande du contribuable suscite une production et un échange de nombreux documents justificatifs et preuves écrites qui aboutissent souvent à un véritable débat fiscal entre les parties, en l'occurrence, le contribuable et l'administration fiscale. Le contribuable est alors fondé à réagir en fonction des positions de la partie adverse ou des sollicitations du juge. Conduite selon les règles de procédure de droit commun, le procès fiscal, dès l'instruction, permet donc au contribuable de faire valoir ses droits de la défense.

893. La procédure contradictoire impose une véritable communication entre les parties au procès, afin de ne pas rompre leur égalité[644]. Chacune d'elles doit avoir ample connaissance de l'ensemble des productions de son adversaire, de manière à pouvoir réagir en toute connaissance de cause. Le droit à la communication des mémoires et celui de de réplique constituent donc les principaux droits utiles à la défense du contribuable lors du déroulement du procès fiscal.

1 : Le droit à la communication des mémoires

894. Il serait anormal, dans l'optique d'une bonne administration de la justice fiscale, de laisser les parties aux procès sans informations l'une sur le dossier de l'autre. Ce serait une « *diction du droit fiscal à vases clos* », propice à un climat d'opacité dans un cadre juridictionnel par essence voué à la transparence. En effet, la confidentialité qui semble paradoxalement être la règle lors de la réalisation des opérations financières dans l'administration, en dépit de la promotion de la bonne gouvernance financière en général et de la sincérité financière en particulier, ne doit sous aucun prétexte, trouver terre fertile dans le domaine juridictionnel d'où devrait jaillir la lumière. Le contribuable doit dès lors avoir la possibilité d'être renseigné sur le contenu du

---

[644] La non-communication d'un mémoire est susceptible d'entacher le jugement du tribunal administratif d'une irrégularité. Il en est ainsi du défaut de communication au requérant du mémoire en défense de l'administration. Voir CE, 06 juin 1984, requête n°29323, Renault, DF, N°47, 1984, Comm.2085.

dossier adverse, afin non seulement de suivre l'évolution de l'affaire, mais surtout de préparer en toute connaissance de cause sa réponse éventuelle, lorsque celle-ci est nécessaire. Dans le cadre d'un procès nécessairement contradictoire comme celui en matière d'impôt, la violation d'une telle garantie est susceptible d'entacher toute la procédure d'irrégularité. Et le contribuable peut valablement utiliser cette irrégularité comme un moyen sérieux dans un procès en annulation de la décision initiale devant les juridictions supérieures. Toute information doit donc être mise à sa disposition pour une réponse judicieuse.

2 : Le droit de réponse

895. Dès réception au greffe[645] de la requête introductive d'instance formulée par le contribuable, une copie est adressée à l'administration pour la production de son mémoire en défense qui sera par la suite communiqué au demandeur en vue de la production de ses observations[646]. Celles-ci peuvent éventuellement entrainer une réponse de l'administration. Il s'en suit ainsi *un enchainement de réponses alternées jusqu'au terme de la procédure dans laquelle elle s'inscrit (demande, réponse ou défense, intervention, réplique) et manifeste un intérêt à influer sur la résolution de la question*[647]. Cet enchainement de réponses constitutif d'une discussion contradictoire, est l'essence même de la procédure contentieuse. Il est le seul moyen de soumettre au juge tous les éléments de la contestation[648]. Et toute insuffisance en la matière de la part de l'administration ou du

---

[645] Conformément à l'article L132 du Livre des procédures fiscales, la notification au ministre e charge des finances de la copie de la requête introductive d'instance est faite immédiatement après enregistrement au greffe.

[646] En vertu des dispositions de l'article L133 du Livre des procédures fiscales, dès notification, le Ministre en charge des finances dispose, pour produire son rapport, d'un délai de trois mois dont deux sont accordés au Directeur des impôts pour procéder à l'instruction. Ce délai peut être prolongé de deux mois en raison des circonstances exceptionnelles, sur demande motivée. Les conclusions du Ministre des finances sont déposées au greffe. Une copie est adressée au contribuable qui dispose d'un mois pour produire ses observations ou faire connaître s'il désire recourir à la vérification par voie d'expertise.

[647] SCHRAMECK (O.), « Quelques observations sur le principe du contradictoire : l'état du droit », in *Mélanges Guy BRAIBANT*, Dalloz, Paris, 1996, p.630.

[648]HAURIOU (M) cité par GOHIN (O), *La contradiction dans la procédure administrative*, LGDJ, bibliothèque de droit public, Tome 151, Paris, 1988, p.19

contribuable est lourde de conséquences pour l'une ou l'autre partie. Ainsi, si le Ministre en charge des finances notifié ne produit pas sa réponse dans un délai de trois mois, il est réputé avoir acquiescé aux faits exposés dans la requête du contribuable. Et si pour sa part, le contribuable ne produit pas d'observations à la réponse de l'administration dans un délai d'un mois, il est réputé s'être désisté de son action[649]. Et il se verra dans l'impossibilité de se prévaloir de son droit au double degré de juridiction.

B : Le droit au double degré de juridiction

896. Les jugements du tribunal administratif en matière fiscale sont susceptibles de plusieurs voies de recours ouvertes aux parties : l'opposition[650], la tierce opposition[651], le recours en révision[652], le recours en rectification matérielle[653], l'appel et le pourvoi en cassation. Devant le juge judiciaire, le contribuable insatisfait de la solution apportée à son problème fiscal, peut partir des juridictions d'instance saisies au premier degré, jusqu'à la Cour suprême en épuisant toutes les voies de recours autorisées par la loi. Certaines de ces voies de recours, principalement l'appel et le pourvoi en cassation, sont la manifestions d'un grand principe conférant un pouvoir certain au contribuable : le

[649] Article L 133 *in fine* du Livre des procédures fiscales.

[650] L'opposition prévue dans les articles 107-111 de la loi N°2006/022 du 29 décembre 2006 fixant l'organisation et le fonctionnement des tribunaux administratifs, est la procédure ouverte contre les décisions prises par défaut. Sont considérées par défaut, les décisions rendues sans que les défendeurs aient déposés le mémoire à défendre, sans que les partis aient reçus notification ou aient été appelés à prendre connaissance des rapports d'expertise ou des procès-verbaux d'enquêtes ou des descentes sur les lieux.

[651] La tierce opposition prévue à l'article 115 de la loi suscitée est une voie de recours de rétractation ou de reformation ouverte aux personnes qui n'ont été ni parties ni représentés dans une instance, elle leur permet d'attaquer une décision qui leur fait grief, et de faire déclarer qu'elle leur est imposable.

[652] Le recours en révision, prévu à l'article 118 de la même loi est dirigé contre les décisions contradictoires, lorsqu'il y a eu dol personnel ; qu'il a été statué sur des pièces reconnues ou déclarées fausses depuis la décision; qu'une partie a succombé faute de présenter une pièce décisive retenue par son adversaire.

[653] Le recours en rectification d'erreur matérielle est une voie de recours prévue à l'article 117 de la loi N°2006/022 du 29 décembre 2006 fixant l'organisation et le fonctionnement des tribunaux administratifs qui permet aux partis de solliciter la rectification d'une décision du tribunal administratif ou de la chambre administrative entachée d'une erreur matérielle devant la juridiction qui a statué.

principe du double degré de juridiction. Ce principe applicable même au-delà de la procédure juridictionnelle fiscale, voudrait que le justiciable qui n'est pas satisfait de la décision prise par les juridictions inférieures, puisse saisir les juridictions supérieures dans l'optique d'un gain de cause, jusqu'à épuisement de la hiérarchie juridictionnelle. Le contribuable a ainsi le droit de se pourvoir en appel et en cassation. Eu égard à la nouvelle configuration du contentieux administratif issue des lois du 29 décembre 2006 fixant l'organisation et le fonctionnement des tribunaux administratifs et de la Cour suprême, d'une part, et à l'importance particulière de la production juridictionnelle du juge administratif au Cameroun, d'autre part, nous nous appesantirons exclusivement sur la procédure juridictionnelle administrative.

1 : Le droit d'interjeter appel

897. Lorsque le contribuable n'est pas satisfait de la solution apportée à sa demande à l'issue de la procédure introduite devant le tribunal administratif, il peut interjeter appel devant la Chambre administrative de la Cour suprême en introduisant son recours devant le tribunal administratif qui s'est prononcé en premier ressort et qui se charge de transmettre la demande à la section du contentieux fiscal et financier de la Chambre administrative de la Cour suprême. Avec un effet non seulement suspensif mais également dévolutif, la procédure d'appel conduit à juger le litige une seconde fois, en tenant compte de tous les éléments de fait et de droit. Elle peut aboutir soit à la confirmation du jugement du tribunal administratif initial, soit à sa reformation en tout ou en partie, sur appel du contribuable. Et sur appel de l'administration fiscale, le juge peut, soit rejeter le recours, soit annuler le jugement initial. Ce qui l'oblige à statuer à nouveau dans les mêmes conditions que les premiers juges.

2 : Le droit de se pourvoir en cassation

898. Le pourvoi en cassation est une innovation des lois de 2006 réorganisant au Cameroun la procédure administrative contentieuse en général, et celle fiscale en particulier. En effet, à la lecture de l'article 14 de l'ordonnance du 26 Août 1972 encadrant jadis l'organisation et le fonctionnement de la Cour suprême statuant en matière administrative, l'appel était l'unique voie de reformation en la matière. Il existait néanmoins d'autres recours en rétractation, en révision, en

opposition et en rectification d'erreur matérielle. Il est introduit ici par les dispositions des articles 83 à 103 de la loi n°2006/016 du 29 décembre 2006 fixant l'organisation et le fonctionnement de la Cour suprême. Le pourvoi en cassation se présente comme la voie de recours instituée contre toute décision rendue en dernier ressort par une juridiction administrative afin de contrôler la régularité de ce jugement définitif au titre de sa légalité interne ou externe, mais en dehors de toute appréciation des faits. Tout contribuable insatisfait lié par une décision revêtue de l'autorité définitive de chose jugée, peut donc introduire un pourvoi en cassation devant la Cour suprême, sans que cela soit constitutif d'un troisième degré de juridiction. Le pouvoir n'est pas, en effet, destiné à faire juger une troisième fois la totalité de l'affaire. Le juge de cassation a seulement pour mission de vérifier si la règle de droit a été bien appliquée par les juges du fond lors de la prise de la décision à casser. A cet égard, les appréciations des faits ne peuvent pas être discutées devant la chambre administrative statuant en cassation. Car, par une l'appréciation souveraine des faits par les juges de fond, les faits qui ont été examinés par les juridictions inférieures sont supposés acquis. Aussi, seules les parties à l'instance peuvent introduire un pouvoir en cassation, à condition qu'elles aient intérêts.

899. Parvenu à ce niveau de l'analyse, il se dégage clairement que les droits du contribuable ne se limitent pas aux seules garanties qui sont accordées lors de l'établissement, la collecte ou le contrôle de son impôt en rapport avec l'administration fiscale. Ceux-ci l'accompagnent même dans ses relations éventuelles avec le juge, en cas de conflit l'opposant à la puissance publique. Non seulement il a le droit de le saisir lorsqu'il s'estime insatisfait du traitement infligé par le fisc au sujet de sa réclamation fiscale, mais il s'attend également à ce que l'examen de sa requête soit respectueux de ses droits fondamentaux propres à la bonne administration de la justice.

900. Toutefois, la reconnaissance par l'Etat camerounais de tous ces droits au contribuable s'accompagne-t-elle toujours d'une garantie effective ? Les travers de « *l'effet de mode* » expérimentés en Afrique lors de l'adhésion de la communauté universelle à l'idéal de l'Etat de droit, consistant à consacrer plusieurs droits et libertés dans les constitutions sans une quelconque emprise pratique, ne vont-ils pas aussi se ressentir au Cameroun en matière des droits du contribuable ? L'Etat camerounais n'envisage-t-il pas au contraire assurer une garantie effective des droits reconnus au contribuable ? L'étude du système de protection édifié ici tranchera peut-être ce nœud gordien.

Chapitre II

La protection juridictionnelle des droits du contribuable

901. Eu égard à son indépendance et à son objectivité principielles, le juge occupe une place centrale en matière de protection des droits et libertés des citoyens, dans tous les Etats soucieux du sceau de l'Etat de droit. Le Cameroun semble ne pas déroger à cette norme quasi universelle. Dans l'optique de remettre le contribuable insatisfait de son processus de taxation dans son bon droit suite à une défaillance de l'administration, les pouvoirs publics ont confié la résolution des conflits fiscaux au juge. Mais dans un système juridictionnel aussi complexe que celui camerounais, caractérisé par une sorte de *monisme institutionnel* pour un *pluralisme fonctionnel*, une organisation juridictionnelle où les différents ordres semblent s'entremêler à l'intérieur d'une juridiction supérieure supposée être la juridiction suprême de l'ordre juridictionnel judiciaire, à savoir la Cour suprême[654], il semble impérieux d'identifier d'abord le juge de l'impôt, avant de s'appesantir sur ses mécanismes de protection.

§ I : L'identification du juge fiscal

902. En contentieux financier, l'œuvre d'identification du juge fiscal souscrit d'abord à une exigence pratique avant de répondre à un besoin d'ordre technique. En effet, du point de vue pratique, le contribuable qui s'estime lésé dans ses droits, doit savoir quel juge saisir dans l'optique de la résolution de son problème. Et du point de vue technique, l'identification du juge fiscal dans l'ordre juridique camerounais pose le problème de sa détermination et de sa compétence,

---

[654] BILOUNGA (S.T.), « La diction du droit public financier au Cameroun », *RAFP*, n° 1, 2015, pp. 41 et suivantes

tant il est vrai que cette dernière est une question prioritaire de la procédure contentieuse[655]. La mise en perspective du contentieux fiscal permet de constater que ni au sens restreint, c'est-à-dire classique de justice administrative[656], ni au sens élargi ayant trait au type ou au genre de juridiction, l'on ne rencontre pas un juge fiscal unique ou spécialisé dans notre système juridictionnel interne. En réalité, ce sont les deux juges des ordres administratif et judiciaire qui concourent au règlement des litiges fiscaux en fonction de la compétence de l'un ou de l'autre dans le contentieux fiscal[657]. Pour Hans Kelsen, la compétence désigne *un pouvoir juridique, une capacité d'action en vertu desquels les organes juridictionnels et administratifs sont habilités par l'ordre juridique, à créer des normes juridiques individuelles en application des normes générales*[658].

903. En clair, la répartition des compétences, bien que complexe entre le juge administratif et le juge judiciaire, est fonction des impôts et des litiges fiscaux en dépit de la pluralité des institutions juridictionnelles, des multiples impôts et des divers litiges.

¶ I : L'identification du juge fiscal en fonction de la nature des impôts

904. La répartition du contentieux fiscal en fonction des impôts soulève des questions particulières car, cette répartition est loin d'être justifiée par des considérations exclusivement juridiques. C'est d'ailleurs pour cette raison que plusieurs auteurs comme BERN[659], ont clamé la nécessité de réunir ce contentieux au sein d'un même ordre de juridiction.

---

655 CHAPUS (R.), *Droit du contentieux administratif*, LGDJ, 15ème édition, Paris, 2001, pp. 233 et suivantes.

656 ABA'A AYONO (J.C.), *La compétence de la juridiction administrative en droit camerounais*, op.cit., p. 15.

657 Pour TROTABAS (L.), Le contentieux fiscal est « l'ensemble des contestations juridiques auxquelles l'exercice des attributions de l'administration fiscale peut donner lieu. », TROTABAS (L.), « contentieux fiscal et juridiction administrative », Mélanges NEGOULESCO, Bucarest, 1935, p. 783. Pour GAUDEMET (P.) et MOLINIER (J.), le contentieux fiscal « est l'ensemble des voies de droit au moyen desquelles sont réglés les litiges nés de l'application par l'administration fiscale, de la loi d'impôt aux contribuables », Les finances publiques, Fiscalité, op.cit., p. 257.

658 KELSEN (H.), Théorie pure du droit, PUF, Paris, 1966, p. 198.

659 BERN, La nature juridique du contentieux de l'imposition, LGDJ, Paris, 1972.

905. La répartition du contentieux des impôts entre le juge administratif et le juge judiciaire camerounais permet de les identifier. Elle a longtemps été justifiée par la nature des impositions en cause, c'est-à-dire, le premier officiant en matière d'impôts directs et le second se spécialisant dans les contestations relatives aux impôts indirects. Or, l'avènement de certaines taxes, notamment la TVA, et d'autres contributions, tels les droits de douane, a généré une remise en cause de cette clé de répartition[660]. Toutes choses qui ont entrainé une recherche plus approfondie sur la clé de répartition en fonction de la nature des impôts de telle sorte que, seules des considérations historiques ont permis d'expliquer de manière cohérente l'attribution du contentieux. Ceci a aussi conduit à la mise en place d'un régime jurisprudentiel de la répartition des contestations relatives à ces impôts[661]. Nous focaliserons cependant notre attention exclusivement sur la répartition légale du contentieux de l'imposition entre le juge administratif et le juge judiciaire camerounais. Cette répartition, au demeurant actuelle, semble à la fois implicitement et explicitement consacrée. Sa rationalité semble par ailleurs fort ambiguë.

A : La consécration implicite de la répartition

906. En droit fiscal camerounais, le pouvoir juridique en vertu duquel le juge fiscal est habilité à connaitre des contestations relatives aux impôts directs et indirects peut être implicitement inféré de deux catégories de textes juridiques : D'abord la constitution, et ensuite quelques textes législatifs et règlementaires.

1 : La consécration constitutionnelle implicite

907. La détermination de la compétence du juge fiscal camerounais semble être consacrée de manière implicite par le constituant. Cette situation pourrait être objectivée selon que l'on se situe avant ou après l'avènement de la constitution du 18 janvier 1996[662].

660 BASLE (M.), Systèmes fiscaux, Mémentos, Dalloz, Paris, 1989, p. 24.
661 Lire à ce sujet utilement : FERMOSE (J.), Le juge fiscal camerounais, Mémoire de Master II droit public de l'économie, sous notre direction, Université de Ngaoundéré, 2012-2013.
662 La loi n°96/06 du 18 janvier 1996 portant révision de la constitution du 02 juin 1972.

a : La consécration avant la constitution de 1996

908. Avant 1996, le constituant camerounais employait déjà la technique juridique de la clause générale de compétence. En effet, s'agissant du juge judiciaire, l'article 43 de la constitution camerounaise du 4 mars 1960[663] dispose : *l'autorité judiciaire, gardienne de la liberté individuelle et de la propriété privée, assure le respect de ce principe dans les conditions prévues par la loi*. Quant au juge administratif, l'article 33, alinéa 3 de la loi constitutionnelle fédérale du 1er septembre 1961[664] attribue à la CFJ *les recours en indemnité ou en excès de pouvoir contre les actes administratifs des autorités fédérales*.

909. En outre, en ce qui concerne la Cour Suprême, cette disposition est reprise *mutatis mutandis* par l'article 32, alinéa 2 de la constitution du 02 juin 1972[665]. Aux termes de cette disposition constitutionnelle, il est indiqué que *la Cour Suprême, outre les attributions prévues aux articles 7, 10, et 27 est chargée (...) de statuer sur les recours en indemnité ou en excès de pouvoir dirigés contre les actes administratifs*.

910. Dès lors, si l'on concède que les actes d'imposition, notamment les impôts directs sont établis par le mécanisme du rôle administratif, l'on peut logiquement déduire des dispositions constitutionnelles ci-dessus indiquées, le fondement constitutionnel de la compétence de la juridiction administrative et celle judiciaire en matière fiscale. Qu'en est-il de la période d'après 1996 ?

b : La consécration après la constitution de 1996

911. La détermination constitutionnelle de la compétence du juge fiscal camerounais semble également être consacrée de manière implicite par la constitution de 1996. En effet, l'article 40 de la loi constitutionnelle du 18 janvier 1996, traitant du juge administratif, dispose : *la Chambre Administrative connait de l'ensemble du contentieux administratif de l'Etat et des autres collectivités publiques*[666]. Le dernier alinéa de cette même disposition prévoit que cette juridiction *connait de tout litige qui lui est expressément attribué par la loi*. Aussi, s'agissant du juge

---

663 Constitution camerounaise du 04 mars 1960.

664 Loi n°61-24 du 1er septembre 1961, portant révision constitutionnelle et tendant à adapter la constitution actuelle aux nécessités du Cameroun unifié.

665 Constitution camerounaise du 2 juin 1972.

666 Article 40 de la loi n°96/06 du 18 Janvier 1996 portant révision de la constitution du 02 juin 1972.

judiciaire, l'article 39[667] de la même constitution dispose que *la Chambre judiciaire statue souverainement sur (...) toute matière qui lui est expressément attribuée par la loi.*

912. Considérant donc que la mise en œuvre de l'impôt met principalement en cause l'administration publique, l'on pourrait, en toute logique, inférer que l'ensemble du contentieux administratif dont la compétence est dévolue au juge administratif, intègre sans doute le « *contentieux administratif de l'impôt* ». Il en va de même pour le juge judiciaire qui, en vertu de son sacrosaint statut de protecteur des droits et libertés individuelles, est compétente pour connaitre du « *contentieux judiciaire de l'impôt* », si tant est que le prélèvement fiscal affecte la propriété privée des individus et est perçu par voie d'autorité.

En sus de cette constitutionnalisation implicite, d'autres textes, procèdent à une consécration légale et réglementaire de la compétence du juge de l'impôt.

2 : La consécration légale et réglementaire implicite

913. Différents textes à valeur législative et règlementaire, définissant l'organisation et le fonctionnement des juridictions compétentes en matière fiscale, se sont succédé au Cameroun. Plusieurs d'entre eux consacrent de manière implicite la compétence du juge de l'impôt.

Au rang des textes à valeur législative, l'on peut d'abord citer l'ordonnance du 4 octobre 1961[668] fixant la composition, les conditions de saisine et la procédure devant la CFJ et les lois du 19 novembre 1965[669] portant réforme du contentieux administratif ainsi que la loi du 14 juin 1969[670] fixant la composition, les conditions de saisine et la procédure devant la CFJ. En vertu de la clause générale de compétence, l'article 14 alinéa 1er de cette dernière dispose que : *la CFJ connait de l'ensemble du contentieux administratif à l'encontre de la République fédérale, des Etats fédérés, des collectivités publiques et des établissements publics*. En outre, l'interprétation extensive de l'article 14, alinéa 2 de l'ordonnance du 4 octobre 1962 prévoit une extension

[667] *Ibidem.*

[668] L'ordonnance n°61-0F-6 du 4 octobre 1961, fixant la composition, les conditions de saisine et la procédure devant la CFJ.

[669] Les lois n°65-29-LF du 19 novembre 1965, portant réforme du contentieux administratif.

[670] Loi n°69-LF-1 du 14 juin 1969, fixant la composition, les conditions de saisine et la procédure devant la CFJ.

législative au profit de la compétence de la juridiction administrative en matière fiscale en ces termes : *le contentieux administratif comprend (...) les litiges qui lui sont expressément attribués par la loi*. C'est cette même formulation qui est adoptée par la loi du 14 novembre 1965. Ensuite, l'article 9 de l'ordonnance n°72/6 du 26 Aout 1972, fixant l'organisation de la Cour Suprême consacre la compétence de la Chambre Administrative en matière fiscale suivant les mêmes techniques juridiques que les différents actes législatifs qui l'ont précédé. Il en est de même, des alinéas 2 et 3 de l'article 2 de la loi du 29 décembre 2006[671], fixant l'organisation et le fonctionnement des tribunaux administratifs. La compétence de ces juridictions administratives inférieures en matière de contentieux fiscal peut en effet, être tirée de la clause générale de compétence définie par la loi[672].

914. Quant aux décrets, s'agissant du juge administratif, la consécration de sa compétence en matière fiscale est l'œuvre du décret du 4 juin 1959[673], portant réforme du contentieux administratif et création du Tribunal d'Etat. L'article 1, alinéa 7 de ce décret qui définit la structure du contentieux administratif, prévoit que : *le contentieux administratif comprend (...) les litiges qui lui sont expressément attribués par une loi ou un décret*[674]. L'exposé des motifs de ce texte semble davantage plus évocateur. Il s'agit de faire du Tribunal d'Etat le juge de droit commun du contentieux administratif, et partant, des contestations fiscales parce que celles-ci, notamment celles relatives aux impôts directs, font partie de « *tous les litiges administratifs* ».

A cette série de textes dont l'esprit permet de déduire implicitement la compétence du juge fiscal au Cameroun, s'ajoute un ensemble de

---

[671] La loi n°2006/022 du 22 décembre 2009, fixant l'organisation et le fonctionnement des tribunaux administratifs.

[672] En effet, la création d'une « *section du contentieux fiscal et financier* » au sein de la Chambre Administrative de la Cour Suprême par la loi n°2006/016 du 29 décembre 2006 semble parachever la technique d'attribution implicite du contentieux fiscal à la compétence administrative.

[673] La loi n°2006/022 du 22 décembre 2009, fixant l'organisation et le fonctionnement des tribunaux administratifs ; Décret n°59-83 du 04 juin 1959, portant réforme du contentieux administratif et création du Tribunal d'Etat.

[674] Certaines considérations permettent de mettre en exergue l'originalité du décret du 04 juin 1959, en ce qui concerne la compétence du Tribunal d'Etat. En effet, l'article premier alinéas 1 à 7 qui définit la structure du contentieux administratif prévoit en plus d'une extension législative, la possibilité d'une extension réglementaire de la compétence de la même juridiction.

textes qui consacrent de manière explicite la répartition des instances fiscales.

B : La consécration explicite de la répartition

915. Dans notre ordre juridique, il existe des textes qui consacrent de manière explicite la compétence du juge de l'impôt. Une telle situation n'est pas l'apanage du droit actuel, mais concerne aussi le droit en vigueur pendant la période coloniale au Cameroun. Elle met d'ailleurs clairement en évidence l'influence du droit français sur la structure du système juridictionnel camerounais en matière fiscale[675].

916. En effet, avant l'indépendance du Cameroun, le décret du 05 aout 1881 régissant l'organisation et la compétence des Conseils du Contentieux Administratif dans les colonies de la Martinique, de la Guadeloupe, de la Réunion et réglementant la procédure à suivre devant ces Conseils, dispose en son article 100 *tout contribuable qui se croit surtaxé peut adresser au gouverneur dans les trois mois qui suivent la publication des rôles dans chaque commune, sa demande en décharge ou en réduction (...). Si à l'inspiration de ces trois mois, l'affaire n'est pas définitivement jugée par le Conseil, le contribuable n'est plus tenu du payement des termes suivants*. Ce texte consacre ainsi explicitement la compétence de la première juridiction administrative camerounaise en matière fiscale, à savoir le Conseil du contentieux administratif.

917. Plus explicites paraissent encore être les termes des articles 162 et 164 du décret du 30 décembre 1912. En effet, l'article 162 de ce décret dispose que : *le contentieux des contributions perçues sur rôle relève de la juridiction administrative* », tandis que, d'après l'article 164, *« le*

---

[675] En effet, en France, dans *l'Ancien Régime*, le contentieux était en effet attribué à des juridictions spécialisées : la Cour des Aides était compétente pour juger du contentieux de la plupart des impôts. Pour d'autres impôts, elle servait de juridiction d'appel. Vers 1777, Louis XVI créa un « *Comité du contentieux des finances* » qui avait pour vocation de gérer l'ensemble des contentieux en matière fiscale et financière. Et dès 1789, l'Assemblée constituante créa deux types de tribunaux dont la vocation pour les unes, aurait été de régler les contestations qui opposeraient les particuliers entre eux, et pour les autres de mettre fin à tous les litiges qui opposeraient l'administration aux administrés. Au titre de cette répartition, il s'avère que les impôts indirects quels qu'ils soient, relevaient incontestablement de l'ordre judiciaire. En revanche, l'ordre administratif devait se contenter du reste, c'est-à-dire, de toutes les contributions directes. Plus tard, le Conseil d'Etat ne changera pas cette répartition. Lire RENAHY, *Unité et diversité du contentieux fiscal*, op.cit., p. 18 et suivantes.

contentieux des contributions perçues sur liquidation relève des tribunaux ordinaires[676].

918. La législation fiscale camerounaise en vigueur depuis l'indépendance ne rompt pas avec la répartition juridictionnelle issue de la législation coloniale. En effet, la lecture de certaines lois fiscales[677]adoptées et publiées au Cameroun depuis l'indépendance jusqu'à nos jours, atteste d'une attribution explicite du contentieux des impôts directs à la juridiction administrative. Sans aucune prétention à l'exhaustivité, l'on s'en tiendra d'abord à la loi du 19 avril 2002,[678] portant Code Général des Impôts de la République du Cameroun. L'on peut également s'en référer au Code Général des Impôts en vigueur au Cameroun durant l'exercice fiscal 2013[679]. En effet, l'article L.126 du Livre de Procédures fiscales annexé à la loi du 19 avril de 2002 sus indiquée dispose : *en matière d'impôts directs et taxe sur la valeur ajoutée ou de taxes assimilées, les décisions rendues par l'Administration sur les réclamations contentieuses et qui ne donnent pas entièrement satisfaction aux intéressés, peuvent être attaquées devant la Chambre Administrative de la Cour Suprême, dans un délai de soixante jours à partir du jour de la réception de l'avis portant notification de la décision*[680].

919. Au-delà des textes spéciaux, la consécration de la compétence du juge judiciaire se trouve aussi bien dans le Code d'enregistrement et de la curatelle qui détermine la compétence du juge civil, juge de droit

---

676 Décret du 30 décembre 1912, portant Régime financier des colonies.
D'autres textes fiscaux ont réitéré ce système de répartition des compétences juridictionnelles. Il s'agit notamment d'un arrêté du 13 septembre 1919 réglementant les patentes et les licences au Cameroun. Cette disposition textuelle permet d'affirmer que le contentieux des patentes et des licences relève de la compétence du juge administratif. En revanche, le contentieux des contributions indirectes et assimilées est attribué à la compétence du juge judiciaire. C'est ce qu'atteste effectivement un arrêté du 29 novembre 1919 créant une taxe de consommation sur diverses marchandises au Cameroun. Ce texte est repris dans son esprit par un autre arrêté du 31 mai 1931.

677 La notion de loi fiscale fait référence aux « *lois à objet fiscal* », c'est-à-dire les lois ordinaires aussi bien que les lois de finances, notamment les dispositions fiscales de celles-ci.

678 Loi n°2002/03 du 19 avril 2002, portant Code Général des Impôts de la République du Cameroun.

679 Code Général des Impôts du Cameroun, pour l'exercice 2014, mise à jour effectuée par le Docteur MBADIFFO KUAMO (R.).

680 Voir loi n° 2002/03 du 19 avril 2002 suscitée.

commun du contentieux des droits d'enregistrement et d'une partie importante du contentieux de recouvrement

920. L'intérêt de cette attribution peut se déduire des dispositions du Livre des procédures fiscales notamment l'article L.126 dont le commentaire nécessiterait, sans nul doute, quelques observations. D'abord, il est clairement indiqué que le contentieux des impôts directs relève de la juridiction administrative. Ensuite, bien que la TVA ne soit pas un impôt direct, mais plutôt un impôt indirect, les contestations y relatives sont déférées au juge administratif par dérogation législative expresse. Cette entorse au principe traditionnel peut se justifier par l'étroite relation entre le chiffre d'affaires d'une entreprise et le bénéfice d'exploitation qu'elle réalise[681]. Enfin, la saisine de la juridiction administrative en matière fiscale est conditionnée par l'achèvement des recours administratifs préalables[682].

921. Si bon nombre des dispositions en vigueur, consacrent de manière explicite la compétence de la juridiction administrative camerounaise en matière d'impôts directs et de TVA. Cependant quelques difficultés persistent, à l'exemple de l'article 248 du CGI de 1973[683]. A ce sujet M. Jean-Calvin ABA'A OYONO observe qu'en dépit de la possibilité ouverte par cette disposition législative d'initier *un recours contre l'imposition jugée excessive, elle présente cependant l'inconvénient de ne point régler l'exacte détermination de la juridiction compétente pour trancher le problème posé*[684].

922. Toutefois, il ne reste pas moins vrai que la répartition actuelle des instances fiscales peut se révéler considérablement ambiguë.

C : L'ambiguïté de la répartition actuelle

923. La répartition actuelle des instances fiscales, bien qu'essentiellement légale, pose néanmoins quelques difficultés au sujet de son objectivation. En effet, la difficulté permanente est celle de déterminer avec précision une *« clé de répartition »* claire reposant sur un fondement juridique stable. Ce faisant, l'étude des principes de

---

681 ATECK A DJAM (F.), *Droit du contentieux fiscal camerounais*, op.cit., p. 109.

682 AKONO OMGBA SEDENA, *L'apport du juge administratif au droit fiscal camerounais*, Thèse de doctorat, Université de Yaoundé-Soa, 2013, p. 277.

683 Ordonnance n°73/21 du 29 mai 1973, portant Code Général des Impôts.

684 ABA'A OYONO (J-C.), La compétence de la juridiction administrative, op.cit., repris par AKONO ONGBA SEDENA, thèse précitée, p. 277.

répartition de base fondée sur la prééminence de la distinction impôt - directe impôt indirect, précédera celle de la difficulté à fonder le partage légal des compétences en matière fiscale.

1 : Le principe de base de la répartition : la distinction impôt direct - impôt indirect

924. Il convient de rendre compte des bases camerounaises actuelles de la répartition, avant d'étudier la distinction impôt direct- impôt indirect.

a : les bases textuelles de la répartition actuelle

925. En vertu des dispositions de l'article 26 alinéa 2 de la loi constitutionnelle n°96/06 du 18 janvier 1996,[685] seule la loi est habilitée à fixer les compétences respectives en matière judiciaire et administrative notamment dans le contentieux de l'imposition.

En effet, si les contestations relatives aux impositions fiscales sont réglées par une procédure particulière, le Livre des Procédures fiscales demeure actuellement la trame de fond de la répartition des impositions entre le juge administratif et le juge judicaire camerounais. C'est pourquoi conformément aux dispositions de l'article L.126 du LPF pour l'exercice 2013, le juge administratif demeure compétent en matière d'impositions indirectes et des taxes sur la valeur ajoutée ou taxes assimilées. En revanche, le juge judiciaire, aux termes de l'article 419 du CGI, connait des droits d'enregistrement et du timbre, et autres taxes indirectes qui ne sont pas des taxes sur le chiffre d'affaire. Aussi, dans le LPF, l'article 55 dispose que la mise en demeure valant commandement de payer, la saisie et la vente constituent des poursuites judiciaires, c'est-à-dire seuls les tribunaux judiciaires sont compétents pour statuer sur la validité de ces actes[686].

926. Bien plus, si le Code de Procédure Civile et Commerciale reste entièrement applicable comme texte fiscal, en cas de conflit de lois entre ce dernier et le LPF, ce sont les dispositions de ce dernier qui sont applicables en vertu d'un principe général de droit posant que les lois

---

[685] Article 26 (1) « La loi est votée par le parlement. Sont du domaine de la loi :(…) d) Les questions financières et patrimoniales suivantes : « …, la création des impôts et taxes et la détermination de l'assiette, du taux et des modalités *de recouvrement de ceux-ci (...)* ».

[686] ATECK A DJAM (F.), Droit du contentieux fiscal camerounais, op.cit., p. 108.

de portée générale ne dérogent pas à celles qui ont un objectif spécial « *generalia specialibus non derogant* »[687].

Toutefois, les bases textuelles de la répartition actuelle reposent essentiellement sur la distinction entre impôt direct et impôt indirect.

b : La distinction *impôt direct- impôt indirect* comme critère de la répartition

927. Toute la question est donc de savoir ce que recouvre cette distinction à l'heure actuelle et quel est le degré de fonctionnalité de ce critère de répartition.

En droit français, si le législateur fait de ce critère la base de la répartition légale du contentieux en matière fiscale, aucune définition légale explicite n'est donnée. Néanmoins, à la suite du législateur[688], dans la doctrine française, François HERVOUET[689] souligne que l'impôt direct est assis sur l'avoir, la possession, ou l'être tandis que l'impôt indirect est assis sur le *« faire »*ou l' « *activité* ». Pour Bernard

---

[687] « Les lois de portée générale ne dérogent pas à celles qui ont un objectif spécial », Lexique des termes juridiques, 13ème édition, Dalloz. Toutefois, si les dispositions du CPCC en conflit avec le LPF procèdent du droit OHADA, celles-là priment sur celles-ci, conformément à l'article 45 de la loi constitutionnelle n°96/06 du 18 janvier 1996 portant révision de la constitution du 02 juin 1972, qui prévoit que les traités et accords internationaux régulièrement approuvés ou ratifiés ont une valeur supérieure à celles des lois. Cette solution a même été confirmée par la jurisprudence de la Cour Commune Justice et d'Arbitrage (CCJA).

Avis n°001/2001/EP du 30 avril 2001. En l'espèce, le juge fait application des articles 336 de l'acte portant organisation des procédures simplifiées de recouvrement et des voies d'exécution, et l'article 10 du traité relatif à l'harmonisation du droit des affaires en Afrique.

[688]. « L'Instruction Générale de l'Administration des Finances » du 07 juin 1859 reprend un décret du 22 décembre 1879 sur les Assemblées primaires et administratives et définit les contributions directes et indirectes en ces termes ; « La contribution directe s'entend de toute imposition qui est assisse directement sur les personnes et sur les propriétés, qui se perçoit en vertu des rôles nominatifs et qui passe immédiatement du contribuable cotisé à l'agent chargé de percevoir. Les impôts indirects sont aussi nommés parce que, au lieu d'être établis directement et nominativement sur les personnes, ils reposent, en général sur les objets de consommation ou sur des services rendus et ne sont, dès lors, qu'indirectement payés par celui qui veut consommer ces choses ou user des services frappés de l'impôt ».

[689] HERVOUET (F.), « Impôts directs et indirects », in Dictionnaire encyclopédique des Finances publiques, (dir.), PHILIP (L.), Economica, 1991, pp. 932-933.Voir aussi BOUVIER (M.), Introduction au droit fiscal général et à la théorie de l'impôt, op.cit., p. 29.

CASTAGNEDE, il affirme que *d'une manière générale, on est renseigné sur la nature d'une contribution fiscale par la place qui lui est réservé dans le Code Général des Impôts.*

928. Au Cameroun, la distinction entre impôts directs et indirects est clairement consacrée en droit camerounais depuis l'avènement du contentieux administratif dans ce système juridique. Tel fut l'objet du décret du 22 mai 1924 qui lui-même reprenait les décrets du 05 aout 1881 en matière fiscale et celui du 30 décembre 1912[690].

La doctrine mobilise aussi d'autres critères pour distinguer les impôts directs des impôts indirects. Il s'agit notamment du critère de l'incidence[691], et du critère du fait générateur ou du rôle d'imposition[692], Ces critères déterminent la répartition des compétences fiscales entre le juge administratif et le juge judiciaire camerounais.

Cependant malgré une tentative légale, jurisprudentielle et doctrinale visant à établir la distinction entre les impôts directs et indirects, cette distinction ne s'est pas avérée rigoureuse, puisque les critères posés ne sont pas toujours opératoires.

2 : La justification de la répartition

929. Du point de vue de la doctrine, ces justifications sont d'ordre juridique, historique et économique.

Sur le plan juridique, pour certains auteurs[693], la compétence administrative s'impose au contentieux des impôts directs, car le rôle

---

[690] CASTAGNEDE (B.), La répartition des compétences juridictionnelles en matière fiscale, thèse, op.cit., p. 142.

[691] Par le critère de l'incidence qui porte sur l'assujetti réel, est impôt direct lorsque le contribuable supporte lui-même l'impôt (IRPP, Licence, Patente), alors que l'impôt indirect est celui dont la charge est répercutée à un tiers (TVA).

[692] En mobilisant le critère du fait général et du rôle d'imposition, les impôts qui atteignent de façon périodique des situations ayant une certaine permanence et qui permettent à l'Administration fiscale d'établir un rôle d'imposition seront des impôts directs. Par contre des impôts qui visent des événements dont le caractère occasionnel est la règle et pour lesquels le fisc ne peut établir un rôle nominatif, sont des impôts indirects.

[693] BOUVIER (M.), Introduction au droit fiscal et à la théorie de l'impôt, LGDJ, 2ème édition, Paris, 1999, p.121.

nominatif et l'AMR[694] sont des actes administratifs[695]. Et seul le juge administratif est juge de droit commun de l'administration. En revanche, la compétence du juge judiciaire, notamment dans le contentieux du recouvrement, tient au fait que *les poursuites susceptibles d'être engagées pour avoir paiement de l'impôt obéissent du point de vue de leur forme aux règles de droit privé*[696]. En effet, c'est parce que la validité formelle des actes de poursuite met en cause les règles de droit privé que le juge judiciaire est habilité à en connaitre. Certaines mesures de droit commun telles que la saisie et la vente des biens d'un redevable, se rapprochent précisément des voies d'exécution. De sorte que c'est le juge civil, *« juge de l'exécution »* qui est mieux placé pour en connaitre. Or par exemple les droits d'enregistrement sont perçus à l'occasion des faits matériels ou d'opérations juridiques civiles régis par le Code civil et le CPCC, d'où l'attribution de la compétence au juge judicaire.

930. Sur le plan historique, d'autres auteurs pensent que les bases de la répartition ont été jetées par une loi des 7-11 septembre 1790[697]. Conformément aux dispositions de cette loi, le contentieux des contributions directes était confié aux directoires (c'est-à-dire aux autorités administratives) et celui des contributions indirectes aux juges civils de districts[698].

931. Sur le plan économique, le Professeur Bernard CASTAGNEDE[699] souligne que le caractère mobile, occasionnel et instable des éléments

---

[694] L'Avis de mise en recouvrement est un « document contenant l'acte par lequel l'administration authentifie une créance fiscale non acquittée dans les délais légaux, pour les impôts non perçus par voie de rôle nominatif et recouvrés par les comptables de la Direction Générale des Impôts », CORNU (G.), Vocabulaire juridique, op.cit., p.113. Le Lexique des termes juridiques définit quant à lui l'AMR comme un « titre exécutoire émis par les services de la Direction Générale des Impôts pour liquider le montant impayé d'un impôt, et en permettre le recouvrement éventuel par des voies d'exécution », 13e édition, Dalloz. p. 61.

[695] ATECK A DJAM (F.), Droit du contentieux fiscal camerounais, op.cit. p. 109.

[696] CASTAGNEDE (B.), La répartition des compétences juridictionnelles, op.cit., p. 409.

[697] ATECK A DJAM (F.), Droit du contentieux fiscal camerounais, op.cit., p. 105.

[698]. En opérant cette répartition, le législateur révolutionnaire entendait faire application en matière fiscale du principe de la séparation des fonctions administratives et judiciaires, posé par l'article 13 du titre 2 de la loi sur l'organisation judiciaire des 16-24 aout 1790, dans laquelle la loi des 7-11 septembre a été intégré sous forme d'un titre XIV.

[699] CASTAGNEDE (B.), La répartition des compétences juridictionnelles, op.cit. p. 139.

économiques susceptibles d'être frappée par les impôts indirects contrairement à ceux directs, justifie l'attribution du contentieux y afférent au juge judiciaire. Car, les actes de production, de circulation et de consommation de biens suscitent davantage des contestations d'intérêt privé qui sont susceptibles d'être mieux résolus par les juridictions de droit commun. Toutefois, la difficulté à fonder le partage légal des compétences entre les juges administratif et judiciaire se trouve posée.

3 : La difficulté à fonder la répartition

932. La difficulté à fonder le partage des compétences en matière fiscale est en effet réelle. Refuser de s'accrocher aux critères doctrinaux, conduit inexorablement à en chercher d'autres. Mais en réalité, ceux-ci n'existent pas. A ces propos le Professeur Jean Jacques Bienvenu dira que le fondement du partage des compétences entre le juge administratif et le juge judiciaire, n'est pas clairement mis à jour[700]. Pour Michel de FORGES, les critères énoncés ne sont pas toujours fonctionnels.

933. Pour revenir au droit positif, l'article 26 de la constitution camerounaise en vigueur précise tacitement la compétence des juridictions en matière fiscale. Si nous nous référons à cette idée, il convient donc de rechercher au cas par cas, la clé de répartition établie par le législateur au profit du juge administratif et/ou du juge judiciaire.

934. En fait, la répartition des compétences en fonction de la nature des impositions litigieuses n'est que très peu fonctionnelle. Elle permet de justifier sur le plan théorique bons nombres d'enseignements magistraux[701]. Mais plusieurs critères sont utilisés sans pour autant qu'il en ait un qui soit prépondérant. La répartition des contestations fiscales n'est ni simple, ni aisée[702]. Cette situation est même de nature à susciter une crise de la loi devant le juge[703]. L'identification du juge fiscal

---

[700] BIENVENU (J.J.), « Variations sur la difficulté de fonder le partage des compétences juridictionnelles », RFFP, n°17, 1987. Cité par ATECK A DJAM (F.), Droit du contentieux fiscal camerounais, op.cit., p. 110.

[701] CASTAGNEDE (B.), La répartition des compétences juridictionnelles en matière fiscale, Thèse, op.cit., p.142.

[702] LATOUNERIE (M.A.), « La compétence respective du juge administratif et du juge judiciaire », in les Grands Arrêts de la jurisprudence Fiscale, Dalloz, Paris, 2000. p. 949-966.

[703] BILOUNGA (S.T.), « La crise de la loi en droit public camerounais », RASJP, pp. 17-34.

camerounais en fonction de la nature des litiges sera peut-être plus facile ?

¶ II : L'identification du juge fiscal en fonction de la nature des litiges

935. Le litige est un désaccord en droit ou en fait entre deux ou plusieurs parties donnant lieu à l'arbitrage ou à un procès[704]. Le Professeur CORNU, quant à lui, définit le litige comme un *différend, désaccord, conflit considéré dès le moment où il éclate (litige né) comme pouvant faire l'objet d'une transaction, d'un compromis d'arbitrage, entres modes de solution des litiges (renonciation), indépendamment de tout recours à la justice étatique*[705]. Il peut porter sur l'assiette de l'impôt. Il peut aussi avoir pour objet la contestation de l'obligation de payer l'impôt. En dehors des cas dans lesquels il est question du paiement de l'impôt, la matière fiscale se caractérise aussi par divers litiges nés de l'action du fisc dans l'exercice de ses prérogatives de puissance publique.

936. En revanche, dans le contentieux du recouvrement, la détermination de la juridiction compétente est tributaire de la combinaison de deux critères : la nature de l'impôt et le motif de la contestation. L'identification de ces deux actions contentieuses de nature juridique distincte a fait dire à HIAM qu'il résulte de ce contentieux un véritable labyrinthe[706].

937. Aussi, une partie des litiges fiscaux est répartie entre les deux ordres de juridiction suivant le régime applicable à la répartition juridictionnelle du contentieux de l'imposition. Cependant, au-delà de cette répartition reposant sur des *contingences historiques*[707], la distribution des litiges entre les deux ordres de juridiction se fait également dans le but de respecter, cette fois-ci, le domaine de compétence constitutionnellement reconnu à chaque ordre de juridiction, symbolisant pour ainsi dire la spécialisation des juges, au-delà du caractère fiscal des litiges en cause. Nous nous appesantirons

704 MBOULI (A.), Le dualisme juridictionnel en matière fiscale, Thèse précitée, pp .167-168.

705 CORNU (G.), Vocabulaire juridique, op.cit., p. 615.

706 HIAM (V.), « Les labyrinthes du contentieux du recouvrement », Chroniques, p. 150.

707 MBOULI (A.), Le dualisme juridictionnel en matière fiscale, Thèse précitée, p. 168.

dans cette étude sur la répartition des contestations liées à l'établissement de l'imposition d'une part, et sur la répartition des contestations relatives au recouvrement forcé des impositions et à la responsabilité de l'administration fiscale, d'autre part.

A : La répartition des contestations liées à l'établissement de l'imposition

938. Le juge de l'impôt ne peut connaitre que des contestations qui se limitent aux actions relatives à l'établissement des impositions et spécifiques aux éléments relatifs à la base imposable et au calcul des impôts, y compris la rectification dont le contribuable peut faire l'objet. Mais aussi, celles relatives aux pénalités applicables et à la répétition de l'indu.

1 : Les contestations relatives au bien-fondé de l'imposition

939. Si les contestations relatives au bien-fondé ou à la légalité des dispositions fiscales applicables sont portées devant le juge judiciaire ou le juge administratif de l'impôt selon le type d'impôt, il convient d'étudier ici respectivement les litiges relatifs à l'assiette de l'impôt et ceux relatifs aux opérations de contrôle et de rectification réalisées par l'administration fiscale.

a : Les litiges relatifs à l'assiette de l'impôt

940. Sous le vocable contentieux de l'assiette, se cachent des litiges qui concernent des éléments constitutifs de l'impôt, c'est-à-dire le contentieux proprement dit de l'assiette de l'impôt ; mais aussi, les litiges liés au fait générateur et au calcul de celui-ci.

En effet, en ce qui concerne notamment l'assiette de l'impôt, c'est-à-dire la *détermination opérée de la matière imposable pour délimiter une base de calcul à l'impôt*[708], le système actuel de déclaration[709] conduit à deux types de détermination : une sur des bases forfaitaires, et l'autre sur la base des déclarations des contribuables faisant l'objet

---

708 GROSCLAUDE (J), MARCHESSOU (Ph.), Droit fiscal général, Dalloz. 5ème édition, Cité par Mme MBOULI (A.), Le dualisme juridictionnel en matière fiscale, thèse, op.cit., p. 170.

709 Voir Sous-titre I, Chapitre Section I du LPF 2013 consacrée aux « obligations déclaratives ».

d'un contrôle a posteriori par l'administration fiscale. Toutes les contestations relatives aux évaluations forfaitaires faites par l'administration fiscale sont de la compétence du juge de l'impôt.[710]. Pour les impositions qui font l'objet de déclaration obligatoire, toutes les contestations relatives à la souscription ou à la souscription tardive, aux fins d'immatriculation[711] auprès du service des impôts territorialement compétent, sont également de la compétence du juge de l'impôt.

941. S'agissant des litiges liés au fait générateur et au calcul de celui-ci, les contestations y relatives sont incontestablement de la compétence du juge de l'impôt[712]. Le calcul de l'impôt tel que prévu par le CGI, est quant à lui, à l'origine de plusieurs réclamations contentieuses. Ainsi, il est possible pour le contribuable de contester par exemple le montant de l'IRPP, dès lors que le calcul du taux n'est pas régulièrement établi conformément aux articles 69 et 70 du CGI[713]. Qu'en est-il des litiges liés aux opérations de contrôle et de rectification réalisées par l'administration fiscale.

b : Les litiges liés aux opérations de contrôle et de rectification réalisées par l'administration fiscale

942. Le système fiscal étant essentiellement déclaratif au Cameroun, peuvent naitre des contestations relatives aux opérations de contrôle exercées par l'administration et celles de rectification. En effet, tous les

---

710 Tel est le cas de l'évaluation réelle de la valeur d'un bien pour le calcul de la taxe foncière sur les propriétés bâties.

711 Voir article L1, 2 et 3 du LPF 2013.

712 Le fait générateur de chaque impôt est fixé par la loi ou se déduit de la loi. Il s'agit en général de l'acte ou de l'événement qui fait naitre l'obligation fiscale, c'est-à-dire, l'entrée du contribuable dans le champ d'application de la loi.

713 Le fait générateur de chaque impôt est fixé par la loi ou se déduit de la loi. Il s'agit en général de l'acte ou de l'événement qui fait naitre l'obligation fiscale, c'est-à-dire, l'entrée du contribuable dans le champ d'application de la loi.
Article 69: «Sous réserve des conventions internationales, l'impôt sur le Revenu des personnes physiques est calculé par application du barème ci-après sur le revenu net global arrondi au millier de francs inférieur :
De 0 à 2000.000 à 3000.000……………..15%
De 3000.001 à 5000.000…………………25%
Plus de 5000.000……………………………..35%..... »
Article 70 du CGI : « L'impôt calculé et le minimum de perception prévus aux articles 69 et 70 ci-dessus est majoré de 10% au titre des centimes additionnels communaux ».

litiges qui découlent des opérations de contrôle[714] sont de la compétence du juge de l'impôt. Il peut s'agir du droit à la communication, des demandes d'éclaircissement et des justifications[715].

943. Par ailleurs, le juge de l'impôt est compétent pour juger de toutes les contestations relatives au droit de reprise et de redressement de l'administration fiscale[716]. Il en est ainsi notamment de la notification obligatoire des redressements[717]. Aussi, comme le souligne KHALIL HALOUI, la *proposition de rectification est suffisamment motivée si elle permet au contribuable de connaitre la nature de l'impôt et la période d'imposition ainsi que les motifs de droit et de fait de redressement*[718].

944. Enfin, lorsque l'administration opte pour les procédures de taxation ou d'évaluation d'office[719], les contestations relatives à la mise en œuvre de ces procédures et leur déroulement ressortissent au juge de l'impôt, [720]ainsi que la saisine des commissions d'impôts. A ce niveau, il ne nous reste plus qu'à s'intéresser à celles relatives aux pénalités applicables et à la répétition de l'indu.

2 : Les contestations relatives aux pénalités et à la répétition de l'indu

945. Pour des raisons de simplicité, nous présenterons, d'abord, les contestations relatives aux pénalités applicables et, ensuite, celles relatives à la répétition de l'indu.

---

714 Sous-titre II, Chapitre traitant du contrôle de l'impôt.

715 Article L22 du LPF 2013 : « L'administration peut demander par écrit aux contribuables, tous renseignements, justifications ou éclaircissements relatifs aux déclarations souscrites et aux actes déposés, y Compris pour les catégories de revenus pour lesquels ils ne sont pas astreints à la tenue d'une comptabilité ».
Voir, notamment, les vérifications sur place (article L11 à L20) et des contrôles sur pièces (article L21) du LPF 2013.

716 Voir Article L23 à L28 du LPF 2013.

717 MESSINA BELOMO (C.), *La motivation des redressements fiscaux dans la pratique fiscale camerounaise*, Mémoire de DESS, Université de Douala, 2005-2006.

718 KHALIL HALOUI, Les garanties du contribuable dans le cadre du contrôle fiscal en droit marocain, Thèse de Doctorat, Université de Grenoble, décembre 2011.

719 Voir article L29 et suivants.

720 MBOULI (M.), Le dualisme juridictionnel en matière fiscale, op.cit., p.174.

a : Les contestations relatives aux pénalités applicables

946. D'emblée, les contestations des pénalités font partie intégrante du contentieux du bien-fondé de l'imposition. En effet, elles s'ajoutent en général aux impositions déjà dues par le contribuable. Ce dernier ne peut donc que les contester devant le juge de l'impôt.

S'agissant des contestations relatives aux intérêts de retard et pénalités, il faut dire que *ces intérêts de retard ont pour but de compenser les retards constatés dans la déclaration du montant imposable ou alors dans le paiement des impôts y compris les frais supplémentaires d'assiette et de recouvrement occasionnés par ce retard. Ils sont donc dus, qu'il y ait ou non application des pénalités*[721]. C'est la substance de l'article L95 du LPF[722].

Pour ce qui est des contestations relatives aux pénalités pour manquement délibéré ou pour manœuvre frauduleuses, la compétence du juge de l'impôt s'étend également à l'application des pénalités de 50% en cas de bonne foi, 100% en cas de mauvaise foi, et de150% en cas de manœuvres frauduleuses conformément à l'article L96 du LPF. Il appartient à l'administration de prouver que le manquement est délibéré[723]. C'est pourquoi, les sanctions fiscales généralement *tendent à punir le contribuable qui a cherché à se soustraire à ses obligations fiscales et qui se rend alors responsable d'une infraction à la loi fiscale*[724]. Aussi, convient-il de s'appesantir sur les contestations relatives à la répétition de l'indu.

---

721 MBOULI (M.), Le dualisme juridictionnel en matière fiscale, op.cit., p.174.

722 Article 95 : « Les insuffisances, omissions ou inexactitudes qui affectent la base ou les éléments d'imposition et qui ont conduit l'Administration à effectuer des redressements donnent lieu à l'application d'un intérêt de1, 5% par mois, plafonné à 50%, calculé sur la base des droits mis à la charge du contribuable, à la suite de la notification du dernier acte de procédure en cas de contrôle ».

723 Cependant, la mauvaise foi du contribuable peut découler du comportement suspect de ce dernier, à savoir un comportement faisant présumer qu'il a eu l'intention d'éluder une obligation fiscale, de même, elle découle souvent de l'importance des rectifications ou enfin de la présence d'une erreur inexcusable. BIENVENU (J.J.), LAMBERT (Th.), *Droit fiscal*, op.cit., p. 214

724 KHALIL HALOUI, Les garanties du contribuable dans le cadre du contrôle fiscal en droit marocain, Thèse précitée, p. 95.

b : Les contestations relatives à la répétition de l'indu

947. Les contestations relatives à la répétition de l'indu sont également de la compétence du juge de l'impôt. La notion de répétition de l'indu[725] est difficile à définir. Etymologiquement, le verbe *« repetere »* signifier, redemander. Par conséquent, une définition de la répétition de l'indu peut être *la réclamation de ce qui a été versé sans être du*[726]. En droit civil, cette notion correspond à ce qui a été versé sans être du. Les contestations peuvent être liées à la procédure d'imposition [727] ou être rattachées, par extension, aux contestations liées au bien-fondé de l'imposition. Si a priori, elles semblent concerner le paiement de l'impôt, elles soulèvent fondamentalement la question de la légalité de l'impôt payé. En principe, celui-ci n'est pas légalement dû, par conséquent, il est infondé et doit être restitué. La répétition de l'indu[728] très connue des civilistes a fait irruption dans le contentieux fiscal dans les conditions de droit commun.

948. Initialement appréciée différemment devant les juges administratif et judiciaire, l'action en répétition de l'indu a désormais un visage uniforme[729], une dimension fiscale entière, puisqu'elle soumise aux dispositions applicables au contentieux de l'imposition. De ce fait, elle relève du juge de l'impôt dans le cadre de la répartition des

725.Au sens large, pour SIMON (D), L'indu fiscal est « le droit d'obtenir de la part des autorités nationales le remboursement des charges pécuniaires imposées en violation du droit communautaire ». Elle recouvre tant les actions visant à obtenir le remboursement de « montants prélevés par les autorités publiques » que celles visant à récupérer des « sommes payées par ces autorités aux particuliers ». Lire, « La répétition de l'indu », Encyclopédie, Dalloz, répertoire droit communautaire, avril 1994, p.10. Repris par SCHWARTZ (A.), op.cit., p. 4.

726 GUILLIEN (S.) et VINCENT (J.), Lexique des termes juridiques, op.cit., p. 481.

727 Tel peut être le cas lorsque le contribuable conteste une ou plusieurs impositions en se basant sur le plafonnement légalement mis en place. Les contestations relatives au « bouclier fiscal » rentrent en effet dans cette catégorie et relèveront du juge de l'impôt, le juge administratif en principe.

728 En effet, l'article 1235 du Code civil dispose que : « tout paiement suppose une dette : ce qui a été payé sans être du, est sujet à répétition. La répétition n'est pas admise à l'égard des obligations naturelles qui ont été volontairement acquittées ».

729 Pendant longtemps, « les contestations relatives à la répétition de l'indu ont subi un traitement différent selon l'ordre de juridiction saisi. Tandis que le juge judiciaire appliquait des règles du Code civil, le juge administratif adaptait ces dernières », avant de revêtir enfin un visage uniforme. SCHWARTZ (A.), La répétition de l'indu en matière fiscale, Mémoire de DEA, Spécialité Droit des affaires, Université Robert SCHUMAN, Septembre 2004, p. 6.

compétences telles que fixée par l'article L126 du Livre des procédures fiscales. Toutefois, l'affirmation de la compétence exclusive du juge de l'impôt sur les litiges à essence exclusivement fiscale s'étend quant à elle aux contestations portant sur les règles substantielles liées au recouvrement forcé des impositions et à la responsabilité de l'administration fiscale.

B : La répartition des contestations liées au recouvrement forcé des impositions et à la responsabilité du fisc

949. L'étude des contestations des règles substantielles liées au recouvrement forcé des impositions précédera celle de la responsabilité de l'administration fiscale.

1 : Les contestations liées au recouvrement forcé des impositions

950. La compétence du juge de l'impôt s'étend aux contestations relatives à l'existence de l'obligation de payer, et à l'ensemble des litiges concernant le montant de la dette et de l'exigibilité de l'impôt.

a : Les contestations relatives à l'obligation de payer[730]

951. Le contrôle de l'existence de l'obligation de payer fait partie des attributions du juge de l'impôt. Elle remplace ainsi celle d' « *opposition à contrainte* » qui a pendant longtemps servi à le désigner[731]. Il a donc pour mission de vérifier que le paiement demandé au redevable de l'impôt repose sur un fondement légal[732].

---

730 L'expression « obligation de payer » est utilisée de manière générale pour désigner l'ensemble du contentieux du recouvrement relevant de la compétence du juge de l'impôt. Elle remplace ainsi celle d' «opposition à contrainte qui a pendant longtemps servi à le désigner ».
731 HIAM (V.), « De l'opposition à contrainte au contentieux de l'obligation de payer-un anachronisme peut-il rester sans incidence sur la solution du litige ? », op.cit., p. 1880.
732 En effet, l'intérêt du paiement est de faire disparaitre la dette fiscale et donc l'obligation de payer l'impôt. Cependant, l'absence de mise en recouvrement de l'impôt conduit à constater celle de l'obligation de payer. Cela a des conséquences pratiques importantes car dans ces conditions, le recours à des poursuites afin de contraindre le redevable est privé de base légale. Très souvent, c'est un moyen soulevé devant le juge lorsque des tiers sont recherchés en paiement

Par ailleurs, relève également du contentieux de l'obligation de payer, la compensation. On pourrait logiquement penser que la compensation constitue un moyen de paiement de l'impôt et non une mesure de poursuite. Cependant, les opérations de compensation effectuées par les comptables relèvent des opérations de recouvrement de l'impôt.

En somme, la contestation de l'obligation de payer n'a pas d'impact réel sur la décharge de l'obligation de payer. En effet, tant que la décharge n'est pas prononcée, les poursuites à l'encontre du redevable restent toujours possibles dans la limite de recours légale[733].

b : Les contestations relatives au montant de la dette et à l'exigibilité de l'impôt

952. La compétence du juge de l'impôt est également clairement affirmée en ce qui concerne des contestations relatives à la quotité. Dans ce type de litige, le contribuable conteste en général le montant de la dette compte tenu des paiements effectués.

L'exigibilité de la créance fiscale est une condition nécessaire à la mise en recouvrement de celle-ci. En effet, il faut que la dette soit parvenue à son terme pour qu'elle puisse valablement être réclamée au contribuable et faire notamment l'objet d'un rappel voire, d'une mise en demeure, et d'une éventuelle mesure d'exécution. Ainsi, quand un impôt n'est pas exigible, il n'est pas dû, de même quand il n'est plus exigible, il n'est plus dû.

C'est pour cela que la prescription de l'action en recouvrement fait disparaitre définitivement l'exigibilité de l'impôt[734]. Aussi, lorsqu'un contribuable conteste la décision d'engager des poursuites, notamment un ATD sur le fondement de l'absence d'exigibilité de la créance fiscale, le juge de l'impôt est compétent.

En tout état de cause, relèvent donc de la compétence du juge de l'impôt, toutes les contestations liées aux actes de recouvrement dès lors qu'il n'est pas question de la forme de ceux-ci, mais du fond,

---

733 MBOULI (A.), Le dualisme juridictionnel en matière fiscale, Thèse de doctorat, op.cit., p.177-180. Ainsi, il a été jugé que la décision qui a déchargé le contribuable de son obligation de payer la dette fiscale figurant dans un Avis à Tiers Détenteur, dans une limite déterminée, ne fait pas obstacle au droit dont dispose l'administration de reprendre des poursuites pour recouvrer la fraction des impositions non encore réglées.

734 Ibidem.

notamment les contestations relatives à l'exigibilité de l'impôt[735]. Il importe, dès lors, de s'intéresser aux contestations relatives à la responsabilité de l'administration fiscale.

2 : Les contestations liées à la responsabilité de l'administration fiscale

953. L'on note ici un partage conforme à la répartition des litiges fiscaux entre le juge administratif et le juge judiciaire et la réaffirmation de la compétence des juridictions administratives dans certains cas.

a : Le partage conforme à la répartition des litiges fiscaux entre le juge administratif et le juge judiciaire

954. En matière de responsabilité, la répartition des litiges est finalement tributaire de l'opération fiscale et précisément de la phase dans laquelle on se trouve au moment de la réalisation de la faute conduisant au dommage : les opérations d'assiette et les opérations de recouvrement, surtout celles purement fiscales.

Ainsi, toute action en responsabilité visant à mettre en cause l'activité de l'administration au cours des opérations d'imposition est de la compétence des juridictions administratives. Toutefois, lorsque les impositions en cause relèvent de la compétence des juridictions de l'ordre judiciaire, ces dernières sont seules compétentes pour connaitre des actions en responsabilité s'y rapportant[736].

955. En ce qui concerne les opérations de recouvrement, lorsque le litige est relatif à la décision d'engager les poursuites ou au choix de ces dernières, et que cette dernière cause un préjudice au contribuable, le litige ressortit de la compétence des tribunaux de l'ordre administratif, dans la mesure où, la légalité des impositions en cause ne peut qu'être

735 En outre, le contentieux d'un acte de poursuite basé sur une action en recouvrement dont le délai ne court plus relève de la compétence du juge de l'impôt et notamment du juge administratif en matière d'impôts directs. Cependant, il faut noter des cas de suspension de l'exigibilité de la créance. Tel est le cas en ce qui concerne le sursis de paiement.

736 TC, 29 mai 1875, Ramel et TC, 31 juillet. 1875, Renaux, concl. DAVID. C'est ainsi qu'une telle action a été reconnue en matière notamment de droit d'enregistrement et de droit de douanes. La même compétence est affirmée pour les opérations non détachables des opérations d'assiette ou de recouvrement relatives à ces impositions.

discutée devant lui car il s'agit des opérations détachables de la procédure d'exécution[737].

Cependant, certains cas d'action en responsabilité dirigée contre l'administration fiscale relève de manière exclusive de la compétence du juge administratif.

b : Un relatif maintien de la compétence des juridictions administratives dans certains cas

956. Les actions en responsabilité dirigées contre l'administration fiscale sont de la compétence des juridictions administratives si le dommage est causé en dehors de toute contestation des opérations relatives à l'assiette ou au recouvrement de l'impôt. Il en va ainsi des actions en responsabilité de l'administration fiscale relatives à des activités du service des douanes qui sont liées à des missions autres que fiscales[738], de la responsabilité de l'Etat pour défaut de transcription d'une directive communautaire en matière de contributions indirectes, de la responsabilité pour méconnaissance de son obligation d'assurer le respect d'une convention internationale. Cette action relève en effet du régime de la responsabilité de l'Etat du fait de son activité législative.

957. A cette étape de l'analyse, il ressort que la détermination du juge fiscal au Cameroun dépend soit de la nature de l'impôt contesté, soit du type de litige en présence, même si quelques exceptions méritent d'être relevées, notamment en matière de taxe sur la valeur ajoutée ; ce prototype d'impôt indirect qui est paradoxalement connu sur le plan juridictionnel par le juge administratif. Toutefois, cela ne bouleverse pas outre mesure les critères généraux d'identification du juge de l'impôt qui, une fois saisi par le contribuable d'un empiètement sur un de ses droits, est prompt à se prononcer suivant certains mécanismes légalement fixés.

---

737 Ceci parce que, cette décision est considérée comme étant extérieure aux poursuites, à la procédure d'exécution. Mais les litiges trouvant leur origine dans la décision d'engager les poursuites relatives aux impositions relevant de la compétence du juge judiciaire, la décision de maintenir ces dernières, ou les litiges relatifs aux fautes commises par l'administration au cours de la procédure d'exécution, la compétence est celle des juridictions judiciaires, que les impôts en cause, relèvent de la compétence du juge administratif ou pas.

738 CHAPUS (R.), « Dualité de juridiction et unité de l'ordre juridique », op.cit., p.739. On peut en l'occurrence citer les contestations relatives à la main levée des marchandises appréhendées lors d'un contrôle de qualité, alors que le produit n'était pas soumis à des droits de douane.

§ II : Les mécanismes de protection juridictionnelle des droits du contribuable

958. Conformément au principe de nécessité fiscale, la contribution à la charge publique est une obligation pour les contribuables. Nul ne saurait se soustraire à cette obligation. Toutefois, cette contribution doit être progressive et calculée en fonction de leurs capacités contributives, ou, de manière générale, établie en respect de toutes les exigences légales en la matière. Ainsi, l'administration n'est pas fondée à déterminer ou à collecter l'impôt de manière arbitraire, au risque de provoquer des contestations dirigées contre elle par le contribuable devant le gardien de la légalité, et plus spécifiquement, des droits et libertés individuelles, que constitue le juge. L'ouverture des procès fiscaux suppose dès lors l'existence de litiges nés et actuels, relatifs aux prélèvements fiscaux, et opposant les contribuables à la personne publique. La place du juge dans tout système basé sur le droit est fondamentale ici parce qu'il est *la soupape qui maintient dans la cocotte-minute la pression en dessous du seuil d'explosion*[739]. Il n'est dès lors pas envisageable de concevoir une relation apaisée entre les principaux acteurs du système fiscal en dehors de tout mécanisme juridictionnel opérationnel et dynamique.

959. Soucieux de garantir les droits reconnus au contribuable par la législation en vigueur, le Cameroun accorde une place privilégiée au juge de l'impôt qui mobilise des mécanismes de protections particuliers, en dépit de quelques insuffisances.

¶ I : La consistance des mécanismes de protection juridictionnelle

960. En général, le fait pour le juge de s'activer intensément dans la détection des irrégularités, en touchant la procédure d'imposition et par la suite, en infligeant des sanctions légales et opportunes, constitue la manifestation la plus probante du soutien du juge à la réalisation de l'objectif de protection du contribuable. Tout l'enjeu de l'examen de la procédure devant le juge fiscal réside dans la prise en compte des droits et garanties reconnues au contribuable.

961. Le terme « *procédure* » est à cet effet fort évocateur. Il sous-entend un ensemble de formalités qu'il faut accomplir en vue de parvenir à un

---

739 BARILARI (A), « le contentieux fiscal », in R.F.F.P. no17, 1987, p. 5.

résultat généralement aléatoire. Dans un sens technique, la procédure constitue l'ensemble des formalités par les quelles une difficulté d'ordre juridiques peut être soumise à l'administration ou à une juridiction qui tranchera. A la vérité, la procédure, juridictionnelle en l'occurrence, est un ensemble de formalités qui doivent être suivies lors de la soumission d'une prétention à un juge.

962. Le juge de l'impôt, juge administratif ou juge judiciaire, veille en effet à l'application des règles de mise en œuvre du contrôle fiscal et des différentes garanties qui l'encadrent. Il devra prononcer, le cas échéant, l'annulation de la procédure de redressement pour cause d'irrégularité. Cette annulation emporte décharge des impositions correspondantes. La violation des garanties légales entache en principe la procédure d'imposition d'irrégularité. Pour une bonne analyse des mécanismes de protection juridictionnelle des droits du contribuable, nous présenterons dans un premier temps l'appréciation du bien-fondé des impositions par le juge, avant d'étudier dans un second temps l'intervention du juge en matière de contrôle et de redressement.

A : L'appréciation du bien-fondé des impositions

963. Une bonne analyse de l'action du juge en appréciation du bien-fondé des impositions passe par l'étude de la nature et de l'étendue du contrôle qu'il assure lorsqu'il est saisi.

1 : La nature du contrôle du juge

964. De manière générale, le juge assure un contrôle de la régularité des actes querellés. En d'autres termes, son objectif est de s'assurer que la règle de droit encadrant la matière litigieuse est respectée par ceux qui sont chargés de son application. Il en est de même en matière de contrôle juridictionnel des impositions. Le juge des impôts contrôle si le processus d'imposition n'a été entaché d'aucun vice de nature à vicier l'imposition querellée. Des droits étant accordés au contribuable dans les différentes étapes de détermination de son impôt, le juge veille donc à leur garantie scrupuleuse. En tant que garant de la légalité et défenseur des libertés, le contribuable est en droit de trouver dans le juge, l'ultime recours face aux éventuelles illégalités dont l'acte d'imposition est susceptible de faire l'objet.

965. Dans le contentieux d'imposition, la mission du juge consiste à vérifier si les conditions légales de l'établissement et de recouvrement

de l'impôt sont réunies. Ainsi, lorsque le contrôle du juge fait ressortir une imposition irrégulière, il annule en même temps l'impôt et la décision de l'administration.

966. En ce qui concerne le contentieux de recouvrement, la vérification du juge porte sur la régularité en la forme de l'acte contesté ou de l'existence de l'obligation de payer. En vertu de la règle de compétence édictée par le Code général des impôts, le contentieux relatif aux actes de poursuite relève du juge judiciaire.la réclamation préalable n'est qu'une formalité préalable obligatoire à l'action en justice. De ce fait, la décision de l'administration n'est pas un acte détachable de l'opération de l'imposition et du recouvrement. Le juge contrôle alors la compétence de l'auteur de l'acte d'imposition, l'existence ou l'absence de certaines mentions devant obligatoirement figurer dans l'acte et même les respect ou non des délais impartis.

967. A propos des pénalités, le contrôle du juge porte surtout sur les vices de forme, à l'instar du défaut de motivation du bien-fondé de la pénalité et même l'absence ou le retard du dépôt de la déclaration. Juge du fond, il est souverain dans l'appréciation des éléments retenus par l'administration fiscale dans l'établissement de l'imposition contestée.

2 : L'étendue du contrôle du juge

En dehors du contrôle assuré sur l'imposition proprement dite, l'action du juge porte aussi sur les actes détachables des opérations d'établissement et de recouvrement.

a : Le contrôle des actes détachables des opérations d'établissement et de recouvrement des impôts

968. En matière fiscale les actes détachables des opérations d'imposition et de recouvrement sont susceptibles de recours pour excès de pouvoir. Ce sont généralement les actes ayant un caractère réglementaires tels que les décrets fixant le régime d'impôt. Comme le recours pour excès de pouvoir est destiné à obtenir du juge l'annulation d'une décision illégale de l'administration, le juge ne pourra annuler l'acte que s'il est entaché d'illégalités susceptibles de vicier ledit acte. A défaut, la requête sera rejetée. Il ne pourra ni reformer l'acte attaqué ni adresser des injonctions à l'administration ni condamner celle-ci pécuniairement en conséquence de l'annulation. Revêtue de l'autorité absolue de chose jugée, la décision d'annulation produit des effets *erga omnes,* c'est-à-

dire à l'égard de tous. Par contre la décision de rejet du recours n'a que l'autorité relative de chose jugée avec effet *inter partes*, c'est-à-dire, ne concernant que les deux parties au litige fiscal. En effet, le même acte peut faire l'objet d'un nouveau recours pour excès de pouvoir formé par un autre requérant ou par le même requérant à condition d'être fondé sur une autre cause juridique.

969. Le recours pour excès de pouvoir est un recours de droit commun par lequel toute personne justifiant d'un intérêt et d'une qualité peut demander l'annulation par le juge administratif d'une décision exécutoire, émanant soit d'une autorité administrative, soit d'un organisme privé, agissant dans le cadre d'une mission du service publique. Ce recours relève du contentieux de l'annulation. Dans son office, le juge se borne seulement à l'annulation de l'acte. Et cette annulation vaut pour tout le monde, et entraine avec elle la sortie de l'acte de l'ordre juridique. Ne condamnant personne ici, le procès est fait à l'acte. Le recours pour excès de pouvoir est déclenché par quatre cas d'ouverture classiques. Il s'agit, conformément aux dispositions de la loi n°2006/022 du 29 Décembre 2006, fixant l'organisation et le fonctionnement des tribunaux administratifs, du vice de forme, de l'incompétence, de la violation d'une disposition légale ou règlementaire et du détournement de pouvoir.

970. En matière fiscale, le recours pour excès de pouvoir est strictement délimité, dans la mesure où *les réclamations formées en matière fiscale relèvent par nature du plein contentieux*[740]. En effet, alors que le juge de l'excès de pouvoir doit se borner à annuler en tout ou en partie la décision administrative qui lui est déférée sans pouvoir se substituer à l'administration pour prendre une autre décision, le juge de l'impôt doit lui-même, déterminer définitivement le montant de l'impôt dû par le contribuable et ne peut se borner à fixer l'assiette dudit impôt sans le liquider lui-même, que si le litige ne porte que sur la base d'imposition et non sur la détermination du taux applicable et sur le calcul des droits résultants de ce taux. Il s'agit donc bien de plein contentieux en ce sens que les pouvoirs du juge ne sont limités que par l'obligation de droit commun qui lui incombe d'appliquer les textes en vigueur en la matière[741].

---

740 CE Section, 29 juin 1962, N°53.090, Sociétés des aciéries de Pompey : Recueil Lebon, p. 438.
741 DAVID (C), FOUQUET (O), PLAGNET (B), RACINE (P-F), les grands arrêts de la jurisprudence fiscale, Dalloz, 3ème édition, Paris, 2000, p. 859.

971. Dans ces conditions, seuls les actes détachables de la procédure d'établissement et de recouvrement de l'impôt sont susceptibles de faire l'objet d'un recours pour excès de pouvoir. Mais, même dans ce cadre, pour reprendre la formulation du Professeur René CHAPUS[742], il est nécessaire qu'une distinction soit opérée entre les actes réglementaires et les actes non réglementaires. Les actes réglementaires, qui ont une portée générale, sont indistinctement détachables des opérations d'établissement et de recouvrement de l'impôt. C'est le cas des textes règlementaires fixant le régime d'un impôt, quant à son assiette et son taux. Quant aux actes non règlementaires, une distinction s'impose suivant qu'ils sont contestés par les tiers ou par les destinataires des impositions. Lorsqu'ils sont contestés par les tiers qui, par définition n'ont aucune possibilité de formuler un recours de plein contentieux, ils sont susceptibles de faire l'objet d'un recours pour excès de pouvoir. Les actes sont considérés comme détachables à leur égard, dans la mesure où ils ne sont pas associés à l'impôt contesté. En revanche, lorsqu'ils sont contestés par leurs destinataires, c'est à dire les personnes assujettis à l'impôt, le principe est qu'ils ne sont pas détachables des opérations d'établissement et de recouvrement de l'impôt. Ils sont pour cette raison, insusceptibles de recours pour excès de pouvoir. Les destinataires concernés ne peuvent contester la régularité et le bien-fondé de ces actes que devant le juge de l'impôt, dans le cadre du plein contentieux.

b : le contrôle de l'imposition proprement dite

972. Le juge exerce sa plénitude de juridiction en matière de contestation relative à l'établissement de l'imposition. En dépit de la décision donnant satisfaction au contribuable, le juge prend véritablement une décision dans les même conditions que le ferait l'administration elle-même. Ainsi, certaines décisions des juridictions fiscales font apparaitre dans les dispositifs que les juges accordent une décharge ou réduction et quelquefois, indiquent à l'administration les modalités selon lesquelles le dégrèvement doit être calculé, si dans le dossier de l'instance, tous les éléments nécessaires à la liquidation n'y figurent pas.

742 CHAPUS (R), droit du contentieux administratif, Montchrestien, 5ème édition, Paris, 1995, p. 545.

973. L'administration est en droit, à tout moment de la procédure, de faire état d'une base légale pour fonder l'imposition contestée. C'est le cas notamment en ce qui concerne particulièrement la notification de redressement et le respect des garanties légales telles que l'envoi de mise en demeure préalable à une évaluation d'office[743].

974. En matière d'imposition, seul l'acte final d'imposition peut en principe être contesté devant le juge[744]. Bien que admissible du point de vue pratique, tant il est vrai que l'impôt est l'aboutissement et la manifestation d'un ensemble de tâches, cette solution ne semble pas favorable en tous points, notamment sous l'angle de la protection du contribuable contre les agissements de la puissance publique dans le cadre du contrôle fiscal. Car, quand bien même un acte ou un agissement serait manifestement entaché d'irrégularité, le contribuable serait alors obligé d'attendre l'acte final pour saisir le juge. L'idée d'un recours hiérarchique au regard des éventuelles irrégularités observées dans la conduite de l'opération d'imposition semble alors constituer un juste équilibre entre le souci de ne pas engorger les tribunaux du fait des contestations contre les agissements illégaux de l'administration au cours de la procédure d'imposition, et la protection du contribuable. Elle mérite toute l'attention et la considération du législateur.

B : L'appréciation de la régularité des procédures de contrôle et de redressement

975. En matière fiscale, les litiges trouvent aussi leur origine dans la violation des textes régissant les procédures de contrôle et de redressement. Autrement dit, les litiges sont susceptibles de naitre de l'exercice par l'administration de ses pouvoirs en matière de contrôle et des suites éventuelles des opérations d'investigation fiscale.

976. L'exercice des pouvoirs de contrôle doit se faire dans le respect des règles de procédures prévues par les dispositions du Code général des impôts, et plus particulièrement du Livre des procédures fiscales[745]. Les questions posées par les litiges sont presque identiques devant les deux ordres de juridictions, eu égard à l'identité des textes qui règlent les

743 Article L29 in fine du Livre des procédures fiscales : « Pour l'application de l'alinéa précédent, la procédure de taxation d'office n'est possible que lorsque le contribuable n'a pas régularisé sa situation dans les quinze jours ouvrables suivant la réception d'une lettre de relance valant mise en demeure de déposer sa déclaration ».
744 DISTIL (M), « La notion d'opération administrative complexe ». R.A, p 370-376.
745 Sous-titre II du Livre des procédures fiscales.

procédures de contrôle, sauf le cas où la loi prévoit des dispositions spéciales pour certains impôts. L'administration, dans le contrôle fiscal, doit exercer ses pouvoirs conformément à la réglementation fiscale en vigueur dans l'optique de garantir les droits accordés au contribuable. Elle a intérêt à respecter les règles de procédure pour ne pas risquer de voir les redressements annulés pour vice de procédure[746].

977. A l'issue du contrôle fiscal, il existe deux alternatives. Soit l'administration informe le contribuable de l'absence de redressement, soit elle lui adresse une notification des redressements à effectuer. Le redressement est un pouvoir conféré à l'administration de rectifier, en toute opportunité, la déclaration du contribuable en vue d'obtenir la juste imposition. Généralement, pour être valable, le redressement doit être assuré dans le respect des exigences fixées par la loi fiscale, notamment la procédure contradictoire et la motivation[747].

978. A titre de droit comparé, on peut noter que la jurisprudence constante du conseil constitutionnel français a précisé que la nature et les motifs des redressements envisagés doivent être suffisamment exposés pour permettre aux assujettis de formuler leurs observations. On peut ainsi citer l'arrêt BRACKERS De HUGO[748], qui rappelle l'obligation faite à l'administration de motiver toutes les décisions de redressement fiscal de manière à permettre au contribuable de mieux préparer leur défense ou alors d'accepter les sanctions proposées en toute connaissance de cause. Il résulte de cet arrêt que tout redressement fiscal qui n'est pas valablement motivé, est susceptible d'annulation par le juge lorsque celui-ci est saisi par le contribuable, ce qui renforce la protection de ce dernier. Car le vérificateur conscient de ce fait accordera un plus grand soin aux rehaussements dont il est l'auteur.

979. Par ailleurs, dans l'arrêt BETTON[749], le juge s'est montré particulièrement protecteur du contribuable en concluant à la décharge totale des impositions quand bien même celui-ci avait fini par

746 Article L13 du Livre des procédures fiscales : « Au moins huit jours avant la date prévue pour la première intervention, l'administration des impôts adresse sous plis recommandé ou en mains propres avec accusé de réception ou par bordereau de décharge, un avis de vérification de comptabilité ou de vérification de situation fiscale d'ensemble et un exemplaire de la Charte du contribuable, qui l'informent de la possibilité qu'il a de se faire assister d'un conseil de son choix. Mention doit en être faite dans l'avis de vérification sous peine de nullité de cette dernière ».

747 Articles L23 à L28 du Livre des procédures fiscales

748 DAVID (C), FOUQUET (O), PLAGNET (B), RACINE (P-F), les grands arrêts de la jurisprudence fiscale, Dalloz, 3ème édition, Paris, 2000, p. 771.

749 CE 20.02. 1991, N°32494, 8ème et 7ème S.-S, BETTON, RJF 4/91

comprendre la signification du redressement et avait répondu en conséquence : *(...) en admettant que M. BETTON ne se soit pas en fait mépris sur ce point, cette notification de redressement ne peut être regardée comme suffisamment motivée. Que le requérant est par la suite fondé par ce moyen soulevé pour la première fois en appel, à demander la décharge du complément d'impôts sur le revenu et de majorations exceptionnelles auxquelles il a été assujetti, au titre de l'année 1975 (...).*

980. Il ressort de ces deux arrêts que le juge n'hésite pas, lorsqu'il est saisi, à sanctionner les procédures de redressement illégales surtout lorsqu'elles ne sont pas respectueuses des conditions de motivation requises. Il est donc important que les contribuables insatisfaits recourent au juge qui est le garant du respect de la légalité en la matière. Quoique plusieurs faits rédhibitoires limitent l'efficacité de son action comme défenseur des droits et libertés du contribuable.

¶ II : Les limites des mécanismes de protection juridictionnelle

981. Il est question dans cette partie du travail de mettre en relief les facteurs susceptibles de bloquer le recours au juge dans la régulation des rapports entre les différents acteurs de la procédure d'établissement de l'impôt en général et de de contrôle fiscal en particulier. Etant essentiellement processuel, le droit fiscal s'édifie autour des procédures multiples et complexes qui constituent la première barrière à la maitrise de la matière par le contribuable. L'action contentieuse à ce stade reste, pour ainsi dire, « *risquée* » et il faut avoir conscience des aléas inhérents à tout procès fiscal, même si les mécanismes juridictionnels permettent toutefois d'éviter que l'issue du procès fiscal relève du seul jeu du hasard. L'activité juridictionnelle visant la garantie des droits reconnus au contribuable en matière fiscale, peut ainsi être obstruée par plusieurs facteurs inhérents soit à l'organisation du contentieux fiscal en général, soit à l'absence d'une culture fiscale de la part du contribuable.

A : Les limites inhérentes à l'organisation du contentieux fiscal

982. L'observation de la structuration du contentieux fiscal laisse apparaître des pesanteurs au déploiement de l'activité du juge fiscal. Ces entraves font office de « *verrous juridiques* » à la procédure contentieuse. Et c'est ce qui tend à justifier toute la rigueur qui

accompagne le traitement des préalables procéduraux prévus par le législateur, dans le souci d'un formalisme plus accru. Ces entraves consistent d'une part, aux pesanteurs liées à l'accès au juge et d'autre part, aux lourdeurs propres au déroulement de l'activité juridictionnelle proprement dite.

1 : Les pesanteurs à l'accès au juge

983. Plusieurs pesanteurs entravent l'accès à la justice en générale et au juge fiscal en particulier au Cameroun. Il s'agit notamment des prérequis financiers de l'accès au prétoire que l'on pourrait plus généralement appeler les frais de justice fiscale, et l'absence d'une juridiction fiscale distincte de celles administrative et judiciaire.

a : Les prérequis financiers de l'accès au juge fiscal

984. Après épuisement de la phase administrative, le contribuable insatisfait par la décision ou le silence du Ministre en charge des finances, peut saisir le juge. A cet effet, il doit observer des conditions strictes de nature financière, véritables prérequis de l'accès au prétoire[750]. Ces conditions, et bien d'autres encore, tendent à éloigner le contribuable lésé dans ses droits, du juge dont l'activité vise essentiellement la garantie desdits droits.

La loi n° 2006/022 du 29 décembre 2006, fixant l'organisation et le fonctionnement des tribunaux administratifs impose des obligations financières à tout contribuable désireux de se faire rendre justice par le juge administratif. Il s'agit essentiellement des frais d'introduction de l'instance et des dépenses de l'expertise[751] lorsque celle-ci est requise. L'on ne saurait par ailleurs faire fi, lors de la réclamation administrative, des acomptes versés par le contribuable insatisfait.

En effet, en vertu des dispositions de l'article 34 de la loi sus citée, sauf dispense d'une disposition législative express, la requête introductive d'instance donne lieu à la consignation d'une provision de

---

750 ATANGA FONGUE (R), contrôle fiscal et protection du contribuable dans un contexte d'ajustement structurel, le cas du Cameroun, op cit, p. 285.

751 Article L 134 à L 139 du LPF. L'article L134 dispose : « En matière d'impôts, droits et taxes assis par la Direction générale des impôts, toute expertise demandé par un contribuable ou ordonnée par le tribunal administratif est faite par trois experts, à moins que les parties ne consentent qu'il y soit procédé par un seul ». L'article L139 quant à lui précise : « Les frais d'expertise sont supportés par la partie qui succombe ».

20.000 FCFA. Une consignation supplémentaire peut même être ordonnée par le président de la juridiction en cas de nécessité.

La même loi impose par ailleurs à la charge du contribuable des frais d'expertise, lorsque celle-ci est requise[752]. En effet, conformément aux dispositions de l'article 88, les frais et honoraires des experts sont avancés par la partie qui demande l'expertise. Et si l'expertise est demandée d'accord parties, les honoraires et les frais sont avancés par les deux parties.

985. Dans le même ordre d'idées, l'obligation des contribuables de payer en sus des impositions non contestées, une fraction de celles qu'ils contestent pour que leur réclamation soit recevable devant l'administration fiscale, constitue un sérieux fait rédhibitoire à l'accès au juge fiscale dont le commencement se situe au sein de l'administration elle-même, à travers l'obligation d'un recours gracieux préalable. En effet, comment comprendre la demande à un contribuable de payer un pourcentage d'une dette qu'il conteste pour que sa requête soit reçue et étudiée, si ce n'est l'acquittement d'une charge supplémentaire ? Ces acomptes versés par le contribuable pourraient pourtant être affectés à d'autres besoins plus ou moins rentables dans l'activité génératrice de revenu taxable. Et toutes les difficultés liées à leur remboursement corroborent davantage la thèse d'une charge supplémentaire ou d'un encombrement à l'accès à la juridiction fiscale. Car, le contribuable qui a besoin de cet argent le plus rapidement possible pour la continuité de ses activités, doit introduire malheureusement une réclamation en bonne et due forme, dont la procédure, plus ou moins longue, est susceptible de le décourager.

L'existence d'une juridiction fiscale autonome aurait peut-être eu pour effet de porter davantage le contribuable insatisfait vers le juge fiscal. Malheureusement, elle est encore attendue jusqu'à nos jours.

b : L'absence d'une juridiction fiscale autonome

986. La solution par voie juridictionnelle des litiges nés de l'activité fiscale entre l'administration et le contribuable est faite, en fonction de la nature de l'impôt ou du type de contestation, soit devant le juge

[752] Arrêt ADD No401/TE du 23 Janvier 1965, sieur KADJI DEFOSSO Joseph. *Une seule exception en cas de taxation d'office en matière d'impôts indirects*. Dans le cas précis, la totalité des frais d'expertise incombe au contribuable, quelle que soit la décision de la cour : jugement ADD No91/82-83 du 28 Juillet 1983, SACEL C/ Etat du Cameroun.

administratif, soit devant le juge judiciaire. Il s'agit là des conséquences du dualisme juridictionnel en vigueur au Cameroun. Le recours très complexes à ces « *juges d'emprunt* » constitue une sérieuse pesanteur à l'accès au juge fiscale, dans la mesure où la maîtrise par le contribuable ordinaire des critères de saisine de tel ou tel autre juge n'est pas toujours aisée. Et quand on sait que toutes ces procédures de saisine sont inscrites dans des délais précis, l'on comprend alors aisément pourquoi les justiciables ne se bousculent pas devant le juge fiscal, en dépit de l'abondance des contestations enregistrées et dépouillées devant l'administration fiscale. Car une bonne partie du contentieux s'éteint suite à la forclusion, même s'il est connu que l'administration joue un rôle très décisif en la matière lors du dépouillement des réclamations préalables.

987. Il aurait pourtant pu en être autrement, s'il existait au Cameroun une juridiction financière autonome compétente en matière financière en générale et fiscale en particulier[753]. Les contribuables insatisfaits par l'administration la saisiraient directement sans se perdre dans le labyrinthe des procédures en vigueur devant un juge administratif qui peine à s'émanciper et devant un juge judiciaire noyé dans le flot de ses diverses requêtes. La nature essentiellement économique et comptable des questions fiscales à trancher pourrait justifier l'édification d'une telle juridiction. Ces questions qui ne sont pas à la portée de tous devraient être confiées à ce juge particulier qui requiert *non seulement une connaissance approfondie essentiellement touffue et changeante, mais bien souvent aussi la maîtrise des techniques de la comptabilité*[754].

988. Malheureusement, même la réforme en cours de la juridiction administrative au Cameroun issue des lois du 29 Décembre 2006 semble ne pas être entièrement favorable à cette spécialisation nécessaire du juge fiscal. Car, la section du contentieux financier et fiscal y est toujours incorporée. Et dans la pratique actuelle du contentieux administratif au Cameroun, ce sont toujours les magistrats de l'ordre judiciaire qui officient dans la plupart des tribunaux administratifs, nouvellement opérationnels.

989. Néanmoins, les prémices d'une spécialisation du juge administratif en général, et du juge fiscal en particulier se font déjà ressentir à travers la création d'une section du contentieux administratif à l'Ecole

---

[753] BILOUNGA (S.T.), « La diction du droit public financier au Cameroun », *RAFP*, n°1, 2015, pp. 47 et suivantes.

[754] GAUDEMET (P.M), « Réflexion sur les rapports du juge et du fisc. », in *mélanges offerts à Marcel WALINE*, p. 132.

Nationale d'Administration et de Magistrature (ENAM). Il faut alors remonter à la conception originelle de la juridiction administrative pour appréhender les racines de cette situation. *Le principe de la dualité des juridictions admis en droit camerounais est du moins un héritage tiré d'une vieille tradition judiciaire nationale que le désir de bâtir un système juridictionnel répondant aux exigences d'une justice efficiente et fiable dans un Etat moderne*[755].

990. La jurisprudence en la matière reste infertile en raison d'une absence réelle d'expertise fiscale chez les juges, leur manque de hardiesse ainsi qu'une grande pusillanimité des contribuables dont les rares réclamations se limitent au stade de la procédure administrative. La conséquence est la pauvreté de la production juridictionnelle en ce qui concerne le contentieux d'assiette et celui du recouvrement dans le paysage fiscal camerounais.

Les conséquences de ces pesanteurs qui entravent l'accès au juge fiscale sont perceptibles dans le déroulement de la diction du droit fiscale par le juge.

2 : Les lourdeurs de l'activité juridictionnelle proprement- dite

991. Relativement au déroulement de l'activité juridictionnelle proprement dite, quelques lourdeurs méritent de retenir notre attention. Elles ont trait à la durée du procès fiscale et à la faiblesse de la production jurisprudentielle.

a : La durée du procès fiscal

992. Le procès fiscal est un procès spécial par essence, eu égard aux intérêts présents en confrontation. Sa durée est anormalement longue du fait de l'excroissance causée par l'impératif d'épuisement des recours successifs devant l'administration fiscale. Le ministre des finances ne peut être saisi de la réclamation qu'après la décision prise par le Directeur Général des impôts. Cette dernière quant à elle intervient après celle du chef du centre régional des impôts compétent. L'enchainement de ces phases successives impératives jusqu'au juge est susceptible de décourager le contribuable dans sa volonté de saisir la juridiction, au regard du temps mis, même s'il reste convaincu de la

---

[755] KAMTO (M), « La fonction administrative contentieuse de la Cour suprême du Cameroun », in CONAC (G) et DE GAUDUSSON (J), *les cours suprêmes en Afrique*, Tome III, *la jurisprudence administrative*. Paris, Economica, p. 35.

pertinence de son argumentaire. A cet effet, le contribuable camerounais ne profite pas pleinement de ces mécanismes juridiques que le législateur et la jurisprudence ont mis à sa disposition pour se prémunir des « *exactions* » administratives. La mise en œuvre du contentieux fiscal au Cameroun est aussi confrontée aux problèmes de lenteurs juridictionnelles, car quand bien même le contribuable parviendrait au terme de cette phase administrative à saisir le juge, la réponse de ce dernier n'est pas immédiate. Dans de nombreux cas, elle nécessite de longs mois, voire de longues années.

993. Il est en effet généralement acquis que les procès fiscaux sont trop longs surtout devant le juge administratif qui ne dispose d'aucun délai pour rendre sa décision. Cette affirmation du professeur KAMTO est sur ce point instructive : *très approximativement, le délai moyen qui sépare le dépôt d'une requête et le jugement de cette affaire est, devant la chambre administrative d'environ 03 ans, et devant l'assemblée plénière, d'environ 02 ans*[756]. En effet, de nombreuses décisions rendues par cette juridiction mettent de longues années. Quatre ans dans l'affaire TAGNE ELIE[757] ; six ans dans l'espèce S.A ESGREG voyage[758]; huit ans dans l'affaire Société AMSECOM-AMSECOMCOM[759] ; dix ans dans l'affaire CHANA ROSE[760]. Pourtant, le droit d'agir en justice dans un Etat démocratique s'apprécie à l'aune de la facilité avec laquelle tout justiciable peut saisir les juridictions de son pays. En durcissant les conditions de saisine du juge fiscal, le législateur a entendu empêcher le contribuable camerounais à jouir de cette liberté fondamentale et il ne faut pas oublier que le contentieux fiscal permet de mesurer l'efficacité d'un système fiscal.

Dans un tel contexte l'activité jurisprudentielle tardera logiquement à prendre son envol dans le contrôle juridictionnel de l'activité fiscale au Cameroun.

---

[756] KAMTO (M), droit administratif processuel au Cameroun. op. cit, p. 99.

[757] CS/CA, jugement n°91/96-97 du 25 Septembre 1997, Tagne Elie C/Etat du Cameroun.

[758] CS/CA, jugement n°44/87-88 du 13 Février 1982, SA. ESGREG Voyages et ESSOH Grégoire C/Etat du Cameroun.

[759] CS/CA, jugement n°29/91-92 du 26 Mars 1992, Société AMSECOM-ANSECOMCOM C/Etat du Cameroun.

[760] CS/CA, jugement n°21/91-92 du 27 Février 1992, Chana Rose C/Etat du Cameroun.

b : La faiblesse de la production jurisprudentielle

994. La jurisprudence est l'ensemble de décisions suffisamment concordantes rendues par la juridiction sur une question de droit. C'est également la solution habituellement donnée à un problème par les juridictions au point où elle devient créatrice du droit et en constitue une source interprétative[761]. Il est important non seulement que les décisions rendues fassent jurisprudence grâce à leur qualité, mais qu'elles soient publiées afin que les contribuables en aient connaissance et puissent s'en servir.

Le rôle du juge administratif en ce qui concerne les impôts directs et taxes sur la valeur ajoutée est malheureusement resté plus formel que factuel. La plupart des procédures trouvent leur conclusion au stade des réclamations administratives parce que les contribuables ne saisissent pas les juridictions fiscales. Lorsque ces procédures arrivent à l'étape juridictionnelle, elles finissent par s'enliser dans le temps.

Le juge administratif en matière fiscale s'arc-boute très souvent sur des questions de recevabilité, en évitant soigneusement les questions de fond. La forme est à cet égard le principal centre d'intérêt du juge qu'il s'agisse des questions liées au recours gracieux[762] ou à la consignation de la provision requise en matière de sursis de paiement ou d'introduction de la requête contentieuse devant le juge[763].

L'attitude du juge semble déconcertante. *Les arrêts, rendus à la suite sur délai détestablement long entre la date de l'introduction de l'instance et la date du prononcé du jugement, manquent d'attrait : l'absence totale d'esprit novateur ou de créativité, rédaction de la plupart des arrêts ans un style et un raisonnement piteux*[764].

Ce point de vue peut être transposé dans le contexte camerounais. Cette attitude se justifie par le fait que le juge applique très souvent les textes, à la différence de son homologue français qui, a, lui-même forgé

[761] Notons que l'essentiel de l'interprétation des textes fiscaux découle de la doctrine administrative, c'est-à-dire l'ensemble des positions publiées prises par l'administration pour faciliter la compréhension des textes fiscaux.

[762] CS/CA, jugement n°71/75-76 du 13 Mars 1976, Béné B'Ella Lambert C/ Etat du Cameroun.

[763] CS/CA, jugement n°66/93-94 du 30 Juin 1994, Ngamaleu Dominique C/ Etat du Cameroun.

[764] DJEBOU (M.B), « la chambre administrative de la cour suprême de la Côte d'Ivoire », in CONAC (G) et DE GAUDUSSON (J), op.cit., p. 145

l'essentiel des règles et principes applicables dans la procédure devant les juridictions administratives françaises.

En outre, il y a lieu de ne pas négliger le fait que s'il est aisé en France de comprendre la substance des décisions juridictionnelles grâce à des ouvrages et des revues qui paraissent régulièrement, il n'en est pas de même au Cameroun. Ainsi, la jurisprudence n'est pas facilement accessible. Ce qui n'est pas de nature à informer ou à conscientiser un contribuable au sujet de ses droits.

B : Les limites inhérentes à la culture et la morale du contribuable

995. Une faible connaissance qu'ont les contribuables de leurs droits est susceptible de justifier l'absence, du moins, l'insuffisance des recours juridictionnels en matière fiscale. Il en est de même de leur état d'esprit vis-à-vis de l'administration fiscale, du juge et même de l'Etat en général. Le niveau de culture et la morale influent donc considérablement sur l'attitude du contribuable en rapport avec le juge fiscal.

1 : L'insuffisante culture du contentieux fiscal

996. Les contribuables n'ont généralement pas les moyens intellectuels leur permettant de maîtriser les modalités d'accès au juge et d'exercice par ce dernier de l'activité juridictionnelle. Car, ils n'ont pas une bonne connaissance de la loi fiscale. Ce qui constitue un sérieux handicap pour l'accès au prétoire, alors que le Livre des procédures fiscales et la Charte des contribuables vérifiés leur offrent le pouvoir de se faire assister d'un conseil de leur choix.

997. La population de contribuables est à bien des égards composée de personnes exerçant des petits métiers. Il s'agit pour la plupart de personnes qui mènent des activités de subsistance. On y trouve une proportion importante d'analphabètes, ce aussi bien dans les zones rurales que dans les zones urbaines[765]. L'on note ainsi la réticence du contribuable à saisir le juge fiscal afin d'éviter les « *foudres* » de l'administration. Dans ces conditions, il devient difficile pour le

---

[765] BADIANE (A) et VANDERSCHUEREN (F), Pauvreté urbaine et accès à la justice en Afrique : impasses et alternatives, L'Harmattan, Paris, 1995, pp. 9 et suivantes.

contribuable de déclencher la machine juridictionnelle, qui est par nature inerte. Car quand bien même *(...) du juge ils connaissent l'existence, dans leur quasi-totalité ils ne connaissent qu'un aspect de sa fonction : le règlement des litiges entre personnes privées (il s'agit naturellement ici de personnes physiques) (...)*[766]

998. Les pouvoirs publics devraient pourtant leur faciliter la tâche en promouvant la mise à disposition intellectuelle des textes fiscaux aux contribuables. Il s'agit là d'un impératif d'ordre juridique et même économique[767]. En effet, les exigences d'accessibilité et d'intelligibilité propres à l'impératif de sécurité juridique obligent les pouvoirs publics à éduquer les citoyens en général, et les contribuables en particulier, sur les normes fiscales. Raisonnablement, *« nul ne sera en effet censé ignorer la loi »* que s'il a été suffisamment éduqué.

a : La connaissance approximative de la loi fiscale

999. La science fiscale se caractérise par sa complexité et son formalisme qui ne permettent pas au contribuable d'envisager facilement la défense de ses droits. Dès lors, à la réception de la notification de l'administration fiscale, certains ont tendance à répondre de façon légère aux questions posées par le fisc sans en mesurer la portée. D'où les multiples condamnations pécuniaires. Ils ne savent pas qu'ils sont tenus d'argumenter sur tous les points de désaccord. Cette situation défavorable au contribuable a justifié cette réflexion d'un auteur : *au plan strict des procédures fiscales, on doit reconnaître que ces contribuables sont mal encadrés pour un grand nombre. Plusieurs facteurs y contribuent. Le législateur a régis de manière assez extensive la notion de conseil. Ainsi, le contribuable peut recourir au conseil de son choix pour sa défense. S'il est vrai que la profession de conseil fiscal encore jeune dans notre contexte n'est pas en mesure d'assurer l'assistance de tous les contribuables, il y avait tout de même lieu de circonscrire l'exercice de la profession autour de personnes formées au métier de la fiscalité. Faute de s'être orienté dans cette direction, on retrouve comme conseil, des avocats, des experts comptables, des*

---

[766] ATANGA FONGUE (R), Contrôle fiscal et protection du contribuable dans un contexte d'ajustement structurel : le cas du Cameroun, op. cit. , p. 296.

[767] Il est prouvé que la maîtrise des instruments juridiques par le contribuable est gage d'un bon rendement fiscal.

diplômés en conduite de projets, bref toute personne à la recherche d'un gagne-pain[768].

1000. La perte de nombreux procès est hélas imputable aux conseils des partis (certains avocats et juristes de fortune) qui par négligence ou par ignorance, se mettent en porte à faux par rapport à tel aspect de la procédure devant les juridictions administratives[769].

b : La peur de l'administration fiscale

1001. Bon nombre de contribuables croient en la toute-puissance de l'administration fiscale. Selon eux, il est inutile de l'attraire en justice car les chances d'obtenir gain de cause sont infimes. Les procédures pour ces derniers constituent donc une formalité dont l'issue est connue d'avance. Aussi préfèrent- ils s'en tenir à la réclamation contentieuse préalable.

Cet état de fait n'est pas à encourager dans la mesure où cela renforce le pouvoir de l'administration et les garanties aménagées par le législateur pour la protection du contribuable ne servent à rien dans un tel contexte. Il est important que le contribuable assimile l'intérêt de saisir les juridictions compétentes pour leur soumettre des litiges car non seulement cela est de nature à favoriser l'essor d'une jurisprudence, mais, cela servirait d'exemple et constituerait « *une épée de Damoclès* » qui obligerait les inspecteurs à faire plus attention à la substance des notifications émises.

Le défaitisme manifesté par les contribuables ne peut que nuire à la pratique fiscale camerounaise, car le Cameroun est un Etat de droit qui place les justiciables sur un même pied d'égalité et applique les mêmes règles à tous les sujets de droit. Les contribuables ont donc intérêt à apprendre à défendre leurs droits car, ce n'est que de cette manière que les choses peuvent s'améliorer.

D'une manière générale, les contribuables entretiennent une psychose en rapport avec l'administration fiscale et ont du mal à imaginer qu'ils peuvent contester les impositions mises à leur charge tant au sein de l'administration qu'auprès des instances juridictionnelles compétentes.

---

[768] ATANGA FONGUE (R), Contrôle fiscal et protection du contribuable dans un contexte d'ajustement structurel : le cas du Cameroun, op. cit,. p. 296-297.

[769] KAMTO (M), avant-propos, Droit administratif processuel du Cameroun. op. cit., pp. 11 et suivantes

Suivant l'assertion d'un ministre centrafricain, *quereller l'Etat devant le juge parait encore une entreprise téméraire, voire incivique*[770]. Comment un paysan peut-il alors admettre qu'il soit possible de mettre en jeu la responsabilité de l'Etat, lequel s'identifie, dans son esprit, aux autorités politiques et administratives - le Chef de l'Etat, les ministres, préfets, sous-préfets…- et aux forces de polices, détentrices de pouvoirs sans bornes ? Lorsque le contribuable a été suffisamment hardi, il se limitera à la phase de réclamation préalable devant l'administration fiscale et refusera de saisir le juge fiscal.

2 : Le refus de saisir le juge

1002. Les contribuables prennent très difficilement la décision de saisir le juge lorsque leurs droits sont bafoués par l'administration fiscale. Une telle réticence, dont les causes sont nombreuses et variées, se traduit par des pratiques très souvent illégales à l'effet de se soustraire à la phase contentieuse. C'est à ce niveau que surviennent les manœuvres des agents du fisc qui, de commun accord avec le contribuable tentent à s'adonner à des techniques de régularisation fraudatoire des irrégularités constatées dans la phase de contrôle fiscal. De ce fait, le contribuable ne pourra plus saisir le juge fiscal, même si les impositions dues ne reposent sur aucune base légale.

a : L'évitement du juge par le recours à des pratiques illégales

1003. Lorsque la motivation ne respecte pas le canevas prévu, le contribuable se sent démunis, surtout lorsqu'il n'a pas une bonne culture fiscale ou n'est assisté d'aucun conseil, face à une administration puissante qui dispose des moyens d'action très étendus. C'est alors à ce niveau que survient parfois des manouvres illicites à effet financiers, consistant en des accords officieux entre vérificateurs et contribuables, en contrepartie de l'abandon total ou partiel des impositions dues.

1004. Ces pratiques manifestement courantes, eu égard aux plaintes récurrentes des contribuables, tendent à justifier que certains inspecteurs arrivent chez les contribuables avec des idées préconçues et des ambitions personnelles inavouées, qui les conduisent à vouloir à

---

770 BRETON (J-M) « l'organisation du contentieux administratif en République Centrafricaine », Penant, 1980, p. 357

tout prix tromper le contribuable en faisant peser sur eux la menace d'un redressement. Tout ceci pour les pousser à accepter de monnayer l'abandon des charges. Ces agents véreux n'hésitent pas à rançonner les contribuables qui, du fait de leur ignorance se croient vraiment menacés et obligés de négocier en payant des sommes d'argent. Au lieu de saisir le supérieur hiérarchique du vérificateur, puis le juge dans l'optique de contester le montant des impositions mises à charge, les contribuables vont plutôt chercher à nouer des ententes avec le vérificateur.

1005. De tels agents n'ont donc pas intérêt à encourager la transparence que garantit le redressement fiscal, de peur de perdre leurs intérêts personnels illicites. Le souci de s'enrichir rapidement et sans fournir d'efforts particuliers constituant leur motivation personnelle, ils finissent par devenir des maîtres dans l'art de la surévaluation des montants de redressement. Le recours à ces pratiques illégales, imputables tant au contribuable qu'à l'administration fiscale appelée à répondre des actes posés par ces agents, fausse la réalité du partenariat qui devrait exister entre eux, ajouté au fait que très peu de contribuables envisagent la phase contentieuse.

L'on gagnerait pourtant à faire confiance au juge, afin d'être remis dans son bon droit. Mais hélas.

b : La perte de confiance au juge fiscal

1006. L'éloignement entre le juge et les contribuables trouve ses racines dans l'histoire. En effet, pendant la période précoloniale, il revenait au Chef de régler tout contentieux, notamment à caractère fiscal. Parlant du rôle du Chef traditionnel, KOUASSIGAN explicite : *tous les litiges qui surgissent à l'intérieur de la collectivité qu'il dirige relèvent de son autorité. Responsable de l'ordre social, il a le devoir de "remettre les choses en l'état" et de veiller à ce que la cohésion qui fait la force de la communauté ne soit pas détruite par des dissensions. C'est ce qui explique son rôle de juge suprême*[771]. Certes, les structures coloniales ont fragilisé cette autorité du chef, mais ce dernier demeura l'épine dorsale des résolutions des différends.

1007. Ceci étant, pour les contribuables africains, les tribunaux font partie de *ces institutions introduites par les Européens qu'on utilise peu, par défiance ou par manque d'habitude. Souvent, les Africains préfèrent ce*

---

[771] KOUASSIGAN GUY-ADJETE, *L'homme et la terre*, Berger-Levrault, Paris, 1966, p. 82.

qu'ils appellent eux-mêmes... une solution africaine", c'est-à-dire un compromis négocié où chaque partie fera des concessions et il peut paraître malséant de soumettre au juge une décision prise après tenue de la palabre, que celle-ci soit officielle ou officieuse[772]

1008. De plus, parce que ces contribuables considèrent généralement que la justice constitue une composante de l'exécutif, ils ont tendance à penser que se quereller avec l'administration fiscale - avec à sa tête le ministre des Finances - devant le juge relève de la témérité, le procès étant perdu d'avance. L'exemple des justiciables congolais est patent. En effet, quoique la législation congolaise ait rendu le recours administratif préalable facultatif en matière de recours pour excès de pouvoir, pour leur part, les plaideurs *sont naturellement plus enclins, en toutes circonstances, à saisir dans un premier temps l'administration, et à rechercher le règlement direct de leur litige avec elle, par le biais d'un recours qui se présente comme un préalable de conciliation, en raison probablement d'une crédibilité plus limitée dans l'intervention d'un juge dont le rôle est trop mal connu*[773].

1009. À y voir de plus près, l'argument souvent évoqué selon lequel le juge fiscal africain se prononce généralement en faveur de l'administration fiscale doit être pris avec beaucoup de réserves. En effet, les quelques rares arrêts rendus par le juge fiscal n'ont pas toujours été en défaveur du contribuable. À titre d'illustration, au Gabon, sur les neuf (9) recours en décharge ou en réduction d'impôts (contentieux de l'assiette) intentés entre 1964 et 1969, le juge a confirmé la décision de l'administration à peine trois fois ; à quatre reprises, il a donné raison au contribuables ; enfin les deux autres fois, la requête du contribuable a été déclarée irrecevable pour non-respect des délais de recours. Quant au Tchad, les six arrêts rendus par la Chambre Administrative et Financière de la Cour d'Appel en 1973 ont tous abouti à la décharge des impositions en cause[774]. Il est vrai qu'à cette époque, quelques

---

[772] BINYOUM (J.), « Bilan de 20 ans de jurisprudence administrative de la Cour Suprême du Cameroun », *Revue Camerounaise de Droit*, n° 15 et 16, 1978, p. 44.

[773] BRETON (J-M) : « La jurisprudence administrative de la Cour Suprême de la République Populaire du Congo », in CONAC (G.) et DE GAUDUSSON (J.) : Les Cours Suprêmes en Afrique, tome 3, Economica, 1988, p. 98.

774 À titre de comparaison, on notera que selon un Rapport du Conseil Économique et Social, en France, « ...le contribuable gagne rarement». Les chiffres de cette période sont éloquents (il s'agit des chiffres de l'année judiciaire 1976 1977) : sur cent (100) jugements prononcés par le Tribunal Administratif de Paris en matière fiscale, quatre-vingt-cinq (85) ont rejeté la requête du contribuable ; sept (7) ont prononcé la réduction de l'imposition ; huit (8) ont déchargé le contribuable de la totalité de

assistants techniques siégeaient encore dans les juridictions africaines. Ce n'est pas donc sans intérêt de se demander si cette tendance jurisprudentielle ne découlait pas de l'impartialité supposée de ces assistants techniques. Mais qu'à cela ne tienne, avant de critiquer les juridictions de partialité, n'est-il pas préférable que les contribuables acquièrent d'abord la culture du prétoire ? On est même tenté de dire que les citoyens ayant la justice qu'ils méritent, les contribuables des pays de la CEMAC ne peuvent en définitive s'en prendre qu'à eux-mêmes s'ils ne saisissent pas plus souvent le juge fiscal.

1010. La protection juridictionnelle des droits du contribuable apparait donc aujourd'hui comme un impératif fondateur de l'état de droit. Il arrive souvent que l'on parle de l'Etat de droit financier pour relever le fait que désormais, il est dans l'intérêt de tous les acteurs du processus fiscal de garantir un cadre juridique et institutionnel, fermant de la démocratie fiscale au Cameroun. Nonobstant le principe constitutionnel de la nécessité de l'impôt, l'administration fiscale n'est pas restée imperméable aux critiques portant sur ses méthodes et comportements et sur la complexité et le manque de clarté de la réglementation fiscale. Afin de favoriser l'adhésion de la population à l'impôt, la nouvelle philosophie de l'administration fiscale tente de placer l'être humain au centre de ses préoccupations. Cette option « *humaniste* » de la politique fiscale camerounaise se réalise à travers la recherche de l'équilibre entre les pouvoirs importants du fisc et les droits du contribuable. Tous les Etats démocratiques connaissent cette difficile équation entre la nécessité de satisfaire les besoins de la collectivité par la collecte de l'impôt, l'exigence d'efficacité de l'administration chargée de cette collecte et le respect des droits et libertés du contribuable. A cet égard, dans un contexte d'Etat de droit, ce contrôle doit se faire dans le respect d'un certain nombre de droits reconnus à tout citoyen dont, notamment, le respect de la liberté individuelle, le respect du droit de propriété, le respect des droits de la défense, le respect des voies de recours. Ainsi, l'exercice des pouvoirs d'imposition et de contrôle ne peut se faire sans l'observation des garanties attachées à ces procédures que le juge se charge de défendre en permanence. Mais encore faudrait-il qu'il soit saisi du contribuable qui, manifestement, semble plus favorable à

---

l'imposition. Voir CONSEIL ECONOMIQUE ET SOCIAL (FRANCE), « L'amélioration des rapports entre l'administration et les *contribuables*», J.O. 6 févier 1979, p. 198.

l'intervention des organes non juridictionnels dans la protection de ses droits.

Chapitre III

La protection non juridictionnelle des droits du contribuable

1011. Hors mis le juge, d'autres structures, instituées ou non instituées, assurent la protection des droits reconnus au contribuable lors du déroulement du processus d'imposition. Il s'agit d'abord de l'administration. En effet, bien que dotée de multiples prérogatives de puissance publique utiles à la bonne détermination et à une collecte efficace de l'impôt, l'administration fiscale regorge d'une gamme variée d'organes et de mécanismes visant à garantir les droits reconnus à ses usagers. Il n'en saurait d'ailleurs être autrement, si tant est que la tendance actuelle des relations entre ces deux acteurs principaux du processus d'imposition, s'inscrit plutôt dans la logique du partenariat et non plus dans celle de l'opposition ou de la confrontation. Il est question, ensuite, de ce nouvel acteur reconnu sous l'appellation « *société civile* », qui regroupe toutes les associations à but non lucratif militant pour la promotion et la défense des droits du contribuable. La logique participative qu'impulse la bonne gouvernance publique en générale, et celle financière en particulier, semble favorable à l'essor de ce nouvel acteur de la gestion des politiques publiques adulé des contribuables. Lorsqu'elle n'est pas purement administrative, la protection des droits du contribuable est donc l'œuvre de la société civile.

§ I : La protection par l'administration fiscale

1012. Parce qu'il est soucieux de la sécurité juridique de ses contribuables, l'Etat camerounais, à travers son « *bras séculier* » que constitue l'administration, se met au service de la protection des droits des assujettis. L'administration fiscale, en l'occurrence, mobilise alors plusieurs techniques favorables à la garantie des droits du contribuable, lorsqu'elle n'est pas elle-même au centre de la résolution des litiges susceptibles de l'opposer à un contribuable convaincu d'être lésé dans ses droits, lors de l'établissement ou de la collecte du prélèvement fiscal.

¶ I : Les techniques de protection administrative

1013. Une bonne partie des droits du contribuable seraient bafouées, n'eut été la mobilisation par l'administration fiscale de certaines techniques susceptibles de permettre aux assujettis de faire des prévisions sûres et en toute connaissance de cause, parce qu'ils disposent de la bonne information au sujet de certaines dispositions légales ou réglementaires ou à propos des pratiques en cours dans les services fiscaux. Ces techniques sont inhérentes à l'interprétation des textes fiscaux par l'administration et à l'urgence d'améliorer la communication générale avec les usagers. Elles sont donc au service de la sécurité juridique du contribuable.

A : Les techniques inhérentes à l'interprétation administrative des textes fiscaux

1014. Le concept d'interprétation n'est pas spécifique au vocabulaire juridique. Il adopte plusieurs sens dans la langue française. Dérivé du latin, *interpretor* ou *interpretari*, qui signifie expliquer, ou éclaircir, ce vocable est un instrument de méthodologie juridique. Opération consistant à discerner le véritable sens d'un texte obscur, l'interprétation désigne aussi bien les éclaircissements donnés par l'auteur même de l'acte, que le travail d'exégèse d'un interprète étranger à celui-ci. Elle revêt un sens particulier en droit fiscal[775], compte tenu de la mission particulière concédée à l'administration en la matière. Elle est alors au centre de la « *doctrine administrative* » et du « *rescrit fiscal* ».

1 : La doctrine administrative

1015. La doctrine administrative constitue une technique majeure que mobilisent les responsables des services fiscaux, pour la garantie des

[775] MARCHESSOU (P), *L'interprétation* des textes fiscaux. Economica, Paris, 1980, p. 117.

droits du contribuable afférents à la juste et bonne information utile à la stabilité de leurs opérations fiscales.

1016. A une époque qui se caractérise de manière frappante par la prolifération des textes législatifs et réglementaires en général, et ceux à caractère fiscal en particulier, dont la compréhension n'est pas toujours aisée pour le contribuable, il devient urgent de faciliter leur mise à disposition matérielle et intellectuelle, afin que ce dernier puisse en faire usage de manière certaine dans ses activités taxables[776]. Au-delà du caractère nécessaire de l'exigence d'accessibilité et d'intelligibilité des instruments normatifs à caractère fiscal, il s'agit en réalité d'un impératif propre à la légalité. En effet, parmi les grandes missions qu'est censée assurer l'administration fiscale, figure en bonne position la mission d'interpréter les textes fiscaux, eu égard à la spécificité de la matière financière en générale, et celle fiscal en particulier[777]. D'où l'importance de la doctrine administrative qui peut se définir comme l'ensemble des circulaires, instructions, directives conçues par l'administration et publiées dans l'optique de donner la position exacte des services fiscaux au sujet d'une disposition législative ou réglementaire à caractère fiscale qui pose des problèmes de compréhension au contribuable censé les appliquer. Cette doctrine lie l'administration vis-à-vis du contribuable qui peut l'invoquer en cas de litige. C'est du moins ce que constate monsieur Olivier DEBAT, en commentant l'article L80 du Livre des procédures fiscales français qui est l'équivalent de l'article L37 du texte semblable camerounais. Pour cet auteur, les dispositions de l'article L80 A du LPF permettent à l'assujetti de lier le fisc sur la base de l'interprétation qu'il a faite des normes fiscales. Mais, il n'en est pas de même pour la réciproque. En d'autres termes, le fisc ne peut pas opposer son interprétation à l'assujetti. *L'article n'a donc vocation qu'à jouer en faveur du contribuable : il ne peut jamais lui nuire. L'administration n'a nullement le pouvoir d'imposer sa doctrine au redevable. Il est vrai qu'en pratique, elle la lui appliquera d'abord, ce n'est que postérieurement que le juge exercera son contrôle.*[778] La doctrine administrative, initiée par l'administration elle-même, est donc une technique au service de la garantie des droits du contribuable.

---

776 GADHOUM (O), « La doctrine administrative fiscale en Tunisie », op. cit., p. 12.
777 MARCHESSOU (P), L'interprétation des textes *fiscaux*, op.cit., p. 25.
778 DEBAT (O), La rétroactivité et le droit fiscal, op. cit., p. 42.

1017. Même lorsque la position de l'administration fiscale au sujet d'un texte obscur est requise par le contribuable, elle produit les mêmes effets juridiques, en dépit de la différence de désignation. Dans ce cas, on parle de rescrit fiscal.

2 : Le rescrit fiscal

1018. Complémentaire à la doctrine administrative sur le plan téléologique, à la seule différence qu'il est initié par le contribuable lui-même, le rescrit fiscal est aussi une technique mobilisée par l'administration pour garantir les droits du contribuable propres à l'interprétation des instruments normatifs à caractère fiscal.

1019. Le rescrit fiscal est un procédé qui permet aux contribuables en général et aux entreprises en particulier, de connaître à l'avance, et de manière précises, le régime fiscal applicable aux opérations qu'ils envisagent réaliser. La loi de finances pour l'exercice 2008[779] a institué pour le contribuable la possibilité de consultation préalable de l'administration avec l'obligation de réponse pour cette dernière. L'administration a, en effet, l'obligation de répondre aux sollicitations du contribuable relatives au rescrit fiscal dans un délai de un (01) mois à compter de la réception de sa demande. Tout comme il est de son devoir d'améliorer la communication avec ses usagers.

B : Les techniques d'amélioration de la communication externe

1020. Depuis un certain nombre d'années, la notion de « *public relations* » venue des pays anglo-saxons et traduite en français sous le terme de *relations publiques*[780] connait un important essor. L'action administrative se base dorénavant sur des concepts de sociologie et de psychologie sociale, voire sur des pratiques de marketing, pour privilégier la communication et le dialogue. Le Cameroun n'est pas en reste par rapport à cette mouvance. Dans l'optique d'une garantie de plus en plus efficace des droits du contribuable, l'administration fiscale, non seulement facilite l'accès du contribuable à l'information fiscale, mais surtout, procède à une simplification de ses procédures.

---

[779] Article L33 bis du Code général des impôts.

[780] CHAUMELY (J), HUISMAN (D), *les* relations publiques, PUF, que sais-je ?, Paris, 1967, p. 128.

1 : L'accès du contribuable à la bonne information fiscale

1021. L'information est un bien que l'on hésite de partager, un capital qu'il faut gérer efficacement, un privilège que l'on protège. *Comme tout bien, plus l'information est précieuse, plus on a tendance à la retenir, et plus elle est difficile à acquérir par l'usager*, affirme GOBEAU, pour mettre en exergue l'importance de l'information[781]. L'amélioration de l'information du public est, à cet effet, susceptible de profiter à la fois aux usagers et aux administrations elles-mêmes, car ces dernières ont intérêt à améliorer leur image de marque et à prévenir les erreurs des usagers, et partant, les risques de litiges. Le contribuable quant à lui est judicieusement amené à établir des contacts avec l'administration fiscale, à entrer en langue avec elle en vue de nouer un dialogue certes mutuellement bénéfique, mais davantage utiles à la stabilité de ses opérations fiscales. Un tel dialogue est déterminant dans la promotion et la défense de ses droits. Car favorable à l'échange de techniques et moyens utile à un partenariat paisible où chaque partie a de la considération vis-à-vis de l'autre. L'administration intensifie alors les moyens d'information traditionnels tout en les perfectionnant.

a : L'intensification des moyens d'information traditionnels

1022. Les enjeux administratifs de l'intensification des moyens d'information traditionnels sont de divers ordres. En premier lieu, il s'agit de satisfaire le besoin d'adaptation de l'administration fiscale, à un environnement de plus en plus décentralisé et déconcentré. Ensuite, il est question, de manière tout aussi fondamentale, d'améliorer les rapports entre l'administration fiscale et ses usagers, les contribuables. En ce sens, un effort est fait de communication externe, visant à mieux informer le public et aussi à mieux l'accueillir au sein des services.[782] C'est bien la raison pour laquelle la Direction générale des impôts s'efforce de développer des publications, à l'instar du bulletin officiel des impôts ou des journaux tels « *impôt info* » mettant à la disposition du contribuable un ensemble des textes et d'informations à caractère fiscal. Aussi, des journées portes ouvertes, des spots publicitaires, des missions des agents des impôts dans les entreprises pour expliquer les

---

781 GOBEAU (D), « L'accès des contribuables à l'information fiscale », *op. cit.*, p. 111.

782 Sur la politique de communication de l'administration des impôts, lire : RFFP n° 57, 1997, « Administration de l'impôt et communication ».

nouveaux mécanismes fiscaux, sont autant de stratégies habituellement mobilisées pour faire accéder le contribuable à la bonne information fiscale. L'exemple des réunions de concertation entre la Direction Générale des impôts et les Expert-comptable sur les disparités entre certaines dispositions du CGI et celles du nouveau droit comptable OHADA est assez illustratif. Ces concertations ont abouti à l'adoption des mesures transitoires. Par la mobilisation de ces moyens d'information, le contribuable semble ne plus être un simple assujetti en droit fiscal camerounais. Il tend à devenir un réel partenaire de l'administration fiscale.

b : La mobilisation des nouvelles technologies de l'information

1023. L'administration camerounaise semble avoir opéré une véritable mue en rapport avec les nouvelles technologies de l'information et de la communication. En effet, tout un site internet est conçu à la Direction générale des impôts. Accessible sous un lien simple[783], il met à la disposition du contribuable la plupart des informations générales utiles à une relation éclairée du contribuable avec l'administration fiscale[784]. La mobilisation par le fisc de toutes ces nouvelles technologies de l'information et de la communication est prémonitoire à court ou moyen terme, d'une véritable « *e-administration* », c'est-à-dire une administration qui rompt avec les usages traditionnels plaçant le papier au centre des activités ; « *une administration par les ondes* ». Cette informatisation des services de l'administration fiscale participe d'ailleurs aussi de la simplification des procédures en vigueur devant le fisc[785].

2 : La simplification des procédures

1024. L'administration fiscale camerounaise est lancée dans un vaste mouvement de simplification de ses procédures afin de faciliter l'accès à ses services et partant la garantie des droits du contribuable inhérents à ses relations avec celle-ci. De l'accueil jusqu'au traitement des

783 http://www.impôts.cm

784 Il s'agit dans l'ensemble d'une présentation institutionnelle et organisationnelle de la DGI, accompagnée des textes législatifs, réglementaires des conventions fiscales, des notes, circulaires, et les questions de principe.

785 CABANNES (X), « L'administration fiscale française et l'obtention des données sur le contribuable à l'ère du numérique », RAFP, n°1, 2015, pp 21-40.

demandes formulées par le contribuable, tout semble réuni pour que les usagers des services fiscaux ne croisent pas d'obstacles majeurs de nature à bloquer la réalisation du service public. L'organisation de l'accueil, empirique, à ses débuts, s'est rationalisée en privilégiant deux pôles : l'orientation dans les locaux et la réduction du nombre des demandes. De plus, les services fiscaux sont engagés dans une opération de clarification des imprimés qui consiste à éviter les expressions difficiles et peu compréhensibles. C'est dans ce vaste mouvement qu'il convient de situer l'élaboration dans les services du Ministère des finances, des « *manuels de procédures* » utiles non seulement à l'orientation, mais aussi à l'éducation des usagers. L'homme semble dorénavant au centre des préoccupations de l'administration fiscale camerounaise[786].

1025. En sus de ces différentes techniques mobilisées par l'administration fiscale pour assurer une garantie efficace des droits du contribuable, d'autres procédés sont utilisés par le fisc en vue de remettre les assujettis insatisfaits dans leur bon droit. Il s'agit des mécanismes de règlement administratif des litiges fiscaux.

¶ II : La protection à travers le règlement administratif des litiges fiscaux

1026. Parce qu'ils visent à départager les parties en remettant celle qui s'estime lésés dans son bon droit, tout mécanisme de règlement des conflits, qu'il soit juridictionnel, administratif ou même par arbitrage, est en principe au service de la protection des droits. Il en est ainsi des mécanismes mis à la disposition de l'administration fiscale en vue de régler les litiges suscités par une contestation par le contribuable de l'impôt mis à sa charge[787]. En effet, un contribuable insatisfait de son impôt est en droit de saisir l'administration par une réclamation. Et il est de la « *compétence liée* » de l'administration fiscale de se prononcer sur cette requête. L'administration, par un tel règlement, agit dans le sens de garantir le droit du contribuable, même si sa position semble délicate parce qu'étant à la fois juge et partie.

---

786 DRAI (R), « Science administrative et relations humaines », Bulletin I.J.A.P., 1975, n°36.pp. 7-38, p. 32.
787 NOEL (G), « Le règlement administratif des litiges fiscaux sans recours au juge », in Le juge fiscal, (dir.), HERTZOG (R), Economica, 1988, pp. 122-124.

1027. La démarche n'est pourtant pas la même en matière de juridiction gracieuse. En effet, ici, contrairement à la réclamation du contribuable lésé qui ressortit à la juridiction contentieuse, le contribuable qui saisit l'administration par une demande de remise gracieuse de son impôt, sollicite la mansuétude de la puissance publique. En d'autres termes, c'est l'administration qui est en position de force. Elle peut donc, en usant pleinement de son bon vouloir, accepter ou refuser la sollicitation du contribuable. Tel n'est pas le cas en matière de réclamation contentieuse, car, c'est plutôt le contribuable qui est en situation de force lorsqu'il exige sa remise à une situation fiscale normale.

1028. Mécanisme de règlement de litiges fiscaux entre l'administration et le contribuable insatisfait, la procédure de réclamation contentieuse devant l'administration, vise donc la protection des droits du contribuable, qu'elle soit liée à une recours juridictionnel ou pas[788]. Quelle est sa consistance et sa portée ? Telles sont les questions qui tarauderont notre esprit dans les lignes suivantes.

A : La consistance de la réclamation contentieuse

1029. Qu'elle soit préalable à la saisine du juge ou indépendante de celle-ci, la réclamation contentieuse en matière fiscale constitue une occasion privilégiée pour l'administration de se mettre au service de la protection des droits du contribuable. Conformément aux dispositions combinées des articles L 115 et L 116 (nouveau) du Livre des procédures fiscales camerounais, les réclamations relatives aux impôts, taxes et pénalités établis par la Direction des impôts ressortissent à la juridiction contentieuse lorsqu'elles tendent à obtenir soit la réparation d'erreurs commises dans l'assiette ou le calcul des impositions, soit le bénéfice d'un droit résultant d'une disposition législative ou réglementaire. Le contribuable qui se croit imposé à tort ou surtaxé, peut en faire la réclamation, par écrit, au Chef de centre régional des impôts, au Directeur chargé de la gestion des grandes entreprises ou au Directeur

[788] Lorsqu'elle est liée à un recours juridictionnel, on parle de *recours préalable devant l'administration fiscale* ou de *réclamation préalable*. C'est une exigence pour le contribuable qui ambitionne saisir le juge fiscal de saisir d'abord l'administration. Ce n'est que lorsqu'il n'a pas eu satisfaction devant l'administration qu'il peut porter son litige devant le juge. Le non-respect de cette règle d'ordre public expose la demande du contribuable à une fin de non-recevoir devant le juge. Cette règle s'impose dans la majorité les contentieux impliquant l'administration, à l'instar du contentieux administratif.

général des impôts, dans un délai de trente jours à partir de la date de notification de l'avis de mise en recouvrement ou de la connaissance certaine de l'imposition. La réclamation obéit à des règles de saisine et de procédures particulières.

1 : Les règles de saisine

1030. En dehors des conditions de délais à remplir par le contribuable insatisfait qui dispose de trente jours pour faire sa réclamation par écrit, cette requête doit satisfaire à d'autres conditions sous peine d'irrecevabilité. Il s'agit, conformément à l'alinéa 2 de l'article 116 nouveau du Livre des procédures fiscales, d'abord de l'exigence de signature par le réclamant ou son mandataire et de timbre. Ensuite, l'initiateur de la réclamation doit faire ressortir à sa demande, la nature de l'impôt, l'exercice d'émission, le numéro de l'article de l'Avis de mise en recouvrement, le lieu d'imposition et l'exposé sommaire de ses moyens et conclusions. Enfin, le contribuable insatisfait du processus d'imposition doit apporter des justificatifs de paiement des impôts non querellés.

La satisfaction de toutes ces conditions de saisine ouvre la voie à la suite de la procédure devant l'administration fiscale.

2 : Les suites de la procédure de réclamation

1031. Le traitement de la réclamation par l'administration fiscale donne lieu à l'instruction au fond opéré par les services fiscaux à l'effet de délimiter l'imposition en litige, de déterminer l'exposé des faits et d'examiner la régularité et le bienfondé de l'imposition querellée. Tout ceci débouche sur une décision qui vient couronner la phase d'instruction.

a : L'instruction devant les services fiscaux

1032. L'examen de la forme de la réclamation est toujours suivi de l'instruction au fond. A cet égard, il est à noter que l'instruction doit contribuer à réaliser un examen minutieux et attentif des arguments soulevés par le contribuable. Par ailleurs, l'instruction par l'agent fiscal constitue une étape cruciale dans la mesure où elle peut entrainer l'examen du bienfondé l'imposition en litige, ainsi que la recherche par l'agent instructeur, des compensations susceptibles d'être effectuées entre les surtaxes reconnues et les insuffisances d'imposition qui viendraient à être contestées en vertu de l'article L125 bis du LPF. Par ailleurs, l'instruction revêt une importance fondamentale dans la mesure où elle est l'occasion pour l'agent instructeur de rassembler toutes les pièces nécessaires à l'examen de l'imposition contestée.

b : La décision de l'administration

1033. Le pouvoir de décision de l'administration fiscale est contenu dans l'article L122 du LPF. Conformément à cette disposition, les décisions de dégrèvement ou de rejet rendues par l'administration en réponse à la réclamation du contribuable relèvent des compétences successives : du Chef de centre régional des impôts ou du DGE dans la limite de dix millions (10 000 000) de francs ; du Directeur général des impôts dans la limite de trente millions (30 000 000) de francs ; du Ministre des finances au-delà de trente millions (30 000 000) de francs. La décision de l'administration sur réclamation préalable, peut revêtir plusieurs sens. Il peut s'agir d'une admission totale, partielle ou d'un rejet total. La décision de l'administration doit être motivée, conformément à l'Article L123 du LPF. En sus, cette décision doit être rendue dans un délai de deux mois à compter de la date de réception de la déclaration par l'autorité de décision.

Utile à la protection des droits d'un contribuable qui a été maladroitement imposé, la procédure de la réclamation a souvent une portée mitigée, surtout lorsqu'elle constitue un prélude obligatoire à l'office du juge fiscal.

B : La portée mitigée de la réclamation

1034. S'il est clairement démontré que la procédure de la réclamation permet au contribuable anormalement imposé de ramener sa dette fiscale à une proportion normale, le fait par contre de conditionner la saisine du juge à l'épuisement de cette procédure au sein de la même administration génératrice de l'impôt contestée[789], suscite quelques

---

[789] Au regard de la jurisprudence constante, il ne fait aucun doute que la réclamation préalable est une règle d'ordre public. Voir : Jugement n°44/CS/CA/88-89, 25 Mai 1989, TIAMOGO Boniface C/ Etat du Cameroun (MINFI) ; Jugement n°52/CS/CA/89-90, 26 Juillet 1990, TCHOUPO Jean c : Etat du Cameroun (MINFI) ; jugement n°47/CS/CA/89-90 du 28 Juin 1990, ONDO Jean C/ Etat du Cameroun (MINFI).

réserves. En effet, l'utilité pratique de la réclamation préalable tend à être édulcorée par une certaine ombre d'imperfection.

1 : L'utilité pratique de la réclamation préalable.

1035. Le recours préalable devant l'administration fiscale constitue un instrument de dialogue entre le contribuable et l'administration fiscale[790]. A cet égard, il participe à rassembler les vues des parties au procès fiscal en organisant une ultime rencontre. L'impôt étant une prestation requise du citoyen par voie de contrainte, toute possibilité de dialogue dans sa collecte participe de ce que l'on appelle *le système de l'assentiment*[791] et joue un rôle majeur dans l'harmonisation des rapports conflictuels entre le fisc et ses usagers. Par ailleurs, le désengorgement de la juridiction administrative constitue une préoccupation dans nos systèmes juridictionnels. La réclamation préalable participe alors activement a un double titre au processus de désengorgement de la juridiction administrative soit en obligeant l'administration à procéder à un nouvel examen du cas d'espèce, ce qui peut la conduire à prononcer le dégrèvement sollicité, soit en éclairant mieux le contribuable sur les limites de ses droits ou sur les bases juridiques de la position adoptée par l'administration. A titre d'illustration, sur près d'un demi-millier de réclamations adressées annuellement au Directeur Général des Impôts, dont plus de 95% reçoivent des réponses[792], moins du cinquantième aboutissent sur des requêtes introductives d'instances fiscales. Par ailleurs, l'on ne saurait, à l'actif de la réclamation préalable, faire fi de l'argument de la rapidité, dans la mesure où elle requiert en moyenne cinq fois moins[793] de temps qu'un recours juridictionnel en bonne et due forme. Les instances juridictionnelles en matière contentieuse les plus expéditives durent en

790 NOËL (G), la réclamation préalable devant le service des impôts. L.G.D.J., Paris, 1985, p. 48.
791 ADANT (G) : Théorie *sociologique de l'impôt*, SEVPEN, Tome II, 1965, p. 925.
792 Rapports annuels de la cellule du contentieux de la DGI (exercice 2002, 2003, 2004, 2005).
793 Jugement n°27/CS/CA/84-85, 31 Janvier 1985, Etablissements NZIKO ANDRE C/Etat du Cameroun ; jugement n°81/CS/CA/ADD/93-94 du 25 Août 1994, société NKUITE & Cie C/Etat du Cameroun (MINFI) ; jugement n°66/CS/CA/93-94 du 30 Juin 1994, NGAMALEU Dominique C/ Etat du Cameroun ; jugement n°09/CS/CA/02-03 du 31 Octobre 2002, Société FRIEDLANDER Cameroun SARL C/ Etat du Cameroun.

moyenne trente mois, contre six mois pour l'épuisement des recours préalables les plus expéditifs.

1036. Dès lors, le recours préalable évite aux justiciables potentiels eux-mêmes des pertes de temps inutiles alors que l'administration peut régler à l'amiable le litige qui l'oppose au contribuable. A ce titre, la réclamation préalable est devenue le lieu ultime d'espérance contentieuse pour le contribuable c'est la manifestation de l'attachement du contribuable à la procédure administrative du contentieux fiscal.

2 : Les limites théoriques de la réclamation préalable

1037. Une ombre de contestation plane sur la réclamation préalable. D'une part, ce mécanisme serait contestable selon nombre d'auteurs, car il procéderait d'une sorte de *quasi- juridiction* dans laquelle l'administration fiscale est à la fois juge et partie. Pour le professeur HENRI JACQUOT, par exemple, cette procédure *n'offre que peu de garanties au contribuable... L'administration fiscale qui va être appelée à trancher le litige ne jouit d'aucune indépendance*. Par conséquent, le dialogue qui se cristallise dans le recours préalable n'est pas équilibré. En effet, il met face-à-face une administration fiscale, toute puissante parce qu'elle domine parfaitement la matière fiscale et dispose des prérogatives et des moyens importants, et un contribuable fortement démuni. Ce dernier semble donc en position d'infériorité face à l'appareil fiscal[794]. Par ailleurs, l'idée de dialogue qui articule la procédure de la réclamation préalable recèle une insuffisance majeure. Le dialogue dans cette phase prend incontestablement une tournure inégalitaire dans la mesure où l'agent auquel est confié le rôle déterminant dans l'instruction de la réclamation, est celui qui a procédé à la vérification et au redressement. On comprendrait difficilement qu'il puisse s'infliger à lui-même un désaveu, alors que pendant des mois et parfois des années, il a refusé systématiquement de se rendre aux raisons du contribuable. *Une argumentation circonstanciée, une présentation parfois tendancieuse et naturellement partielle du dossier du contribuable pourront dès lors, suffirent à emporter la conviction de l'autorité chargée de prendre la décision*[795]. Le dialogue cesse donc

794 LOUIT (C), « les relations entre l'administration fiscale et le contribuable ». in *Etudes offertes à Pierre KASER*. Paris, PUF, 1979 p. 556.

795 LAMARQUE (J), avant-propos de l'ouvrage de NOËL (G), op. cit., p. 20.

d'être *une escrime entre deux adversaires intellectuellement égaux*[796]. En outre, envisagé sur l'angle de l'action en recouvrement, il convient de souligner que la réclamation préalable n'a pas de portée décisive. Elle demeure sans incidence sur le recouvrement de l'impôt rappelé à la suite du contrôle fiscal.

1038. Toutefois, même si elle peut paraitre à la fois comme juge et partie dans certains de ses rapports avec le contribuable dont elle détermine l'impôt, l'administration fiscale est manifestement au service de la protection des droits de son partenaire de l'activité fiscale. Elle peut lui faciliter la mise à disposition matérielle et intellectuels de certaines normes et informations, ou alors le remettre, en toute opportunité dans son bon droit.

Au cas où tous ces mécanismes administratifs seraient insuffisants, le contribuable pourra se fier aux outils de protection de ses droits propres à l'intervention de la société civile.

§ II : La protection par la société civile

1039. L'expression « *société civile* » est d'un usage très répandu. Toujours présente dans les lexiques et codes des transactions humaines, elle est fréquemment employée par les associations, les organisations non-gouvernementales, les gouvernements et même les agences de la coopération internationale.

La société civile fait son entrée dans les usages au Cameroun en deux temps. Son apparition se situe d'abord dans les sillages de la libéralisation politique, marquée par l'abandon du parti unique, l'instauration du multipartisme, l'avènement des lois sur les libertés et les associations. Elle apparait comme une manifestation de l'implémentation des exigences de bonne gouvernance et promeut la bonne conduite des politiques publiques par une gestion participative de la société. La deuxième phase quant à elle survient lorsqu'il a été question de donner un visage humain aux programmes d'ajustement structurel par le développement de leur volet social.

La société civile devient alors l'un des acteurs non étatiques les plus en vue. Il s'agit d'organisations à but non lucratif et apolitique, créées dans l'optique d'aider les gouvernants à mieux conduire leurs missions par une participation à la prise des décisions dont les destinataires ne

---

796 HEILBRONNER (A), *Les garanties nouvelles du contribuable*, EDCE, 1963, p. 31.

sont autres que les citoyens eux-mêmes. Il s'agit donc de groupes sociaux menant des actions à bénéfice collectif.

1040. En phase avec l'idée de développement autocentré, la société civile est une réalité composite. Elle regroupe une variété d'éléments : les associations d'habitants des quartiers, les Organisations non gouvernementales, les prestataires d'actions de développement ou de services sociaux, les confédérations confessionnelles, les fédérations paysannes, les médias, les syndicats de tous ordres, les groupements et organismes de défense des droits de l'homme, les représentations des peuples indigènes, les mouvements de protection de l'environnement, les associations des consommateurs, les structures d'appui au développement, les associations culturelles, et l'énumération est loin d'être exhaustive. La société civile constitue une force de proposition, de réflexion et d'action qui participe, aux côtés des autres acteurs, à la résolution des problèmes socio-économiques immédiats ou à long terme.

1041. Dans le contexte actuel particulièrement favorable aux idéaux de liberté, l'on a assisté à une prolifération d'organismes de la société civile qui militent en faveur de la défense des intérêts des contribuables. Ces organismes semblent placer la protection des droits de ces derniers au centre de leurs préoccupations et actions. A cet effet, nous analyserons, au préalable leurs mécanismes de protection avant d'en jauger la pertinence.

¶ I : Les mécanismes de protection par la société civile

1042. En scrutant minutieusement les statuts des différents organismes de la société civile inscrits dans le mouvement de promotion et de défense des droits du contribuable au Cameroun, il semble se dégager deux grands groupes, en fonction du niveau de formalisation de leur intervention dans les processus de prise de décisions par les gouvernants. En effet, certaines de ces organisations semblent pratiquement institutionnalisées, tandis que d'autres ne le sont pas, en dépit de leurs multiples actions. La protection des droits du contribuable par la société civile semble donc à la fois institutionnalisée et non institutionnalisée.

A : La protection institutionnalisée

1043. Depuis l'adoption des différentes lois accordant aux citoyens les libertés d'association, d'expression et de manifestation, la mise en œuvre du droit fiscal tend à accorder au Cameroun, une place plus ou moins importante aux représentants des contribuables dans les commissions intervenant dans le cadre de la prise des décisions. Même si la fréquence des réunions de ces commissions laisse apparaitre un manque de régularité notoire, leur simple existence et leurs rares interventions sont constitutives de réelles lueurs d'espoir d'une participation plus renforcée de la société civile à la défense des droits du contribuable. Nous étudierons néanmoins ici les modalités de protection desdits droits par ce nouvel acteur, en insistant particulièrement sur ses principales revendications.

1 : Les modalités de protection institutionnalisée

1044. De nombreux regroupements socio-professionnels occupent l'espace fiscal national. Ces organisations se déploient dans la totalité des secteurs de la vie économique nationale. Les plus représentatives, compte tenu de leur implication dans l'action publique, de leur structuration et de l'importance de leurs moyens, mobilisent des structures telles la Chambre de Commerce, d'Industrie, des Mines et de l'Artisanat, le Groupement Inter patronal du Cameroun (GICAM), le Syndicat des industries du Cameroun (SYNDUSTRICAM), le Groupement des femmes d'affaires du Cameroun (GFAC), l'Association des jeunes hommes d'affaires du Cameroun (ASSOJHAC), le Comité international camerounais de la chambre de commerce international (ICC) et le Groupement des Producteurs de Pétrole (GPP), pour ne citer que ces quelques exemples . Le GICAM[797] fonctionne ainsi avec une assemblée générale, un bureau, un président, des comités d'étude et un secrétariat général chargé de l'exécution concrète des missions arrêtées par le bureau et de la gestion administrative et financière du groupement[798]. Ces structures participent à l'élaboration des normes fiscales, avec pour effet de faciliter l'acceptation de l'impôt par le contribuable.

---

[797] Le GICAM compte 235 adhérents. Cf. Cameroon Tribune n° 8500/4699 du mardi 20 décembre 2005, p.5.
798 Source : http://www.izf.net/izf/ficheldentite/GICAM.htm

a : La participation des groupements professionnels à l'élaboration des normes fiscales

1045. De nos jours, il parait opportun que la conception des textes fiscaux intègre la notion de « *partenariat* » qui gouverne dorénavant les relations entre le contribuable et l'administration fiscale. L'apparition et le développement d'une telle vision pluraliste sont liés à la constatation que *toute organisation moderne repose... de plus en plus sur la bonne volonté de ses membres, sur leur capacité d'adaptation et d'innovation, sur leur aptitude à coopérer entre eux. Plus une organisation est complexe, moins elle peut fonctionner en se contentant de faire appliquer des règlements, plus elle doit compter sur la coopération de son personnel et plus elle doit s'efforcer d'obtenir la participation consciente de celui-ci à l'effort commun*[799]. On est même en droit d'affirmer, à la suite du professeur Jacques VANDERLINDEN[800], que la production pluraliste ou partenariale du droit apparait comme un préalable à la reconstruction de l'Etat africain. Il s'agit là de la manifestation de l'idéal démocratique et, pour ainsi dire de l'état de droit. En effet, fondée « *sur la négociation juridique* »[801], la participation que l'on entend défendre ici, n'est rien d'autre qu'une contractualisation des rapports entre administration et administrés. Ainsi, l'ordre juridique passe du vertical à l'horizontal, du monopole à la concurrence, du formel à l'informel, de unilatéral au négocié. Parce qu'elle se matérialise par l'expression d'une volonté collective dans l'élaboration même de la loi, l'approche participative conduit donc à la réalisation de l'idéal démocratique. Avec la participation, la loi fiscale devient, en quelque sorte, une parole dans laquelle chaque citoyen-contribuable *peut se reconnaître puisqu'il est présent, au moins indirectement ou de manière médiate, dans son élaboration*[802].

1046. Il existe plusieurs organisations professionnelles représentatives des contribuables au Cameroun. On se limitera dans cette étude au cas du

---

799 CROZIER (M), « Crise et renouveau dans l'administration française », Sociologie du Travail, 1966, n° 3 p. 235.

800 VANDERLINDEN (J), « Production pluraliste du droit et reconstruction de l'Etat africain ? », *Afrique contemporaine*, numéro spécial, 3ème trimestre 2001, pp. 21 et suivantes.

801 HOLLEAUX (A), « Vers un ordre juridique conventionnel », Bulletin. I.I.A.P., 1974, p. 675.

802 L'histoire révèle que c'est la participation des citoyens à l'élaboration de la fiscalité (on pense au consentement à l'impôt) qui fût à l'origine des premiers régimes démocratiques.

Groupement inter patronal du Cameroun (GICAM). Il s'agit de l'une des structures les plus représentatives en la matière. Car elle regroupe la majorité des chefs d'entreprises camerounais. Sa position privilégiée lui a permis, à plusieurs reprises, d'être un partenaire inévitable des pouvoirs publics dans le cadre de la concertation en matière fiscale. Par le biais de sa commission juridique et fiscale, le GICAM a eu l'occasion de défendre sa vision de la fiscalité substantielle et du contentieux fiscal. Cette structure de proue de la société civile camerounaise a ainsi pu remédier à la lapalissade selon laquelle, le faible degré d'information fiscale en Afrique appauvrit la rationalité cognitive du contribuable qui ne parait généralement pas bien armé non seulement pour connaître ses obligations fiscales mais aussi et surtout établir le lien entre l'impôt et la dépense publique[803].

1047. Les pouvoirs publics africains devraient profiter de la consultation des représentants des contribuables dans l'optique de mieux leur expliquer le but intrinsèque de la politique fiscale. La consultation doit dès lors être un instrument efficace de diffusion de l'information fiscale disponible.

b : L'effet de la participation : le consentement à l'impôt

1048. Plusieurs auteurs ont démontré les effets pervers d'un formalisme à outrance et d'une unilatéralité excessive en matière de conception et d'application des instruments juridiques à caractère fiscal[804]. Dès lors, en faisant participer le plus grand nombre possible de représentants des contribuables, dans la conception même de la politique et de la légalité fiscale, l'efficacité en la matière semble garantie[805]. Le mécanisme de consultation se présente ainsi comme étant cette solution qui s'attache à *restituer au consentement à l'impôt son aspect d'adhésion collective à un projet global.*[806] Il œuvre efficacement dans la perspective d'éviter que l'impôt soit psychologiquement considéré comme une contrainte et

803 CHEVALLIER (J), « la dimension symbolique du principe de légalité », RDP, novembre-décembre 1990, p. 656.

804 CHEVALLIER (J), « la dimension symbolique du principe de légalité », *op. cit.*, p. 655 et suivantes.

805 FOTSING (J-B.), Le pouvoir fiscal en Afrique. Essai sur la légitimité fiscale dans les États d'Afrique noire francophone, LGDJ, Paris, 1995, pp. 12 et suivantes.

806 BELTRAME, (P), « le consentement de l'impôt. Devenir d'un grand principe », RFFP, n°51, 1995, p. 89.

constitue ainsi un remède à » *l'allergie fiscale »,* afin de transformer l'actuel « *contribuable-sujet »* en un « *contribuable-citoyen ».*

2 : Les principales revendications

1049. Le GICAM constitue une sérieuse force de pression, de négociation ou d'influence auprès des administrations. Il s'agit d'une association professionnelle, d'un groupe d'intérêt économique. C'est pour cela que le GICAM utilise des forces de persuasion pour influencer sur les décisions afin de sauvegarder les intérêts des membres qu'il représente. A cet effet, l'action du GICAM s'articule principalement autour du plaidoyer en faveur de la baisse de la pression fiscale et de la protection des contribuables investisseurs.

a : La diminution de la pression fiscale et la promotion de la pause fiscale

1050. La pression fiscale est une expression objet de réflexions passionnée qui exige d'être prudemment abordée. La pression fiscale désigne le rapport qui existe entre le prélèvement fiscal subit par une personne un groupe social ou un Etat et le revenu dont dispose ces derniers. Simplement dit, la pression fiscale se conçoit comme le poids des prélèvements fiscaux sur le revenu du citoyen contribuable Elle dépend à la fois des facteurs socio-économiques et psychologiques. Sur le plan national, la pression fiscale se détermine à l'aune du rapport qui existe entre les prélèvements obligatoires et le produit intérieur brut. Pour mesurer le poids de prélèvements obligatoire, on tient compte de tous les impôts, taxes, redevance et autres cotisations sociales recouvrée au cours d'une année budgétaire. Une bonne appréciation du poids des prélèvements obligatoires au Cameroun, doit inclure au numérateur le poids de la corruption[807]. Selon le GICAM, l'élargissement de l'assiette de l'impôt et l'augmentation des taux d'imposition existants sont rédhibitoires à la promotion et à l'amélioration de la gouvernance fiscale au Cameroun. D'où son acharnement aux côtés des pouvoirs

807 Il convient de préciser ici qu'il s'agit des sommes versées volontairement ou non, aux agents du fisc de manière illicite, en contrepartie d'une diminution de la dette fiscale du contribuable. L'on pourrait aussi soustraire de ce numérateur les impôts et taxes payés et retenus à la source par les administrations, sur les marchés publics et autres prestations avec l'Etat et ses démembrements.

publics à promouvoir la pause fiscale[808]. Pour les contribuables, la pause fiscale strictement entendue, est source de simplicité et d'avantages réciproques.

b : Une fiscalité participative et humaniste

1051. Les débats et réflexions[809] menés régulièrement par le GICAM notamment sur la relance économique au Cameroun vise essentiellement non seulement à permettre aux acteurs impliqués dans le développement économique de notre pays, d'identifier ses forces et faiblesses mais aussi de proposer des schémas de renforcement de la croissance économique. En outre, ces débats et réflexions ont également pour objectif d'insister sur l'urgence des réformes en vue de faciliter et d'améliorer durablement la pratique des affaires au Cameroun. A ces titres, il est important d'améliorer le dialogue entre l'Etat et le secteur privé. Ce dialogue participera au renforcement des synergies possibles entre l'action publique et les objectifs du secteur privé. Aussi, convient-il de préciser que le gouvernement se doit de partir d'une fiscalité essentiellement budgétaire ayant caractérisé les dernières lois de finances, à une fiscalité incitative et respectueuse des droits du contribuable[810].

B : La protection non institutionnalisée

1052. La protection des droits du contribuable résulte également de l'action des associations de la société civile dont l'organisation dépend du secteur d'activité. La contribution de ces associations est largement tributaire des moyens d'action dont elles disposent. La protection non institutionnalisée des droits du contribuable par la société civile, consiste essentiellement aux interventions des associations et

---

[808] Expression imaginée par la doctrine officielle pour rendre compte d'un pacte entre les pouvoirs publics et le secteur privé, selon lequel nul impôt, nul taxes et nul droit financier ne seraient à priori augmentées pendant un nombre d'exercices fiscaux correspondant à un cycle budgétaire.

809 Le GICAM a pris une part très active au niveau des travaux préliminaires du comité interministériel élargie au secteur privé.

810 SPULCHER (Y.), Droits de l'Homme et libertés *fondamentales en droit fiscal*, Edition Larcin, Paris, 2003, pp. 8 et suivantes

regroupements du secteur informel. Dans une étude menée sur la protection des droits du contribuable par la société civile, il serait en effet regrettable de mettre un pan de voile sur les réalités en cours dans le secteur informel qui constitue une part importante, voire, déterminante, de l'économie nationale. Pour se faire, dans l'intérêt que nous accorderons à ce secteur, nous mettront un point d'honneur sur l'intervention de l'association camerounaise des juristes d'entreprises.

1 : L'intervention des associations de contribuables du secteur informel

1053. Le système de protection des droits du contribuable par la société civile au Cameroun ne saurait faire fi de l'intervention d'une catégorie originale d'acteur mobilisant les contribuables eux-mêmes. Il s'agit des regroupements et associations de contribuables dont le cadre n'est pas particulièrement défini de manière à limiter leur action au niveau national, régionale, départementale ou local. Pour la plupart des cas, il s'agit de petits commerçants exerçant dans un même marché ou alors de petits prestataires qui bénéficie parfois d'une législation claire sur leurs activités professionnelles. Ils n'ont pour la plupart qu'une connaissance approximative de la fiscalité. Dans certains cas, il s'agit de contribuables soumis à l'impôt libératoire et qui bénéficient de très peu d'attentions du législateur en matière de procédure fiscale.

1054. L'examen des composantes des organisations socioprofessionnelles est révélateur de la dualité structurelle du tissu fiscal camerounais. D'une part, un secteur organisé, documenté et bien représenté : c'est « *l'élite fiscale* ». D'autre part, se trouve la grande partie en terme numérique, de contribuable du secteur informel, peu enclins aux exigences fiscales et représentés par une foultitude d'organisations de défense sans véritable représentativité : c'est le « *prolétariat fiscal* ». Dans ce contexte, quand bien-même la loi s'efforcerait de rester générale et impersonnelle, *la corporisation de la situation du contribuable et les multiples atteintes à la généralité de cette situation compromettraient son caractères statutaire*[811]. Bien qu'elles relèvent du secteur informel, ces associations constituent des moyens de collaboration pour garantir la réussite aux décisions à prendre et des espaces d'échanges réciproques de concertation, pour que les

[811] MARTINEZ (J-C), Le statut de contribuable, op. cit., p. 345.

contribuables, à travers leurs différentes intervention, puissent apporter un plus à la gestion des affaires de la Direction générale des impôts.

2 : L'intervention particulière de l'Association camerounaise des juristes d'entreprises

1055. L'urgence d'un regroupement comme l'Association camerounaise des juristes d'entreprise[812] s'est fait de plus en plus pressant, spécialement dans un contexte où l'environnement juridique des affaires était loin de constituer une garantie durable de sécurité pour l'investisseur. C'est donc soucieux de l'amélioration du cadre judiciaire camerounais et sous régional et consciente du rôle primordial du juriste d'entreprise dans la poursuite de cet objectif, que cette association de défense des intérêts des entreprises, va voir le jour. Cette association dispose d'un siège à Douala. Au regard de ces statuts, l'Association camerounaise des juristes d'entreprises a, entre autres, pour objet : de regrouper en son sein des juristes d'entreprises de divers horizons professionnels ; d'offrir un cadre propice de rencontre et d'échanges ; d'œuvrer à améliorer la fonction juridique dans l'entreprise en vue de l'éclosion et du développement d'un label de juriste d'entreprise ; d'œuvrer pour la promotion du droit, et spécialement une application qualitative du nouveau droit des affaires communautaire en Afrique, d'assurer la veille juridique à travers les actions de formation continue et d'information de ses membres ; d'exprimer à son initiative ou à la demande d'autorités publics ou privées, des avis sur les matières relevant de sa compétence ; de promouvoir les modes alternatifs de règlement des litiges, facteur de sécurisation juridique des investissements ; d'établir des règles de déontologie régissant l'activité de juristes et contribuer à en assurer le respect ; d'établir tout partenariat utile avec les ordres professionnels, nationaux ou internationaux, les pouvoirs publics, les institutions universitaires et les partenaires au développement.

La simple déclinaison de la feuille de route de l'Association camerounaise des juristes d'entreprises, place cette structure au centre de la promotion et de la défense des droits du contribuable dans un Etat enclin au statut d'Etat de droit comme le Cameroun.

812 Initié par le GICAM à travers sa commission juridique et fiscale, le projet de création de cette association qui voit enfin le jour a longtemps souffert du réduit des couloirs et des tiroirs. Pourtant, l'idée ne manquait ni de pertinence, ni d'attrait.

1056. Par ailleurs, l'Association camerounaise des juristes d'entreprise se veut ouverte à toutes les personnes justifiant soit d'une formation juridique adéquate, soit d'une pratique sur le terrain d'au moins trois ans continus et exerçant comme juriste ou ayant eu à exercer des fonctions para-juridiques dans une entreprise, ou encore y effectuant des prestations juridiques. D'autres personnes peuvent également en faire partie[813]. L'association dispose à cet effet des organes[814] pour l'accomplissement de sa mission de protection des contribuables-entreprises.

Malgré cette action à plusieurs égards appréciable, cette association n'échappe malheureusement pas aux maux qui minent les activités de la société civile en général, en amoindrissant l'efficacité de cet acteur important du système de protection des droits du contribuable.

¶ II : L'appréciation de l'action de la société civile dans la protection des droits du contribuable

1057. L'action de la société civile dans le mouvement de promotion et de défense des droits du contribuable au Cameroun aurait été plus efficace, n'eut été un certain nombre de faits rédhibitoires liée à leur insuffisante intégration dans la prise de décisions fiscales. Bien que mobilisés, les contribuables sont effet très insuffisamment associés à la réflexion sur la norme fiscale. La consultation des contribuables-entreprises par le biais de leur représentant existe, mais n'est pas systématique. Ces différentes structures transmettent spontanément leurs demandes ou leurs suggestions, à intervalles plus ou moins réguliers, à l'administration fiscale ou au ministre qui n'est pas toujours tenu de les traduire en actes concrets. Nous examinerons à cet effet, la faible intégration des contribuables à l'élaboration des normes fiscales et la fragilisation de la société civile.

---

[813] Il s'agit précisément des personnes exerçant des fonctions complémentaires à la fonction juridique, telles, par exemple, responsables financiers, les personnes chargées de questions de qualités et de normes.

814 Il convient de préciser à cet égard que l'association est dotée d'une assemblée générale, d'un bureau exécutif ayant à sa tête un président et des commissions.

A : Une faible participation des contribuables dans l'élaboration des normes fiscales

1058. La participation des citoyens-contribuables à l'élaboration des règles fiscales est une nécessité impérieuse. Ce phénomène est entré dans les pratiques courantes dans certains pays tels les Etats-Unis d'Amérique, où « *l'Administrative Procedure Act* » de 1946 exige que toute règle soit élaborée selon une procédure participative et compréhensive.[815] La section 533 de ce texte dispose que l'administration *doit donner aux personnes intéressées l'opportunité de participer à l'élaboration de la règle de droit par la soumission d'observations écrites, de points de vus ou d'arguments*. Convaincu de l'apport d'une telle approche, dans la politique fiscale, en France, certains auteurs ont pu même plaider pour le *référendum fiscal*[816]

1059. Au Cameroun, sans toutefois disposer d'instruments juridiques semblables à ceux américain ou français, le souci d'intégrer les contribuables dans la prise de décisions fiscales et pourtant une réalité, même si le degré de participation est loin d'être satisfaisant. Nous nous attacherons alors à démontrer cette faible intégration au niveau des contribuables-entreprises et des contribuables-particulier.

1 : La faible participation des contribuables-entreprises

1060. La consultation des contribuables-entreprises par l'administration fiscale, en amont des projets de loi de finance ou des instructions, est une réalité au Cameroun. Certaines entreprises sont représentées par leurs conseils : « *cabinet d'études et de conseil* ». Ce mode d'association présente cependant des inconvénients notables. En effet son caractère non systématique et informel a pour effet de diminuer l'efficacité d'un tel mécanisme. La DGI devra dès lors non seulement renforcer et davantage formaliser la consultation des organismes professionnels représentant les entreprises, groupement des entreprises, mais surtout faire ressentir leurs position à la lecture des actes conçus après ces consultations.

---

815 AMAN (A-C) et MAYTON (W-T), Administrative law, st Paul, WESTE publishing Co, 1993, p..41, cité par BRACONNIER (S), « La technique de l'étude d'impacts et le renouveau de l'action public », RDP, n°3, 1998, p.836.

816 Après avoir cité des exemples du droit comparé, le professeur MARTINEZ (J-C) conclut que rien n'empêcherait d'utiliser des procédures du même type en d'autres pays (...).

1061. Par ailleurs, les organes représentatifs des intérêts professionnels doivent à leur tour davantage développer des structures de relations publiques leur permettant de faire entendre spontanément leur voix, s'ils estiment que l'administration ne les a pas suffisamment écoutés. Le défaut de consultation doit alors légalement et légitimement nourrir des revendications de la société civile, même si l'administration ne dispose pas toujours du temps nécessaire pour procéder à des consultations systématiques, notamment en ce qui concerne les mesures prévus par les lois de finances.

2 : La relative participation des contribuables-particuliers

1062. Les contribuables-particuliers sont rarement consultés faute de représentants spécifiques. L'élaboration des mesures fiscale ne prévoit pas suffisamment de procédures et techniques particulière de consultation. Cette situation est surtout liée au fait que le parlement assure la représentation des contribuable-citoyen. Tout particulier étant un contribuable en puissance, nombreux sont les intervenants dans l'élaboration de la norme qui peuvent se considérer comme compétents, qu'ils s'agissent des fonctionnaires eux-mêmes ou des responsables politique. D'ailleurs, il n'existe aucune organisation jugée représentative des contribuables-particulier en dehors du représentant de la nation lui-même. Les regroupements de consommateurs disposent difficilement de la compétence en matière fiscale Ces organisations devraient alors manifester leur intérêt dans le cadre d'une consultation plus systématique des représentants des contribuables-particuliers. Le rôle que joue la DGI dans la fiscalité lui recommande régulièrement une franche et transparente collaboration avec les contribuables. Elle doit se faire par le biais des représentants pour des questions directement liées à la réglementation : des réunions de préparation, de concertation, de proposition et d'échanges devront alors être effectuées avec la présence des argumentations de chaque partie[817]. A défaut, l'efficacité attendue dans l'action de la société civile sera toujours relativisée.

---

[817] L'absence de sondage et d'enquête d'opinion sur l'état d'activité de la DGI n'intègre pas la participation dans un cadre plus ouvert et accessible au plus grand nombre. La participation ou la collaboration doit commencer par un appel constant, une invitation régulière de toutes les couches socio-professionnelles aux concertations, à tel enseigne que les contribuables se sentent solliciter et prennent conscience de leur contribution à la définition des règles protectrices de leurs droits.

B : La fragilité de la société civile

1063. L'action de la société civile dans la protection du contribuable connait un réel problème de coordination en raison de la diversité des acteurs intervenant dans ce domaine. C'est ce qui explique le défaut de cohérence dans les actions entreprises et en fin de compte l'insuffisance des résultats.

1 : Une coordination insuffisante

1064. La vision technicienne de l'action publique, fut-elle législative, qui suppose un Etat indépendant de la société, résolvant les problèmes au fur et à mesure qu'ils émergent, est aujourd'hui dépassée comme le montre la théorie systémique de David EASTON. En effet, dans la réalité, les dirigeants seraient continument en proie à des revendications, *plus ou moins explicites voire pressantes, contradictoires ou compatibles, auxquelles ils apportent une réponse quand l'interpellation se fait trop forte. Cette perspective de recherche a contribué à l'intégration des groupes d'intérêt à l'analyse de la décision publique. Leur action est manifeste en matière de politique économique.*[818]

1065. L'action publique se veut actuellement plus participative et bien concerté et coordonnée. Tel ne semble malheureusement pas le cas des interventions de la société civile, cet acteur central de la nouvelle gestion politiques publiques.

a : Une diversité préjudiciable à l'unité d'action

1066. Concernant le fonctionnement des organisations professionnelles patronales, l'on note une pluralité et une diversité qui devient préjudiciable à l'efficacité de leur action. Dans le contexte camerounais, à côte de la Chambre de commerce et de l'industrie des mines et de l'artisanat, il existe plusieurs organismes. Les plus représentatifs sont : le Groupement Inter patronal du Cameroun (GICAM), le syndicat des industries du Cameroun (SYNDUSTRICAM), le groupement des femmes d'affaires du Cameroun (GEFAC), l'association des jeunes hommes d'affaires du Cameroun (ASSOJHAC), le comité national

[818] DARGENT (C), « fondements et objectifs de la politique », Cahiers français, n° 284, 1998, p. 19.

camerounais de la chambre de commerce international (ICC), le Groupement des producteurs de pétrole (GPP). A ces organismes fréquemment consultés[819], tend à s'ajouter les organisations représentant les hommes d'affaires français, les exploitants forestiers, les transporteurs qui font progressivement surface en matière fiscale.

b : Une visibilité relative des associations du secteur informel

1067. Le cadre procédural de l'actuel Livre de procédures fiscales est à n'en point douté un instrument de protection des contribuables du secteur structuré de l'économie et seules les grandes entreprises peuvent réellement en bénéficier compte tenu de leurs moyens financiers et humains. Il peut sembler normal que la protection ne soit accordée qu'à ceux qui exercent légalement, voire dans un contexte documenté. La part de ce secteur dans l'économie nationale laisse penser qu'il est nécessaire de définir un mécanisme protecteur pour les contribuables du secteur informel, afin qu'ils puissent du fait de cette protection recouvrer, consentir à l'impôt et le payer.

1068. Lorsqu'on prend le secteur dit *« informel »*[820] comme champ d'étude, on se heurte d'emblée à un problème de terminologie[821] et de définition, non en raison d'un vide en la matière, mais d'un trop-plein. Il en existe, en effet, autant de définitions que d'auteurs. Cependant, il convient de relever qu'au-delà des divergences entre les auteurs[822], certains points semblent désormais acquis : les activités classées dans le secteur informel sont celles de petite envergure n'ayant pas connu la procédure fiscale d'immatriculation. Les intervenants de ce secteur sont de petites entreprises qui engagent une main-d'œuvre temporaire. Il s'agit parfois *des "entreprises" familiales qui recourent principalement au travail des membres de la famille, et des travailleurs indépendants. (...). Il existe rarement de contrat en bonne et due forme entre employeurs et salariés ou entre acheteurs et vendeurs, et les*

819 Communiqué rendu public à l'issue d'une réunion du comité interministériel et la revue au secteur privé. *Cameroon-Tribune* du 25 août 2005.

820 Le terme *« secteur informel »* a fait sa première apparition dans un document officiel dans un rapport d'une mission générale sur l'emploi au Kenya entreprise par le Bureau International du Travail (BIT) en 1972.

821 Le terme « secteur informel » est connu sous différentes appellations telles que l'économie parallèle, l'économie souterraine, l'économie de subsistance, le secteur non structuré, la micro-économie, le travail autonome, etc…

822 Voir CORDONNIER (R.), « Recherches sur le secteur informel », L'Année sociologique, 1992, pp. 227-252.

activités, qui demeurent souvent occultes, échappent généralement au fisc»[823].

1069. En Afrique, le secteur informel ainsi défini constitue de loin, tant dans les zones urbaines que rurales, le débouché le plus important sur le marché du travail. Sa contribution au PIB de la plupart des pays est très significative[824]. En réalité, ce secteur répond aux « *trois principes d'induction* » mis en avant par l'économiste Claude de MIRAS : « *induction par exclusion* », du fait que l'industrialisation ne suit pas l'urbanisation et crée du chômage ; « *induction par sous paiement du salariat moderne* », qui favorise le double emploi ; « *induction parla demande* », parce que les prix de l'économie capitaliste dépassent les moyens d'une économie de subsistance.[825]

1070. En général, les entrepreneurs évoluant dans ce secteur démarrent leur activité sans crédit bancaire. La famille, les connaissances ou encore les

---

823 Cf. OIT, Rapport sur l'emploi dans le monde 1998-1999, une définition consultable sur www.oit.org/public/french/bureau/inf/ pkits/wer98/wer98ch5.htm. Pour un éclairage sur la notion, voir également : HUSSMANNS (R), « Secteur informel : historique, définition et importance », in AFRISTAT, Actes du séminaire sur le secteur informel et la politique économique en Afrique Subsaharienne, Bamako, 10 au 14 mars 1997, Tome 2, pp. 9-46. Lire aussi : CHARMES (J.), « La nouvelle définition internationale du secteur informel et ses conséquences sur les systèmes et méthodes de mesure », in AFRISTAT, op. cit., pp. 61-78.

824 Près de 70 % de la population urbaine en Afrique subsaharienne est employée dans le secteur informel. Ce secteur contribue à environ 30 % du PIB. Sur cette question, voir notamment CARADEC (T.), *La contribution des micro-entreprises du secteur au développement économique et social de l'Afrique Subsaharienne*, Thèse de doctorat de Gestion, Paris 1, 2001, 333 pages. ; Sur les contributions de l'économie informelle à la croissance, aux revenus et à l'emploi en Centrafrique, voir PIGEON (P.), *Contribution à l'étude de la dynamique informelle en République Centrafricaine*, Thèse de doctorat en Sciences économiques, Bordeaux 4, 1996 (notamment la seconde partie). Au Gabon, les emplois du secteur informel en effectifs sont passés de 36 044 en 1981 (soit 32,3 % par rapport à ceux du secteur moderne) à 128 000 en 1989 (soit 130,6 % par rapport à ceux du secteur moderne). Cf. PANHUYS (H) et GASARIAN (J), *Secteur informel : fonctions macro-économiques et politiques gouvernementales : le cas du Gabon*, OIT, 1998, 74 pages, tableau n° 1, disponible sur le site Internet suivant : www.ilo.org/public/french/employment/ ent/papers/ gabon.htm. Concernant les pays d'Afrique de l'Ouest, voir notamment LEENHARDT (B), « Le poids de l'informel en UEMOA », *Premières leçons en termes de comptabilité nationale des enquêtes 1-2-3* de 2001-2003, Étude Thématique Jumbo, AFD-DIAL, septembre 2005, 31 p. (cette étude est disponible sur http://www.dial.prd.fr/dial_publications/ PDF/jumbosept2005.pdf).

825 DE MIRAS (C.), « De la formation du capital privé à l'économie populaire spontanée, itinéraire d'une recherche en milieu urbain africain », *Politique africaine*, n° 14, 1984, pp. 92-109.

prêteurs particuliers qui pratiquent des taux usuraires, en constituent les principales sources de financement. Parfois, ce financement provient des tontines[826], une sorte d'épargne populaire, que d'aucuns qualifient « *d'impôt de solidarité* » familiale[827], assimilable à une institution.

2 : Des résultats non satisfaisants

1071. Les regroupements professionnels se préoccupent de manière assez indirecte du contribuable. Leur champ de prédilection demeure le droit fiscal matériel et dans une certaine mesure la politique du contrôle fiscal, à l'exclusion du droit processuel qui constitue pourtant le socle véritable de protection du contribuable. Ainsi, les questions de pressions fiscales, de contrôles répétitifs, de tracasseries administratives, de précisions du régime de certaines notions constituent l'ossature des revendications successives de ces groupements.

1072. Sur un plan strictement interne, le phénomène corporatiste subit une double récupération citoyenne et stratégique de la part de l'Etat[828]. D'une part, sa participation est soumise à l'adhésion au processus et objectif contraignant du gouvernement. Ses demandes ne peuvent qu'être marginales, sans possibilité d'influer sur les orientations du partenariat entre l'Etat et les institutions financières internationales. D'autre part, l'Etat n'hésite pas d'accorder des avantages particuliers aux corporations les plus représentatives et les plus puissantes, de sorte qu'elles renoncent à des objectifs majeurs.

---

[826] Sur les tontines et pratiques informelles d'épargne et de crédit, voir GHILAIN (J.), « A propos de la formation du capital autochtone en Afrique : le Likelemba », *Revue de l'Institut de Sociologie*, Université Libre de Bruxelles, 1968, n° 2, pp. 443-466 ; AZANDE (P. H.), « Un instrument traditionnel et moderne de crédit en Afrique : la tontine », *Droit Africain*, 1981, n° 1, pp. 23-26 ;KESSLER (D.), ULLMO (P-A) (Sous dir.), *Épargne et développement*, Economica, Paris, 1985 ; LELART (M.), « L'épargne informelle en Afrique », *Revue des Études Coopératives*, volume 14, 1985, pp. 53-78 ; LELART (M.), LESPES (J-L), « *Les tontines africaines : une expérience originale d'épargne et de crédit* », Revue de l'Économie Sociale, juillet-septembre 1985, pp. 157-159 ; NZEMEN (M.), *Théorie et pratique des tontines au Cameroun*, Yaoundé, SOPECAM, 1988 ; Confédération internationale des associations de diplômés de l'Institut Technique de Banque, L'épargne et sa collecte en Afrique, Colloque de Yamoussoukro, novembre 1987, éditions de la Revue Banque, Paris, 1988.

[827] Cf. MAYOUKOU (C.), Le système de tontines en Afrique. Un système bancaire informel, l'Harmattan, Paris, 1994, p. 56.

[828] GATSI (J), *La société civile au Cameroun.* PUA, Yaoundé, 2001, p. 59.

Ces tares du système de protection non juridictionnel des droits du contribuable ne sont pas l'apanage de la fiscalité nationale ou étatique. Elles concernent aussi la fiscalité locale.

Titre II

L'impôt local

1073. Au sens du tout premier article de la loi du 15 décembre 2009 portant fiscalité locale[829], il faut entendre par fiscalité locale, tous prélèvements opérés par les services fiscaux de l'Etat ou compétents des collectivités territoriales, au profit de ces dernières. L'ensemble de ces prélèvements est encore désigné sous le vocable *« impôts locaux »*. Cette fiscalité s'applique aux communes, aux communautés urbaines, aux communes d'arrondissement, aux régions et à tout autre type de collectivité territoriale créée par la loi.

1074. Dans cette partie de l'étude consacrée aux impôts locaux, il sera question d'analyser les différents prélèvements fiscaux dont les collectivités locales sont bénéficiaires, en abordant leurs processus d'imposition et, le cas échéant, les multiples sanctions et pénalités définies par le législateur pour lutter contre l'incivisme fiscal au niveau local. Mais au préalable, il serait judicieux, pour une bonne assimilation de ces considérations peu ou prou complexes, de satisfaire à une exigence théorique à savoir : définir l'impôt local.

1075. L'article 392 du Code général des collectivités territoriales décentralisées dégage principalement cinq types d'impôts locaux, à savoir, les impôts communaux, les centimes additionnels communaux sur les impôts et taxes de l'Etat, les taxes communales, les impôts et taxes des régions, tout autre type de prélèvements prévus par la loi. Multiples et divers, ces impôts seront regroupés selon une critériologie dégagée par le législateur du 15 décembre 2009 lui-même. A cet effet,

---

[829] Pour des besoins d'harmonisation des instruments législatifs nationaux et locaux en matière financière en général, et fiscale en particulier, par codification, la loi du 15 décembre 2009 portant fiscalité locale a été intégrée dans le code général des impôts, au troisième livre. Et la loi du 10 juillet 2009 portant régime financier des collectivités territoriales décentralisées a été intégrée dans le code général des collectivités territoriales décentralisées du 24 décembre 2019, au cinquième livre.

l'étude de la Fiscalité des communes précèdera celle des régions, des communautés urbaines et d'intercommunalité. Le terme *« impôt »* dans *« impôts locaux »* ne devra alors pas être exclusivement perçu sous le prisme purement technique le distinguant des notions qui lui sont voisines, comprises dans l'expression *« les autres prélèvements obligatoires »*. Il faudra l'entendre plutôt sous sa dimension générique renvoyant à tous prélèvements pécuniaires dont les collectivités locales sont bénéficiaires, de manière directe ou indirecte. Par conséquent, en sus de l'impôt lui-même, les taxes, redevances et tous autres droits pécuniaires rentrent aussi dans cette nouvelle catégorie, pour le moins, originale[830].

---

[830] BONABE DEHICBE (M), *La notion d'impôt en droit fiscal local camerounais*, Mémoire de Master Recherches, Université de Ngaoundéré, 2013- 2014.

Chapitre I

La fiscalité des communes

1076. Certainement pour besoin de précision, le législateur du 15 décembre 2009 a *« dualisé »* une institution que la législation précédente avait pris la peine d'unifier, à savoir la commune[831]. La loi portant fiscalité locale distingue, en effet, la commune en générale, des communes d'arrondissement logées dans des communautés urbaines. Tandis que la fiscalité propre aux communes d'arrondissement sera abordée lors de l'étude des impôts des communautés urbaines, le présent chapitre portant sur la fiscalité communale, est axé sur les impôts des communes autres que celles d'arrondissement, même si, au demeurant, certaines ressources fiscales profitent cumulativement à ces deux types de communes.

La fiscalité communale distingue les impôts communaux et assimilés, les taxes communales et assimilées et les centimes additionnels communaux sur les impôts et taxes de l'Etat.

§ I : Les impôts communaux et assimilés

1077. Les impôts communaux trouvent leur énumération intégrale au Titre II de la loi portant fiscalité locale, et plus précisément à partir de l'article 7 jusqu'à l'article 52. Il s'agit des contributions des patentes, licences et impôts libératoire, des taxes foncières sur les propriétés immobilières et jeux de hasard et divertissement, des droits de mutation d'immeubles et de timbres automobiles et de la redevance forestière. Nous distinguerons à cet effet les contributions communales directes, des contributions étatiques affectées aux communes.

[831] Pour des développements approfondis par rapport à ces prises de position sur les communes, lire : PEKASSA NDAM (GM), « La classification des communes au Cameroun », *RASJ*, Vol.6, n°1, 2009, pp. 29- 65.

¶ I : Les contributions communales directes

1078. Les contributions communales directes sont les impôts directement collectés par les services fiscaux compétents au niveau des communes, suite à l'exercice par le contribuable d'une activité passible de l'un de ces impôts. Il est question ici de trois principaux prélèvements pécuniaires, à savoir, la patente, la licence et l'impôt libératoire.

A : La patente

1079. L'analyse judicieuse de la contribution des patentes, comme d'ailleurs tout type d'impôt, commande à dégager au préalable son champ d'application, ensuite ses modalités de calcul, et enfin le régime de recouvrement et des pénalités.

1 : Le champ d'application

1080. Dégager le champ d'application d'un impôt consiste à ressortir les conditions générales d'assujettissement, en mettant en évidence les personnes et les opérations imposables, et le cas échéant, les exemptions et exonérations.

En vertu de l'article 8 de la loi portant fiscalité locale, est assujetti à la contribution des patentes, toute personne physique ou morale de nationalité camerounaise ou étrangère, qui exerce dans une commune une activité économique, commerciale ou industrielle, ou toute profession non comprise dans les exemptions déterminée dans l'article 11 de la même loi. Personnelle, annuelle et uniquement profitable à celui qui la paie, la patente a pour fait générateur l'exercice effectif et habituel et le but lucratif de la profession taxable. Elle est fixée en fonction du chiffre d'affaire annuel déclaré par le redevable à l'intérieur des classes fixées à cet effet[832].

1081. Les activités soumises de plein droit à la patente sont fixées dans l'Annexe II du Chapitre I de la loi du 15 décembre 2009. Il s'agit précisément d'une liste de 126 activités allant des acheteurs ou collecteur non producteur d'or ou de pierres précieuses, aux vétérinaires, en passant par les agences de publicité, de voyages, de recouvrement, les dessinateurs en bâtiment, les exploitants de scieries,

---

[832] Cf. Annexe I du Chapitre I de la loi du 15 décembre 2009 portant fiscalité locale : Tableau des classes des patentes et fourchettes correspondantes.

d'usines pour production d'eau potable, les usines de raffinage de sel ou de sucre.

1082. La même loi prévoit cependant plusieurs cas d'exemption, c'est-à-dire de ceux qui ne sont pas assujettis à la contribution des patentes, parce que ne remplissant pas la condition légale d'assujettissement, et des cas d'exonération, c'est-à-dire ceux qui remplissent la condition d'assujettissement, mais sont, pour une raison ou une autre, et pendant un certain temps, affranchis de cet impôt. Il s'agit, entre autres, de toutes les personnes morales de droit public, pour leurs activités à caractère culturel, éducatif, sanitaire, social, sportif ou touristique quelle que soit leur situation à l'égard de la taxation sur le chiffre d'affaire, des auteurs compositeurs, des établissements d'enseignement, des sociétés coopératives de développement rural, des voyageurs, des placiers de commerce et d'industries, qu'ils travaillent pour le compte d'une ou plusieurs maisons, qu'ils soient rémunérés par des remises ou des appointements fixes, à la condition qu'ils n'aient pas de personnalité professionnelle indépendante de celle des commerçants dont ils placent les produits[833].

2 : Les modalités de calcul

1083. A ce niveau de l'étude, il est question de dégager le tarif de la patente, c'est-à-dire l'ensemble des mécanismes qui contribuent à la détermination exacte du montant de la patente, à l'instar du taux et des éventuels abattements, d'une part, et des différentes obligations qui pèsent sur le contribuable afin de permettre une bonne liquidation de cet impôt, d'autre part.

a : Le tarif de la patente

1084. En règle générale, pour déterminer le montant de la patente due, il faut appliquer sur le chiffre d'affaire réalisé par le contribuable au cours de la pénultième année, le taux dégressif de la fourchette des taux, correspondant à la classe fixée en fonction dudit chiffre d'affaire. Les entreprises nouvelles sont pour cela obligées de présenter au fisc un chiffre d'affaire prévisionnel régularisable en fin d'exercice. Le taux à

[833] La liste exhaustive de ces cas d'exemptions et exonération est prévue aux articles 11 et 12 de la loi portant fiscalité locale. Il s'agit précisément de 23 points, pour les exemptions. Et pour les exonérations temporaires, le législateur cible les entreprises nouvelles qui bénéficient d'une exonération de deux ans.

appliquer au contribuable est, quant à lui, arrêté par la commune bénéficiaire selon le tableau ci-après :

Tranches de Chiffre d'Affaire Annuel (CA)		**Classes**	**Fourchette des Taux**
Egal ou supérieur à 2 milliards de F		1ère	0,075% à 0,0875%
Au moins égal à :	et inférieur à :		
1 milliard	2 milliards	2ème	0,0875% à 0,100%
500 millions	1 milliard	3ème	0,100% à 0,108%
300 millions	500 millions	4ème	0,108% à 0,116%
100 millions	300 millions	5ème	0,133% à 0,150%
15 millions	100 millions	6ème	0,158% à 0,16%
5 millions	15 millions	7ème	0,283% à 0,400%

1085. Des abattements sont néanmoins légalement prévus à partir du moment où le chiffre d'affaire du contribuable excède 2 milliards. Ainsi, à chaque tranche de 500 000 000, un abattement de 5% est appliqué, sans pour autant que le total de la réduction ne dépasse les 30% du chiffre d'affaire au-dessus de 2 milliards.

1086. Il sied toutefois de relever une exception. Elle concerne le transport interurbain des personnes et des marchandises. Dans ce cas, la tarification de la patente obéit au régime suivant :

- Pour le transport des personnes et par véhicule :
  - Une taxe déterminée égale à 27 500F ;
  - Une taxe variable égale à 1 250F par place à partir de la 11ème place.
- Pour les transporteurs des marchandises et par véhicule :
  - Une taxe déterminée égale à 37 500F et ;
  - Une taxe variable égale à 2 500F par tonne de charge utile au-dessus de trois tonnes.

Tout assujetti à la patente est tenu de satisfaire certaine obligations, sous peine de subir certaines pénalités.

b : Les obligations du contribuable et pénalités

1087. A propos des obligations, la principale exigence qui pèse sur tout assujetti à la patente est déclarative. En effet, tous contribuables exerçant une activité patentable, et même ceux qui en sont exonérés, sont tenus d'en faire déclaration écrite d'existence au Centre des impôts compétent dans les 10 jours suivant le début de l'activité. Cette déclaration doit mettre en exergue :

- tous les éléments de son état civil ;
- le numéro de registre de commerce ;

- le numéro d'immatriculation de l'entreprise ;
- les références de localisation et de correspondance;
- la nature de l'activité et le montant du chiffre d'affaire ;
- les références de la dernière quittance de taxe foncière et tout autre renseignement nécessaire à l'établissement de la patente.

1088. En outre, une déclaration de paiement de la patente annuelle ou trimestrielle, d'arrêt ou cessation de l'activité, doit être établie selon le même régime.

Tout patentable est par ailleurs tenu d'afficher son titre de patente dans son établissement. Ledit titre doit être appuyé des quittances constatant son règlement. Et en cas de perte du titre de patente, un duplicata peut être établi par la même autorité ayant établi l'original.

Le non-respect des règles d'imposition à la patente expose le contribuable à certaines sanctions. En effet, le défaut de paiement ou de déclaration dans les délais légaux donne lieu à une pénalité de 10% par mois de retard avec un maximum de 30% de l'impôt dû.

Le défaut d'imposition volontaire, constitutif de fraude, donne lieu à taxation d'office, avec possibilité de majoration de 50% à 100% selon que la bonne foi du patentable est établie ou non.

L'exercice d'une activité prohibé est assorti d'un procès-verbal par toute autorité publique, avec correspondance à l'autorité compétente. La patente dans ce cas est majorée à 100%, sans titre de patente.

Le défaut d'affichage est puni d'une amende de 10 000F par infraction, acquittée immédiatement.

Le non règlement des sommes dues au titre de la patente expose le délinquant fiscal à une fermeture d'office et immédiate de l'établissement, ou la mise en fourrière du véhicule pour les transporteurs, sans préjudice d'autres sanctions réglementaires.

Le régime de la patente est, à certains égards, semblable à celui de la licence.

B : La licence

1089. La licence est, après la patente, la seconde contribution pécuniaire directement collectée par les collectivités territoriales décentralisées, à leur propre compte. Nous allons voir son champ d'application et son régime de liquidation et de recouvrement.

1 : Le champ d'application

1090. Contrairement à la licence qui est prélevée lors de l'exercice de toute activité économique, commerciale ou industrielle, la licence cible un type précis d'activité de cet ordre : la vente, la fabrication ou l'importation des boissons alcoolisées ou non alcoolisées.

Au sens des dispositions des articles 33 à 36 de la loi portant fiscalité locale, dès lors qu'une personne physique ou morale est autorisée à se livrer à la vente en gros ou en détail, ou à la fabrication, ou même à l'importation des boissons alcoolisées ou non alcoolisées, elle remplit les conditions d'assujettissement à la licence.

La vente, pour l'évaluation de la licence s'entend comme toute remise de boisson donnant lieux à licence à l'occasion des transactions commerciales, de troc, d'échange ou même de cadeau, ou tout prélèvement destiné à la consommation personnelle[834].

Il faut entendre par boissons non alcoolisées, la bière à teneur d'alcool nulle, résultant de la fermentation d'un moût préparé à l'aide de malt, d'orge ou de riz, de houblon et d'eau ; le cidre, le poiré, résultant de la fermentation du jus de pommes et de poires fraiches et d'une manière générale, tous jus fermenté de fruits frais tels que ; citron, orange, ananas, calebasse, framboise, grenade, cerise, groseille…, à l'exception du vin.

Par contre, sont réputées boissons alcoolisées, les bières, les vins, les liqueurs et boissons autres que celles pré listées.

La vente de certaines boissons est cependant exemptée de la contribution de licence, à condition que celle-ci soit faite dans un établissement autre que celui comportant des boissons imposables. Il s'agit des eaux minérales, des eaux gazeuses, aromatisées ou non, par extraits non alcoolisés, et les jus de fruits frais non fermentés.

2 : La liquidation et le paiement de la licence

1091. Annuelle et personnelle, la contribution de licence est liquidée en fonction du chiffre d'affaire réalisé par le contribuable. Et son tarif est fixé en multipliant le montant de la patente ou de l'impôt libératoire équivalents par le nombre de fois fixé par le législateur, selon le type de boisson. A ce titre, le tarif de la licence est fixé comme suit :

---

[834] Article 41 de la loi du 15 décembre portant fiscalité locale.

- deux (02) fois le montant de la contribution des patentes pour les boissons non alcoolisées ;
- quatre (4) fois le montant de la contribution des patentes pour les boissons alcoolisées ;
- une (01) fois le montant de l'impôt libératoire pour les boissons alcoolisées ;
- deux (02) fois le montant de l'impôt libératoire pour les boissons non alcoolisées.

1092. Il convient toutefois de préciser qu'en cas de cumul de la vente des boissons avec un autre commerce, dans le même établissement, le chiffre d'affaire à prendre en considération pour le calcul de la licence est celui déclaré au titre de la vente des boissons.

Aussi, la réalisation dans un même établissement, des opérations pouvant donner lieu à des licences différentes emporte imposition à la licence la plus élevée pour l'ensemble des opérations qui y sont réalisées.

Les régimes de recouvrement et des pénalités de la contribution des licences sont équivalents à ceux applicables en matière de patente et d'impôt libératoires correspondants, sous réserve de quelques précisions supplémentaires. A cet effet, le paiement de la contribution des licences ne dispense pas le contribuable au paiement de la patente ou de l'impôt libératoire lorsque les conditions d'assujettissement sont remplies. Ainsi, le cumul de la vente des boissons avec un autre commerce emporte le paiement de la licence et de la patente, ou de l'impôt libératoire applicable au second commerce. Par ailleurs, la vente des boissons sans autorisation et la minoration de sa licence entraine taxation d'office pour l'année entière.

Ce régime général évoque, à plus d'un titre, celui applicable en matière d'impôt libératoire.

C : L'impôt libératoire

1093. Considéré comme l'impôt de la basse catégorie des opérateurs économiques, l'impôt libératoire est le troisième prélèvement pécuniaire directement profitable aux communes. Son analyse passe par la détermination de son champ d'application, son tarif, son régime de paiement et de pénalités.

1 : Le champ d'application

1094. L'étude du champ d'application de l'impôt libératoire concerne principalement les personnes et les activités imposables, d'une part, et les obligations qui lient le contribuable au sujet de son processus d'imposition, d'autre part.

Au sens des dispositions de l'article 45 de la loi portant fiscalité locale, sont soumis à un impôt libératoire exclusif du paiement de la patente, de l'impôt sur le revenu des personnes physiques et de la taxe sur la valeur ajoutée, les contribuables qui exercent une activité commerciale, industrielle, artisanale ou agro-pastorale ne relevant pas du régime du bénéfice réel, du régime simplifié d'imposition ou du régime de base[835].

L'impôt libératoire est un prélèvement qui frappe en fait les petites activités commerciales, artisanales, industrielles ou agro-pastorales.

Les contribuables assujettis à l'impôt libératoire sont classées dans quatre catégories d'activités. Et à chaque catégorie correspond une fourchette légalement prédéterminée. Ces catégories sont établies en fonction de l'importance de l'activité. Ainsi, la catégorie « A » correspond, entre autres, aux coiffeurs, gargotiers ou graveurs ambulants ou sans local aménagé, aux vendeurs d'eau potable par pousse- pousse, ... La catégorie « B » concerne les exploitants des photocopieurs ou d'ordinateurs pour traitement des textes avec local aménagé à cet effet, les guérisseurs, les commerçants réalisant un chiffre d'affaire inférieur à 5 millions, les exploitants des ciné-clubs, les transporteurs des personnes par véhicule à la périphérie.... La catégorie « C » intègre les sages-femmes donnant les soins à domicile, les transporteurs mixtes des personnes et des marchandises, les commerçants réalisant un chiffre d'affaire annuel de 5 à 10 millions... La catégorie « D », quant à elle, a trait aux commerçants réalisant un chiffre d'affaire inférieur à 15 millions, les marchands de bétail et de volaille réalisant un chiffre d'affaire annuel compris entre 10 et 15 millions, les transporteurs urbains de masses et par véhicule...[836]

1095. Ces contribuables doivent satisfaire à certaines exigences légales, sous peine de sanctions. A cet effet, ceux qui entreprennent une activité

---

[835] Il convient de relever qu'il y a eu une grande évolution en matière des régimes d'imposition en droit fiscal camerounais. Le régime de base semble avoir été mis en veilleuse au profit des deux autres. Tout dépend toutefois de l'impôt considéré.

[836] La liste intégrale des activités imposables par catégories, figure à l'article 46 de la loi portant fiscalité locale.

soumise à l'impôt libératoire sont tenus d'en faire déclaration au service des impôts, ou au bureau de la mairie, dans les lieux où le service des impôts n'est pas installé. Cette déclaration se fait dans les quinze jours qui suivent le début de l'activité.

2 : Le tarif de l'impôt libératoire

1096. Calculé et émis par les services des impôts, le montant de l'impôt libératoire à payer par le contribuable obéit à une grille tarifaire arrêtée à l'intérieur d'une fourchette fixée par catégorie. Les tarifs de l'impôt libératoire sont arrêtés par la commune bénéficiaire du produit de ce prélèvement. Elle peut même à l'intérieur de chaque catégorie, appliquer des taux spécifiques à chaque activité, dans la limite de la fourchette concernée. Schématiquement :

Catégorie A : de 0F à 20 000 F ;
Catégorie B : de 20 001 F à 40 000 F ;
Catégorie C : de 41 001 F à 50 000 F ;
Catégorie D : de 51 001 F à 100 000 F.

3 : Régime de paiement et pénalités

1097. En règle générale, l'impôt libératoire se paie par établissement et par activité, à la commune ou se déploient ces activités. Toutefois, si le marchand ambulant justifie le paiement de l'impôt libératoire dans la commune de son domicile fiscal, il n'est plus imposable dans les autres communes pour les mêmes activités. Les doubles impositions sont donc méticuleusement évitées ici.

1098. L'impôt libératoire se paie trimestriellement dans les quinze jours qui suivent la fin de chaque échéance, à la caisse de la recette municipale. Une fiche de paiement est pour ce faire établie pour chaque contribuable, mentionnant tous les éléments d'identification, d'immatriculation, de localisation, de correspondance du contribuable, le montant du chiffre d'affaire, le numéro du centre des impôts correspondant, le groupe et la catégorie d'imposition et le trimestre auquel se rapporte le paiement.

Les contribuables qui entreprennent une activité imposable au courant de l'année ne doivent cet impôt qu'à partir du premier jour du trimestre de début de cette activité.

Le contribuable à l'impôt libératoire reste sous la menace de certaines pénalités sanctionnant la violation des règles d'imposition. A ce sujet, tout assujetti à l'impôt libératoire est tenu d'afficher sa fiche de paiement dans son établissement, ou de la présenter aux autorités compétentes à toute réquisition. Le défaut d'affichage est punit de la fermeture de l'établissement accompagnée d'une amende de 5000 FCFA. Pour le contribuable ambulant, il est menacé par la saisie de ses biens meubles non périssables ou du véhicule.

Le défaut de paiement à temps entraine une double sanction. Notamment la fermeture d'office et immédiate de ou des établissements et une pénalité de 30% du montant de l'impôt exigible, et ce, sans préjudice d'autres sanctions.

La découverte des éléments positifs permettant au contribuable à l'impôt libératoire d'avoir un chiffre d'affaire supérieur à 15 millions entraine automatiquement assujettissement de celui-ci à la patente.

A ces trois contributions communales directes, s'ajoutent celles qui sont affectées par l'Etat aux communes.

¶ II : Les contributions affectées aux communes par l'Etat

1099. Cinq autres contributions pécuniaires nourrissent la fiscalité communale, et ne sont pas directement collectées par les communes, mais plutôt par l'Etat et sont ensuite affectées aux communes. Parmi ces contributions, quatre sont affectées en totalité aux communes. Il s'agit d'abord de la taxe foncière sur les propriétés immobilières[837], que l'Etat prélève chez ceux qui occupent une portion du territoire national par l'édification d'immeubles. Il est question ensuite des droits de mutation d'immeubles[838] qui sont en fait le type d'impôt qui pèse sur toute transaction lucrative d'immeubles entre personnes. Il s'agit aussi de la taxe sur les jeux de hasard et de divertissement[839], qui frappent les revenus issus de l'utilisation monnayée des machines à sous et autres jeux de hasard et d'évasion. Il est question enfin des droits de timbre automobile[840], qui concernent les fruits de tout timbre que la réglementation exige aux propriétaires d'automobiles, afin d'affranchir

[837] Article 48 de la loi portant fiscalité locale.
[838] Article 49 de la loi portant fiscalité locale.
[839] Article 50 de la loi portant fiscalité locale.
[840] Article 51 de la loi portant fiscalité locale.

ces derniers sur le plan fiscal. Tous ces prélèvements ainsi affectés par l'Etat aux communes sont régis par le Code Général des Impôts.

1100. Le dernier impôt affecté aux communes par l'Etat est la redevance forestière de l'article 52 de la loi portant fiscalité locale. Son originalité réside sur le degré de son affectation aux communes et sur ses modalités de répartition. En effet, contrairement aux quatre premiers impôts totalement affectés aux communes, la redevance forestière n'est affectée aux communes que pour une quote-part de 40% du produit annuel de cette contribution. Cette quote-part ne bénéficie d'ailleurs pas intégralement à la commune correspondante. Elle est plutôt répartie à raison de 50% au profit de la commune de localisation, et 50% centralisé par le FEICOM pour être ensuite répartis à toutes les communes du Cameroun.

1101. Les impôts communaux et assimilés ne sont pas les seules contributions pécuniaires au profit de ces collectivités territoriales décentralisées. La loi du 15 décembre 2009 en la matière prévoit aussi pour leur compte, des taxes communales et assimilées.

§ II : Les taxes communales et assimilées

1102. Plusieurs taxes sont prévues pour financer la décentralisation au niveau des communes. Parmi celles-ci, une, à savoir la taxe de développement local se particularise du fait même de son appellation qui semble trahir les ambitions du législateur. Elle va par conséquent bénéficier d'une attention particulière et sera ainsi distinguée des autre taxes et droits.

¶ I : La taxe de développement local

1103. Dans l'esprit du législateur camerounais, le développement local passe, entre autres, par l'éclairage public, l'assainissement, l'enlèvement des ordures ménagères, le fonctionnement des ambulances, l'adduction d'eau, l'électrification rurale… Pour concrétiser cette ambition légitime, il est alors institué une taxe dite de développement pour financer, en priorité, les infrastructures afférentes à ces services, que les communes auront à rendre à leurs ressortissants[841]. Cette taxe sera prélevée sur les revenus des populations des communes correspondantes.

[841] Article 57 de la loi portant fiscalité locale.

1104. Perçue en même temps que l'impôt libératoire, la patente et l'impôt sur le revenu des personnes physiques, la taxe de développement local connait un régime d'imposition, de pénalité et de contentieux aligné, sur le plan processuel, à celui applicable aux impôts et droits sur lesquels elle est assise. Son tarif distingue alors les assujettis à l'impôt sur le revenu des personnes physiques à titre d'employé du secteur public et privé, et les assujettis à l'impôt libératoire et à la patente[842]. Schématiquement :

A : Le tarif pour les contribuables salariés du secteur public et privé

Salaire de base	**Tarif :**
Salaire de base compris entre :	
62 000 et 75 000 F CFA	3 000 FCFA/an ;
75 001 et 100 000 F CFA	6 000 FCFA/an ;
100 001 et 125 000 F CFA	9 000 FCFA/an ;
125 001 et 150 000 F CFA	12 000 FCFA/an ;
150 001 et 200 000 F CFA	15 000 FCFA/an ;
200 001 et 250 000 F CFA	18 000 FCFA/an ;
250 001 et 300 000 F CFA	24 000 FCFA/an ;
300 001 et 500 000 F CFA	27 000 FCFA/an ;
Salaire de base mensuel supérieur à 500 00 FCFA	30 000 FCFA/an.

B : Le tarif pour les assujettis à l'impôt libératoire ou à la patente

Impôt en principal :	**Tarif :**
Impôt en principal égal ou inférieur à 30 000 FCFA	7 500 FCFA/an ;
Impôt en principal compris entre :	
30 001 et 60 000 F CFA	9 000 FCFA/an ;
60 000 et 100 000 F CFA	15 000 FCFA/an ;
100 001 et 150 000 F CFA	22 500 FCFA/an ;
151 001 et 200 000 F CFA	30 000 FCFA/an ;
200 001 et 300 000 F CFA	45 000 FCFA/an ;
300 001 et 400 000 F CFA	60 000 FCFA/an ;
400 001 et 500 000 F CFA	75 000 FCFA/an ;
Impôt en principal supérieur à 500 000 FCFA	90 000 FCFA/an.

[842] Article 58 de la loi portant fiscalité locale.

1105. Le régime de la taxe de développement diffère de celui des autres taxes et droits assimilés.

¶ II : les autres taxes communales

1106. En sus de la taxe de développement locale, plusieurs autres taxes profitent aux communes. Elles sont listées dans l'article 62 et détaillées à partir de l'article 63 jusqu'à l'article 113 de la loi du 15 décembre portant fiscalité locale. Elles sont au nombre de vingt et concernent des domaines divers, à l'instar de l'élevage, la protection de l'environnement, le sport, les loisirs, le transport, la protection de l'ordre public[843], pour ne citer que ceux-là. Il s'agit de :

A : La taxe d'abattage du bétail :

1107. Tout boucher qui utilise les abattoirs aménagés ou gérés par les communes, paie la taxe d'abattage pour tout bétail tué. Liquidée par les services fiscaux d'assiette de la commune et recouvrée par le Receveur municipal, cette taxe est payée par le boucher avant tout abattage. Son tarif est le suivant :

- bovins et équin : 1 000 FCFA par tête de bétail ;
- porcins : 400 FCFA par tête de bétail ;
- ovins et caprins : 250 FCFA par tête de bétail.

1108. L'abattage frauduleux expose le délinquant fiscal à une amende, par tête de bétail, de 10 000 FCFA pour la première catégorie de bétail et de 5 000 FCFA pour les deux dernières catégories. Des poursuites d'une autre nature ne sont d'ailleurs pas exclues.

B : La taxe communale sur le bétail

1109. La possession ou même la simple détention de bovidés rendent le propriétaire ou le possesseur redevable de la taxe communale sur le bétail. C'est une taxe annuelle payée en raison du nombre d'animaux dont on dispose.

---

[843] BILOUNGA (S.T), « Fiscalité locale et lutte contre le désordre urbain », in *Gouverner le désordre urbain. Sortir de la tragique impuissance de la puissance publique au Cameroun*, L' Harmattan Cameroun, 2019, pp.217-246.

Il faut néanmoins relever que certains animaux appartenant à la catégorie des bovidés ne donnent pas lieu au paiement de la taxe communale sur le bétail. Il s'agit des animaux de labour, ceux appartenant à l'Etat, les reproducteurs importés de l'étranger, les animaux élevés dans un but social.

1110. Cette taxe annuelle est acquittée spontanément au plus tard le 15 mars et payée dans la commune de localisation du troupeau, en rapport avec les services de l'élevage, à raison de 200 FCFA à 500 FCFA par tête de bétail. Le non-paiement de cette taxe entraine la mise en fourrière automatique des animaux, et en cas de dissimulation des troupeaux, en dehors de la mise en fourrière, l'éleveur s'expose à l'application des pénalités de 100%.

1111. Dans des régions où l'élevage est presqu'une activité culturelle pratiquement exercée dans toutes les familles, à l'instar de la partie septentrionale du Cameroun, les divagations d'animaux et surtout des litiges nés des destructions des biens d'autrui par des bêtes sont récurrents. La taxe sur le bétail est à cet effet susceptible de sanctionner ces dégâts de l'élevage des bêtes sur l'environnement naturel ou artificiel ou même sur les installations humaines.

C : De la taxe sur les armes à feux

1112. A l'exception des armes appartenant à l'Etat des révolver et pistolets détenus par les militaires et officiers de réserve, des armes à feu non vendus encore en magasin et entrepôts agréés, tout détenteur d'une arme à feu est astreint, sur déclaration dudit propriétaire, au plus tard le 15 mars de chaque année, au paiement d'une taxe annuelle auprès de la commune de localisation de l'arme.

1113. Cette taxe, profitable à la commune de localisation, est payée, après établissement de la liste des détenteurs par le sous-préfet et le magistrat municipal[844], selon le tarif suivant :

- fusil de traite : 200 FCFA ;
- fusil de chasse à canon lisse : 1 500 FCFA ;
- carabine de salon : 1 500 FCFA ;
- arme rayée : 2 000 FCFA ;
- revolver et pistolet : 2 000 FCFA.

D : La taxe d'hygiène et de salubrité

---

[844] Article 73, alinéa 2 de la loi portant fiscalité locale.

1114. Pour contrôle des denrées alimentaires et des immeubles à usage commercial et industriel, une taxe d'hygiène et de salubrité est payée à la commune qui assure ce service. Arrêté par délibération du conseil municipal, cette taxe varie dans son montant selon que les denrées sont vendues à l'air libre ou dans un local. Ainsi, trimestriellement, 500 à 1 000 FCFA sont taxés aux vendeurs pour la première catégorie de denrées, et 1 000 FCFA à 1 500 FCFA pour celles de la seconde catégorie. Quant aux immeubles, 10 000 FCFA à 25 000 FCFA sont dues à ce titre. Le contrevenant à ces règles est passible d'une amende égale à 100% du montant de la taxe due.

E : Les droits fourrière

1115. Afin de sanctionner le désordre urbain potentiellement causé dans nos agglomérations par la divagation d'animaux et les stationnements abusifs des véhicules automobiles et autres engins, les articles 78 et 79 de la loi portant fiscalité locale, instituent des droits de fourrière au profit des communes qui saisissent ces biens et en assurent la garde, la conservation et parfois même la nutrition, lorsqu'il s'agit d'animaux. A ce titre, la tarification, ou mieux, la sanction financière y afférente est établie ainsi qu'il suit en Francs CFA :

- gros bétail : de 5 000 F à 10 000 F / tête / jour ;
- petit bétail : de 2 000 F à 5 000 F / tête / jour ;
- animaux de compagnie : de 2 000 F à 5 000 F / tête / jour ;
- camions et engins lourds : de 10 000 F à 50 000F/véhicule/jour ;
- autres véhicules : de 5000 à 15000F / véhicule / jour ;
- motocyclette : de 1000 à 5000f / motocyclette / jour ;
- autre objet : de 1000 à 3000F / objet / jour.

La vente aux enchères des biens non réclamés est permise à la commune qui en assure la garde après une mise en demeure au terme de 30 jours de fourrière.

F : Les droits de place sur les marchés

1116. Les commerçants réguliers[845] et les vendeurs occasionnels qui occupent, à titre permanent ou passager, une place dans tout marché du

[845] Le caractère régulier du commerçant dépend du contrat qu'il doit obligatoirement signer avec la commune de localisation lors de l'attribution de la boutique ou du stand

ressort territorial d'une commune sont astreints au paiement des droits de place. Le montant desdits droit varie selon que le commerçant ou le vendeur occupe une boutique aménagée à cet effet, ou qu'il ne dispose pas de place permanente.

1117. Les taux des loyers, qui dépendent de la superficie de la boutique, sont les suivants :

- jusqu'à 4/4m : de 5 000 à 10 000 F / mois ;
- de 4/4 à 6/6 m : de 10 001 à 15 000 F / mois ;
- de 6/6 à 8/8m : de 15 001 à 20 000 F / mois ;
- de 8/8 à 10/10m : de 20 001 à 25 000 F / mois ;
- de 10/10 à 12/12 m : de 25 001 à 30 000 F / mois ;
- de 12/12 à 14/14 m : de 30 001 à 35 000 F / mois ;
- de 14/14 à 16/16m : de 35 001 à 40 000 F / mois ;
- de 16/16 à 18/18m : de 40 001 à 45 000 F / mois ;
- de 18/18 à 20/20m : de 45 001 à 50 000 F / mois ;
- de 20/20 à 22/22m : de 50 001 à 55 000 F / mois ;
- de 22/22 à 24/24m : de 55 001 à 60 000 F / mois ;
- de plus de 24/24m : de 60 001 à 70 000 F / mois.

1118. Le non-paiement, après une mise en demeure infructueuse de 15 jours, occasionne la pose des scellés sur la boutique, laquelle peut être levée après le paiement de 5 000 FCFA en sus du principal.

Pour les vendeurs ne disposant pas de places permanentes dans les marchés, les droits de place sont payés par jour à raison de 100 à 500FCFA par vendeur.

G : Les droits de permis de bâtir

1119. Toute construction élevée au chef-lieu de la commune ou dans une agglomération ayant fait l'objet d'un plan d'urbanisation, est assujettie aux droits de permis de bâtir ou d'implanter. Le montant de cette taxe est calculé à raison de 1% de la valeur de la construction à élever. Et la fuite devant cet impôt entraine de sérieuses sanctions. En effet, toute exécution des travaux sans paiement préalable des droits de permis de construire expose le constructeur à une amende de 30% des droits dus.

---

où il exerce son commerce. Ce contrat contient notamment les mentions suivantes : l'identité du locataire, le numéro identifiant unique de l'occupant, la localisation du marché, la référence cadastrale du marché, le numéro de la boutique, la superficie du local, le montant du droit mensuel, la durée du bail et la nature de l'activité.

H : Les droits d'occupation temporaire de la voie publique

1120. Les dépôts temporaires des matériaux, à l'instar du sable, des pierres, du bois, des meubles pour exposition, des marchandises ou de tout autre objet, sur la voie publique, est taxable au titre des droits d'occupation temporaire de la voie publique dans l'ordre de 2000FCFA par mètre carré occupé et par jour. Une telle occupation est d'ailleurs subordonnée à l'autorisation préalable du chef de l'exécutif municipal compétent qui en fixe la durée[846]. Seules sont exemptées de cette taxe les occupations temporaires perpétrées par les stations-services, les véhicules et les supports publicitaires.

1121. Dans la perspective de faciliter la libre circulation des personnes et des biens, la voie publique doit être ouverte, c'est-à-dire débarrassée de toute entrave susceptible de nuire à une circulation fluide. Tout fait rédhibitoire à cet état des choses, s'il n'est pas autorisé par la loi, est donc répréhensible, car aucune entité n'a le droit ni de bloquer la voie publique, encore moins de l'utiliser à des fins privées. Ainsi se trouve justifiés, ces droits appréhendés comme la sanction pécuniaire d'une occupation temporaire de la voie publique par toute personne privée, et qui trouble l'ordre public propre à la circulation, par des dépôts, même momentanés, de bois, de sable, des pierres, des meubles ou objets d'exposition, sur la voie publique.

I : La taxe de stationnement

1122. La taxe de stationnement est exigée au propriétaire des véhicules utilisés pour le transport urbain des personnes exclusivement dans les villes où des stationnements sont aménagés. Payée sous forme de vignette automobile, cette taxe se recouvre trimestriellement à hauteur de 3 000 F pour les mototaxis, 10 000 FCFA pour les taxis, et 15 000 FCFA pour les autobus.

J : Les droits d'occupation des parcs de stationnement

1123. Ces droits sont exigés aux exploitants des cars, camions, camionnettes et autobus pour le transport des marchandises et des personnes. Payée contre délivrance d'un ticket, les droits de parc de

---

[846] Article 92, alinéa 1 de la loi portant fiscalité locale.

stationnement s'élèvent à 1 000 FCFA par jour pour les cars et camions, et à 2 000 FCFA par jour pour les camions et autobus.

K : Le ticket de quai

1124. Pour tout chargement effectué dans une gare routière ou dans un débarcadère municipal aménagé, le transporteur est dans le devoir de payer le ticket de quai. A cet effet, au niveau de la gare routière, 250FCFA sont versés par chargement. Et dans les débarcadères, les pirogues sans moteur paient 200F, les pirogues à moteur de moins de 10 places 500F, et celles de plus de 10 places 1 000 F par chargement.

Les véhicules n'embarquant pas dans les gares routières aménagées, à l'exception des agences de voyage agréées, sont également assujettis au ticket de quai.

L : La taxe sur les spectacles

1125. Tout spectacle organisé habituellement ou occasionnellement dans un but lucratif dans des sales aménagées à cet effet, ou à l'air libre, est passible d'une taxe sur le spectacle. Ces spectacles peuvent être organisés dans les salles de cinéma, de bal ou de théâtre, dans des cabarets, les boîtes de nuits, discothèques, cafés, bars-dancings, ou vidéoclubs. Ainsi, pour les spectacles occasionnels, la taxe sur le spectacle est payée à la commune, par jour de représentation, à hauteur de 5 000 à 50 000 FCFA. Et pour les spectacles habituels, cette taxe s'élève, en fonction des spectacles à 10 000 à 100 000 FCFA par trimestre. Généralement source de nuisance sonore très élevée, surtout lorsqu'ils sont produits à l'air libre, les spectacles devraient être encadrés sur tous les plans. La taxe sur les spectacles concourt à cet encadrement en sanctionnant les conséquences négatives des débordements potentiels.

M : Les droits de stade

1126. A condition que l'accès du stade ne soit pas gratuit, toute manifestation sportive ou de réjouissance organisée dans un stade situé sur le territoire de la commune, fait profiter à celle-ci des droits à hauteur de 5% des fonds recueillies au titre des droits d'accès. Le fruit de cette taxe oblige cependant la municipalité à entretenir et à éclairer le stade et ses abords.

N : La taxe sur la publicité

1127. La taxe sur la publicité a pour base d'imposition les revenus de la publicité locale réalisée à travers les panneaux-réclames, calicots et enseignes lumineuses, les véhicules avec ou sans diffuseurs, les sonorisations des magasins, les affichages et oriflammes. Elle est payable, en fonction du type de publicité, par an ou par jour. Cette taxe lutte contre la publicité anarchique qui généralement donne souvent une image insalubre à la ville.

1128. Pour ce faire, les taux sont les suivants :

- les panneaux-réclames, calicots et enseignes lumineuses : 1 500 FCFA, par m, par face et par an ;
- Les véhicules avec diffuseurs : 1 000 FCFA par jour et par véhicule pour les non-résidents, et 30 000 FCFA par an et par véhicule pour les résidents ;
- Les véhicules sans diffuseurs : 200FCFA à 500FCFA par jour et par véhicule pour les non-résidents et 5 000 FCFA à 10 000 FCFA par an et par véhicule pour les résidents.
- Sonorisation des magasins : 500FCFA par jour.

O : Les droits de timbre communal

1129. A condition qu'il s'agisse d'un papier format A4, toute copie ou extrait d'état civil, toute légalisation ou certification de document, tout jugement supplétif, toute procuration et papier des prestataires adressées à la commune et toute requête introduite à l'attention du magistrat municipal, donne droit au paiement de 500F au profit de la commune concernée. Tout papier aux dimensions supérieures au format A4 donne cependant droit au paiement de 1 000 FCFA.

P : La redevance pour dégradation de la chaussée

1130. Techniquement appréhendée comme la contrepartie financière d'un service rendu par l'administration à un usager, à condition qu'il y ait équivalence entre la somme payée et le service rendu, la redevance[847]fait partie des différents prélèvements pécuniaires profitables aux collectivités territoriales décentralisées. En effet, les

[847] ALAKA ALAKA (P), « La distinction entre redevance et taxe », *op. cit.*, pp. 105 et suivantes

engins utilisés lors de la réalisation des travaux publics par les entrepreneurs et concessionnaires, et surtout ceux non munis de pneumatiques, détériorent considérablement la chaussée. Il est alors institué une taxe pour dégradation de la chaussée pour réparer ces dommages[848]. Fixés de manière forfaitaire et en fonction des travaux, les taux sont les suivants :

1 : Terrassements, canalisation et autres dégradations :

- Route en enrobée grave bitume : 90 000 à 200 000 F CFA/m² ;
- Route revêtue de bitume : 45 000 à 100 000 F CFA /m² ;
- Route en terre : 15 000 à 50 000 F CFA /m².

2 : Dégradation par les engins à chenilles :

- Route revêtue de bitume : 50 000 à 100 000 FCFA /m² ;
- Route en terre : 20 000 à 50 000 FCFA /m².

Q : La taxe communale de transit ou de transhumance

1131. Les bétails en provenance d'un Etat limitrophe sont assujettis, au profit de la commune d'accueil, au titre de la taxe communale de transit et de transhumance. Dès lors tout séjour desdits bétails dans la commune pendant plus de 15 jours, occasionne le paiement au receveur municipal avec le concours des autorités traditionnelles, de 200F à 500F CFA par tête s'il s'agit des bovins et équins, et de 100F à 300FCFA, s'il s'agit des ovins et caprins. Des remises sont alors accordées, par tête de bétail, aux autorités traditionnelles pour les contrôles effectués sur ces bétails. Parce qu'un séjour prolongé de tels bétail dans une ville est susceptible de générer d'énormes dégâts sur l'esthétique, l'hygiène, la salubrité, la sécurité et même la paix, la taxe communale de transit ou de transhumance est constitutive d'une bonne sanction pécuniaire contre lesdits dégâts.

R : La taxe sur le transport des produits de carrière

1132. Cette taxe est susceptible d'être instituée par le conseil municipal au profit de la Recette de la commune abritant une carrière. Les assujettis

[848] Article 105 à106 de la loi portant fiscalité locale.

sont les véhicules de transport autres que ceux appartenant à l'exploitant. A cet effet, en fonction du tonnage, les véhicules inférieurs à 6 tonnes paient 1 000 FCFA par camion et par voyage ; ceux de 6 à 10 tonnes paient 2 000 FCFA, enfin, ceux de plus de 10 tonnes paient 3 000 FCFA.

S : Les droits d'occupation des parkings

1133. Les droits d'occupation de parkings peuvent être votés au profit du budget communal pour l'occupation, par des véhicules privés, des parkings aménagés ou matérialisés par les communes. L'occupation des parkings aménagés pour les administrations publiques sont exemptés de cette taxation. L'occupant des parkings paient ainsi d'avance et à la Recette municipale, 100FCFA par heure s'il s'agit des parkings ordinaires. Mais pour les parkings réservés, cette taxe remonte à 500FCFA par jour et par parking et 15 000 FCFA par mois et par parking. Le non-paiement expose le contribuable fautif à une amende évaluée à 100% de la taxe, en sus du principal.

T : La taxe sur les produits de récupération

1134. Il est institué au profit de la commune de localisation une taxe sur les produits de récupération qui frappe toute récupération des produits en provenance des forêts non communales et non communautaires. Elle se paie à raison de 2 000 FCFA par mètre cube. Une pénalité de 100% du principal menace le fraudeur en sus du paiement de la taxe.

En sus de ces différentes taxes, il est collecté au profit de la commune, des centimes additionnels communaux.

§ III : Les centimes additionnels communaux

1135. L'une des grandes originalités de la fiscalité locale réside sur le mécanisme des centimes additionnels communaux. La volonté non équivoque des pouvoir publics de concrétiser la décentralisation est alors perceptible à travers cette catégorie particulière du droit fiscal.

En effet, outre tous les impôts et taxes déjà abordés, il est institué au bénéfice des communes, des centimes additionnels communaux prélevés sur le fruit de l'impôt sur le revenu des personnes physiques, de l'impôt sur les sociétés et de la taxe sur la valeur ajoutée qui, jusqu'à présent sont l'apanage de l'Etat.

1136. Le produit général du principal et des majorations de ces trois contributions pécuniaires étatiques subit alors un prélèvement de 10% au bénéfice des communes. Ce produit est réparti entre l'Etat et le FEICOM, ou tout autre organisme chargé de la centralisation et de la péréquation, et les communes et communautés urbaines suivant certaines modalités fixées par voie réglementaire.

1137. A ce niveau de l'étude, il ressort que la commune bénéficie de trois principales catégories de contributions pécuniaires obligatoires. Il s'agit des impôts et assimilés, des taxes et assimilés et des centimes additionnels communaux. Ces contributions se distinguent à première vue de celles appartenant aux régions, communautés urbaines et de celles qui relèvent de l'intercommunalité. Même si, en s'y appesantissant, cette distinction semble s'estomper pour certaines catégories.

Chapitre II

La fiscalité des régions, communautés urbaines et d'intercommunalité

1138. La loi du 15 décembre 2009 portant fiscalité locale prend le soin de distinguer les impôts en fonction de la collectivité territoriale décentralisée bénéficiaire. Au Cameroun, trois principales collectivités territoriales décentralisées, à savoir les communes, les régions et les communautés urbaines sont instituées. Après l'Etude des contributions pécuniaires profitables aux communes, force est de s'interroger maintenant sur celles appartenant aux deux dernières catégories de collectivités locales. L'on distinguera alors la fiscalité des régions de celle des communautés urbaines. Une attention particulière sera réservée aux impôts qui profitent concomitamment aux communes et communautés urbaines et qui donnent matière à la fiscalité d'intercommunalité.

§ I : La fiscalité des régions

1139. La fiscalité régionale, à l'instar de celle communale, se particularise par la diversité des contributions pécuniaires publiques qu'elle intègre. Plusieurs types de prélèvements profitent ainsi aux régions, même si, actuellement, il convient, de toute évidence, d'appréhender cette assertion dans un futur très proche.

1140. Ces prélèvements intègrent à la fois les impôts au sens technique du terme, les taxes et les redevances et leurs mécanismes d'assiette, d'émission et de recouvrement ressortissent aux services fiscaux des communes et de l'Etat. Ceux qui font l'objet d'une centralisation pour répartition voient intervenir le FEICOM ou tout autre organisme qui pourra être créé à cet effet. Ils font l'économie de l'article 118 de la loi portant fiscalité locale, qui précise que les produits de ces prélèvements seront affectés en totalité ou en partie aux régions, d'une part, et des dispositions de l'article 392 du Code général des collectivités territoriales décentralisées, qui prévoit, en effet, certains impôts et taxes régionales parmi les cinq catégories d'impôts locaux, d'autre part.

1141. Afin de satisfaire aux exigences de bonne présentation, les impôts seront distingués des taxes et des redevances, en dépit de leur calfeutrement dans le concept d' *« impôts locaux »* tant par le législateur du 15 décembre 2009[849], que par celui du 24 décembre 2019[850].

¶ I : Les impôts de la région

1142. Au rang des impôts régionaux proprement dits, l'on récence les droits de timbre sur les cartes grises, les droits de timbre d'aéroport et les droits d'exploitation des établissements classés dangereux, insalubres ou incommodes.

A l'esprit du législateur, dès l'avènement effectif des régions, le produit des timbres payés par les propriétaires des véhicules, afin de les affranchir par la délivrance d'une carte grise ou pour tout affranchissement à l'aéroport, sera reversé en partie ou en totalité aux régions. De même que le fruit des impositions que subiront les contribuables du fait de l'exploitation des établissements classés dangereux et insalubres ou incommodes. Parce que ces établissements constituent une menace pour l'ordre public, leurs exploitants se doivent logiquement de supporter ces charges fiscales. Les taxes constituent aussi des charges fiscales.

¶ II : Les taxes de la région

1143. Il s'agit précisément de la taxe à l'essieu, des taxes sur les ressources minières, des taxes sur les ressources énergétiques, des taxes sur les ressources touristiques, des taxes aérospatiales et des taxes sur les ressources gazières.

Ces prélèvements pèsent respectivement sur les transporteurs de matériaux lourds et les exploitants des secteurs minier, énergétique, touristique, aérospatial et gazier, du fait des bénéfices ou du simple exercice d'activités dans ces secteurs. Il convient néanmoins de mentionner que ces taxes ne peuvent aucunement correspondre aux

---

[849] C'est l'évocation de la loi portant fiscalité locale.
[850] Allusion est faite au Code général des collectivités territoriales décentralisées.

services que ces exploitants rendent au public. La délicatesse des secteurs où interviennent respectivement ces taxes augure assurément, non seulement, les avancées économiques des régions, mais surtout le niveau de modernité des outils à utiliser par le fisc dans l'établissement de ces prélèvements obligatoires.

Les secteurs passibles de redevances, par contre, semblent modestes.

¶ III : Les redevances de la région

1144. Dans la catégorie des redevances profitables aux régions, l'on note la redevance sur les ressources de la forêt, de la faune et de la pêche, la redevance sur les ressources en eau, la redevance sur les ressources pétrolières, la redevance sur les ressources halieutiques et de l'élevage et la redevance sur l'usage de la route.

Plus proche du commun des mortels camerounais dont le niveau de développement est encore bas, cette catégorie de prélèvements porte sur des activités exercées dans le domaine de la biologie animale et végétale. Cette fiscalité a un arrière-fond de préservation de l'environnement, qui est l'une matières fondamentales transférées aux régions conformément aux différentes lois de 2004 sur la décentralisation intégrées dans le Code général des collectivités territoriales décentralisées de 2019.

La loi de 2009 portant fiscalité locale, qui décentralise la fiscalité, transfère aussi certains impôts aux communautés urbaines et même aux communes, parfois concomitamment.

§ II : La fiscalité des communautés urbaines et d'intercommunalité

1145. Afin de rendre fidèlement compte des impôts appartenant à ces deux catégories, il serait judicieux de séparer la fiscalité des communautés urbaines de celle dite d'intercommunalité.

¶ I : La fiscalité des communautés urbaines

1146. La communauté urbaine est une collectivité territoriale particulière tant du point de vue de sa consistance qu'eut égard à son statut juridique. En effet, elle se présente comme une *« fédération de communes »*, tant il est vrai qu'elle renferme en son sein au moins deux communes dites *« d'arrondissement »*. Et du point de vue de son statut juridique, c'est la seule collectivité territoriale camerounaise qui n'a pas explicitement reçu l'onction constitutionnelle, du fait de sa non-inscription dans la loi fondamentale du 18 janvier 1996.

Le régime juridique propre à la fiscalité de la communauté urbaine ne se dérobe pas de cette essence particulière, car il prend la peine de distinguer les impôts et taxes appartenant à la communauté urbaine proprement dite, et ceux collectés par les communes d'arrondissement qu'elle renferme.

Bien que l'article 114 de la loi portant fiscalité locale dispose que les communautés urbaines et communes d'arrondissement bénéficient en règle générale des même recettes, une répartition claire est néanmoins opérée par l'article 115 de la même loi : les impôts spécifiques à l'une et l'autre collectivité décentralisée précèdent celles partagées par les deux entités locales.

A : Les recettes fiscales de la communauté urbaine et des communes d'arrondissement

1147. En vertu du critère de l'importance géographique des deux collectivités locales, l'étude des impôts et taxes des communautés proprement dites seront suivies de celles des communes d'arrondissement.

1 : Les impôts et taxes de la communauté urbaine

1148. Les impôts et taxes appartenant à la communauté sont les suivants :

- le produit de la contribution des patentes et licences ;
- le produit des centimes additionnels communaux ;
- le produit des droits de stades omnisports ;
- le produit des droits de timbre automobiles;
- le produit de la taxe de développement local ;
- le produit de la taxe sur la publicité ;
- le produit des droits d'occupation des parcs de stationnement de la communauté urbaine ;
- le produit de la taxe sur les jeux de hasard et de divertissement ;
- le produit des droits de place sur les marchés de la communauté urbaine ;
- le produit des droits de fourrière de la communauté urbaine ;
- le produit des droits de permis de bâtir ou d'implanter ;

- le produit de la taxe de stationnement ;
- le produit des droits de timbre communal.

Ces recettes fiscales se distinguent de celles appartenant aux communes d'arrondissement.

2 : Les recettes fiscales des communes d'arrondissement

1149. Au profit des communes d'arrondissement, le législateur a prévu les recettes fiscales suivantes :

- le produit de l'impôt libératoire.
- le produit des centimes additionnels communaux ;
- le produit de la taxe communale sur le bétail ;
- le produit de la redevance forestière issue de la péréquation ;
- le produit de la taxe d'abattage du bétail ;
- le produit des droits de place sur les marchés des communes d'arrondissement ;
- le produit des droits d'occupation temporaire de la voie publique ;
- le produit de la taxe d'hygiène et salubrité ;
- le produit des droits de parcs de stationnement de la commune d'arrondissement ;
- le produit des droits de stade, à l'exception des stades omnisports ;
- le produit de la taxe sur les spectacles ;
- le produit de la taxe communale de transit ou de transhumance ;
- le produit de la taxe sur le transport des produits de carrière ;
- le produit des droits de fourrière de la commune d'arrondissement ;
- le produit de la taxe sur les armes à feu ;
- le produit de la taxe de récupération.

1150. Il se dégage de cette énumération que la commune d'arrondissement dispose presqu'exactement des mêmes contributions pécuniaires publiques que toutes les autres communes. Elles obéissent d'ailleurs aux mêmes mécanismes d'imposition et de contentieux. Le contraire serait d'ailleurs surprenant tant il est vrai qu'avant de se loger dans une communauté urbaine, cette collectivité locale est d'abord une commune.

A ces recettes fiscales, s'ajoutent celles qui sont partagées entre la communauté et les communes d'arrondissement.

B : Les recettes partagées entre la communauté urbaine et les communes d'arrondissement

1151. L'alinéa 3 de l'article 115 prévoit les recettes fiscales qui sont partagées selon certains critères et mécanismes de répartition, entre la communauté urbaine et les communes d'arrondissement. Il s'agit concrètement de la taxe foncière sur la propriété immobilière et des droits de mutation immobilière.

En effet, le produit de ces deux recettes fiscales est partagé à raison de :

- 60% au profit de la communauté urbaine ;
- 20% au profit des communes d'arrondissement ;
- 20% au profit du FEICOM.

En sus de ces différentes recettes profitables aux communes d'arrondissement et aux communautés urbaines, le législateur prévoit des recettes dites *« d'intercommunalité et de péréquation »*.

¶ II : La fiscalité d'intercommunalité et de péréquation

1152. La fiscalité d'intercommunalité et de péréquation porte sur certaines recettes fiscales appartenant concomitamment aux communautés urbaines et à toutes les communes, qu'elles soient d'arrondissement ou pas, et même aux syndicats de communes. Au sens de l'article 116 de la loi portant fiscalité locale, on entend par recettes fiscales d'intercommunalité, les recettes fiscales dont une quote-part du produit est prélevé et affecté au Fonds spécial d'équipement et d'interventions intercommunales ou tout autre organisme chargé de la centralisation et de la péréquation pour le financement des projets de communes, communautés urbaines et syndicats de communes. Ces recettes fiscales ont pour missions principales le financement des projets de développement de ces différentes collectivités et, à cet effet, doivent être réparties selon certains mécanismes de péréquation[851]. Il s'agit précisément :

- du produit de la taxe de stationnement ;
- du produit des centimes additionnels communaux revenant aux communes ;

[851] Prévu au Cameroun comme ailleurs par la plupart des instruments juridiques de la fiscalité locale, la péréquation est un mécanisme visant à assurer l'égalité juridique entre les collectivités territoriales décentralisées, malgré leur inégalité naturelle.

- du produit de la contribution de licence ;
- du produit des droits de licence ;
- du produit de la taxe sur les propriétés immobilière.
- du produit de la quote-part de la redevance forestière ;
- du produit des droits de timbre automobile.

1153. Tandis que 70% des centimes additionnels communaux, 50% de la quote-part communale de la redevance forestière et 100% des droits de timbre automobile sont centralisés et redistribué à toutes les communes et communautés urbaines par le FEICOM ou tout organisme de centralisation créé à cet effet par la loi, les critères de répartition des autres recettes fiscales énumérées seront fixées par voie réglementaire.

1154. A l'exception des droits de timbre automobile, la plupart des impôts ci-dessus listés ont antérieurement fait l'objet de développements lors de l'étude des impôts communaux ou régionaux. Il sied par conséquent de s'appesantir un tant soit peu sur cette recette fiscale d'intercommunalité que le législateur de 2009 n'a pas assez abordé.

1155. Conformément à l'article 594 du Code général des impôts dont le troisième livre traite de la fiscalité locale, il est institué un droit de timbre sur les véhicules automobiles et sur les engins à moteur à deux roues en circulation sur le territoire camerounais. Annuel et liquidé en fonction de la puissance du moteur de l'engin considéré[852], le droit de timbre automobile donne droit lors de son paiement, à la délivrance d'une vignette au montant correspondant. Dans un contexte de forte importation des véhicules d'occasion et engins à moteur à deux ou trois roues, le droit de timbre automobile est susceptible de constituer un sérieux instrument de prévention du désordre potentiellement causé par l'inondation de nos routes, parkings et stationnements, par des engins de tout type et de tout état. Elle permettra alors de distinguer les automobiles ayant le droit de circuler, parce qu'affichant fièrement leur vignette, de ceux n'ayant pas de droit de circuler, car n'étant pas en règle avec le fisc.

1156. Qu'il s'agisse donc des droits, taxes, redevances ou des impôts proprement dits, les communes, communautés urbaines et régions bénéficient de plusieurs impôts locaux dont la finalité première est de financer leur développement multidimensionnel. Pour atteindre le

---

[852] Suivant l'article 597 du Code général des impôts, les taux du droit de timbre sur les véhicules automobiles sont fixés ainsi qu'il suit : motocyclettes=2000FCFA ; véhicules de 02 à moins de 08 chevaux=15.000FCFA ; véhicules de 09 à 13 chevaux=25.000 FCFA ; véhicules de 14 à 20 chevaux=50.000 FCFA ; véhicules de plus de 20 chevaux=100.000 FCFA.

même objectif, l'Etat unitaire décentralisé camerounais, en sus des impôts locaux et nationaux, dispose aussi de l'impôt de porte autrement appelé « *douane* ».

Titre III

La douane

1157. La douane est une institution centrale dans la vie des Etats, même si sa connaissance n'est pas très évidente au niveau du citoyen ordinaire. Elle joue un grand rôle dans le contrôle des échanges internationaux et apporte une contribution importante dans les recettes budgétaires des Etats. Procéder à une identification peu ou prou approfondie de cette institution vitale de l'Etat se présente dès lors comme une nécessité impérieuse. Pour ce faire, nous analyserons successivement la douane et son activité, les infractions douanières, la répression desdites infractions et la transaction douanière, qui s'assimile à un mode alternatif de règlement de conflits en matière douanière.

Chapitre I

La douane et son activité

1158. Administration financière républicaine intervenant en principe au niveau des frontières et même à l'intérieur du territoire de l'Etat camerounais, la douane mène, en fonction des voies d'accès des marchandises dans ledit territoire, une intense activité d'intérêt général conformément aux missions qui lui sont assignées par la règlementation en vigueur. Diverse et ondoyante à l'aune des évolutions sociétales et technologiques, une telle activité mérite d'être présentée et la douane elle-même clairement identifiée.

§ I : La détermination de la douane

1159. Une bonne présentation de la douane passe par trois éléments essentiels. Il s'agit de ressortir d'abord, la douane et son droit, ensuite, la douane et son administration, et enfin, la douane et ses missions.

¶ I : La douane et son droit

1160. Ce paragraphe a pour principal objectif de définir la douane, d'une part et de ressortir l'ensemble de règles juridiques qui contribuent à l'édification du droit douanier, d'autre part. Il serait donc judicieux d'identifier, au préalable, la douane sur le double plan de son concept et de sa politique, avant de tabler sur les sources de son droit.

A : L'identification de la douane

1161. Définir la douane n'est pas chose aisée, tant son concept, en lui-même, est polysémique, et le vocable, fruit d'une longue histoire qui fait intervenir plusieurs centres commerciaux européens, ou du moins, occidentaux, du treizième, quatorzième et quinzième siècles.

1162. Sur la base de son étymologie, le mot douane serait issu du persan *« diwan*[853] *»* ou de l'arabe *« duwan*[854] *»*. En désignant l'office où étaient perçus les droits pécuniaires prélevés sur l'importation et l'exportation des marchandises, la douane apparait à Naples en 1281 sous la désignation *« dohanna »*. Un siècle plus tard en Sicile en 1441, elle deviendra *« doganna »* en italien moderne[855]. Et l'acception moderne actuelle des douanes, est postérieure à la Révolution française de 1789.

1163. Certains grands noms de la doctrine du droit douanier moderne, à l'instar de Jean Luc ALBERT, Jean Claude BERR et Henry TREMAU, dégagent toutefois une autre acception de la douane, en insistant sur l'une des missions principales de cette institution : la protection économique. La douane assure alors *la fonction régalienne spécifique de protection et de lutte contre les contrefaçons et les trafics, ce qui se différencie de da simple collecte d'impôts disparates*[856]. Elle relève toujours d'une certaine idée somme toute classique, de protection économique. C'est la protection économique aux frontières[857].

1164. Au vu toutes ces acceptions, la douane semble alors renvoyer à trois principales choses à appréhender de manière complémentaire, dans le cadre d'un Etat moderne du village planétaire : une administration spécifique, un prélèvement pécuniaire particulier et un cadre spatial délimité.

D'abord, elle renvoie à une administration chargée de prélever les droits et taxes financiers à l'occasion des opérations de commerce extérieur. C'est d'ailleurs ce sens que retient le Glossaire des termes douaniers internationaux de l'Organisation mondiale des douanes en son édition de juin 2018. En effet, la douane est l'ensemble des *services administratifs responsables de l'application de la législation douanière et de la perception des droits et taxes et qui sont également chargés de l'application d'autres lois et règlements relatifs à l'importation, à l'exportation, à l'acheminement ou au stockage des marchandises*.

---

[853] En persan, *diwan* signifie registre.

[854] En Arabe, *duwan* c'est un service de l'administration.

[855] Pour cette évolution conceptuelle, lire FONGOD NUVAGA (E), « Imprégnation technico-professionnelle des fonctionnaires des douanes des catégories C et D, promotion 2015 », *Cahier du participant*, p.67.

[856] ALBERT (J.L), « Faut-il conserver la spécificité douanière ? », *RFFP*, op. cit., p.234.

[857] BERR (J.C) et TREMAU (H), *Introduction au droit douanier*, op.cit., p.68.

Ensuite, elle désigne une taxe particulière prélevée sur les marchandises à importer ou à exporter.

Enfin, la douane désigne le lieu où se situent ses différents services, et qui appliquent une certaine politique : la politique douanière.

1165. Etant par essence, une activité qui met en relation des acteurs de plusieurs Etats, eu égard à la mondialisation actuelle des économies, la douane, dans sa politique, gagnerait à associer le plus grand nombre possible des Etats, si elle se veut efficace. A défaut d'être universelle, eu égard à l'égocentrisme consubstantiel des Etats, braqué sur leurs souverainetés, la politique douanière est, de manière générale, l'œuvre des autorités communautaires. C'est dans ce sens que les codes de douane sont élaborés par les unions ou communautés d'Etats[858]. Ce sont ces codes qui définissent les règles générales applicables en matière douanière dans tous les Etats des sous-régions concernées. Le pouvoir d'élaboration de ces instruments juridiques communautaires incombe en réalité au Conseil des Ministres de la sous-région. C'est également ces autorités communautaires qui fixent les mesures tarifaires, en termes de nomenclature, origine, valeur et franchise des marchandises.

1166. En réalité, cette situation est une option de cohérence parce que la politique commerciale, par exemple, relève de plus en plus de la compétence communautaire, exigence de l'OMC. Il en est de même des accords préférentiels avec certains pays qui prévoient des suspensions partielles ou totales de certains droits de douane[859]. Toutefois, les Etats restent, pour une part résiduelle, responsables de certains aspects de leur politique commerciale notamment dans la répression des infractions douanières. Ainsi, chaque Etat membre demeure souverain pour déterminer les mesures de poursuites, de qualification et de sanction des infractions douanières commises par les délinquants douaniers dans son ressort territorial.

1167. En l'absence d'une administration communautaire des douanes, c'est aux différents Etats, pris isolément, que revient la mise en œuvre de la politique douanière élaborée, pour l'essentiel, par les autorités communautaires. Les autorités nationales sont donc exclusivement compétentes pour élaborer les normes juridiques d'application, à la condition expresse que celles-ci demeurent conformes aux décisions

---

[858] Etat membre de la CEMAC, le Cameroun, comme tous les autres Etats de l'ancienne Union douanière des Etats de l'Afrique centrale, devenu CEMAC après des reformes fiscalo-douanières, applique le Code des douanes CEMAC.

[859] C'est le cas des accords de partenariat économique entre l'Union européenne et les Etats de l'Afrique, du Caraïbes et du Pacifique.

communautaires. Toute violation des normes communautaires par les normes nationales en matière douanière pourrait faire l'objet d'un recours en manquement devant la Cour de justice communautaire compétente[860].

1168. Toutefois, si ces principes sont clairement posés, il convient de reconnaitre qu'en pratique, quelques poches de résistance des Etats subsistent, quant à l'application stricte des normes communautaires en général, et celles en matière douanière, en particulier. Et cela, pour ce qui nous concerne, est rédhibitoire à l'ordre public de la Communauté économique et monétaire de l'Afrique centrale[861].

Quoi qu'il en soit, les normes du droit douanier reposent sur une diversité de sources.

B: Les sources du droit douanier

1169. L'encadrement juridique de L'institution douanière donne naissance à un corpus de règles spécifiques, appelé droit douanier, dont le substrat transcende parfois les clivages épistémologiques ordinaires, tant il est vrai qu'en sciences juridiques, il tend à mobiliser à la fois les règles de droit public et celles de droit privé. Toutefois, son rattachement au droit public ne souffre d'aucune ambigüité, eu égard à ses principaux acteurs et à la matière financière publique qu'elle a vocation à encadrer. Le droit douanier peut être défini comme la branche du droit public financier qui encadre les opérations d'importation ou d'exportation des marchandises.

Le droit douanier a fait l'objet d'une mutation importante, marquée par l'évolution de ses sources, la complexité de ses procédures douanières, qui ont tendu à lui faire perdre, dans une certaine mesure, une partie de son particularisme.

1170. Cet encadrement juridique enclin à l'évolution, ne relève pas exclusivement du droit douanier proprement dit, d'autres réglementations peuvent interférer. Il existe, en effet, une pléthore des textes et normes en droit douanier. Nous étudierons séparément les sources internes et les sources internationales.

---

[860] Dans le cadre de la CEMAC, c'est la Cour de Justice de la CEMAC.

[861] IBRAHIMA HALILOU, *L'ordre public de la Communauté économique et monétaire de l'Afrique centrale*, Thèse de Doctorat/Ph.D en Droit public, Université de Ngaoundéré, 2020.

1 : Les sources internes

1171. La présentation des sources du droit douanier sur le plan interne oblige l'analyste de ces questions à distinguer celles qui sont écrites de celles qui sont non écrites, même s'il s'avère, à proprement parler, quelque peu mal aisé d'objectiver intégralement une telle présentation sommaire binaire, eu égard à l'interférence pratique des sources nationales et celles communautaires, suite à la réforme fiscalo-douanière dans l'actuelle zone CEMAC.

a : Les sources internes écrites

1172. Les sources internes écrites du droit douanier, à l'image du droit fiscal qui lui est similaire, s'adaptent à la hiérarchie des normes de droit interne, qui place la constitution au sommet de la hiérarchie et impose le respect des sources inférieures à celles supérieures. Par conséquent les actes réglementaires sont soumis aux actes législatifs, lesquels sont soumis à la constitution. En effet, la constitution est la norme suprême même en droit douanier, tant il est vrai que les dispositions pertinentes de son article 26 alinéa 2 sur les questions financières de l'Etat régissent aussi les ressources douanières collectées par les agents des services douaniers du Cameroun.

1173. Le Cameroun, à l'instar de tous les autres Etats de la zone CEMAC, disposait déjà d'un Code des douanes, bien avant le code des douanes CEMAC qui est en vigueur dans toute la zone. La loi portant régime financier de l'Etat et des autres entités publiques, ainsi que tous les autres actes législatifs, comme la loi de finances de l'année, ne sauraient être occultés ici, car il s'agit là des principales sources du droit douanier national

1174. Sur le pan réglementaire, il existe une abondante réglementation douanière qui fait l'objet d'une publication et même d'une diffusion régulière au niveau nationale. Elle constitue la source la plus consistante du droit douanier de l'Etat du Cameroun. Cette réglementation s'assimile pour l'essentiel à la doctrine fiscale, car constituée de l'interprétation des textes douaniers par les autorités douanières nationales, dans l'optique de rendre ces instrument réputés ésotériques, le plus intelligible possible pour les usagers des services douaniers.

1175. Au terme de cette déclinaison des sources écrites internes du droit douanier, il convient de lever une équivoque conceptuelle propre à l'expression « *législation douanière* ». En effet, tandis que

« *législation* » en sciences juridiques générales renvoie à l'ensemble des instruments juridiques élaborés par le législateur, au sens strict du terme, cette expression, au sens du droit douanier, renvoie plutôt, selon le Glossaire des termes douaniers internationaux que le Code douanier CEMAC adopte, pour l'essentiel, à *l'ensemble des prescriptions législatives et réglementaires concernant l'importation, l'exportation, l'acheminement ou le stockage des marchandises que la douane est expressément chargée d'appliquer et des réglementations éventuellement arrêtées par la douane en vertu des pouvoirs qui lui ont été attribués par la loi*. Il s'agit donc d'une acception extensive du concept *législation*, qui semble même intégrer la « *réglementation* ».

1176. Concrètement, la législation douanière est faite des dispositions sur :

- les attributions, prérogatives et responsabilités des administrations des douanes, ainsi que les droits et obligations des usagers ;
- les divers régimes douaniers ainsi que les conditions et formalités relatives à leur application ;
- les éléments en rapport avec l'application des droits et taxes à l'importation et à l'exportation ;
- la nature et les conséquences juridiques des infractions douanières ;
- et les diverses voies de recours.

b : Les sources internes non écrites

1177. L'étude des sources jurisprudentielles précédera celle des sources doctrinales.

Pour ce qui est de la jurisprudence nationale, elle émane d'un ensemble de décisions de justice qui peuvent être prises par le juge judiciaire ou le juge administratif en matière douanière. Par exemple, en France, le juge national a joué un rôle important dans le développement de certains principes généraux de douane. C'est le cas des théories de la tentative, de l'intérêt, de la fraude, ou de la responsabilité pénale, pour ne citer que celles-là. S'agissant de la jurisprudence communautaire, elle provient des décisions du juge communautaire. C'est le cas de la Cour de Justice de la CEMAC qui connait du litige douanier qui lui est soumis. Aussi, la Cour de Justice de la Communauté Européenne a créé la théorie des taxes des faits équivalents. Quid de la doctrine ?

Il existe deux types de doctrine en droit douanier : la doctrine officielle et la doctrine dite scientifique.

La doctrine officielle s'exprime au niveau national sous des formes variées, notamment à travers des circulaires, commentaires, notes, instructions, émanant de l'administration. Ces textes sont très précieux pour l'usager. Au niveau communautaire, la doctrine prend essentiellement la forme d'avis et recommandations des commissions, ainsi que des directives qui occupent une place de choix dans l'activité « *normatrice* » des autorités communautaires.

1178. Même si les débats scientifiques semblent tranchés en leur défaveur au sujet de leur appréhension comme véritable source du droit ou non, la doctrine scientifique, quant à elle, représente l'ensemble des écrits faits par des auteurs célèbres, sur des questions douanières à l'intérieur des supports scientifiques de renom, à l'instar des revues bien quottés, et des ouvrages parus dans des maisons d'édition de référence. Tous ces textes contribuent, selon les cas, à clarifier l'essence et l'activité douanières devenues de plus en plus complexes.

2 : Les sources internationales

1179. On y retrouve les actes de portée universelle et les actes communautaires auxquelles l'on peut ajouter quelques textes non codifiés.

a : Les actes de portée universelle

1180. Ils peuvent émaner de l'OMC qui a remplacé le GATT. On peut aussi et surtout noter parmi les conventions à caractère universel, comme celle de Bruxelles du 15 décembre 1950 qui a créé le Conseil de Coopération Douanière devenue l'Organisation Mondiale de Douane. Cette institution ne s'ingère pas dans la politique douanière de ses membres certes, mais contribue au fonctionnement harmonieux du droit douanier dans les rapports internationaux.

Non loin de là, l'on peut aussi citer les conventions de Lomé qui régissent de nombreux aspects des relations économiques entre les communautés européennes et les pays d'Afrique-Caraïbes-Pacifique.

b : Les actes communautaires

1181. Les codes de douane, textes de base du droit douanier dans diverses régions du monde, sont des textes conçus au niveau communautaire. Leur objectif est de rassembler dans un corpus juridique unifié et harmonisé, les dispositions du droit douanier très souvent dispersées dans une multitude de législations, règlements et directives communautaires, dans l'intérêt tant des opérateurs économiques que des administrations douanières. Tout compte fait, ces Codes sont des institutions dynamiques, tout comme le sont les textes non codifiés.

c : Les actes non codifiés

1182. Il s'agit des actes non codifiés émis par des autorités communautaires et des textes non codifiés émis par les autorités nationales. C'est le cas de nombreux règlements communautaires portant sur des domaines variés. Ils fixent, pour l'essentiel des normes techniques concernant les marchandises, la lutte contre la contrefaçon, les transports, les déchets, la protection des consommateurs. Au niveau national, les autorités administratives sont conduites à arrêter de nombreuses dispositions d'application, notamment, des décisions administratives. C'est le cas des avis aux importateurs.

Cet ensemble de normes de droit douanier, qui charrie d'ailleurs une certaine politique douanière, à vocation, quels qu'en soient les initiateurs, à être mis en application par une administration spécifique : l'administration douanière.

¶ II : La douane et son administration

1183. L'administration douanière du Cameroun consiste en une structure composite accordant une place primordiale à l'administration générale, sans toutefois faire fi des multiples partenaires nationaux et internationaux. Cette structure administrative est animée par un personnel constitué de plusieurs catégories d'agents jouissant d'un nombre considérable de prérogatives nécessaires à la bonne réalisation de leurs missions de service public respectives.

A : La structure administrative de la douane

1184. L'administration douanière est l'une des grandes structures administrative que compte le Ministère des finances, dont la structure consiste, pour l'essentiel, en quatre directions générales, à savoir, la Direction générale du budget, la Direction générale des impôts, la Direction générale du Trésor et de la coopération monétaire et la

Direction générale des douanes[862]. Elle est consubstantielle à la Direction générale des douanes, qui dispose de la plénitude et même de l'exclusivité de compétences en matière de contrôle et de redressement douanier, et est placée sous l'autorité d'un Directeur général des douanes chargé de l'élaboration et de l'application de la réglementation douanière, de la détermination et de la collecte des recettes douanières et de la surveillance des frontières terrestres et maritimes, ainsi que des gares et aérodromes douaniers.

1185. La structure administrative de la douane distingue les services centraux de ceux déconcentrés. Les services centraux assistent le Directeur général dans la conception, l'élaboration et le suivi de la mise en œuvre des stratégies en matière douanière. Ils ont une compétence générale en la matière, qui s'étend sur l'ensemble du territoire national, même si le territoire douanier de la zone CEMAC couvre l'ensemble des territoires des six (06) Etats membres. Conforme à la structuration administrative principielle du Cameroun sacralisant le principe de subordination hiérarchique, les services centraux de la Direction générale des douanes sont faits de directions, sous-directions, divisions, cellules, services, et bureaux. De manière non exhaustive, certains services centraux se font facilement remarquer, notamment ceux afférents aux affaires générales et contentieux douanier, le service de l'information et de la communication, la brigade nationale des enquêtes et des recherches, la cellule des études, la division de l'informatique, la division de la législation et de la coopération internationale, la division des statistiques et du suivi de recouvrement et la division de la surveillance.

1186. Quant aux services déconcentrés, leur compétence s'exerce au niveau de la périphérie, dans l'optique de mettre en exécution les diverses missions qui leurs sont confiées par l'administration centrale. L'organisation administrative déconcentrée de la Direction générale des douanes consiste aux secteurs de douanes, bureaux de douanes, subdivisions actives des douanes, brigades de douanes, et postes de douanes. Les secteurs de douanes se situent, en principe dans les chefs-lieux des dix régions du Cameroun, même s'il faut relever que du fait de l'intensité particulière de l'activité douanière dans ces villes dotées respectivement de ports fluvial et maritime en eaux profondes, Douala est doté de deux secteurs de douanes dans le Littoral, et Kribi d'un

[862] Voir : décret n°2005/119 du 15 décembre 2005, organisant le Ministère de l'Economie et des Finances d'alors.

secteur dans le Sud, au lieu d'Ebolowa, Chef-lieu de cette dernière région. Il ressortit aux secteurs des douanes de veiller à l'application de la réglementation douanière, et d'assurer le contrôle et la coordination de tous les services douaniers de leurs zones de compétence régionale respectives. Au sein de chaque secteur des douanes se trouvent des bureaux soit principaux, soit secondaires des douanes, dont les agents se font remarquer par le non port de l'uniforme de l'administration des douanes. Généralement localisés dans les chefs-lieux de régions, les premiers sont chargés des opérations de dédouanement. Quant aux seconds, lis sont pour l'essentiel ouverts pour un nombre d'ailleurs limité d'opérations douanières spécifiques. En outre, les secteurs comprennent les services actifs de douanes où le personnel est toujours en uniforme des douanes. Ils sont déclinés en subdivisions actives, brigades et postes de douanes. Les subdivisions actives sont placées sous l'autorité d'officiers des douanes, pour un ressort territorial défini en raison de la fréquence des manœuvres fraudatoires, de l'importance du trafic douanier ou de la proximité de la frontière. Quant aux brigades, par essence mobiles, elles se mettent en mouvement en fonction des renseignements reçus à propos du trafic douanier ou à l'initiative des chefs. Déterminantes dans la lutte contre la fraude et l'évasion douanière, les brigades de douanes ont la responsabilité générale de surveillance et d'enquêtes. Elles sont, en pratique, sous l'autorité des officiers réputés dynamiques et expérimentés. Enfin, les postes de douanes sont institués sur toute l'étendue du territoire nationale, à partir des frontières. Et leur localisation est tout aussi dynamique. Ils jouent un rôle décisif en matière de redressement douanier.

1187. En sus de cette structure administrative générale, la douane mobilise une gamme impressionnante de partenaires. En effet, cette institution en voie de modernisation au Cameroun, a une chaine logistique composée de partenaires multiples et de plusieurs agents.

1 : Les partenaires de la douane

Ils sont à la fois nationaux et internationaux.

a : Les partenaires nationaux

1188. La communauté portuaire comprend l'ensemble des organismes tant publics que privés qui interviennent dans la chaine logistique et dont les actions influencent énormément celles de l'administration de douane.

Sans prétendre à l'exhaustivité, l'on peut recenser le Port autonome de Kribi (PAK)[863], le Port Autonome de Douala (PAD) qui a remplacé l'Office National des Ports du Cameroun en 1990, le Conseil National des Chargeurs du Cameroun (CNCC), le Guichet Unique du Commerce Extérieur (GUCE)[864], la Société Générale de Surveillance (SGS)[865], les Aéroports du Cameroun (ADC)[866], le Bureau de Gestion du Fret Terrestre (BGFT)[867]. A cette liste, il faut ajouter des Commissionnaires agréés de douanes, qui sont les professionnels du dédouanement jouissant d'une exclusivité légale et percevant, en retour, des honoraires, les agents maritimes comprenant les consignataires de navires, les représentants des armateurs et les acconiers[868].

---

[863] Le port autonome de Kribi est l'un des espoirs majeurs de développement du Cameroun. Il s'agit d'un port maritime en eaux profondes dans l'océan atlantique, qui se distingue de celui de Douala, qui un port fluvial sur le Wouri. Sa capacité d'accostage des navires, et partant de réception des conteneurs est très élevée.

[864] Cette structure est créée le 07 juillet 1999 avec l'appui des bailleurs de partenaires au développement dans l'optique de l'accélération et de la réduction des coûts de l'activité douanière au Cameroun. Il s'agit d'un groupement d'intérêt économique mettant en synergie l'administration publique et les opérateurs économiques privés. Opérationnel depuis le 25 août 2000, le GUCE traite des opérations de dédouanement à l'importation et à l'exportation et sa spécificité réside sur ses mécanismes de regroupement physique ou virtuel des formalités relatives aux opérations d'import-export en vue d'en faciliter le fonctionnement. Ce dispositif tend vers le guichet unique électronique.

[865] La société générale de surveillance a pour mission de procéder à l'inspection et au contrôle des marchandises à l'import-export. En outre, elle s'active dans la détermination de la valeur en douane, de l'espèce tarifaire et dans la liquidation et le recouvrement des droits et taxes de douane. Le développement rapide des activités de cette structure est impulsé par les programmes d'ajustement structurel dont l'une des conditionnalités était le renforcement de la performance et la modernisation de l'administration fiscale au Cameroun.

[866] Les Aéroports du Cameroun sont des partenaires de l'administration douanière intervenant dans le secteur aérien. Ils contribuent au contrôle des marchandises en enlèvement direct ou sous palan, des envois en transfert vers les magasins extérieurs, des marchandises destinées aux structures relevant du Bureau principal des douanes hors classe. Les procédures de contrôle des marchandises des ADC et celles des douanes camerounaises ont été harmonisées à travers une note de service conjointe des deux Directeurs généraux respectifs, le 30 mars 2016. L'une des innovations consiste en l'introduction du scanner dans les contrôles.

[867] Cette structure est un organisme parapublic chargé de géré et de protéger les intérêts de l'Etat du Cameroun en matière de régulation et de répartition du fret routier. Il intervient beaucoup en matière de transit.

[868] Les aconiers sont des professionnels du chargement et du déchargement des marchandises.

b : Les partenaires internationaux

1189. Au rang des partenaires internationaux de l'administration douanière camerounaise, l'on peut citer principalement l'Organisation Mondiale Commerce (OMC) et l'Organisation Mondiale des Douanes (OMD).

Née en 1994 des cendres du GATT, l'OMC est le gendarme du commerce international. Sur les questions douanières, ses interventions portent sur : les règles d'évaluation des marchandises, les règles sur l'origine des marchandises, les accords de partenariat économique.

S'agissant de l'OMD mise en place en 1994 à la suite du Conseil de Coopération Douanière, elle est chargée d'élaborer les conventions internationales sur les sujets suivants : le classement des marchandises, l'évaluation et la perception des recettes, la sécurité de la chaine logistique, la facilitation des échanges, la lutte contre la fraude et la contrefaçon et la promotion de l'éthique dans les administrations douanières.

De concert avec ces différents partenaires nationaux et internationaux, l'impressionnante structure administrative douanière du Cameroun est encline à la modernité.

2 : La modernisation des douanes camerounaises

1190. Même si, de manière générale, elle porte sur l'ensemble de l'organisation et du fonctionnement de cette grande administration financière de l'Etat camerounais, la modernisation de la structure administrative douanière se situe au niveau des mutations technologiques et de l'automatisation des procédures de dédouanement.

En 1994, la douane a mis en place le système informatique PAGODE, entendez, Procédure automatisée de gestion des opérations de la douane et du commerce extérieur. Par la suite, le Cameroun a adopté en 2007, le système douanier SYDONIA.

D'autres instruments, comme le GPS[869], permettent de procéder au scanning des marchandises, utile au dédouanement et à l'enlèvement sans visite physique, des containers ayant été suivis par GPS. La douane conclut aussi de nombreux partenariats avec le secteur privé, notamment en rapport, entres autres, avec les professions bancaires, les agents maritimes.

---

[869] Entendez, *Global Positionning System.*

Ces actes de partenariat public-privé traduisent l'évolution d'une administration camerounaise longtemps portée exclusivement sur des partenaires publics, vers des acteurs privés. Cela concourt à une certaine *banalisation*[870], gage de performance, du droit des personnes publiques camerounaises. Et l'administration douanière en est un acteur de proue.

B : Les agents de douanes

Une étude satisfaisante des agents de douanes requiert l'examen tant des personnels de cette administration que de leurs privilèges.

1 : Les personnels des douanes

1191. L'administration douanière camerounaise comprend, à la fois, des personnels fonctionnaires régis par le statut général de la fonction publique en vigueur, et des personnels non fonctionnaires relevant du code de travail, eu égard à leur statut de contractuel.

Les premiers sont généralement des fonctionnaires issus de l'Ecole nationale d'administration et de magistrature (ENAM), après une formation dans la division des régies financières. Ils se subdivisent en deux groupes, en fonction de la dualité structurelle principielle de l'administration douanière, en personnels civils et personnels des services actifs:

- les fonctionnaires des personnels civils sont classés en fonctionnaires des catégories A_2 (inspecteurs principaux), A_1 (inspecteurs), B_2 (contrôleurs principaux), B_1 (contrôleurs), C (Contrôleur adjoint) et D (Commis de douane).
- les fonctionnaires des services actifs, en uniformes des douanes, et qui animent en principe les subdivisions, brigades et postes actifs, comprennent les fonctionnaires des Catégories A_2 (Officiers principaux), A_1 (Officiers), B_2 (Adjudants principaux), B_1 (Adjudants), C (Brigadiers), D (Préposés).

1192. En ce qui concerne le second type de personnels, leur classification distingue les Cadres contractuels de la 10e à la 12e catégorie ; les Agents contractuels, de la 7e à la 9e catégorie ; les agents décisionnaires, de la 4e à la 6e catégorie ; et enfin les Agents auxiliaires et temporaires de la 1ère à la 3e catégorie.

---

[870] AUBY (J.B), « Le mouvement de banalisation du droit des personnes publiques et ses limites », *Etudes offertes à Jean Marie Auby*, 1991, pp. et suivantes.

1193. Même si cette catégorisation est utile dans l'optique d'une utilisation efficace des personnels des douanes selon leurs formations professionnelle et académique, il sied de relever que la nomination à un poste de travail ou à une fonction peut ne pas dépendre de ces différentes catégories. Car, le titre académique ou professionnel appartient à l'individu, et le poste de travail et surtout la fonction, appartiennent à l'Etat. Il n'est donc pas exclu qu'un Cadre contractuel occupe une haute fonction où était attendu un fonctionnaire de Catégorie A, et vice-versa. C'est en principe celui qui a le profil le plus éloquent qui devrait l'emporter.

Tous ces personnels, fonctionnaires ou contractuels, jouissent d'un certain nombre des privilèges et immunités, propres à leurs statuts et fonctions.

2 : Les privilèges et immunités des agents de douane

1194. Les agents de douane bénéficient d'une protection spéciale. Aux termes de l'article 62 du Code des douane CEMAC, il est interdit à toute personne d'injurier, maltraiter, ou troubler un agent des douanes dans l'exercice de ses fonctions. L'on ne devrait par ailleurs pas s'opposer à ce qu'un agent de douane assure son service.

Aussi, disposent-ils, après prestation de serment, de l'autorisation de port d'arme et du droit d'en faire usage en cas de légitime défense. En vertu de l'article 70 du Code de douane CEMAC, les agents de douane ont le droit de visite des marchandises, des moyens de déplacements et des personnes, ainsi que de recherche des produits et stupéfiants dissimulés dans l'organisme humain. Les articles 71, 75 et 76 combinés du même code, précisent qu'ils ont aussi le droit d'arrêter les véhicules, d'exiger toutes pièces justificatives, de procéder à des visites domiciliaires, dans les conditions fixées par le Code de douane[871].

L'étude de l'administration douanière étant faite, il importe d'envisager comment celle-ci assure ses missions.

¶ III : La douane et ses missions

1195. A l'instar de toute institution étatique, la douane a des missions à assurer, qui rentrent dans le cadre de la satisfaction des besoins d'intérêt

[871] Ces agents ne peuvent, par exemple, pas effectuer des visites domiciliaires entre 21 heures du soir et 6 heures du matin.

général et même d'interventionnisme de la puissance publique étatique. A ce titre, le rôle de l'institution douanière peut se décliner en deux grands ensembles : les missions générales et les missions dites particulières.

A : Les missions générales

1196. Les missions d'ordre général de la douane sont principalement de nature financière et économique. La douane assure toutefois, subsidiairement, un autre type de missions, suite à l'appréhension « *instrumentale* » des prélèvements fiscaux en général, et douaniers en particulier. Il s'agit des missions dites d'interventionnisme de la puissance publique.

1 : La mission financière

1197. Institution financière par essence, la douane est au centre de la perception des recettes utiles au financement du budget de l'Etat. A ce titre, elle assure, de manière exclusive, la perception des recettes dites douanières, et de concert avec les autres institutions à vocation financière et fiscale, la perception des recettes non douanières, qu'elle est par ailleurs appelée à contrôler lorsque celles-ci prennent la forme de l'impôt.

a : La perception des recettes douanières

1198. La douane a traditionnellement pour mission de percevoir les droits de douane et autres impositions de même nature. En se référant à l'Annexe générale, Chapitre 2 et 4 de la Convention de Kyoto révisée, le Glossaire des termes douaniers internationaux définit les droits de douane comme des droits inscrits au tarif des douanes et dont sont passibles les marchandises qui entrent sur le territoire douanier ou qui en sortent. Au Cameroun, les recettes douanières occupent une place de choix dans le financement du budget de l'Etat, mais aussi de plus en plus, celui des communautés ou unions régionales, sous l'impulsion des accords de partenariat économique (APE). Cette catégorie de recettes ne saurait occulter l'importance des recettes non douanières, qui sont aussi perçu, à titre subsidiaire, par l'administration douanière.

b : La perception des recettes non douanières

1199. La catégorie des recettes non douanières intègre l'ensemble des prélèvements pécuniaires obligatoires autres que les droits de douanes, dont la collecte voit la participation des agents des services douaniers, de concert avec les autres administrations étatiques en charge du recouvrement. Ces recettes placent l'impôt en pole position, à côté des redevances et autres taxes et droits pécuniaires. Dans le premier cas, il s'agit essentiellement de la fiscalité sur les produits pétroliers, notamment la TVA, ainsi que la taxe intérieure spécifique, qui frappe les produits pétroliers mis à la consommation sur le marché intérieur. Dans le second cas, il est question des redevances et taxes spéciales frappant, à l'importation, quelques produits tels que les produits forestiers et les huiles végétales ou animales.

La perception par la douane de ces différents prélèvements pécuniaires obligatoires autres que les droits de douanes, justifient la fonction de contrôle fiscal assurée par cette institution financière.

c : Les contrôles fiscaux

1200. Étant un prélèvement pécuniaire opéré sur la base des déclarations faites par le redevable au sujet de ses marchandises et autres biens, le contrôle est au centre de l'activité douanière, tant il est impératif pour l'administration douanière de se rassurer de la véracité de ces déclarations. La douane exerce de nombreux contrôles fiscaux, soit de manière directe, soit alors indirectement, pour le compte d'autres administrations, notamment l'administration fiscale, pour l'essentiel. C'est le cas, entre autres, du contrôle des articles en métaux précieux importés, du contrôle de la fiscalité relative à la vignette automobile, sans oublier le contrôle des déclarations d'exportation assorties des documents justificatifs. L'étude de la mission fiscale de la douane doit être complétée par celle dite économique.

2 : La mission économique

1201. Même si, de nos jours, la fonction financière de l'institution douanière tend à prendre le dessus sur toutes ses autres fonctions, suite à une recherche effrénée des financements par les Etats en développement, comme le Cameroun, la mission économique de la douane mérite d'être autant encensée, tant elle est tout aussi déterminante pour le développement desdits Etats. En effet, la douane joue un rôle clé dans l'encadrement et la promotion des activités économiques, en général, et la surveillance des échanges extérieurs, en particulier.

a : L'encadrement et la surveillance des échanges extérieurs

1202. L'une des missions principielles de la douane consiste à préserver l'économie nationale des agressions extérieures matérialisées par l'inondation du marché intérieur par des produits en provenance de l'étranger. La douane assure, par conséquent, une mission de protection ou d'encadrement de l'économie nationale en général, et des échanges extérieurs qu'elle surveille, en particulier. L'accomplissement d'une telle mission amène d'abord la douane à veiller au respect de la réglementation des échanges extérieurs, en élaborant des mesures tendant à définir les objectifs et les moyens de la politique des échanges extérieurs. Ensuite, elle contribue à l'élaboration d'une information statistique précise sur l'évolution du commerce extérieur en vue de prévenir ou de corriger les effets néfastes par des mesures économiques appropriées. Toute chose favorable à la promotion des échanges extérieurs.

b : La promotion des échanges extérieurs

1203. En matière de promotion des échanges extérieurs, l'administration douanière s'attèle, non seulement à neutraliser certains mécanismes douaniers, mais également à apporter de l'aide à certaines activités.

Dans le premier cas, l'administration douanière est appelée à éliminer les dernières traces du protectionnisme indirect qualifié de protectionnisme administratif. Pour ce faire, elle devra veiller à l'assouplissement des régimes de transit et à l'allégement du coût des formalités douanières. Dans le second cas, en vue de rétablir des équilibres régionaux, le fisc dispose des mécanismes spécialement conçus pour la promotion des activités exportatrices et le développement de certaines activités, telles, l'entreposage ou transport lié au commerce international.

3 : La fonction instrumentale : l'interventionnisme douanier

1204. Le développement de l'interventionnisme économique dans les Etats a eu pour conséquence sur le plan fiscal en général, et douanier en particulier, le développement d'un certain interventionnisme douanier, consistant en l'utilisation par la puissance publique, des droits de douane, pour des finalités autres que la couverture financière des budgets des personnes publiques. Même si cette appréhension instrumentale des droits de douane correspond beaucoup plus avec un cadre étatique jaloux de sa souveraineté, ce qui est différent de la situation d'un Cameroun actuellement fondu dans le grand ensemble communautaire de la CEMAC, les droits de douane conservent toujours leur essence interventionniste encline à la protection. A ce titre, ils demeurent mobilisés par les Etats dans l'optique de protéger les marchés intérieurs. Et dans le cadre des grands ensembles communautaires, c'est toujours le marché commun qui bénéficie de ladite protection.

Au-delà des missions instrumentale, économique et fiscale, la douane exerce une panoplie d'autres missions, qu'on pourrait qualifier de particulières.

B : Les missions particulières de la douane

1205. En dehors des missions généralement confiées à la douane par les instruments juridiques nationaux et internationaux qui encadrent cette activité, des missions particulières lui sont dévolues du fait de sa position stratégique aux portes des Etats. Parmi ces missions, certaines lui semblent traditionnelles, et d'autres, nouvelles. En effet, les agents de douane ont toujours exercé le pouvoir d'arrestation des échappés des bagnes ou de prisons, des déserteurs, brigands et autres individus vivant sous l'influence d'un mandat d'arrêt. A ce titre, ils interviennent comme des agents de police judiciaire. Ils interviennent aussi en matière de protection de l'environnement comme promoteur d'un développement durable. A cet effet, il ressortit aux agents de douanes de veiller à la bonne application de la réglementation en matière de conservation, d'exploitation et de vente des produits de la faune et de la flore, en traquant particulièrement ceux qui se livrent à la pêche ou à la chasse en dehors des périodes agréées, et par la suite, procèdent à la vente des produits illégalement obtenus. Dans le même registre, les agents de douane procèdent aussi à la surveillance des mouvements transfrontaliers des déchets toxiques ou des matières dangereuses, au contrôle des échanges portant sur les espèces animales et végétales menacées d'extinction. En outre, la douane dispose du pouvoir de contrôler la réglementation sur la coordination des transports et sur l'assurance automobile.

1206. D'autres missions sont particulièrement assurées par les services douaniers au niveau des frontières, ou du moins, dans les différents services douaniers. Il s'agit, entre autres de :

- la protection de la santé publique[872],
- la protection du consommateur[873],
- la protection de la sécurité publique[874],
- la protection de la propriété intellectuelle, par la répression des actes de contrefaçon,
- et la protection du patrimoine national, à travers le contrôle de l'exportation des œuvres d'art et des trésors nationaux.

Au demeurant, cet important dispositif juridique, administratif et fonctionnel de la douane camerounaise, vise à permettre à cette institution de conduire le processus douanier de la manière la plus performante possible.

§ II : L'activité douanière

1207. Dans l'optique d'assurer les missions à elle confiées par la législation en vigueur en la matière, et qui s'étendent parfois à des domaines autres que la matière pécuniaire proprement dite, la douane mène une activité quotidienne intense, qui consiste, pour l'essentiel, à procéder au dédouanement des marchandises d'origines diverses, selon les régimes douaniers en cours.

¶ I : Le dédouanement des marchandises

1208. Le dédouanement est une opération par laquelle une marchandise obtient l'autorisation d'entrer dans un territoire ou d'en sortir, parce qu'ayant satisfait à toutes les exigences légales et pécuniaires y

---

[872] C'est le cas, notamment, de la lutte contre la drogue et le trafic des stupéfiants, du contrôle de l'importation de certains médicaments, et du contrôle sanitaire des denrées animales et végétales.

[873] A titre d'illustration, contrôle du respect des normes techniques de sécurité de certains articles importés.

[874] A travers, notamment, le contrôle de l'importation des matériels de guerre et explosifs, le contrôle de l'identité des personnes dans le cadre de la lutte contre l'immigration clandestine et le terrorisme, et le contrôle de la sécurité sur les aéroports et en mer.

afférentes. Selon le Glossaires des termes douaniers internationaux, il s'agit de *l'accomplissement des formalités douanières nécessaires pour mettre des marchandises à la consommation, pour les exporter ou encore pour les placer sous un autre régime douanier*[875]. De manière générale, ce processus consiste en cinq principales étapes à savoir, l'énonciation et l'enregistrement des déclarations en détail, la vérification de la marchandise, la liquidation et l'acquittement des droits et taxes et l'enlèvement de la marchandise. Le redevable est alors astreint lors de la réalisation de chacune de ces étapes, à faire une déclaration en détail de ses opérations de commerce extérieur. Le dédouanement est à cet effet, une procédure qui commence par la satisfaction de certains actes préalables à l'opération de dédouanement proprement dite.

A : Les préalables à la procédure de dédouanement

1209. En prélude à l'étude de la procédure de dédouanement proprement dite, nous nous intéresserons à deux types d'opérations complémentaires dont l'intérêt dans la lutte contre la fraude et l'évasion douanières est pour l'administration douanière, d'avoir une idée peu ou prou précise de la nature, de la quantité, de la qualité et de la destination des marchandises et autres biens à importer au à exporter : la déclaration sommaire et la déclaration en détail.

1 : La déclaration sommaire

1210. La déclaration sommaire est l'un des actes de la mise en douane des marchandises à l'importation comme à l'exportation. Elle est inhérente à l'acte de déclaration de chargement qui consiste aux renseignements transmis avant ou au moment de l'arrivée ou au départ d'un moyen de transport à usage commercial et contenant les données exigées par la douane en ce qui concerne le chargement introduit sur le territoire douanier ou quittant celui-ci. La déclaration sommaire concerne, à cet effet, les régimes des magasins et aires de dédouanement[876]. L'admission des marchandises dans les magasins est alors subordonnée au dépôt par l'exploitant d'une déclaration sommaire ou d'un document

---

[875] Cette définition a pour base juridique, l'Annexe générale, Chapitre 2 de la convention de Kyoto révisée.
[876] Article 106 à 109 du code des douanes CEMAC.

qui en tient lieu. L'acte de déclaration sommaire dépend du moyen de transport mobilisé à cet effet.

1211. A l'importation, le transport des marchandises peut se faire par voies maritime, terrestre ou aérienne. Par voie maritime ou aérienne, les marchandises transportées dans des bâtiments aquatiques ou des aéronefs doivent être inscrites sur le manifeste ou état général du chargement du navire signé par le commandant de bord. Le manifeste est la liste des marchandises constituant le chargement ou la cargaison d'un du moyen ou d'une unité. Il donne des renseignements commerciaux sur les marchandises tels que les numéros des documents de transport, les noms de l'expéditeur et du destinataire les marques et numéros, le nombre et la nature des emballages, la quantité et la désignation des marchandises[877]. Par voie terrestre, tout conducteur de marchandises doit dès son arrivée au bureau de douane frontalier le plus proche, remettre un titre de déclaration sommaire, ou une feuille de route, indiquant les objets qu'il transporte.

1212. A l'exportation, toutes marchandises destinées à être exportées doivent être conduites à un bureau de douane ou dans les lieux désignés par les services de douane. Ces formalités permettent de maitriser la traçabilité des marchandises destinées à être écoulées à l'étranger.

A la suite de la déclaration sommaire, intervient une déclaration plus détaillée, portant sur les éléments de taxation.

2 : La déclaration en détails

1213. L'une des règles fondamentales du droit douanier moderne consiste en l'obligation pesant sur l'usager de l'administration douanière de faire une déclaration en détail de ses opérations de commerce extérieur au moment de la réalisation de chacune d'elles. Conformément à l'article 110 du code des douanes CEMAC, toutes les marchandises importées ou exportées doivent faire l'objet d'une déclaration en détail leur assignant un régime douanier. La déclaration en détail est l'acte juridique par lequel un usager des services douanier manifeste, par écrit, verbalement ou par tout autre moyen, sa volonté d'assigner aux marchandises importées ou exportées, un régime douanier, s'engage à s'acquitter des formalités douanières y afférentes, et produit tous les

[877] Le manifeste consiste donc en la déclaration de chargement dont la nature et le contenu peuvent être différents selon les pays et le moyen de transport à usage commercial mobilisé.

documents utiles à l'identifications des marchandises et à l'application des mesures douanières ou autres dont l'administration a la charge. Cette opération tire son fondement de l'obligation selon laquelle tout enlèvement des produits imposables doit être précédé d'une déclaration faite à l'administration qui délivre un récépissé, dont la présentation est obligatoire tant que les objets se trouvent sur la voie publique ou même parfois arrivés à leur destination[878].

1214. De manière concrète, la déclaration en détail tient en deux opérations obligatoires. Il s'agit d'une part, de l'énonciation sur les éléments de la taxation et, d'autre part, de la vérification de la déclaration faite.

Les éléments de la taxation susceptibles d'être énoncés sont de nature diverse. Elles concernent à la fois l'espèce tarifaire, la valeur en douane susceptible d'être déterminée suivant les techniques telles l'*international comercial terms* (INTERCOMS), le *free on board* (FOB), le Coût et fret et bien d'autres encore, l'origine et le destinataire de la marchandise[879]. Ces opérations d'énonciation des éléments de la taxation douanière peuvent aboutir à un désaccord entre l'administration douanière et le déclarant en douane, symptomatique d'un conflit entre ces deux acteurs du processus de dédouanement. La résolution d'un tel conflit voit intervenir, suivant l'ordre hiérarchique, un certain nombre d'autorités clairement définies par le droit douanier en vigueur au Cameroun. En effet, en cas de contestation des énonciations de la déclaration relative à l'espèce et à la valeur des marchandises, avis est donné au déclarant pour réaction dans les 24h. En cas de persistance du désaccord entre la douane et le déclarant ou son représentant légal, la situation est portée devant le Directeur général des douanes. Et si le conflit perdure en dépit de l'intervention de la commission paritaire pour arbitrage, le litige est porté devant le conseil des Ministres de l'UEAC. La saisine des instances judiciaires ne pourrait intervenir qu'après épuisement des voies de recours.

1215. A propos de la vérification de la déclaration en détail, il s'agit d'un contrôle dont l'objet est d'apprécier sa recevabilité. Cette vérification est consubstantielle à une clause toujours insérée dans le connaissement, par laquelle le transporteur maritime se réserve le droit de vérifier l'exactitude des déclarations du chargeur. Cette vérification doit être faite à l'arrivée et porte principalement sur deux éléments[880].

---

[878] BIDIAS (B), *Les finances publiques du Cameroun*, op. cit., pp. 33 et suivantes.

[879] Les outils du *GPS* sont dorénavant mis à profit au Cameroun pour le contrôle par l'administration douanière de l'origine et du destinataire des marchandises.

[880] MATINE (R G), *Droit maritime*, 2ème édition, Pedone, Paris, 1993, n° 537.

L'administration douanière procède tour à tour à une vérification documentaire et à une visite physique ou incorporée.

1216. Dans le premier cas, après transmission de tous les documents et pièces à l'agent de douane par l'opérateur en douane, celui-là procède à la vérification des documents qui peuvent s'avérer faux. Tout refus de transmission peut donner qualification à infraction, car, en vertu des dispositions combinées des articles 110 et 111du code des douanes CEMAC, la déclaration en détail doit être déposée dans le bureau de douane ouvert à l'opération douanière envisagée, pendant les heures d'ouverture du bureau, dans un délai de trois jours francs[881] après l'arrivée des marchandises audit bureau ou dans les lieux désignés par les services de douane. Et à l'exportation, la déclaration en détail doit être déposée au plus tard dès l'arrivée des marchandises au bureau ou dans les lieux désignés par les services de douane, si les marchandises sont arrivées avant l'ouverture du service des douanes.

1217. Dans le second cas, elle peut consister en l'examen visuel des marchandises, le scanning des marchandises ou la palpation de la marchandise ou des personnes physiques. En cas de doute sur la nature réelle d'un produit, il est procédé à un prélèvement d'échantillons pour faire examiner dans les laboratoires qualifiés à cet effet. Une contre-expertise peut être sollicitée sur frais propres par l'opérateur en douane mis en cause. Une fois les procédures préalables observées, l'on procède à la procédure de dédouanement proprement dite.

B : La procédure de dédouanement proprement-dite

1218. Les actes préalables de déclaration en douane étant satisfaites, débute le dédouanement proprement dit des marchandises. Il s'agit alors de procéder successivement à leur liquidation, au paiement des droits de douane y relatifs et au contrôle de l'enlèvement de ces marchandises.

1 : La liquidation des droits de douanes

1219. La liquidation est l'étape consistant en la détermination du montant exact du droit de douane que le déclarant doit payer dans un certain délai au-delà duquel il s'expose aux pénalités. Il s'agit concrètement d'appliquer à la marchandise déclarée, le tarif douanier en vigueur. En

[881] Non compris les dimanches et jours fériés.

vertu des dispositions pertinentes des articles 132 et 133 du Code de douane, sauf application des dispositions dérogatoires, les droits et taxes à percevoir à l'importation et à l'exportation sont ceux en vigueur à la date d'enregistrement de la déclaration en détails. Les droits et taxes exigibles pour chaque article d'une même déclaration sont arrondis au franc inférieur.

1220. Cette règle générale de liquidation des droits et taxes douanière dépend toutefois de la procédure de dédouanement mobilisée, selon qu'il s'agit de l'importation ou de l'exportation, d'une part, ou selon qu'il s'agit de la procédure exceptionnelle de dédouanement des marchandises, d'autre part. En effet, pour la procédure générale de dédouanement les mécanismes de la déclaration sommaire et de la déclaration en détail se soldent par l'application d'un taux fixé en fonction de la valeur et de la quantité de la marchandise, selon la tarification douanière en vigueur. Pourtant, certaines procédures particulières visant à lutter contre les infractions douanières, peuvent aussi être mobilisées suivant des modalités de liquidation exceptionnelles. Il s'agit de la procédure de vérification des importations et exportations (PVI, PVE), de la procédure de sécurisation des recettes douanières (PSRD), de la procédure de mise en douane des marchandises en zones franches industrielles et de la procédure de dédouanement des envois et colis postaux.

Les droits et taxes douanières étant déterminés dans leur montant, il ne reste plus qu'à les payer suivant certaines modalités.

2 : Le paiement des droits de douanes

1221. Les droits et taxes liquidés par l'administration douanière sont en principe payables au comptant contre quittance. Toutefois, ces droits et taxes ne s'appliquent pas aux marchandises abandonnées par transaction ou au profit de l'administration douanière qui devra par suite les vendre. Par ailleurs, d'autres modalités de paiement dérogatoires sont admises, notamment le crédit des droits et taxes et le remboursement de ceux-ci.

En ce qui concerne la première modalité dérogatoire, il est de règle que les redevables en douane peuvent être admis à présenter des obligations dûment cautionnées de 1 à 4 mois d' échéance pour le paiement des droits et taxes liquidés par l'administration douanière assortis des intérêts de crédit, de retard, en cas de non-respect des échéances tels que fixés dans chaque Etat.

Et en ce qui concerne le remboursement, il est appréhendé comme la restitution, totale ou partielle des droits et taxes acquittés sur les marchandises et la remise, totale ou partielle des droits et taxes dans le cas où ils n'auraient pas été acquittés. Au terme de l'article 330 du code de douane CEMAC, les redevables qui auront acquitté indûment des droits liquidés par les services des douanes, ont droit à une action en répétition dont l'erreur est imputable au fisc.

Une fois les droits de douane acquittés, les marchandises concernées doivent être enlevées, sous le contrôle des agents de douane.

3 : Le contrôle de l'enlèvement des marchandises

1222. Ce contrôle doit directement être opéré à l'instant et même après enlèvement des marchandises. Ainsi, plusieurs modalités d'exécution sont possibles :

- le crédit d'enlèvement permet d'enlever les marchandises au fur et à mesure des vérifications et avant liquidation et acquittement des droits de douane, moyennant dépôt d'une caution renouvelable chaque année, sous l'agrément respectif des comptables et chefs de bureau de douane.
- Après accomplissement des formalités douanières, les marchandises destinées à être exportées par la voie maritime ou aérienne, doivent être immédiatement mises à bord des navires ou des aéronefs ; celles par voie terrestre sont conduites immédiatement et directement à l'étranger par la route la plus directe.

Quels qu'en soient les cas, le dédouanement des marchandises se fait obligatoirement dans des régimes bien précis.

¶ II : Les régimes douaniers

1223. Le régime douanier est défini comme le traitement applicable par la douane aux marchandises assujetties au contrôle de la douane. La convention de Kyoto de 1974 et ses révisions subséquentes distingue plusieurs régimes douaniers. Parmi ces régimes, certains semblent classiques. Il s'agit de la mise en consommation et de l'exportation en sortie simple ou définitive.

Le régime de la mise à la consommation est applicable à l'importation des marchandises. Il permet aux marchandises importées d'être mis en circulation dans le territoire douanier lors de l'acquittement des droits et taxes à l'importation éventuellement exigibles et de l'accomplissement de toutes les formalités douanières nécessaires[882]. C'est sous ce régime que les opérations de dédouanement ont été développées plus haut.

Et le régime de l'exportation en simple sortie est applicable pour les opérations de sortie des marchandises du territoire. Lorsque cette sortie est définitive, c'est-à-dire que les marchandises en libre circulation quittent le territoire douanier et sont destinées à demeurer définitivement en dehors de celui-ci, on parle d'exportation à titre définitif.

La dynamique du droit de commerce international a toutefois conduit à l'adoption d'autres régimes douaniers dont certains sont suspensifs et d'autres dits économiques ou de transformation.

A : Les régimes douaniers suspensifs

1224. Ces régimes sont régis par les articles 149 à 201 du Code de douane. Nous nous appesantirons, à titre illustratif, sur le régime général d'acquit-à-caution, le transit et les entrepôts en douane.

1 : Le régime général d'acquit-à-caution

1225. Prévu par les articles 149 à 154, ce régime prévoit que les marchandises transportées sous douane ou placées sous régime suspensif de douane, des droits, doivent être couvertes par un acquit-à-caution, pour garantir l'arrivée à destination de certaines marchandises, pour l'accomplissement de certaines formalités. La garantie de la caution peut être remplacée par la consignation des droits et taxes assortie d'un certificat de décharge donné par les agents de douane pour les marchandises non prohibées.

Aussi, le Directeur général des douanes peut subordonner la décharge d'acquit-à-caution souscrit pour l'exportation ou réexportation des marchandises, à la production d'un certificat délivré par les autorités consulaires des Etats membres ou par les douanes étrangères dans le pays de destination établissant que les marchandises ont reçues la destination exigée.

Le droit douanier moderne prévoit même l'acquit-à-caution de transit. Il s'agit d'un document de douane national qui permet de

[882] Annexe B.1 de la convention de Kyoto de 1974 et Annexe spécifique B, Chapitre 1 de la convention de Kyoto révisée.

transporter des marchandises en transit douanier sans acquittement préalable des droits et taxes à l'importation. Il contient généralement tous les éléments nécessaires à la liquidation éventuelle des droits et taxes à l'importation et l'engagement assorti de garantie de représenter les marchandises au bureau de destination sous scellement douanier intact.

Qu'en est-il alors du régime du transit proprement dit ?

2 : Le transit

1226. Le régime du transit est le régime sous lequel sont placées les marchandises transportées sous contrôle douanier, d'un bureau de douane à un autre[883]. Ce régime est prévu par les articles 156 à 165 du Code de douane, le transit peut être ordinaire, simplifié ou international, il consiste, en règle générale, dans la faculté de transporter des marchandises sous douane, soit à destination, soit au départ d'un point déterminé du territoire douanier. Sauf dispositions contraires, les marchandises expédiées en transit bénéficient de la suspension des droits, taxes, prohibitions et autres mesures économiques fiscales ou douanières applicables aux marchandises. Tel n'est pourtant pas le cas sous le régime des entrepôts en douane.

3 : Les entrepôts de douane

1227. Le régime de l'entrepôt de douane est le régime en application duquel les marchandises importées sont stockées sous contrôle de douane dans un lieu désigné à cet effet sans paiement des droits et taxes à l'importation. En droit douanier CEMAC, les entrepôts de douane sont régis par les articles 176 à 195 du code douanier. Le régime de l'entrepôt de douane peut être public, spécial ou privé. Il permet à cet effet, le stockage des marchandises sous certaines conditions, en suspension de droits et taxes de douane, prohibitions et autres mesures économiques, fiscales ou douanières, dont sont passibles les marchandises.

---

[883] Sous ce régime, l'administration douanière autorise normalement le transport en transit douanier, sur son territoire dans des cas suivants : d'un bureau d'entrée sur le territoire douanier à un bureau de sortie du territoire douanier ; d'un bureau d'entrée sur le territoire douanier à un bureau intérieur ; d'un bureau intérieur à un bureau de sortie du territoire douanier ; et d'un bureau intérieur à un autre bureau intérieur.

1228. Sont exclus de l'entrepôt :

- les produits étrangers qui contreviennent aux lois sur la répression des fraudes et aux textes pris en vertu de ces lois,
- les produits étrangers portant sur eux-mêmes, soit sur les emballages, des marques fabriquées ou qu'ils soient originaires d'un Etat membre ou d'un Etat avec lequel a été signé un accord de coopération technique douanière.

En sus des régimes suspensifs, le droit douanier CEMAC prévoit les régimes économiques ou de transformation.

B : Les régimes économiques ou de transformation

1229. Régis par les articles 202 à 258 du Code de douane CEMAC, les régimes économiques ou de transformation distinguent, entre autres, le régime de perfectionnement actif ou passif et le drawback.

1 : Le régime de perfectionnement actif ou passif

1230. Le régime de perfectionnement actif est le régime douanier qui permet de recevoir dans un territoire douanier, en suspension des droits et taxes à l'importation, les marchandises destinées à subir une transformation, une ouvraison, ou une réparation, avant d'être ultérieurement exportées. Le régime du perfectionnement passif, par contre, conformément aux articles 230 à 238 du Code de douane CEMAC, est le régime douanier qui permet d'exporter temporairement les marchandises qui se trouvent en libre circulation dans le territoire douanier, en vue de les faire subir à l'étranger, une transformation, une ouvraison, une réparation et de les réimporter ensuite en exonération totale ou partielle des droits et taxes à l'importation.

2 : Le régime de drawback

1231. Conformément aux dispositions combinées des articles 249 à 259, le drawback[884] est le régime douanier qui permet, lors de l'exportation des marchandises, d'obtenir le remboursement total ou partiel des droits et taxes à l'importation qui ont frappé soit ces marchandises, soit les

---

[884] Le terme drawback désigne aussi le montant des droits et taxes à l'importation remboursé en application du régime du drawback.

produits contenus dans les marchandises exportées ou consommées au cours de leur production.

1232. Il se dégage en dernière analyse au vu de ses diverses missions, que la douane camerounaise mène une activité riche et diversifiée, dont le but, au-delà de sa vocation financière, est de protéger l'économie nationale des agressions étrangères constituées par des marchandises irrégulières, voire dangereuses. Les usagers des services douaniers qui s'adonnent à des pratiques illicites dans le but de faire entrer leurs produits dans le marché camerounais, commettent par ce biais, des infractions dites douanières.

Chapitre II

Les infractions douanières

1233. De manière générale, les infractions douanières peuvent être définies comme celles commises en matière douanière. Une telle définition laconique appelle alors quelques précisions nécessaires afin de mieux cerner cette expression composée du vocable *« infraction »* et du qualificatif *« douanière »* se rapportant à la douane.

Le vocable infraction est défini tant par des textes juridiques que par la doctrine. En droit pénal, l'infraction désigne tout comportement consistant soit en une action, soit en une abstention réprimée par un texte pénal qui en donne les éléments constitutifs et fixe les peines qui lui sont attachées[885]. L'article premier du Code pénal de la république démocratique du Congo définit l'infraction comme étant tout fait de l'homme qui, en raison du trouble social qu'il provoque, justifie l'application à son auteur de peines et des mesures de sûreté.

A la suite de Rémi CABRILLAC, Gérard CORNU conçoit l'infraction comme un comportement actif ou passif prohibé par la loi et passible selon sa gravité, d'une peine principale, soit correctionnelle, soit de police, éventuellement assortie de peines complémentaires ou accessoire ou des mesures de sûreté.

La commission d'une infraction, sur le plan du droit, exige donc la réalisation cumulative de deux conditions : il faut qu'il y ait violation de la loi et qu'une peine soit prévue par le législateur pour sanctionner un tel comportement répréhensible. C'est du moins, ce que pose la maxime latine « *nullum crimen, nulla poena, siné légé* », entendez, il n'est de crime, ni de peine s'il n'est de loi.

Il n'est toutefois pas superfétatoire de préciser aussi que toute infraction suppose la réunion d'un élément matériel, l'acte

---

885 *Lexique du vocabulaire juridique* (Sous la direction de Remi CABRILLAC), Litec, 1ère édition, Paris, 2002, p. 155.

répréhensible, et d'un élément psychologique ou immatériel, l'intention non équivoque de poser ledit acte.

1234. Rapportée à la douane, l'infraction douanière est appréhendée comme étant tout acte ou abstention qui viole les lois et règlements, lorsque ceux-ci ont été pris en vertu d'une délégation exprimée par la loi et qui est frappée d'une peine par le code des douanes[886]. Une bonne étude des infractions douanières commande à procéder au préalable à leur catégorisation, avant de s'appesantir sur leur matérialisation.

§ I : La catégorisation des infractions douanières

1235. A l'image du Code pénal camerounais qui distingue en son article 21 trois types d'infractions hiérarchisées en fonction de la gravité des peines qui les sanctionnent respectivement[887], le Code des douanes de la CEMAC, en excluant les crimes en matière douanière, retient les délits et les contraventions[888]. Il est toutefois admissible aussi qu'un même délinquant douanier puisse faire l'objet d'un concours d'infractions en commettant successivement ou simultanément plusieurs infractions de nature délictuelle ou contraventionnelle[889]. La catégorisation des infractions douanières permet donc de présenter tour à tour les délits en douane et les contraventions douanières[890]. Toutefois, il sied tout de même de relever qu'à côté des infractions douanières proprement dites, le Code des douanes prévoit aussi des infractions en matière de change encore appelées *infractions cambiaires,* qui ne retiendront pas notre attention dans cette étude.

---

[886] Loi n° 2003/017 du 22 décembre 2003 portant dispositions d'applications de la règlementation des échanges CEMAC.

[887] Il s'agit des crimes, des délits et des contraventions.

[888] Article 395 code des douanes de la CEMAC.

[889] Ce cas est prévu par l'article 425 du Code douanier de la CEMAC. C'est le cas où il y a eu un cumule de plusieurs faits matériels répréhensibles. En effet, en cas de pluralité de contraventions ou de délits douaniers, les condamnations pécuniaires sont prononcées pour chacune des infractions commises. On subodore alors chez le délinquant douanier plusieurs intentions coupables. Ce fut le cas dans l'affaire BEN HADDADI, crim. 3 mars 1960, Bull. crim, n° 138.

[890] Cette catégorisation duale est aussi retenue en droit douanier français. En effet l'article 413 alinéa 1 bis de leur code, distingue les délits douaniers des contraventions douanières.

¶ I : Les délits douaniers

1236. La particularité des infractions douanières dont les logiques d'intellection et de manifestation diffèrent de celles du droit civil général, commande à approfondir la conceptualisation des délits douaniers en relevant leurs éléments constitutifs, avant d'en esquisser les différentes catégories. L'objectif final est, en fait, de mieux les identifier pour faciliter la manipulation de ces instruments de mise en œuvre du droit.

A : La conceptualisation des délits douaniers

L'analyse du concept précèdera celle des éléments constitutifs d'un délit douanier

1 : Le concept

1237. En dépit de son ancrage dans la matière financière, l'étude des délits douaniers porte fondamentalement sur le droit pénal dont la maitrise ne semble pas aisée pour le commun des mortels, qui se conforte souvent dans des a priori, mais découvre finalement que c'est une matière éminemment ésotérique au même titre que les finances publiques. C'est dire que l'œuvre de conceptualisation des délits douaniers trouve sa complexité exacerbée ici car il s'agit d'un entremêlement de catégories juridiques de droit pénal et de droit public financier.

1238. Appréhendé au sens large en droit français, le délit semble synonyme à l'infraction. A ce titre, toute infraction à la loi pénale, mieux, toute action ou omission prévue et sanctionnée d'une peine par la loi est constitutive d'un délit. Certains comportements répréhensibles prévus par le code des douanes de la CEMAC constitueraient ainsi des délits. D'abord, l'article 51, alinéa 1 de ce code dispose : *Pour l'application du présent code, sont considérées comme prohibées, toutes marchandises dont l'importation ou l'exportation est interdite à quelque titre que ce soit, ou soumises à des restrictions, à des règles de qualité ou de conditionnement ou à des formalités particulières*. Ensuite l'alinéa 2 du même article précise : *lorsque l'importation ou l'exportation n'est permise que sur présentation d'une autorisation, d'une licence, d'un certificat, etc.., la marchandise est prohibée si elle n'est pas accompagnée d'un titre régulier ou si elle est présentée sous le couvert d'un titre non applicable*.

1239. Cependant, stricto sensu, est considéré comme délit douanier, toute infraction punie d'une peine correctionnelle. Il s'agit, pour le délinquant personne physique, de l'emprisonnement, l'amende, le jour-amende, le travail d'intérêt général, des peines privatives ou restrictive des droits et des peines complémentaires. Et lorsqu'il s'agit d'une personne morale, les peines correctionnelles encourues sont l'amende, dont le taux maximum est égal au quintuple de celui prévu pour la personne physique, ou dans certains cas particuliers, de peines privatives ou restrictives de droits. C'est dire en d'autres termes qu'est considérée comme délit, toute infraction dont la peine est prononcée par un juge correctionnel et dont le quantum ne dépasse pas dix ans d'emprisonnement. La gravité de la peine, comprise entre celle sanctionnant un crime et celle punissant une contravention, et la qualité de la juridiction compétente, sont donc en définitive les critères de définition déterminant du délit en droit pénal. C'est ce qui semble se dégager des dispositions de l'article 21 du code pénal camerounais : *Sont qualifiés de délits, les infractions punies d'une peine privative de liberté ou d'une amande lorsque la peine privative de liberté encourue est supérieure à dix jours et n'excède pas dix ans, ou que le maximum de l'amende est supérieur à 25 000 FCFA.*

1240. Cette critériologie définitionnelle de droit pénal semble se distinguer de la logique du droit public financier qui, pour des besoins poussés de précision, colle le délit à des comportements nommément désignés en dehors desquels l'acte se posera sous le prisme qualificatif d'une contravention. En effet, au sens des articles 403 et suivants du Code des douanes de la CEMAC, est constitutif de délit douanier, toute infraction dont les faits sont qualifiés par la loi d'actes de contrebande ou d'importation ou exportation sans déclaration, et si la marchandise litigieuse est fortement taxée à l'importation ou si elle est simplement taxée à l'exportation.

2 : Les éléments constitutifs

1241. A l'instar de toute infraction, le délit douanier exige pour qu'il soit constitué la réunion de trois éléments : un élément légal, un élément moral et un élément matériel.

L'élément légal est consubstantiel à la maxime latine *« nullum crimen, nulla poena siné légé »* qui exige qu'il n'y ait de peine ou de délit que s'il existe un texte législatif prévoyant l'acte incriminé et la sanction y afférente. Et en dehors de ces conditions, l'acte considéré sort du cadre de l'infraction et partant, ne saurait être puni, du moins en droit pénal. L'élément légal du délit douanier porte ainsi sur l'obligation d'existence d'un texte, en principe législation douanière, qui édicte non seulement une obligation ou une interdiction que le fait incriminé a outrepassée, mais aussi la sanction ou la peine qui réprime la violation à la loi inhérente à l'acte incriminé[891]. A cet effet, le délinquant financier qui commet un délit douanier sera poursuivi et sanctionné postérieurement au texte qui prévoit l'infraction et la sanction, eu égard au principe de la non rétroactivité de la loi pénale.

1242. L'élément matériel quant à lui consiste en un ou plusieurs faits générateurs d'un comportement. En matière douanière, ces faits sont généralement visibles et clairement ostensibles. Il s'agit d'agissements extérieurs dont le commencement par tentative ou la réalisation manquée sont aussi punissables que l'acte répréhensibles effectivement constitué lui-même. Le Code de douanes de la CEMAC dispose à cet effet en son article 396 que *« toute tentative de délit douanier est considérée comme le délit lui-même ».* Cette disposition est en droit ligne de l'article 94 du code pénal camerounais[892] et ne s'éloigne pas des articles 86 et 405 du Code des douanes CEMAC qui précisent que l'exportation en contrebande est effectivement constituée à partir du moment où des transporteurs prennent un chemin tendant à contourner ou à éviter les bureaux de douanes, sur les frontières terrestres.

1243. En ce qui concerne l'élément moral du délit douanier, l'article 348 du Code de douanes semble clairement trancher le nœud gordien de son identification en disposant qu' *« il est expressément défendu au juge d'excuser le contrevenant sur l'intention ».* C'est dire que le délit douanier pourrait être constitué avec ou sans intention. Il est constitué avec intention lorsque le délinquant douanier a agi sciemment, comme selon l'article 388, alinéa 2 du Code des douanes pour les fraudeurs. Sont, à ce titre, considérés comme fraudeurs ceux qui ont sciemment, soit couvert les agissements des fraudeurs, soit tenté de leur procurer l'impunité.

1244. Certains délits douaniers sont aussi constitués sans accorder une importance outre mesure à l'intention, dès lors que certains faits

---

[891] NYAMA (J.M), *Droit douanier de la CEMAC*, CERFORD, 2003, p. 328.

[892] Cet article dispose, *« Toute tentative manifestée par un acte tendant à l'exécution d'un crime ou d'un délit et impliquant sans équivoque l'intention irrévocable de son auteur de commettre l'infraction ; si elle n'a pas été suspendue ou si elle n'a manqué son effet que par des circonstances indépendantes de la volonté de l'auteur, est considérée comme le crime ou le délit lui-même ».*

matériels ou omissions sont mis en exergue. C'est le cas de la contrebande ou des fausses déclarations par erreur. Mais quoi qu'il en soit, l'élément intentionnel est exigé par l'article 6, alinéa b de l'instruction du Ministre des finances du 15 décembre 1995. En effet, les importateurs de marchandises soumises au programme de vérification des importateurs débarqués au Cameroun sans inspection avant leur débarquement, sont exemptés du paiement de l'amende lorsque leur bonne foi peut être prouvée sur la base d'une déclaration d'importation ouverte avant l'embarquement des marchandises et du rapport de la Société générale de surveillance.

Même s'ils semblent être clairement identifiés, les délits douaniers recèlent quelques zones d'ombre au sujet de leur typologie.

B : La typologie des délits douaniers

1245. Décliner la typologie des délits douaniers incline à procéder à une œuvre de classification desdits délits, tant il est vrai que ceux-ci sont de plusieurs catégories regroupés en trois classes, en fonction de leur gravité. Les délits douaniers de première et de deuxième classe étant moins graves que ceux de la troisième classe.

1 : Les délits douaniers de première classe

1246. Les délits douaniers caractéristiques à savoir, les faits de contrebande simple et les faits d'importation ou d'exportation sans déclaration des marchandises prohibées, des marchandises fortement taxées à l'entrée, des marchandises soumises à des taxes de consommation intérieure ou des marchandises prohibées ou taxées à la sortie, sont rangés à la première classe. Il en est de même des délits tels, les fausses déclarations dans l'espèce, la valeur ou l'origine des marchandises, commises à l'aide des documents obtenus de manière fraudatoire comme des factures, certificats ou tout autre document faux, inexacts, incomplets ou non applicable. Les fausses déclarations ou manœuvres visant l'obtention d'un quelconque avantage à l'importation ou à l'exportation constituent aussi des délits douaniers de première classe.

1247. Ces délits douaniers tombent, pour la plupart, en matière de sanction, sous le coup de l'article 403 du Code des douanes de la CEMAC qui dispose : *Sont passibles de la confiscation de l'objet de fraude, de la confiscation des moyens de transport, de la confiscation des objets servants à masquer la fraude, et d'une amende égale au double de la valeur de l'objet de fraude et d'un emprisonnement pouvant s'élever à un mois, tout fait de contrebande, d'importation ou d'exportation sans déclaration, lorsque ces infractions se rapportent à des marchandises de la catégorie de celles qui sont prohibées ou fortement taxées à l'entrée, ou soumises à des taxes de consommation, ou prohibées ou taxées à la sortie.*

2 : Les délits douaniers de deuxième classe

1248. Plusieurs infractions au Code des douanes rentrent dans la catégorie des délits douaniers de deuxième classe. Il s'agit d'abord des faits de contrebande commis par un groupe de trois à six personnes portant des marchandises obtenus frauduleusement. Il s'agit ensuite, dans le cadre d'opérations financières entre le Cameroun et l'étranger, des faits d'exportation, importation, transfert ou compensation des fonds obtenus en violation de la législation douanière ou celle en matière de stupéfiants. Il est question aussi du blanchiment des fonds obtenus en violation de la législation sur les substances ou plantes vénéneuses classées comme stupéfiants. Il s'agit enfin du blanchiment des fonds obtenus en violation de la législation douanière propre à la contrebande d'alcool ou de cigarettes, les fraudes agricoles portant préjudice au budget communautaire.

1249. Les auteurs des délits douaniers de deuxième classe tombent sous le coup de l'article 404 du Code des douanes qui dispose que : *Sont passibles des sanctions fiscales prévues à l'article précédent et d'un emprisonnement de trois mois à un an, les délits de contrebande commis par une réunion de trois individus et plus, jusqu'à six inclusivement, que tous portent ou non des marchandises de fraude*. En sus de ces sanctions, ces délits, du fait de leur gravité supérieure à ceux de la première classe, sont passibles d'autres sanctions, telles que la confiscation des moyens de transports ou des objets servant à masquer la fraude, et une amande égale au double de la valeur des objets de fraude.

3 : Les délits douaniers de troisième classe

1250. Les délits douaniers de troisième classe sont les délits la plus graves, à en juger par leur consistance et surtout par l'arsenal sanctionnateur mobilisé à l'encontre des auteurs desdites infractions. A la lecture des dispositions de l'article 405 du Code des douanes CEMAC, les faits ci-après sont constitutifs de délits douaniers de troisième classe :

- la contrebande commise soit par plus de six individus, soit par trois individus ou plus, à dos d'animal ou à vélocipède, que tous portent ou non des marchandises de fraude ;
- la contrebande par aéronef, par véhicule attelé ou autopropulsé, par navire ou embarcation de mer de moins de 100 tonneaux de jauge net ou par bateau de rivière ;
- la contrefaçon ;
- et l'exportation en contrebande des produits de la pêche dans les eaux nationales.

1251. En sus de ces prévisions de l'article 405, d'autres faits sont susceptibles d'être rangés parmi les délits douaniers de la même classe. Il s'agit du fait pour l'occupant des lieux de faire obstacle à l'accès aux pièces ou documents sur support informatique, à leur lecture ou à leur saisie, lorsque cet obstacle est constaté dans les locaux occupés par la personne susceptible d'avoir commis les délits douaniers.

1252. La sanction de ces délits est quasiment identique à la sanction des délits de deuxième classe pour ce qui est de la typologie des peines, mais drastiquement différente de ces dernières pour ce qui est de leur gravité. En effet, le délinquant douanier de cette classe s'expose toujours la peine de confiscation du corps du délit, du moyen de transport utilisé ou des objets ayant servi à masquer la fraude. Mais, l'amende encourue est, cette fois-ci, égale au quadruple de la valeur des objets confisqués et la peine d'emprisonnement potentielle de six mois à trois ans. Des contraventions douanières peuvent être greffées à ces délits pour des cas spécifiques. C'est le cas lorsqu'un prévenu poursuivi principalement pour transport en contrebande par voiture aggrave sa situation délictuelle en refusant d'obtempérer faces aux agents de douanes. A quel types de contravention s'expose-t-il à cet effet ? L'étude des contraventions comme autre catégorie de sanction douanière, nous en dira sûrement d'avantage.

¶ II : Les contraventions douanières

1253. Après les délits douaniers, le droit douanier en vigueur dans la zone CEMAC en général, et le Cameroun en particulier, retient comme autres infractions, les contraventions douanières. Ce qui constitue une spécificité, comparé au droit pénal général qui, en sus de ces deux types d'infractions, prévoit aussi des crimes.

L'étude des contraventions douanières comme catégories juridiques, requiert une analyse préalable de leur concept, avant d'esquisser leur typologie en dernière analyse.

A : La conceptualisation des contraventions douanières

1254. A l'image des contraventions de droit pénal général, les contraventions douanières constituent la dernière catégorie d'infractions, du point de vue de leur gravité jaugée à l'aune des peines qui les sanctionnent.

Le droit douanier se distingue toutefois du droit pénal général, dans la conceptualisation des contraventions douanières, sur un point précis : elles ne sont pas punissables de peines privatives de liberté. En d'autres termes, les contraventions douanières ne donnent pas lieux à un emprisonnement ferme de leurs auteurs, contrairement au droit pénal général, qui punit parfois en matière contraventionnelle d'une peine d'emprisonnement qui ne peut excéder dix jours.

Relevant des juridictions d'instances[893], telles les tribunaux de police, les contraventions douanières sont des infractions susceptibles d'être sanctionnées soit par des peines restrictives de droits, soit par des réparations pécuniaires, soit en guise de peine complémentaire, pour toute fraude relatives à la circulation des marchandises au niveau des frontières ; qu'il s'agisse de l'importation ou de l'exportation. Elles donnent alors lieu à des confiscations et amendes[894]. Même s'il sied de relever que de toutes les peines contraventionnelles susceptibles d'être prononcées, seules celles de la cinquième classe sont portées au casier judiciaire du délinquant douanier.

Les contraventions douanières doivent, au même titre que toutes les autres catégories d'infraction, satisfaire à une certaine critériologie définitionnelle sans laquelle leur existence juridique serait incertaine. Il s'agit de l'élément légal, de l'élément matériel et de l'élément intentionnel.

1255. Premièrement, toute contravention douanière doit figurer dans un instrument juridique qui la crée et en détermine la peine. Car en l'absence d'un texte dont l'idéal est de portée législative, aucune

[893] Article 334 du Code des douanes CEMAC.
[894] NYAMA (JM), *Droit douanier de la CEMAC*, op. cit., p. 411.

infraction n'est retenue, même si l'acte répréhensible est constitutif de trouble grave à l'ordre public[895].

1256. Deuxièmement, toute contravention douanière doit consister en une attitude positive ou négative, un acte ou un ensemble d'actes manifestes positifs ou négatifs réprimés par la loi. En effet, au-delà de la volonté, il est exigé que l'auteur de la contravention pose un acte concret, clairement identifiable qui est la manifestation de sa volonté de frauder à l'exportation ou à l'importation des marchandises au niveau des frontières. Monsieur DJEUWO dégage alors quatre facteurs susceptibles de traduire l'élément matériel d'une contravention douanière : un acte positif ou négatif clairement défini, une circonstance qui vicie cet acte, un objet déterminé qui vicie une marchandise auquel s'applique l'acte, une condition de lieu, car il est rare, voire impossible que l'acte n'ait pas été commis à un point précis du territoire[896].

1257. Et troisièmement, toute contravention douanière est la manifestation concrète d'une intention fraudatoire[897], sans laquelle l'acte contraventionnelle pourrait se ranger dans la catégorie des erreurs ou simples fautes. Car, toute infraction, même non intentionnelles, suppose que son auteur ait agit avec intelligence et volonté.

1258. Ainsi appréhendées, les contraventions douanières ont les mêmes éléments constitutifs que toutes les autres infractions, qu'elles soient de droit pénal général que de droit douanier. Toutefois, leur classification dégage des éléments de spécificité.

B : La typologie des contraventions douanières

1259. Dans l'ordre croissant de leur gravité, les contraventions douanières sont classées en première, deuxième, troisième, quatrième et cinquième classe. Les contraventions de cinquième classe constituent donc les plus lourdes.

---

[895] C'est du moins l'esprit du principe de la légalité des délits et des peines, qui pose que nul ne peut être puni pour un crime ou pour un délit dont les éléments ne sont pas définis par la loi, ou pour les contraventions dont les éléments ne sont pas définis par un règlement.

[896] DJEUWO (M), *Le contentieux douanier dans les pays de la CEMAC*, op. cit., p. 10.

[897] BIN (F), « Fraude, contrefaçon et contrebande : définitions et distinction des régimes juridiques au regard du droit douanier contemporain », *Actes de la Journée d'étude du 9 mai 2016*, Musée national des douanes de Bordeaux, pp. 13 et suivantes.

1260. Les contraventions de premières classe, qui constituent les plus légères infractions de cette catégorie, consistent en des atteintes aux lois et règlements que l'administration des douanes est chargée d'appliquer, lorsque ces irrégularités ne sont plus sévèrement réprimées par le code des douanes. Elles se traduisent généralement, lors des déclarations en douanes, en omissions ou inexactitude portant sur certaines indications obligatoires. Il peut aussi s'agir des omissions d'inscription aux répertoires. Les contraventions douanières de première classe peuvent aussi sanctionner des fausses déclarations d'espèces, de valeur ou d'origine, ou alors des résistances face aux agents de douanes.[898]

1261. Les contraventions de deuxième classe sanctionnent les infractions aux dispositions des lois et règlements douaniers que l'administration des douanes est chargée d'appliquer lorsque ces irrégularités ont pour dessein d'éluder ou de compromettre le recouvrement d'un droit ou d'une taxe quelconque et qu'elles ne sont pas spécialement réprimées par le code des douanes. C'est à titre d'illustration, le cas des déficits dans le nombre de colis déclarés, des déficits sur la quantité des marchandises placées sous un régime suspensif de droits ou taxes. C'est aussi le cas de l'inexactitude totale ou partielle dans les engagements souscrits lors des acquits -à-caution et des soumissions.

1262. Constituent des contraventions de troisième classe, des atteintes à la législation ou à la réglementation que l'administration douanière est chargée d'appliquer, lorsque ces irrégularités portent sur des marchandises de la catégorie de celles qui sont prohibées à l'entrée ou à la sortie et qu'elles ne sont pas spécialement punies par le code des douanes. C'est par exemple le cas d'un certain type de contrebande non spécialement réprimée. C'est aussi le cas en matière de fausse déclaration dans la désignation du destinataire ou de l'expéditeur réels. Toutes les contraventions commises dans l'optique d'empêcher ou d'amoindrir le recouvrement des taxes de port rentrent aussi dans la troisième classe.

1263. Les contraventions de quatrième classe sont passibles d'une amende au moins égale à la valeur des marchandises concernées. Il s'agit d'abord de tout fait de contrebande ainsi que tout fait d'importation ou d'exportation sans déclaration, lorsque l'atteinte porte sur des marchandises de la catégorie de celles qui ne sont ni prohibées ou fortement taxées à l'entrée, ni soumises à des taxes de consommation, ni prohibées ou taxées à la sortie. Il est question ensuite, d'un ensemble

---

de fausses déclarations, notamment la fausse déclaration dans l'espèce, la valeur ou l'origine des marchandises importées, exportées ou placées sous un régime suspensif lorsqu'un droit de douane ou une taxe quelconque se trouve éludés ou compromis par cette déclaration ; la fausse déclaration dans la désignation du destinataire ou de l'expéditeur réels ; la fausse déclaration dans la désignation, à l'importation de l'Etat de mise en consommation, et à l'exportation de l'Etat d'origine des marchandises ; la fausse déclaration dans l'optique de bénéficier indûment d'une certaine franchise. Enfin, plusieurs autres contraventions portant sur le manifeste, sont rangées dans la quatrième classe. A titre d'illustration, tout détournement de marchandises non prohibées de leur destination privilégiée, l'absence de manifeste, l'omission ou la déclaration sommaire de marchandises dans le manifeste[899].

1264. Enfin, les contraventions douanières de cinquième classe se traduisent par un refus de communication ou une dissimulation des pièces ou d'opérations. Elles sont, de manière générale, régies par les articles 401 et 422 du Code des douanes. Il s'agit de toute irrégularité constitutive d'une infraction de troisième classe, lorsque cette irrégularité se rapporte à des marchandises de la catégorie de celles qui sont prohibées à l'entrée ou à la sortie et que cette irrégularité n'est pas spécialement réprimée. Les infractions liées au retrait de l'agrément en douane ou de l'autorisation de dédouaner complète la liste des contraventions de cinquième classe.

1265. Aux termes des dispositions de l'article 422 du Code des douanes CEMAC, l'amende retenue pour sanctionner les contraventions de cinquième classe ne doit pas être inférieure à un million de FCFA.

1266. Les contraventions et les délits constituent donc les infractions douanières. Leur catégorisation dégage à la fois leur fort ancrage dans le droit pénal et leurs spécificités propres à la matière financière sous le prisme de laquelle ces infractions se conçoivent. Qu'en est-il alors de leur manifestation sur le terrain des réalités concrètes ? L'étude de leur matérialisation nous en dira assurément davantage.

---

[899] Une exégèse complète de ces contraventions de quatrième classe requiert la lecture des dispositions des alinéas 1 à 9 de l'article 401 du Code des douanes CEMAC.

§ II : La matérialisation des infractions douanières

1267. Après l'exégèse des instruments juridiques nationaux et internationaux régissant les infractions douanières, force est de se soucier, un tant soit peu, des réalités concrètes en la matière. L'étude de la matérialisation des infractions douanières commande alors à opérer un distinguo entre celles relatives aux mouvements des marchandises proprement dits et dont la contrebande en est caractéristique, et les infractions afférentes aux formalités douanières.

¶ I : Les infractions relatives aux mouvements des marchandises en douane : la contrebande

1268. En matière d'infractions douanières, la contrebande se présente comme l'attitude répréhensible la plus ancienne[900], la plus diversifiée[901] et même la plus en vue du droit douanier contemporain[902]. Sa seule évocation suscite le souvenir de noms célèbres du XVIIIème Siècle comme Louis MANDRIN[903] ou Jean COTTEREAU[904] dont les exploits en la matière ont beaucoup marqué leur époque en France.

1269. D'appréhension diverse, la contrebande se définit comme le transport illégal de marchandises ou de personnes, en particulier au travers des frontières, dans l'optique d'éviter de payer des taxes ou de

---

[900] C'est une infraction dont l'histoire n'est pas dissociable de celle de la taxe qu'elle ambitionne contourner. Lire : MONTENACH (A), « Conflits, territoire et économie de la frontière : la contrebande dans les alpes dauphinoises au XVIIIème siècle », *Revue de géographie alpine*, n°104-1, 20 avril 2016, pp 2 et suivantes.

[901] La contrebande concerne à la fois la drogue, l'immigration clandestine, l'armement, l'alcool, le tabac, la contrefaçon. Sa condition d'existence semble être le caractère lucratif et illégal du trafic concerné.

[902] BIN (F), « Fraude, contrefaçon et contrebande : définitions et distinction des régimes juridiques au regard du droit douanier contemporain », *op. cit.*, p.14.

[903] De nationalité française, Louis Mandrin est le capitaine des contrebandiers ayant officié de 1750 à 1754. Il n'avait que 25 ans lorsqu'il rejoignit une troupe de 800 contrebandiers qui opérait entre la France et la Suisse. Rusé et très audacieux il conquit très vite le cœur des populations qui virent en lui un justicier contre les gabelous très impopulaires jadis. Capturé sur dénonciation, il fut exécuté à Valence à 30 ans.

[904] Par camouflage Jean Cottereau prit le nom de Jean Chouan et ne format pas de groupe important ou structuré. Cependant, il n'hésitait pas à s'en prendre violemment aux gabelous jusqu'à la fin conventionnelle de la gabelle. Il joua aussi un rôle significatif dans la contre-révolution dans le Maine par *« chouannerie »*. Il vécut de 1757 à 1794.

faire entrer des produits ou des personnes interdits dans un pays, ou, inversement, d'en faire sortir malgré l'interdiction. La contrebande peut aussi se définir comme des importations ou exportations en dehors des bureaux ainsi que de toute violation des dispositions légales ou réglementaires relatives à la détention et au transport des marchandises à l'intérieur du territoire douanier. Se rapprochant à l'évasion fiscale internationale, la contrebande désigne aussi le commerce de marchandises effectué en infraction aux lois fiscales et douanières d'un Etat qui a soit formellement prohibé, soit assujetti à des droits particuliers, l'importation et l'exportation de ces marchandises.

1270. Aux termes du numéro 595 de la réglementation douanière CEMAC, *tous les actes qui ont pour effet d'éluder matériellement l'obligation de la conduite en douane des marchandises régies par les dispositions du Titre III du Code des douanes sont englobés en principe sous la qualification générale de contrebande*.

1271. Les mouvements de marchandises d'un Etat à un autre, ou même à l'intérieur d'un même Etat, se font par voie terrestre, aérienne ou à travers les eaux. Les actes de contrebande épousent alors les mêmes contours pour leur matérialisation. Il sied par conséquent, pour une bonne étude de ce phénomène, de dégager d'abord les formes de contrebande, avant la déclinaison des actes qui en sont constitutifs.

A : Les formes de contrebande

1272. La contrebande s'opère généralement à travers trois canaux : la voie terrestre, la voie des eaux et la voie aérienne.

1 : La contrebande par voie terrestre

1273. La contrebande par voie terrestre est celle qui se fait par la mobilisation des moyens de transport terrestre et en violation des articles 86 et 87 du Code des douanes CEMAC. En effet, et au sens des dispositions de l'article 86, toutes les marchandises importées par les frontières terrestres doivent être aussitôt conduites au bureau de douane le plus proche, par la route la plus directe désignée par le gouvernement du Cameroun, et acheminées directement, après contrôle de la douane, du bureau vers la destination. L'introduction desdites marchandises dans des maisons ou dépôts ne peut se faire qu'après passage au bureau de douane compétent et après présentation d'un permis. Et l'article 87 du Code des douanes CEMAC ajoute qu'aux heures de fermeture des bureaux de douane compétents, les marchandises sont interdites de circulation, sous réserve d'une autorisation desdits bureaux.

1274. Lorsque le conducteur de marchandise arrive au bureau de douane compétent, il est tenu de remettre à ce service, au titre de la déclaration sommaire, une feuille de route indiquant les objets qu'il transporte et comportant les mêmes indications que le manifeste. Le non-respect de ces formalités l'expose à la contrebande, tout comme lorsqu'une marchandise est trouvée à l'export comme à l'import, dans un territoire douanier sans pièces justificatives de son affranchissement en douane.

2 : La contrebande par la voie des eaux

1275. Il s'agit ici de la contrebande qui s'opère par la mobilisation des moyens de transport maritimes ou fluviaux et en violation de la règlementation douanière y afférente.

Conformément au code de douane camerounais, le transport des marchandises par le moyen d'un cours d'eau oblige le transporteur à se munir d'un manifeste ou d'un état général de chargement du navire utilisé dûment signé par le commandant. Ce document précise l'espèce, le nombre de colis, leurs marques et numéros, la nature, le poids des marchandises et le lieu de chargement, même s'il s'agit des marchandises prohibées. Ces marchandises doivent être chargées ou déchargées dans l'enceinte des ports où les bureaux de douane sont institués. Le cas de transbordement ne sont permis qu'aux même endroits ou en présence des agents de douane et aux heures fixées par le Directeur général des douanes.

3 : La contrebande par voie aérienne

1276. La contrebande par voie aérienne est celle qui se fait par la mobilisation des moyens de transport aérien et en violation de la réglementation régissant ledit transport. Il s'agit généralement du transport des marchandises par aéronefs. A cet effet, le code des douanes en vigueur au Cameroun astreint les avions de transport internationaux à un ensemble d'exigences lors du franchissement de la frontière nationale. Ces exigences se rapprochent de celles en vigueur en matière de transport des marchandises par voie maritime. D'abord, les aéronefs sont tenus de suivre la ligne aérienne réglementaire et à n'atterrir que dans des aéroports équipés de bureaux de douanes. Ensuite, les marchandises transportées doivent être inscrites dans un manifeste signé par le commandant de l'appareil. Enfin, et au sens de l'article 84 du Code des douanes CEMAC, le chargement ou le déchargement des jets ne peut avoir lieu que dans l'enceinte des aéroports dotés des bureaux de douane.

En dehors du canal de transports des marchandises mobilisé, ces trois formes de contrebande consistent chacune en un ensemble d'actes spécifiques qu'il sied de présenter, en vue de mieux cerner la matérialisation de cette infraction.

B : Les actes constitutifs de contrebandes

1277. Plusieurs attitudes adoptées lors de la mobilisation des marchandises sur le territoire douanier, sont constitutives d'actes de contrebande. Il s'agit de la circulation ou détention irrégulière des marchandises, des embarquements frauduleux des marchandises et de la substitution des marchandises en cours de transport.

1 : La circulation irrégulière des marchandises

1278. Les actes de circulation irrégulière des marchandises en douane consistent aux mouvements des marchandises réalisées par voie terrestre, aérienne ou maritime dans la zone douanière, en violation des règles qui régissent ladite circulation.

1279. Au sens des dispositions pertinentes du titre IX, chapitre 1, section 1 du Code de douane CEMAC sur la circulation des marchandises en douane, celles-ci ne peuvent circuler dans la zone terrestre du rayon de douane sans être accompagnées d'un passavant ou de tout document justificatif en tenant lieux[905]. Même lorsque le transporteur est muni d'un passavant régulier, la circulation de marchandise de nuit est interdite. L'article 283 du Code des douanes CEMAC est beaucoup plus disert en la matière, lorsqu'il dispose que les marchandises soumises à la formalité du passavant, provenant de l'intérieur du territoire douanier, et qui pénètrent dans la zone terrestre du rayon de douanes, doivent être conduites au bureau de douane le plus proche pour y être déclarées dans la même forme que pour l'acquittement des droits. Les titres de transports des marchandises doivent être présentés aux agents de douane dès la première réquisition, ainsi que toutes autres pièces justificatives de la détention desdites marchandises. Par ailleurs, tout

[905] Article 282 du Code des douanes CEMAC.

enlèvement de marchandises soumises à la formalité du passavant dans la zone terrestre d'un rayon à un autre à l'intérieur du territoire douanier, doit être déclaré au bureau de douane le plus proche du lieu d'enlèvement[906]. Les transporteurs sont à cet effet tenus de ne pas s'écarter de la route indiquée par le passavant, sauf cas de force majeure dument justifiée, afin de pouvoir présenter les documents douaniers aux agents lors de tout contrôle établi sur cet itinéraire.

2 : La détention irrégulière des marchandises

1280. La détention irrégulière des marchandises comme acte constitutif de contrebande douanière consiste en la possession par le délinquant de marchandises prohibées ou fortement taxées à l'entrée, pour lesquelles il est incapable de produire tout document attestant de l'affranchissement desdites marchandises en douane, à l'intérieur du territoire camerounais.

1281. Conformément à l'article 290 du Code des douanes CEMAC, sont interdites dans les rayons de douanes : la détention des marchandises prohibées ou fortement taxées à l'entrée pour lesquelles on ne peut produire, à la première réquisition des agents des douanes, soit des quittances attestant que ces marchandises ont été régulièrement importées, soit des factures d'achat, bordereaux de fabrication ou toute autre justification de l'origine émanant de personnes ou sociétés régulièrement établies à l'intérieur du territoire douanier ; la détention de stocks de marchandises, autres que du cru du pays, prohibées ou taxées à la sortie, non justifiées par les besoins normaux de l'exploitation ou dont l'importance excède manifestement les besoins de l'approvisionnement familial appréciés selon les usages locaux.

3 : Les embarquements frauduleux des marchandises

1282. L'embarquement frauduleux des marchandises est compris comme la situation pour un transporteur d'avoir à son compte dans son navire ou même dans l'enceinte du port ou sur les côtes, des marchandises dont il ne peut justifier de la légalité. C'est donc une violation de l'article 291 du Code de douanes CEMAC qui impose que ceux qui détiennent ou qui transportent les marchandises produisent, à la première réquisition des agents de douane, soit des quittances attestant que ces

[906] Article 284 du Code des douanes CEMAC.

marchandises ont été régulièrement importées, soit des factures d'achat, bordereaux de fabrication ou toute autre justification d'origine émanant des personnes ou sociétés régulièrement établies à l'intérieur du territoire douanier. En dehors de cette règle générale, certains faits sont assimilés aux actes d'embarquement frauduleux. Il s'agit, premièrement, du fait de jeter à la mer des ballots de marchandises pour les soustraire à la saisie des préposés au cours d'une poursuite de bateau. Il est question, ensuite, de l'immersion volontaire des marchandises en un lieu déterminé en vue de les reprendre ultérieurement. Il est question, enfin, du transport des marchandises de contrebande d'un navire de mer sur une embarcation revenant de la côte.

4 : La substitution de marchandises en cours de transport

1283. La contrebande est aussi susceptible de prendre les contours d'une substitution ou soustraction de marchandises en cours de transport. Il s'agit du cas pour un transporteur de changer la marchandise transportée par une autre de peu de valeur ou de la cacher tout simplement dans l'optique soit de payer moins de taxe, soit de ne même pas en payer du tout, devant les agents du bureau de douane compétent. Par ailleurs, sont assimilés à la contrebande par substitution de marchandises en cours de transport, les manœuvres ayant pour but ou pour résultat, d'altérer ou de rendre inefficace les moyens de scellement, de sûreté ou d'identification, d'une manière générale, toute fraude douanière relative au transport des marchandises expédiées sous un régime suspensif.

1284. En dehors de la contrebande qui est une infraction portant sur les mouvements des marchandises en douane, d'autres actes répréhensibles matérialisent les infractions douanières au Cameroun. Ils portent sur les formalités douanières.

¶ II : Les infractions relatives aux formalités douanières

1285. Les infractions portant sur les formalités douanières sont de plusieurs ordres. Les plus importantes se commettent dans le domaine du commerce extérieur en matière d'import-export. Et les autres se réalisent à travers des fausses déclarations de marchandises, des résistances ou oppositions aux agents en service dans les postes de douane et les cas d'inexécution des engagements souscrits pour l'obtention des mainlevées des marchandises.

A : L'import-export des marchandises sans déclaration

1286. Après la contrebande, l'importation ou exportation des marchandises sans déclaration constitue la deuxième infraction la plus en vue en droit douanier. Elle constitue une violation non seulement à la législation et à la réglementation douanières proprement dites, mais aussi et surtout à la loi sur le commerce extérieur[907], dont l'article 12 définit le régime juridique de l'importation et de l'exportation des marchandises.

1287. En vertu des dispositions pertinentes de cet article, toute importation ou exportation des marchandises doit faire l'objet d'une déclaration préalable à des fins statistiques, d'inspection, de contrôle ou de délivrance d'un certificat d'origine, en ce qui concerne, notamment, les exportations[908]. Par conséquent, toutes les marchandises importées ou exportées doivent satisfaire à l'obligation d'une déclaration en détail, qu'elles soient susceptibles de taxation ou pas.

1288. Plusieurs attitudes sont constitutives de l'import- export des marchandises sans déclaration. Mais pour des besoins d'harmonieuse et efficace présentation, il convient de distinguer les importations et exportations sans déclarations proprement dites, des cas qui en sont assimilés.

1 : Les importations et exportations sans déclaration proprement dites

1289. Au sens des dispositions de l'article 491 du Code des douanes CEMAC, constituent des importations et exportations sans déclaration, le passage des marchandises aux bureaux des douanes sans déclaration en détail ou sous le couvert d'une déclaration en détail non applicable aux marchandises présentées. Il en est de même du dédouanement par le titulaire d'une licence d'importation ou sous le couvert de cette licence, des marchandises faisant l'objet d'un connaissement à l'ordre d'un tiers ou endossé au profit d'une autre personne. Tombe aussi sous

---

[907] Il s'agit de la loi n° 2016/004 du 18 avril 2016.

[908] L'article 13 du bulletin officiel des douanes de juin 2017, hors-série, en fait meilleur écho aux pages 8 et 9.

le coup de cette infraction, le commerçant qui présente à l'appui des déclarations, des pièces destinées à établir l'exactitude, telles des factures, lorsqu'il a été reconnu par la suite, que lesdites déclarations étaient inexactes et que le déclarant avait sciemment, dans un but fraudatoire, dissimulé la valeur véritable des marchandises importées.

1290. Les articles 411 et 412 du Code des douanes CEMAC semblent beaucoup plus détaillés dans la perspective d'une bonne traduction matérielle de l'importation et exportation sans déclaration. En effet, sont constitutives d'une telle infraction, plusieurs attitudes répréhensibles : premièrement, les colis importés ou exportés en excédant le nombre déclaré ou ceux consistant en de marchandises prohibées ; deuxièmement, toute fausse déclaration ayant pour but ou pour effet d'éluder l'application des mesures de prohibition, ainsi que les fausses déclarations dans l'espèce, la valeur ou l'origine des marchandises ou dans la désignation, soit du destinataire réel ou de l'expéditeur réel, soit de l'état de mise à la consommation ou d'origine, lorsque ces infractions ont été commises à l'aide des factures, certificats ou tous autres documents faux, inexactes, incomplets ou non applicables ; troisièmement, les fausses déclarations ou manœuvres ayant pour but ou pour effet d'obtenir, en tout ou partie, un remboursement, une exonération, un droit réduit ou un avantage quelconque attaché à l'importation ou à l'exportation ; quatrièmement, le fait d'établir, de faire établir, de procurer ou d'utiliser une facture, un certificat ou tout autre document entaché de faux permettant d'obtenir ou de faire obtenir indûment, dans le territoire douanier ou dans un pays étranger, le bénéfice d'un régime préférentiel prévu, soit par un traité ou un accord international, soit par une disposition de la loi interne, en faveur des marchandises sortant du territoire douanier ou y entrant ; cinquièmement, les fausses déclarations ou manœuvres, d'une manière générale, tout acte ayant pour but ou pour effet d'éluder ou de compromettre le recouvrement de certains droits ; sixièmement, le fait pour un importateur de priver, en tout ou partie, un destinataire privilégié du bénéfice de la tarification réduite ou de l'exonération totale concernant une marchandise pour laquelle il a été obtenu une taxation réduite ou une exonération totale lors du dédouanement.

2 : Les importations et exportations sans déclarations assimilées

1291. La déclinaison des infractions assimilées aux importations et exportations sans déclarations opère une distinction harmonieuse en fonction de l'entrée ou de la sortie des marchandises du territoire douanier camerounais.

a : Les importations sans déclarations assimilées

1292. Les infractions assimilées aux importations sans déclarations sont régies par les articles 410 et 413 du code des douanes CEMAC. Elles consistent principalement en quatre attitudes répréhensibles à savoir, l'utilisation des titres de douane pour faire échec aux prohibitions, le transport de marchandises prohibées ou fortement taxées autres que celles manifestées, le transport des marchandises soumises à des restrictions de tonnage, les actes de fraude relatifs aux marchandises prohibées ou fortement taxées ou aux navires qui les transportent.

b : Les exportations sans déclarations assimilées

1293. En ce qui concerne les infractions assimilées à l'exportation sans déclaration, l'article 413 du code des douanes CEMAC en donne illustration en son alinéa 2 : *dans le cas où les marchandises ayant été exportées par dérogation à une prohibition de sortie, à destination d'un pays déterminé, sont après arrivée dans ce pays, réexpédiées sur un pays tiers, l'exportateur est passible des peines de l'exportation sans déclaration s'il est établi que cette réexpédition a été effectuée sur ses instructions, à son instigation ou avec sa complicité ou encore s'il est démontré qu'il en a tiré profit ou qu'il avait connaissance de la réexpédition projetée au moment de l'exportation.* L'exportateur initial incriminé ici n'aura d'ailleurs pas à trouver un bouclier derrière l'agent de douane auteur de la réexpédition par erreur, car il est constant dans la jurisprudence en la matière que : *le fait matériel d'importation ou d'exportation frauduleuse régulièrement constaté suffit à entrainer l'application de la loi. Aussi, la faute ou l'erreur de l'agent de l'administration des douanes, bien qu'ayant favorisé la commission de l'infraction, ne constitue pas une cause d'exonération pour le prévenu*[909].

[909] Cassation criminelle 08 janvier 1996, Bull. 11.

B : Les fausses déclarations

1294. Le passage de toute marchandise en douane oblige tout redevable à fournir une déclaration exhaustive des matières constitutives de ladite marchandise. Il s'agit de la déclaration en détail dont l'intérêt n'est plus à démontrer ici, tant il importe que les indications nécessaires à l'identification de la marchandise et à l'application des mesures fiscales, économiques ou douanières afférentes au régime choisi, ainsi qu'à l'établissement des statistiques du commerce extérieur, soient fournies avec toutes les précisions possibles.

1295. En vertu des dispositions combinées des articles 120 et 356 du Code des douanes en vigueur au Cameroun, cette déclaration en détail doit être exacte, au risque de s'exposer à l'infraction de fausses déclarations, car toutes les omissions ou inexactitudes commises lors de la réalisation de cette formalité essentielle, sont constitutives de cette infraction.

1296. L'article 401 du Code des douanes CEMAC dégage les différentes attitudes incriminées au titre de la fausse déclaration. Il s'agit d'abord de toute fausse déclaration dans la désignation du destinataire ou de l'expéditeur réels. Ensuite, il est question des fausses déclarations dans la désignation, à l'importation, de l'état de mise en consommation, et à l'exportation, de l'Etat d'origine des marchandises. Il s'agit, enfin, de toute fausse déclaration tendant à obtenir indûment le bénéfice d'une certaine franchise.

C : L'opposition aux fonctions des agents de douane

1297. Sur toute l'étendue du territoire douanier, les agents de douane sont souvent exposés à diverses sortes de résistances, voire d'agressions au niveau de leurs bureaux et postes de travail de la part des commerçants, ou plus généralement, des redevables. Le législateur se trouve dès lors dans l'obligation de les protéger dans l'exercice de leur activité professionnelle pour le compte de la personne publique et de leur assurer un exercice libre et paisible de leurs obligations professionnelles[910]. Toute attitude qui va à l'encontre de cette disposition des choses est constitutive de l'infraction d'opposition aux fonctions des agents de douane.

---

[910] Parmi ces moyens de protection, figure en bonne place l'autorisation, voire, l'obligation de port d'arme, afin de permettre à l'agent de douane de pouvoir résister aux agressions des groupes armés courantes en matière de contrebande.

1298. Un bémol doit toutefois être mis à cette affirmation, dans l'optique d'écarter, d'abord, les cas où l'agent de douane, parce que voulant travailler à son propre compte, est lui-même le premier responsable de l'opposition du redevable se sentant alors menacé dans ses intérêts. Ensuite il sied de distinguer l'opposition aux fonctions des agents de douane par le redevable, des résistances avec voie de fait, constitutives de délits de rébellion et des outrages et violences à fonctionnaires, réprimés respectivement par les articles 157, 158, 154 et 156 du code pénal camerounais.

D : L'inexécution des engagements souscrits

1299. Certaines procédures douanières spécifiques conditionnent l'obtention de mainlevée des marchandises à la souscription de certains engagements à satisfaire dans des délais précis. La non-satisfaction de ces engagements par le souscripteur l'expose à commettre l'infraction qualifiée d'inexécution des engagements souscrits, qui est une contravention de troisième catégorie.

1300. La matérialisation de l'infraction d'inexécution des engagements souscrits, rapporte cette attitude répréhensible à deux cas. Il s'agit au sens des articles 400 et suivants du Code des douanes CEMAC, des acquits-à-caution et des soumissions. En d'autres termes l'infraction d'inexécution des engagements souscrits en matière douanière se décline généralement en l'inexécution des acquits-à-caution, d'une part, et l'inexécution des soumissions, d'autre part.

1301. Les acquits-à-caution sont délivrés après déclaration en détail et vérification des marchandises. Ils doivent indiquer la nature des engagements contractés, le mode de transport des marchandises, les caractéristiques de l'engin mobilisé ainsi que l'itinéraire à suivre, le délai du rapport de l'acquit-à-caution ou le montant de la consignation déposée en garantie des engagements souscrits, les résultats des vérifications et les moyens de sécurité déployés. Leur inexécution constitutive d'infraction est possible, entres autres, dans les cas suivants : le défaut de décharge régulière, la non réexportation dans les délais des marchandises importées ou admises temporairement, la revente sur le marché local de la marchandise destinée à l'exportation ou le défaut de conduite à l'usine de certains produits admis temporairement.

1302. En ce qui concerne l'inexécution des soumissions, trois garanties possibles des engagements souscrits sont prévues par l'article 116 du code des douanes CEMAC. Il s'agit de l'intervention d'une caution, de la consignation d'une certaine somme dont le montant est en principe inférieur ou égal à la valeur des droits et taxes exigibles ou toute autre garantie agréée par le ministre des finances. La non-satisfaction de ces garanties est constitutive de l'inexécution des engagements à l'égard du soumissionnaire. Cette infraction est manifestement consommée, d'abord si le redevable ne dépose pas dans les délais réglementaires la facture du certificat d'origine, de la licence ou de tout document exigé en appui à la déclaration en détail. L'inexécution des soumissions peut aussi résulter du non versement par le délinquant redevable à l'administration des douanes, des pénalités, en cas d'infraction.

1303. L'import-export des marchandises sans déclaration, les fausses déclarations, l'opposition aux agents de douane et l'inexécution des engagements souscrits à fins d'obtention de mainlevée, matérialisent donc les infractions relatives aux formalités douanières. Ces infractions se distinguent de celles portant sur les mouvements proprement dits des marchandises, dont la contrebande en est la parfaite traduction. C'est ce qui se dégage de l'étude des infractions douanières qu'il a fallu au préalable catégoriser juridiquement avant de jauger de leur traduction dans le monde des réalités concrètes.

Ainsi clairement identifiées, ne convient-il pas alors de s'interroger sur les sanctions encourues par le délinquant douanier, en cas de commission desdites infractions ?

Chapitre III

La répression des infractions douanières

1304. Les infractions commises par les délinquants dans la conduite des opérations douanières posent un préjudice énorme à la personne publique en général, et à l'administration financière dont les services douaniers en font partie, en particulier. Car elles limitent les capacités financières de l'Etat du fait du manque à gagner causé par les différentes irrégularités dont elles sont constitutives, et empêchent ainsi la collectivité publique à réaliser ses objectifs de développement de la manière la plus performante envisagée. Plusieurs institutions sont alors mobilisées pour endiguer ce phénomène multiforme. Et les moyens de répression prennent une place décisive dans ces mécanismes de lutte contre les infractions douanières. Déployés sur l'étendue du territoire douanier camerounais pour cette noble et salutaire cause, les services de la Direction générale des douanes et leurs partenaires, trouvent un relais efficace et disponible à travers les juridictions compétentes en la matière. La répression des infractions douanières s'opère donc au Cameroun sous certaines formes, et aboutissent, en fonction des cas, à la prononciation des sanctions.

§ I : Les modalités de la répression

1305. En dehors des partenaires de la douane, qui se retrouvent pratiquement dans tous les secteurs de cette grande administration financière de l'Etat, la répression des infractions douanières mobilise principalement deux grandes institutions. Il s'agit d'abord de l'administration douanière elle-même dont le contrôle et partant, la sanction, est consubstantielle à ses missions. Il s'agit ensuite des juridictions, car les droits de la personne publique et ceux des particuliers sont souvent en jeux. Et il est du devoir de l'Etat de les départager par le biais des institutions ayant vocation à dire le droit en toute indépendance. Surtout lorsque l'on sait que parmi ces institutions, certaines sont d'emblée connues comme « *gardiennes naturelles* » des droits et libertés des personnes.

¶ I : La répression administrative des infractions douanières

1306. Pour leur performance d'action en matière de répression des infractions douanières, les services administratifs de la Direction générale des douanes camerounaise opèrent de manière méthodique. Avant toute poursuite visant à sanctionner le délinquant de droit douanier, les agents compétents en service prennent d'abord la peine de procéder à la constatation des actes répréhensibles posés.

A : La constatation des infractions douanières

1307. Même s'il est vrai, en vertu des dispositions pertinentes de l'article 298 du Code des douanes CEMAC, que les infractions aux lois et règlements douaniers peuvent être constatées par toutes les administrations en service sur l'étendue de notre territoire douanier, il n'en demeure pas moins vrai que la première administration compétente en la matière est l'administration des douanes elle-même. Tant il est vrai que pour des considérations d'efficacité, elle est mieux outillée tant du point de vue technique, humain que logistique, comparée aux autres administrations ou institutions mobilisées pour la cause. Et dans l'accomplissement de cette tâche, les agents des douanes ne sont pas forcément obligés d'être en tenue ou revêtus de tous les insignes de fonction. Ils doivent toutefois être porteurs de leurs commissions d'emploi qu'ils sont tenus d'exhiber en cas de besoin[911].

1308. Eu égard à la subtilité, à la délicatesse des opérations et au déséquilibre réglementaire des relations entre l'administration et les usagers, les agents des services douaniers commis pour la constatation des infractions douanières sont privilégiés par la loi qui leur reconnait un certain nombre de prérogatives à faire valoir lors des enquêtes et

---

[911] Conformément aux dispositions de l'article 64 du Code des douanes CEMAC, dans l'exercice de leurs fonctions, les agents des douanes doivent être munis de leurs commissions d'emploi faisant mention de leur prestation de serment. Ils sont tenus de l'exhiber à la première réquisition.

saisies, en dehors de la protection spéciale dont ils bénéficient de manière générale en tant que douaniers[912].

1 : Les prérogatives des agents de douane en matière de constatation

1309. Les prérogatives reconnues aux agents de douane sont constitutives de réels pouvoirs à mobiliser judicieusement lors de la constatation des actes punissables posés par les délinquants douaniers. Ces prérogatives sont de deux ordres. Certaines sont générales et d'autres particulières.

a : Les prérogatives d'ordre général

1310. Deux prérogatives méritent d'être présentées sous le prisme général dans l'analyse des pouvoirs reconnus aux agents de douanes en matière de constatation des infractions douanières. Il s'agit du droit d'appréhender les marchandises prohibées, d'une part, et du droit de contrôler les moyens de transport et leurs contenus, d'autre part.

1311. S'agissant du premier droit, on entend par marchandises prohibées, celles dont l'exportation ou l'importation est interdite à quelque titre que ce soit, ou soumise à des restrictions, à des règles de qualité, de conditionnement ou à des formalités particulières[913]. Conformément aux dispositions des articles 304 et 306 du Code des douanes CEMAC, les agents de douane peuvent effectuer des saisies en tous lieux dans les cas de poursuites à vue d'infractions flagrantes. En cas de saisie à domicile, les marchandises non prohibées ne sont pas déplacées, sous réserve que le prévenu donne caution solvable de leur valeur. Si le prévenu ne fournit pas caution, ou s'il s'agit d'objets prohibés, les marchandises sont transportées au plus proche bureau ou confiées à un tiers gardien constitué soit sur les lieux de la saisie, soit dans une autre localité.

---

912 En vertu de l'article 62 du Code des douanes, les agents des douanes sont sous la sauvegarde spéciale de la loi. Il est spécialement interdit à toute personne physique ou morale, civile ou militaire de les injurier, de les maltraiter ou de les troubler dans l'exercice de leurs fonctions, ou de s'opposer à cet exercice.

913 Il sied de relever que la prohibition peut être absolue ou relative. Elle est absolue si la marchandise qui en est frappée ne peut en aucun cas être importée ou exportée sur le territoire douanier communautaire. La prohibition est relative si l'exportation ou l'importation des marchandises est possible à condition de présenter un titre, telle une licence, un certificat ou une autorisation. Lire CREN ROZZEN, *Poursuites et sanctions en droit pénal douanier*, op. cit., p. 48

1312. Quant au droit de contrôler les moyens de transport et leurs contenus, force est de relever d'entrée de jeu que le pouvoir de contrôle de l'administration douanière couvre l'espace correspondant aux limites du territoire national. C'est dire que le droit de contrôle des agents de douane sur les moyens de transport peut s'opérer sur tous points du territoire douanier national, et non exclusivement au niveau des frontières ou à la limite du rayon douanier, comme le pense le commun des mortels. Les contrôles réalisés ne se limitent d'ailleurs pas aux moyens de transport proprement dits, ils portent aussi et surtout sur leurs contenus généralement faits de personnes et de biens[914]. Monsieur PANNIER pose d'ailleurs pertinemment la question suivante : *Comment pourrait-on, en effet, s'assurer de la situation régulière des marchandises transportées sans le droit de visite général ?*[915]. Les contrôles peuvent donc porter sur les voitures, les navires, les aéronefs ou tous autres engins de transport et leurs contenus respectifs.

b : Les prérogatives d'ordre particulier

1313. En dehors de ces deux principales prérogatives reconnues généralement aux agents de douanes, deux autres pouvoirs leurs sont particulièrement donnés par la loi en matière de constatation des infractions douanières. Il s'agit du pouvoir de s'introduire dans des domiciles privés et celui de contraindre les personnes dans le recouvrement des droits et taxes douanières.

1314. Les commerçants ou tous autres redevables véreux parviennent parfois à cacher ou à garder les marchandises frauduleusement transportées ou acquises dans des domiciles privés, dans l'optique d'échapper aux contrôles douaniers. Ils sont d'ailleurs davantage confortés dans cette attitude répréhensible parce que le domicile privé connait une protection spéciale de par la loi. Car toute introduction dans un domicile privé par autrui ou quelque autorité que ce soit sans consentement du propriétaire, ne peut être possible que muni d'un mandat de perquisition. La loi reconnait donc spécialement aux douaniers la capacité de s'introduire dans des domiciles privés pour effectuer des recherches sur des marchandises. Ils doivent toutefois, en dehors de leurs commissions, être accompagnés d'une autorité locale.

---

[914] Article 70 du Code des douanes CEMAC.

[915] PANNIER (J), « Le droit de visite des marchandises, des moyens de transport et des personnes », *Gazette du Palais,* 1992, Chron., p.8

Il peut s'agir d'un officier de police judiciaire ou municipale[916]. Ce pouvoir de visite domiciliaire ne se limite d'ailleurs pas aux domiciles privés. Il s'étend même aux locaux professionnels où les agents de douanes, dans l'optique de trouver des preuves à une fraude douanière, peuvent effectuer des investigations[917].

1315. Le droit de contraindre les personnes en matière de recouvrement des droits et taxes douaniers se présente comme un complément logique du droit des visites domiciliaires[918]. Car, l'introduction dans des domiciles privés doit s'accompagner de l'assurance que les propriétaires devront obtempérer face aux injonctions de toutes natures faites par les agents de douane. Une visite domiciliaire de marchandises donnant lieu à un constat de fraude peut par exemple aboutir à une injonction de payer la taxe y afférente. Le délinquant douanier devra alors être contraint de s'exécuter.

1316. Conformément aux dispositions de l'article 321 du Code des douanes CEMAC, le directeur et les chefs de bureau des douanes peuvent alors décerner contraintes pour le recouvrement des droits et taxes de toute nature que l'administration des douanes est chargée de percevoir, pour le paiement des droits, amendes et toutes autres sommes dues, en cas d'inexécution des engagements contenus dans les acquits-à-caution et soumissions, et, d'une manière générale, dans tous les cas où elle est en mesure d'établir qu'une somme quelconque lui est due.

Ces prérogatives d'ordre particulier et même celles qui sont généralement reconnues aux agents de douane, ont pour but de faciliter l'acte de constatation qui s'opère suivant certaines formes.

2 : Les formes de constatation

1317. Même si au sens des dispositions du numéro 697 de la réglementation douanière, la constatation des infractions douanières peut se faire par toute voie de droit, force est de relever néanmoins que la pratique en la matière commande à accorder un traitement particulier à deux principales modalités : la constatation par voie d'enquête et la constatation par voie de saisie

---

[916] Article 75 du Code des douanes CEMAC.

[917] CREN ROZZEN, *Poursuites et sanctions en droit pénal douanier*, Thèse de doctorat, op. cit., pp. 56 et suivantes.

[918] Cassation criminelle 28 mai 1984, Bulletin criminel n°192.

a : La constatation par enquêtes

1318. Les enquêtes douanières en vue de constater une infraction, se réalisent généralement en faisant concomitamment recours à la consultation des documents écrits et aux interrogatoires. Les documents utiles à l'éclosion de la vérité recherchée, et même les personnes objet d'interrogatoires, doivent être mis à la disposition des enquêteurs. Tout refus de communication de document et tout mutisme de la part du contrôlé sont constitutifs d'infractions au sens des dispositions pertinentes de l'article 76 du Code des douanes CEMAC. Car l'investigation des agents de douane doit être respectueuse des droits de défense et épouser la forme contradictoire, même s'il sied de relever que les échanges de documents et informations verbales sont conduits de bout en bout par les autorités douanières.

1319. Le droit de communication peut s'exercer chez les destinataires ou les expéditeurs réels des marchandises déclarées en douane, mais aussi chez toutes les personnes physiques ou morales, qui sont directement ou indirectement intéressées à des opérations régulières ou même irrégulières relevant de la compétence de la douane. Qu'il s'agisse d'établissements bancaires, de partenaires commerciaux ou d'organismes publics, le droit de communication ne connait de limite autre que l'existence d'un lien nécessaire entre les pouvoirs spéciaux dévolus à la douane et les opérations relevant de sa compétence[919].

1320. Au terme des enquêtes, les agents de douane, en présence des personnes contrôlées, établissent des procès-verbaux. Car il est de règle, selon les articles 308 et 310 du Code des douanes, que les résultats des contrôles opérés sont consignés dans les procès-verbaux de constat. Ces derniers ne font foi que jusqu'à preuve de contraire de l'exactitude et de la sincérité des aveux et déclarations qu'ils rapportent.

b : La constatation par saisie

1321. Cette forme de constatation est généralement possible lorsque la saisie des objets de fraude est possible. Toutefois, la constatation des infractions douanières peut aussi se faire lorsque la saisie ne peut matériellement est impossible pour trois raisons. Premièrement, parce que les objets saisissables échappent à l'emprise du service par le fait

[919] MOHAMADOU AMINOU HAMADOU, *La lutte contre les infractions douanières au Cameroun*, Mémoire de Master en Droit public, Université de Ngaoundéré, 2015/2016, p.103

des fraudeurs ou fortuitement. Deuxièmement, parce que les objets de fraude ne sont pas passibles de confiscation. Et troisièmement, parce qu'il s'agit d'infractions flagrantes n'ayant pas directement trait à des marchandises.

1322. Pour des besoins de preuve et de satisfaction des exigences d'une procédure contradictoire, la déclaration de saisie doit être faite au prévenu à haute et intelligible voie, même s'il est absent, en fuite ou inconnu. Sommation lui en est faite d'assister à la description des objets saisis et à la rédaction du procès-verbal. Suivant les dispositions de l'article 300 du Code des douanes CEMAC, les objets saisis sont conduits au lieu légal de dépôt et un gardien est constitué pour les besoins de la cause. Mainlevée de certaines marchandises peut être accordée, si une caution est fournie ou si le montant des pénalités est consigné. En ce qui concerne le lieu de rédaction du procès-verbal, il peut s'agir du lieu de dépôt des objets saisis, du lieu de constatation de l'infraction, du siège de la brigade de gendarmerie ou dans un bureau quelconque d'un agent de l'Etat ou d'un élu local. Le procès- verbal de saisie peut même aussi se faire établir dans la maison où a été opérée une saisie à domicile[920].

Toutes les modalités de constatation des infractions douanières mobilisées, visent à effectuer des poursuites judicieuses de ces attitudes punissables.

B : La poursuite des infractions douanières

1323. Même si au sens des dispositions pertinentes de l'article 317 du Code des douanes, tous délits et contraventions prévus par les lois et règlements sur la douane peuvent être poursuivis et prouvés par toutes les voie de droit, il convient néanmoins de relever que le droit douanier met un accent particulier sur certains mécanismes de poursuites qui semblent propres à cette matière. Toutefois, l'on ne saurait faire fi des mécanismes usuels les plus mobilisés dans la répression desdites infractions. Tous ces mécanismes portent généralement sur les modes d'ouverture de ces poursuites.

---

[920] NTOLO (B.P), *Le contentieux douanier en zone CEMAC : réflexion sur le cas du Cameroun*, Mémoire de Master en Droit public, Université de Ngaoundéré, 2017/2018, pp. 35 et suivantes

1 : Les mécanismes de poursuite usuels

1324. Des procédures de poursuite les plus utilisées dans la répression des infractions pénales, celles de droit pénal douanier en faisant partie, la plainte et la citation directe occupent une place privilégiée.

Initiée par l'administration douanière dont les intérêts financiers se trouvent menacés par l'attitude punissable du délinquant, la plainte peut revêtir deux formes différentes. Elle peut être tacite ou expresse. En vertu de l'article 307 du Code des douanes CEMAC, la plainte est tacite lorsque l'on est en présence d'un cas de flagrant délit. L'administration douanière remet alors son procès-verbal de constatation au parquet en même temps qu'elle défère le prévenu au parquet. Mais, si elle décide d'engager d'autres formes de poursuite à l'encontre du redevable délinquant, la plainte devient expresse.[921]

1325. Quant à la citation directe, elle est mobilisée lorsque l'administration a la possibilité de soumettre au tribunal des documents établissant la preuve irréfragable de l'infraction commise. Précision est alors faite dans le procès-verbal, de l'objet de l'inculpation et de l'étendue de la poursuite, en même temps qu'est informé le délinquant des griefs qui sont formulés contre lui, pour préparation de sa défense. Conformément aux dispositions de l'article 338 du Code des douanes, dans les instances résultant des contraventions aux lois et règlements douaniers, la citation à comparaître devant le tribunal peut être donnée par le procès-verbal qui constate une contravention. Pour les autres instances, la citation est donnée conformément aux dispositions du Code de procédure civile.

2 : Les mécanismes de poursuite propres au droit douanier

1326. En matière de poursuite des infractions aux instruments juridiques de droit douanier, deux mécanismes sont particulièrement prévus, à savoir la contrainte et la requête aux fins de confiscation.

La contrainte peut être appréhendée comme un rappel à l'ordre, une injonction à payer une dette consentie. Il s'agit d'un ordre formulé à l'endroit d'un contrevenant ou de sa caution, de s'acquitter des droits, amendes ou autres sommes dues, en cas d'inexécution des engagements contenus dans les acquits-à-caution, sommations et d'une manière générale, dans tous les cas où l'administration des douanes est en

---

[921] Article 63 du Code d'instruction criminelle.

mesure d'établir qu'une somme quelconque lui est due. Suivant les dispositions de l'article 321 du Code des douanes CEMAC, le Directeur et les Chefs de bureau des douanes peuvent, à cet effet, décerner pareille contrainte.

1327. Quant à la requête aux fins de confiscation, ce mécanisme de poursuite propre au droit douanier peut être enclenché, d'abord, lorsque l'auteur d'une infraction douanière vient à décéder avant l'intervention d'un jugement définitif ou d'une transaction. L'administration est alors en droit d'exercer contre la succession une action tendant à faire prononcer par le tribunal d'instance la confiscation des objets passibles de cette sanction ou, si ceux-ci n'ont pu être saisis, la condamnation au paiement d'une somme égale à la valeur desdits objets calculée d'après les cours du marché intérieur à l'époque où la fraude a été commise.

1328. La requête aux fins de confiscation peut aussi être introduite à l'encontre des vivants. En effet, au sens des dispositions de l'article 354 du Code des douanes CEMAC, l'administration des douanes peut demander au Tribunal d'instance, sur simple requête, la confiscation en nature des objets saisis sur des inconnus ou sur des individus qui n'ont pas fait l'objet de poursuite en raison du peu d'importance de la fraude.

L'administration ne détient pas le monopole de l'action en matière de poursuite des infractions douanières après leur constatation. Les juridictions en sont aussi compétentes.

¶ II : La répression juridictionnelle des infractions douanières

1329. Les litiges opposant l'administration douanière aux redevables sont susceptibles d'être tranchés, en fonction des cas, par des juridictions de l'ordre judiciaire ou celles de l'ordre administratif. Il convient toutefois de relever que les tribunaux de l'ordre juridictionnel judiciaire ont une compétence de principe en la matière. Ceux de l'ordre administratif ont une compétence limitée à des cas clairement identifiés au préalable. Il en est ainsi, d'abord, du contentieux de la responsabilité de l'administration dans l'organisation du service. C'est le cas, ensuite, du contentieux de la responsabilité de l'Etat pour les agents de douane dans l'exercice de leurs fonctions. Il en est de même, enfin, des litiges nés de l'action du service, lorsqu'il intervient dans un but étranger à sa mission fiscale. C'est dire qu'en dehors de ces cas, la compétence des juridictions judiciaires est d'emblée fondée. Et il sera alors question d'opérer une répartition des compétences entre les tribunaux connaissant du contentieux répressif et ceux chargés de dépouiller le contentieux civil, car en vertu des dispositions combinées des articles 334, 335 et 336 du Code des douanes, les juridictions judiciaires connaissent des litiges douaniers, soit au titre du contentieux répressif, soit au titre du contentieux civil.

A : La répression devant les tribunaux répressifs

1330. Les tribunaux répressifs mobilisés dans la sanction des infractions douanières sont les tribunaux de police et les tribunaux correctionnels. Les premiers ont vocation à intervenir lorsqu'une contravention est encourue par le délinquant douanier, ou lorsqu'une question douanière susceptible d'aboutir à une contravention, a été soulevée dans le dépouillement d'un contentieux pendant devant une autre juridiction. La compétence des tribunaux répressifs est donc fondée à ce titre, pour toute question douanière soulevée par voie d'exception[922]. Il s'agit pour ces matières des Tribunaux de première instance. A titre d'illustration, un redevable qui commet une contravention de troisième classe, comme le fait de refuser de communiquer les pièces ou le fait de dissimuler les opérations en douane, s'il est poursuivi sur le plan juridictionnel, la compétence des tribunaux de première instance sera fondée, en fonction du ressort territorial. L'amande encourue ne doit d'ailleurs pas être inférieure à 100 000 FCFA, aux termes de l'article 422 du Code des douanes CEMAC

1331. Les tribunaux correctionnels sont, quant à eux, compétents à intervenir lorsqu'il s'agit d'un délit, ou toute autre question douanière délictuelle soulevée par voie d'exception. Les tribunaux de grande instance territorialement compétents sont alors saisis dans ces cas par l'administration douanière ou par les redevables. A titre d'illustration, un délinquant douanier poursuivi pour contrebande par l'administration sera conduit vers les tribunaux de grande instance concernés qui interviendront en matière correctionnelle.

B : La répression devant les tribunaux civils

1332. La répression des infractions douanières devant les juridictions civiles mobilise les tribunaux d'instance. Leur compétence est fondée

---

922 Article 334 du Code des douanes CEMAC.

pour un nombre non négligeable de questions ou contestations de droit douanier. En vertu de l'article 336 du Code des douanes CEMAC, les tribunaux d'instance sont compétents pour toutes les questions relatives au paiement ou au remboursement des droits de douane, les oppositions à contrainte, et autres affaires de douane n'entrant pas dans la compétence des autres juridictions répressives. Les affaires ainsi évoquées portent sur l'exécution des actes qui ont un lien avec le paiement ou la garantie des droits et taxes exigibles à l'occasion d'un litige. C'est le cas, notamment, des actions sur la régularité de la saisie découlant de la constatation d'une infraction douanière ; des actions sur la régularité des retenues préventives effectuées pour des pénalités encourues[923] ; des actions en annulation par l'Administration des douanes, à la suite de l'inexécution des transactions douanières ; de l'action exercée par l'administration douanière contre la succession de *de cujus* ; et de l'action en confiscation en nature des objets saisis sur inconnus ou sur les personnes n'ayant pas fait l'objet des poursuites en raison du peu d'importance de la fraude[924].

1333. A l'exégèse de l'article 336 susmentionné, il semble apparoir que les matières qui relèvent de la compétence des tribunaux civils dans la répression des infractions douanières consistent en toutes contestations afférentes à l'assiette et au recouvrement des droits de douane, ainsi que les actions en responsabilité encourues par l'Etat en raison des faits propres aux opérations d'assiette ou de recouvrement des prélèvements pécuniaires douaniers. L'on ne saurait par ailleurs faire fi des actions sur les oppositions à contrainte[925].

1334. Qu'il s'agisse de l'action administrative ou de celle juridictionnelle, toute forme de répression devrait en principe, et en fonction du cas, se solder par une sanction, dans l'optique de réparer le préjudice subi. En matière de répression des infractions douanières, quelles sont alors les sanctions encourues par le délinquant ?

§ II : La sanction des infractions douanières

1335. La répression des infractions douanières aboutit à la prononciation de plusieurs types de sanctions contre l'auteur de l'attitude punissable. Eu égard au fait que les parties aux actions contentieuses en matière

---

[923] Article 357 du Code des douanes CEMAC.
[924] Article 354 du Code des douanes CEMAC.
[925] Article 321 et suivants du Code des douanes CEMAC.

douanière devant l'administration ou, le cas échéant devant le juge, consistent, de manière générale, en l'administration douanière d'une part, et aux redevables, d'autre part, ces sanctions sont susceptibles d'être formulées contre l'une ou l'autre partie. En d'autres termes, l'administration, comme le redevable, peut être l'auteur de faute punissable. L'analyse de la sanction des infractions douanières incline dès lors à distinguer les sanctions qui peuvent être prononcées contre le redevable, de celles pouvant condamner l'administration douanière du fait de ses agents. Même s'il sied de reconnaître que ces dernières semblent peu ou prou marginales.

¶ I : Les sanctions contre l'administration douanière

1336. La conduite des opérations douanières par l'administration aboutit parfois à la commission par les agents de douanes d'actes susceptibles d'être sanctionnés par les instruments juridiques en vigueur en la matière. Les plus en vue consistent aux saisies non fondées et à la perception illégale de certains droits et taxes. La loi impose alors respectivement, la restitution par l'administration aux opérateurs en douane concernés, des marchandises irrégulièrement saisies et des droits et taxes indument prélevés. L'on ne saurait d'ailleurs faire fi des dommages et intérêts y afférents qu'il convient, en fonction des cas, de restituer aussi en sus.

A : La restitution des marchandises et dommages-intérêts y afférents

1337. Un opérateur en douane dont les marchandises ont été irrégulièrement saisies est fondé à introduire devant l'administration douanière une action en restitution desdites marchandises et même en perception, en sus, des dommages et intérêts y relatifs. En effet, en vertu des dispositions pertinentes de l'article 391 du Code des douanes, en cas de saisie non fondée des marchandises, l'administration douanière est non seulement tenue de les restituer au propriétaire, mais également de lui verser des dommages et intérêts calculés en fonction de leur valeur et de la durée de la saisie non fondée. Le propriétaire des marchandises a alors droit à un intérêt d'indemnité à raison de 1% par mois, de la valeur des objets saisies depuis l'époque de la retenue jusqu'à celle de la remise ou de l'offre qui lui a été faite. Il convient de relever que cette indemnité à prix fixé est supposée couvrir tout le préjudice causé par la saisie irrégulière et ne concerne que les objets saisis passibles de confiscation, et non les marchandises retenues pour sureté de l'amende, les saisies conservatoires et les saisies arrêts. En cas de saisie à l'importation, il est fait abstraction de l'impôt en principal. Et si les marchandises ne peuvent être restituées en nature parce qu'elles ont été vendues aux enchères, avant jugement, l'indemnité est calculée sur la base du prix net de la vente et sera restituée au propriétaire de la marchandise en sus dudit prix[926].

B : La restitution des droits et taxes indument prélevés

1338. Il arrive régulièrement dans le déroulement des opérations douanières, que les agents de douane, soit parce qu'ils sont véreux, soit par erreur, procèdent à la détermination et à la collecte des droits et taxes non prévues par les lois et règlements en vigueur en matière douanière. Ces prélèvements pécuniaires irrégulièrement orchestrés doivent alors être restitués aux redevables lésés dans leurs droits financiers, sans préjudice des poursuites disciplinaires ou pénales susceptibles d'être ouvertes contre lesdits agents de douane. Car il est strictement interdit, sous les peines prévues à l'égard des concussionnaires, à tout détenteur de l'autorité publique d'accorder, sous une forme quelconque et pour quelque motif que ce soit, sans autorisation de la loi, des exonérations de droit, impôts ou taxes publiques. Suivant les dispositions de l'article 348 du code des douanes, il est interdit sous les mêmes peines à tous receveurs, percepteurs ou individus de percevoir d'autres impôts que ceux prévus par les lois, ordonnances ou décrets en vigueur. Les juges de leur côté, ne peuvent, à peine de répondre en leur propre nom privé, modérer les droits et taxes fixés par les lois et règlements. C'est dire que le respect scrupuleux de ces principes interdit toute autre forme de condamnation pécuniaire du redevable en douane en sus des droits, taxes et intérêts moratoires régulièrement fixés par le législateur. Tout comme l'administration, à son tour, ne saurait être condamnée, au paiement des sommes indument perçues et dont la restitution est ordonnée.

1339. Cette sanction de restitution trouve un autre fondement dans l'obligation qui est faite aux responsables des recettes et équipes de perception des impôts et taxes douanières, pour des besoins de

---

[926] NTOLO (B. P), *Le contentieux douanier en zone CEMAC : réflexion sur le cas du Cameroun*, op.cit., p.55.

performance dans la collecte des recettes, de satisfaire, au minimum, le montant qui est enjoint par le Directeur général, en fonction de la circonscription de recouvrement. La volonté de satisfaire à cette instruction, peut alors pousser les agents d'un secteur douane de prélever indument certains droits et taxes aux redevables, au risque de combler par leurs propres avoirs, les sommes non perçues et injustifiées. Une telle attitude est sanctionnée, lorsqu'elle est avérée, par l'obligation de restitution aux redevables desdits droits et taxes indument perçus, sans préjudice de toute action disciplinaire ou pénale dirigée contre l'agent de douane fautif.

Qu'en sera-t-il alors si la faute est plutôt commise par le redevable, au préjudice de l'administration douanière ?

¶ II : Les sanctions contre le redevable

1340. Un redevable auteur d'actes punissables en douane est susceptible d'être sanctionné de plusieurs manières, en fonction de la nature et de la gravité de l'attitude répréhensible adoptée. De manière générale, ces sanctions sont de nature financière pour la grande majorité des cas, en revêtant un caractère fiscal, et portent aussi sur les biens, droits et libertés, pour un nombre considérable des cas. Une bonne présentation des sanctions encourues par le redevable en matière douanière incline à distinguer les sanctions pécuniaires de celles privatives des droits, libertés ou même des biens matériels.

A : Les sanctions pécuniaires

1341. La typologie des sanctions pécuniaires en matière douanière est plurielle. Elle distingue l'amende prononcée en principale, de la pénalité inhérente à l'astreinte ou en compensation financière d'une confiscation d'objets non saisis.

1 : L'amende

1342. L'amende consiste, pour le délinquant en douane, au paiement d'une somme d'argent dont la vocation est de réparer le préjudice causé à la personne publique, d'une part, et sanctionner l'attitude répréhensible adoptée, d'autre part. La nature hybride de l'amende se trouve dès lors avérée, car elle allie à la fois sanction civile et sanction pénale[927]. Elle est une sanction civile parce qu'elle vise à réparer le dommage causé à la personne publique, en dépit de certains éléments caractéristiques particuliers. En effet, au sens des dispositions de l'article 393 du Code des douanes, les condamnations prononcées contre plusieurs personnes pour un fait de fraude sont solidaires, tant pour les pénalités pécuniaires y compris celles tenant lieu de confiscation, que les dépens. C'est dire qu'en matière de répression des infractions douanières par amende, chaque infraction ne peut donner lieu qu'à l'application solidaire, notamment d'une amende douanière unique, quel que soit le nombre de participants comme auteurs, complices ou intéressés. Les cas de sanction par amendes individuelles sont tout aussi envisageables[928]. Et elle est une sanction pénale parce qu'elle vise à punir l'acte anormal, le trouble à l'ordre, causé par le délinquant lui-même et non par ses successeurs ou ayants droits, en respect du principe de la personnalité des sanctions pénales. Une somme d'argent correspondant au mal lui est alors exigée[929].

1343. Contrairement au droit commun où la détermination des sanctions pécuniaires exige, depuis l'entrée en vigueur du nouveau Code pénal, la fixation des limites maximales de peines encourues, en droit douanier, l'amende est calculée en fonction du montant de la fraude perpétrée. Le montant de l'amende est donc proportionnel à l'importance de la fraude réalisée sur les droits et taxes de la marchandise querellée[930].

2 : La pénalité d'astreinte

1344. La pénalité d'astreinte est la somme d'argent que le redevable en douane est tenu de verser dans les caisses de l'Etat en cas de non communication à temps à la douane, des documents relatifs aux opérations intéressant cette administration financière[931]. C'est donc une sanction pécuniaire pour non-exécution d'une prestation obligatoire utile à la conduite harmonieuse de la mission de contrôle de l'administration douanière. Il convient de rappeler ici qu'en la matière,

---

[927] Cassation criminelle, 7 avril 1992, Bulletin criminel n°145.

[928] Les articles 62 et 71 du code des douanes

[929] BOKUA KAPUKU (B), *De la répression en droit douanier*, Mémoire *online*, Université libre des pays des grands lacs, RDC, 2000, p.81.

[930] CREN ROZZEN, *Poursuites et sanctions en droit pénal douanier*, op.cit. ; p.287.

[931] Article 416 du Code des douanes.

les services de douanes jouissent de plusieurs prérogatives leur permettant de disposer de l'information nécessaire à la bonne taxation.

1345. L'astreinte vise à contraindre les redevables à communiquer à toute demande de l'administration douanière, les livres et documents en cause, sous peine du versement d'une somme de 100.000 FCFA au minimum par jour de retard, en sus de l'amende encourue pour refus de communication des informations requises. L'astreinte commence à courir à partir du jour même de la signature par les parties du procès-verbal dressé pour constater le refus d'exécuter le jugement régulièrement signifié, ou du jour de la signification dudit procès-verbal, s'il n'a pas été signé par le condamné. L'astreinte ne cesse que le jour où il a été constaté au moyen d'une mention inscrite par un agent de contrôle sur un des principaux livres de la société ou de l'établissement, que l'Administration a été mise à même d'obtenir la communication ordonnée. Il s'agit d'une indemnité due au Trésor public.

3 : La confiscation en valeur pécuniaire

1346. En sanction d'un acte punissable en douane, un redevable peut faire l'objet d'une confiscation en nature ou en valeur de sa marchandise. Dans ce dernier cas qui nous intéresse ici, les objets susceptibles de confiscation n'ont pu être saisis. Le tribunal compétent peut alors prononcer à l'encontre du délinquant, et en faveur de l'administration douanière, en lieu et place d'une confiscation en nature des marchandises non saisies, la condamnation au paiement d'une somme égale à la valeur des objets. C'est la compensation en valeur pécuniaire. La somme compensatrice à payer est calculée d'après les prix en vigueur dans le marché intérieur à l'époque où la fraude a été commise[932]. Cette modalité de sanction peut aussi être mobilisée à la demande de l'administration douanière lorsque les biens ont été saisis.

1347. Lorsque la confiscation n'est pas en valeur pécuniaire, elle est en nature et se présente dans ce dernier cas comme une sanction privative de bien matériel d'un redevable indélicat.

---

[932] NTOLO (B.P), *Le contentieux douanier en zone CEMAC : réflexion sur le cas du Cameroun*, op.cit., p.50.

B : Les sanctions privatives de biens matériels, de droits ou de liberté

1348. La répression des infractions douanières peut aussi se faire en infligeant au délinquant une sanction privant celui-ci d'un ou plusieurs de ses biens matériels, d'un de ses droits, ou même de sa liberté.

1 : Les sanctions privatives de biens matériels

1349. Il s'agit ici principalement de la confiscation sous sa forme en nature. Elle porte sur des objets matériels sans considération du lieu de localisation, de la personnalité du détenteur ou du propriétaire. En principe, son prononcé dépend de l'effectivité du fait matériel de l'infraction, alors même que les auteurs de la fraude seraient hors de cause ou inconnus.

1350. La confiscation peut être définie comme le fait d'attribuer à l'Etat après leur saisie par l'administration, des biens appartenant ou non à l'auteur d'une infraction douanière, mais utilisés par lui pour commettre l'infraction. Elle se présente donc à la fois comme une peine et une mesure de sûreté. Car il s'agit, non seulement, de sanctionner l'attitude punissable du redevable, mais également, de mettre les objets querellés en sécurité et même hors d'état de nuire sur le plan fiscal.

1351. La confiscation peut être générale ou spéciale. Générale, elle concerne l'ensemble du patrimoine du délinquant et peut même s'étendre sur les moyens de transport mobilisés dans la commission de l'infraction, que ceux-ci lui appartiennent ou non. En d'autres termes, les objets et moyens de transport confisqués dans ce cas, ne varient pas en fonction de leur appartenance à l'auteur du délit, à son complice ou à toute autre personne étrangère à l'infraction. En guise d'illustration, un véhicule loué de bonne foi au délinquant n'est pas épargné de la confiscation sous le motif que son propriétaire n'avait pas au préalable connaissance du fait que son engin sera utilisé pour commettre une exaction[933]. L'article 415 du Code de douanes CEMAC affirme à cet effet qu'abstraction faite des autres sanctions, sont confisqués, les marchandises qui ont été ou devaient être substituées, les marchandises présentées au départ et les moyens de transports mobilisés à cet effet. Spéciale par contre, la confiscation porte exclusivement sur le corps du délit, c'est-à-dire sur les objets fraudatoires proprement dits.

---

[933] Cassation criminelle, 25 octobre 1827.

2 : Les sanctions privatives de liberté

1352. Lorsque les sanctions prononcées à l'encontre du redevable délinquant douanier n'opèrent pas une ponction sur son patrimoine financier ou matériel comme c'est le cas en matière d'amende, de pénalité ou de confiscation en valeur, elles privent celui-ci de sa liberté. Cette privation de liberté est susceptible de s'opérer suivant deux modalités, à savoir, l'emprisonnement et la contrainte par corps.

1353. Le constat de l'inefficacité de la sanction financière a suscité chez les pouvoirs publics de plusieurs Etats de tradition juridique française, la réflexion visant à intégrer la peine d'emprisonnement dans l'arsenal sanctionnateur des infractions douanières, ne retenant jusque-là, que des contraventions et délits. Après plusieurs atermoiements, relayés même par la doctrine, il s'est avéré nécessaire de faire de la peine d'emprisonnement l'une des sanctions des infractions douanières.[934] La peine d'emprisonnement est alors prononcée par le juge, en fonction des cas, pour des délits douaniers, dans les mêmes conditions qu'en droit pénal général[935]. En vertu des articles 403 à 405 du Code des douanes CEMAC, la durée de l'emprisonnement va d'un (1) mois minimum, pour les délits de première classe à trois (03) ans, pour les délits de troisième classe.

1354. En ce qui concerne la contrainte par corps, son statut de peine privative de liberté a toujours suscité des débats dans la doctrine et la jurisprudence. Elle n'a jamais été assimilée à une peine par la Cour de cassation française. Pourtant la Cour européenne des droits de l'homme lui a reconnu ce statut tout comme la doctrine[936]. L'article 360 du Code des douanes, dispose que les jugements et arrêts portant condamnation pour infraction aux lois de douane sont, en outre, exécutés par corps. Même si cet article n'est pas assez disert à propos du champ d'application de la contrainte par corps, il n'en demeure pas moins vrai que cette sanction est mobilisée pour réprimer les infractions douanières. D'ailleurs, selon l'article 367 du Code de douanes, tout

---

[934] TURIN (M), *La légitime répression de la fraude fiscale*, Thèse de Doctorat en Droit, Université Paul Cézanne Aix-Marseille III, 8 janvier 2011, pp. 13 et suivantes.

[935935] C'est dire que les juge peuvent, en toute opportunité, selon la loi et leur conscience, mobiliser des circonstances atténuantes ou aggravantes, le sursis, la récidive, ou faire plutôt recours à l'amende en lieu et place de l'emprisonnement.

[936] Sur la question, lire les développements intéressants de BERR et TREMEAU dans l'ouvrage intitulé : *Le droit douanier communautaire*, Economica, 6ème édition, Paris, pp. 502.

auteur de contrebande appréhendé, est maintenu en détention jusqu'à ce qu'il ait acquitté le montant de la condamnation pécuniaire qui pèse contre lui, sans toutefois transcender la durée légale de la contrainte par corps.

3 : Les sanctions privatives de droits

1355. Indépendamment des peines privatives de liberté ou de biens matériels, le redevable fraudeur en douane est susceptible de purger des sanctions consistant en la privation de certains de ses droits. Il s'agit là, à l'instar des peines de privation de liberté, des sanctions qui portent non plus sur le patrimoine du délinquant, mais sur sa propre personne. Ces sanctions sont susceptibles d'être prononcées par le juge et par l'administration des douanes.

a : Les privations de droits prononcées par le juge

1356. Après une période d'extrême rigueur du régime juridictionnel afférent à la répression des infractions douanières, les juges du siège ont peu à peu acquis une certaine autonomie en la matière, dont la manifestation la plus visible consiste en l'individualisation progressive des peines douanières.

1357. Les peines privatives de droits peuvent être prononcées à l'encontre de tous ceux qui sont jugés coupables d'avoir participé comme intéressés d'une manière quelconque à un délit de contrebande ou à un délit d'importation ou d'exportation sans déclaration. L'article 416 du Code des douanes CEMAC autorise alors le juge judiciaire à prononcer aux contrevenants la sanction d'incapacité à être électeur ou élu aux chambres et bureaux de commerce jusqu'à ce que cette incapacité soit levée. Il est prévu pour ce cas, que le Procureur général envoie au Directeur général des douanes des extraits des jugements correctionnels devenus définitifs ou des arrêts de la cour, relatifs à ces individus, et assure leur publicité par affichage dans les auditoires, bourses et places de commerce et insertion dans les journaux conformément à la législation en matière commerciale.

1358. Il en est de même de tout redevable délinquant convaincu judiciairement d'avoir abusé d'un régime suspensif. Dans ce dernier cas, les dispositions pertinentes de l'article 418 du Code des douanes autorisent le Secrétaire exécutif de la CEMAC d'exclure ce redevable malhonnête du bénéfice de l'admission temporaire[937]et de le priver de la faculté du transit[938] et de l'entrepôt[939] ainsi que de tout crédit de droits[940]. En d'autres termes, il s'agit d'exclure d'un régime de faveur les personnes qui ne s'en sont pas montrées dignes, du fait de leur attitude fraudatoire consistant à détourner ces procédures douanières allégées suspensives du paiement des droits de douanes, pour commettre leurs exactions.

b : Les privations de droits prononcées par l'administration douanière

1359. Les services de douanes compétents du territoire douanier peuvent aussi prononcer des sanctions à l'encontre du redevable auteur d'exactions en la matière. Il s'agit généralement, des décisions de retrait des régimes douaniers privilégiés qui avait été accordés au préalable par l'administration afin d'alléger les formalités douanières d'un redevable. Ce dernier peut, en l'occurrence, être privé des régimes de facilitation douanière que sont le transit et l'entrepôt douaniers, en respect de l'article 417 du Code des douanes qui dispose que : *quiconque sera*

---

[937] L'admission temporaire est régie par les articles 166 à 171 du Code des douanes CEMAC. C'est un régime douanier donnant le privilège au redevable d'introduire dans le territoire douanier, en suspension totale ou partielle des droits et taxes, et des mesures de prohibition, des marchandises destinées à être réexportées dans un délai déterminé, sans avoir subi de modification, exception faite de leur dépréciation normale par suite de l'usage qui en est faite. Lire aussi le *Glossaire des termes douaniers internationaux* de l'Organisation mondiale des douanes, 2018.

[938] Ce régime est prévu par les articles 156 à 165 du Code des douanes. Le régime de transit permet de transporter des marchandises sous douane, soit à destination, soit au départ d'un point déterminé du territoire douanier. Possible par toutes les voies à l'exception de celle maritime, le transit ne peut s'effectuer qu'à partir et à destination des bureaux ouverts à ce régime.

[939] Le régime de l'entrepôt offre la possibilité de stocker les marchandises pour une durée déterminée dans les locaux soumis au contrôle de l'administration des douanes. Il vise, à l'importation, à suspendre l'application des droits de douanes et d'entrée, des taxes des prohibitions et autres mesures économiques, fiscales ou douanières dont sont passibles les marchandises. A l'exportation, il a vocation à suspendre l'application des droits de sortie sur les marchandises destinées l'exportation.

[940] Les crédits de droits en matière douanière, à l'image des crédits de taxes en matière de TVA, sont des crédits de paiement des droits et taxes de douanes. C'est un paiement différé desdits droits et taxes. En effet, au sens des dispositions de l'article 137 du Code des douanes, les redevables peuvent être admis à présenter des obligations dûment cautionnées d'un à quatre mois d'échéance, pour le paiement des droits et taxes liquidées par les services de douane.

convaincu d'avoir abusé d'un régime suspensif pourra, par décision de l'autorité nationale compétente être exclu du bénéfice dudit régime et être privé de la faculté du transit et de l'entrepôt ainsi que tout crédit de droit. D'ailleurs, cette sanction frappe aussi quiconque prêterait son nom pour soustraire aux effets de ces dispositions, ceux qui en auraient été atteints.

1360. Par ailleurs, l'administration jouit du pouvoir, au titre des interdictions professionnelles, de retirer l'agrément d'un Commissaire en douane qui aurait commis une infraction à la législation douanière ou fiscale, ou simplement, contrevenu aux usages de la profession. En effet, conformément aux dispositions des articles 113 et 183 du Code des douanes CEMAC, le Conseil des ministres peut prononcer le retrait d'agrément, à titre définitif ou temporaire, à l'égard des Commissaires en douane dont l'activité a été préjudiciable à l'Etat ou aux intérêts de leur corporation. Cette sanction est prise sur avis des Comités consultatifs nationaux des commissionnaires en douane.

1361. En fonction des sanctions encourues, le délinquant douanier dispose toutefois d'une voie salutaire susceptible de court-circuiter la menace qui le guette et l'affranchir ainsi de sa peine potentielle. Il s'agit de la démarche transactionnelle avec les services douaniers.

Chapitre IV

La transaction douanière

1362. L'étude des règles et mécanismes de répression des infractions douanières pourrait faire accroire que la constatation et la poursuite des actes répréhensibles des délinquants douaniers constituent les seuls moyens de lutte contre les actes fraudatoires posés sur le territoire douanier national. Loin s'en faut ! En effet, la répression par voies de poursuites administratives ou judiciaires n'en constitue que l'exception en la matière, tant il est vrai que l'administration dispose d'une arme originale peu ou prou efficace qui constitue en réalité le moyen principiel[941] de lutte contre les infractions douanières : la transaction.

1363. Présentée par certains auteurs comme une institution *sui generis* par son objet, et une sorte de renonciation à l'exercice de l'action publique[942], la transaction est le mécanisme par lequel l'administration des douanes propose au contrevenant, lorsque cela lui parait opportun, de mettre fin aux poursuites au moyen d'un contrat par lequel celui-ci accepte les faits qui lui sont reprochés et consent payer une amende dite « *transactionnelle* » fixée par l'administration dans les limites des pénalités légalement encourues. En d'autres termes, la transaction est un contrat par lequel l'administration des douanes, d'une part, et une personne poursuivie pour l'infraction douanière, d'autre part, terminent ce litige à des conditions convenues entre elles dans la limite des pénalités fixées par la loi pour sanctionner l'infraction considérée[943]. La

[941] Au sujet de la transaction en droit douanier camerounais, il se dégage à l'article 329 du Code des douanes CEMAC que l'administration des douanes n'exerce pas de poursuite, mais use de son pouvoir discrétionnaire de terminer administrativement les litiges en faisant remise de toutes pénalités encourues aux prévenus qui en font la demande.

[942] BERR (C.J) et TREMEAU (H), *Le droit douanier communautaire et national*, op.cit., p. 670.

[943] WANGUIA (V), *L'extinction des poursuites des infractions douanières*, Mémoire de Master, ENA de TOGO, Septembre 2007, p.9.

transaction est à ce titre un contrat synallagmatique entre l'administration des douanes et l'auteur de l'infraction douanière[944].

1364. Conformément à l'article 327 du Code des douanes, l'administration peut convenir avec l'auteur de l'infraction, dans les limites des pénalités fixées par la loi, des conditions dans lesquelles peut être terminé un litige. En d'autres termes, la législation en la matière ouvre la voie à la négociation sur les peines fiscales. L'auteur de l'infraction poursuivie acquiesçant sa culpabilité par rapport aux faits qui lui sont reprochés, entre alors en langue avec l'administration douanière, dans l'optique de trouver un terrain d'entente.

1365. Plusieurs séries de considérations profitables à l'administration et aux auteurs des infractions douanières poursuivies, sont susceptibles de justifier la place privilégiée qu'occupe la transaction parmi les moyens de lutte contre les infractions douanières au Cameroun. D'abord, ce mécanisme permet d'éviter l'encombrement des rôles et les méfaits résultant de la défense faite aux juges d'excuser les contrevenants sur l'intention et de modérer les peines. La transaction est à cet effet gage de bonne administration de la justice. Ensuite, le pouvoir de transiger reconnu à l'administration des douanes lui permet de régler rapidement et pratiquement sans frais, de nombreux litiges et de sanctionner les infractions en fonction de leur gravité. Cette technique est pour ce faire propitiatoire à la performance des services de douanes. Enfin, la transaction permet à l'administration de faire remise, avant, ou après jugement définitif, de tout ou partie de la peine pécuniaire encourue ou prononcée, et d'arrêter l'action publique quant aux peines corporelles, tant que le jugement n'est pas définitif. La transaction apparait à ce titre comme un instrument au service de la célérité et de l'efficacité de l'action publique.

1366. En sus de ces arguments favorables à la transaction, il sied de relever que l'administration publique camerounaise est en train d'impulser une logique partenariale dans la dynamique des relations entre le contribuable et le fisc, dans l'optique de faire de ces deux acteurs principaux des relations fiscales et douanières des amis et non des ennemis. La transaction se présente alors comme un instrument facilitateur de cette dynamique.

---

[944] Cette nature contractuelle de la transaction est davantage exhibée par la définition qu'en donne le Glossaire des termes douaniers internationaux : *« une convention par laquelle la douane, agissant dans la limite de sa compétence, renonce à poursuivre l'infraction douanière pour autant que la ou les personnes impliquées se conforment à certaines conditions ».*

1367. Quoi qu'il en soit, comment se forme et s'exécute l'acte transactionnel et quels en sont les suites ? Telles sont les questions qui guideront notre réflexion à ce sujet. Il s'agira alors pour des besoins de cohérente démonstration, de s'appesantir d'abord sur les modalités de conclusion de cette technique particulière de sanction douanière, avant d'en esquisser les contours d'exécution et les effets.

§ I : Les modalités de formation de la transaction

1368. La nature contractuelle de l'acte transactionnel appelle à la mobilisation d'un ensemble de règles régissant non seulement les parties audit contrat, mais également les matières dans lesquelles ce contrat a vocation à intervenir, sans oublier les obligations liant ces cocontractants, tant du point de vue de la forme que du fond. L'analyse des modalités de formation de la transaction incline dès lors à statuer tour à tour sur les auteurs, le contenu, et la procédure de cette forme particulière de sanction administrative des infractions douanières au Cameroun.

¶ I : Les auteurs de la transaction

1369. L'étude des auteurs de la transaction porte sur les différents intervenants à la phase d'initiation de cet instrument de résolution des litiges douaniers. La transaction mettant en liaison les redevables auteurs d'attitudes répréhensibles et l'administration douanière victime desdits agissements anormaux, il s'agit en fait des personnes et autorités habilitées par les instruments juridiques pertinents, à souscrire à un acte transactionnel. En d'autres termes, il est question des parties potentielles à une transaction douanière. Une distinction est à ce sujet principalement faite entre les personnes et les autorités administratives, même si, par extension, d'autres organes publics interviennent en la matière en fonction des cadres géographiques, à savoir, les autorités judiciaires et le Comité du contentieux fiscal, douanier et des changes[945].

[945] WANGUIA (V), *L'extinction des poursuites des infractions douanières*, op.cit., p.9.

A : Les personnes contractantes

1370. L'acte transactionnel est loin d'être une *actio popularis* susceptible d'être initiée par toute personne. Il s'agit, en réalité, d'un instrument de résolution des litiges douaniers mis à la disposition d'une catégorie particulière de personnes remplissant un certain nombre de conditions définies par la règlementation douanière en vigueur.

1371. Au sens des dispositions pertinentes de l'article 327 du Code des douanes CEMAC, la transaction concerne des personnes ayant commis une infraction douanière et qui, en conséquence, sont poursuivies par la personne publique. C'est dire que les deux conditions à remplir pour avoir le droit d'initier une transaction portent sur le statut de délinquant douanier, d'une part, et la situation de faire l'objet des poursuites, d'autre part.

1372. Est considéré comme délinquant douanier habilité à initier une transaction, des personnes physiques remplissant les conditions de capacité contractuelle ou morale, auteurs d'actes répréhensibles en douane, leurs complices ou tout intéressé à la fraude, ainsi que toute personne civilement responsable des infractions en la matière. Il sied néanmoins de préciser que lorsque les poursuites sont dirigées contre une personne morale, soit comme caution d'un redevable qui n'a pas exécuté ses engagements, soit comme civilement responsable d'une infraction commise par ses agents, la transaction est passée avec le représentant légal de cette personne morale ou toute personne se portant fort pour le prévenu.[946] La transaction s'initie alors par le moyen d'une demande assortie d'offres concrètes visant à trouver l'acquiescement de l'administration. Dans le cas contraire, cette dernière est en droit de rejeter la demande de transaction. Notamment, si les offres sont jugées insatisfaisantes, si le prévenu ne parait pas à même de respecter ses engagements, ou si, eu égard à la gravité des faits, une mesure de clémence ne peut pas être prise. Dès lors, selon que la demande de transaction est formulée avant ou après jugement, l'affaire est poursuivie en justice et le jugement exécuté.

1373. En ce qui concerne l'exigence d'être sous poursuite, une transaction ne saurait être initiée par une personne ne faisant l'objet d'aucune poursuite douanière. Car quelle faute, ou alors, quel dommage voudrait-on alors réparer ou sanctionner ? L'administration douanière, du moins, la personne publique, doit alors au préalable justifier sa situation

---

[946] Numéro 803, Règlementation douanière communautaire, op. cit., p. 498.

d'entité victime d'un dommage lui portant préjudice, perpétré par le redevable et sanctionné par les textes en vigueur. Précisons ici que même si, en principe, toute infraction douanière portée à la connaissance des autorités publiques se doit d'être réprimée, tant il est vrai que la sanction ici ressortit à la compétence liée de l'administration douanière, il est judicieux de relever que cette dernière jouit néanmoins d'une marge de manœuvre considérable en matière d'initiation des poursuites contre les délinquants douaniers. C'est d'ailleurs cela la portée même de la transaction.

B : Les autorités contractantes

1374. Hors mis les contractants, personnes physiques ou morales, le droit de transiger est reconnu à certaines autorités administratives ou gouvernementales par la législation douanière en vigueur au Cameroun en particulier, ou dans l'espace de la Communauté économique et monétaire des Etats de l'Afrique centrale, en général. Ces autorités contractantes sont soit nationales, soit communautaires et leur capacité d'intervention dépend non seulement des montants des sommes ou des droits querellés, mais également de la nature des infractions commises et de leurs auteurs.

1 : Les autorités nationales

1375. En vertu des dispositions pertinentes de l'article 328 du Code des douanes CEMAC, le droit de poser des actes transactionnels est reconnu principalement à deux autorités sur le plan national. Il s'agit du Ministre des finances et du Directeur des douanes. Au Cameroun, la dernière autorité porte le nom de Directeur général des douanes, conformément à l'organigramme du Ministère des finances dont il relève. Ces deux autorités ont le droit de transiger lorsque le litige est préjudiciable à l'Etat du Cameroun.

1376. Le Ministre des finances est habilité à conclure des transactions si et seulement si les sommes querellées sont supérieures à 50 000 000 de Franc CFA de droits éludés ou compromis. Il peut aussi intervenir en la matière s'il n'y a pas de droits compromis, à condition que les sommes querellées soient supérieures à 300 000 000 de Franc CFA de valeur de marchandises litigieuses. Il sied de relever ici que la valeur prise en considération est celle qui a cours dans le marché intérieur au moment de la commission de l'acte fraudatoire.

1377. Le Directeur général des douanes, quant à lui, est compétent en matière transactionnelle à trois conditions près. Premièrement, le litige doit porter sur des sommes inférieures aux minima définis pour son supérieur hiérarchique qu'est le Ministre des finances. En d'autres termes, les sommes querellées doivent être inférieures à 50 000 000 de Franc CFA de droits éludés ou compromis, ou à 300 000 000 de Franc CFA de valeur de marchandises litigieuses. Deuxièmement, l'infraction doit avoir été commise par un ou plusieurs voyageurs redevables, sans donner lieu à des poursuites judiciaires dans la suite. Notons à ce niveau que les voyageurs pris en considération ici sont toutes personnes qui, ayant franchi exceptionnellement la frontière, se présentent au bureau de douanes pour satisfaire aux formalités douanières d'usage afférentes à leurs bagages et effets personnels. La qualité de voyageur ne saurait à cet effet être reconnue à toute personne. A titre d'illustration, cette qualité est refusée aux frontaliers, aux personnes qui ont emprunté un autre chemin que la voie légale, aux personnes transportant des marchandises ne pouvant, en raison de leur quantité anormale, être considérées comme bagage ou effets personnels. Et troisièmement enfin, l'infraction qui ouvre droit à transaction doit avoir été sanctionnée par une amende de principe.

2 : Les autorités communautaires

1378. Dans l'espace CEMAC où l'Etat camerounais est situé, deux autorités communautaires sont habilitées à conclure des transactions, lorsque le litige est préjudiciable à plusieurs Etats membres. Il s'agit du Conseil des ministres et du Secrétaire exécutif de la communauté éponyme. La compétence d'intervention du Conseil des ministres se trouve fondée en matière transactionnelle lorsque le litige porte sur des sommes supérieures à 250 000 000 de Francs CFA de droit éludés ou compromis, ou à 500 000 000 de Franc CFA de valeur de marchandises litigieuses, s'il n'y a pas de droits compromis.

1379. Le Secrétaire exécutif quant à lui est susceptible de rentrer dans des liens transactionnels pour des sommes inférieures aux planchés définis pour le Conseil des ministres. Il est par ailleurs compétent à agir en la matière si l'infraction a été commise par un ou plusieurs voyageurs et n'a pas donné lieu à des poursuites judiciaires, d'une part, ou si l'acte punissable doit être puni d'une amende de principe, d'autre part. Précisons à ce niveau que les sanctions pécuniaires qui rentrent dans le champ des amendes de principe sont celles qui ne sont pas supérieures au dixième de la valeur de la marchandise, et ne dépassent pas en même temps 100 000 de Francs CFA. Le minimum ne doit toutefois pas être inférieur à 50 000 de Francs CFA.

Liées dans le cadre de l'acte transactionnel, ces autorités nationales et communautaires, parties potentielles à ce contrat synallagmatique rédigent un document spécifique au contenu particulier.

¶ II : Le contenu de la transaction

1380. L'acte transactionnel a un contenu particulier qui consiste en grande partie aux différents engagements des parties, bien que celui de l'auteur de l'infraction à réprimer occupe une place primordiale ici. Ces différents engagements, manifestation de l'accord des volontés des parties, portent toutefois sur des matières précises au-delà desquelles toute transaction est juridiquement prohibée. Le contenu de l'acte transactionnel met donc en exergue non seulement un objet clairement identifiable, mais également un domaine fortement délimité.

A : L'objet de la transaction

1381. L'objet de la transaction consiste en un ensemble d'engagements réciproques de la part des deux parties en conflit. Il s'agit en fait des différentes obligations que les parties décident de s'imposer en vue d'éteindre efficacement la dette pécuniaire née de l'infraction commise par le redevable cocontractant, et partant les poursuites engagées à cet effet. Cette manifestation des volontés de l'auteur de l'infraction douanière et de l'administration des douanes ici représentée par l'autorité compétente, doit se solder par un accord. Le redevable sanctionné pour commission d'une infraction douanière, ayant accepté les faits qui lui sont reprochés, s'engage à payer une somme d'argent appelée amende transactionnelle à l'administration des douanes. Et cette dernière, à son tour, s'engage à mettre un terme aux poursuites.

1382. Même si la manifestation de volonté de l'auteur de l'infraction constitue le principal engagement en matière transactionnelle, l'intention des services de douanes est loin d'être superfétatoire. L'engagement du redevable sanctionné peut être assorti de clauses particulières. Il peut ainsi être exigé au délinquant douanier de verser une caution ou un certain montant d'argent en avance, dont les modalités de liquidation dépendent d'un certain nombre de paramètres. En toute souveraineté, l'administration des douanes fixe le montant à recouvrer, au vue de l'intention frauduleuse, de la situation patrimoniale et familiale et du passé fiscal de l'auteur de l'infraction. Toutefois, le montant à verser par le cocontractant de l'administration comme caution, ne saurait être supérieur à l'amende transactionnelle elle-même, ou inférieur au montant des droits éludés.

1383. En tout état de cause, le contenu de l'acte transactionnel consiste en des offres concrètes clairement formulées, portant sur le remboursement des frais lorsque la procédure les a générés, la destination des objets saisis et le paiement des sommes déterminées comme pénalités. L'offre du délinquant douanier portant sur les sommes à payer est formulée en toutes lettres. Tandis que la destination donnée aux objets ou marchandises querellés se solde soit par un abandon desdits biens au profit de la personne publique, soit par une mainlevée[947] accordée aux saisies.

Ces différents engagements ne sont possibles qu'à propos de certaines matières, au risque de vicier l'acte transactionnel initié.

B : Le domaine de la transaction

1384. Parce qu'elle vise à mettre, de manière consensuelle, un terme à un litige né de la commission par le redevable d'une infraction douanière, la transaction n'est possible que dans des matières précises. En d'autres termes, elle est prohibée à toute autre matière ne rentrant pas dans son domaine défini par la législation et la règlementation en vigueur. A titre d'illustration, Elle ne saurait être mobilisée, même en cas de connexité et d'indivisibilité, à des infractions pénales[948] ou à des infractions fiscales ou économiques ressortissant à d'autres administrations. Aussi, l'administration des douanes ne saurait initier, ni s'engager dans des liens transactionnels en matière de contentieux douanier civil dont la vocation première est de trouver une suite favorable à des actions en paiement des droits, ou en répétition de l'indu.

1385. Au sens des dispositions des articles 327 et 328 du Code des douanes CEMAC, l'administration douanière peut exercer le droit de transaction en matière de contentieux répressif dont l'objet porte essentiellement sur la poursuite des infractions douanières. A ce titre, la transaction est ouverte exclusivement sur des infractions sanctionnées par le Code des

[947] La mainlevée est l'acte par lequel l'administration douanière permet aux intéressés de disposer des marchandises qui font l'objet d'un dédouanement.

[948] A titre d'illustration, les voies de fait aux agents des services douaniers.

douanes. Elle peut intervenir, comme le plus fréquemment, avant toute poursuite, tout comme pendant les poursuites, si l'autorité judiciaire en est favorable. La transaction est aussi possible même après le jugement définitif, c'est-à-dire lorsque la sentence est prononcée par le juge après toute voie de recours. Dans ce cas, la transaction va laisser subsister les peines corporelles.

1386. En principe et même en réalités, seules les infractions d'une gravité moindre sont susceptibles de faire l'objet de transaction. C'est notamment le cas lorsque les marchandises ne font pas l'objet des prohibitions très absolues ; lorsque les droits compromis ne sont pas particulièrement importants ; lorsque l'infraction a été commise sans utilisation des circonstances aggravantes ; lorsque le délinquant douanier n'est pas connu de l'administration comme récidiviste ; et enfin lorsque l'infraction douanière concernée n'est pas connexe à une infraction de droit commun[949]. Par conséquent, une distinction fondée sur le critère de la nature de l'infraction à sanctionner, s'impose entre les transactions initiées en matière contraventionnelle et celle portant sur les délits douaniers.

1387. En matière contraventionnelle, il est admis que les prévenus puissent en tout état de cause, rentrer dans des liens transactionnels. Par contre, en matière délictuelle, la transaction est régie par des règles spéciales prenant en considération la gravité de la peine encourue et la nature des infracteurs. Ainsi, avant le jugement définitif, les transactions sont admises dans l'ordre croissant de culpabilité, afin que les principaux coupables soient les premiers ciblés par les poursuites, en rapport avec les comparses. Et après le jugement définitif, la transaction est possible si la pénalité transactionnelle est égale ou supérieure à la part virile du condamné[950]

1388. La mobilisation des délinquants douaniers et de l'administration des douanes, dans des liens transactionnels se traduit donc par un acte juridique au contenu particulier, mettant en exergue les matières objets de transaction et les engagements y afférents. L'établissement de cet acte est respectueux d'une certaine procédure.

---

[949] Pour toutes ces considérations, lire : NTOLO (B.P), *Le contentieux douanier en zone CEMAC : réflexion sur le cas du Cameroun*, op.cit., p. 93 et suivantes.

[950] La part virile du condamné consiste en la part des condamnations fiscales qui revient à chaque infracteur solidaire, obtenue par division du montant total desdites condamnations fiscales par le nombre de prévenus solidaires poursuivis.

¶ III : La procédure de la transaction

1389. Les temps forts de la procédure de transaction douanière ont été relevés par monsieur NTOLO Benoit Patrice dans son mémoire de Master portant sur le contentieux douanier en zone CEMAC. De manière générale, les actes transactionnels sont établis en autant d'exemplaires originaux qu'il y a de parties ayant un intérêt distinct. L'un des originaux reste à la disposition de l'administration des douanes et les autres sont remis aux intéressés. Les actes transactionnels doivent être datés et signés[951] en indiquant les noms, qualités, et domiciles des parties[952]. Ils précisent l'infraction qui fait l'objet de transaction en relevant les offres faites par les prévenus ainsi que les sûretés[953] destinées à en assurer l'exécution. Ces actes peuvent aussi énoncer une condition résolutoire au profit de l'administration et stipuler des réserves à l'égard des co-inculpés[954]. Lorsque l'acte transactionnel est rédigé en suite de procès-verbal, il suffit de se référer au procès-verbal, de qualifier l'infraction et de rappeler sommairement l'espèce, la quantité et la valeur des marchandises litigieuses. Dans le cas contraire, l'on détermine sans ambiguïté l'objet de la transaction en énonçant les faits litigieux, la date et le lieu où ils ont été commis ainsi que leur qualification, et en décrivant de manière très détaillée les marchandises de fraude. Dans le cas où il n'existerait pas de place

---

[951] La date des actes transactionnels doit être inscrite en toute lettres, aucun acte ne peut, sous quelque prétexte que ce soit, être antidaté ou postdaté. Les actes transactionnels ne doivent être signés que lorsqu'ils ont été intégralement rédigés. Si la personne admise à transiger ne sait pas signer, elle peut se faire représenter par un fondé de pouvoir muni d'une procuration régulière, ou être assisté par deux témoins qui par l'apposition de leurs signatures sur la transaction, attestent la réalité de la déclaration de l'intéressé et son adhésion aux stipulations. Ces deux témoins ne doivent pas être pris parmi les agents de douanes.

[952] Les noms, prénoms, nationalités et domiciles de la personne admise à transiger doivent être exactement mentionnés.

[953] L'exécution des engagements souscrits dans les soumissions contentieuses doit être garantie par une caution dont la solvabilité est notoire. A défaut de la caution, le prévenu peut être admis à consigner une somme suffisante pour couvrir le montant de la pénalité transactionnelle qui lui sera infligée.

[954] Afin de limiter expressément les effets de la transaction aux seuls délinquants à qui elle a été accordée, et de prévenir toute contestation de la part d'autres co-prévenus qui prétendaient bénéficier de l'arrangement, la transaction conclue avec l'un des coauteurs ou l'une des personnes civilement responsables d'une infraction doit stipuler que réserve formelle est faite des droits et actions de l'administration contre les co-prévenus du bénéficiaire de l'acte.

suffisante dans l'imprimé réglementaire, un relevé descriptif côté et visé *ne varietur* par le service sera annexé à l'acte contentieux et authentifié par le cachet du bureau apposé à la lisière des deux documents.

1390. Une fois établie en respect des règles de fond et de forme qui encadrent sa formation, la transaction a vocation à être exécutée en produisant des effets certains. L'étude de ces suites de l'acte transactionnel nous renseignera assurément davantage sur cet instrument de résolution des litiges douaniers.

§ II : Les suites de la transaction douanière

1391. L'accord de volontés consubstantiel à la transaction douanière oblige les parties à cet acte contractuel, à adopter un certain comportement, car elles sont liées l'une envers l'autre, et partant, obligées à satisfaire intégralement leurs engagements réciproques. Toutefois, cette convention, en fonction du moment où elle intervient et même d'autres considérations, ne concerne pas exclusivement les parties engagées à la transaction proprement dite. Elle a assurément une incidence sur d'autres sujets extérieurs à ladite convention. C'est dire, eu égard à ce constat, que la transaction douanière est appelée à être exécutée, d'une part, et que, par la loi de la causalité, elle produit des effets certains, d'autre part.

¶ I : L'exécution de la transaction

1392. Etant un contrat synallagmatique, les engagements, mieux, les clauses de la transaction douanière ont vocation à être exécutées telles quelles, car le contrat est la loi des parties. En d'autres termes, une fois conclue par accord de volontés, il ne reste pour les parties qu'à procéder à l'exécution de la transaction douanière conformément à ses stipulations. Concernant principalement l'auteur de l'infraction douanière à sanctionner, et l'administration douanière dont les intérêts pécuniaires sont menacés par l'acte répréhensible du délinquant, la transaction voit son exécution assurée par ces deux parties, car elle s'impose à elles. Et chacune de ces parties dispose des moyens de pression ou d'action contre l'autre, prévus par la législation ou la règlementation en vigueur. Même s'il sied de relever que l'administration douanière, du fait de ses prérogatives de puissance publique, ne saurait être, à proprement parler, au même pied d'égalité que son cocontractant, usager de ses services.

A : L'exécution par l'auteur de l'infraction douanière

1393. Lorsque l'auteur de l'infraction douanière à sanctionner s'engage dans les liens de la transaction, il s'oblige à s'acquitter de la somme librement consentie, car le document transactionnel contient un engagement de l'auteur de l'infraction à payer l'amende dite *« transactionnelle »*, et, le cas échéant, à abandonner les marchandises saisies, au profit de l'administration, à condition que celles-ci eurent été confisquées par elle. En signant la transaction, cette attitude vaut en même temps reconnaissance de la commission de l'infraction[955]. Le cocontractant de l'administration est donc tenu de verser la somme prévue dans l'acte transactionnel, au bénéfice de la collectivité publique. Et toute défaillance à ce sujet l'expose à une réaction administrative ou juridictionnelle particulièrement vigoureuse, initiée par les services douaniers compétents. A ce titre, l'administration peut intenter à l'encontre de son cocontractant récalcitrant, conformément aux principes généraux en vigueur en matière de contrat synallagmatique, et qui s'appliquent à la transaction douanière, soit une action en exécution, soit une action en résolution. Toutes deux juridictionnelles, la première action peut être initiée en cas d'inexécution totale ou partielle des engagements souscrits. L'administration des douanes requiert à cet effet une exécution forcée de la transaction. La seconde action quant à elle, enclenchée pour inexécution de la transaction, n'est recevable que si elle est intentée par le souscripteur de la transaction, en respect de la prescription et pour des causes de rescision prévues à cet effet. Ainsi, l'administration peut solliciter non seulement la résolution de la transaction, mais également la condamnation du prévenu aux pénalités fiscales sanctionnant l'infraction, ainsi que l'exécution forcée du jugement qui sera rendu. Et sur le plan purement administratif, l'administration douanière peut déployer contre son cocontractant défaillant tout l'arsenal de pression propre aux voies de contraintes. Nous ne ferons par ailleurs pas fi de l'*exceptio de non adimpleti contractus* qui est aussi à la portée de l'administration contre le redevable défaillant, même si ici, la

[955] CREN ROZZEN, *Poursuites et sanctions en droit pénal douanier*, op.cit., pp. 42 et suivantes.

transaction se rapproche beaucoup plus d'un contrat d'adhésion que d'un contrat à parfaite égalité des parties.

B : L'exécution par l'administration douanière

1394. Ce qui est attendu de l'administration en matière d'exécution de la transaction douanière, c'est le respect de ses engagements qui consistent en deux principales obligations. D'une part, elle est tenue de procéder à la délivrance de la mainlevée des marchandises et objets saisis, sous condition de l'acquittement par son cocontractant auteur de l'infraction à sanctionner, des droits et taxes exigibles. D'autre part, elle est obligée, à partir du moment où la dette financière du cocontractant est éteinte parce que payée par celui-ci, de prendre langue avec la juridiction compétente, afin de mettre fin à l'action publique en cours. En fonction du niveau de procédure où est parvenue ladite action, demande sera faite à la juridiction saisie initialement de mettre un terme au litige. A ce titre, il sera demandé au juge d'instruction de rendre une ordonnance de non-lieu, aux juridictions de jugement de déclarer l'action publique éteinte, et à la juridiction de cassation de prononcer un arrêt de non-lieu à statuer. Concomitamment, l'administration doit s'assurer de la mise en liberté effective des prévenus incarcérés pour délit douanier, après requête introduite par ses soins à cet effet.

1395. L'exécution problématique de la transaction douanière est à même de susciter des incidents. Les principes de droit civil, qui voient leur application agréée en droit douanier seront alors mobilisés, avec quelques bémols. Conformément aux dispositions pertinentes de l'article 2052 du Code civil, les transactions conclues entre les parties ont autorité de chose jugée en dernier ressort et ne peuvent être attaquées pour cause d'erreur de droit, ni pour cause de lésion. Toutefois, leur exécution peut être remise en cause pour certaines raisons précises. En effet, en cas d'erreur sur la personne ou sur l'objet de la contestation, il est possible de procéder à une rescision de la transaction. Aussi, en cas de dol ou de violence en la matière, l'annulation de la transaction peut être envisagée.

Qu'elle soit exécutée par l'administration ou par l'auteur de l'infraction douanière, la transaction produit des effets certains sur le plan du droit.

¶ II : Les effets de la transaction douanière

1396. Parce que la transaction douanière est un contrat synallagmatique dont les clauses constituent en principe la loi des parties, cet instrument de répression des infractions douanières est susceptible de produire des effets sur ses principaux auteurs, même s'il n'est pas exclu que ces effets soient perceptibles aussi chez les tiers. Tout dépendra cependant de la période de réalisation de la transaction en rapport avec le déploiement des mécanismes juridictionnels y afférents. C'est dire que les effets de la transaction douanière varient selon que l'on se situe avant ou après le jugement définitif de la juridiction saisie.

A : Les effets avant le jugement définitif

1397. La conclusion de la transaction douanière est constitutive d'une véritable prise d'engagements mutuels entre les parties. L'infracteur, par exemple accepte la reconnaissance du service et suites contentieuses éventuelles. L'administration, quant à elle, s'oblige à éteindre les poursuites, et en tant que de besoin, à prononcer mainlevée sur les marchandises, si son cocontractant satisfait ses engagements pécuniaires. Les effets de la transaction avant le jugement définitif de la juridiction compétente sont alors de deux ordres. Certains se rapporte à la personne du contrevenant, et d'autres sont liés à son patrimoine.

1398. Que la transaction intervienne définitivement avant le début, ou au cours des poursuites, pendant la juridiction d'instruction ou au cours de la juridiction de jugement, elle a vocation à interrompre l'action publique à la charge de l'administration. Elle officie à cet effet sur la personne de l'infracteur comme en matière d'amnistie, car l'infraction va échapper à l'action publique. Et si la transaction intervient lorsque l'action n'est même pas encore intentée, le ministère public est en droit de requérir une ordonnance de non-lieu.

1399. Pour ce qui est des effets liés au patrimoine de l'infracteur cocontractant, la conclusion de la transaction oblige l'auteur de l'infraction à s'acquitter de l'amende transactionnelle, et en fonction des cas, à abandonner les marchandises et biens divers au profit de l'administration. C'est dire que le contrevenant bénéficiaire de la transaction douanière doit immédiatement consigner le montant des sommes mises à sa charge. Il convient néanmoins de préciser, comme le fait pertinemment Monsieur WANGUIA, que lorsqu'il s'agit d'une transaction provisoire qui préconise la mainlevée des objets saisis et si la somme versée à titre des pénalités est inférieure à la valeur desdits objets, leur remise ne pourra être consentie avant l'approbation définitive de la transaction. Par ailleurs, il faut que le contrevenant garantisse le paiement de la valeur intégrale desdits objets. Ceci, soit par une consignation, soit par un engagement valablement cautionné. Ces mesures de sûreté préalables à l'intervention de la transaction définitive sont communément considérées comme destinées à assurer l'exécution des actes souscrits[956]. La transaction douanière a donc pour effet sur le patrimoine du contrevenant, de provoquer un transfert de propriété au profit de l'administration des douanes, soit des biens sur lesquels elle avait un droit de saisie ou de retenue, à l'instar des marchandises, soit des biens sur lesquels ce droit n'existait pas, tels les autres biens mobiliers.

Qu'en est-il après le jugement définitif ?

B : Les effets après le jugement définitif

1400. Envisager la transaction douanière au Cameroun ou dans les autres Etats africains, après le jugement définitif de la juridiction compétente saisie, constitue une véritable exception en la matière, car en principe, dans les Etats de tradition juridique française, il est anormal d'en parler à cette phase de la procédure juridictionnelle, eu égard à l'autorité de chose jugée des décisions prononcées. L'article 327 du Code des douanes CEMAC l'autorise pourtant et dispose que la transaction définitivement conclue laisse subsister les peines corporelles après le jugement définitif de la juridiction compétente. C'est dire que la transaction produits des effets sur la personne de l'infracteur qui va alors purger ses peines corporelles, même si celles portant potentiellement sur ses finances et son patrimoine sont *« obstruées »* par la procédure d'interruption de l'action publique initiée par l'administration des douanes.

1401. La transaction douanière produit par ailleurs des effets à l'égard des tiers, tels que le relève Monsieur CREN ROZZEN. En effet, après le jugement définitif, la transaction consentie à l'un des condamnés bénéficie aux autres si l'administration ne préserve pas expressément ses droits à l'encontre de ces derniers. Les condamnés non parties à la

---

[956] WANGUIA (V), *L'extinction des poursuites des infraction douanières*, cité par HADIDJATOU (Y), *La transaction douanière au Cameroun*, Mémoire de Master en Droit public, Université de Ngaoundéré, 2016/2017, p. 47.

transaction, sont libérés de la part virile du bénéficiaire de l'acte transactionnel ou du montant de la somme réalisée si cette dernière est supérieure à la part virile. A l'égard des cautions et des personnes civilement responsables, la transaction accordée au prévenu dont elles sont garants, les bénéficie et éteint à leur encontre l'action fiscale. Quant aux propriétaires des objets dont l'abandon a été souscrit par transaction, le règlement intervenu s'impose à eux lorsque l'abandon porte sur les objets saisis, et que la transaction a été accordé au transporteur ou au déclarant. Ce qui laisse supposer l'existence d'une responsabilité affirmée dans la commission de l'infraction douanière même si celle-ci n'a pas été établie[957].

1402. En dernière analyse, la transaction se présente comme un mécanisme original de résolution des conflits entre les services douaniers et les usagers indélicats. Elle mérite d'être abondamment mobilisée, pour une résolution amiable des litiges douaniers.

---

[957] CREN ROZZEN, *Poursuites et sanctions en droit pénal douanier*, op.cit.,p. 272.

Bibliographie Générale

I : OUVRAGES

A : Ouvrages généraux

ALBERT (JL), *Finances publiques*, Dalloz, 10ème édition, Paris, 2017.

BERTONI (P), *Finances publiques*, Vuibert, Dynasup, Paris, 1997.

BIGAUT (Ch.), *Finances publiques, droit budgétaire : le budget de l'Etat*, Ellipses- Marketing, Paris, 1999.

BIGAUT (Ch.), *Finances publiques. Droit budgétaire*, Eyrolles, Paris, 1991.

BOUVIER (M), ESCLASSAN (M-C), LASSALE (J-P), *Finances publiques*, LGDJ, Paris, 2002.

BOUVIER (M), *Introduction au droit fiscal général et à la théorie de l'impôt*, LGDJ, 5e édition, Paris, 2003.

BOUVIER (M), *Les finances locales*, LGDJ, 17ème édition, Paris, 2018.

CARREAU (D), JUILLIARD (P), *Droit international économique*, Dalloz, 3ème édition, Paris, 2007.

CHOUVEL (F), *Finances publiques*, Gualino éditeur, Paris, 1999.

CROSS (R), *Finances publiques- Institutions et mécanismes économiques*, CUJAS, 1ère édition, Paris, 1994.

DERUEL (F), *Finances publiques, droit budgétaire, le budget de l'Etat*, Edition Marketing, Paris, 1995.

DOUAT (E), *Finances publiques*, PUF, Paris, 1999.

DUVERGER (M), *Finances publiques*, PUF, Paris, 1984.

GAUDEMET (P-M), MOLINIER (J), Finances Publiques Tome I, budget / trésor, Montchrestien, 7ème édition, Paris, 1996.

LALUMIERE (P), *Les finances publiques*, Armand Colin, 9ème édition, Paris, 1989.

LAMARQUE (J.), NEGRIN (O.), AYRAULT (L.), *Droit fiscal général*, Lexis-Nexis, Paris, 2011.

MOLINIER (J), *Finances publiques*, tome 1, Montchrestien, 7ème édition, Paris, 1996.

MUZELLEC (R), *Finances publiques*, Sirey, 12ème édition, Paris, 2002.

ORSONI (G), *Finances publiques*, Polisud, Paris, 2005.

ORSONI (G), *Science et législation financière*, Economica, Paris, 2005.

PAYSANT (A), *Finances publiques*, Armand Colin, 5ème édition, Paris, 1999.

PHILIP (L), *Dictionnaire encyclopédique des finances publiques*, Economica, Paris, 1991.

PHILIP (L), *Finances publiques*, Tome 1, Cujas, Paris, 2000.

PHILIP (L), *Finances publiques. Les dépenses publiques, Le droit budgétaire et financier*, Tome 1, CUJAS, Paris, 1999.

PHILIP (L), *Finances publiques. Problèmes généraux et doit budgétaire et financier*, LGDJ, Paris, 1985.

PICARD (E), *Finances publiques*, Litec, 2ème édition, Paris, 1997.

PICARD (J F), *Finances locales*, Nexis Lexis litec, Paris, 2009.

QUEROL (F), *Finances publiques*, Ellipse, Paris, 2002.

SAIDJ (L), *Finances publiques*, Dalloz, 2ème édition, Paris, 1997.

SPULCHER (Y.), *Droits de l'Homme et libertés fondamentales en droit fiscal*, Edition Larcin, Paris, 2003.

TROTABAS (L), COTTERET (J-M), *Droit budgétaire et comptabilité publique*, Dalloz, Paris, 1995.

TROTABAS (L), *Finances publiques*, Dalloz, 3ème édition, Paris, 1969.

B : Ouvrages spécialisés

ABATE (B), *La nouvelle gestion publique*, LGDJ, Paris, 2000.

ABIABAG (I), *Le renouveau budgétaire au Cameroun*, PUL, Yaoundé, 2013.

ALAKA ALAKA (P.), *La gouvernance fiscale*, EDILIVRE, Paris, 2009.

AMIN (S), *Les défis de la mondialisation*, Harmattan, Paris, 1996.

AMSELEK (P), *Le budget de l'Etat sous la Vème République*, LGDJ, Paris, 1966.

ARNAUD (P), *La dette du tiers- monde,* La Découverte, Paris, 1984.
ATANGA FONGUE (R.), *Contrôle fiscal et protection du contribuable dans un contexte d'ajustement structurel*, L'Harmattan, Paris, 2007.
ATANGA FONGUE (R.), TOCKE (A.), *Éléments de fiscalité des affaires au Cameroun*, L'Harmattan, Paris, 2011.
ATEBA OMBALLA (M), *Le contrôle juridictionnel des comptes de la CEMAC*, SOPECAM, Yaoundé, 2007.
ATECK A DJAM (F), *Droit du contentieux fiscal*, L'Harmattan, Paris, 2009.
BABAGNAK (G), *Les collectivités territoriales décentralisées au Cameroun*, L'Harmattan, Yaoundé, 2013.
BAGUENARD (J), *La décentralisation*, PUF, Paris, 2006.
BARILARI (A), BOUVIER (M), *La nouvelle gouvernance financière de l'Etat*, Paris, LGDJ, 2004.
BARILARI (A), *Les contrôles financiers comptables, administratifs et juridictionnels des finances publiques*, Paris, LGDJ, 2003.
BASILE (G), *Questions de finances publiques*, Ellipses, Paris, 1996.
BAYARD (N.Z), *Les procédures douanières au Cameroun*, SOPECAM, Yaoundé, 1990.
BELFAYOL (E), *Le contentieux pénal douanier*, Economica, Paris, 2016.
BELTAME (P.), *La fiscalité en France*, Hachette, 9ème édition, Paris, 2003.
BENGONO (F), *L'amélioration de la qualité de la dépense publique au Cameroun*, Editions CLE, Yaoundé, 2010.
BERR (J.C) et TREMEMEAU (H), *introduction au droit douanier*, Dalloz, Paris, 1997.
BERR (J.C) et TREMEMEAU (H), *Le droit douanier communautaire et national*, Economica, 7ème édition, Paris, 2006.
BERR (J.C), Fascicule Douane. Répertoire de droit commercial, Dalloz, Paris, 2015.
BIAKAN (J), *Droit des marchés publics au Cameroun : contributions à l'étude des contrats publics*, L'Harmattan, Paris, 2011.
BIAKAN (J), *Précis de contentieux des contrats publics au Cameroun*, L'Harmattan, Paris, 2017.
BIDIAS (B), *Les Finances publiques du Cameroun*, Yaoundé, 2ème édition, GB3, 1982.

BILOUNGA (ST), *La situation juridique du contribuable au Cameroun*, Editions universitaires européennes, Saarbrücken, 2016.
BLANC (J), *Les péréquation dans les finances locales*, LGDJ, Paris, 1996.
BLARDONE (G), *Le Fonds Monétaire International : l'ajustement et les coûts de l'homme*, Les éditions de l'épargne, Paris, 1990.
BOURGUINAT, *Les vertiges de la finance internationale*, Economica, Paris, 1987.
BOUVERESSE, *Droit et politique du développement et de la coopération*, PUF, Paris, 1990.
BOUVIER (M), *Les finances locales*, 8ème édition, LGDJ, 2002.
CARPENTIER (V), *Guide pratique de droit douanier*, Lexis Nexis/Litec, Paris, 1996.
CARREAU (D), *Le fonds Monétaire International*, Armand Colin, Paris, 1970.
CARREAU (D), *Le système monétaire international : aspects juridiques*. Armand Colin, Paris, 1972.
CARREAU (D), *Souveraineté et coopération monétaire internationale*, Cujas, Paris, 1972.
CORNIA, (J), STEWART, *L'ajustement à visage humain, protéger les groupes vulnérables et favoriser la croissance*, Economica, Paris, 1987.
COURADE, *Le village camerounais à l'heure de l'ajustement*, Karthala, Paris, 1994.
CRUCIS (HM), *Droit des contrôles financiers des collectivités territoriales*, Edition Moniteurs, Paris, 1998.
DAVID, *Crise financière et relations monétaires internationales*, Economica, Paris, 1985.
DJEUWO (M), *Le contentieux douanier dans les pays de la CEMAC*, Harmattan, Paris, 2015.
DOMBINSKI, *L'endettement international*, PUF, Paris, 1989.
DURUFLE, *L'ajustement structurel en Afrique*, Karthala, Paris, 1988.
ECALLE, *Maîtriser les finances publiques, Pourquoi, comment ?*, Economica, Paris, 2006.
EKO'O AKOUAFANE (JC), *La décentralisation administrative au Cameroun*, L'Harmattan, Paris, 2009.
ELANG TCHOUMBIA, *Décentraliser et démocratiser : la gouvernance locale*, Presses de l'UCAC, Yaoundé, 2004.

ETANA OMGBA (J.C), *Postes comptables et recouvrement opérationnel de la fiscalité locale au FEICOM. Analyse de quelques éléments stratégiques de base en matière de recouvrement fiscal et douanier*, Afrédit, Yaoundé, 2001.
FABRE (F J), *Le contrôle des finances publiques*, PUF, Paris, 1968.
FAURE (B), *Droit des collectivités territoriales*, Dalloz, 2ème édition, Paris, 2011.
FEUER, CASSAN, *Droit international du développement*, Dalloz, Paris, 1986.
FEUER, *Les aspects juridiques de l'assistance technique*, LGDJ, Paris, 1957.
FINKEN (M), *Gouvernance communale en Afrique et au Cameroun*, L'Harmattan, Paris, 2011.
FOTSING (J.B), *Le pouvoir fiscal en Afrique. Essai sur la légitimité fiscale dans les États d'Afrique noire francophone*, LGDJ, Paris, 1995.
GEORGES, *Jusqu'au cou : enquête sur la dette du tiers monde*, La Découverte, Paris, 1988.
GILLES (W), *Les principes budgétaires et comptables*, LGDJ, Paris, 2009.
GUILLAUMONT, *Ajustement structurel, ajustement formel : le cas du Niger*, Harmattan, Paris, 1991.
HUGON (P), *Analyse du sous-développement en Afrique noire : l'exemple du Cameroun*, PUF, Paris, 1968.
JEAN-RENAUD, WIN MOESEN, *Gérer l'austérité budgétaire*, Economica, Paris, 1985.
KAMTO (M.), *Droit administratif processuel du Cameroun*, PUC, Yaoundé, 1990.
KOUOMEGNE NOUBISSI (H), *Décentralisation et centralisation au Cameroun, la répartition des compétences entre l'Etat et les collectivités locales*, L'Harmattan, Paris, 2013.
KUOH, *Cameroun, un nouveau départ*, Harmattan, Paris, 1997.
L'HERITEAU (M.F), *Le FMI et les pays du tiers monde*, PUF, Paris, 1986.
LAMBERT (T.), *Théorie de l'impôt*, L'Harmattan, Paris, 1995.
LEKENE DONFACK, *Finances publiques camerounaises*, Berger-Levrault, Paris, 1987.
LELART, *Le Fonds Monétaire International*, PUF, 2ème édition, Paris, 1995.
LELART, *Les opérations du FMI*, Economica, Paris, 1988.

MAGNET (J), *Eléments de comptabilité publique*, LGDJ, Paris, 2001.

MAGNET (J), *La cour des comptes*, Berger-Levrault, 5ème édition, Paris, 2001.

MAGNET (J), *Les comptables publics*, LGDJ, Paris, 1995.

MAGNET (J), *Les gestions de fait,* Paris, LGDJ, 2001.

MAITRE (Ch), *La mise à disposition des crédits budgétaires*, Bibliothèque des sciences financières, Tome. XXVIII, LGDJ, Paris, 1989.

MALINVERN, *Le règlement des différends dans les organisations internationales économiques*, IUHEI, Genève, 1974.

MATHIEU, *La maîtrise des finances publiques*, Flammarion, Paris, 1997.

MBOUYOM (FX), *La répression des atteintes à la fortune publique au Cameroun*, SODEAM, Yaoundé, 1970.

MESSENGUE AVOM (B), *La gouvernance des marchés publics au Cameroun*, EDLK, Yaoundé, 2013.

MONTAGNIER (G), *Principes de comptabilité publique*, Paris, Dalloz, 1986.

NDIEFOUO (GN), *La douane camerounaise à l'ère de la facilitation des échanges commerciaux*, Harmattan, Cameroun, 2011.

NGUYEN CHANH TAM, *Les finances publiques sénégalaises*, L'Harmattan, Paris, 1990.

NLEP (RG), *L'administration publique camerounaise : Contribution à l'étude des systèmes africains d'administration publique*, LGDJ, Paris, 1985.

NYAMA (JM), *Le droit douanier de la CEMAC*, Edition CERFORD, Paris, 2003.

OLINGA (AD), *La constitution de la République du Cameroun*, Presses de l'UCAC, Yaoundé, 2006.

ONDOA (M), *L'administration camerounaise à l'heure des réformes*, L'Harmattan, Paris, 2010.

ONDOUA (A), (dir), *La constitution camerounaise du 18 janvier 1996 : bilan et perspectives*, Afrédit, Paris, 2007.

OWONA (J), *La décentralisation camerounaise*, L'Harmattan, Paris, 2011.

PHILIP (L) *Les fondements constitutionnels des finances publiques*, Economica, Paris, 1999.

PHILIP (L), *L'exercice du pouvoir financier du Parlement, théorie, pratique et évolution*, Economica, Paris, 1996.

QUEROL (F), *L'élaboration de la loi de finances*, Economica, paris, 1998.
RAYNAUD (J), *La cour des comptes*, PUF, Paris, 1988.
RICHER (D), *Les droits du contribuable dans le contentieux fiscal*, LGDJ, Paris, 1997.
SPULCHER (Y), *Droits de l'Homme et libertés fondamentales en droit fiscal*, Larcin, Paris, 2003.
WEBER, *L'analyse économique des dépenses publiques*, Paris, PUF, 1978.

C : Ouvrages de théorie et de méthodologie juridique

ARCHIVES DE PHILOSOPHIE DU DROIT, Tome 43, *Le droit et l'immatériel*, Sirey, Paris, 1999.
BEAUD (M), *L'art de la thèse*, Edition La découverte, Paris, 1998.
BERGEL (J L), *Théorie générale du droit*, Dalloz, Paris, 2004.
DIONE (B), *Pour réussir : guide méthodologique pour les études et la recherche*, Edition vivante, 2ème édition, Québec, 1993.
FREYSIMET- DOMINJON (J), *Méthodes de recherche en sciences sociale*, Montchrestien- EJA, Paris, 1993.
HERTIN (J P), MOLFESSIS (N), *La sociologie du droit de Max WEBER*, Dalloz, Paris, 2006.
JESTAZ (P), JAMIN (C), *La doctrine*, Dalloz, Paris, 2004.
KELSEN (H), *Théorie pure du droit*, LGDJ, Paris (Traduction Charles EISENMANN).
MAGER (R), *Comment définir les objectifs pédagogiques*, Paris, Bordas pédagogie, 1984.
MULLER (F), *Discours de la méthode juridique*. Traduit de l'Allemand par Olivier JOUANJAN, PUF-LEVIATHAN, Paris, 1996.
OST (F), *Raconter la loi. Aux sources de l'imaginaire juridique*, Edition Odile Jacob, Paris, 2004.
SEVERIO NISIO (F), CARBONNIER (J), *regard sur le droit et le non- droit*, Dalloz, Paris, 2005.

II : ETUDES ET ARTICLES

A- Etudes

Colloque sur la réforme du cadre juridique pour une meilleure gestion des finances publiques au Cameroun, Cameroun- Union Européenne, Yaoundé, 11, 12, 13 Juillet 2001.

Etude sectorielle sur la gestion des finances publiques au Cameroun (CFAA), Cameroun- Banque Mondiale, Juin2002.
Etude sur la gestion de la dépense publique dans les pays de l'Afrique francophone subsaharienne (sous la direction de Michel BOUVIER), Ministères des affaires étrangères et Ministère de l'économie des finances et de l'industrie, avril 2004.
Etude sur le cadre juridique de la dépense publique au Cameroun, Cameroun- Banque Mondiale- Fonds Monétaire International, 2000.
Etude sur les Programmes d'ajustement structurel appuyés par le Fonds Monétaire International et la Banque Mondiale, Caisse Autonome d'Amortissement du Cameroun, Yaoundé, 16 juillet 1999,
Première Université de Printemps de Finances publiques du Groupement Européen de Recherches en Finances Publiques, « Réforme des finances publiques, démocratie et bonne gouvernance » (sous la Direction de Michel BOUVIER), 2004.

B - Articles

ABATE (B), « Faut-il changer la gestion de l'Etat ? », *RFFP,* n°73, 2001, pp.181-188.
ABATE (B), « La réforme budgétaire et les attentes de la nouvelle gestion publique », *RFFP*, n°77, 2002, pp. 34-43.
ABATE (B), « Quels indicateurs de performance pour le nouveau budget de l'Etat », in *Reforme des finances publiques, démocratie et bonne gouvernance*, LGDJ, 2004, pp. 60-62.
ALBERT (J.L), « Faut-il conserver la spécificité douanière ? », *RFFP*, n°113, février 2011, pp. 23-29.
ALVENTOSA (JR), « La certification des comptes », in *La réforme du cadre juridique pour une meilleure gestion des finances publiques au Cameroun,* Yaoundé, 11-13 Juillet 2001, pp. 50-53.
ALVENTOSA (JR), « La liaison budget- comptabilité », in *La réforme du cadre juridique pour une meilleure gestion des finances publiques au Cameroun* Yaoundé, 11-13 Juillet 2001,» pp. 54-56.
ALVENTOSA (JR), « La nouvelle lisibilité : le contrôle de gestion-la responsabilité-la bonne gestion », in *La réforme du cadre juridique pour une meilleure gestion des finances publiques au Cameroun,* Yaoundé, 11-13 Juillet 2001,» pp. 47-49.
AMSELEK (P), « La compensation entre les dettes et les créances des personnes publiques », *RDP*, 1988, pp. 1485-1491.

AMSELEK (P), « La distinction des opérations permanentes et des opérations de trésorerie de l'Etat », *RFFP*, n° 51, 1995, pp. 7-9.
AMSELEK (P), « Le budget de l'Etat et le Parlement sous la Vème République », *RDP,* n° 5-6, 1998, pp. 1444-1473.
AMSELEK (P), « Peut- il y avoir un Etat sans finances ? », *RDP*, 1983, pp. 267-283.
AMSELEK (P), « Une institution financière en clair-obscur : la règle du service fait », in *Mélanges Paul Marie GAUDEMET*, Economica, 1984, p.421-436.
ANTIN (J-L), « Le refus d'ordonnancer une dépense publique », *AJDA*, 1979, n°3, pp. 432-441.
AUBERGER (P), « La flexibilité budgétaire : mythe ou réalité ? », *RFFP*, n° 4, 1994, pp. 103-107.
AUBERGER (P), « Les transferts de compétence : quel impact sur les finances locales ? », in *Réforme des finances publiques, démocratie et bonne gouvernance*, LGDJ, 2004, pp.175-179.
AVRIL (P), « Le vote bloqué et l'engagement de responsabilité », *LPA*, n° 54, 1992, pp.29-30.
BAFFOY (G) et DE LASSUS (S), « Les limites de la procédure de rescrit et propositions d'amélioration », *La Semaine juridique*, 2003, n° 39, p. 1366-1377.
BARILARI (A), « La doctrine administrative : interprétation ou réorchestration ? », *RFFP*, n°75, 2001, pp. 43-51.
BARILARI (A), « Réforme de la gestion publique et responsabilité des acteurs », *AJDA,* 4 avril 2005, pp 696-702
BARRIER, « Plus de performance dans la procédure d'élaboration du budget », in *Réforme pour une meilleure gestion des finances publiques au Cameroun*, Yaoundé, 11-13 Juillet 2001, pp.154-162.
BARRO CHAMBRIER (A), « Le FMI peut-il contribuer à une meilleure intégration de l'Afrique dans l'économie mondiale ? », *In Mélanges Georges NGANGO*, pp. 479-489
BASSERE (J), « La comptabilité publique et la réforme », *RFFP*, n° 76, 2001, pp. 90-106.
BASSERES, (J) « quelle évolution de la fonction comptable ? », in *Réforme des finances publiques, démocratie et bonne gouvernance,* LGDJ, 2004, pp63-66.
BECK (B) « La cour des comptes et le Parlement » in *Mélanges en l'honneur du professeur Paul Marie Gaudemet*, Economica, 1984, pp.269-279
BENOIT (B), « Le rescrit fiscal », *RFC*, n°199, 1989, pp. 42-53.

BERGERES (M-Ch), « Les cavaliers budgétaires », *RDP*, 1978, pp. 1373-1399.

BERNARD, « Le contrôle de gestion », in *Compte rendu de la journée Cours des comptes,* 11 décembre 1975, Secrétariat aux universités, pp. 21-31.

BERTHE, « Les rapports entre le Parlement et la cour des comptes », in *Compte rendu de la Journée Cour des comptes*- Universités, Toulouse, 1978, Annales de l'Université des sciences sociales de Toulouse, 1979, pp. 33-39.

BERTHELOT, « Dettes : lumières et ombres », *Politiques internationales*, n°26, hiver 1984-85, pp. 123-136.

BIENVENU (J-J), « Naissance de la doctrine administrative », *RFFP*, 2001, n° 75, p. 11-21.

BILOUNGA (ST), « La diction du droit public financier au Cameroun », *RAFP*, n°1, 2015, pp. 41-80

BILOUNGA (ST), « Fiscalité locale et lutte contre le désordre urbain », in *Gouverner le désordre urbain. Stratégie pour sortir de la tragique impuissance de la puissance publique*, L'Harmattan, Paris, 2019, pp. 217-247.

BILOUNGA (ST), « La dualité de la libre administration en droit administratif français », *RADSP*, Vol. IV, n° VIII, 2016, pp.133-164.

BILOUNGA (ST), « La crise de la loi en droit public camerounais », *RADSP*, 2013, Vol.1, n°.1, p. 57-86.

BIRD, « Conditionality and the needs of developing countries », *Intereconomics,* janvier- février 1982, pp.32-36.

BOCK, « Contribution de la banque à la résolution de la crise de la dette », *F&D,* 25-2, 1988, pp. 6-8.

BONHOURE (J-P), « L'Assemblée nationale aujourd'hui : les particularités de la discussion budgétaire », *Actes du Colloque de l'Association française de science politique*, 21 et 22 novembre 1985, pp. 1-20.

BONNET (J), « L'évolution du contrôle par la cour des comptes de l'exécution du budget de l'Etat », *RFFP*, n° 59, 1997, pp. 59-65.

BORELLA, « le nouvel ordre économique international et le formalisme juridique » ; in *Mélanges CHAUMON*T, Pedone, Paris, 1984, pp.73-88

BOUGRAB, « La réforme du travail parlementaire », in *La réforme du travail législatif,* Dalloz, 2006, pp.25-40.

BOUHADANA (I), « Vers un nouveau rôle des commissions de finances des assemblées parlementaires », in *Reforme des finances*

publiques, démocratie et bonne gouvernance, LGDJ, 2004, pp. 38-45.
BOURN (J), « La reddition des comptes au parlement du Royaume-Uni », *RFFP*, n° 36,1991, pp. 71-75.
BOUVIER (M), « De l'autonomie financière et de la libre administration des collectivités locales. », in *La semaine juridique, administration des collectivités territoriales,* n° 3, 28 octobre 2002, pp.100-102.
BOUVIER (M), « Editorial. Un premier semestre prometteur pour les finances citoyennes ? », *RFFP*, n° 70, 2000, pp.3-5.
BOUVIER (M), « Editorial. Un quart de siècle de révolution des finances publiques », *RFFP*, n° 68, 1999, pp.3-5.
BOUVIER (M), « Prévision et programmation pluriannuelle dans un contexte d'incertitude », *RFFP*, n°39, 1992, pp.16-28.
BOUVIER (M), HERTZOG (R), « Editorial. Réforme des finances publiques réforme de l'Etat » *RFFP*, n°73, 2001, pp. 3-4.
BOUVIER (M), « Culture de la performance, équité et espace financier public durable », *RFFP*, n° 99, septembre 2007, pp. 3-9
BOUVIER (M), « Mutation des finances publiques et crise du pouvoir politique », *RFFP,* n°79, 2002, pp. 241-258.
BOUVIER (M), « Repenser et reconstruire les finances publiques de demain », in *Reforme des finances publiques, démocratie et bonne gouvernance,* LGDJ, 2004, pp. 3-8.
BRABANT (R), « Réformes en cours en vue d'introduire une plus grande exigence de performance dans la gestion des finances publiques au Cameroun », in *La réforme du cadre juridique pour une meilleure gestion des finances publiques au Cameroun*, Yaoundé, 11-13 Juillet 2001, pp. 93-102.
BRAUD (C), « L'évaluation des lois et des politiques publiques », *LPA*, n° ,7 août 1995, p. 7-12.
BURT PERRIN, « Réforme du management public, cap sur la performance et les résultats », in *La réforme du cadre juridique pour une meilleure gestion des finances publiques au Cameroun*, Yaoundé, 11-13 Juillet 2001,» pp. 75-82.
CAMBY (JP), « L'alignement de la procédure de vote de la loi de finances rectificative sur celle de la loi de finances initiale », *RFFP*, n°39, 1992, pp. 193-201.
CAMBY (JP), « La jurisprudence constitutionnelle en matière de sincérité de la présentation budgétaire », in *L'exercice du pouvoir financier du parlement,* Economica, 1996, p.23-28.

CAMBY (JP), « Le conseil constitutionnel et la débudgétisation », *AJDA*, 20 avril 1995, pp. 336-340.
CAMBY (JP), « Le conseil constitutionnel et la réforme de la procédure budgétaire », *LPA,* 202, 10 octobre 2001, pp. 5-16.
CAMBY (JP), « Le conseil constitutionnel et les principes fondamentaux de droit budgétaire », *RFFP*, n° 51, 1995, pp. 50-63.
CAMBY (JP), MEUNIER (D), « Cavalier budgétaire », in *Dictionnaire encyclopédique de finances publiques*, Economica, 1991, tome 1 pp.264-251.
CARCASSONNE (G) « Les relations de la cour des comptes et du parlement : ambiguïtés et difficultés », *RFFP*, n° 59, 1997, pp. 131-135.
CARREAU (D), « Le droit international économique face aux crises », in *Mélanges Colliard*, Pedone, Paris, 1984, pp.105-12.
CARREAU (D), « Le pouvoir de contrôle du FMI », in *L'inspection internationale*, édition Fischer et Vignes, Bruylant, Bruxelles, 1976, pp. 275-298.
CARREAU (D), « Les controverses autour de l'aide du FMI à ses membres en difficulté : un exemple d'intervention dans les affaires intérieures de l'Etat ? », chroniques *AFDI*, 1977, pp. 698-699, 1978, pp. 659, 1986, p. 703.
CARTENS (T), « La réforme de la douane camerounaise à l'aide d'un logiciel des nations unies ou l'apparition d'un outil de finances publiques », *Afrique contemporaine*, 2007/3, n°223-224, pp 289-307.
CAUDEL, « L'emprise croissante du droit sur les politiques budgétaires », *RFFP* n°79, LGDJ, 2002, pp. 121-140.
CHAPUS (R.), « Dualité de juridiction et unité de l'ordre juridique », *RFDA*, 1990, pp.439-453.
CHARIDA (FV), « Traquer la contrebande avec les douaniers de l'aéroport », *Tribune de Lyon*, n° 302, septembre 2011, pp 14-17.
CHARTIER, DOYELLE, « Le contrôle des comptes produits par les comptables des collectivités et établissements publics locaux », in *Chronique de l'activité des chambres régionales des comptes, AJDA*, 1992, n° 3, p. 194.
CHARTIER, DOYELLE, « Les gestions de fait dans les collectivités et établissements publics locaux », in *Chronique de l'activité des chambres régionales des comptes*, *AJDA,* 1992, n° 3, p.166.
CHAZEAU, « Etendue et limites des contrôles des comptables dans l'exécution des dépenses locales », *Revue du Trésor*, 1988, pp.106-109.

CHEVALIER (J), « L'évaluation législative : un enjeu politique », in *Contrôle parlementaire et évaluation*, notes et études documentaires n°5012-13, 1995, pp.13-27.

CHEVAUCHEZ (B), « Transparence budgétaire : où en est-on ? », *RFF*P, n° 68 ; décembre 1999, pp. 67-68

CHEVAUCHEZ (B), « La dépense publique au cœur de nos systèmes financiers publics », *RFFP,* n°77, LGDJ, 2002, pp. 21-34

CHINAUD (R), « Loi de finances : quelle marge de manœuvre pour le Parlement », *Pouvoirs*, n° 64, 1993, pp. 99-107.

CIEUTAT (B), « La cour des comptes et la réforme », *RFFP*, n°76, 2001, pp. 107-122.

CIEUTAT (B), « La préparation du budget : pour clarifier les règles du jeu », *RFFP*, n° 46, 1994, pp. 153-155.

CIEUTAT (B), « Le contrôle des finances publiques : quel équilibre entre la régularité et la performance, entre responsabilité et liberté ? », in *Réforme des finances publiques, démocratie,* LGDJ, Paris, 2004, pp 94-100.

CIEUTAT (B) « Budget de programmes et rénovation de la comptabilité publique », *RFFP*, n°73, 2001, pp93-104.

COLLET (M.), « Les mutations des sources du droit fiscal », *RDA*, n° 6, octobre 2012, p.52-58.

CONNAC (Y), « La LOLF et la maîtrise de la dépense », », in *Reforme des finances publiques, démocratie et bonne gouvernance* sous la direction de Michel Bouvier, LGDJ, 2004, pp 24-32

COSTA (JP), « Droit et évaluation », *RFAP*, n° 66, avril- juin 1993, pp. 221-226.

CRUCIS (HM), « La sincérité des lois de finances, nouveau principe du droit budgétaire », *JCPG*, n°28, 12 juillet 2000, pp. 1359-1363.

CRUCIS (HM), « Les chambres régionales des comptes : bilan et avenir sous le signe de l'équilibre », *Mélanges Loïc PHILIP*, Economica, 2005, pp. 377-386.

DAFFLON, « Comment organiser la performance des politiques ? Présentation d'un nouveau concept », *PMP,* vol. 17, juin 1999, n° 2, pp 33-43

DALAUME, « La Banque Mondiale et la mise en œuvre du droit international économique », *Colloque SFDI*, Pedone, Paris, 1986, pp.311-327.

DEBRE (M), « Les finances et le bien public », *RDM*, 1976, pp13-21

DEFOORT, « Le comptable public local peut-il exercer un contrôle de légalité ? », *AJDA*, 1987, pp.699-707.

DELAFOSSE (P), « Mesure de la performance, orientation stratégique et évolution : réflexion à partir de la pratique des régions françaises », in *La réforme du cadre juridique pour une meilleure gestion des finances publiques au Cameroun*, Yaoundé, 11-13 Juillet 2001, pp83-89.

DESCHEEMACKER (Ch), « Les transformations du contrôle, l'alourdissement des procédures », *RFFP*, n° 87, septembre 2004, pp. 203-218.

DESCHEEMAEKER (Ch), « Quelle procédure comptable des chambres régionales des comptes pour demain ? », in *Réforme des finances publiques, démocratie et bonne gouvernance*, LGDJ, 2004, pp. 198-204

DJEUWO (M), « La corruption dans le management des ressources humaines de l'administration douanière », Afrique contemporaine, n°230, 2009/2, pp. 55-67.

DONOVAN, « Nature et origine des difficultés de service de la dette », *F&D* 21-4, 1984, pp 22-25.

DONTSI, « Aide publique au développement et croissance économique : le cas du Cameroun », In *Mélanges Georges* NGANGO, pp 343-360

DOUAT (E), « Droit constitutionnel financier », *Juris Classeur administratif*, fasc.1461, 1994, pp. 543-567.

DOUCHEZ, « Les fonds publics », *RDP*, 1983, pp. 739-793.

DRAIN, « Le cas particulier du contrôle de l'exécution de la loi de finances », in *Contrôle parlementaire et évaluation, notes et études documentaires*, n°5012-13, 1995, pp. 55-70 ;

DUCROS (JC), « La structure bipartite de la loi de finance de l'année », *in Mélanges Paul Marie Gaudemet*, Economica, 1984, pp. 143-153.

DUPRAT (JP), « Le Parlement évaluateur », *Revue internationale de droit comparé*, n° 2, 1998, pp. 551-576.

DUPRAT (JP), « Les transformations de la fonction d'ordonnateur », *RFFP,* n° 100, novembre 2007, pp. 313-329

DUPRAT (JP), « La dynamique des réformes budgétaires : globalisation unification des outils et adaptation nationale des solutions », *RFFP*, n° 98, juin 2007, pp. 9-24.

EISENMANN, « Le gentleman 's agreement comme source du droit international », *JDI*, vol 106, n°2, 1979, pp. 326-348.

ENTIOPE (M), « Les débats d'orientation budgétaire (Etat, collectivités locales) » *La Revue du Trésor*, n° 10, octobre 2001, pp.594-603.

ESPUGLAS (P), « La place de l'ordonnance organique dans la hiérarchie des normes », *La Revue du Trésor*, n° 2, février 2000, pp.88-91.

ETOGO MBEZELE, « Normalisation des comptes- certification des comptes », in *La réforme du cadre juridique pour une meilleure gestion des finances publiques au Cameroun*, Yaoundé, 11-13 Juillet 2001, pp. 60-67.

FLORY (M), « inégalité économiques et évolution du droit international », in *Colloque SFDI*, Pedone, Paris, 1974, pp.11-40.

FONTANEAU, VESSILIER, « Politiques et techniques offertes par les finances publiques pour remédier aux déséquilibres d'une économie en croissance », in *Politiques et moyens employés par les finances publiques en vue de la régularisation et de la croissance harmonieuse de l'économie*, IIFP, Congrès de Budapest, Septembre 1964, XXème session, pp. 34-63.

FORNI (R), « Démocratie et techniques budgétaires », *RFFP* n°73, 2001, pp. 173-180.

FOUCAULD (JB), « Le dispositif existant en matière d'évaluation », in *Contrôle parlementaire et évaluation*, La Documentation française, Notes et études documentaires, n°5012-13, 1995, pp. 97-100.

FOUMENA (GT), « Le consensualisme en matière fiscale au Cameroun », *Revue africaine de droit public*, Vol 6, n° 11, juillet-décembre 2017, pp. 115-136.

FRANCHET, « Les financements internationaux au début des années 80 et le rôle des institutions de Bretton Woods », *Revue d'économie politique*, n°5-6, 1982, pp. 693-705.

FROMENT- MEURICE (A), GROPER (N), « La responsabilité des acteurs de la gestion publique en matière budgétaire, financière et comptable : l'heure du bilan », *AJDA*, 4 avril 2005, pp. 714-722.

GASTINEL, « Cour de discipline budgétaire et financière », *Jurisclasseur administratif, Fascicule1270*, pp. 34-42

GAUDEMET (PM), « Les finances et l'Etat », in *Mélanges PEISER*, Presses universitaires de Grenoble, 1995, pp. 267-283.

GENEVOIS (B), « Normes de référence du contrôle de constitutionnalité et respect de la hiérarchie de leur sein », in

Mélanges Guy BRAIBANT, L'Etat de droit, Dalloz, 1996, p.321-340.

GICQUEL (J), « Le ministre des finances dans le cadre de la réforme des finances publiques » », in *Reforme des finances publiques, démocratie et bonne gouvernance*, LGDJ, 2004, pp. 46-52.

GOLD (J), "Relations between bank's loan agreements and IMF stand arrangements", *International Financial Law Review,* September 1983, pp. 28-35.

GRAY, KAUFFMANN « Corruption et développement », *F&D*, mars 1998, pp. 34-41

GUENGANT, « Maîtriser la dépense publique ou reformer la fiscalité : quel avenir pour les finances locales ?», *RFFP*, N° 100, novembre 2007, pp. 93-110.

GUILLAUME (H), « Introduction de la gestion de la performance », *RFFP* N°73, 2001, p.129-134.

GUYOMER (M), « La gestion de fait à la croisée des chemins », *RFDA*, mars- avril 2004, pp 365-377.

HAHN, « Le contrôle de l'exécution des obligations des Etats dans les organisations internationales économiques », in *Colloque SFDI*, Pedone, Paris, 1972, pp.35-66.

HATOU (B.), « Le contentieux fiscal judiciaire », *RFFP*, n° 17, 1987, p.71-102.

HERTZOG (R), « Une grande première : la réforme du droit budgétaire de l'Etat par le Parlement », *RFFP*, n° 73, 2001, pp. 7-18.

HERTZOG (R), « Le pouvoir dépensier », *RFFP* n°41, LGDJ, 1993, pp 4-11

HERTZOG (R), « Mutation des finances publiques, manifeste pour une discipline rajeunie », *RFFP* n°79, LGDJ, 2002, pp. 259-278.

HOCHEDEZ (D), « La mission d'évaluation et de contrôle (MEC).Une volonté de retour aux sources du Parlement : la défense du citoyen contribuable », *RFFP*, n° 64, 1999, pp. 261-273.

HOCHEDEZ (D), « Vers une revivification du débat budgétaire à l'Assemblée nationale ? », *RFFP*, n° 72, 2000, pp. 203-216.

HUGON (P), « Les origines de la dette du tiers monde », *RFFP*, n°12, 1985, pp. 5-26.

JOXE (P), « La protection de l'intérêt public : les missions des juridictions financiers », *RFFP,* n° 56,1996, pp. 7-26.

KAMTO (M), « Pauvreté et souveraineté dans l'ordre international contemporain », In *Mélanges Paul ISOART*, Pedone, Paris, 1996, pp. 284-305.

KAMTO (M), « Retour sur le droit au développement au plan international : droit au développement des Etats ? », *RUDH*, 1999, Vol. 11, N°1-3 ; pp. 1-9
KAMTO (M), « La chose publique », *RASJ*, Vol2, N°1, 2001, pp9-18.
KITGAARD, « La coopération internationale contre la corruption », *F&D*, mars 1998, pp. 2- 11
LAMBERT (A), « La réforme de l'Etat : une impérieuse nécessité », *RFFP*, n° 76, 2001, pp. 15-19.
LAMBERT (T.), « Le contribuable face à l'administration fiscale », in *Psychologie et science administrative*, PUF, collection CURAPP, 2, 1985, p. 102-121.
LANDBECK (D), « La notion de sincérité en finances publiques », *RFDA*, juillet- août, 2002, pp 798-806.
LASCOMBE (M) « Le juge des comptes, juge administratif ? », in *Mélanges Marcel WALINE,* Dalloz 2002, pp 638-655.
LASCOMBE (M), VANDENDRIESSCHE (X), « La loi organique relative aux lois de finances et la nécessaire refonte de la responsabilité des ordonnateurs et comptables », *RFDA*, n°2, mars-avril 2004, pp. 398-412.
LASSALE (JP), « De l'Etat administratif à l'Etat stratège », *RFFP,* n°73, 2001, pp.87-91.
LEVALLOIS (B), « L'évolution du contrôle financier des administrations locales », *RFFP* n°79, 2002, pp. 111-119.
LIENERT (I), « Existe-il un modèle standard de gestion publique ? », in *Reforme des finances publiques, démocratie et bonne gouvernance*, LGDJ, 2004, pp.115-120.
LIMAL, « La paie sans ordonnancement préalable des rémunérations des agents de l'Etat », *Revue du Trésor*, 1988, p. 171.
LOGEROT (F), « Contrôle des comptes et évaluation » in *Contrôle parlementaire et évaluation*, Notes et études documentaires, n° 5012-13, 1995, pp. 115-119.
LOGEROT (F), « L'évolution des instruments traditionnels de la pluri annualité : la gestion des autorisations de programmes et le problème des reports de crédits », *RFFP*, n° 39, 1992, pp. 33-37.
LOWENFELD, « Is there law after Bretton Woods ? », *University of Chicago law review*, vol. 50, n°1, Hiver 1983, pp. 380-401.
LUCHAIRE (F), « Le contrôle du conseil constitutionnel sur les lois financières », *RDP*, 1997, pp. 289-322.

MAGNET (J), « Règlement du budget et des comptes », in *Dictionnaire encyclopédique de finances publiques*, Economica, 1991, pp.1323-1343.

MAGNET (J), « Responsabilité des administrateurs et des comptables», in *Dictionnaire encyclopédique de finances publiques*, Economica, 1991, pp.1342-1456.

MAGNET (J), « La collaboration de la cour des comptes au contrôle financier du Parlement » in *L'exercice du pouvoir financier du parlement*, Economica, 1996, pp. 105-110.

MAGNET (J), « La cour des comptes est-elle une juridiction administrative ? », *RDP*, 1978, pp. 1537-1548.

MAGNET (J), « La notion de deniers publics en droit français », *Revue de science financière*, 1974, pp. 129-146.

MAGNET (J), « Le ministre des finances », *Pouvoirs,* n°53, PUF, 1990, pp. 35-51

MAGNET (J), « Que juge le juge des comptes ?», *RFFP*, n° 28, 1989, pp.123-133.

MAHIEUX (S), « Mettre en œuvre la réforme », *RFFP*, n°76, 2001, pp. 123-128

MAHIEUX (S), « La maîtrise de la dépense publique », *RFFP* n°77, LGDJ, 2002, pp. 19-26.

MBAKOP, « Effectivité des prestations et paiements », in *Acte du colloque sur La réforme d*u cadre juridique *pour une meilleure gestion des finances publiques au Cameroun*, Yaoundé, 11-13 Juillet 2001, pp.169-172.

MBENG (A), « Plus de performance dans la gestion des crédits », in Acte du colloque sur *La réforme du cadre juridique pour une meilleure gestion des finances publiques au Cameroun*, Yaoundé, 11-13 Juillet 2001, pp.103-108.

MBOUHOU, « La gestion de fait à coloration pénale », *AJDA* , 1er septembre 2003, pp.1478-1485.

MEBENGA (M), « La fiscalité dans la gouvernance décentralisée au Cameroun », *Enjeux,* n° 45-46, juillet 2012, pp. 17-24.

MEBU (JC), « Réglementation du dispositif PPTE : transparence, participation, et équité », in *Stratégie de désendettement et politiques de développement au Cameroun*, Seddis, Yaoundé, 2003, pp.15-16.

MESSAGE (H), LAUZE, « Les difficultés de comparaison entre lois de finances », *RFFP*, n°62, 1998, pp. 131-174.

MIGAUD (D), « Le contrôle parlementaire des finances publiques », *RFFP,* n° 100, novembre 2007, pp. 289-294.

MIGAUD (D), « Moderniser la gestion publique et renforcer le pouvoir budgétaire du parlement », *RFFP* n°73, 2001, pp. 37-44.

MIGAUD (D), « Un double objectif : modernisation de l'Etat, approfondissement de la démocratie », *RFFP*, n° 76, 2001, pp. 9-13.

MIKESELL, "Appraising IMF conditionality: to loose to tight or just right?", in *IMF conditionality*, Ed by J. Williamson, Institute for International Economics, Washington DC, 1983, pp.47-62.

MOHAMED MAHMOUD, Mondialisation et souveraineté de l'Etat, *JDI*, 1998, pp. 620-651.

MOHSIN KHAN, SUNIL SHARMA, « Concilier la conditionnalité des programmes avec leur prise en charge par les pays », *F&D*, juin 2002, pp. 28-31.

MOLINIER (J), « Sur la nature juridique des opérations financières », in *Mélanges Paul Marie GAUDEMET*, Economica, Paris, 1984, p.405-417.

MONEMBOU (C), « Les paradoxes de la décentralisation camerounaise : de la décentralisation à la recentralisation », *RADSP*, Vol.1, 2013, pp. 161-180.

MONKAM, NZOMO, « Programmes d'ajustement structurel, la dérive du FMI et de la Banque Mondiale », *Conjoncture PME*, n°21, août 2002, 8ème année, pp. 63-71.

MONTAGNAT-RENTIER (G) et PARANT (G), « Réforme et modernisation des douanes en Afrique subsaharienne francophone, 1995-2010 », *Revue d'économie du développement*, Vol. 20, 2012/3, pp 105-146.

MORDACQ (F), « Modernisation et réforme de l'Etat au service des finances publiques », *RFFP*, n° 100, novembre 2007, pp. 303-312.

MORVAN (F), « Les aspects majeurs de la nouvelle gouvernance financière », in *Reforme des finances publiques, démocratie et bonne gouvernance*, LGDJ, 2004, pp.120-128.

MOUTON (S), « L'autonomie constitutionnel du parlement en matière financière », in *Contribution à la journée franco-tunisienne de droit constitutionnel*, Toulouse, 21 au 22 février 2001, pp. 129-147.

MUZELLEC (R), « Du caractère fondamental des lois de finances rectificatives », in *Mélanges en l'honneur du professeur Paul Marie Gaudemet*, Economica, 1984, pp.173-192.

MUZELLEC (R), « Vers la certification des comptes en 2007 », in *Mélanges Loïc Philippe*, Economica, 2005, pp.475-492.

MUZELLEC (R), « diagnostic du système financier camerounais », in *La réforme du cadre juridique pour une meilleure gestion des finances publiques au Cameroun*, Yaoundé, 11-13 Juillet 2001, pp. 26-32.

NDONG SOUMHET, « Plus de responsabilité », in *La réforme du cadre juridique pour une meilleure gestion des finances publiques au Cameroun*, Yaoundé, 11-13 Juillet 2001,» pp.128-135.

NOULA (AG), « Ajustement structurel et développement en Afrique : l'expérience des années 1980 », *Africa Development*, vol XX, n°1, 1995, pp. 5-36.

NZOUANKEU (JM), « L'impact des stratégies et réforme des procédures budgétaires sur la performance des fonctions publiques dans l'espace franco-africain », *RFFP*, n° 98, juin 2007, pp. 101-109

O'CONNOR, PAUWELS, « Les finalités des contrôles internes et externes », in *La réforme du cadre juridique pour une meilleure gestion des finances publiques au Cameroun,* Yaoundé, 11-13 Juillet 2001, pp.111-127.

ONDOA (M), « Ajustement structurel et réforme du fondement théorique des droits africains postcoloniaux : l'exemple camerounais », *RASJ,* vol 2, n°1, 2001, pp. 75-118.

ONDOUA BIWOLE (V), « le budget programme en Afrique : quand les faits supplantent le rêve », *RAFP,* n°1, 2015, pp.135-156.

ORSONI (G), « Les dépenses obligatoires », in *Les grands thèmes des finances locales*, vol. III, Economica, 1988, pp.491-513.

ORSONI (G), « Les pratiques de régulation budgétaire », *RFFP*, n°68, décembre 1999, pp. 32-39.

PAIN (JL), « Performance publique et stratégie budgétaire », *PMP*, vol. 17, juin 1999, n° 2, pp. 12-24.

PARIENTE (A), « La démarche de performance issue de la LOLF : quelle perspective ? », *RDP,* n°1-2006, pp. 37-41.

PARIENTE (A), COULIBALI (A. S), « Programme et mesure de la performance en France et dans les pays africains », *RFFP,* n° 98, juin 2007, pp.33-47

PEISER (G), « La priorité de l'Assemblée nationale sur le Sénat en matière de finances », in *Mélanges Paul Marie GAUDEMET*, Economica, 1984, p.207-221.

PEKASSA NDAM (GM), « La classification des communes au Cameroun, *RASJ*, Vol 6, n°1, 2009, pp 29-65.

PEKASSA NDAM (GM), « Les transformations de l'administration fiscale camerounaise », in l'administration publique camerounaise à l'heure des réforme, L'Harmattan, Paris, 2010, p. 29-65.

PELLET (R), « Réformer la constitution financière pour de nouveau principes budgétaires », *RDP*, n°1/2-2002, pp. 313-324.

PHILIP (L), « L'autonomie financière des collectivités territoriales », *Les cahiers du conseil constitutionnel*, n° 12, 2002, pp.96-100.

PHILIP (L), « L'évolution du droit constitutionnel des finances publiques », *RFFP*, n° 22, 1988, pp. 243-254.

PHILIP (L), « Le contrôle de constitutionnalité des lois de finances en France », *RFFP*, n° 63, décembre 1999, pp 159-170.

PHILIP (L), « Le droit constitutionnel des finances publiques », *RFFP*, n° 7, 1984, pp. 127-154.

PHILIP (L), « Moderniser la dépenses et la gestion publique », *RFFP* n°73, 2001, pp. 83-86.

PIQUEMAL (A), « La notion de conditionnalité et les organisations internationales économiques et financières », In *Mélanges en l'honneur du Doyen Paul Isoart*, Pedone, Paris, 1996, pp. 306-318

POUJAD, « La responsabilité des ordonnateurs en droit public financier », AJDA, 4 avril 2005, pp. 703-708.

PY, « Les modifications de la spécialité des crédits par le pouvoir exécutif », *Revue de science financière*, 1977, pp.549-571.

RAFFINOT, Le cadeau empoisonné de l'annulation de la dette, *Problèmes économiques* n°2, 664, du 10 mai 2000, pp. 43-53.

RANGEON (F), « La notion d'évaluation », in *l'évaluation dans l'administration*, PUF, 1993, pp. 11-33

RAVOUX, GAVEN, « La démarche de certification des services dans l'URSAFF », *RFFP*, n°100, novembre 2007, pp. 253-264

RICHARD (A), « Décentralisation : passer du discours à la méthode », *RFFP*, n° 100, novembre 2007, pp. 23-28.

ROBERT (F), « La rénovation des pouvoirs du Parlement », RFFP, n° 76, 2001, pp. 77-92.

ROSENBLATT, « La participation du FMI au financement des déséquilibres de balance de paiements », in Le *système monétaire international face aux déséquilibres*, Economica, Paris, 1982, pp.123-135.

ROUBAN (L), « Evaluation et modernisation administrative », in *L'évaluation dans l'administration, Centre universitaire de recherches administrative et politique de Picardie*, PUF, 1993, pp. 35-54.

SAIDJ (L), « La loi de règlement et le développement du contrôle parlementaire : de la restauration à nos jours », *RFFP*, n° 51, 1995, pp. 171-187.

SAIDJ (L), « Recherche sur la notion de finances publique en droit constitutionnel », *RDP*, n° 5, 1982, pp.1297-1342.

SAIDJ (L), « Séparation des ordonnateurs et des comptables », in *Dictionnaire encyclopédique de finances publiques*, Economica, 1991, p.1418.

SALEH M. NSOULI, « L'ajustement structurel en Afrique subsaharienne », *F&D*, septembre 1989, pp 30-33.

SAMSON, « L'encadrement juridique de la conditionnalité des accords de confirmation du FMI », *Etudes internationales*, 1988, pp. 651-672.

SARKOZY (N), « Comment mener la réforme de la gestion des finances de l'Etat ? », in *Réforme des finances publiques, démocratie et bonne gouvernance*, LGDJ, 2004, pp. 9-14.

SAUMADE (G), « Une réforme obligatoire », *RFFP* n°73, 2001, pp.139-142.

SEGUIN (P), « De la politique budgétaire », *RFFP*, n°46, 1994, pp. 13-26.

SEGUIN (P), GISSEROT (H), « Finances publiques et responsabilité : un colloque pour l'autre réforme », *AJDA*, 4 avril 2005, pp. 689-690

SIECHOUA DJUICHOKO, « La réforme inachevée du contrôle juridictionnel des comptes au Cameroun », *RJP*, n°1, 2004, pp.71-107.

SIETCHOUA DJUICHOKO, « Le nouveau régime financier de l'Etat du Cameroun, *Juris Périodique*, octobre- novembre- décembre 2007, pp. 46-66

SIMMONY (M), « La démarche de performance dans le cadre des finances publiques », *RFFP*, n° 98, juin 2007, pp. 25-32.

STRAUSS-KAHN (D), « Réflexions sur l'application de la loi organique par le Parlement », *RFFP*, n° 26, 1989, pp. 49-57.

TANO (F), « La rationalisation de la gestion budgétaire en Afrique : l'exemple de la Côte d'ivoire, *RFFP*, n° 98, juin 2007, pp. 47-60.

TAUGOUDEAU, « Engagement », in *Dictionnaire encyclopédique de finances publiques*, Economica, 1991, pp.732-743.

THEBAULT (A), « Le trésor public : opérateur comptable et financier public de l'autonomie financière des collectivités locales », in *Reforme des finances publiques, démocratie et bonne gouvernance*, LGDJ, 2004, pp.187-195.
TITTI (P), « Plus de performance dans la procédure d'exécution du budget », in *La réforme du cadre juridique pour une meilleure gestion des finances publiques au Cameroun*, Yaoundé, 11-13 Juillet 2001, pp163-168.
TOGOLO (O.), « La publication des actes administratifs par voie de mass-médias, in *l'administration publique camerounaise à l'heure des réforme*, L'Harmattan, 2010, p.191- 216.
VIDAL (G), « Une meilleure maîtrise des dépenses publiques et un renouvellement du débat budgétaire », *RFFP*, n° 76, 2001, pp. 163-166.
VINOD (Th), AJAY CHIBBER, « Les reformes dans le cadre de l'ajustement : un bilan », *F&D*, mars 1989, pp. 28-31.
WEULASSAGOU (C), « L'information sur la performance : économie- efficience- efficacité », in *La réforme du cadre juridique pour une meilleure gestion des finances publiques au Cameroun*, Yaoundé, 11-13 Juillet 2001, pp. 136-141.
YOGO (EDK), « Le droit douanier de la communauté économique et monétaire de l'Afrique centrale à l'épreuve des règles de l'organisation mondiale du commerce », *Revue québécoise de droit international*, 2009, pp. 25-38.
ZUBER (B), « Le rapport sur l'exécution des lois de finances : un outil rénové pour la maîtrise des finances publiques ?», *RFFP*, n° 52, 1995, pp. 41-50

III-MEMOIRES ET THESES

A- Mémoires

AMOUGOU MANGA, Les aspects juridiques des fonds PPTE, Mémoire de DEA en droit public, Université de Yaoundé II- Soa, 2005,
BILOUNGA (ST), Le contrôle des dépenses issues de l'initiative en faveur des pays pauvres et très endettés au Cameroun, Mémoire DEA en Droit public, Université de Yaoundé II-Soa, 2005,
BONABE DEHICBE (M), La notion d'impôt en droit fiscal camerounais, Mémoire de Master II en droit public de l'économie, Université de Ngaoundéré, 2013-2014

BOOCK BOOCK (A.R.), Les obstacles à la répression de la fraude fiscale au Cameroun, Mémoire de DESS, Université de Douala, 2003-2004.

EVINA OBAM, L'intégration du pilotage des performances en finances publiques camerounaises, Mémoire de Master en Administration Publique, ENA, Paris, 2005,

FADA IYAWA, La protection des droits du contribuable, Mémoire de Master en Droit public de l'économie, Université de Ngaoundéré, 2012-2013,

FADIMATOU SALIOU, Le contrôle douanier des marchandises à l'importation au Cameroun, Mémoire de Master en droit public, Université de Ngaoundéré, 2017-2018,

FERMOSE (J.), Le juge fiscal camerounais, Mémoire de Master II en droit public de l'économie, Université de Ngaoundéré, 2012-2013.

GOUDEM LAMENE, Contribution du comptable matière à la maîtrise des deniers publics au Cameroun, Mémoire DEA en droit public, Université de Yaoundé II, 2006-2007,

HADIDJATOU (Y), La transaction douanière au Cameroun, Mémoire de Master en droit public, Université de Ngaoundéré, 2016-2017,

KUATE, Les dépenses communales au Cameroun, Mémoire DEA en droit public, Université de douala, 2003-2004,

MESSINA BELOMO, La motivation des redressements fiscaux dans la pratique fiscale camerounaise, Mémoire de DESS, Université de Douala, 2005-2006,

MOHAMADOU AMINOU HAMIDOU, La lutte contre les infractions douanières au Cameroun, Mémoire de master en droit public, Université de Ngaoundéré, 2015-2016,

NTOLO (BP), Le contentieux douanier en zone CEMAC : Réflexion sur le cas du Cameroun, Mémoire de Master en droit public, Université de Ngaoundéré, 2017-2018, 136p.

B-Thèses

ABA'A OYONO (J-C), La compétence de la juridiction administrative en droit camerounais, Thèse de doctorat, Université de Nantes, Juin 1994.

AKONO ONGBA SEDENA, L'apport du juge administratif au droit fiscal camerounais, Thèse de doctorat, Université de Yaoundé II-Soa, 2013.

ALAKA ALAKA (P.), Les difficultés du recouvrement de l'impôt au Cameroun : Contribution à l'étude des dysfonctionnements administratifs, Thèse de doctorat, Université de Paris II, Panthéon-Assas, 1996.

BANGO (A.), L'élaboration et la mise en œuvre de la fiscalité dans les pays de la Communauté Economique et Monétaire de l'Afrique Centrale, Thèse de doctorat en Droit, Université Jean Moulin Lyon 3, 2009.

BEDET (F), Essai sur la définition d'un statut juridique de la procédure de dédouanement des envois postaux, Thèse de Doctorat en sciences juridiques, Université Paris Saclay, 2016.

BENOIT (P), La responsabilité personnelle et pécuniaire des comptables publics, Thèse de doctorat, Strasbourg, 1967.

BERRADA, Les conditions d'accès aux ressources du FMI, Thèse 3ème cycle en Economie internationale, Paris I, Sorbonne, 1987.

BESSON (E), L'encadrement constitutionnel de l'autonomie financière des collectivités infra étatiques : recherches en droit comparé, Thèse de Doctorat, Université Paul Cézanne Aix- Marseille III, 2009.

BIAKAN (J), L'expérience camerounaise de privatisation des entreprises publiques, Thèse, Montpellier, 1994.

BILOUNGA (ST), La réforme du contrôle de la dépense publique au Cameroun, Thèse de Doctorat/Ph. D. Droit, Yaoundé II, 2009.

BOEHLER, Des rôles respectifs des ordonnateurs et des comptables, Thèse de doctorat d'Etat, Paris, 1981,

BOUBAKARI OUMAROU, Le Cameroun et les institutions monétaires et financières internationales : le cas du FMI, Thèse, Paris V, 1998.

CREN ROZZEN, Poursuites et sanctions en droit pénal douanier, Thèse de doctorat, Université Panthéon-Assas, 2011.

ELSA DURET, Réforme institutionnelle et finances publiques. L'exemple de la décentralisation en Afrique subsaharienne, Thèse de Doctorat, Clermont Ferrand I, 2000.

GUIMDO (B-R), Le personnel communal au Cameroun : contribution à la compréhension de la crise de l'administration communale camerounaise, Thèse de Doctorat en droit public, Université de Yaoundé II, 1996.

KWIMO (J), L'interventionnisme économique au Cameroun et au Congo, Thèses, Orléans, 1985.

LADJ (B), La contrebande aux entrées routières du territoire douanier de la Côte d'ivoire : Cas du district d'Abidjan, Thèse de doctorat en criminologie, université Cocody, 2012.

MANGA (P), Les finances publiques au Cameroun, Thèse de doctorat d'Etat, Paris, 1980.

MAUCOUR-ISABELLE (A), La rénovation des pouvoirs budgétaires du Parlement sous la Vème République, Thèse, Paris, 2004.

MBOULI (A.), Le dualisme juridictionnel en matière fiscale, Thèse de doctorat, Université Jean Moulin Lyon 3, soutenue le 02 octobre 2009.

MILOGO, Les aspects récents de la politique d'aide financière du FMI : le fonds et ses membres en développement, Thèse en Droit des organisations internationales et des relations économiques internationales, Paris I Sorbonne, 1986.

MOULIOM (I.), Le contentieux de l'imposition au Cameroun : Essai sur sa nature, Thèse de doctorat, Université de Yaoundé II-Soa, Juin 2002.

MOUT NYAMBARA (EH), Autonomie financière et gestion décentralisée au Cameroun, Thèse de Doctorat, Université Aix-Marseille II- Paul Cézanne, 2011, 401p

NGONO TSIMI (L), L'autonomie administrative et financière des collectivités territoriales décentralisées : l'exemple du Cameroun, Thèse de Doctorat/Ph.D en droit public, Université Paris Est Créteil Val-De- Marne, 210.

NGUCHE (S), La formation de l'autonomie financière des collectivités territoriales décentralisées au Cameroun, Thèse de Doctorat en Droit public, Université de Yaoundé II Soa, 2014.

NNANGA (SH), L'élément fiscal dans la recherche de l'équilibre budgétaire au Cameroun, Thèse de doctorat en droit public, Université Robert Schuman Strasbourg II, 2000.

ONDOA (M), Economie des deniers publics dans l'administration camerounaise, Thèse de doctorat de 3eme cycle en Droit public, Yaoundé.446p

RADU, L'origine des marchandises : un élément controversé des échanges commerciaux internationaux, Thèse de Doctorat en droit, Université Pierre Mendes-France-Grenoble II, 2007.

SOREL (JM), Les aspects juridiques de la conditionnalité du FMI, Thèse de Doctorat en droit, Paris XIII, 1990.

TOUNA MAMA, Endettement supportable pour les pays en voie de développement, Thèse, Bordeaux I, 1985.

IV : JURISPRUDENCE

A : Conseil du contentieux administratif

Décision n°36, CCA du 02 octobre 1951, Azombo Nsomoto c/Administration du Territoire.
Décision n°73, CCA, du 31 décembre 1952, Ali Monkarim c/Administration du Territoire Arrêt n°335, CCA du 15 mars 1955, Siewe André c/Administration du territoire.
Décision n° 449, CCA du 25 février 1956 SEFIC c/Administration du Territoire.
Décision n°450, CCA, du 25 juin 1956, Compagnie Forestière du Cameroun (CFC) c/Administration du Territoire
Arrêt n°719, CCA du 22 mai 1959, André Louis c/Etat du Cameroun.

B : Tribunal d'État

Arrêt n° 128, TE, du 23 décembre 1960 André Louis c/État du Cameroun
Arrêt n° 129, TE, du 23 décembre 1960, Bernard Dutreil Édouard c/État du Cameroun.
Arrêt n°164, TE, du 10 novembre 1961, Imprimerie Commerciale du Cameroun c/Etat du Cameroun
Arrêt n°213, TE, du 19 septembre 1962, Claude Halle c/Etat du Cameroun.
Arrêt n° 391, TE, 23 décembre 1965, Société Henri de Suarez d'Almeyda c/État du Cameroun

C : Cour fédérale de justice

Arrêt n°10, CFJ/AP du 17 octobre 1968, Mve Ndongo, Procureur général c/Ngada Victor.
Arrêt n°105, CFJ/CAY du 08 décembre 1970, Claude Halle c/État du Cameroun Oriental
Arrêt n°131, CFJ/CAY du 27 janvier 1971, Africanto c/Etat du Cameroun Oriental.
Arrêt n°133, CFJ/CAY, Succession Mohammed Kouadjaali c/Etat du Cameroun Oriental.
Arrêt n°146, CFJ/CAY du 23 mars 1971, Société immobilière des Assureurs réunis c/État du Cameroun oriental.

Arrêt n°147, CFJ/CAY, du 25 mars 1971, Boulangeries Réunies c/État du Cameroun oriental.

Arrêt n°20, CFJ/CAY du 04 Mars 1966, Max Keller Ndongo c/Etat du Cameroun Oriental.

Arrêt n°64, CFJ/CAY du 30 septembre 1969, Edinger François c/Etat du Cameroun Oriental.

Arrêt n°68, CFJ/CAY du 30 septembre 1968, Société des Grands Travaux de l'Est (SGTE) c/Etat du Cameroun Oriental.

Arrêt n°84, CFJ/CAY, 68-69, du 30 septembre 1969, SFID c/État du Cameroun.

Arrêt n°99, CFJ/CAY, 69-70 du 27 janvier 1970, société SAFCO SAFRITEX c/État du Cameroun Oriental.

D : Cour Suprême

1 : Chambre administrative

Jugement ADD n°57 CS/CA, du 26 avril 1976, Nomeny Nguissi Emile c/Etat du Cameroun.

Jugement n° 60/ADD/83-84, CS/CA, du 30 août 1984, Société HAMELLE AFRIQUE c/ État du Cameroun

Jugement n°09, CS/CA 2004-2005, Momo Momo André c/Etat du Cameroun du Cameroun.

Jugement n°10, CS/CA, du 28 novembre 1974, Momo Thérèse c/République Unie.

Jugement n°113, CS/CA, 2010 du 21 mars 2010, Woila Voyages c/Etat du Cameroun.

Jugement n°119 CA/CS, 84-85 du 12 septembre 1985 Fodic c/Etat du Cameroun.

Jugement n°12, CA/CS ; 77-78 du 22 avril 1977, Item Dieudonné c/Etat du Cameroun.

Jugement N°21/91-92, CS/CA, du 27 Février 1992, Chana Rose C/Etat du Cameroun

Jugement n°29, CA/CS, 92-93, du 26 mars 1994, Amsecon-Amseconcom c/Etat du Cameroun.

Jugement n°29, CS/CA, 2001-2002, du 25 avril 2002, Société Civile Professionnelle Manu Muna c/Etat du Cameroun.

Jugement n°33, CS/CA, 81-882 du 25 mars 1982, Compagnie du Niger Français c/État du Cameroun.

Jugement n°38, CS/CA, 91-92 du 30 avril 1992, Mbialeu Jean-Louis c/État du Cameroun

Jugement n°42, CS-CA, 79-80 du 26 juin 1980, Ngakeu Pierre c/Etat du Cameroun.
Jugement n°46, CS-CA, du 15 mai 1986, Tsala Joseph Longini c/Etat du Cameroun.
Jugement n°50, CA/CS, 81-82 du 27 mai 1982, Tsobyny Banka c/Etat du Cameroun.
Jugement n°51, CS/CA, 96-97 du 25 septembre 1977, Tagne Elie c/Etat du Cameroun.
Jugement n°58, ADD, CS/CA, du 30 septembre 1982, Société SOCADA c/État du Cameroun.
Jugement n°58, CA-CS, 77-78, du 1er septembre 1977, Société Civile Immobilière de Chargeurs Réunis c/Etat du Cameroun.
Jugement n°6, CS/CA, 74-75 du 28 septembre 1974, Société Boulangeries Réunies c/Etat du Cameroun.
Jugement n°79, CA/CS, 74-75 du 24 juin 1976, Meka Charles c/Etat du Cameroun.
Jugement n°8, CS/CA, 74-75 du 29 novembre 1974, Nomeny Nguissi Émile c/État du Cameroun.
Jugement n°84, 94-95 du 29 septembre 1994, Lele Gustave c/Etat du Cameroun.
Ordonnance n°11, CS/PCA du 24 février 1987, Groupement des exportateurs (GEX) c/Etat du Cameroun.

2 : Assemblée plénière

Arrêt n°10, A, CS-AP, du 22 avril 2007, Société Civile Professionnelle Muna Muna c/Etat du Cameroun.
Arrêt n°10, A/CS-AP du 19mai 1981, SA les Brasseries du Cameroun c/Etat du Cameroun.
Arrêt n°11, A/ CS-AP, 77-78 du 08 novembre 1978, Njoukwe Moïse c/Etat du Cameroun
Arrêt n°16, A/CS-AP du 16 avril 1978, Nomeny Nguissi Emile c/Etat du Cameroun

V : NOTES, OBSERVATIONS ET RAPPORTS

A : Notes et observations

GAËTAN-THIERRY (F), Note sous Jugement n°89/2008/CA/CS du 13 août 2008 affaire : KAMDEM Prosper c/ Etat du Cameroun (MINDAF), RADP, juin-déc. 2012, 2e Sem, P.103-121.
LAMARQUE (J), observation sous art. L. 80 A in code de procédure fiscal, Dalloz, 17e éd., 2010.

POUGOUE (P-G), TWENGEMBO, Observation sous la loi des finances 1992/1993, Juridis Info, n° 13, janvier-février-mars 1993.

B : Rapports

Rapport au Ministre d'État, ministre de l'économie, des finances et de l'industrie, Améliorer la sécurité du droit fiscal pour renforcer l'attractivité du territoire: Paris, La documentation française, 2004.

Rapport O. FOUQUET, Améliorer la sécurité juridique des relations entre l'administration fiscale et les contribuables : une nouvelle approche, juin 2008

Rapport sur les revirements de jurisprudence Remis à Monsieur le Premier Président Guy Canivet, le 30 novembre 2004 par le Groupe de travail présidé par Nicolas Molfessis.

VI : AUTRES

Cameroun : les chantiers de la gouvernance.

Contrats de désendettement de développement entre la République française et la République du Cameroun

Document cadre de partenariat entre la République du Cameroun et la République française (2006-2010)

Document Cadre de politique économique et financière à moyen terme FMI et République du Cameroun (1997-2000)

Document Cadre de politique économique et financière à moyen terme FMI et République du Cameroun (1999-2002)

Document de stratégie de réduction de la pauvreté au Cameroun.

Guide pratique du contrôle budgétaire

Guide pratique sur les sanctions dans le domaine des marchés publics.

Les accords de confirmation du FMI relatives aux lettres d'intentions sus citées

Les décisions d'interprétation des statuts du FMI n°71-2 du 26 septembre 1946, n°284-4, du 10 mars 1948 ; n°102-(52/11) du 13 février 1952 ; n°2603-(68/132) du 20 septembre 1968 relatives à l'utilisation des ressources du fonds.

Les statuts du FMI.

Lettre de M. INONI Ephraïm à M. Dominique STRAUSS-KAHN du 05 juin 2008 portant lettre d'intention du gouvernement camerounais au FMI.

Lettre de M. INONI Ephraïm à M. RODRIGO DE RATO du 13 octobre 2005 portant lettre d'intention du gouvernement camerounais au FMI.

Lettre de M. INONI Ephraïm à M. RODRIGO DE RATO du 29 mai 2007 portant lettre d'intention du gouvernement camerounais au FMI.

Lettre de M. MAFANY MOUSSONGUE à M. HORST KOHLER du 02 décembre 2003 portant lettre d'intention du gouvernement camerounais au FMI.

Lettre de M. MAFANY MOUSSONGUE à M. HORST KOHLER du 28 août 2002 portant lettre d'intention du gouvernement camerounais au FMI.

Lettre de M. MAFANY MOUSSONGUE à M. HORST KOHLER du 6 décembre 2000 portant lettre d'intention du gouvernement camerounais au FMI.

Lettre de M. MAFANY MOUSSONGUE à M. Michel CAMDESSUS du 12 juillet 1997 portant lettre d'intention du gouvernement camerounais au FMI.

Lettre de M. Peter MAFANY MOUSSONGUE à M. Michel CAMDESSUS du 28 juillet 1998 portant lettre d'intention du gouvernement camerounais au FMI.

Lettre de M. SADOU HAYATOU à M. Michel CAMDESSUS du 21 nov. 1991 portant lettre d'intention du gouvernement camerounais au FMI.

Lettre de M. Simon ACHIDI ACHU à M. Michel CAMDESSUS du 17 février 1994 portant lettre d'intention du gouvernement camerounais au FMI.

Livre des procédures de l'exécution du budget

Manuel des procédures de la Chambre des Comptes de la Cour Suprême.

Manuel des procédures du comité consultatif et de suivi de la gestion des ressources PPTE.

Mémorandum de politiques économique et financière du gouvernement du Cameroun (juillet 2001-juin 2004)

Mémorandum de politiques économique et financière du gouvernement du Cameroun (juillet 2005-juin 2008)

Mémorandum technique afférent aux définitions et modalités du mécanisme d'ajustement automatique des critères de réalisation et repères quantitatifs prévus dans le cadre du premier accord annuel au titre de la Facilité d'Ajustement Structurel Renforcée (FASR)

Mémorandum technique afférent aux définitions et modalités du mécanisme d'ajustement automatique des critères de réalisation et repères quantitatifs prévus dans le cadre du premier accord annuel au titre de la Facilité pour la Réduction de la Pauvreté et pour la croissance (FRPC)

Mémorandum technique afférent aux définitions et modalités du mécanisme d'ajustement automatique des critères de réalisation et repères quantitatifs prévus dans le cadre du deuxième accord annuel au titre de la Facilité pour la Réduction de la Pauvreté et pour la croissance (FRPC).

Mémorandum technique afférent aux définitions et modalités du mécanisme d'ajustement automatique des critères de réalisations et repères quantitatifs prévus dans le cadre du troisième accord annuel au titre de la Facilité pour la Réduction de la Pauvreté et pour la croissance (FRPC).

Index

A

B

C

D

E

F

G

H

I

J

L

M

N

O

P

Q

R

S

T

U

V

TABLE DES MATIERES

Pages

Structures éditoriales du groupe L'Harmattan

L'Harmattan Italie
Via degli Artisti, 15
10124 Torino
harmattan.italia@gmail.com

L'Harmattan Hongrie
Kossuth l. u. 14-16.
1053 Budapest
harmattan@harmattan.hu

L'Harmattan Sénégal
10 VDN en face Mermoz
BP 45034 Dakar-Fann
senharmattan@gmail.com

L'Harmattan Cameroun
TSINGA/FECAFOOT
BP 11486 Yaoundé
inkoukam@gmail.com

L'Harmattan Burkina Faso
Achille Somé – tengnule@hotmail.fr

L'Harmattan Guinée
Almamya, rue KA 028 OKB Agency
BP 3470 Conakry
harmattanguinee@yahoo.fr

L'Harmattan RDC
185, avenue Nyangwe
Commune de Lingwala – Kinshasa
matangilamusadila@yahoo.fr

L'Harmattan Congo
67, boulevard Denis-Sassou-N'Guesso
BP 2874 Brazzaville
harmattan.congo@yahoo.fr

L'Harmattan Mali
ACI 2000 - Immeuble Mgr Jean Marie Cisse
Bureau 10
BP 145 Bamako-Mali
mali@harmattan.fr

L'Harmattan Togo
Djidjole – Lomé
Maison Amela
face EPP BATOME
ddamela@aol.com

L'Harmattan Côte d'Ivoire
Résidence Karl – Cité des Arts
Abidjan-Cocody
03 BP 1588 Abidjan
espace_harmattan.ci@hotmail.fr

Nos librairies en France

Librairie internationale
16, rue des Écoles
75005 Paris
librairie.internationale@harmattan.fr
01 40 46 79 11
www.librairieharmattan.com

Librairie des savoirs
21, rue des Écoles
75005 Paris
librairie.sh@harmattan.fr
01 46 34 13 71
www.librairieharmattansh.com

Librairie Le Lucernaire
53, rue Notre-Dame-des-Champs
75006 Paris
librairie@lucernaire.fr
01 42 22 67 13